부산노동운동사

부산노동운동사

개항부터 촛불항쟁까지 부산지역 노동자 투쟁 기록

초판 1쇄 발행 2023년 10월 20일

지은이 현정길 · 윤영삼
펴낸이 강수걸
편집 신지은 강나래 오해은 이선화 이소영 김소원 이혜정
디자인 권문경 조은비
펴낸곳 산지니
등록 2005년 2월 7일 제333-3370002510020005000001호
주소 부산시 해운대구 수영강변대로 140 BCC 613호
전화 051-504-7070 | 팩스 051-507-7543
홈페이지 www.sanzinibook.com
전자우편 sanzini@sanzinibook.com
블로그 http://sanzinibook.tistory.com

ISBN 979-11-6861-183-2 93330

부산노동운동사

개항부터 촛불항쟁까지 부산지역 노동자 투쟁 기록

현정길 윤영삼 지음

산지니

차례

제3부 4.19혁명부터 유신체제하의 부산지역 노동운동

제4부 부마항쟁과 1980년대 부산지역 노동운동

제5부 1987년 노동자대투쟁

제1부
부산지역 노동자계급의 형성과 일제하 노동운동

1. 부산의 도시형성과 노동자계급의 출현

1) 부산의 도시형성

부산은 개항 전 동래부에 속한 부산포에서부터 발전했다. 원래 조선 후기 이래 동래를 중심으로 정치, 경제, 사회, 문화가 발전해 오던 도시구조는 1876년 강화도조약[1] 체결을 계기로 개항과 더불어 초량의 왜관지역에 일본 조계가 설치되면서 급격한 변화를 겪기 시작했다.

일본은 오늘날 부산의 중구 동광동, 광복동, 창선동, 신창동 등 원도심의 중심을 이루는 지역에 영사관 건물을 중심으로 경찰서, 은행, 상업회의소 등 공공건물을 차례로 배치하여 일본의 시가지를 모방하여 거류지를 형성하였다.

또한 일본에서 들어오는 일반소비재를 포함하는 공업제품과 수출되는 곡물, 기타 공업원료 등 물자는 모두 부산항을 경유하였고, 따라서 많은 수출입 화물이 부산항에 산적되어 이러한 화물의 선적, 양륙, 운송 등 작업에 많은 부두노동자들이 필요하였다. 이 당

---

1 강화도 조약은 전문 12개 조항으로 첫째, 조선은 20개월 이내에 부산항 이외에 2개항을 개항하고 일본 상인활동의 자유 요구. 둘째, 일본은 조선의 연해, 도서 암초 등의 자유로운 측량과 해도권 요구. 셋째, 일본은 조선이 지정한 항구에 영사를 파견하여 주재시키고 일본인의 범죄 행위에 대하여는 일본영사가 처리한다는 등 불평등 내용이었다.

시 부두노동자는 약 5천여 명 상당이 취업을 하고 있었으며, 물자와 사람이 몰리는 부산항과 원도심 지역인 초량 인근이 자연스럽게 활기를 띠면서 부산의 중심이 변화하였다.

조선을 강점한 일제는 1910년 9월 30일『조선총독부관제』,『조선총독부 지방관제』를 반포하여 10월 1일 이를 실시하였다. 당시 지방제도는 전국을 13도, 12부, 317군을 두고 부에는 부윤, 군에는 군수를 임명하였다. 일본은 부산부를 설치하여 동래부 사무를 인계하고 관할하였으나, 이후 1914년 4월 군, 면의 통합에 따라 옛 동래부의 일부와 기장군을 합하여 동래군으로 재편하여 경상남도에 속하게 하여 부산부와 구별하는 행정구역이 되었다. 부산부는 부산면·사중면·사하면 가운데 오늘날의 서구·중구·영도구지역을 관할하는 행정단위로 그 면적은 84.15km^{2}가 되었다. 1925년에는 진주에 있던 도청을 부산에 옮겨왔고, 1936년 제1차 행정구역 확장으로 서면과 암남리의 편입으로 면적이 112.12km^{2}로 늘어났고, 부산진출장소가 설치되었다. 1942년에는 제2차 행정구역 확장으로 동래읍 전부와 사하면의 편입으로 동래·사하·수영출장소가 설치되어 면적이 241.12km^{2}로 늘어났다.

일본제국주의는 자신들의 식민지 정책에 따라 부산을 대륙침략의 전진기지로 조성하기 위해 항만시설을 구축하였고, 또 근대적인 공장을 설립하여 부두노동자를 비롯하여 공장노동자들의 수도 급격히 늘었다. 1930년대 직업별 분포를 보면 조선인은 날품팔이가 전체의 15.9%로 가장 많은 비중을 점하였고, 고기잡이, 하역, 운반 지게꾼 등 하급노무자가 많은 비중을 차지하였고, 면방직 공장의 직공도 적지 않은 비중을 점하고 있었다.

나아가 일본제국주의는 만주, 조선을 포함한 대제국의 건설, 나아가 대동아공영권을 실현하기 위해 침략과 식민지지배를 확대 강화해 갔다. 부산은 바로 그 관문에 위치하여 일본의 직접적 세력권 안에서 도시의 발달이 이루어졌다.

2) 부산지역 노동자계급의 형성

우리나라에서 노동자의 출현은 대략 18세기 정도로 알려져 있다. 조선 말 국정의 혼란에 양반과 지주들의 가렴주구로 생계마저 유지하기가 곤란한 농민들은 적은 보수라도 받기 위해 광산이나 수공업 또는 부두에서 품을 파는 경우가 많았다. 임금노동자인 셈이다. 그러다가 본격적으로 임금노동자가 등장한 것은 1876년 강화도 조약의 체결을 계기로 일본 자본주의가 들어오면서부터라고 할 수 있다.

한편 한국에서의 자본주의적 공업은 개항 이후 곧 발생한 것으로 생각할 수도 있으나 여러 가지 자료를 종합해 볼 때 1894년 직전에 발생한 것이 아닌가 한다. 그러나 그것이 본격적으로 전개된 것은 1905년 이후로 보아야 할 것이다. 그간 규모가 큰 근대적 공장이 다수 설립되기는 하였다고 하더라도 기본적으로는 1919년까지 공업은 매뉴팩처 단계에 머물러 있었던 것이다. 그리고 이러한 중소공업들은 국민적 시장권을 배경으로 발생한 것이 아니고 무역에 종속하며, 무역에 봉사하는 수출가공업이나 수입가공업적 성격을 띠고 있었다. 이러한 형태는 식민지 공업의 초기 발생형태로 볼 수 있는 것이다(한국노동조합총연맹, 1979: 7).

개화기 부두노동자들의 작업 모습
출처: 한국민족문화대백과사전(한국학중앙연구원)

이 당시 한국노동자계급은 크게 세 분야로 구성되어 있었다. 광산업부문의 노동자, 운송·하역 등 서비스업부문의 노동자와 연초제조 및 정미업 등 공업부문의 노동자이었다. 그중 공업부문의 노동자 수에 대한 최초의 종합적 통계는 1911년도 통계로 공장노동자 총수는 14,575명으로 그중 한국인은 12,180명이었다. 업종별로는 연초제조업이 7,442명으로 가장 많으며, 정미업이 2,422명, 요업이 1,452명, 인쇄업이 670명, 직물업이 659명, 철공업이 342명, 기타 1,590명으로 아직 공업다운 공업이 발전하고 있지 않았다(한국노동조합총연맹, 1979: 11).

강화도 조약으로 부산을 비롯한 항만에 일본 자본이 밀려들면서 항만과 철도, 광산, 벌목 등의 사업에 삶의 터전을 잃은 농민들이 노동자가 되어 밀려들어 오게 되었다. 개항장이 되었던 부산항은 앞절에서 언급한 대로 일본으로부터 소비재를 포함하여 공업제품이 수입되고 곡물과 공업원료 등 수출품목들이 부산항으로 몰려들면서 약 5천여 명에 이르는 부두노동자들이 형성되었다. 또한 철도의 경우 1897년 조선정부는 일본인 회사에 경부철도 부설권과 특허권을 부여하였으며, 1901년 경부철도주식회사가 설립되었다. 그리고 1905년 1월 1일 경부선 영등포와 초량구간에 대한 운수영업이 개시되었고, 1908년에는 부산-신의주 간 급행직통열차가 운행되었으므로 이 시기 철도노동자가 부산지역에 형성되었다고 볼 수 있다. 또한 일제 강점기와 해방직후 조선에서 가장 큰 방직회사였던 조선방직은 1917년에 설립되었다. 특히 부산은 일제의 대륙침략의 병참기지 역할을 하였기 때문에 섬유산업 및 신발 등 경공업과 항만, 철도, 해상 등 기간산업 노동자들이 형성되었다.

이들 노동자들은 초기에는 고향을 떠나 도시로 몰려와 빈민촌을 형성하였고, 저임금으로 비참한 생활을 할 수밖에 없었다. 이들은 처음에는 계와 같은 조직[2]을 만들어 공장과 부두 등지에서 투쟁하였다. 초기의 투쟁들은 대부분 자연발생적인 투쟁으로 봉건 관료와 일제 자본가의 수탈, 현장 관리자들의 폭행 등에 의해 고립 분산적이고 비조직적으로 진행되었지만, 3.1운동 이후에는 보다 체계적인 노동운동을 전개하였다.

2. 일제하 부산지역 노동운동

1) 개항~1910년대 부산지역 노동운동

노동운동의 초기에서는 봉건적 수탈을 반대하는 반봉건투쟁과 식민지 · 반식민지에서는 외세에 반대하는 반외세투쟁이 일반적으

---

2 일반 자유노동자들 사이에서 계라는 노동조직을 갖고 있었는데, 계는 대개 지연이나 혈연을 계기로 뭉쳐진 상호부조단체이며 동시에 노동자들이 자기의 이익을 보호하기 위한 자위단체이기도 하였다. 또 계와는 어떤 연관관계가 있었는지 자세하지 않지만 자유노동자들은 편수 혹은 십장을 중심으로 조직되기도 하였다. 일례를 들면, 1900년대 부산부두에서는 수명의 편수가 3천여 명의 운반부를 통솔하고 있었는데, 각 단체마다 일정한 세력범위가 있고 서로 남의 세력범위를 침해하지 못하였다(한국노동조합총연맹, 1979: 12-13).

로 전개되었다. 우리나라도 예외는 아니었는데, 노동자투쟁에 반자본투쟁뿐만 아니라 반봉건투쟁과 반외세투쟁이 있었다. 1910년 전에는 주로 광산과 부두에서 노동자들의 투쟁이 발생하였는데, 1877년 6월 함경도 갑산군 초산역에서 개항 후 최초의 광업노동자의 투쟁이 일어났다. 이 투쟁은 광부들이 봉건관료들의 가혹한 세금수탈과 가렴주구를 반대하여 일어난 것으로 보인다(한국노동조합총연맹, 1979: 18). 그 외에 운산금광과 당현금광 등에서도 광부들의 소요가 있었다. 부두의 경우 1898년 2월에 목포에서 최초의 부두노동자 동맹파업이 발생하였다. 부산에서는 1907년 6월과 1909년 4월에 부산부두노동자 동맹파업이 있었다,

일제하 노동자들의 노동조건은 최악이었고 삶은 참혹하였다. 임금은 생존에도 미치지 못하였으며, 노동은 과중했다. 저기술을 바탕으로 하는 소자본의 일본자본주의가 최대 이윤을 확보하기 위해 이를 강요했던 것이다.

특히 제1차 세계대전(1914~1918년)이 끝나자 세계경제는 전반적으로 불황단계에 들어섰다. 이는 한국의 산업계에도 적지 않은 영향을 미쳤는데 기업가들은 이러한 불황을 임금노동자들에게 전가시켰다. 일본 제국주의의 수탈정책으로 저렴한 노임에 더 가혹한 노임착취로 노동자들의 고통은 더욱 가중되었고, 노동운동이 발생할 수밖에 없었다.

1910년대는 일제의 가혹한 무단통치 시기였으므로 노동자들이 투쟁에 나서기에는 여의치 않았음에도 1916년도 조선인 동맹파업 발생건수는 8건에 약 326명이 참여했다. 1918년에는 50건, 4,443명으로 급증하였고, 1919년에는 전년 대비 2배 가까이 증가하였다.

제1차 세계대전 시기에 전쟁특수경기로 부산 부두의 화물물동량이 급증하면서 1918년 8월 5일 해륙운송점 짐꾼 300여 명이 임금인상 100%를 요구하는 동맹파업, 1919년 7월 부두운송노동사의 반장들이 앞장서 임금인상을 재차 요구하는 파업을 단행하여 요구를 관철시켰다.

이들 노동자들은 3.1운동에도 적극 참여했다. 3.1운동 이후 전개된 노동운동에서 1919년 4월 부산가스전기 600여 명의 파업과 부산전차 운전수 50여 명의 항일동맹파업, 5월 철도관리국 철도공장 초량분공장 200여 명의 파업 등이 있었다.

2) 1920년대 부산지역 노동운동

노동운동은 3.1운동 직후인 1920년대에 들어서면서 본격화되었다. 특히 1917년 러시아혁명은 전 세계 식민지사회에도 많은 영향을 미쳐 사회주의운동과 함께 민족해방운동도 활발해지는 계기가 되었다. 전 민족적인 저항운동이었던 3.1운동은 공식기록만으로 1,500회 이상의 시위와 연인원 200여만 명이 참여하였고 7,500여 명이 피살, 16,000여 명이 부상, 45,000여 명이 검거된, 규모에서나 범위에서 일제 강점기 중 가장 큰 저항운동이었다. 그 결과 의혈단 등 무장독립운동과 임시정부의 수립 등 광범위한 독립운동이 확대되는 계기가 되었다. 따라서 일본제국주의는 무단통치로서는 통치하기 불가능하다고 판단하여 이를 완화한 소위 문화정치를 할 수밖에 없었다.

식민지의 피지배 민중이었던 노동자들 또한 기아 수준의 저임금과 열악한 노동조건으로 비참한 생활 상태에 놓여 있었다. 3.1운동 이전에는 일제의 무단 탄압으로 노동단체의 조직이나 노동운동은 지식인들조차 엄두를 낼 수 없었다. 그러나 3.1운동이 일제의 무단 탄압과 식민지정책에 일대 타격을 가하여 그들을 한발 물러서지 않을 수 없게 만들었다. 이 기회를 포착하여 선각적 노동자 대표들과 지식인들 사이에서 노동단체와 노동운동 조직의 움직임이 나타났다. 더군다나 3.1운동은 그 자체가 민중운동으로 전개되어 큰 성과를 냄으로써 민족주의자들과 뜻있는 인사들이 새삼스럽게 민중의 힘을 다시 인식하게 되었다. 그들은 민족독립운동·민족해방투쟁의 고양을 위해서도 노동단체의 결성이 시급한 과제라고 생각하게 되었다. 노동자들도 노동조건과 생활상태가 너무 비참하여 노동조건 개선과 생활 상태 개선, 그리고 교육훈련의 필요성, 단결을 위한 노동자의 조직화와 노동단체의 결성이 필요함을 절감했다. 마침 3.1운동 직후부터 국내에도 사회주의의 도입이 본격화되기 시작하고 종래의 민족주의자들 중에서 상당수가 '신사상'으로서의 사회주의에 경도되어 초기 사회주의자들이 출현하게 되었다. 초기 사회주의자들은 사회주의 이론에 따라 사회주의 운동의 주체를 노동자계급이라고 간주하고 노동자계급에 대한 조사연구와 노동자들의 계급적 성숙을 위한 노동자들의 전국적 조직화와 노동운동의 전개의 필요성을 절감하게 되었다. 이러한 이유로 민족주의자 지식인들 및 초기 사회주의자 지식인들과 노동자 대표들이 합작하여 노동문제 조사연구단체와 전국적 규모의 노동단체로서 조선노동문제연구회와 조선노동공제회를 창립하였다. 그리하여 1920년 2월 7일 박중화를 비롯한 43명의 지식인들과 노동자 대표가 서울에서 〈조선

노동문제연구회〉를 결성하였고, 재차 1920년 3월 16일에 75명의 발기회원이 2,500원의 손조금(損助金)을 내어 조선노동공제회 발기회를 조직하여 1920년 4월 11일 서울 광무대에서 발기인 286명을 포함해 678명의 인사가 회원으로 참석한 조선노동공제회 창립총회를 개최하였다(노동공제연합 풀빵, 2022: 9-14).

　조선노동공제회는 자유와 평등, 민족차별 철폐, 식민지교육 지양, 대중문화 발전, 노동자 기술양성과 직업소개, 각종 노예의 해방, 상호부조 등을 강령으로 내세웠고, 기관지 '공제' 및 노동공제회보를 발간했다. 이후 서울본회와 46개 지방지회, 약 62,000여 명의 노동자조직으로 발전하였으며, 1924년 4월 20일 조선노농총동맹 결성으로 발전적 통합을 하였다. 부산노동공제회의 경우, 신백우와 고순흠[3], 안희형 등이 주도하였다. 부산지회는 1920년에 창립되어 1921년 연말에 부두노동자 약 2,000여 명의 동맹파업을 단행했으며, 1922년 1월 1일에 이름을 바꾸어 부산노동동맹회를 창립해서 분립하였다. 부산노동동맹회는 일제 관헌의 가혹한 탄압과 박해로 큰 활동을 못 하다가 1924년 1월 1일 창립 2주년 기념대회를 갖고 집행위원 15인을 선출한 후 1923년 동경대지진 때 일본인들에게 피살된 한국인 노동자 조사단체에 의연금을 갹출해 보내기로 결의했다(노동공제연합 풀빵, 2022: 42).

　노동운동은 1920년대 중반 이후 사회주의와 결합하면서 조직화되고 이념적 목표까지 뚜렷이 보였다. 단순히 생존권 획득에 머무

---

3 신백우와 고순흠은 조선노동공제회의 발기인으로 참여했으며, 안희형이 지회장을 맡았다.

르지 않고 일본제국주의에 반대하는 정치운동의 성격으로 발전하였으며 1930년대에는 중일전쟁 등 전시로 전환되면서 합법적 노동운동이 어려워지자 혁명적 노동조합운동으로 전환하여 국내 민족운동의 변절과는 달리 지하운동을 통해 사실상 국내 독립운동을 주도하는 세력이 되었다.

조직형태 면에서 1920년대 초반에는 지역 내의 여러 직종들을 망라한 지역별노동조합이 대표적이었다. 초기 노동운동은 발전된 산업적 기반을 바탕으로 한 것이라기보다는 민족독립의 달성이라는 식민지하에서 정치적 요구와 밀접한 관련을 지니고 발전한 것이었다. 따라서 초기의 노동조합은 일반적으로 선각적 지식인과 '유지'들에 의해 주도되면서 지역 내의 전체 노동자들을 망라하여 위로부터 조직되었다. 그러나 이러한 지역별 노동조합은 1920년대 초반의 짧은 시기에 집중되어 나타났고 산업의 발전에 따라 이 조직들은 점차 직업별로 분화·조직되었다. 이러한 분화·발전의 양상은 1920년대 중반 즈음에 노동조합의 발전과정에서 전국적 범위에 걸쳐 관찰되는 현상이었다.

1920년대 전반기의 대표적인 노동자투쟁은 1921년 부산 부두노동자 총파업이라고 볼 수 있다. 개항 이후 부산은 일제 침략의 관문 역할을 하면서 화물의 하역과 운반에 종사하는 부두노동자들이 지역 내 집중되어 있었다. 1921년 당시 부산 거주 주민은 43,000여 명으로 3만여 명이 노동자와 그 가족들이었는데, 그중 부두노동자가 대략 5천여 명으로 가족까지 포함하면 25,000명으로 전체 노동자 수의 80% 이상을 차지하였다. 그러나 부두노동자들의 생활상태는 비참하였다. 여기에다 1920~21년 전후 경제공황에서 입은 손실을 보상하기 위하여 부산의 운송업자들은 지속적으로 임금을 삭감했다. 1921년 1월에 30% 정도 내린 임금은 4월에 이르러 또다시 20%나 인하되었다. 이러한 때 9월에 또다시 임금을 내린다는 소식을 접한 노동자들은 행동에 나서지 않을 수 없었다. 파업은 9월 12일 석탄운반부 1,000여 명이 고용주들에게 파업선언서를 보냄으로써 시작되었다. 이들은 물가폭등과 임금인하로 인해 생활을 할 수 없으니 최소한 임금을 40% 인상하라는 요구를 제출하고 15일까지 회답을 요구했다. 이에 대해 고용주들이 아무런 응답을 하지 않자 노동자들은 16일과 17일 이틀에 걸쳐 파업을 단행했다. 그러자 고용주들은 다시 25일까지 회답하겠다고 약속했다. 이에 힘입어 상선화물운반부, 연락선 화물운반부 및 시내 각 운송점의 화물운반부 2,000여 명도 임금을 40~50% 인상할 것을 요구하고 25일까지 회답할 것을 요구했다. 선출된 노동자들의 대표는 고용주들과 협상을 하였으나 고용주들은 일제의 경찰, 행정기관이나 상업회의소, 어용단체들을 동원하여 노동자들을 비난하고 탄압하면서 협상을 결렬시켰다. 이에 따라 9월 26일에 부산 부두노동자 5,000여 명은 무조건 총파업을 선언하고 운반작업을 중지하였다. 그 결과 부산항은 당시 『동아일보』에서 보도했듯이 "화로에 불이 꺼진 것"과 같이 완전한 마비상태에 들어가고 말았다. 이에 대응하여 고용주들은 인근 지역의 농촌에서 하루에 2~3원이라는 높은 임금을 지불하고 화물운반 작업을 하려고 시도했으나, 농민들은 파업파괴를 위한 노동이 수치스럽다며 거부하여 실패로 돌아가고 말았다. 노동자들은 파업 첫날 이미 수십 명의 선진노동자들과 파업지도자들이 경찰에 의해 체포·구금되었음에도 합법적 파업지도부가 없이 20~30명씩 산발적으로 모이는 집회 등을 통하여 파업투쟁을 전개하였다. 부두노동자들의 총파업이 고용주들에게 가져다 준 영향은 운송회사에만 국한된 것이 아니라 전 조선 그리고 궁극적으로는 일본경제에까지 미쳤다. 그리고 노동자들의 열악한 생활에서 나온 생존상의 요구라는 점에서 지역의 여론 또한 노동자들의 파업에 대하여 동정적이었다. 경찰의 무력탄압만으로는 사태를 해결할 수 없다는 판단에서 부산부윤이나 상업회의소 서기장이 나서서 중재와 회유의 역할을 맡았던 것은 이러한 맥락에서 이루어졌다. 게다가 파업이 지속됨에 따라 고용주들의 이해관계는 점차 분열·대립되었다.

그 결과 9월 29일과 30일 양일간 노사 간 협상이 재개되었고 최종적으로 임금 10~15% 인상하는 데 합의하였다. 이로써 노동자들은 고용주들이 임금을 인하하려는 시도를 봉쇄했을 뿐만 아니라 비록 요구한 수준에까지 이르지는 못했지만 임금인상을 쟁취하는 데 성공하였다(김경일, 2008: 106-109). 이 투쟁에서 부산청년회에 초기부터 관여했던 김종범을 위시한 조동혁, 최태열, 최태희, 손명표 등의 선진적인 활동가들이 9월 26일 파업투쟁선언서 3천 매를 인쇄하여 배포하는 등 적극적으로 파업초기부터 관여했던 것 또한 부두총파업의 성공요인이었다

이어서 10월 10일에는 부두노동자들의 총파업에 고무된 부산 절영도의 각 공장노동자들이 임금인상을 요구하였다. 이들 중 일부는 파업을 거치지 않고, 또 다른 800여 명의 노동자들은 동맹파업을 통하여 임금을 인상하는 데 성공하였으며, '라이징 썬' 석유회사의 지점 노동자들도 이 파업에 합류하였다. 11월에는 부산 목도경질도기주식회사 제형노동자들이 임금인상 및 감독배척 등을 요구하면

서 동맹파업에 들어갔다. 이듬해 1922년 3월에는 국내 최대의 방직 공장인 조선방직 노동자 500여 명이 임금인상과 처우개선을 요구하는 파업을 단행하여 공장 내에 설치된 경관주재소 등을 파괴하는 시위를 전개하였으며,[4] 1923년에도 700여 명의 노동자가 파업을 하였다. 이와 같이 부산 부두노동자들의 총파업은 부산지역에서 다른 파업들을 촉발하였을 뿐만 아니라 전국 각지의 노동자들에게도 적지 않은 영향을 미쳤다. 이와 아울러 1922년 1월과 2월에 부산노동동맹회[5]와 노동친목회가 각각 조직되었던 것도 부두노동자들의 총파업에 고무된 결과의 하나였다. 이 파업을 통해 선진적 노동운동가들과 노동자들은 직접적으로 노동운동을 지도할 수 있는 조직의 필요성을 깨닫게 되었으며, 이에 따라 대중적 노동단체들이 새로이 결성되었다(김경일, 2008: 109-110).

그러나 부산노동동맹회는 김종범을 비롯한 주요인물들의 중앙 진출 탓인지 정작 조선노농총동맹이 결성된 이후 오히려 회원의 수가 감소하다가 부산노동동맹회는 자취를 감추고 이를 대신하는 새로운 조직인 부산노우회가 1924년 8월에 결성되었다. 노우회는 주로 정거장, 운송점, 화차 등의 운송노동자로 조직되어 1924년 12월 무렵 회원 300여 명으로 부산의 노동자단체 중 가장 큰 세력으로

---

4 1922년 3월 1일 발생한 이 파업은 남녀직공 500명이 임금인상과 조선인 여직공에 폭력을 가한 일본인 감독의 파면을 요구하며 시작한 파업인데, 쟁의 결과 일본인 감독은 해임되었지만 임금인상과 노동조건 개선을 이루지 못하고 복귀했다(한국노총, 1979: 48-49).

5 부산노동동맹회는 새로 조직된 단체가 아니라 1920년에 결성되었던 노동공제회 부산지회가 이름을 바꾸어 그로부터 분립한 조직이었다(김경일, 1992: 102).

자리 잡았다. 부산노우회[6]는 부산노동동맹회와는 달리 '회원이 순전한 노동자로서 자기 내의 자발적으로 조직된' 노동단체였다.

또한 1925년 11월 22일에는 부산인쇄직공노동자[7] 200여 명이 총파업에 들어가며 9시간 노동제, 최저임금보장, 재해보상, 해고수당 지급, 조합 활동 보장 등을 요구했다. 부산의 인쇄노동자들은 여러 해 동안 고용주의 무리한 횡포를 견뎌오면서 몇 번이나 파업에 들어가려고 했으나 시기상조라고 판단하여 조합 자체의 실력양성과 단결력 촉성에 전력을 다하였다. 그러다가 11월에 인쇄직공친목회가 인쇄직공조합으로 개칭되면서 이를 계기로 동맹파업에 들어갔던 것이다. 인쇄직공조합은 부산의 노동계에서 모범단체일 정도로 인쇄직공조합원들은 당시 부산에 있던 소수의 조직노동자 중에서

---

6 부산노우회는 회원들이 매월 20전씩 납부하여 회원 상호 간의 부조를 주된 목적으로 하였는데, 조직체계도 운송부문에서 큰 비중을 차지한 반수제나 십장제와 같은 운영체계가 반영되어 운송관련 조선인 자본가들이 자신들의 경제적 이익이라는 현실적인 이해관계가 맞물리면서 유동준과 박시영과 같은 운송부문 조선인 자본가들이 참여하여 결성된 조직이기도 했다. 따라서 노동단체에 대한 선진적 활동가의 지도성 관철이라는 점에서는 퇴보한 면이 있었다(부산민주운동사편찬위원회, 1998: 57-58).

7 부산에서는 1924년 12월 부산인쇄공친목회가 조직되었다. 인쇄직공은 업무의 특성상 상당한 정도의 문자해독 능력을 필요로 했으므로 적어도 보통학교 졸업 정도의 학력을 갖추어야 했다. 이런 성격 탓에 1920년대 직업별노조들이 각 지역에서 부문별(양화, 양말, 철공, 신문배달, 목공)로 결성될 때 인쇄직공조합은 가장 선진성을 띤 강고한 조직으로 부상하였다. 부산인쇄직공친목회는 야유회, 운동회, 인쇄기술경진대회 등을 통해 조합원의 친목과 연대를 강화하다가 1925년 6월 21일 회장제를 위원장제로 개편하고 신임위원장 김칠성을 위시한 각 공장 대표자 20여 명의 위원을 선정했다. 그 후 1925년 11월 1일 인쇄직공친목회는 인쇄직공조합으로 개칭하는 한편, 1925년 11월 24일 서울파가 주축이 되어 인쇄직공조합의 전국적 조직체인 '조선인쇄직공총동맹'을 창립하려고 할 때 원산, 목포, 전주 등지의 인쇄직공조합과 함께 중앙의 발기대회에 참가하였다(김경일, 1992: 119-238).

도 가장 우수한 노동자로서 정연한 조직과 강고한 단결력을 지니고 있어서 전국 각지 노동자들의 성원과 동정을 받아가면서 한달 남짓한 시기에 걸쳐 지속적인 투쟁을 선개할 수 있었다. 그럼에도 파업은 끝내 패배하고 말았다.

파업이 패배한 이유는 대부분이 일본인인 인쇄고용주들은 일본인이 발행하는 몇몇 신문에 노동조합과 파업을 비방하는 기사를 게재하였고, 인쇄공의 복귀를 종용하도록 그 가족들에게 심한 압박을 하였으며 파업노동자들의 의무저금과 임금지불이 곳곳에서 거부되었다. 노동자들의 규찰활동에도 (불구하고) 일본을 비롯한 각지에서 고용을 바라는 인쇄공들이 몰려들었다. 마지막으로 일제 경찰은 '우리 경찰은 고용주만을 옹호하는 기관이니까 직공을 보호할 수 없다'고 노골적으로 선언하고 노조사무실을 폐쇄하는 한편 모든 집회를 불허하는 야만적 탄압을 자행하였다. 이러한 사실들이 전 조선에서 유수한 노동조합의 하나로 꼽혔던 부산인쇄공조합의 노동자들이 벌였던 지속적·전투적 투쟁을 결국 패배로 몰아간 주요한 요인이었다(김경일, 2008: 182-184).

3) 1930년대 이후 전시체제하의 부산지역 노동운동

1930년대 초반 세계대공황이 식민지들에 엄습하면서 조선에서도 공업생산이 위축되는 한편, 회사령[8]의 철폐를 계기로 발흥했던

---

8 회사령은 1910년 일제가 민족자본의 성장을 억제하기 위해 공포한 법령으로 조선에서 회사를 설립할 때 허가를 받게 한 것이다. 1910년 일제가 대한제국의 국권을 피탈하였고, 조선총독부를 설치하여 식민통치를 전개하였다. 1910년 조선

소규모 공장을 중심으로 곳곳에서 휴폐업이 속출했다. 아울러 '산업합리화'라는 명분으로 정리해고 방침에 따라 실업자가 양산되었다. 여기에 물가상승이 잇달아 임금저하현상을 가져왔으며, 이는 결국 민중생활의 불안정을 야기했다. 이에 따른 노동자들의 불만과 저항이 이 시기 노동운동을 고양시켰던 객관적 배경이었다(김경일, 2008: 247). 또한 1920년대 노동자들의 투쟁경험이 축적되면서 주체적 역량도 강화되었다.

〈표 1〉에서 보듯이, 서울과 평양 및 부산이라는 3대 도시에 한정하여 파업건수를 보면 1930년부터 1935년에 이르는 시기에 파업이 집중적으로 발생했다.

〈표 1〉 3대 도시에서 발생한 시기별 파업건수

연도 지역	1920	1921	1922	1923	1924	1925	1926	1927	1928	1929	1930	1931	1932	1933	1934	1935	1936	1937	1938	1939	1940	계
서울	7	6	7	20	9	14	10	7	12	5	16	11	8	13	15	9	5	6	2	4	0	186
평양	0	0	0	3	1	9	12	3	4	7	14	13	5	19	5	9	2	1	2	2	0	111
부산	0	4	5	2	1	2	2	0	4	10	11	8	6	6	3	6	2	4	3	0	2	81
계	7	10	12	25	11	25	24	10	20	22	41	32	19	38	23	24	9	11	7	6	2	378

출처 : 김경일, 『일제하 노동운동사』, 310~312(김경일, 2008 : 249에서 재인용)

1930~35년 사이에 일어난 파업은 177건으로 총 378건의 46.8%

총독부는 회사를 설립하기 위해서는 총독의 허가가 필요하다는 회사령을 공포하여 한국인의 회사 설립을 억제하고 일본자본이나 외국자본이 조선에 진출하는 것을 통제하였다. 조선을 일본의 원료공급지이자 상품시장으로 삼기 위해 외국자본을 비롯한 일본자본도 진출하는 것을 막은 것이다. 1920년대 들어 일본의 자본주의가 발달하면서 회사령이 폐지되어 일본자본이 본격 조선에 진출하였다. 신고를 하면 회사를 설립할 수 있도록 법령이 바뀐 것이다(출처: https://100.daum.net/encyclopedia/view/24XXXXX88562).

를 차지한다. 특히 1930년부터 1933년에 걸치는 시기에 파업은 절정에 이르렀는데 이 4년 동안에 일어난 파업은 130건으로 34.4%였다. 여기서 부산지역의 파업 양상은 서울과 평양의 경우 1925~26년에 1차 집중파업인 반면 부산은 1921~22년에 파업건수가 많았다. 서울과 평양이 1930년부터 많은 데 비해 부산은 1929년부터 많은 것을 볼 수 있는데, 이는 부산 특히 개항장으로서의 부두노동운동이 영향을 미치지 않았을까 추측된다.

1920년대 중후반 이후 노동운동에서 나타났던 중요한 하나의 흐름은 기존의 직업별노조를 산업별노조로 바꾸거나 새로이 산업에 따라 노동조합들을 조직하려는 시도였다. 산업별노조로의 이행은 1927년 8월의 조선노농총동맹 상무집행위원회에서 노동자·농민 양 동맹 분리방침에 따른 규약에서 제시되었던 것이다.

인쇄업의 경우를 보면 1927년 12월 25일의 집행위원회에서 서울출판노동회로 조직을 변경하기로 결정하였으며, 이에 따라 1928년에 출판노조가 결성되었다. 그런데 위에서 말한 1927년 8월보다 더 이른 시기인 1926년 7월에 동아일보가 부산에서 철공조합이 창립했음을 보도하면서 "부산의 노동운동이 아직 산업별로 조직화되지 못한 것은 일반이 다 유감으로 인정하던바, 철공유지들은 우선 직업별 노동단체를 조직하고자 준비에 분망 중"이라는 기사를 낸 것으로 미루어 볼 때 당시 대도시를 중심으로 한 일부 선진적 노동운동가들 사이에서는 산업별노조에 대한 필요성이 제기되고 있었으며, 따라서 당시의 실정에서 우선 직업별노조를 조직한 다음 이를 산업별노조로 발전시키려는 구상이 있었던 것이 아닌가 생각된다(김경일, 2008: 203-204). 이러한 노동조합의 조직원리는 일반적인 것으로 일제 강점기를 관통했는데, 산업별노조로의 방침은 1926~27년에 채택되어 1928년 6월에 서울 인쇄출판업에서 가장 먼저 실행되었고, 이후 1930~31년에 전국 각지 노동단체들을 통해 실행되었다(김경일, 2008: 203-204).

산업별노조의 조직방식을 보면 지역 내의 각 공장에 공장반을 두어 노동조합의 분회를 조직하고, 이를 바탕으로 산업에 따른 산업별노조의 지회를 설치한 다음, 이를 전국적으로 통일한다는 방침이었다(김경일, 2008: 206). 부산에서도 1928년 출판종업원조합과 1929년 합동노동조합에서 조직 개편과 동시에 가입범위를 확대하고 각 공장에 공장반을 설치하였다.

산업별노조로의 재편과정에서 나타났던 또 다른 변화로는 노동조합들이 부인부, 청소년부, 실업부 등의 전문부서를 설치하여 미숙련노동자의 대다수를 이루는 여성, 청소년, 실업자들을 단일조직으로 묶기 위한 조직차원에서의 노력을 시도했다는 점이다. 이의 배경으로는 1929년 세계대공황을 계기로 1930년대 이후 일본 독점자본이 대거 한국에 진출한 점, 특히 군수산업을 중심으로 노동자의 양적·질적 성장이 급속하게 진행된 점 그리고 1930년대 이후 식민지에서 자본주의의 발전과 더불어 이른바 산업합리화정책의 진전으로 숙련노동의 쇠퇴와 미숙련노동자의 증대가 일정 정도 진행된 점을 들 수 있다. 부산에서도 공장의 폐쇄, 도산, 휴업 등이 빈발하면서 그 타개책의 일환으로 정규직공을 해고하고 임금이 싼 유년 및 부인 등을 고용하는 '악랄한 수단을 써서' 무리하게 혹사하는 경향이 점차 증가하여 중요한 사회문제로 대두하고 있었다(김경일, 2008: 209-211).

또 다른 1930년대 노동운동의 특징으로는 산업별노조로의 이행 이후 군국주의적 노동정책을 배경으로 노동운동은 합법에서 비합 법의 형태로 이행하는 것이었다. 물론 1920년대의 노동운동이 합법 형태를 띠었다고 노동자들에 대한 언론과 출판, 결사, 집회의 자유 가 보장되었다고는 볼 수 없다. 그럼에도 1930년대 이후 이른바 전 시체제로의 이행을 배경으로 식민권력의 탄압이 가속화되면서 노 동자들의 파업은 말할 것도 없고 합법 노동운동단체들이 존속할 수 있는 영역 자체가 불가능하게 되었다. 이러한 배경에서 노동운 동은 비합법의 방식에 의한 소위 지하활동으로 들어가게 되었다. 혁명적 노동조합운동은 흔히 이 비합법시기 노동운동의 주류를 일 컫는 것으로 이해되었다.

다른 한편 혁명적 노동조합운동은 그에 맞서는 비혁명적 노동운 동, 즉 이른바 개량주의적 경향에 반대하는 노동운동으로 해석될 수 있다. 이러한 맥락에서 혁명적 노동운동은 기존 합법영역에서의 노동조합이 개량주의적이었다고 비판하고, 이른바 계급중심으로 요약되는 혁명적 노선에 따라 어용노조는 말할 것도 없고 합법영 역에 존속하였던 모든 노동단체들을 개량파나 중간파라고 하여 배 격하고 이들을 제국주의와 파시즘으로 완전히 기울어 버린 것으로 파악하였다. 이 시기 국제노동운동의 좌편향을 반영하고 있었던 이 방침은 1930년대 후반에 인민전선 전술이 제기되어 극복될 때까지 노동운동에 부정적 영향을 미쳤다(김경일, 2008: 215-216).

1930년대 부산지역 노동운동의 전개양상을 살펴보면 다음과 같다.

원산총파업이 전국을 흔들었던 1929년에 부산고무직공들의 쟁의가 발생했으며, 조선방직에서는 1930년 1월 10일 부산청년동맹 및 신간회 부산지회, 근우회 동래지회 및 부산지회 등의 지원 아래 남녀직공 2,700여 명 중 2,000여 명이 동맹파업을 하였다(부산민주운동사편찬위원회, 2021: 54-56). 파업의 동기는 여러 가지였다. 첫째는 12시간 노동에 25전의 임금을 주는 12~13세 소녀공들의 극심한 저임금(일본인 직공의 15% 수준)에다가 그들의 임금이 오를 정도가 되면 해고하고 다시 소녀공들을 채용하는 관례였다. 둘째는 직공들이 사용하는 도구의 수리비도 직공이 부담하고 변상해야 하는 것과 승급 시 일본인과의 차별이었으며, 조선인노동자에 대한 일본인 감독들의 멸시와 하대, 구타 등도 있었다. 이에 조선방직 노동자들은 임금인상, 벌금제 폐지, 민족적 차별대우 철폐, 감독 배척, 식사 개선, 소년소녀공의 야간작업 폐지, 8시간 노동제 실시, 취업 중 부상자에 대한 위자료 지불, 기숙사 직공들에게 자유 허용 등을 요구 조건으로 파업에 들어갔다(김중렬, 1975: 70-72). 사측은 주동자를 구속한 후 단식투쟁을 벌이는 여공들을 회유하였으나 효과가 없자 파업을 주도하는 여공 20여 명을 강제 귀향시키려고 경찰을 동원하여 짐을 싸게 하여 압송하는 분위기에서 경찰들로 둘러싸고 출발하려고 하자, 다수의 여직공들이 모두 뛰쳐나와 집으로 가겠다고 나서 이를 말리는 사무원들과 충돌이 벌어지는 등 순식간에 아수라장이 되었다. 그러나 단식여공들의 결사 항쟁에도 불구하고 결국 20여 명의 여직공들은 사측의 계획대로 강제 귀향되고 말았다(김중렬, 1975: 72). 여공들의 단식이 계속되자 사측은 할 수 없이 경찰에게 구속된 파업지도부를 석방하도록 하고 요구 조건은 협의하겠다는 약속을 하며 단식을 끝내기를 종용하였다. 그러나 막상 교섭이 시작되자 임금인상, 차별대우 폐지, 노동시간 단축 등 핵심적인 문제에 대해서는 거절하고, 식사 개선, 벌금제 폐지 등 지엽적인 문제만을 수락하겠다는 태도로 나왔다. 파업단은 이에 분개하여 요구 조건을 모두 관철할 때까지 파업을 계속하기를 주장하였고, 사측은 전원 해고하겠다고 맞섰다(김중렬, 1975: 74). 사측은 주동자급 노동자들을 해고하고, 강제 귀향도 시켰다. 파업 중에 해고된 사람은 300여 명에 달했다.

사측과 경찰 등의 탄압이 가중되면서 1월 20일부터는 투쟁을 포기하고 현장에 복귀한 노동자들이 많이 생겨났다. 21일과 22일 이후에는 대다수 노동자들이 현장에 복귀함으로써 파업은 패배로 끝났다. 끝내 복귀를 거부한 노동자들도 있었지만 파업이 장기화되면서 굶주림에 대한 공포가 현실로 다가왔기 때문에 패배는 불가피했다. 그러나 일제 경찰과 사측의 혹독한 탄압 속에서도 발휘된 강고한 투쟁의식과 단결력 그리고 강제귀향을 당하는 여공들을 탈환하기 위한 노력 등 조선방직 노동자들의 투쟁사례는 오늘날의 노동운동에서도 본받을 만한 것이었다.

1930년대 들어와서는 고무공업에서 노동자들의 쟁의가 가장 활발하게 진행되었는데, 이는 1920년 이후 급격히 성장한 고무신공장들이 1929년 대공황의 여파로 임금을 인하하자 그에 대한 반대투쟁이 치열해지면서 발생하였다. 서울, 평양, 부산 등 고무신공업이 발달한 곳에서 쟁의가 그치지 않았으며, 때로는 특이한 파업전술을 쓰기도 했다. 대표적으로 평양에서 12개 고무공장 1,800여 명의 노동자 전원이 공동파업을 감행하였으며, 파업의 진행 중에 일부 공장의 기계공이 복귀하고, 새로운 직공을 채용하여 공장을 가동하려고 하자 파업노동자들이 공장습격을 하고 무장경찰과 충돌하는 등 폭동으로 발전하면서 반일투쟁으로 확산되었다. 이러한 공장습격은 16회나 진행되었고, 참가한 연 인원은 5천여 명에 달했다. 특히 1931년 5월 평양의 평원고무공장에서 임금인하가 단행되자 노동자들은 아사동맹을 조직, 공장을 점령하여 농성을 벌였고, 여성노동자 강주룡은 높이 40척이 되는 을밀대 지붕에 올라가 9시간 동안 고공농성을 하였는데(이옥지, 2001: 48-50), 이는 한국노동운동에서 최초의 고공농성이었다.

부산에서 고무노동자의 동맹파업은 1928년부터 30년대 후반에 이르기까지 지속적으로 전개되었으며, 대부분의 파업이 일본인 경영의 공장에서 발생했다. 또한 파업은 상대적으로 장기에 걸쳐 다수의 노동자가 참여하였다. 나아가 폭력적 수단에 호소하는 경향이 있었는데, 이러한 경향은 부산지역이 일본인의 영향력이 높다는 지역적 특수성과 아울러 일찍부터 부산에서 전개된 사회운동이 민족적 성격을 강하게 띠고 있어 당시 부산지역 노동운동의 성격을 결정짓는 특징으로 작용했다.

1930년대 들어오면서 일제의 독점자본인 삼정물산이 남부 일대의 유력한 고무공장들을 망라하여 생산과 판매를 독점하려고 시도하였던 것을 배경으로, 부산에서도 삼정물산과 결탁한 이른바 통제파와 그에 대립되는 비통제파가 시장을 둘러싼 치열한 경쟁을 하고 있었다.

고무통제로 인한 임금인하에 반대하는 파업은 1933년 4월 율전고무에서 제기된 바 있었는데, 7월에 이르러 삼정물산에서 통제파의 중심이 되는 환대공장에서 다시 동일한 요구조건을 내걸고 노동자들이 파업에 들어간 것이다. 이 공장에서는 4월 10일 통제 이후 신발의 대소에 따라 임금을 5, 3, 2전으로 약정해 놓고 실제로는 30%를 삭감해 지불하였는데 다시 5리를 인하하면서 파업이 시작되었다. 500명의 노동자들 중에서 300명이 파업에 들어가자 공장에서는 신규노동자를 모집함과 동시에 파업노동자들과 협상을 벌였으나 별다른 성과를 거두지 못했다.

다음 날 부산에서 일제 경찰의 엄중한 경계 아래 노동자들과 다시 협상을 시도했으나 대표자 선정 문제로 결렬되고 말았다. 그러자 1년 중 가장 바쁜 시기인 추석을 앞두고 초조해진 공장주는 경찰의 조정을 통하여 1리 인상이라는 기만적인 타협안을 제시하였으며 이에 한때는 50명만 남기고 거의 현장에 복귀하게 되었으나 13일에 이르러 300여 명이 생활고를 이유로 재차 파업에 들어갔다. 그러나 공장에서는 30~40세에 이르는 노직공을 구해 작업을 강행하였다. 이에 맞선 파업단이 공장 정문에 쇄도하여 신직공과 공장 직원들을 대상으로 육탄전을 벌이는 등 폭력적 양상이 되었는데, 9월에 이르러 신규직공이 100여 명에 달함으로써 여공 51명의 해고를 낸 상태에서 파업이 일단 종식되었다(김경일, 2008: 271-272).

1933년 상반기의 노동자 파업에서 고무공업은 가장 많은 발생건수를 기록했다. 이러한 경향에 대해 총독부에서는 가을에 고무공업에서 총동맹파업을 우려하여 각 도에 엄중한 경계를 명하였으며 사측에게도 노사 간의 원만한 타협을 강조하는 경고를 시달하였다.

평양에서는 이 시기에 무려 8건의 쟁의가 집중적으로 발생하여 치열한 양상을 보였으나 조직적 연대가 없어 산발적인 형태로 그쳤지만 이미 4월부터 지속적으로 파업을 전개해왔던 부산에서는 10월에 이르러 지역연대파업의 형태로 발전하였다. 지역연대투쟁의 구체적 계기는 10월 17일 독점에 가담하지 않은 대화고무공장 여성노동자 130명이 임금인하에 반대하여 단행한 파업에서 비롯되었다. 다음 날 삼정재벌의 통제하에 있던 일영과 능암 두 공장으로 파업이 확대되었다. 그리고 20일에 부산고무에서 2개조가 결의문을 제출하여 받아들여지지 않자 파업에 돌입하였으며, 이에 호응하여 24일에 일영공장에서도 같은 요구서를 제출하여 재차 파업을 전개하였다. 대화와 능암공장의 노동자들도 다시 동조, 합세함으로써 부산 고무공장노동자들의 총파업이 전개되었다. 고무공장의 여공들은 26일에 산중에서 대책회의를 한 후, 열을 지어 시가지를 행진하며, 일영공장에 몰려가 공장 창문에 투석하는 등 투쟁을 하였으며, 이어서 27일에는 노동자들이 능암과 대화 공장을 습격하였다. 임신 중인 여성노동자나 어린아이를 등에 업은 아주머니를 선두로 "추석부터 지금까지 한 푼도 벌지 못한 여공들은 식량이 없어 먹지도 못하였음"에도 불구하고 "한사코 일치단결을 부르짖으며 가두로 진출"하는 맹렬한 투쟁을 전개하였으며, 이에 정사복경찰과 기마순사를 동원한 일제의 가혹한 탄압으로 "처처에 충돌과 아우성"을 이루었다.[9]

파업여공 300여 명은 28일 환대공장에 몰려가 동맹파업을 선동한 결과 조업을 계속하는 공장은 율전 하나뿐이어서 부산고무노동자들의 파업은 명실상부 지역총파업의 수준에 이르게 되었다. 경찰에서는 노동자들에게 가두시위를 엄금하는 한편 공장주들이 임금 1리를 양보했다는 이유로 파업단을 인정하지 않겠다고 선언하면서

9 『동아일보』 1933년 10월 29일 자. 김경일, 2008: 273 재인용

모든 집회를 금지하였다. 공장주들이 1리를 양보하는 기만적 타협책을 거부한 노동자들은 11월 7일에 공원에 모여 "최후로 각자 집에서 몇 달이라도 본래대로 임금을 지불하기까지는 놀자고 하면서 원만한 해결을 짓지 못한 한으로 서로 손을 쥐고 뜨거운 눈물을 흘렸다.[10]

파업은 결과적으로 공장주들의 타협안대로 노동자들이 11일에 일제히 복귀함으로써 종결되었지만 외부의 지원이나 자체 내의 지도인물도 없이 20여 일을 3~4백 명씩 산중 혹은 가두에서 회합하여 자기들의 의사를 토론하였고 공장의 배신자를 습격하여 다른 공장의 파업을 구하다가 무리한 폭력을 당하는 등 조선노동운동사에서 처음 보는 심각한 의의를 가진 노사 알력을 드러낸 것으로 평가받았다.[11]

그 후 1935년에는 삼화고무, 일본경질도기, 부산국제통운회사에서 파업이 발생하였고, 1936년에는 부산부두와 동양법랑철기회사에서 파업이 발생하였다.

한편 일본제국주의는 1937년 중일전쟁을 도발한 이후 조선을 대륙침략의 병참기지로 만들기 위한 정책을 추진하면서 군사적 공업화를 진전시켰고, 이는 노동자계급의 급격한 양적 성장을 초래했다. 그중에서도 주목할 만한 업종이 광업, 제조업, 가스 및 전기업 등의 비약적인 성장이었다. 특히 제조업 중에서도 중화학공업의 성장이 현저하였다. 따라서 조선에서는 광공업의 노동자가 급격히 증

---

10 『동아일보』 1933년 11월 8일 자. 김경일, 2008: 274 재인용
11 『동아일보』 1933년 11월 9일 자 · 11월 12일 자. 위의 책 274 재인용

가하여 1944년 말경에는 임금노동자 총수가 대략 200만 명을 훨씬 초과하였다(김윤환, 1982: 318-320).

중일전쟁의 발발 이래 일제는 자연적으로 또는 강제적으로 급증한 이 노동자들에게 전시의 비상시국을 빙자하여 장시간 노동을 강요하고 임금은 기아 수준으로 지불하였다. 아울러 일제는 노동운동에 대한 탄압도 가중하여 조직적 노동운동은 불가능하게 되어 비합법적 혁명적 노조운동[12]의 방향으로 나가게 되었다.

그런 조건에서도 노동쟁의는 발생하여, 중일전쟁이 일어난 1937년 2월 부산진매립공사장의 1,300여 노동자들이 파업을 했고, 조선방직에서도 파업을 했다. 그리고 1937년 11월 부산 후꾸모도 양말제조공장에서 남녀직공 80명도 파업을 했다. 그러나 이 시기에는 파업이 일어나기만 하면 선두에 서는 노동자들을 무조건 검거했기 때문에 노동자들은 직접적인 파업보다도 태업의 방법을 이용하는 경우가 빈번하였다. 1938년 7월의 부산 성냥공장 150여 노동자들의 태업이 대표적 실례이다.

1940년대에 들어오면서 전국 각지의 노동자들은 일제의 전시정책을 파탄시키기 위한 각종 형태의 반일반전운동에 적극 참여하였다. 1940년 6월에 부산에서 대삼건구제조공장 노동자들이 임금인상을 요구하는 파업을 벌였고, 8월에는 부산피복회사 노동자들이 파업을 했다. 1941년 3월에는 부산의 조선조침공장 노동자들이 잔업수당의 증액을 요구하며 파업을 했다. 노동자들은 기계파괴운동

---

12 1930년대 후반 중일전쟁 이후 합법적 노동조합운동이 사실상 불가능해지면서 노동조합들은 산별단위로 재편하면서 비합법적인 형태로 전환하였다. 일제는 이러한 운동을 좌익 적색노조운동으로 명명하였다.

에도 가담해 부산의 조선중공업에서는 공장 6동과 주택 9채를 소각시키기도 했다.

그 외에도 노동자들은 노동생산능률의 저하, 도수와 이식 등의 방법으로 저항을 하였는데, 노동쟁의는 중일전쟁 이전에도 종종 폭력적 양상을 띠었으나 중일전쟁 이후에는 폭력적 충돌이라는 더욱 심각한 양상을 띠었다. 또 일부 노동운동은 조직적 무장투쟁으로 전환하였다(김윤환, 1982: 325-336).

4) 일제하 노동운동의 성격

한국에서 임금노동은 이조 봉건사회 말기부터 발생하기 시작해 개항과 더불어 근대적 임금노동이 급속히 성장했다. 이러한 노동자계급을 중심으로 이미 노동자단체의 조직과 노동운동이 19세기 말엽에 발생하여 1910년대에는 전국 각지에서 산발적으로 일어났다. 그러나 이 당시의 노동운동은 비조직적, 자연발생적이었으며 전국적인 규모의 노동운동으로 전개되지는 못했으나 이미 반일운동의 색채를 띠고 있었다.

1920년대 전반기에 제1차 세계대전을 통해 축적된 일본 자본이 진출됨에 따라 노동자계급은 성장했고, 1차 세계대전 후의 불황으로 임금인하 등 노동조건이 악화되자 각종 노동쟁의와 노동자단체의 조직[13]이 촉진되었다. 그러나 이 당시의 노동운동은 노동자계급

---

13 이 시기에 등장한 노동단체로서 전국적 규모로는 조선노동공제회, 노동대회, 조선노동동맹회, 조선노농총동맹 등이 결성되었다(김윤환, 1982: 341).

스스로 일으켰다기보다는 지식층에 의한 계몽운동 내지는 항일민
족해방운동의 일환으로서 촉진되었다. 그러나 중앙과 지부 각 조합
은 밀접한 유대관계가 미약했고, 노동조합이 주체가 되지 않은 자
연발생적인 노동쟁의가 지배적일 만큼 조직역량이 극히 약했다. 아
울러 노동운동과 농민운동이 미분리상태에 있을 정도로 노동운동
이 초기적인 성격을 띠고 있었다(김윤환, 1982: 341-342).

1920년대 후반에는 식민지공업화에 따르는 노동자계급의 양적
성장과 더불어 노동운동이 크게 앙양되었다. 당시의 노동자조직으
로는 조선노동총동맹을 들 수 있고, 특히 조선공산당과 신간회가
노동운동에 많은 영향을 미쳤다. 또한 노동운동과 농민운동이 분리
되었고, 산업별·지역별 노동조합연합체로 발전되었으며, 노동쟁의
가 조직적이고 강인한 성격을 띠고 노동운동이 전국적 차원에서 전
개되었으며 민족해방운동과 밀접하게 관련되어 추진되었다.

1937년 설립된 조선중공업,
1945년 이전의 모습
출처: 한국향토문화전자대전

1930년 이후에는 파업투쟁이
최고로 고조되었고, 중일전쟁 이
후 전시상황이 되면서 노동운동
에 대한 탄압도 심했기 때문에 노
동쟁의가 공장점거, 경찰서 습격
등으로 폭력화되었으며 혁명적
노조운동으로 전환되는 등 노동
운동이 비합법 조직화되어 갔다.
그리고 노동운동에 대한 극도의 탄압으로 일부 노동운동가들은 항
일무장투쟁의 방향으로 전환하였다.

제2부
해방 이후 1950년대까지 부산지역 노동운동

1. 해방 직후 미군정하의 노동운동

1) 해방 직후 정치경제적 배경

제2차 세계대전 이후 일본의 패망으로 1945년 8월 15일 조선은 일본 제국주의로부터 해방되었다. 조선의 해방과 남북의 분단, 해외거주동포들의 귀환 등 해방 직후 격동기에 있었던 사건들은 이후의 한국사에 절대적인 영향을 끼치며 향후 나아가는 방향을 규정하였다는 점에서 매우 중요한 시기였다. 특히 해방 직후부터 정부수립까지 약 3년의 시기는 이후의 한국사의 흐름을 구조적으로 규정하는 가장 결정적인 전환기이기도 했다. 또한 이 시기는 노동운동사의 관점에서 보더라도 자본의 축적과 노동자계급의 형성 이후 현재까지 150여 년에 걸쳐 전개된 한국노동운동의 역사에서 유례를 찾아볼 수 없을 정도로 폭발적이며 광범위한 노동운동이 발생한 시기였다.

해방은 우리 손으로 이루어졌다기보다는 2차 세계대전에서 연합군의 승리에 의해 주어진 것이어서 미국과 소련에 의한 분할점령을 초래했다. 분할점령은 당초 일본군의 무장해제를 위한 것으로 설명되었으나 미국과 소련은 진주와 동시에 남북한에 군정을 실시하고 각각 자신들에게 우호적인 정권을 수립하는 방향으로 움직이면서 분단의 길로 가게 되었다. 미군은 예정대로 8월 15일 들어오지 않고 20여 일 후에 들어왔다. 그사이 조선총독부에 의해 해방 직후의 치

안 문제에 관한 협력을 요청받았던 여운형 등의 중도좌파들은 건국
준비위원회를 발족하고 전국 각지를 돌아다니며 마을, 읍, 면, 혹은
대학, 회사, 공장 등의 중요기관을 중심으로 인민위원회 혹은 자치
회를 결성하였다. 이는 떠나는 일본인들에 대한 테러를 사전에 방
지하고, 자원확보 등에 만전을 기하기 위한 것이었다. 이러한 제 조
직들이 건국준비위원회로 결집되고, 미군이 들어오기 하루 전인 9
월 6일에는 조선인민공화국을 수립, 선포하기에 이르렀다(이옥지,
2001: 53-54).

해방 직후 미군정이 실시한 여론조사에서 서울시민들이 가장 선
호하는 경제체제는 사회주의로 70%를 차지했고 다음이 자본주의
14%, 공산주의가 10%로 나타났다. 식민지 시대 후반기 20여 년간
진정성 있게 항일투쟁에 헌신한 것이 좌파였음을, 신문이라도 볼
수 있는 지식층이 다수였던 해방 직후의 서울시민들은 잘 알고 있
었다(이성아 · 안재성, 2018: 82).

그러나 한반도의 남쪽에 진주한 미군은 북쪽에 진주한 소련군과
는 달리 건국준비위원회와 조선인민공화국의 협조 제의를 거절하
고 그 존재 자체를 인정하지 않음으로써 그동안의 노력을 무위로
만들어버렸다. 오히려 친일파, 극우파와 제휴한 미군정의 전후정책
으로 국민대중의 의견을 인민위원회를 통해 수렴하여 정치적 주권
국가를 세우려는 노력은 서서히 좌절하게 되었다. 미군정청의 초기
의 기본방침은 사유재산보호를 제1원칙으로 내세워 일본인 소유의
재산거래를 허가한다는 것이었는데, 이는 식민지기간 동안 조선인
들을 착취한 일본인 재산은 모두 접수하는 것이 당연하다고 여긴
조선민중의 생각이나 행동에 정면으로 대립하는 것이었다.

한편 한국경제는 극도로 침체되었다. 80~90%를 차지하던 일본의 자본과 기술이 물러가고, 일본과의 경제관계가 단절되었으며, 식민지 종주국에 연결된 기형적인 경제구조를 가진 데다가, 해방과 더불어 광업과 중공업 위주의 북쪽과 경공업과 농업 위주의 남쪽으로 분단되자 남한의 경제는 더욱더 어려워졌다.

이렇게 분단에서 오는 산업시설의 불균형과 기존의 식민지 모국과의 단절에서 오는 문제들이 쌓여 있는데 일제가 남겨놓고 간 생산시설들에서조차 생산이 순조롭게 이루어지지 않아 해방 후 남한에서는 가동하는 공장 수가 일제 말에 비해 크게 줄어들고 노동자 수도 줄어들었다. 이는 기계 부속품의 부족, 일본인 기술자와 관리인들의 철수, 산업정책의 부재로 원료생산이 급감하는 등 여러 가지 이유 때문이었다. 또한 정부에 소유권이 귀속된 공장들이 자금난과 경영의 불합리성 등으로 조업중단, 혹은 유휴상태로 방치된 데도 원인이 있었다. 따라서 공업생산이 크게 위축되어 1939년과 1946년 사이에 남한만의 비교에서 방직, 기계, 화학, 식료품 공업은 모두 60% 이상의 감소를 기록했다(이옥지, 2001: 56).

미군 당국은 한반도에 상륙하기까지 일본에 대한 무장해제 외에는 아무런 정치적, 경제적 복안도 없었고, 한국에 관한 지식도 없었다. 미군정은 조선총독부의 기구를 그대로 답습하고, 일제 강점기에 조선인들을 억압했던 경찰력까지 그대로 유지했다. 노동정책도 조선총독부의 기구를 그대로 답습하였으며, 민중의 반발에 못 이겨 일본인 관리들을 한국인들로 교체하는 과정에서도 극우 정치인들이나 대지주를 고문관으로 등용함으로써 당시 열세에 몰렸던 우익 세력을 강력하게 지원하는 결과를 가져왔다(이옥지, 2001: 58).

이렇듯 해방 직후 한국경제는 극도의 경기침체와 함께 실업자가 폭증하고 실질임금이 폭락하는 상황으로 내몰렸다. 이는 노동운동이 폭발적으로 고양되는 객관적 조건이 되었다.

2) 해방 직후 노조 결성과 자주관리운동

해방 이후 부산에서의 미군 진주는 1945년 9월 16일에 이루어졌다. 부산에 도착한 미군 선발대는 본부를 철도호텔에 두고 부산부청사를 접수하였는데 미군정에 의한 초대 부윤에는 케리 소령을 그리고 경남지사에는 하리스 준장을 임명하였다. 이후 1946년 1월 24일 자로 한국인 부윤에 양성봉을 임명하였으며 경남지사도 김병규를 임명했다가 1947년 2월에 2대 지사인 김철수로 교체하였다(부산시사편찬위원회, 1974: 1127-1129).

해방 직후 부산에서 관리위원회가 조직된 대표적인 기업체는 조선운수주식회사, 조선기선회사, 조선방직, 동광고무주식회사, 흥아고무 등이었다. 조선운수주식회사는 해방 직후 조선인 직원 500명이 모여 '관리위원회'를 조직하고 10월 초 노동조합을 결성하였다. 조선기선회사는 약 200여 명의 노동자가 '회사운영회'를 조직하였으며, 조선방직도 노동자들이 단결하여 '조방관리위'를 조직하여 사업장을 관리하였다. 화학분야에서는 해방 직후 부산 전체 고무공장 관리와 생산의 효율을 기하기 위한 '고무공장 관리위원회'가 조직되었는데 대표적인 사업장으로 동광고무와 흥아고무가 있었다. 이러한 공장자주관리운동은 일제 패망 후 일제 잔재의 청산과 퇴각하는 일본인들에 의한 시설파괴 및 물자방출, 그리고 경영인을 비롯한 전문직 인력의 공백을 스스로 막아내기 위한 불가피한 대안이었다. 노동자들의 활동은 자주관리운동 외에도 퇴직금 요구, 해고 반대 투쟁, 노동조합운동 등 다양한 형태로 전개되었다(부산민주운동사편찬위원회, 2021: 67).

일제로부터 해방이 된 한국의 노동자계급은 1930년대 후반 이래 일제에 의해 금지되어왔던 노동조합을 조직하기 시작해 전국 각지에서 수많은 노동조합을 결성하였다. 노동조합은 해방 직후부터 조직되어 1945년 11월 5일에 있었던 조선노동조합전국평의회(이하 전평) 창립대회에 전국의 1,194개 노동조합이 대표를 보냈다. 전평 측의 보도에 따르면 1945년 12월 기준 16개 산업별노조에 223개의 지부, 1,757개의 조합, 553,408명의 조합원이었다.[1] 또한 미군정청 노동부의 발표에 의하면, 1946년 12월 30일 기준 남한에서만 노동조합수

---

[1] 전평 산하 조합 및 조합원 수 　　　　　　　　　　　　(1945년 12월 현재)

조합	지부수	지방조합수	조합원수
금속	20	354	63,159
화학	19	140	52,869
방직	13	141	30,507
출판	17	97	5,133
운수	18	139	49,134
토건	18	184	56,681
재목	11	136	36,642
전기	9	45	8,097
어업	7	90	33,723
광산	10	107	76,593
상업	20	35	5,574
철도	20	107	59,802
사무원	30	111	18,825
해원	6	7	2,593
선박	5	7	2,300
일반조합		57	81,776
총계	223	1,757	553,408

출처 : 현대일보, 1946.9.3. 한국노동조합총연맹, 1979: 265 재인용

가 1,179개, 조합원 304,005명이었다(한국노동조합총연맹, 1979: 265).[2] 전평 측의 발표와 미군정청 노동부의 발표가 차이 나는 것이 보고되거나 조사되지 않은 수가 많을 것임을 감안하면 노동부 발표의 수보다 많을 것으로 추정할 수 있다. 이와 같이 8.15 해방 직후에 많은 노동조합이 결성된 것은 해방을 맞이한 한국의 노동대중이 해방 전의 비합법적 지하운동에서 벗어나 합법적으로 자신들의 이익을 옹호·보장하는 노동조합운동을 활발하게 함으로써 해방된 나라의 산업재건과 통일조국 건설에 대한 열망이 높았기 때문으로 해석된다. 또한 전평은 간부진의 대부분이 재건된 조선공산당의 중앙위원을 겸할 정도로 좌익적 경향이 있었다. 이는 1930년대 이후 노동운동이 일제의 극렬한 탄압으로 부득이 비합법투쟁의 형태를 취할 수밖에 없었고, 이러한 투쟁을 조직하고 지도한 세력이 좌익계열의 사회주의자가 많았으며, 또한 해방 직후 감옥에서 풀려난 많은 사회주의 노동운동가들이 즉각 전국적 규모로 노동조합을 조직했기 때문이라고 보여진다. 노동자 대중들 또한 일제하 식민지조선에서의 자본가 대부분이 일본인이었으며, 조선인 자본가라 할지라도 친일파로 행세했기 때문에 대중들의 반자본가투쟁은 곧 반일운동과 맥락을 같이할 수밖에 없었으므로 해방 후 노동운동이 좌익적 경향을 가지는 것은 지극히 자연스런 현상이었다고 볼 수 있다.

이러한 전평의 좌익적 경향에 반대해서 결성된 대한독립촉성노동총동맹(이후 대한노총)은 우익적 성향을 가지고 전평과 대립하는

---

2 이 발표에 의하면 조선노동조합전국평의회 산하의 노동조합수가 1,111개, 조합원 246,777명이며, 대한독립촉성노동총동맹 산하의 노동조합수가 68개, 조합원이 57,228명이었다.

양상을 띠었다. 대한노총은 그 결성과정이나 강령 등을 통해 볼 때, 노동조합으로서의 기본요건이나 기능의 관점에서 보아도 많은 문제점을 처음부터 내포하고 있었다. 즉 대한노총은 자본으로부터 독립되어 임금노동자들이 밑으로부터 자주적으로 조직하여 올라온 것은 아니었다. 오히려 자본의 엄호하에서 임금노동자가 아닌 정치인들이 위로부터 하향적 지령을 통해 조직한 것이었고, 또한 1차적 목표를 노동생활의 제 조건의 개선이 아니라 반공투쟁에 두었으며, 일상적이며 항상적인 단체로서 의도되었다기보다 특정한 목적의 달성을 위해 단기간에 급조되었던 것이다(한국노동조합총연맹, 1979: 280-281).[3]

이러한 조건에서 해방직후의 노동운동은 좌우익을 막론하고 정치적 성격이 농후하였으며, 정치투쟁의 일환으로 노동운동이 전개되는 것을 피할 수 없었다. 이는 당시 민중들에게는 장차 수립될 독

---

3 전평은 조직된 지 1년 내에 전국적으로 50만에 가까운 산업별노동조합체계를 구축할 만큼 대중적 지지를 받았다. 반면 전평의 조직화에 대항해 우익세력이 중심이 되어 노동조합의 중요성을 뒤늦게 깨닫고 대한독립촉성전국청년총연맹 내에 노동부를 두고 홍윤옥을 중심으로 1945년 11월 20일 용산공작소와 조선피혁회사 등을 비롯한 영등포지역의 소규모 공장과 경전 전차직장 등에 침투해 있었으나 조직화를 하지 못하고 있다가 12월 20일 국민당위원장이었던 안재홍의 알선으로 한성일보사에서 20여 명이 참석하여 대한독립촉성노동총연맹 결성준비위원회를 결성한 후 1946년 3월 10일 시천교당에서 15개 직장에서 출석한 대표자 48명으로 대한독립촉성노동총연맹(이후 대한노총) 창립대회를 개최하였다. 대한노총의 고문으로 이승만, 김구(金九), 김규식, 안재홍, 조소앙 등 우익정치인들을 위촉하였고, 위원장에 홍윤옥, 부위원장에 이일청과 김구(金龜), 사무국장에 권영삼을 위촉하였다(철로50년사, 16-17). 대한노총은 출발이 노동자의 권익향상 등 노동문제에 관심을 가지기보다는 전평이 대중적 영향력이 높고 노동자의 지지를 받는 것을 좌익의 영향 아래 있다는 판단하에 전평을 파괴하려는 우익세력의 문제의식에서 출발했던 측면이 강했다.

립국가의 형태가 어떠한 형태로 될 것이냐 하는 문제가 직접 노동
자들 자신의 운명을 결정할 중요한 문제였기 때문이기도 했으며,
또 당시 정치단체들이 대중적 조직체로서 가장 잘 정비되어 있었던
노동조합을 각자의 세력 기반으로 구축하였기 때문이기도 했다.

부산에서는 노동조합들이 1945년 10월 7일 부산노동자조합 창
립대회를 가졌으며, 이어서 교통운수, 섬유, 화학 등 산업별·지역
별 노조를 결성하여 12월에 전국노동조합부산지방평의회(약칭 부
평)[4]를 결성하였다. 실업자들은 '실업자동맹 부산지부'를 결성하였
다. 이 노조들은 노동운동 중앙단체인 전평으로 결집하여 삼상회의
의 결정을 지지하고 민전 부산시위원회에 참가하기도 하였다.

부산철도공장의 조선인 종업원은 1945년 10월 8일 부산철도노
동조합 창립총회를 개최하였다. 철도노조는 기간산업이었기 때문
에 부두노조와 마찬가지로 통제가 엄격한 데다 다른 사업장에 비해
임금이 열악하여 매 시기 투쟁의 선봉에 섰다. 그리고 철도가 중앙
과 연결되는 유일한 교통수단이었기 때문에 이후 철도노조의 주도
권을 놓고 미군정의 비호하에 있던 대한노총과 격돌하였다.

---

4 전국노동조합부산지방평의회의 주요 간부는 지한종, 강대갑, 이용환, 김일립, 김시
엽, 안고덕 등이었다. 지한종은 전평의 결성대회에 부산지역 대표로 참여했던 인물
이다. 강대갑은 일제 강점기 김해농민조합에서 활동했으며, 전평 결성대회에 부산
섬유노조의 대의원으로 참여했다. 이용환은 전평 결성대회에 부산철도노조의 대의
원으로 참여하여 중앙집행위원이 되었다. 김일립은 기장지역에서 노동운동을 이끌
었던 인물로 전평 결성대회에 부산광산노조의 대의원으로 참여했다. 김시엽은 김
두봉의 사촌으로, 전평 결성대회에서 집행위원으로 선출되었다. 안고덕은 부산조
선노조의 대의원이었으며, 전평 결성대회에서 집행위원으로 선출되었다. 이들은 대
부분 일제 강점기에 사회주의운동을 전개한 인물이었다(이광욱, 부산향토문화백
과).

조선중공업[5]은 일제시대에 2천여 명의 종업원이 있던 중요한 산업기관이었다. 해방 직후 전 수상서 치안관이었던 박상길 등이 소위 '중공업대책위원회'라는 것을 조직하여 사내 일부 간부와 결탁하여 자기네끼리 경영진을 만들어 운영하면서 해방 직후 일본인에게서 획득한 종업원의 생활비를 횡령하는 일까지 저질렀다. 이를 알게 된 노동자 300여 명이 이들을 몰아내기 위해 노조분회를 결성하고 자주적으로 공장조업을 준비하던 중 또다시 그들은 의식이 없는 종업원을 호별 방문하여 매수하는 등 갖은 모략을 써서 노조간부를 강제해고하여 공장의 원료자재를 밀매했다. 노조분회에서는 그들의 부정사실을 적발하고 공장관리에 참가를 요구하여 이를 전적으로 관철시켰다. 그리고 자금관계로 구 동척계 관리인을 새로이 맞아들이면서 부정분자를 철저히 폭로하여 그중 3인을 축출하였다. 이후 반동분자들이 다시금 "임금이 싼 것은 노조에서 관리에 관여하는 탓이다"라고 역선전을 하면서 노조파괴 공작을 꾀하였으나 노조에서는 이를 극복하고 다시 용허되는 최고의 임금을 획득할 수가 있었다(전국노동자신문, 1946. 4. 12).

공화조선회사는 선박수리를 맡은 50여 명의 종업원이 있었는데, 해방 직후 일제시대의 서기 주 씨는 일본인에게 아첨하여 위임장을 받아 공장을 전일과 다름없이 전제적으로 관리하려 하였다. 이에 종업원은 관리참여를 요구하였으나 듣지 않자 노조분회를 결성하여 공장을 사수하고 주 씨를 친일파 민족반역자로 규정하여 일체

---

5 조선중공업은 해방후에는 대한조선공사였다가, 이후 민간매각되면서 한진중공업으로 바뀌었다. 현재는 HJ중공업으로 개명했다.

사무를 인계받고 축출한 후 자주적으로 경영해왔다. 일단 도주하였던 주 씨가 미군 헌병을 데려와 노조 대표자를 끌고 가려 하였으나 전원이 일치단결하여 물리쳤다. 그 후 주 씨가 서울 광공국에서 관리권을 얻어와서 미군 헌병의 힘을 빌고 때로는 폭력단을 시켜 공장을 내놓으라고 하였으나 종업원은 이를 단연코 배격하여 한 달여 동안 검속과 온갖 위협공갈을 극복하였다. 이후 주 씨가 또다시 경남 광공부에서 정식으로 관리권을 받았다면서 여전히 강요하였으나 이것도 전원의 틈없는 결속으로 물리쳤다. 당시 임금은 일급 90원을 지불하면서도 유동운영자금도 상당히 저축하였으며 이후로도 종업원의 의사에 배치되는 외부의 간섭을 절대 배격하고 산업건설을 위하여 일로 매진하겠다고 하였다(전국노동자신문, 1946. 4. 26).

출판노조의 경우는 언제 결성되었는지 정확히 알 수 없지만 1946년 2월 12일 조선출판노조부산지부에서 제2회 임시대회가 개최되었다. 이 대회에서 긴급한 당면문제를 토의하고 지부의 기본강령과 행동강령을 인쇄하여 전 조합원에게 배포하였다. 그리고 "부내 각 노동조합과 보조를 맞추어 전 노동계급의 대우를 향상시키며 민족반역자, 친일파 및 우익파쇼분자의 음험한 계책선전을 봉살하고 근로대중의 이익을 옹호할 진정한 의미의 민주주의 정부수립에 협조하여 전 조선인민의 행복을 엄취함에 과감한 투쟁을 할 것"을 결의했다. 그리고 여타의 노조들이 전평으로 결집하고, 삼상회의의 결정을 지지하고, 민전부산시위원회에 참가한 사실로 볼 때 그 노조들의 강령이나 방향은 거의 일치하였을 것이다(부산민주운동사편찬위원회, 1998: 93-94).

이후 부산에서 조직된 노동조합은 지역별·산업별 조직으로 묶여 전국조선노조 부산지부, 전국금속노조 부산지부, 전국화학노조 부산지부, 전국교통운수노조 부산지부, 조선토목노조 부산지부, 부산해상노조, 부사자유노조, 부산섬유노조 등이 결성되었으며 전국노조 부산지방평의회가 1945년 12월 "노동대중의 이익을 옹호하고 생산을 촉진시키자"는 기치하에 발족했다(부산민주운동사편찬위원회, 1998: 95).

이상과 같이 부산의 노동자들은 일본인이 퇴각한 후 관리위원회나 운영위원회 등을 결성하여 주요 물자의 도난방지, 건물의 경비, 일본인의 행동 감시, 운영방침의 준비 등 자주적으로 사업재개를 위한 노력을 경주하였다. 또한 전 일본인 경영주로부터 퇴직금과 후생수당을 청구하는 등 그들의 기본적인 권리를 획득하기 위해 노력했다. 그러나 당시 이들의 가장 큰 애로는 자금난이었다. 그리하여 자금력 있는 경영주를 맞아들였는데 이들은 공장을 잘 운영하여 생산성을 향상시키려는 노력보다는 관리권을 장악하는 데 주력함으로써 점차 노동자들과 관리권을 놓고 첨예하게 대립하게 되었다. 이들은 관리권의 장악을 위해 노조간부나 노동자들에게 우호적인 관리원들을 해고시켰으며 이를 용이하게 하기 위해 때로는 군정당국의 힘을 빌리고 때로는 미군헌병과 경찰을 동원하기도 했다. 게다가 이들은 노동자들을 돈으로 매수하거나 부랑자들을 입사시켜 물리적 충돌까지 야기하면서 관리권 장악에 혈안이 되어 있었다. 특히 군정당국은 해방 직후 공장의 현실이 노동자들이 자주관리를 하고 있었음에도 소정의 양식과 의욕만 있으면 관리신청을 받아주었기 때문에 이중의 관리권으로 다툼을 더욱 부채질하는 격이었다. 이러한 난관 속에서도 부산의 노동자들은 통일단결에 기초한 조직을 무기로 일제 잔재와 모리배, 현실을 무시한 군정당국의 조치에 대응하고 극복하면서 발전해갔다.

1946년 5월 1일 공설운동장에서 해방 이후 최초의 노동절 기념 집회가 조선노동조합부산지방평의회 주최로 개최되었다. 이 대회에서는 교통, 섬유, 화학 등 20여 개의 산업별노조 조합원 5,000여 명과 사회단체와 일반인이 참여하였다(중보. 1946. 5. 1-2). 대회에서는 메이데이 노래를 제창하고, '착취 없는 사회를 건설하자! 8시간

노동제를 세우자! 노동자 없는 곳에 자본의 사회도 없다!' 등의 구호를 외쳤고, 피검된 노조지도자의 석방을 촉구하였다. 이 대회가 부평 주최로 열리게 되자 미군정은 집회시간을 단 2시간으로 한정시켰다. 그런데도 참가한 노동

해방1주년 기념 조형물(부산시청 앞)
출처: 부산향토문화백과(한국학)

대중의 숫자, 외쳐진 구호는 당시 노동대중의 요구와 지향이 분명하게 진보적인 민주주의를 지향하고 있음을 보여주었다. 한편 전국적으로 행해진 메이데이 기념행사에서 대한노총이 3,000여 명의 인원으로 기념행사를 치른 데 비해, 전평은 15만여 명이 운집하여 성대한 기념행사를 거행하였다(전국철도노조. 1967: 19).

미군정은 1946년 4월부터 본격적으로 민전 계통의 정당사회단체에 대해 유무형의 탄압을 가해왔음에도 불구하고 이상과 같이 대회가 엄청난 성황을 이루자 근로대중의 요구에 귀를 기울일 수밖에 없었다. 게다가 1946년 7월에 전평이 세계노동조합연맹(WFTU)에 가맹함에 따라 그 지위가 국내외적으로 높아져 미군정 장관이 그

축하대회(1946년 7월 28일)에 축사를 하지 않을 수 없는 처지가 되었고 구실 없는 탄압은 더더욱 할 수가 없었다.

3) 9월 총파업과 10월 항쟁

해방 직후부터 계속된 식량난과 실업난, 저임금으로 인해 해방된 지 1년이 지나도록 시민들의 생활은 더욱 처참해졌다. 게다가 1946년 전반기에 부산·경남지역에 콜레라가 창궐하고 수해 피해가 확대되면서 생활난은 더욱 심화되었다.

1946년 6월 운수국 부산철도사무소 관내 공장노동자들의 진정서를 시작으로 민심은 폭발하기 시작했다. 설상가상으로 콜레라 확산을 막기 위해 7월 2일 도령 제7호로 도내 여행 및 교통제한 조치가 이루어지자 부산의 쌀값은 급등하여 40만 시민이 기아선상에 빠지고 말았다. 그리하여 7월 6일 부산시민 4,000여 명이 부산부청으로 쇄도하여 "쌀을 다오! 민중을 살리라!"라고 외치며 '쌀 소동'을 일으켰다(부산민주운동사편찬위원회, 2021: 68).

부산철도사무소에서는 8천여 종업원을 위해 급식제를 실시하던 중 9월 11일부로 급식이 중단되는 극도의 식량난을 겪게 되었다. 철도노동조합은 식량배급, 처우개선, 임금인상 등의 요구조건을 미군정청에 제시하였으나 아무런 회답을 받지 못하였다. 그리하여 9월 24일 파업에 돌입할 것을 통고하였다. 먼저 파업에 돌입한 것은 부산철도국 노동자들이었다. 초량기관부에서 주도하여 9월 23일 0시를 기해 부산철도국의 철도공장, 검차구, 기관구, 통신구, 부산역, 초량역, 부산진역 등 12개 직장 8,000여 명의 노동자들은 일급제 폐지, 임금인상, 급식제 부활, 식량배급 등의 조건을 내걸고 파업에 돌입하면서 부산지역의 '9월 총파업'이 시작되었다. 철도파업은 광범위한 시민들의 지지를 받으며 사회 각층으로 그리고 타 지역으로 확산되어 갔다. 9월 25일에는 조선중공업 노동조합의 파업시도가 있었고, 26일에는 부산 체신종업원 1,100여 명이 파업에 들어갔다. 27일에는 해원동맹 산하 1,000여 명의 노동자들도 철도파업을 지지하면서 태업에 들어갔다. 28일 아침에는 남선전기주식회사 운수부 400여 명의 노동자들도 전면파업에 들어갔다. 29일에는 학생 4,500여 명이 파업을 지지하며 동맹휴학을 단행했고, 1,000여 명의 부녀자들도 도청으로 쇄도하여 긴급 생활난의 해결을 요구하였다(부산민주운동사편찬위원회, 2021: 68-69).

1946년 9월 30일 미군정 당국에 의해 철도파업을 주동한 전평계 노조간부들과 노동자들이 무더기로 검거되었음에도 불구하고 9.24 총파업은 부문과 지역을 넘어 10월 항쟁으로 발전하였다.

미군정은 근본적인 대책을 세우기는커녕 물리력으로 사태를 해결하고자 했다. 이에 시민들의 투쟁은 더욱 격화되었으며, 10월 1일에는 9월 총파업에 동조하는 시내 12개 중학생들이 동맹휴교를 했고, 10월 2일 부산전화건설국원 150여 명도 동맹파업하여 부산 시내 통신망이 마비되었다. 10월 3일에는 9.24 철도파업을 지지하면서 9월 27일부터 파업에 들어갔던 해원동맹 산하 1만여 명의 노동자파업이 확산되어 대소 800여 척의 선박이 운행을 정지한 가운데

남선전기 사옥
출처 : 부산향토문화백과

부산항만 해도 100여 척의 선박이 시위하였다. 부산, 인천, 군산, 목포, 여수, 마산, 통영 등에서 해원동맹 15,000여 명이 10월 5일 동정파업을 하였으며, 부산의 전차운전계통과 사무계통이 파업에 들어갔다(부산민주운동사편찬위원회, 1998: 118).

10월 6일부터 중요한 사업장과 시설에는 경찰, 미군 기관총부대 및 소총부대가 경비하였으며 시내는 무장한 자동차와 라디오를 장치한 지프차가 순찰을 돌며 파업의 확산을 막았다. 이런 상황에도 10월 7일에는 학생 2,400여 명이 동맹휴교를 하였으며 철도, 체신, 전기, 조선, 중기 등 1만여 명의 노동자가 파업을 계속하였다.

10월 7일 부산시경은 서울의 '파업위원회'에서 내려온 7명을 검거함과 동시에 부산철도파업 주동자들도 검거하였다. 그러나 부산의 해원동맹은 8일 정오 부산항내의 기선과 기범선 100여 척을 일제히 항내로 밀려들게 하여 시위를 감행하고 야간에도 계속하여 40여 개의 탐조등을 방사하는 등 시위를 계속하였다. 이에 미군전차와 비행기가 위협시위를 하였다. 이러한 긴장은 9일 유혈충돌을 발생시켜 경찰과 군중 24명이 사망하였고, 부산시장이 습격당했다.

10월 12일 철도파업은 타결되었지만 다음 날 해원들을 미군 병사가 강제로 배에서 축출하자 이들은 상륙하여 부산해원회관에서 농성을 계속하였다. 해원동맹은 10월 17일 타결되면서 파업을 중단하였다.

이렇게 각 노동조합의 파업이 퇴조하기 시작한 뒤에도 영남일대는 항쟁이 10월 중순까지 계속되었다. 10월 하순에는 화순탄광 등 전남 각지에서 그리고 11월에는 강원도 산골까지 소요와 폭동이 일어났다.

이렇게 전국에 걸쳐 항쟁이 발생하게 된 원인은 대중의 생활고와 미군정의 정책부재, 그리고 미군정의 노동운동 탄압에 대한 전평의 항전이었다. 당시의 대중들은 전평의 지도하에 생존권 보장에 떨쳐 일어났으며 나아가 민주적 제 권리를 쟁취하려고 봉기하였던 것이다.

전평은 9~10월의 대중운동을 거치면서 그 간부 및 조합원들이 대량 피살·구속됨으로써 조직이 전반적으로 약화되었으나 대중은 미군정과 소위 우익의 본질을 명확하게 인식하여 이후 점점 더 적극적인 방법으로 대중운동을 벌여나갔다. 한편 대한노총은 초기 대중적 기반이 취약하였으나 9~10월 투쟁의 진압에 참여하는 과정에서 미군정과 경찰 및 우익의 적극적 비호를 받으면서 조직을 강화시켰을 뿐만 아니라 각 직장에서 전평의 주도권을 탈취할 조건이 갖추어지게 되었다(부산민주운동사편찬위원회, 1998: 118-120).

1947년 3월 22일 전평은 제2차 총파업투쟁을 벌였다. 이 투쟁은 전평 산하 교통노조 공동투쟁위원회가 전평 간부의 석방을 요구하면서 24시간 총파업을 선언한 것에서 시작했다. 부산에서는 전평계 부산지구 철도노조원이 24시간 총파업에 돌입하는 것을 필두로 조선방직, 조선중공업, 해원, 체신, 섬유, 출판, 화학, 식료 등의 노동자들이 파업을 벌였으며 일반시민과 중등학생들도 가세하여 시위를 벌였다. 9월 총파업이 가시적으로 민중생존권의 문제를 전면에 내세웠음에 비해 3.22총파업은 민주적 제 권리를 강하게 요구하고 있는 것이 특징이었다. 이는 미군정이 우익노동단체인 대한노총을 옹호하고 좌익노동단체인 전평에 대해서 타도방침을 진행하고 있는데 대한 반발이었다. 전평 계통의 각종 노조는 3.22총파업을 거치면

9월 총파업으로 검거된 노동자들

서 더욱더 위축되었으며 반면에 대한노총은 미군정의 적극적인 비호하에 각지에서 기반을 닦게 되어 급기야 부산에서도 교두보를 확보하게 되었다.

이 시기의 부산지역 노동운동은 철도노동자들이 가장 먼저 9월 총파업을 선도하고, 조선중공업, 체신, 해원동맹, 부두노동자 등의 조직이 부평을 중심으로 9월 총파업투쟁의 중심에 있었다. 이에 대해 한국노총 철도노조에서 편찬한 『철노 50년사』에서도 이렇게 표기하고 있다. '한편 이 무렵 부산은 서울에 못지않은 좌익의 아성으은서 제2의 「모스크바」라고 불리워질 만큼 그 세력이 강하였다. 더욱이 철도에 있어서는 부산철도공장의 2,000여 명을 비롯하여 부산기관구의 500여 명과 검수구의 300여 명을 중심으로 전평은 맹위를 떨치고 있었으며 전평본부에서는 항상 부산철도노동자의 단결과 투쟁전술을 교훈 삼아야 한다고 찬양할 정도였던 만큼 철도파업의 수습도 중앙지역보다 훨씬 후에야 일단락되었던 것이다.'(철로50년사편찬위원회, 1997: 26)

4) 단선·단정 반대 2.7파업

1948년에도 시민들의 생활고는 나아지지 않았다. 부산의 56개 쌀배급소에서는 배급량의 70%만을 배급하면서 원성을 사고 있었다. 그러다가 1월 8일 유엔 조선위원단이 유엔 감시하의 단독정부 수립을 위해 내한하자 근로대중은 남한만의 단정수립에 항의하면서 2.7파업 투쟁을 단행하였다. 2.7파업은 전국에 걸쳐 인민봉기 70건, 데모 103건, 봉화 204건, 파업 50건, 동맹휴학 34건을 수반하였고, 8,479명이 체포되어 1,279명이 송치되었다.

부산에서도 이에 호응하여 철도 3,000여 명, 해원 1,450여 명, 부두 3,200여 명, 남전, 조방, 삼화고무 체신 등에서 1,000명 이상의 노동자가 파업을 단행했고, 그 외 70개 공장에서 1만 5천여 명이 파업에 동참하였다.

한편 우익노동단체인 대한노총 부산지부에서는 메이데이 행사를 공설운동장에서 거행하면서 "노동자는 국가완성과 산업건설에 지장이 없이 그 자신의 복리와 향상을 위하여 싸우며 좌익의 파괴공작에는 즉시 방어태세를 취할 것"이라는 요지의 성명을 발표하여 단선단정수립에 매진하였으며, 부산지역의 각종 사회단체, 특히 학생들은 각종 성명, 성토회, 맹휴 등으로 단선단정반대를 위한 극한적인 투쟁을 벌여나가게 되었다. 전평은 5월 8일 5.10총선거를 반대하기 위한 남조선단선단정반대투쟁총파업위원회를 결성하여 파업을 결행하기도 했다. 그럼에도 미군정은 예정대로 1948년 5월 10일 남한만의 총선거를 실시하였다.

5) 무장봉기와 전평의 소멸

조선공산당(1946년 10월 이후 남로당)을 비롯한 사회주의 세력은 해방 직후 건국준비위원회와 인민위원회 및 여러 사회단체를 통해 무상몰수 무상분배의 토지개혁, 산업국유화 등을 주장하며 소작농의 지지를 받는 해방정국의 중요한 한 축이었다. 이들은 사회주의적 발전과 통일조국의 건설을 지향하였으나 냉전체제를 유지하고 자본주의적 발전의 길을 지향하는 미국과 단독정부 수립을 통해 집권욕을 앞세운 이승만 세력과는 대결할 수밖에 없는 상황이었다.

그들은 1947년 2차 미소공위 때까지는 주로 합법활동에 치중하여 통일임시정부 수립을 위한 모스크바협정 지지를 기본노선으로 하여 미군정에 대해 미소공위 재개와 인민위원회의 조직과 정책 등의 인정을 요구하였으나 2차 미소공위가 결렬되고 유엔을 통한 단정수립이 확실시됨에 따라 군정 타도와 단정반대를 위한 비합법투쟁(봉기, 파업)을 전개하기 시작했다.

1946년 9월 총파업과 10월 항쟁은 민중생존권을 중심으로 전개되었으나 이후 1947년 2.27총파업은 정치적 요구를 중심으로 이루어졌다. 그리고 전평세력에 대해 타도해야 한다는 미군정과 대한노총 등 우익세력은 전평 중심의 노동운동에 대한 탄압을 일관되게 하면서 피살과 구속 등을 통해 전평 조직을 점차 약화시켜갔다.

단선단정이 구체화되는 1948년이 되면서 본격적인 무장투쟁이 4월 3일 제주에서부터 시작되었다. 그리고 1948년 10월에는 여수 제14연대 내 남로당원들의 무장봉기로 여순사건이 발생하였다. 이후 남로당은 지지자들을 입산시켜 지리산, 태백산, 호남, 영남, 제주도 등에 유격전구를 형성하기 시작하여 본격적인 유격투쟁을 전개하였다. 이승만정권은 1949년 6월 남로당을 비롯한 좌익활동 경력자와 자수자들을 중심으로 전국적 규모의 국민보도연맹을 조직하여 사상전향 및 대국민 홍보에 이용함으로써 좌익세력 내부로부터의 갈등 유발과 약화를 시도하였다. 또한 정부는 여순사건 이후 통과된 국가보안법에 의해 1949년 한 해만 12만 명에 가까운 정치범을 검거 투옥하였으며, 9월 총공세 이후 전개된 동계 토벌작전에 의해 호남지구, 지리산지구, 영남지구 및 태백산지구 등에서 유격대에 대한 집중적 토벌을 감행하였다. 이러한 집중공격에 의해 1950년 봄 무렵에는 사회주의세력이 현저히 약화되었다. 1950년 한국전쟁이 발발하였고, 전쟁 중에 이루어진 보도연맹원, 정치범, 부역자 그리고 이른바 통비주민이란 미명 아래 양민들에 대한 집단적 처형과 농지개혁의 전격 실시 등으로 사회주의 세력과 그 지지자들을 결정적으로 무력화시켰다(부산민주운동사편찬위원회, 1998: 140).

보도연맹은 남로당을 비롯한 좌익세력들의 전향을 유도 혹은 강제하고 전향자들을 감시·동원하기 위한 도구로 사용되었다. 실제로 전향자들은 의무적으로 보도연맹에 가입해야 했으며 자수기간 중인 10~11월을 지나 각 경찰국으로부터 내무부에 보고된 보도연맹원의 총수는 39,986명이었다. 각 경찰국별로 보면, 서울 12,196명, 경기 5,964명, 강원 4,978명, 충북 3,512명, 충남 1,054명, 경북 1,938명, 경남 2,143명, 전북 1,660명, 전남 115명, 제주 5,283명, 철도 143명 등이었으며, 출신별로 보면 남로당과 그 방계조직인 민주애국청년동맹, 여성동맹, 전평, 전농 출신들이 다수를 이루는 가운데 여운형계열인 인민당과 통일전선체였던 민주주의민족전선, 지방인민위

원회 출신들이 포함되어 있었다
(부산민주운동사, 1998: 141).

그런데 자수기간 뒤에 오히려
각 지방에서는 실적 위주로 주민
들을 집어넣어 인원이 엄청나게
증가되었는데 보도연맹 입안자인
오제도 검사에 의하면 가입자 숫
자는 전국적으로 볼 때 1950년 초

국민보도연맹사건
출처 : US Army/wikipedia | Public Domain (다
음백과에서 재인용)

에 30만 명을 넘었다(부산민주운동사, 1998: 141).

이렇게 해방 직후 한국 노동운동을 이끌던 전평은 단선단정반대
투쟁과 한국전쟁의 와중에 소멸되어 갔고, 그 자리는 대한노총의
세력으로 대체되었다.

2. 한국전쟁과 1950년대 노동운동

1) 정부수립과 1950년대 정치경제적 배경

1948년 정부수립부터 한국전쟁까지는 명목상으로는 이승만정권
이 지배하는 시기였으나 사실상 미군정이 닦아 놓은 길을 그대로
답습한 것에 불과한 시기였다. 미군정이 세운 관례에 따라 정치, 경
제 그리고 노동관계도 형성되었다.

미군정 기간 동안 미군정의 눈 밖에 난 정치세력이나 사회단체
들은 이미 대부분이 제거된 상태로 이권을 챙긴 권력자들이나 급조

된 자본가들은 자신들에게 유리한 상황을 바꿀 이유가 없었으며, 노동운동세력, 특히 해방 직후 활발한 운동을 펼쳤던 노동조합조직인 전평은 미군정의 탄압으로 거의 소멸된 상태였다.

설상가상으로 한국전쟁은 좌익만이 아니라 중도좌파 및 양심적 세력마저도 이념의 희생양이 되어 남한사회에서 권력자들과 미국의 영향력이 더욱 강한 세력이 자리 잡게 하여, 전쟁의 공포와 함께 반공주의는 이후 수십 년간 한국사회의 강력한 이데올로기로 남게 되었다.

경제 상황은 더욱 악화되었다. 이승만정권이 들어서서도 한국전쟁 전까지는 일본 자본의 철수와 기술자들의 본국으로의 귀국에 따라 경영과 기술상의 문제가 누적되어 제조업은 오히려 퇴보하였다. 그런 상태에서 북한에서의 송전중단, 남북교역의 단절, 대규모 공장(귀속업체)들의 휴업, 농지개혁의 실패 등(김대환, 1981: 167)으로 정부수립 직후의 경제상황은 악화되어 있었다. 이에 따라 근대적 고용관계에 있는 취업자는 아주 적은 비율이었고, 국민의 절대다수가 농업과 도소매업에 종사하였다(이옥지, 2001: 66).

이러한 상황은 한국전쟁 이후에도 크게 달라지지 않았다. 전쟁으로 크게 감소되었던 공업생산 수준은 휴전협정이 이루어진 1953년부터 복구되기 시작했으나, 국민총생산에서 제조업 생산액이 차지하는 비중은 1953년에 6.1%이었고, 미국의 막대한 원조로 복구가 급격하게 이루어져 전쟁 전의 수준을 능가하게 되는 1954년에는 6.8%(2차산업은 7.6%), 1957년에는 9.3%(2차산업은 10.3%)로 증가하였다(김대환, 1981: 173). 또한 공업화를 추진하기 위해 정부는 귀속재산의 민간 불하를 추진하여 미군정 시대에 불하되지 않았던 나머지 귀속재산들이 1954년부터 불하되었다(김대환, 1981: 172).

1953년부터 1960년에 이르는 기간 동안 약 30억 달러의 미국 원 소물자기 제공되었지만 자유당 말기까지 새로운 산업시설은 건설 되지 않았고, 고용수준은 상승은커녕 상대적인 저하의 경향을 보였 다. 이러한 고용수준의 저하 경향은 노동자들의 지위를 하락시키고 노동자 계급의 성장을 저해하는 요인이 되었다.

〈표 2〉 인구 및 고용의 실태 추이

(단위 : 천 명)

구분	총인구	14세 이상 인구	취업자	5인 이상 종사사업체		완전 실업자
				사업체수	종업원수	
1949	20,169(1)	11,774(2)		7,404	266(4)	
1955	21,502(1)	12,637(2)		4,344(3)	255(4)	
1956	22,307			6,536	220	
1957	22,949	13,919	8,076	6,484	245	277
1958	23,611	14,230	8,784	6,072	236	334
1959	24,291	14,658	8,768	3,421(4)	204(4)	347
1960	24,989	15,049	8,521	6,450	235	434

주 : (1)은 센서스 인구이며, 나머지 인구는 연말 인구.

(2)는 총인구에서 14세 이하의 인구를 공제한 수.

(3)은 1954년의 수.

(4)는 10인 이상의 피고용자를 보유한 사업체 및 종사원 수.

출처 : 경제기획원, 한국통계연감, 1961 및 1965. 한국노동조합총연합, 1979: 431 재인용

〈표 2〉에서 보듯이 총인구는 1949년 2,016만 명에서 1958년에는 2,361만 명으로 증가했고, 14세 이상의 인구도 1949년 1,177만 명에 서 1958년 1,423만 명으로 증가했음에도 불구하고, 5인 이상의 종 업원을 고용하고 있는 사업체의 종업원 수는 1949년 26만 6천 명에 서 1958년에는 23만 6천 명으로 감소했다. 완전실업자의 수가 1958

년에는 33만 4천 명, 1960년에는 43만 4천 명으로 10만 명이나 감소했으나 실제로 통계자료의 불확실성과 잠재적 실업인구를 감안하면 그보다 더 많은 실업자가 존재했을 것으로 추측된다. 이상에서 전후의 경제정책이 소비재 중심의 미국 경제원조에 크게 의존하면서 전쟁 인플레의 방지와 사회적 혼란의 수습에 주점을 두어 증대하는 인구를 수용하지 못하고 고용을 확대하는 발전적인 경제건설이 되지 못하였다(한국노동조합총연맹, 1979: 431-432).

이러한 조건에서 노동자들의 생활은 임금으로만 충당할 수 없을 정도의 저임금에 시달려야 했으며, 생계비는 자산매각이나 차입금 등의 형태로 보전되어야 했다. 1952년부터 1958년에 이르는 기간의 음식물비 지출은 총생계비 지출의 40%를 상회하였고, 교육 및 오락비는 9% 수준에 불과하였다.

2) 1950년대 부산지역 노동운동

1947년 2차 미소공위가 결렬되는 9월경에는 이미 전평 산하 노조는 상당히 소멸하였고, 대부분의 노동조합은 미군정과 이승만의 강력한 지원을 받은 대한노총 산하로 망라되고 있었다(김낙중, 1982: 122).

대한노총은 1946년 3월 10일 결성된 〈대한독립촉성노동총연맹〉에서 시작하여 정부수립 뒤 이름을 바꾼 〈대한노동총연맹〉, 1953년 노동법이 공포된 뒤 1954년 4월 재조직될 때 붙인 〈대한노동총연합회〉를 줄여 부른 이름이었다. '사이비 노동단체', '어용조직', '관제테러조직'으로 불리는 〈대한노총〉은 미군정기에는 보수·

반공·우익집단의 행동전위대가 되어 전평을 깨는 데 앞장섰고, 정부 수립 이후에는 이승만정권·자유당의 권력에 예속되어 노동운동의 본질을 왜곡하였다(박준성, 2009: 191).[6]

전평이 무너지고 대한노총이 자리 잡은 이승만정권 초기이었던 전쟁기간에도 노동자 대중의 생존권과 생활권 요구투쟁은 계속되었다. 인천의 부두노동자, 무산의 부두노동자, 부산의 조선방직노동자, 영월, 도계, 장성, 은성, 화순, 상동, 하천의 광산노동자, 조선전업노조, 철도노조, 주안의 염전노동자 투쟁이 그러한 예였다. 그 중에서도 1951년 12월 15일부터 1952년 3월 13일까지 3개월 동안 6천여 노동자들이 참가한 부산의 조선방직 노동자파업투쟁은 1948년 8월 15일 대한민국정부 수립 후 가장 치열하고 컸던 노동자투쟁이었다. 6천여 노동자 가운데 4천여 명은 여성노동자들이었다(박준성, 2009: 191).

(1) 조선방직 노동자투쟁

전쟁의 피해를 입지 않은 조선방직은 1951년 한 해의 순이익금이 85억 원, 종업원이 6천여 명인 국내 최대 방직공장이었다. 정부 수립 후 귀속재산 불하과정에서 조선방직은 관리인이자 사장인 정호종과 조방분회 위원장 정재봉을 중심으로 종업원집단이 기업을 불하받을 준비를 하고 있었다. 불하를 3일 앞둔 1951년 3월 16일 육군 특무대 김창룡은 간첩단사건을 조작하여 조선방직의 정호종

---

6 대한노총에 대한 종합적인 연구인 임송자, 『대한노총 연구(1946~1961)』, 2003년 성균관대 박사학위논문 참조.

해방 후 조선방직 일대(부산 범일동)

조선방직 여공의 근무모습

과 정재봉을 구속하였다. 노동자들이 참여하는 '생산협동조합 사업체'의 희망이 무너졌다. 그리고 1951년 9월에 이승만의 심복인 강일매가 관리인으로 임명되면서 60세 이상 숙련공을 강제해고하고, 상공부가 지시한 임금인상분 지급과 후생용으로 지급하던 광목 지급을 이행하지 않았다. 12월 13일과 15일에는 노조간부 2명을 해고하였고, 25일에는 노조위원장과 부위원장을 파면하였다. 조선방직의 쟁의는 국회에서도 조방쟁의진상조사단을 구성하는 등 사회적 쟁점이 되었으나 이승만의 비호 아래 탄압으로 일관하여 지도부의 구속과 500여 명의 파면, 조합원 구타와 연행 등으로 실패로 끝났다. 전체 노동자들의 강고한 단결과 연대가 잇따랐으나 지도부의 공백과 대한노총의 기회주의적 태도, 정부의 탄압으로 실패하였지만 대규모의 쟁의가 전시하에 단행됨으로써 노동자의 기본권 수호의 중요성을 사회에 인식하게 한 점과 노동자들의 단결력을 과시한 표본이 되었다는 점, 그리고 조방쟁의 이후 노동법 입법이 촉진되어 1953년 3월과 5월에 노동법이 공포되는 결과를 가져왔다는 점에서 커다란 의의를 가지는 쟁의였다.

한편 대한노총은 조선방직 노동자파업투쟁의 과정에서 전진한 위원장 중심의 주류파인 '조방대책위원회'와 반대파인 '조방정화위원회'가 대립하였는데, 전진한
은 이승만 권력에 의해 완패를 당
하고, 대한노총은 이승만의 중재
에 따라 통합대회를 개최하여 3인
최고위원제로 조직체계를 바꾸었

조선방직파업

다. 그 뒤 대한노총은 이승만과 자유당에 철저히 예속되어 정권 유
지를 위한 보조단체와 정치적 동원체가 되었다.

(2) 부산부두노동자 투쟁과 분열

조방쟁의와 달리 1952년 7월의 부산 부두노동자들의 파업은 상
당한 성과를 거두었다. 전쟁 이후 증가된 군수물자를 운반하는 부
두노동자들은 1952년 6월 말 미군 하역작업 계약 갱신 입찰 시 미
군당국에 임금인상을 요구하며 투쟁위원회를 구성하였다. 7월 29
일 부산지역 하역노동자 전원이 참가한 가운데 부두노조에 의해 총
파업이 단행되자 부산항은 마비 상태가 되었다. 결국 미군당국은
25% 임금인상의 소급적용에 합의하였다. 그리고 1954년 8월 부산
미군부대 한국인노동자들의 파업도 미군과 관련된 쟁의 중 하나였
다. 저임금의 미군부대 노동자들은 임금 120% 인상을 요구하면서
8월 6일 파업을 단행하였다. 이에 한국정부가 80% 임금인상에 합
의하였으나 약속은 이행되지 않았다. 한국인 노동자들은 11월 20일
또다시 쟁의에 돌입하였으며 미군의 일방적 75% 임금인상으로 매
듭지어졌다(부산민주운동사편찬위원회, 2021: 78).

이후 부산부두노조는 1952년 파업의 승리 이후 대한노총의 핵심
조직으로 자리 잡게 되었다. 그러나 전평이 사라지고 난 이후 대한

노총은 내부 권력투쟁으로 분열이 격화되었고, 그것은 바로 부두노조로 확산되었다. 부산부두노조도 16개의 단위노조로 쪼개어졌다. 이 과정에서 4개 노조를 장악하고 있던 김희봉을 중심으로 하는 구파가 부산부두노조의 중심이었는데, 김기옥을 중심으로 하는 신파와의 갈등이 심화되면서 삼부두의 노무작업권이 김희봉 세력의 삼부두노조에서 김기옥의 조운부산노조로 넘어가게 되었다. 그 여파로 1954년 7월 1일 오전 7시 교대시간에 맞추어 구파 삼부두 노조원과 신파 조운노조원 간에 피비린내 나는 혈투극이 벌어지는 사건이 발생하였다. 이 사건은 대한노총본부까지 확대되고 정치문제화되어 7월 3일 대한노총 최고위원이자 국회의원인 김두한과 김익기, 정대천, 김주홍 4명이 사건 해결을 위해 부산에 급파되었다. 그러나 조직 간 분쟁을 조정하는 성과를 거두지 못하고 돌아가게 되었고, 그 후 7월 12일 대한노총 김주홍 최고위원과 삼부두노조위원장 손우생은 신파 조운노조 위원장 김기옥을 부두 외부로 유인해 80명의 행동대를 은신시켜 놓았다가 곤봉과 철봉 등으로 난타해 빈사상태에 이르게 했다. 이 사건 이후 한 달 반 동안이나 계속 싸우다가 결국엔 정치적, 재정적 뒷배가 강한 신파 김기옥의 승리로 끝났다. 구파의 김희봉은 그해 12월 자유연맹 위원장직을 사퇴하고 노동조합을 떠났고, 부산부두노조는 김기옥의 신파가 장악하게 되면서 이후 김기옥이 부산부두노조 위원장이 되었다(전국부두노동조합, 1979).[7]

---

[7] 부산부두노조의 분열양상을 굳이 길게 인용한 이유는 전평을 대신해 대한노총이 장악한 노조들이 어떻게 조합원과 멀어지고 권력지향적이 되었는지를 핵심적으로 보여주는 사례라고 판단하였기 때문이다.

1950년대 중반에 부산부두노조는 2만여 명의 조합원이 속한 가장 큰 규모의 단위노조였다. 이 때문에 대한노총에서 부두노조가 차지하는 위치는 확고했다. 1954년 부산부두노조 위원장이 된 김기옥은 부두노조가 가진 이러한 지위를 바탕으로 대한노총 최고위원, 대표위원을 거쳐 1958년 대한노총 위원장에 오를 수 있었다. 이후 부두노조는 김기옥의 사조직으로 전락하여 비리와 폭력의 온상이 되어, 노동자의 임금착취와 임금횡령을 일삼고, 임금협상을 부정하게 체결하는 등의 파행적 운영을 서슴지 않았다. 김기옥에 대한 부두노조 내의 반대운동은 1959년에 본격화되었다. 1959년 1월 부산부두노조가 18개 하역회사를 상대로 노임인상을 요구하는 쟁의를 시작하였다. 부두노조의 쟁의결과 임금을 소급 인상하는 것으로 타협이 이루어졌으나 부두노조 위원장이 자유당정권과 결탁하여 쟁의결과를 무산시키려 하자 7월 1일 노조위원장에 대한 반대투쟁으로 부산부두노조 혁신운동이 다시 발생하였다. 이에 대해 김기옥파는 경찰을 비롯한 공권력을 앞세워 반대파에 대한 납치, 구타, 테러, 제명 등으로 맞섰다. 1959년의 김기옥반대투쟁은 실패하였는데, 근본적으로 기층 노동자의 진출을 광범위하게 이끌어내지 못한 것이 원인이었다.

1954년 8월 9일 부산의 미군기지에 종사하는 한국인노동자 12,000여 명은 임금인상과 노동조건의 개선을 요구하며 일제히 파업에 돌입해 8월 9일 새벽 6시 부산역 광장에 집결하여 집회와 함께 가두시위를 전개했다. 그리고 8월 10일 24시간 파업을 종결하고 복귀하였으나 미군에서는 아무런 반응을 보이지 않았을 뿐만 아니라 보건사회부에서는 위법행위라고 규정하고 의법조치할 것을 내비쳤다. 그러자 노조 측에서는 8월 17일 다시 48시간 재파업을 예정하였다가 연기하였는데 이후 9월 1일 미 극동사령부로부터 부산 미군 종업원노조에서 요구한 임금인상에 대해 부분 임금인상을 인정한다는 통첩을 미 후방기지 사령부를 통해 전해왔다. 이에 대해 노조는 미군 측 제시를 수락하였다(한국노동조합총연맹, 1979: 411).[8]

(3) 철도 등 부산지역노동자 투쟁

1954년 12월에는 철도노조가 임금인상과 양곡의 적기배급 등을 제기하며 쟁의를 시작한 가운데, 부산 철도공작창의 노동자들에게도 1955년 8월과 9월의 2개월분 배급양곡도 전체 지급량 중에서 30%만이 지급되었고, 10월, 11월, 12월의 3개월분이 배급되지 않아 매일 30여 명의 노동자들이 결식하는 사태에 이르자 12월 21일 급기야 부산 공작창 노동자 200여 명이 부산공작창 사무소에 쇄도하여 배급이 지연되고 있는 공무원 양곡을 빨리 지급할 것을 요구하는 시위를 감행하였다. 그리고 1956년 3월 21에도 철도노조원 약 50명이 노조사무실에 모여 1955년 12월부터 받지 못한 배급양곡과 3월분의 백미 배급을 호소하였다(한국노동조합총연맹, 1979: 400-401).

1957년 5월 1일 노동절을 맞아 부산역 광장에서 기념식을 마친 부산 한미석유의 노동자들은 시위를 하던 도중 한미석유 앞에 이르러 악질 기업주인 한미석유의 사장 타도시위를 전개했다. 한미석유

---

[8] 1954년에는 부산의 미군부대 한국인 종업원들이 임금인상과 근로조건 개선을 내걸고 1년간 쟁의를 하였다(김승묵, 2009: 290).

의 노동자들은 노조결성을 위한 대회를 소집하고자 했으나 사측에서 해산을 강요하였고, 노조간부를 사상불순을 이유로 경찰에 연행하게 하였으며 노동절 당일에도 노조간부 5명이 헌병대에 연행당하여 한미석유의 사장규탄시위를 전개하였다(한국노동조합총연맹, 1979: 407-408).

1959년 8월에는 23개의 택시회사를 상대로 단체교섭을 하던 부산 택시노조가 노동조건 개선을 요구하는 단체협약에 불응하는 7개의 택시회사를 상대로 쟁의를 제기하여 10월 23일부터 총파업에 들어갔다. 이 파업은 하루에 그쳤지만 노조의 요구조건이 수락되어 단체협약을 체결하였으나 사측이 계속 협약을 위반하고 협약체결을 지연시킴으로써 분규는 계속되었다. 그리하여 택시노조는 12월 21일부터 3일간 시위에 들어가고 24일부터는 파업을 하려고 하였으나 경찰의 방해로 저지되고 말았다. 이 택시노조의 파업에 뒤이어 부산시내버스에서도 1960년 1월에 쟁의가 발생하였다. 노조는 임금인상과 노동조건의 개선을 요구하여 여러 차례의 알선과 중재를 거쳐 3월 28일 파업찬반투표를 예정하였으나 3.15선거 이후 쟁의가 보류되었다(한국노동조합총연합, 1979: 463-464).

3) 노동법 제정

해방을 맞아 미군정은 노동자들을 보호하고 노동운동을 보장하기 위한 몇 개의 군정법령을 공포했다. 그것은 법령 제19호 폭리에 대한 취체법규 및 출판등록에 관한 법령(1945년 10월 30일), 법령 제97호 노동문제에 관한 공공정책 및 노동부 설치(1946년 7월 23일),

법령 제112호 아동노동법규(1946년 9월 18일), 법령 제121호 최고노동시간(1946년 11월 7일) 등이다(전국부두노동조합, 1979: 177).

그러나 이와 같은 군정법령들은 일제식민지 통치하에서 시달리던 노동자들을 보호하지 못하였고, 과도기적 혼란 속에서 의미를 가질 수 없었다.

그러다가 1948년 정부수립 이후 대한민국 헌법 제17조는 노동조건의 기준을 법률로 정할 것과 여자 및 소년 근로보호를 규정하고 제18조에는 근로자의 단결권 및 단체행동권과 이익균점권을 규정하였다. 그러므로 헌법에 준한 노동법을 제정해야 하기 때문에 사회부 노동국은 1949년 근로기준법과 노동조합법 및 노동쟁의조정법의 초안을 완성하여 법제처에 회부하여 법제처의 심의와 국무회의의 의결을 얻어 국회에 제출하려던 차에 한국전쟁이 발발하여 무산되었다(전국부두노동조합, 1979: 177).

그러나 한국전쟁 중인 1952년에 일어난 조선방직 파업 등 대규모 파업을 경험하면서 정계와 관계에는 노사문제를 다루는 제도가 필요하다는 인식이 생겨나기 시작했다. 그리고 2~3월에 일어난 전국광산노동조합연맹의 파업과 7월의 부산부두노동자 총파업의 영향이 특히 컸다. 그때까지 노사분쟁은 미군정하에서 임시로 만들어진 노동관계 명령과 법률에 의해 분명한 체계 없이 처리되고 있었는데, 1952년의 대규모 노사분쟁 상황은 그런 방식의 한계를 여실히 드러내주었다. 노동자가 기댈 수 있는 노동법률의 보호를 결여한 노동자와 노조가 얼마나 취약한 상황에 놓이는지 깨달은 대한노총위원장 전진한은 1952~53년 제2대 국회에서 노동법 제정을 강

력히 추진하였다.[9]

1953년에 통과된 노동법(근로기준법, 노동조합법, 노동쟁의조정법, 노동위원회법)은 모두 상당히 진보적이고 친노동적인 성격을 띠고 있었다. 이들 노동법은 적어도 법조문상으로는 자유로이 노조를 조직하고 단체교섭과 단체행동을 할 수 있는 노동자의 권리를 인정·보호한다고 명시했고, 노동조합의 내부 민주주의와 자율성을 강조했다. 사측에게는 사업장의 노동조합과 교섭할 의무가 지워졌다. 조합원임을 이유로 차별하거나 노조의 조직 또는 활동에 개입해 영향력을 행사하는 행위는 부당노동행위로 규정되었고, 노동자와 사측을 대표하는 위원 각 한 명과 공익위원 한 명으로 구성된 노동위원회가 부당노동행위에 대한 제재조치를 결정하도록 하였다. 1953년 5월에 제정된 근로기준법의 경우 시대를 앞서가는 내용을 담고 있어서, 1973년의 한 보고에 따르면 조사대상 기업체의 96%가 아직도 그 법에 담긴 노동자 보호 조항들을 다 지키는 데 어려움을 겪고 있었다.

노동자의 단체행동권을 보호하기 위한 특별조항들도 마련되었는데, 가장 중요한 것은 노사쟁의 중에 사측이 대체인력을 고용하는 행위를 금지하는 것, 그리고 범죄행위를 하다 발각된 경우를 제외하고는 쟁의 중 노동자의 체포를 금지하는 조항이었다. 한편 노

---

9 당시 조선방직 쟁의를 지원한 대한노총 전진한 위원장이 개헌을 반대한다는 이유로 이승만 대통령이 전진한 위원장을 대한노총에서 축출할 것을 요구하는 등 탄압이 거세지자 당시 국회의원이었던 전진한 위원장이 대한노총에서 강제로 밀려나던 1952년 12월에 노동조합법, 노동위원회법, 노동쟁의조정법의 심의를 우선적으로 상정하자는 긴급동의안을 국회에 제출해 결국 통과되었다.

동권을 심각하게 제한하는 조항들도 포함되었다. 예컨대 파업 전 냉각기를 두는 조항을 비롯해 단체행동의 절차에 관한 상세한 규정들이 들어갔는데, 여기에는 단체행동권의 제약을 목표로 만들어졌던 미국의 1947년 태프트-하틀리법이 강하게 영향을 준 것으로 보인다. 가장 심각한 것은 노조해산권을 포함해 국가가 노조의 행동에 간섭할 권한이 확립된 점, 그리고 공무원의 노동기본권 제약 조항들이었다. 노동법의 입법과정에서 관련 당사자 누구도 국가가 노조 활동에 개입하거나 엄격한 근로기준을 정할 권리를 갖는 것에 대해 원칙상의 문제제기를 하지 않았다는 것이 주목된다. 그럼에도 노조의 정치활동 금지를 규정한 조항은 최종 법안에서 삭제되었다.

대한노총은 노동자의 요구와 투쟁성을 노동법으로 수렴해내는 데 중요한 역할을 했음에도 불구하고, 그 노동법의 잠재력을 제대로 활용할 위치에 서 있지 못했다. 전진한이 제거된 뒤 대한노총은 급속도로 자유당의 구조 내부로 흡수되어 당의 부속기구로 전락하였다. 그러나 분명한 것은 해방 후 일반조합원 사이에서 분출된 투쟁성이 단결권, 단체교섭권, 단체행동권 등 노동기본권을 헌법적으로 보장하는 정치환경을 조성했고, 노동자의 대규모 파업이 이후 이들 권리가 노동법을 통해 법률로 자리 잡도록 추동했다는 점이다 (남화숙, 2013, 106-111).

4) 1950년대 부산지역 노동운동의 특징

1950년대 부산지역 노동자들의 투쟁은 생존권 확보 차원에 머물게 되었다. 이는 해방 후 전평을 중심으로 한 노동운동이 생존권과 함께 새로운 국가의 건설이라는 과제가 있었기 때문에 정치적 색채가 강할 수밖에 없었고, 미군정은 그러한 전평의 운동에 대해 탄압 일변도로 대응하여, 보수우익노동운동을 표방한 대한노총을 비호하면서 전평에 대한 극단적인 탄압으로 소멸을 재촉한 것이 주된 원인이었다. 특히 이어서 발발한 한국전쟁 와중에 진보적 노동운동 세력은 완전히 궤멸되다시피 하면서 노동조합은 대부분 대한노총으로 재편되었기 때문에 노동운동을 지도할 역량이 없었다. 따라서 50년대 노동자들은 생존권을 지키기 위한 노조활동이 주된 활동으로 되었고, 정치적으로 조직되거나 반독재 민주화운동으로 결합할 수 있는 수준이 되지 못하였다. 반면 1946년에 전평의 타도를 목표로 결성되었던 대한독립촉성노동총연합은 유일한 전국적 노동조직으로 부상하면서 1954년 대한노동조합총연합회(이하 대한노총)을 설립하며 명칭을 변경하였으나 이승만정권의 기반조직이 되어 상층부 중심의 권력투쟁에 몰입해 있었다. 특히 대한노총이 유일한 총연합단체가 되면서 부산지역에서 부산철도노조, 부산부두노조, 해원노조, 조선중공업 등을 장악하면서 해방 후 가장 강력한 노동운동의 기반이었던 노조들이 골수 어용조직으로 전환되는 계기가 되었다는 점에서 부산지역의 노동운동은 큰 타격을 받았고, 노동운동의 전통이 단절되는 계기가 되었다. 이후 조선중공업과 철도노조는 노조민주화투쟁을 거쳐 노조의 성격 변화와 직선제 등으로 전환하며 스스로 탈바꿈에 성공하는 반면, 부산의 특징적인 노조였던 부두노조와 선원노조는 2020년대인 지금까지도 간선제 선출 등 기존의 노조운영을 바꾸지 못하고 있다.

노동쟁의의 발생건수는 전국적으로 매년 100건 미만으로 그다지 많다고 볼 수 없었으며, 그나마 1953년 노동법의 제정에 따라 노동관계가 제도적으로 성립되는 계기가 되었다는 점에서 의의가 있었다.

당시의 열악한 경제상황이나 산업구성, 그리고 노동조합의 활동에도 불구하고 곳곳에서 발생한 노동자들의 생존권 투쟁은 이후의 민주화운동에 낮은 수준에서나마 영향을 미칠 수 있는 요인이 되었다.

제3부
4.19혁명부터 유신체제하의 부산지역 노동운동

1. 4.19혁명 시기 부산지역 노동운동

1) 4.19혁명의 정치경제적 배경

반공이데올로기와 미국의 지지로 유지되어온 이승만정권은 1950년대 후반에 들어 심각한 위기를 맞고 있었다. 1954년 사사오입개헌으로 영구집권의 길을 열었지만, 역설적으로 이로 인한 민심의 이반은 돌이킬 수 없게 되었다.[1] 1956년 선거에서 이승만은 강력한 경쟁자였던 신익희의 사망으로 대통령에 당선될 수 있었지만, 민주당 장면에게 부통령 자리를 내주고 말았다. 이는 폭력과 통제를 통한 정권유지가 한계에 다다랐음을 보여준 것이다. 이후 선거에서 관권, 금권 및 폭력선거는 물론 직접적인 투·개표부정이 기승을 부리게 되었고, 1958년 5.2총선에서는 대규모 개표부정이 자행

---

1 '발췌개헌'에 따라 대통령선거에서 당선된 이승만은 1954년 9월 "초대 대통령에 한하여 3선 제한을 철폐한다"는 개헌안을 국회에 제출하였으나 개헌선인 136표에서 한 표가 모자라 부결되었다. 그러나 자유당은 재적 203석의 3분의 2는 135.33표인데 사사오입하면 135표이므로 개헌안이 통과되었다고 선언했다. 이 사사오입 개헌에 따라 1956년 정부통령선거가 실시되었는데, 5월 선거를 앞두고 3월 5일 자유당은 전당대회에서 대통령에 이승만, 부통령에 이기붕을 지명하였다. 이승만이 "3선은 민주주의에 배치되니 다른 인물을 내세우라"는 정치쇼를 벌였다. 3월 6일 대한노총은 전업노련 산하 조합원을 동원하여 이승만 재출마 염원 데모를 벌였고, 3월 13일 전국대표자 60여 명은 "이 대통령이 재출마하지 않으면 직장을 포기하고 죽음을 택하겠다"는 탄원서를 이승만에게 전달했다. 그리고 대한노총은 우마차까지 동원해 이승만의 대통령 재출마를 요구하는 시위를 벌였다. 유명한 민의가 아니라 '우의, 마의데모였다'(박준성, 2009, 194-195).

되었고, 1960년 대통령선거에서 부정선거는 정점에 이르렀다(부산민주운동사편찬위원회, 2021(1): 85-86).

부산에서도 관권과 금권을 동원한 부정선거운동이 광범하게 자행되었다. 1956년 지방의회 선거에서 투표함 바꿔치기가 폭로되어 곤욕을 치른 탓인지, 3.15부정선거에서 자유당은 지역 유지를 앞세워 투표함을 조작했다. 관권 선거에서 가장 손쉬운 동원 대상이 학생과 교사였다. 3.15부정선거가 임박하자 경상남도 학무과와 서무과는 교장이나 교감을 통해 교사들의 자유당 입당을 강요했다. 부산의 상당수 학교에서는 수업을 오전으로 단축하고 오후에는 교사들에게 가정방문을 실시하도록 했다. 심지어 교사로 하여금 학부형의 정치성향을 조사하도록 했다. 이는 교원의 인권을 유린하고 교육의 자주성을 훼손하는 것으로 교사들을 자괴감에 빠지게 했고 이승만정권의 붕괴 이후 교육개혁의 기치를 내세운 교원노조설립운동이 일어나는 중요한 원인이 되었다. 동시에 교사에 대한 학생의 불신을 극대화시켜 이승만의 사퇴 직후 학원가를 뜨겁게 달군 어용교사 배척운동의 배경으로 작용하기도 했다.

이외에도 부산에서는 철도국, 형무소 등 관공서 곳곳에서 관권 부정선거가 자행되었다. 부산철도국에서는 철도국장이 직원을 상대로 자유당을 지지하라고 온갖 방법으로 압력을 가했을 뿐 아니라, 각 역의 역장 및 소속장도 자유당에 투표할 것을 직원들에게 강요하였다. 이처럼 3.15부정선거의 민낯이 가감 없이 드러나면서 이승만정권에 대한 부산시민의 불만과 분노가 더욱 증폭되고 있었다(부산민주운동사편찬위원회, 2021(1): 87-88).

4.19혁명은 직접적으로는 이승만정권의 3.15부정선거에 대한 불

만을 계기로 일어났지만 특혜와 부패로 유착된 정치권력과 자본가를 한 축으로 하고, 열악한 경제환경 속에서 삶을 지탱해야 했던 기층 민중을 또 다른 축으로 하는 양자 간에 형성된 대립구도 속에서 발생했다. 한국전쟁으로 부산경제는 일시적으로 호황기를 맞이했다. 부산은 전쟁의 직접적 피해를 입지 않았고, 3년간 임시수도로서 한국경제의 심장부 역할을 하였다. 전란으로 인해 다른 지역 공장들의 피해는 부산지역 공장들에게 독점생산의 위치를 부여했고, 전시특수와 피란민 유입으로 시장이 확대되어 자본축적을 위한 기회를 제공했다. 부산의 대표적인 신발기업으로 성장하는 동양고무와 태화고무 등이 전란을 피해 부산으로 이전했으며, 성창기업도 1954년 부산으로 진출, 동성화학도 전쟁으로 부산에 자리 잡았다. 휴전 이후 원조물자와 민간무역으로 도입된 물자도 최초의 하역지인 부산의 산업화에 많은 영향을 미쳤다. 삼백산업[2]에서 부산은 중요한 수혜자이기도 했다. 그러나 1950년대의 특혜와 부패 구조 속에서 이루어진 자본가의 성장, 자본축적 및 소비재 산업을 중심으로 하는 공업화는 기층 민중의 생활향상으로 이어지지 않았다. 특히 1950년 후반 미국의 원조가 감소하자 이는 한국경제의 침체로 이어졌다. 노동자들은 열악한 임금 구조 속에서 제조업의 경우 평균 10

---

2 한국전쟁을 거치면서 한국의 경제는 최악의 상황이었고, 미국의 원조에 의존하였다. 당시 대표적인 원조물자가 원맥, 원당, 원면이었다. 원맥은 밀가루, 원당은 설탕, 원면은 옷감의 원료로 이 세 제품이 모두 흰색이어서 이들 산업을 흔히 삼백산업이라고 불렀다. 당시 미국입장에서는 자국의 과잉생산된 물자를 구매해 이를 무상으로 한국에 보냈는데 그럼으로써 자국의 생산자를 보호하고, 다른 한편으로는 한국과 같은 미국의 동맹국을 경제적으로 안정시켜 반공체제가 흔들리지 않게 하는 일석이조의 효과가 있다고 보았다.

시간 이상의 노동을 강요받고 있었지만 복지시설은 극히 미비하였고, 산업재해로 인한 사망자 수는 해마다 증가추세였다.

전국적인 상황에서 도시노동자가 4.19혁명에 적극 참여한 사례는 없었지만 부산지역에서 유일하게 4.19혁명에 동참하는 노동자투쟁이 발발했다. 물론 전국적으로 4.19혁명 당시의 노동자 참여는 저조했지만, 4.19혁명의 영향을 받아 이후 노동운동은 활발하게 전개되었다. 노동쟁의의 증가와 노동조합의 결성, 어용노조를 규탄하는 민주화운동이 일어났다.

그리고 노동법의 대상이 아니었던 실업자 구호문제까지 포함하면서 노동운동의 범주가 확장되어 갔다. 그러면 부산에서는 4.19혁명 기간 동안 왜 노동자투쟁이 발생했을까? 그것은 이승만의 강력한 지지 기반이었던 대한노총의 김기옥 위원장이 부산부두노조 출신으로 부산부두노조를 어용조직으로 만든 장본인이었고, 김기옥 일파가 장악한 어용노조에 대한 분노가 이승만정권에 대한 분노로 바로 연결되었기 때문이었다.

2) 4.19혁명 시기 부산지역 노동운동

(1) 4.19혁명 시기 노동운동의 변화

1950년대 한국사회 전반의 모순구조는 노동운동에 있어서도 상부구조와 관련해 노동조직의 비자주성과 비민주성으로, 토대와 관련해 노동자들의 노동조건 및 생활조건의 악화 그리고 노동자의 계급적 미성숙이라는 모순구조로 반영되어 있었다(강신준, 2002: 203).

따라서 4.19혁명 시기의 노동운동은 노동조직의 자주성 및 민주성의 회복이라는 과제와 생활여건의 개선이라는 과제를 함께 안고 있었다.

노동조합의 자주성과 민주성을 회복하기 위한 노동운동의 노력은 일차적으로 자유당정권의 붕괴로 인해 대한노총이 하부조직에 대한 통제력을 대폭 상실하게 됨으로써 대한노총 산하 단위노조들에서 그동안 억압되어 있던 움직임이 기존 간부진의 개편이라는 형태로 표출되면서 나타났다. 그중 가장 먼저 나타난 곳이 대한노총의 최대조직이었던 자유노동조합연맹의 핵심사업장, 부산부두노조였다. 그러나 대한노총에서 자유노련을 제외한 다른 단위노조들에서는 기존 모순의 청산이라는 의미에서 조직개편은 거의 없었다. 한국운수노조, 부산지구 철도노조, 삼척 월암광업소노조, 고려제지노조 등에서 노조 민주화를 요구하는 조합원들의 시위가 있었지만 조직개편에 이르지는 못하였다.

조직적 모순을 지양하려는 또 다른 움직임은 기존의 조직으로부터 새로운 조직이 분리되어 나온 경향으로, 예를 들면, 인천자유노조 산하에서 P.O.L.특수노조, 한국운수분회 및 미창분회가 새롭게 설립되고, 해상연맹 산하에서 한국선박통신사노조와 전국검수노조가 신규로 조직되었으며, 철도노조에서는 기관차노동조합이 분리되는 등의 움직임들이 있었다. 그러나 이런 움직임도 사업장별로 고립된 채로 머물렀고 수평적으로 연대를 이루어 개혁을 확대하지는 못하였다.

조직적 모순을 극복하려는 경향은 총연맹단위의 조직에서도 나타났는데, 기존의 대한노총 중심으로 일원화되어 있던 전국적 조직편제에서 전국노협이라는 새로운 내셔널센터를 결성하는 방식으로 이원화되는 움직임으로 발전해 나갔다. 원래 전국노협은 자유당 말기 당시 대한노총 지도부에 반감을 품은 14개 노조가 1959년 10월 서울에서 비밀리에 출범한 조직으로, 자유당정권하에서는 제대로 활동을 수행하지 못하다가 4.19혁명을 맞이해 본격적인 활동을 수행한 총연맹이다.

4.19혁명이 발발하자 전국노협은 1960년 5월 1일 대한노총 간부진 전부의 사퇴를 촉구하는 5개항의 성명을 발표하였고, 대한노총의 비민주성과 비자주성을 비판하면서 자신의 조직기반을 확대해 나갔으며 5월 한 달 동안에만 대한노총 산하에 있던 약 170여 개의 단위노조가 전국노협의 산하조직으로 개편되었고, 전국노협의 조합원 수는 16만여 명으로 급격히 늘어났다(한국노동조합총연맹, 1979: 494).

전국노협은 혁명 직후 한동안 새로운 단위노조의 설립을 지원하고 기존 사업장에서의 민주화투쟁을 지원하는 등 노동운동 내부의 조직적 모순을 청산할 가능성을 보이기도 했다. 그러나 전국노협의 이런 조직확대는 근본적인 한계가 있었는데 이는 전국노협의 세력기반이 민주적 개편이 있었던 단위노조들이 아니라 여전히 대한노총 계열의 단위노조들이었고, 이들 노조에서는 과거의 모순과 연루된 인적구조가 거의 청산되지 않고 있었다. 결국 전국노협과 대한노총은 각자 이런 자신의 한계를 돌파하기 위하여 조직 재통합을 추진하게 되어 한국노동조합총연맹(한국노련)이 출범하게 되었다. 그러나 이런 조직 재통합은 4.19혁명의 전환기적 계기를 노동조직 내부에서 민주화하기 위한 것이 아니었기 때문에 노동운동 내부의 조직적 모순은 이후에도 지속되었고, 이는 결국 1961년 2월 15

일 한국노동조합총협의회(총협)라는 또 하나의 상급단체가 등장하는 내부분열의 혼선을 빚었다.

이렇게 기존의 단위노조와 상급단체의 개편을 통한 노동운동의 민주화 및 자주성 회복의 노력은 충분한 성과를 거두지 못했다. 이는 4.19혁명의 계기가 노동운동 내부의 동력과 결합되어 있었던 것이 아니라 노동운동의 외부로부터 단순히 주어진 것이었으며 노동운동 내부의 역량은 기존의 모순을 청산할 만큼 성숙해 있지 않았던 것이다. 그럼에도 4.19혁명의 계기는 노동운동에 양적 팽창과 질적 변화를 가져왔다. 무엇보다 양적 측면으로 혁명 발발 전인 1959년 558개였던 노동조합의 숫자가 혁명이 발발한 1960년에 914개로 비약적으로 증가했고, 이는 노동조합원 수의 증가로 이어져 1959년 280,438명이 1960년 321,097명으로 증가하였다. 이런 양적 팽창과 함께 질적 변화도 수반되었다. 즉 노동조합의 수는 558개에서 914개로 64% 증가한 데 반해 조합원 수는 겨우 14%만이 증가함으로써 신규로 결성된 노동조합들은 대부분 중소 규모의 노동조합들로 이루어져 있었다. 이는 기존의 조직화가 상부로부터 이루어져서 위로부터의 통제가 용이한 대기업 중심이었던 데 반해 이제는 아래로부터의 민주적이고 자주적인 의사결집이 용이한 소규모 사업장들에서 조직화가 활발하게 이루어졌다는 것을 반영하는 것이었다. 즉 위로부터의 조직화라는 비민주적 조직원리가 아래로부터의 조직화라는 민주적 조직원리로 전환한 것을 보여주었다.

질적 변화에는 조합원 구성의 변화도 포함되는데, 기존의 조합원들이 생산직 중심이었던 데 반해 4.19혁명을 계기로 사무직 조합원들의 숫자가 대폭 늘어났다. 사무직 조합원들의 수는 1959년

10,145명에서 1960년 24,195명으로 2배 이상 증가하였다. 이들 조합원들은 신문사, 금융권, 교원 등 새로운 영역들에서 결성되었다는 점은 중요한 의미를 갖고 있었다.

금융부문에서 노동조합의 결성 움직임은 1959년부터 시작되었으나 자유당정권하에서는 지지부진하다가 4.19혁명 이후에야 비로소 본격화되었는데, 노조결성의 중요한 배경은 1950년대 누적되어 오던 금융권의 모순구조에 대한 대응이었다. 자유당정권하에서 금융기관들은 정치 권력과 결탁한 대기업의 사금고로 전락하고 부정대출을 통해 정치자금을 공급해주는(『동아일보』 1960년 5월 9일) 등 모순된 역할을 수행하고 있었고 이에 대한 사회 각계의 비판과 이에 자극받은 금융권의 반성이 노동조합의 결성으로 나타났던 것이다. 그리하여 1960년 6월 1일 조흥은행을 필두로 제일은행, 한일은행, 한국무진(현재의 국민은행), 제일생명보험 등에서 잇달아 노동조합이 결성되었다. 이처럼 노조결성이 급속히 확대되자 금융권의 사용자들은 공동대응을 모색하게 되었고, 금융권 노동조합 또한 이에 대응하기 위해 자체적으로 상급단체를 결성하여 전국은행노동조합연합회를 결성하기에 이르렀다. 이러한 상급단체는 이후 산하 금융기관에서의 신규조직화를 지원하는데 대표적인 사례가 농업은행 노동조합이었다.

또 다른 사례는 교원노조의 결성이었다. 교원노조의 경우에는 교육부문의 모순구조가 노조결성의 중요한 배경을 이루었지만 여기서는 인적 구성에 있어서 일제 식민지와 단절되어 있다는 특징이 있었다. 교육부문의 모순은 주로 미국의 교육원조를 토대로 한 비자주성과 비민주성으로부터 비롯된 것으로, 각종 교육제도가 미국식으로 개편 혹은 도입되어 자주적 성격을 갖지 못하였고, 교육기관은 공공자금을 공급하는 중앙정부에 의해 강력한 통제를 받고 있었다. 그리하여 학교는 자유당의 집권을 돕는 각종 행사에 동원되는 정치적 도구로 전락해 있었다. 이런 모순과 함께 교육부문의 인적 구성은 이중구조를 이루고 있었는데, 일제 식민지적 잔재였던 친일파 교육계 인사들은 해방 이후에도 대한교련을 중심으로 식민지 교육을 계승하고 있던 자유당정권하에서 여전히 교육행정의 상층부를 이루고 있던 반면 일반 평교사의 경우 해방 이후 급격히 늘어난 교육수요에 맞추어 신규로 공급된 대다수가 해방 이후 교육을 받은 세대들로서 새로운 노조운동을 불러일으킬 수 있는 토대가 되었다(강신준, 2002: 212-216).

이러한 노동운동의 양적 팽창과 함께 질적 변화를 수반한 4.19혁명 시기 대표적인 부산지역 노동자투쟁을 살펴보면 다음과 같다.

(2) 부산 부두노동자 투쟁

전국적으로 노동자들의 4.19혁명 참여가 저조했던 것에 비해 부산에서는 부두노동자들을 중심으로 정권과 어용노조에 대한 투쟁을 전개했다. 1950년대 중반 이후 부산부두노조를 장악한 이후 대한노총 위원장으로 올라간 김기옥을 반대하고 노조를 민주화하려는 부두노동자들은 4.19혁명 과정에서 다시 폭발하였다. 부두노동자들은 4월 24일 '김기옥 타도 및 어용간부 축출'의 구호를 내세워 시위를 전개하였다. 노동자들은 부두노조가 위치한 노동회관을 점거하고 간부들의 총사퇴를 요구했으며, 결국 이승만의 하야성명이 발표되는 4월 26일 부산부두노조 집행부도 사퇴하였다. 또 600

여 명의 노동자들은 십장제도의 폐지와 착취 행위의 일소를 요구하였다. 4월 27일 부두노동자 5천여 명은 초량동에 있는 대한노총위원장 김기옥의 집을 급습하며 "노동자를 착취하는 자는 없애라"라는 구호를 외치며 김기옥의 집과 가재도구를 파괴하였다(『부산일보』 1960.4.27.). 이어 5월 3일에는 노동자 500여 명이 "십장제도를 폐지하라", "각 하역회사에 배치되어 있는 도반장을 폐지하라", "김기옥 일파는 물러가라"는 플래카드를 들고 시가행진을 벌였다. 이후 김기옥 일파가 퇴진한 부산부두노조는 5월 18일에 수습 대의원대회를 통해 전병문, 박인근 등을 집행부로 하는 집단 지도체제를 구축하였다. 그러자 일부 친김기옥계의 분회장과 반장들이 이 수습 대의원대회가 불법이었다고 항의하면서 '정화위원회'란 조직을 만들어 이에 맞섰다. 부두노동자 300여 명은 같은 달 31일에 '노동반역자 김기옥을 처단하자', '정화위원회란 불법단체를 해산하라'는 등의 구호를 내세우며 시위를 하였는데, 그중 100여 명은 김기옥을 둘러싸고 그의 비리를 추궁하였다. 사태가 이렇게 되자 결국 그 시비는 법정에 맡겨져 부산지방법원이 부산부두노조의 집행부에 대해 효력정지가처분 결정을 내리고 정화위원장을 부위원장 직무대리로 임명하자 정화위원회가 일반조합원들의 노조사무실 출입을 막아 유혈충돌이 발생하였다. 한편 중앙의 국제자유노동조합연맹(이하 자유노련)도 민주화의 열기 속에서 8월 7일 대의원대회를 개최해 새로운 임원진을 구성하였다. 이렇게 새로운 임원진이 들어서 자유노련은 12월 20일 각종 하역작업 임금의 단일화와 월평균임금 25% 인상을 요구하며 총파업에 돌입하였는데 부산에서는 집행부에 대한 법원의 효력정지가처분 결정으로 인해 그 이튿날인 21일에 파업

에 들어갔다. 부산부두노조 조합
원 9,700여 명은 부산역 광장에서
노조활동의 자주권 수호 및 총파
업 선언대회를 개최한 후 가두행
진으로 법원 앞에 집결하여 노조
집행부에 대한 법원의 효력정지
가처분 결정을 규탄하였다. 이날

4.19시기 부산부두노동자투쟁
출처: 부산민주운동사1(2021)

의 총파업에서 별다른 성과를 거두지 못한 자유노련은 그다음 해 1
월 21일에 2차 총파업을 감행했는데, 부산부두노조에서는 4,000여
명의 노동자들이 참여하였다. 이 두 차례의 총파업을 통해 민수무
역작업의 50%, 석공탄작업 30%, 일부 군기지 20%의 임금인상을
관철시켰다. 그러나 임금의 100% 인상을 요구하던 부산부두노조
는 같은 달 29일에 개최한 집행위원회에서 전국의 3차 총파업에 호
응하여 3월 31일부터 무기한 파업에 들어가기로 결정하고 이를 실
행하였다. 그러나 얼마 후 5.16군사쿠데타가 발생하여 전국의 모
든 노조가 해산됨에 따라 이러한 노력은 결국 아무런 성과없이 끝
을 맺고 말았다(이동일, 2000: 85-91, 부산민주운동사편찬위원회 2021(1):
116-118).

(3) 교원노조 결성투쟁

4.19혁명 과정에서 교사들과 노동자들의 민주화운동도 활발하
게 일어났다. 이승만정권이 붕괴된 직후인 1960년 5월 7일 대구에
서 중등학교와 초등학교의 교직원노조가 각기 결성되었는데 이를
기점으로 교원노조 설립운동이 전국에 확산되었다.

부산지구 교원노조 결성대회
출처: 부산민주운동사1(2021)

부산에서도 같은 날 가칭 부산시 중등교원조합 결성준비위원회가 구성되었다. 여기에는 공사립 중·고등학교 60개교 중 36개교의 교원대표 100여 명이 참가했다. 이들은 교원노조의 설립취지로 "교육의 반공민주화와 교직자의 권익보호 보장 및 관권의 학원간섭 배제"를 내세우는 한편 대한교련 산하의 중등교육회를 관제 어용단체로 규정하여 해체하겠다고 하였다. 그 일주일 후인 5월 15일에 1,000여 명의 교사들이 참여하는 부산지구 교원노동조합이 결성되었다. 이어서 21일에는 초등학교 교사들이 중앙초등학교 강당에 모여 부산초등교원노동조합을 결성하였는데 그 회원이 1,200명에 달했다. 이들은 반민주 교육행정가와 축재 교육공무원의 자진사퇴와 교육회 탈퇴 등을 결의하고 교원노조로 단결하여 자주적 민주학원과 복지사회 건설을 위해 투쟁할 것을 선언하였다(이동일, 2000: 91-93).

그리고 부산의 교원노조가 결성된 바로 그다음 날에는 전국의 교원노조 대표들이 서울대에 모여 대학교수 300여 명과 함께 한국교원노조연합회를 결성하였다. 그러자 당시 문교부장관 이병도는 국가공무원법과 교육공무원법에 위배된다는 이유를 들어 이 단체의 해체를 지시하였다. 그러나 교원노조연합회는 이에 불응하고 항의하였는데, 부산에서는 6월 23일 초등교원노조원 2,100여 명이 동광국민학교에 모여 문교부장관 규탄대회를 개최하고 부산역까지

시위행진을 했다. 25일에는 부산의 중등학교 교사 700여 명이 부산 진역 앞에서 문교부장관 규탄대회를 여는 등 전국의 교사들이 궐기 대회를 개최하였다. 문교부에서는 교원노조의 명칭을 교원연합회 나 교원조합으로 바꾸도록 압력을 넣고, 민의원에서도 교원노조를 봉쇄하기 위한 노동조합법 개정안이 제안되었으나 9월 19일 부산 동광초등학교에서 초등교원 2,000여 명이 궐기대회를 개최하고, 26 일에는 단식농성에 돌입하는 등 전국적인 반대 투쟁을 전개한 끝에 노동법개정안이 폐기됨으로써 교원노조의 승리로 끝을 맺었다. 그 러나 1961년 5월에 발생한 군사쿠데타로 인해 교원노조는 끝내 합 법성을 쟁취하지 못한 채 강제로 해체되고 말았다(부산민주운동사편 찬위원회, 2021(1): 113-115).

(4) 부산지역 운수노동자 투쟁

부산택시노조는 1959년 10월 파업을 통해 '2일 근무 1일 휴무제' 와 '일방적 해고금지' 등의 근무조건 개선을 위한 단체협약을 사업 주들과 맺었다. 그러나 사업주들이 그 내용을 집행하지 않아 다시 파업을 하고자 했으나 경찰의 방해로 실패하였다. 그러다가 1960년 4월 이승만정권이 붕괴되자 5월과 9월 두 차례에 걸쳐 파업투쟁을 전개하여 그해 11월에 근무조건의 개선을 이루어냈다.

부산의 시내버스 노동자들도 근무조건 개선을 위한 파업투쟁 을 전개했다. 4.19혁명 직전인 1960년 1월에 시내버스노조의 기사 와 조수 750여 명이 노동시간 단축과 임금인상을 요구하며 쟁의신 고를 했지만 별다른 진전이 없었다. 그러다 이승만정권이 무너지자 그해 7월 11일 그 요구를 관철시키기 위해 파업에 들어갔다(부산민주운동사편찬위원회 2021(1): 116).

2. 5.16군사쿠데타 이후 1960년대 노동운동

1) 5.16쿠데타 이후의 정치경제정세

(1) 정치정세

제2차 세계대전이 끝난 후 미·소 양국을 축으로 한 냉전체제는 쿠바 사태에 대한 미·소의 극적 타협, 부분적 핵실험 금지조약 및 핵무기 확산금지조약의 체결, 미·소 정상회담 등 협조와 공존의 시대로 전환되기 시작했다. 이에 따라 이데올로기의 벽이 무너지고 서구와 동구 및 중국 사이에 상호 국가승인 및 교류가 활발해져 긴장의 이데올로기보다 국가이익을 앞세운 동서 화해의 시대로 바뀌어 다극화시대로 접어들었다. 그런 점에서 한일회담은 한국과 일본의 식민지 지배 청산을 목표로 했으나, 좀 더 넓은 시야에서 보면 2차 세계대전 이후 미국의 동아시아 지배전략의 파생물이라고 할 수 있다. 한일회담은 소련과 중국의 팽창에 대응하기 위한 미국의 동아시아 방어전략상 필요한 외교적 산물이었다(부산민주운동사편찬위원회, 2021: 129).

군사쿠데타로 집권한 박정희정권은 경제부흥을 국정목표로 삼고 한일회담에 적극적인 자세를 보였다. 당시 박정희정권은 한국, 미국, 일본 세 국가 정상들 간의 회담에서 한일회담이 단순히 양국 관계만이 아니라 동북아 안정을 위한 현안이라는 점에 합의하였다.

1964년 들어 한일회담의 조기타결과 굴욕외교에 대한 규탄 목소리가 높아지고, 야당과 사회, 종교, 문화단체 대표 및 저명인사들 200여 명이 1964년 3월 9일 대일 저자세 외교를 저지하기 위해 '대일굴욕외교반대범국민투쟁위원회(의장 윤보선)'를 결성하고, 3월 15일부터 영남과 호남을 나누어 대일 굴욕외교 성토대회를 각 도시에서 개최하였다. 그리고 24일부터는 서울을 비롯해 부산, 대구, 전주 등 대학생과 고등학생들이 시위에 나서기 시작했다.

1965년 이후에도 한일회담 반대시위가 계속해서 이어지는 가운데, 1967년 5월 대통령선거에서 승리한 박정희정권은 1967년 6월 8일 국회의원 선거에서 장기집권을 위한 개헌선 확보를 위해 부정선거를 저질렀다. 이에 대해 박정희정권의 장기집권을 반대하여 6.8부정선거 규탄 시위와 3선 개헌 반대투쟁이 일어났다.

(2) 박정희정권의 경제개발과 노동통제 정책

합법적인 민주당정부를 군사쿠데타로 무너뜨리고 권좌에 오른 박정희정권은 해방 이후 처음으로 경제발전을 도모하여 경제자립을 이룩하겠다는 공약을 하였으나 난관에 부딪힐 수밖에 없었다. 경제개발계획에 필요한 대규모의 투자가 국내자본에 의해 이루어지기는 불가능하였고, 따라서 외국자본에 의존할 수밖에 없는 한계를 가지고 있었다. 결국 거창한 구호로 시작된 박정희정권의 자립경제는 세계경제체제에 종속된 이전의 대외의존정책(1950년대의 원조에서 1960년대에는 차관으로 바뀌었을 뿐)으로 되돌아갈 수밖에 없었다.

박정희정권은 1960년대 초부터 경제개발 5개년계획들을 연속적으로 수립하여 수행하였다. 1960년대와 1970년대를 통해 한결같이 고수된 경제개발정책의 특징은 ① 공업화를 통한 경제발전, ② 초기에는 경공업이 주도하고 나중에는 중화학공업으로의 이행, ③ 투자자본의 부족과 기술수준의 낙후를 보충하기 위한 외자유치, ④ 수출증대로 외화획득, ⑤ 정부 주도의 경제발전, ⑥ 고도성장, ⑦ 분배보다 성장을 우선하는 것으로 요약할 수 있다. 이렇게 한국의 경제발전이란 공업화라는 좁은 의미로 받아들여졌고, 공업화를 통한 고도성장이 경제개발계획의 목표로 파악되었다(이옥지, 2001: 85).

경제개발계획의 추진에 따라 1960년대에는 전체 취업자와 임금노동자가 급격히 늘어났다. 1963년 766만 2천여 명이었던 취업자는 1971년 1천만 명을 돌파하였고, 또 같은 기간 동안 상시 임금노동자는 93만 4천 명(취업자의 12.2%)에서 147만 8천 명(23.0%)으로 증가했고, 임시 및 일용직 노동자를 포함한 전체 노동자 수도 241만 2천 명(31.5%)에서 395만 5천 명(39.3%)으로 크게 증가했다. 산업별로는 비중에서 농림어업이 63.1%에서 48.4%로 낮아진 데 비해, 광공업은 8.7%에서 14.2%로, 사회간접자본 및 기타 서비스업은 28.2%에서 37.4%로 높아졌다(이원보, 2013: 168).

'한강의 기적'이라 칭송되는 박정희정권의 경제개발은 일본과 미국에서 자본과 원자재 및 기술을 들여와 대기업의 주도하에 국내의 값싸고 질 좋은 노동력으로 가공하여 수출하는 방식이었고, 이는 농업과 광업 등 기초산업을 희생시키고 공업화를 추구하는 불균형성장전략에 따른 것이었다. 저곡가와 저임금을 바탕으로 농촌경제는 피폐화되어 대량의 이농현상이 발생하였고, 이는 저임금의 토대가 되기도 하였다. 또 경제성장이 이루어질수록 해외의존도는 높아졌다. 국내에서는 각종 특혜에 의해 독점화가 급속하게 진전되어 소득불균형이 확대되었다.

박정희정권의 권위주의 정치와 경제개발정책 아래서 노동부문은 커다란 변화를 강요당했다. 노동조합의 재편성과 노동관계법 개정을 통한 강력한 노동통제체제의 수립이었다. 군사정권은 군사쿠데타 이후 우선 노동조합을 해산시켰고, 이후 3개월 만에 자신의 의도에 따라 중앙집권적인 산별노조를 만들었다. 이 과정에서 노동자들의 자주적 참여와 민주적 결정을 철저히 배제하였고, 경쟁적인 노조조직화도 일체 허용하지 않았다. 또한 반공주의와 정치적 중립원칙을 기본방향으로 제시하였다. 노조설립 허가주의, 행정관청의 노조해산 및 결의의 취소변경 명령권, 노조의 정치활동 금지, 복수노조 설립 금지, 노사협의회 설치, 공익사업의 범위 확대, 노동쟁의 사전 적법 판정, 노동쟁의에 대한 긴급조정권 등 노동운동을 통제할 수 있는 장치들을 노동법 개정을 통해 구축하였다. 이는 노동문제를 발생 원인으로부터 해결하는 것이 아니라 경제발전을 위해 노동자를 희생시키고 노동운동을 억제하기 위한 것이라는 비판을 받았다. 법률을 통한 노동운동 통제는 1970년 1월 1일 '외국인투자기업의 노동조합 및 노동쟁의조정에 관한 임시특례법'을 통해 더욱 강화되었으며 나아가 1971년 12월 6일 비상사태 선언에 이어 12월 27일 제정 공포된 국가보위에 관한 특별조치법, 그리고 1972년 10월 유신독재체제를 구축함으로써 그 정점에 이르게 되었다(이원보, 2013: 165-167).

(3) 한국노총의 탄생과 노동정세

4.19혁명 직후 노동운동은 활성화되었지만, 박정희정권은 군사쿠데타 이후 노조를 해산시키고, 노동쟁의를 금지시켰으며, 임금을 동결했다. 5.16쿠데타부터 3개월 후인 8월 3일 군사정권은 '근로자의 단체활동에 관한 임시조치법'을 공포하여 노조 재건을 지시했다. 자신들이 지명한 9명의 노조간부들이 중심이 되어 산별노조를 만들라는 것이었다. 지명된 간부들은 중앙정보부에서 훈련을 받은 후 한국노동단체재건조직위원회를 발족시키고 조직에 착수했다. 9명의 재건조직위원은 이규철(철도), 한기수(광산), 이광조(외기), 조창화(전력), 김광수(섬유), 조규동(체신), 안강수(운수), 최재준(해상), 김준호(금융)이었다. 이들은 4월혁명 후 철도노조위원장을 지낸 이규철을 제외하고는 대부분 과거 노조연맹체의 사무국장이나 단위노조의 위원장이나 분회장 출신 간부들이었다. 이들은 군사정권이 지정한 산업별 단일노조방식을 채택하고 빠른 속도로 노동조합을 재조직하기 시작해, 1961년 8월 8일부터 25일까지 철도, 섬유, 광산, 외기, 체신, 운수, 해상, 금융, 전매, 화학, 금속 등 11개 산별노조가 일사천리로 결성대회를 가졌고, 8월 30~31일에는 한국노동조합총연맹(한국노총)을 출범시켰다(이원보, 2013: 174).

이처럼 노조 재조직은 철저하게 군사정권의 계획과 지시에 따라 몇몇 간부 출신들에 의해 이루어졌으나 그 과정은 결코 순조롭지만은 않았다. 군사정권은 재조직 과정에서 4월혁명 후 새로운 노동운동의 주도권을 쥐고 있던 전국노협 세력을 완전하게 배제함으로써 거센 반발을 불러일으켰다. 김말룡을 대표로 하는 전국노협 세력은 재건위원회를 자주적이고 민주적인 조직이 아니라고 비판하고, 곧

바로 전국노동단체재조직연락위원회를 구성했다. 또한 재건된 4개 조직(전력, 부두, 출판, 연합)은 원래 계획대로 결성대회를 치르지 못했고, 광산, 전력, 외기, 금융 등의 노조에서는 군사정권이 승인한 간부가 위원장에 선출되지 못하는 사태가 벌어지기도 했다. 또한 1963년 들어 정치활동이 재개되자 전국노협 세력은 법원에 한국노총 결성대회 무효소송을 제기하고, 1963년 2월 17일에는 3백여 명의 발기인들이 모여 가칭 한국노동조합총연합회(한국노련) 결성준비위원회를 개최한 후, 조직화 사업을 벌였다. 이에 대해 한국노총은 김말룡을 출판물에 의한 명예훼손죄로 고소했고, 군정당국은 포고령 제6호에 의해 허가된 노조 이외에는 존속할 수 없다며 한국노련을 위협했다. 그리고 1963년 4월 17일 개정된 노동조합법 가운데 노조설립 신고제와 복수노조 금지규정을 근거로 한국노련 계열의 단위조직 간부들을 불법노조활동 혐의로 연행하고 구속하였다. 이러한 탄압으로 한국노련의 저항은 급격히 약화되었다(이원보, 2013: 176-177).

이 무렵 한국노총 내부에서는 가칭 민주노동당 파동이 일어나면서 자주성과 민주성의 문제가 제기되었다. 1963년 정치활동이 허용되자 광산노조 위원장 김정원 등 8명의 산별노조 대표들이 노동자정당을 만들어서 의회에 진출하자는 주장을 펴면서, 1월 11일 자 신문에 가칭 민주노동당 창당발기준비위원회 이름으로 정당발기취지문을 발표했다. 이들은 한국노총이 여당에 기울어져 이용물이 되고 있다고 비난하고, 지금이라도 이러한 정객들과 손을 끊고 본연의 자세로 돌아가야 한다고 촉구했다. 그리고 만일 노총이 이에 불응하면 독자적인 창당도 불사할 것이라고 선언했다. 이에 대해 한국노총과 군정당국은 거센 압박을 가했고 김정원 위원장은 무기정권

처분을 받게 되었다. 그리고 대부분의 산별노조 위원장들은 투항하면서 민주노동당의 창당은 좌절되었다(이원보, 2005: 177).

군사정권은 노조 재조직화가 과거의 파벌싸움과 분쟁을 막기 위한 것이라고 했지만, 한국노총과 산하조직 내부에서는 주도권 쟁탈을 위한 파벌싸움이 끊임없이 벌어졌다. 노조 내부의 민주주의는 형식에 그쳤고 조합원이 노조활동에 참여할 기회는 거의 주어지지 않았다. 조합원총회는 대의원대회가 대신했고, 각종 선거제도는 소수 간부만이 참가할 수 있는 간접선거로 채워졌다. 단체교섭은 기업별로 소수 간부만 참여하는 수준에서 끝났고 조합원이 참여할 수 있는 것은 고작 쟁의행위 가부투표 정도였다. 단체협약 체결권, 단체행동 결정권은 산별노조가 장악하고 있었다. 이런 조직체계의 한계에도 노동자들은 열심히 노동조합을 결성하고 노동조합에 참가했다. 노조 규모는 1961년 10월 말 당시 14개 산별노조, 172개 지부에 조합원 수는 96,831명이었지만 해마다 늘어나 1971년 8월 말에 이르면 17개 산별노조에 437개 지부, 2,995개 분회에 조합원은 493,711명에 이르렀다. 이들 중 광공업부문이 1962년 58,385명의 조합원에서 166,676명으로 급증하여 노동조합운동의 주력으로 성장했다. 이러한 조직화는 노조의 노력보다는 현장노동자들이 직접 나서는 것이 보통이었다(이원보, 2013: 177-179).

노동쟁의도 쿠데타 후 군사정권의 탄압에 억눌려 있던 노동자들의 분노와 불만이 1963년 4월 개정된 노동관계법이 공포되고 합법적인 노동조합 활동이 가능해지면서 폭발적으로 분출되기 시작했다. 1963년 8개월 동안 노동쟁의 89건에 169천여 명이 참가했고, 1971년에는 101건에 115,934명이 참가하여, 1963년부터 1971년까지 총 921건에 1,388,584명이 참가했다. 연평균 112건에 154,287명의 노동자가 쟁의에 참가한 셈이었다(이원보, 2013: 180).

2) 5.16쿠데타 이후 1960년대 부산지역 노동운동

1960년대 부산에서의 대표적인 노조운동은 대한조선공사노조를 통해 살펴볼 수 있다. 대한조선공사노조의 1960년 쟁의는 당시 조공노조원의 태도와 인식을 보여준다. 임금인상 합의를 끝낸 노조는 추가조건을 제시했는데, 합의된 인상분 총액이 '하후상박'의 원칙에 의해 분배되어야 한다는 요구였다. 1964년에 조공노조원들은 유철수지도부를 전복했는데, 그 첫 번째 이유가 하후상박 원칙의 위반이었다는 것으로, 하후상박은 문서화되지는 않았지만 1960년대 조공노조원들 사이에서 중요하게 여겨졌던 원칙이었고, 이로 미루어 다른 노조에서도 같은 관행이 있을 것으로 판단할 수 있다. 다음으로 조공노동조합에서 쟁점이 된 것은 임시직 노동자의 문제였다. 이 문제는 1960년에 처음 가시화되었는데, 그 계기는 임시직 노동자의 정규직 전환 등 임시직에 고유한 문제를 임금인상 요구와 동일한 수준에서 요구조건에 포함할 것인지를 결정하는 것이었다. 심각한 논쟁을 거친 후 두 이슈를 동시에 제기하자는 잠정적인 합의가 이루어졌고, 이 입장은 1960년 7월 조합원총회의 투표에서 임시공문제와 임금문제 두 가지를 같이 놓고 쟁의를 시작하기로 결정이 나면서 확고해졌다. 임금인상을 요구하자는 발의는 찬성 208표, 반대 46표로 통과되었고, 임시공문제를 제기하자는 발의는 찬성 221표, 반대 46표로 통과되었다. 이 결정은 1960년대를 걸쳐 조공노동조합운동의 성격에 큰 영향을 미쳤다. 약한 집단의 이해와 어려움을 운동의 중심에 포함하는 포용적이고 민주적인 조합문화가 그 영향의 핵심이었다. 이러한 조합문화는 1960년대 말까지 임한식 지부장의 재임시절 임시직 노동자의 정당한 대우는 늘 노조의 요구사항에 포함되었다. 주요 내용은 임시직 노동자가 3개월 이상 일했을 경우 퇴직금을 받을 권리, 임시직으로 고용된 날로부터 고용기간을 계산받을 권리, 그리고 때가 되면 정규직으로 승진할 권리 등이었다(남화숙, 2013. 144-155).

그리고 부산의 조선방직은 이승만의 총애를 받던 관리인 강일매에게 1954년 불하를 해서 강일매가 사장이 되었지만, 경영에는 무능력하여 1956년 삼호방직에 매각되었다. 이후 조선방직은 불황을 이유로 1964년 11월 18일부터 노동자 1,000명을 해고했다. 그러자 해고노동자 500명은 1964년 11월 23일 회사 사무실을 점거하고 농성을 시작하여, 경찰과 난투극을 벌이기까지 하였다. 이 쟁의는 12월 9일 노동청과 섬유노조의 개입으로 해고자들을 휴직조치하는 것으로 끝났다(이옥지. 2001: 99). 이후 조선방직은 1968년 4월 막대한 부채를 안은 채 부산직할시에 인수되었다가 1969년 7월 부산직할시가 법인청산절차를 밟아 조선방직을 공식 폐업시켰다.

1969년 7월 2일 대한조선공사노조 조합원 1,768명은 임금인상 등 9개항의 요구조건으로 파업에 들어갔다. 이 파업은 1968년 4월 이래 18개월 동안 여섯 번의 파업을 거쳐 일곱 번째 파업이었다. 이에 7월 초 부산지방노동위원회가 조정안을 제시하였으나 사측이 이를 거부하여 노조는 8월 1일부터 전면파업에 들어가게 되었다. 8월 4일 부산시장이 나서서 노사교섭을 가졌지만, 사측은 미동도 하지 않다가 파업 19일째인 8월 19일에 직장폐쇄를 단행했다. 이에 대해 노동자들도 분노하여 192명의 쟁의대책위원들이 단식농성에 들어갔고, 1,800여 명의 조합원과 가족 500여 명이 철야농성과 연좌데모를 벌였다. 사측은 농성장의 식수를 끊었고 파업이 장기화되자 8월 29일 부산시장이 조정안을 냈다. 이에 대해 노조는 동의했으나 사측은 이번에도 거부하고 퇴장함에 따라 금속노조는 9월 3일 사측을 공개 비판하고 전국 총파업 등 전면적인 투쟁대책을 수립하기로 결의했다. 그러다가 정부는 9월 18일 보건사회부장관 명의로 긴급조정권을 발동하여 우리나라 노동법 역사상 최초의 긴급조정권이 발동되었고, 그날 지부장 허재엽, 쟁의부장 박인상 등 16명의 노조간부를 해고했다. 한편 지부는 긴급조정에 응하기로 결의했고, 중앙노동위원회는 긴급조정을 시도했으나 실패하자 중재에 회부했다. 이 과정에서 현장에서 조합원과 회사간부, 조합원과 비조합원 사이에 갈등이 일어났고, 회사는 이를 트집 잡아 지부장 허재엽 등 12명의 간부를 고발했고, 경찰은 노조 간부들을 구속시켰다. 구속된 허재엽 지부장은 쟁의 취하 무효통고를 하고 새로운 협상을 요구했지만 사측의 분열공작에 말려 25일 당초 요구에서 크게 후퇴한 수준에서 합의하고 쟁의를 취하하였다. 이로써 조공쟁의는 사측의 불법 직장폐쇄와 폭력적인 탄압, 정부의 긴급조정권 발동, 노조간부의 구속과 배신 속에 노조의 패배로 끝났다. 그러나 조선공사에서의 노동쟁의는 숱한 제약조건 아래서도 사측의 일방적 억압과 국가권력의 직접 개입을 무릅쓰고 노동자들이 적극 투쟁해 가기 시작했음을 알리는 신호였다(이원보, 2013: 188-189).

3) 1960년대 부산지역 노동운동의 특징

1960년 4.19혁명으로 집권한 민주당은 이승만 독재정권의 치하에서 부활한 친일매국세력과 서북청년단 등 극우세력에 대한 청산의 과제를 수행하기는커녕 파벌싸움과 무능으로 인해 개혁을 좌초시켰을 뿐만 아니라 군사쿠데타의 빌미를 제공하였다. 아울러 노동운동을 비롯한 민주화운동 또한 좌초되는 아픔을 겪었다.

정권을 장악한 박정희정권은 중앙정보부를 통해 기존 노동조합은 해산시키고 노동운동에 대한 통제가 가능할 수 있도록 기업별 노조체제에서 산별노조체제로 노동관계법을 개정하고, 위에서부터 산별노조를 조직했다. 이 시기의 노동운동은 1950년대에 비해 노사분규가 더욱 증가했으나 경제개발 우선이라는 국가적 기조에 밀려 그 과실이 노동자들에게 분배되지 못하고 노동자들의 권리는 일방적인 탄압으로 억압되었다. 따라서 노동운동에서 열악한 임금과 노동조건, 해고 등이 쟁의 발생 원인의 대부분을 차지하였다.

반면 한국전쟁 이후 1950년대부터 침체되어 있던 부산지역 노동운동도 크게 다르지는 않았지만, 부두노동자들은 어용화된 부두노조의 개혁과 함께 4.19혁명 시기 유일하게 노동자들이 이승만 정권의 지지기반이었던 대한노총 분쇄투쟁을 전개했으며, 또 4.19혁명 직후 교원노조 결성투쟁에도 적극 참여하였다. 특히 대한조

대한조선공사 기공식모습
출처: 디지털부산문화대전-대한조선공사
노동자 투쟁

선공사노동조합은 1960년대 동안 어느 시대보다 앞선 민주적인 노조운동을 전개하였는데, 임시직 노동자의 권익문제를 노조의 요구사항에 포함시키는 등 사내 비정규직 노동자에 대한 연대와 노조의 민주적 운영이 돋보였다.

3. 유신체제하의 부산지역 노동운동

1) 1970년대 노동운동의 정치경제적 배경

박정희정권은 1969년 말 3선 개헌으로 대통령 출마의 길을 다시 열고, 1971년 4월의 선거에서 당선되자 영구집권을 향한 여러 가지 제도를 만들었다. 1971년 말 한반도 상황은 비상사태로 볼 만한 아무런 이유도 없었고, 또 1971년 8월부터 남과 북의 적십자사가 이산가족 찾기 사업을 위한 접촉이 활발하게 이루어지고 있는데도 1971년 12월 17일 국가비상사태를 선언하였다. 그리고 비상사태하에서 대통령에게 광범위한 권한을 부여하는 '국가보위에 관한 특별조치법'(국가보위법)이 야당의 반대 속에 통과되었다. 국가보위법은 대통령의 비상사태 선포, 경제규제 명령, 국가동원령 선포, 옥외집회나 시위 규제, 언론출판에 대한 특별조치, 특정 근로자의 단체교섭권과 단체행동권 제한, 군사상의 목적을 위한 예산 조절 등을 목적으로 대통령에게 무제한적인 권한이 주어지는 것을 의미하였다. 다음 해 7.4 남북공동성명이 발표된 후 1972년 10월 17일 '남북의 평화적 통일을 지향하는 새 헌법을 만들겠다'고 선언하고 비상계엄을 선포했다. 동시에 국회를 해산하고 정당활동을 중지시킨 상태에서 비상국무회의에 국회의 권한을 대행시킨 후 통일주체국민의회의 신설, 대통령의 권한 강화 등을 골자로 하는 유신헌법안을 공고하고 1972년 11월 21일 국민투표를 거쳐 확정지었다. 그리고 이 헌법에 의거하여 통일주체국민의회 선거를 치른 후, 박정희는 이 통일주체국민의회에 단독 입후보하여 임기 6년의 대통령에 선출되었고, 1972년 12월 27일 유신헌법을 공포하여 이른바 유신체제가 시작되었다(교회협, 1984: 134-137, 이옥지, 2001: 120-121).

한편 제2차 경제개발 5개년계획(1967~1971)이 성공리에 끝나고, 제조업과 사회간접자본의 성장률은 연평균 20%를 상회하였다. 1·2차 경제개발 5개년계획을 통해 경제성장과 수출이 급속한 증가세를 보이고 정부의 개발계획이 목표치를 초과달성하게 되자, 정부는 1970년대 들어서서도 1960년대와 마찬가지로 수출지상주의와 '선성장 후분배' 정책을 계속 추진하였다. 그러나 우리나라와 같은 상황에서 수출주도적 경제발전을 추구한다는 것은 저임금노동력의 의존을 뜻했고 이는 성장의 제약요인으로 작용하여, 노동집약적 생산품의 수출 또한 한계에 부딪힐 수밖에 없었다. 또 한편으로는 외채의존형 성장을 추진하면서 국제수지 적자가 만성화되고 산업 간 불균형도 갈수록 심화되었다. 이미 1960년대 후반부터 외자도입에 의해 이루어진 공장들이 부실기업화 되면서 외채의 원리금 상환문제가 골치 아픈 문제로 부각되었다. 그런데도 정부는 '중단 없는 대외의존적 성장지상주의 정책'을 밀고 나가 중화학공업에서 규모의 경제화를 위해 특정 재벌을 집중하여 지원하고, 경제력을 집중해 3차 경제개발 5개년계획부터는 중화학공업을 크게 성장시켜 1979년까지도 높은 성장률이 지속되었다. 총수출 중에 공산품 수출의 비중이 1962년 27%에서 1979년 90%로 증가하였고, 그중 중화학공업부문의 수출도 점점 늘어나 1962년에는 경공업제품이 93.3%인 데비해 1979년에는 중화학공업제품이 43.4%나 되었다. 그러나 이는 중화학공업 내에서의 노동집약산업이라고 할 수 있는 전자산업과 조선산업의 수출증가에 의한 것이며, 원자재를 수입하여 조립·가공하는 노동집약적 산업이 주였다(이옥지, 2001: 121-124).

1970년대 초반 한국의 노동운동은 박정희정권의 강력한 통제조치에 직면했다. 1960년대 후반에 나타난 위기적 경제상황 즉 외채기업들의 부도, 외채 상환 부담, 노조들의 투쟁성 증가로 인한 실질임금 상승과 기업 경쟁력 감소, 선진국의 보호주의 증대와 수출시장 확보의 어려움 등은 박정희정권의 노동정책을 보다 권위주의적으로 변화시켰다. 1969년경부터 노조에 대한 철저한 '감독'과 '협조적인' 조합주의에 기초한 노조지도자의 훈련을 강조하는 새 노동정책이 등장했다. 그것을 상징하는 사건이 1969년에 발생한 대한조선공사노조의 파업이었다. 1960년대 전 기간에 걸쳐 가장 민주적이고 전투적이었던 대한조선공사노조는 1969년 5월 사측과 단체교섭과정에서 파업과 농성에 들어가고 사측은 직장폐쇄로 맞서면서 전국적인 관심을 끌었다. 처음에는 중립적이었던 정부는 9월 18일 역사상 처음으로 노동쟁의에 대한 긴급조정권을 행사하며 개입했다. 노조는 긴급조정을 수용했고 사측도 직장폐쇄를 철회했으나 노조간부 등 16명을 해고했다. 또 사측은 쟁의과정의 물리적 충돌을 이유로 노조간부들을 고소했고 경찰은 이들을 체포했다. 국가와 기업이 힘을 합쳐 조선공사 노동자들의 투쟁을 진압한 이 사건은 이후 박정희정권의 억압적 노동정책의 발화점이었다(남화숙, 2013: 334-362; 부산민주운동사편찬위원회, 2021(1): 185).

이후 박정희정권은 1970년 초에 외국인 투자기업의 노동조합과 노동쟁의를 규제하는 임시특례법을 공포했고, 1971년 12월 6일에는 국가비상사태를 선포하여 국가안보를 위해 자유의 일부를 유보할 결의를 가져야 한다고 강조했다. 비상사태선언을 뒷받침하기 위한 '국가보위에 관한 특별조치법'이 그해 12월 27일에 전격 통과되었다. 그 내용은 비상사태에서 모든 정치경제활동의 통제와 국민기본권의 유보, 단체교섭권 등을 규제할 권력을 대통령에게 부여하는 것 등이었다.

2) 전태일 열사 분신과 민주노조운동의 태동

해방 후 29년 만에 닥친 혹한과 함께 출발했던 1970년대에 정권과 자본은 노동운동에게 잔혹하게 인내와 양보를 강요했다. 경제개발이 가져온 모순은 노동자의 희생으로 귀결되었다. 정권은 노동기본권을 박탈했고 행정적으로도 노동운동을 억압했다. 기업주들 또한 수단과 방법을 가리지 않고 열악한 조건에 노동자들을 묶어 놓고 저항을 차단하였다. 당시 노동조합운동의 총본산이었던 한국노총은 노동기본권을 박탈한 국가권력의 위압에 주저앉아 유신독재체제를 적극 지지하고 나섰다. 이러한 태도 때문에 한국노총은 줄곧 노동자들에게 불신을 받았고, 다양한 세력의 비판에 직면했다. 그러나 한국노총은 비판의 수용을 단호히 거부하고 밖에서 벌어지는 반유신 민주화투쟁을 철저히 외면했다. 그러나 노동자들은 기존 노동조합의 틀을 벗어나 스스로 새로운 전망을 만들어가면서 투쟁에 나서기 시작했다. 노동자들은 유신독재정권의 삼엄한 탄압을 뛰어넘어 수많은 노동조합을 만들었고 노동쟁의를 일으켰다. 노동자들은 그 과정에서 생존권 보장과 인권탄압의 중단을 요구하고 파업, 태업, 농성, 시위, 준법투쟁 등 다양한 전술을 개발하였다. 또한 이러한 노동자들을 위해 종교계와 지식인들이 적극 노동운동에 참여했고, 이를 통해 노동운동 역시 사회적 기반을 넓히면서 확산되었다. 그리고 원풍모방노조, 동일방직노조, YH노

한미사 시절의 전태일 열사
출처 : 전태일기념관

이소선 여사
출처: 전태일기념관

조 등과 같이 한국노총 내부에서도 정권과 자본에 대한 굴종을 거부하고 자주성·민주성·투쟁성을 내세운 민주노조들이 등장하여 억압체제에 용감하게 도전하였다. 이렇게 노동자들은 탐욕스러운 자본과 유신독재체제의 반노동자적 형태와 맞서면서 1970년대 민주화투쟁의 중요한 고리를 이었다. 그리고 마침내 유신독재체제를 무너뜨리는 기폭제로서 역할하기에 이르렀다. 그 처절하고도 치열한 노동운동의 출발점이 1970년 11월 13일 아름다운 청년 전태일이 죽음으로써 절규한 인간 선언의 불꽃이었다면, 그 끝은 1979년 8월

YH무역 노동자 김경숙의 죽음이었다.

"근로기준법을 준수하라! 우리는 기계가 아니다! 일요일은 쉬게 하라! 노동자들을 혹사하지 말라!" 그리고 마지막으로 "내 죽음을 헛되이 하지 말라"고 외치며 쓰러진 전태일은 해방 후 최초의 노동자 분신투쟁으로 한국의 노동운동과 학생운동, 민주화운동에 커다란 영향을 주었다. 전태일의 죽음은 고도성장의 그늘에서 인간으로서 최소한의 요구조차 호소할 수 없었던 노동자들의 '인간선언'이었다. 그리고 그의 죽음은 마침내 얼음처럼 굳고 차디찬 현실을 뚫고 불꽃이 되어 사회 각 부문에 엄청난 충격파를 던졌다. 그의 죽음은 노동문제의 심각성에 대한 사회적 관심과 각성을 급속도로 확산시켰고, 그간의 경제성장이 인간을 위한 것이 아니라 자본을 위한 것임을 만천하에 폭로했으며, 대기업과 공기업 중심의 노동조합 운동의 허점을 고발했다. 또한 노동문제에 대한 지식인들의 관심과 노동운동에 대한 참여를 촉진했으며, 노동자들이 자신의 절박한 요구를 해결하기 위해 과감히 나서게 하는 힘이 되었다.

국가안보와 경제성장이라는 미명 아래 노동기본권이 박탈됐던 노동자들은 과감하게 노동조합을 결성하고 다양한 투쟁을 전개해 1970년 46만 9천여 명이었던 조합원 수는 1977년 100만 명을 돌파했고, 1979년에는 109만 4천여 명으로 늘어났다.

1970년대 노동자들의 투쟁은 크게 극단적인 저항투쟁, 자연발생적인 미조직노동자들의 투쟁, 노동조합에 의한 노동쟁의 세 가지로 구분할 수 있다.

첫 번째 형태인 극단적인 저항투쟁은 1970년 11월 25일 조선호텔 노동자 이상찬의 분신시도, 의정부 외기노조원 21명의 전원 분신위협, 12월 21일에는 평화시장에서 전태일의 동료 12명과 전태일의 어머니 이소선 씨가 평화시장 옥상에서 농성하면서 출동한 기동경찰을 향해 "노조방해 책동을 그만두지 않으면 전원 분신자살하겠다"고 위협해 그들을 굴복시킨 것이 대표적 시작이었다. 또한 1971년 1월 광주 아시아자동차, 2월 한국회관 노동자 김차호, 1973년 12월 조일철강 노동자 최재형 등이 목숨을 끊겠다며 투쟁하였고, 1974년 2월 대구 대동신철공업사 노동자 정세달과 1978년 서울 삼화운수 안내양 강이숙, 11월 삼영정밀공업사 노동자 정귀한이 자결했다.

동일방직 똥물사건
출처: http://blog.naver.com/
soopsaem/222175541132

둘째 자연발생적 미조직노동자 투쟁사례는 1971년 광주대단지 사건, 베트남 파견기술자 KAL빌딩 방화사건, 간호사와 수련의 항의 파동, 1974년 울산 현대조선 노동자 소요, 1977년 현대건설 사우디아라비아 파견노동자 시위 등으로 합법적이고 조직적인 노동운동보다는 방화와 소요, 항의 소동 등 즉자적이고 폭력적인 저항 형태였다.

셋째 사례는 합법적인 노동쟁

동일방직 노동자투쟁
출처: https://blog.naver.com/
skyth92/220733685627

의로, 1972년 원풍모방 노조민주화 투쟁을 비롯해 1973년 삼립식품 임금인상 파업, 1974년 반도상사 파업, 1976년 삼원섬유 투쟁, 1976년부터 3년에 걸친 동일방직 노조수호투쟁, 1977년 풍천화섬, 대협, 시그네틱스, 방림방적, 청계피복노조 투쟁, 1978년 아리아악기와 남영나일론 투쟁, 1979년 해태제과 투쟁과 YH무역 투쟁 등 다양한 투쟁이 전개되면서 민주노조 운동의 전통을 이어갔다.

3) 1970년대 부산지역 노동운동

유신체제를 정점으로 하는 극도의 억압과 통제 속에서 노동자들은 노동기본권이 박탈되었고 노동운동에 대한 탄압이 강화되었지만 노동자들은 다양한 방식으로 투쟁을 이어갔다. 이러한 환경 속에서 전국적 노사분규의 발생건수는 1969년에 130건, 1970년에 165건이던 것이 1971년에는 1,656건으로 폭증했다. 하지만 부산의 경우는 1969년에 27건, 1970년에 35건, 1971년에 19건, 1972년에 8건으로 1971년 이후 감소세를 보였다.

1970년 부산에서 발생한 쟁의 사례를 살펴보면 대부분이 임금인상 요구이거나 체불임금 청산 요구였다. 노동조합이 있는 사업장에서는 사측과의 교섭을 통해 임금인상 등을 요구하지만 노조가 없는 사업장의 경우에도 노동자들의 집단행동이 빈번하게 발생하였다.

대표적인 사례를 들어보면 다음과 같다. 1970년 9월 2일 삼양수산 소속 북양출어선원 1천여 명은 임금을 받지 못해 대표 32명이 버스를 대절하여 서울 본사로 가서 선원 750명의 3개월분 급여

6,100만 원을 받아냈다. 또 1970년 11월 24일에는 동래구 반여동 소재 경남섬유공업사 노동자 200여 명은 체불된 2개월분의 임금을 달라고 공장 사무실에 모여 농성을 벌였다. 노동자들은 3일 전부터 사측에 요구했으나 자금 사정이 나쁘다며 계속해서 임금지급을 미루어 이날 농성에 들어간 것이었다. 임금을 체불한 사업주를 처벌해 달라고 검찰청을 찾은 노동자들도 있었다. 1970년 12월 26일 동래구 명륜동 소재 대림합섬공업주식회사 노동자 200여 명은 부산지검에 몰려가 임금을 지불하지 않는 업주를 처벌해 달라고 호소했다. 임금이나 체불 문제 외에도 처우개선과 관련한 쟁의도 발생했는데 1970년 11월 7일 삼화운수 여차장 27명이 인간 이하 취급에 항의하는 농성을 벌였다. 당시 버스 여차장에 대해 소위 '삥땅'을 방지한다는 명분으로 몸수색을 하는 등 반인권적 노무관리에 저항한 것이었다. 1971년에는 3월 10일 한국비닐론 남여노동자 400여 명은 7개월 동안 밀린 임금과 퇴직금 6천여만 원을 받지 못해 회사 앞에서, 그리고 한국산업은행으로 몰려가 농성을 벌이는 등 여러 사업장에서 항의가 잇달았다. 1971년에 노조결성을 억압하는 부당노동행위와 인턴, 레지던트들의 파업도 있었다.

부당노동행위의 대표적 사건은 동래구 민락동 소재 부산제철에서 일어났다. 6월 12일 노동자 278명이 모여 전국금속노조 부산지역지부 부산제철분회를 결성하자 사측은 다음 날 휴업(직장폐쇄)을 했다가 하루 만에 철회하면서 정문호 분회장과 박철환 부분회장을 선동에 의한 업무방해로 고발하고 나머지 노조간부 전원을 해운대 모 요정에 데려가 향응을 베풀고 노조 탈퇴를 강요하면서 외부와의 접촉을 차단하였다. 이에 금속노조 부산지역지부는 6월 14일 사측을 근로기준법 위반혐의로 고발조치하고 부산지방노동위원회에 부당노동행위 중지신청서를 제출하고 한국노총 부산시협의회와 대책위원회를 구성하였다. 금속노조 부산지역지부는 정문호 분회장이 행방이 묘연한 가운데 퇴직원을 제출했다는 정보를 입수하고 분회장을 해임하고 노경한 부분회장을 분회장에 임명해 6월 20일 분회임시대회를 개최케 하였으나 사측에 굴복한 일부 조합원들 때문에 뜻밖에도 노조해산 결의를 하고 말았다. 이에 금속노조 부산지역지부는 ① 소집목적이 조직 강화를 위한 임원 보선이었는데 별개의 목적사항을 처리했고 ② 투개표과정이 분명치 않고 당시 검표위원 조모 씨가 부정사실을 폭로했다는 점을 들어 재건방안을 강구했지만 회사 내 열성 조합원의 열세로 실패하고 말았다.

한편 1971년 6월 전국적으로 일어난 수련의 파동으로 인턴, 레지던트들의 파업이 있었는데 6월 28일에는 부산의대 부속병원 인턴들이 시한부 단식농성을 시작하였고 30일까지 당국의 조처가 없으면 즉각 파업에 돌입하기로 했다. 7월 이후 수련의들의 항의는 서울의 국공립대학이 중심이 되었지만 부산대학교도 적극 참여하였다. 하지만 정부의 강경한 태도와 교수들의 설득이 반복되면서 수련의들은 근본적인 답을 얻지 못한 채 파동을 매듭지었다. 9월 24일에는 부일공업사에서 13세 소년이 과로로 절명하는 사건도 발생해 당시 열악한 노동환경을 드러냈다.

1972년에도 여전히 임금인상 요구와 함께 노조결성을 억압하는 부당노동행위도 발생했다. 임금인상 요구사례는 7월 6일 섬유노조 부산지부가 임금 47%의 인상을 요구했고 10월 7일에는 전국연합노조 부산피복보세가공지부가 임금인상 33%를 요구하며 조정신청을 부산시에 제기했다. 노조결성을 방해한 부당노동행위의 대표적 사례는 한일제관 사건이다. 영도구 청학동 소재 한일제관 노동자 250여 명이 노조를 결성하자 사측은 노동자들의 출근을 저지하고 휴업공고를 내는 등 노조결성을 방해하여 1972년 5월 10일 전국금속노조 부산지역지부는 부산지방노동위원회에 구제신청을 냈다. 사측은 분회장으로 선출된 김동수 씨 등 17명에게 노조탈퇴를 강요했으며 노동자 황상호 씨 등에게는 출근을 못 하게 막았다.

국가보위법과 유신독재라는 삼엄한 상황이었던 1970년대는 노동운동을 비롯한 민중운동은 자율적 당사자관계에 의해 규율되기보다는 정부의 개입과 조정이 더 강력하게 작용했다. 그러나 1970년대는 합법적 쟁의가 허용되었던 1960년대보다 훨씬 더 많은 쟁의가 발생했다. 노동자들은 사용자의 횡포에 대항하여 진정, 고발, 부당노동행위 구제신청, 집단행동 등 여러 활동을 벌였다. 1966~71년 사이에는 노동쟁의 총건수의 9.8%인 66건만이 쟁의행위를 수반한 데 반하여 1975~78년 사이에는 단체행동을 수반한 건수가 26.1%인 547건에 달했다. 또한 노동쟁의의 원인이 유신 이전에는 임금인상과 근로조건 개선이 중심인 데 비해 유신 초기에는 노조결성에 따른 쟁의가 과반수를 훨씬 넘었고 유신 후기에 이르면 원인이 훨씬 다양해졌다. 이는 고도성장에도 불구하고 노동조건 개선이 이루어지지 않고 상대적 빈곤이 심화되었을 뿐 아니라 노동자들의 의식수준이 높아진 데 따른 것이었다. 부산의 경우도 전국적 추세와 크게 다르지 않았다.

유신체제가 성립된 직후인 1973년 노동조건 개선의 경우에도 노사 간의 교섭으로 해결하기보다 정부에 구제신청이나 조정신청을 하는 사례가 많았다. 1월 20일 삼성기업 이사 집에서 노동자와 채권자 60여 명이 임금과 자재대금을 요구하며 점거농성을 한 사례가 있는데 이 사건은 노동청이 개입하여 임금문제가 해결되었다. 5월 18일 전국해원노조는 해운공사를 상대로 임금 30% 인상, 외지수당 현실화를 요구하며 부산지방 해운국에 단체교섭 조정신청을 제기했다. 8월 10일 전국섬유노조 부산지부는 한신모방 등 36개 사업장에 임금 40.4%를 인상시켜달라고 요구했다. 섬유노조는 조합원들의 월 평균임금이 15,900원으로 5인 기준 생계비 43,000원에 훨씬 미달한다며 15일까지 요구가 관철되지 않으면 부산시에 조정신청을 내겠다고 밝혔다.

그러나 유신 이후 노동쟁의는 노동조건 개선보다 노조결성을 둘러싼 저항이 더 두드러졌다. 1973년 부산지역 노조결성을 둘러싼 쟁의를 살펴보면, 부국제강의 노동자 360여 명은 1973년 11월 21일 전국금속노조 부산지부 부국제강분회를 결성하였다. 결성식 당일, 사측은 퇴근하는 노동자들을 통근버스에 강제 탑승케 하여 가입자를 색출하는 등 결성식 참가를 방해하였다. 그리고 노조결성 후에는 조합원들에 대한 탄압을 시작하여 현장작업을 중지시켰다. 회사 간부들이 인쇄된 노조탈퇴서를 들고 탈퇴를 강요하면서 "여러분들도 해고되기 싫거든 노조를 탈퇴하라"고 협박한 후 이튿날 회사 게시판에 "유류 및 원자재 파동으로 인해 부득이한 사정으로 아래의 사람들을 감원 해고조치한다"며 김상석 분회장 등 간부와 열성 조합원 23명을 열거했다. 이에 대해 금속노조 부산지역본부는 부국제강의 노사분규에 대해 부산시에 조정신청을 내자 부산시 노정계는 1973년 11월 29일 조정회의를 열어 12월 8일까지 노사가 단체협약에 합의토록 하고 그렇지 않을 때는 행정당국에서 국가보위법에 의거, 일방적으로 처리하여도 이의가 없다는 각서를 노사 쌍방에서 받았다. 이에 따라 사측은 노조간부들의 해고를 일시 보류했으나 취업은 시키지 않고 12월 8일까지 유급휴직시킨다고 발표했다. 그 사이에 사측은 노조와해공작만 하다가 시한을 넘겼고 부산시가 조정결정을 한 끝에 12월 10일 단체협약이 이루어져 12월 14일부터 분회장 등은 출근할 수 있었다.

노조결성을 둘러싼 또 다른 사건은 동래구 소재 조일철강의 서울공장에서 일어났다. 이 해 12월 10일, 이 회사의 영등포공장 노동자 19명이 금속노조 영등포지부 조일철강 분회를 결성하자 사측은 노조간부 9명을 해고하고 12월 17일 공장을 폐쇄하여 노동자 35명이 일터를 잃게 되었다. 이에 최재형 분회장은 17일 밤 부분회장을 만나 "나 때문에 모두가 고생을 하게 되어 죽고 싶다"고 말한 후 부분회장과 헤어지기 직전 수면제인 세코날을 한 주먹 입에 넣었다. 그가 길가에 쓰러져 있는 것을 인근 파출소 순경이 발견하여 응급조치를 취하여 생명은 무사히 건졌다. 금속노조 본조의 간부교육에 참가하여 이를 알게 된 여러 사람이 공장 측에 엄중 항의하고 관계기관의 협조를 얻어 직장폐쇄를 철회하고 전원이 원상복귀하게 되었다.

1974년 부산의 노동쟁의 중에는 임금인상과 관련한 사건이 많은데 이는 당시의 높은 물가로 인한 것이었다.[3] 관계기관에 따르면 동

---

3 당시 한국노총도 1974년 임금인상 지침에 실질임금 40% 인상을 추진하도록 권장했다.

명목재가 1월부터 평균 30% 인상한 데 이어 성창기업이 2월에 30% 인상했고 고무업계에서는 삼화고무가 30~100% 인상을 1월에 단행했으며 국제 · 진양화학도 2월에 평균 30% 인상했다. 섬유업계에서는 한창섬유가 2월에 30% 그리고 대우실업은 4월에 25~30%를 인상하였다. 반면 자유노동자인 부두노동자와 운수노동자는 평균 15%밖에 오르지 않았다.

임금 등과 관련하여 쟁의가 일어난 대표적인 사례를 보면 다음과 같다. 3월 28일 전국해원노조는 평균 60% 임금인상을 해운공사와 한국선주협회 산하 35개 선주들에게 요구하고 부산항만청에 조정신청을 했다. 노조는 1973년 1월부터 1974년 1월 사이에 국제물가인상률이 65.7%에 이르렀고 국제해상 운임률이 109%나 인상되었기 때문에 선원들의 임금도 시급히 인상되어야 한다고 주장했다. 4월 8일 일본항공 지사의 한국인 30명이 적정임금을 요구하며 농성을 벌였다. 5월 17일 전국연합노조 부산보세지부는 해광산업 등 31개 보세가공업체에 대해 조합원들의 임금을 55.3% 인상시킬 것을 요구하면서 부산시에 조정신청을 했다. 7월 2일 부두노조 부산지부는 무연탄하역 임금의 인상을 요구하며 조정신청을 냈는데 이 신청은 9월 13일에 받아들여졌다. 체불임금문제도 발생했는데 4월 4일부터 양정동 소재 대진신광금속공업사의 노동자 52명은 밀린 2개월분 임금을 요구하면서 6일째 철야농성을 했다. 사측은 임금지급 약속을 여러 차례나 미루다가 급기야 사장이 자취를 감추었다.

임금문제와 함께 부당노동행위도 여전히 발생하였는데 대표적 사례는 다음과 같다. 1974년 2월 17일 구서동 소재 태광산업 사측은 노동자들의 노조결성을 방해하기 위해 기숙사 노동자의 외출을

금지하고 친척들과의 면회도 사절하는 등 불법연금을 자행하여 전국섬유노조가 노동청 부산사무소에 고발했다. 사측은 이날 노조를 결성한다는 정보를 입수하고 결성대회 참가를 막기 위해 새벽 4시부터 종업원 950여 명을 연금했다. 또 사측은 간부급 직원 200여 명을 동원, 결성식이 열리는 노동회관 주변을 지키며 대회장에 들어가는 여성노동자를 귀가시키기도 했다. 하지만 노동자들은 이런 탄압을 뚫고 490여 명이 참석하여 전국섬유노조 태광산업지부 결성대회를 갖고 임원을 선출하였다. 그러나 노조결성 후에도 노조에 대한 사측의 감시와 탄압에 못 이겨 일부 임원들이 퇴사하는 상황도 발생하였다. 태광산업에 노조가 결성되기까지 중요한 역할을 한 것은 가톨릭노동청년회(JOC)였다. 태광산업에서 일했던 JOC 멤버들은 동료노동자들과 함께 열악한 노동환경을 개선하기 위한 토론이나 노동법 교육을 위한 모임을 조직하여 1972년 초반에 직장팀을 만들었다. 노조결성 당시 팀원은 10명 정도였지만 태광산업 노조결성에 중요한 역할을 하였다. 또 1974년 1월 28일 동래구 소재 현대모직의 사측은 노조결성을 저지하기 위해 공장을 폐쇄하고 노동자들의 출근을 막았다.

　1975년에 들어서 1월 14일 노동청은 근로기준법 적용대상을 16인 이상에서 5인 이상의 사업장으로 확대하는「근로기준법 시행령 개정안」을 마련하여 보사부로 넘겼다고 발표했다.[4] 또한 1975년 2월 4일 김영태 한국노총 부산시협의회장은 최수영 노동청장에게

---

4 이때 개정된 5인 이상 근로기준법 적용은 2020년대에도 여전히 관철되고 있는 사안으로 4인 미만의 영세업체 노동자들이 여전히 근로기준법의 사각지대에 방치되고 있다.

국가보위법 해제, 노동청 인사관리, JOC관리 등을 건의했다. 여기서 눈에 띄는 대목이 JOC관리이다. 한국노총이 노골적으로 JOC 등 종교단체의 노동운동 지원에 대한 적대감을 드러내었던 것이다.[5]

1975년에도 임금인상 요구가 많았는데 정부가 발표한 1974년도 물가상승률이 44%, 1975년도 물가상승률 예상치가 20%, 경제성장률 7% 등을 근거로 한국노총은 임금 80%의 인상을 요구하였다. 이를 계기로 한국노총 부산시협의회 산하 산별노조는 사측에 임금인상을 요구했다. 임금인상률로 전국섬유노조 부산지부는 75.6%, 전국해원노조는 59.5%, 전국섬유노조 부산피복보세가공지부는 56.6%, 자동차노조 부산버스지부는 75.2%, 부산화물지부는 65.5%, 화학노조 각 지부가 69.1% 등을 요구했다. 하지만 대부분의 기업들이 불황과 자금난으로 노조의 요구를 외면하거나 임금인상 폭을 30% 수준밖에 잡지 않아 쟁의는 불가피하였다. 해원노조 간부들은 4월 26~27일 임금 21~30% 인상에 대한 항의로 단식농성을 벌였다. 해원노조는 5월 15일 부산항만관리청에 조정을 신청했다. 4월 30일 무학산업 노동자들은 55.6% 임금인상을 요구하면서 작업을 거부해 오다가 30% 인상에 합의하고 작업을 재개하였다. 5월 4일 풍국내화공업 노동자 62명은 임금인상을 요구하며 작업을 거부했다. 이처럼 임금인상을 둘러싼 쟁의가 많았지만 임금체불이나 노조결성, 부당노동행위도 많았다. 노동청 집계에 의하

---

5 이는 한국노총의 관료적 조합주의 노동운동 방식에 대해 JOC나 산업선교회 등에서는 노동자들의 의식화를 통해 아래로부터 민주적 노동조합운동을 지향하면서 한국노총의 노동운동 방식에 대한 불신이 노동자들 사이에 커져간 데 대한 조직보전의 차원에서 JOC와 산업선교회 등을 적대시하였던 것이다.

면 1975년 상반기 노사분규 196건 중 원인을 보면 체불임금 54건, 임금인상 51건, 부당해고 22건, 노조결성 23건, 조업단축 7건, 휴폐업 4건, 기타 35건이며 전체 분규 중 노조가 없는 곳에서 발생한 깃이 147건이었나.

임금체불과 관련한 쟁의 중 대표적인 것은 대진의 사례이다. 와이셔츠, 바바리코트 등 봉제품 보세가공회사인 대진은 계속된 불황으로 1억 2천여만 원의 부채와 함께 임금 1,662만 원이 체불되었다. 이에 3월 18일 노동자 400여 명이 회사 앞에서 1시간 동안 농성을 벌인 결과 4월 10일까지 임금 완불을 약속받고 해산하였다. 하지만 약속 이행이 안 되자 4월 15일 노동자 600여 명이 모여 회사 간부와 만나 회사 청산이 제대로 안 돼 임금 청산이 어렵다고 하자 그중 300여 명이 행방을 감춘 사장 집에 가서 따지자며 1km 이상 가두시위를 벌였다. 시위대들은 서부경찰서장 등 간부들의 1차 저지선을 뚫고 다시 300여 미터나 행진한 후 출동한 경찰기동대와 대치하다가 30분 만에 회사로 되돌아갔다.

부당노동행위와 관련한 사례를 살펴보면 다음과 같다. 감천동 소재 유성여객에서 일부 직원들이 운전사 김석수를 몰아내기 위해 사기극을 꾸몄다. 김석수는 퇴직운전사의 해고수당을 진정하는 등 사측의 미움을 샀는데 견습 여차장 정모 양을 사주하여 김석수에게 강간당했다고 고소하게 하였다. 운전사 김석수가 고소로 인해 가정파탄이 일어나고 구속될 상황에 놓이자 정모 양이 심경의 변화를 일으켜 강간사건이 사측 조종에 의한 조작극이었다고 폭로했다. 이에 서부경찰서가 사건의 진상을 조사하게 되었다.

1976년에도 임금인상과 임금체불의 문제와 함께 부당노동행위도 지속되었다. 부산지방 노동청은 23개 시내버스 안내양 1,807명이 하루 평균 21시간 40분, 2일 근무 1일 휴무의 격무에 시달리면서도 월평균 24,000원의 저임금을 받고 있으며, 후생보건시설도 3개 업체 외는 열악하다고 밝혔다. 노동청은 근무제도를 격일제로 바꾸고 후생시설을 조속히 확충하여 근로조건을 개선하도록 촉구했다. 또한 전국연합노조 부산의료원지부가 부산시내 650개 병·의원에 종사하고 있는 1,500여 명의 간호보조원을 대상으로 조사한 바에 따르면 간호보조원의 80%가 월 13,000~20,000원의 저임금을 받으며 하루 16시간의 장시간 노동에 시달리고 있었다. 이에 부산의료원지부는 적정 수준의 임금인상을 촉구하였다. 이런 조건에서 임금문제와 관련한 구체적 사례를 보면 같은 해 8월 13일 거제동 소재 동양봉제의 여성노동자 300여 명이 부산역 광장에 모여 임금 30% 인상을 요구하며 시위를 벌이려다 경찰의 제지로 해산되었다. 이들은 현재 받는 임금으로는 최저생활도 할 수 없어 사측에 임금인상을 여러 차례 요구했으나 대책이 없어 시위를 시도하려 했었다. 또한 12월 21일에는 한신기업사 노동자 50여 명이 임금체불에 항의하여 작업을 거부하는 사례도 있었다.

부당노동행위와 관련해서는 6월 11일 다대동 소재 반도목재에서 일어난 노동자폭행사건이 있었다. 이날 생산부 차장 박의일 씨는 가공과 노동자 권익중 씨가 작업지시를 어겼다고 풀 먹이는 칼을 쥔 채 폭행하여 전치 2주의 상해를 입혔다. 치아 1개가 부러지고 얼굴에 상처를 입은 권 씨는 노동청 부산중부사무소에 박 씨를 고발했다. 한국노총 부산시협의회는 6월 14일 산하 53개 지부장을 비롯한 간부들이 참석한 확대간부회의를 열고 반도목재 노동자폭행사건은 묵과할 수 없는 야만적인 일이라고 지적하고 반도목재 사장을 근로기준법 위반혐의로 노동청에 고발했다. 또 9월 23일 성광섬유공업에서 노조가 결성된 이후 노조를 둘러싼 갈등이 거듭되어 전국섬유노조 부산지부가 이 회사를 근로기준법 위반으로 노동청에 여러 번 고발하는 사태가 있었다.

한편, 부산시내 화물자동차조합이 영세차주들에게 1973~74년에 걸쳐 대통령긴급조치 3호로 면세혜택이 주어진 사업소득세와 갑근세를 걷어 횡령했다고 영세차주들이 농성을 벌이기도 했다.

1977년에도 물가상승에 따른 임금인상 문제가 연초부터 제기되었다. 각 산별노조의 임금인상 요구율을 보면 전국섬유노조는 58.9%, 전국화학노조도 산하 여러 업종의 임금을 46.2~64.1%까지, 전국해원노조는 평균 33% 등이었다.

이와 함께 체불임금문제도 여전히 발생했다. 대표적인 사례 두 가지를 살펴보면 다음과 같다. 하나는 같은 해 2월 17일 범일동 소재 장미섬유공업사의 체불임금 사태로 노동자 139명이 밀린 임금의 지불을 요구하며 사무실과 사장의 집을 점거하여 농성하였다. 사장과 간부들은 자취를 감추고 노동자들은 명절을 앞두고 사장이 나타나기만 기다리는 상황이었다. 또 하나의 사례는 섬유업체인 삼락동 소재 제일후직이 폐업함으로써 발생한 체불임금 사태였다. 같은 해 2월 7일 휴업 중인 제일후직의 노동자 600여 명은 회사 구내에 모여 공장의 조속한 정상 가동을 요구하며 항의하였다. 하지만 사측이 2월 23일 폐업계를 제출함으로써 800여 노동자들은 퇴직금 등 1억여 원을 받지 못한 채 일자리를 잃었다. 노동자 500여 명은 2월 25일 회사에 모여 구호를 외치면서 사태 해결을 요구했고 관할

노동청, 경찰서, 출장소의 책임자들이 2주의 시간을 달라고 설득하여 해산하였다.

노조파괴와 같은 부당노동행위도 발생했다. 광명목재는 노조결성 후 매사를 원칙적으로 따지는 양무휘 지부장을 못마땅히 여기던 차에 양 지부장이 조합원 해고문제로 직원과 시비 끝에 폭력을 행사하자 고소를 통해 구속시켰다. 화학노조는 지부장을 사퇴시켰고, 1977년 4월 28일 열린 정기대의원대회에서 부지부장이던 이진호가 당선되었다. 그러자 사측은 다시 부지부장 중 한 명이었던 김수용을 포섭하여 조직분열방법을 구체적으로 제시했다. 그는 근거 없는 루머를 퍼뜨려 이진호 지부장의 사퇴를 강요했다. 결국 본부조합이 6월 24일 회사 전무를 만나 사측의 개입 중지를 요청하고 김수용의 사직서를 받고 조직을 정비하였다.

한편 이 해 4월에 부산 도시산업선교회(이하 부산 도산)가 결성되어 활동을 시작했다. 안드레상사의 사건이 이 해 11월에 발생했다. 이 사건은 11월 9일 자『국제신보』4면의 '지상고발' 난에 실린 기사가 발단이었다. 그 내용은 "지난 2월 안드레상사에 들어간 오순남(26세)이 사원 의견발표회에서 생산과 종업원 40명을 대표하여 건의문을 낭독했다. 건의문 내용은 ① 봉급 지급일의 확정, ② 구타 금지 등 인격적 대우, ③ 여종업원에 대한 처우개선, ④ 후생복지 향상 ⑤ 법정노동시간 엄수 등이었다. 중간에 퇴장한 사장은 오순남과 건의문 작성을 도와준 이춘동(20세)을 불러 사표를 강요했다. 명예훼손까지 들먹이는 강압에 못 이겨 사표를 낸 오순남에게 사측은 두달치 월급도 주지 않았다."라는 것이었다. 부산 도산의 박상도 총무는 오순남을 만나 안드레상사가 생리수당과 휴일수당도 지급하지 않고 잔업수당도 일부만 지급했음을 확인했다. 더 확실한 증거를 모으기 위해 박상도는 11월 17일 안드레상사 노동자 8명과 오순남, 이춘동을 데리고 소풍을 가기로 했다. 그런데 어떻게 알았는지 약속된 장소에는 회사 간부들과 부산진서 정보과 형사들이 기다리고 있었다. 그들 사이에 실랑이가 벌어지고 결국 박 총무는 부산진서 정보과장실로 가서 노동청 근로감독관을 불러놓고 협상을 벌였다. 부산 도산은 두 사람의 복직, 휴일수당 지급, 생리수당 지급, 구타 금지 및 인격적 대우, 체불임금 지급을 요구했고 노동청은 회사에 대해 사건이 확대되기 전에 수습토록 권고했다. 11월 23일 박 총무는 사장과 만나 합의에 도달하여 문제가 해결되었다. 이 사건을 계기로 부산 도산의 존재가 부산의 노동자들에게 알려지기 시작했다. 퇴직금이나 산재보상 등을 못 받은 노동자과 부당해고된 노동자들이 잇따라 도산을 찾아왔다. 도산은 사측이 노동자의 정당한 요구를 수용하지 않을 때는 유인물을 배포하여 압력을 넣었다. 이해 12월 사상공단 주물단지 소재 신창금속의 노동자들이 회사가 임금을 차별 지급하고 갖가지 수당도 지급하지 않았다며 부산 도산을 찾아왔다. 12월 27일 부산 도산은 신창금속의 모회사인 태화의 사장 앞으로 노동자들의 요구를 들어주라는 건의서를 보내면서 1978년 1월 15일까지 문제해결이 되지 않으면 태화제품 불매운동을 벌이겠다고 통보했다. 1월 10일 사측은 일부 노동자들에게 금품을 받고 임금을 올려준 간부를 징계하고 노동자들의 임금을 같이 올려주겠다고 약속했다. 다만 핵심 쟁점인 미지급수당의 지급은 시간을 두고 연구하겠다고 했다. 한편 노동자들은 노동조합을 결성하기 위해 한국노총과 금속노조 부산지부를 찾아가 협조를 요청하고 2월 17일 결성대회를 갖기로 했다. 그날 40명의 노동자들이 분회를 결성하려고 노동회관에 갔으나 부산지부 간부들이 아무도 참석하지 않아 무산되었다. 이후 노동자 대표가 몇 번 부산지부를 방문했지만, 지부 간부들은 노동자들이 도시산업선교회의 조종을 받고 있다며 조직을 기피했다. 부산 도산은 미지급수당문제가 해결되지 않자 회사에 편지 쓰기와 전화 걸기로 항의하자는 전단을 찍었다. 3월 1일에는 신창금속의 노동자들이 사회에 물의가 일어나도 우리 책임이 아니라는 결의문을 채택했다. 3월 2일 경찰이 개입하여 인쇄물 배포를 하루만 늦춰줄 것을 부산 도산에 요청하고 경찰·부산 도산·회사가 3자 회담을 가졌다. 여기서 사측은 3월 10일 급여일에 잔업수당을 지급하기로 하고 금액은 노동자들과 합의하기로 결정했다.

1978년에 들어와 박정희정권과 한국노총은 도시산업선교회나 가톨릭노동청년회 그리고 그들과 연결되어 있는 노동조합에 대해 거친 비난과 파괴공작을 가했는데 그에 앞장선 대표적인 인물이 섬유노조의 김영태 위원장이었다. 그는 이 해 1월 22일 전국섬유노조 대의원대회에서 규약을 개정하여 소속 노조에 대한 중앙의 지배력을 강화하고자 책동했다. 내용은 본조가 사고지부로 규정한 노조 지부의 경우, 한국노총이 위촉한 수습위원이 지부장 권한을 인계하도록 하고, 외부세력 침투에 대처하기 위해 '근로환경개선대책위원회'를 구성하고 그 산하에 조직행동대를 편성한다는 것이었다. 이해 2월 초 부산시 노총협의회 주최로 열린 '노동문제 특별세미나'에서 강사 홍지영은 "사회문제 해결에 참여하는 모든 기독교운동이 국제공산당의 소산이며 기독교산업선교회나 가톨릭노동청년회는 빨갱이다. 근로자 여러분은 자세한 내용을 알 수 없으니 '기' 자가 붙은 단체는 다 위험한 것이니 조심하라."고 발언하여 물의를 일으켰다. 이 해 2월 21일 인천의 동일방직노조가 정기총회를 위한 대의원내외를 개최하려 하는데 사측에 매수된 남자노동자 5~6명이 투표하러 오는 여성노동자들에게 똥물을 끼얹고 폭행하며 투표함을 박살내는 사태가 발생했다. 그러자 섬유노조 본조는 동일방직노조를 사고지부로 규정하고 노조의장단 전원을 제명 처분했다. 이후 동일방직사건은 정권, 섬유노조, 기업주가 한편이 되고 노동자, 양심적 종교인 등 지원세력이 다른 한편이 되어 치열한 싸움이 벌어졌다. 이런 상황에서 김영태는 이 해 5월 18일로 예정된 제2기 통일주체국민회의 대의원선거에 부산에서 출마했다. 그러자 분개한 동일방직 노동자 15명이 김영태의 당선을 막기 위해 부산으로 내려왔다. 그들은 5월 16일 JOC 사무실에서 잠시 쉰 뒤 김영태의 선거구인 전포 1, 2, 3, 4동과 부전 1, 2동에 김영태의 노조 탄압을 폭로하는 유인물을 뿌렸다. 그리고 그들 중 7명(여성노동자 5명과 그들을 지원하던 JOC 회원 2명)이 체포되어 고문을 받고 구속되었다. 같은 해 10월 19일 그들은 대부분 징역형을 받았다.

이 사건에 대해 JOC부산연합회, 부산도시산업선교회, 엠네스티 부산지부가 적극 지원하고 나서면서 1978년 부산지역 노동운동의 최대현안이 되었다. 1978년 11월 6일 부산YMCA 강당에서 '구속자를 위한 신·구교연합기도회'가 열렸다. 당시 강당에는 300여 명의 교계 인사와 청년 학생들로 꽉 차 있었다. 그러나 강론을 하기로 된 함세웅 신부와 구속자의 인권상황을 보고하기로 한 김지하 시인의 모친이 나타나지 않았다. 두 사람은 기도회에 참석하지 못하도록 연금되어 있었던 것이다. 마침 부산의 감옥에 갇힌 동일방직 여성 노동자들을 위해 부산에 왔던 인천도시산업선교회 총무 조화순 목사가 참석했다. 주최 측은 조 목사에게 노동자들의 생존권 투쟁, 특히 동일방직 노동자들의 수난과 투쟁 상황을 말해 달라고 부탁했다. 조 목사는 동일방직 똥물사건 경위와 선거법으로 구속된 노동자들의 재판상황 등을 본 대로 얘기했다. 이튿날 조화순 목사는 5명의 경찰관에 연행되어 일주일 후 긴급조치 9호 및 집회와 시위에 관한 법률 위반혐의로 구속되었다. 이 사건으로 조 목사는 징역 5년을 선고받고 복역하다가 긴급조치 9호가 해제된 이후인 1979년 12월 29일 석방되었다.

1978년에도 임금과 관련한 쟁의가 많았다. 눈에 띄는 것은 병원에서 발생한 쟁의이다. 6월 28일 침례병원 의사 52명은 봉급 50% 인상을 요구하며 집단으로 진료를 거부했다. 8월 11일 부산대학병원 인턴 23명은 임금 100% 인상을 요구하며 진료를 거부했다. 10월 12일에는 봉생신경외과의 간호원 이모 양 등 30여 명은 5개항의 처우개선을 요구하며 농성을 벌였다. 이들의 요구는 봉급과 상여금의 인상, 기숙사의 시설과 처우개선, 야근수당 지급 등이었다. 사측은 이들의 요구를 시한부로 들어주기로 합의하여 농성을 풀었다. 택시기사들은 사납금의 인하를 요구했다. 부산시경이 3월 13일부터 택시의 합승을 철저히 단속하고 나서자 수입금이 줄어들 것을 예상한 택시기사들이 사측에 과다한 사납금을 대폭 인하하라고 요구했다. 3월 13일 미광택시운수 택시기사 50여 명이 사측에 현행 15,000~18,000원의 사납금을 5,000원씩 낮춰달라고 요구하면서 1시간 동안 운행을 거부했다. 4월 14일에는 대흥택시 운전기사 40

여 명이 사측의 사납금 인상에 반발, 태업했다. 운전기사들은 옷을 벗어 들고 회사 사무실에 모여 사납금 인하를 요구했다. 부산시내 109개 택시회사 중 104개 회사가 사납금을 500~1,500원씩 낮춰주겠나고 제의했지만 노조는 받아들이지 않고 대폭적인 인하를 요구했다. 임금체불 사례도 있었다. 동우봉재공업사 노동자 250여 명은 체불임금의 지급을 요구하며 작업을 중지한 채 사측에 항의하였다.

부당노동행위도 여전히 많았다. 부산시내버스여객자동차운송사업조합이 3월 1일 삥땅 방지를 이유로 안내양들의 작업복 호주머니를 모두 없애도록 지시하자 안내양들은 '인권유린'이라고 반발하였다. 3월 3일 전국자동차노조부산버스지부도 '사업조합의 처사는 있을 수 없는 일'이라고 항의하며 지시를 철회하라고 요구했다. 이에 그 지시는 철회되었다. 하지만 시내버스조합은 토큰제 실시 이후 호주머니 깁기, 감시원 승차, 삥땅 적발 시 5,000원을 주는 현상금 제도까지 시행하여 승무원들을 괴롭혔다. 7월 15일 일광여객 안내양 28명은 몸수색에 항의하여 취업을 거부하고 기숙사를 탈출했다. 10월 6일 대창여객 안내양 36명은 몸수색에 항의하여 취업을 거부했다. 안내양들의 항의는 1979년에 들어서도 계속되었다. 1979년 1월 10일 시민여객 안내양 57명은 근로조건 개선을 요구하며 취업을 거부했다.

1979년은 한국경제의 위기가 확연히 드러나기 시작했던 해였다. 유신정권의 중화학공업화정책의 난맥으로 빚어진 과잉중복투자의 부작용과 함께 이란혁명의 여파로 벌어진 제2차 석유파동까지 겹쳐 박정희정권은 국제통화기금에 구제금융을 신청하였다. IMF는 구제금융의 전제조건으로 긴축정책을 요구했다. 이를 받아들여 박정희정권은 4월 '경제안정화종합시책'을 발표하는데 이로 인해 민중생활은 더욱 궁핍화되었다. 이 해에도 임금을 둘러싼 쟁의는 빈발했는데 특히 임금체불이 많았다. 이는 경제위기와 관련한 기업의 도산이 늘어난 것과 관련이 있다. 이 해 6월 2일 경흥물산 부산공장 노동자 800여 명은 체불임금지급촉구 궐기대회를 갖고 관리은행의 무성의한 해결책을 규탄하고 대통령에게 보내는 호소문을 채택했다. 율산의 계열사인 이 회사는 율산의 도산과 함께 은행감리단으로 관리가 넘어가 휴업에 들어감으로써 임금 1억 6,000여만 원이 체불되었다. 이들은 호소문에서 "공장 휴업으로 근로자는 물론 인근 7만여 명의 주민들이 곤경을 겪고 있다."며 실력행사도 불사할 것임을 경고했다. 또 8월 8일에는 미진금속 노동자 700여 명이 1억 4,000여만 원의 체불임금의 지급을 요구하며 2시간 동안 조업을 거부했다. 이 회사는 석유파동의 영향으로 수출이 부진했고, 창원공단 내의 공장을 무리하게 확장하면서 심각한 자금난에 부딪쳤다. 이 회사는 체불임금 외에도 부도 위기를 맞고 있었다. 9월에는 수산개발공사와 성광섬유 등에서 체불임금 해소를 요구하는 농성이 있었다. 택시업계에서는 사납금을 둘러싼 쟁의가 연속되었다. 같은 해 4월 3일 동아교통 운전기사 56명은 석유가가 오른 만큼 사납금을 인하해 달라고 파업을 벌였다. 5월 1일에는 택시 요금이 인상되면서 사측이 사납금을 올리자 운전기사들이 반발하며 취업을 거부하는 바람에 4개 회사 100여 대의 택시가 운행되지 못했다. 대도택시, 대야교통, 삼성교통, 태창택시 등의 운전기사 100여 명이 취업을 거부했고 사측은 휴업으로 맞섰다.

이 해에도 부산도시산업선교회와 JOC는 활동을 계속했다. JOC

의 홍점자와 정인숙은 사상성당 옆에 전셋집을 얻어 국제상사 노동자 5~6명과 기거를 함께 하면서 야학을 시작하였다. 부산의 JOC 활동은 성당 중심에서 현장 중심으로 전환하고 있었는데 당시 야학은 노농운동을 지원하는 데 큰 역할을 했다. 사상성당, 가야성당, 당감성당 등에 야학이 생겼고 오수영, 송기인 신부 등이 후원하였다.

4) 1970년대 부산지역 노동운동의 특징

1970년대는 중화학공업 중심의 재벌 위주의 자본축적이 이루어지면서 수출 위주의 대외의존적 경제성장이 급속히 이루어지던 시기였다. 그에 따라 재벌기업에 대한 특혜와 과도한 외채 등으로 노동자 서민들은 성장의 혜택보다는 물가상승으로 인한 고통, 장시간 노동과 저임금을 기반으로 희생을 강요당해왔다. 특히 부산은 대도시 성장억제 방침에 따라 중화학공업으로의 산업전환기에 배제되면서 경공업 위주의 경제구조가 고착되었다. 또한 정치적으로 유신체제라는 유례없는 억압적 지배체제가 구축되면서 노동운동에 대한 탄압도 강화되었던 시기였다.

따라서 부산지역 노동운동의 특징은 첫째, 저임금 장시간 노동을 기반으로 하는 경제성장의 희생양이 되고 살인적 물가상승으로 인해 체불임금 해소, 임금인상 투쟁 등 생존권 투쟁이 주된 투쟁일 수밖에 없었다. 1960년대보다 더 노동운동에 대한 탄압이 거세었지만 자연발생적 생존권 투쟁이 더 많이 발생했다. 이 부분은 한국 노동운동의 일반적 특징이기도 하다.

둘째, 생존권 투쟁과 함께 노조결성과 부당노동행위에 대한 투쟁도 중요한 이슈였으나 노동운동을 억압하는 유신체제의 타파 등 박정희정권의 반노동자적 통치방식에 대한 노동현장의 민주화 투쟁은 거의 찾아보기 어려웠다. 특히 박정희정권은 앞에서 언급했듯이 1970년 초 '외국인 투자기업의 노동조합과 노동쟁의를 규제하는 임시특례법'을 공포했고, 1971년 국가비상사태 선포와 '국가보위에 관한 특별조치법' 제정, 그리고 1972년 유신헌법 개헌 등을 통해 노동기본권을 제약하는 한편, 이에 대한 비판조차 할 수 없게 만들었다. 이에 대해 1970년대 한국의 노동운동은 유신체제를 극복하기 위한 민주노조운동이 본격적으로 태동한 시기였다. 1970년 11월 13일 전태일 열사 분신 이후 청계피복노조 결성과 함께 수도권에서는 학계에서는 고려대노동문제연구소, 종교단체에서는 개신교 계통의 도시산업선교회와 가톨릭노동청년회(JOC)를 중심으로 노동자들에 대한 지원이 이루어졌다. 크리스챤아카데미에서도 노동교육이 이루어지면서 민주노조운동에 대한 지원이 이루어졌다. 그러나 부산에서도 도시산업선교회가 구성되었고, 가톨릭노동청년회 등의 활동이 있었지만 도시산업선교회는 노동문제나 노사분규의 해결을 대행해 주는 상담소 역할에 그쳤고, 가톨릭노동청년회는 현장에서의 조직화보다는 교회나 개인적 신앙생활에 머물렀다고 해도 과언이 아니었다. 태광산업에서의 노조결성에 JOC 회원이 적극 참여하였으나 이후 민주노조로까지 발전시키는 데는 한계가 있었다. 현장의 노동운동은 주로 저임금이나 체불임금, 노조결성에 따른 부당노동행위 등에 대한 저항은 있었지만, 근본적인 노동현장의 민주화와 민주노조운동은 거의 보이지 않았다는 것이 1960년대와는 다른 1970년대 부산지역 노동운동의 특징이었다.

셋째, 1970년대 부산지역 노동운동에는 노동운동 지원단체나 전문가의 지원이나 도움이 거의 없이 한국노총만이 노동운동을 지도하는 위치에 있었는데, 노동자에 대한 교육이나 민주적 노조운영보다는 자연발생적 노동운동에 의존하였고, 사용자의 탄압이나 투쟁이 발생했을 때에는 거의 시청이나 노동부에 진정 또는 고소고발하는 수준에 그쳤다. 오히려 JOC나 도시산업선교회에 대해 견제하거나, 심지어 배격하는 태도를 견지해 기득권 유지 측면이 강했다. 특히 과거 일제 강점기와 해방 직후 노동운동을 주도했던 항만(부두)이나 해원(선원), 철도, 대한조선공사, 교통 부문 등의 산별노조들이 어용화되어 관료적 조합주의가 더 강하게 작용했다. 이러한 70년대 노동운동의 한계는 부마민주항쟁이 발생했을 때에도 노동운동 차원에서 결합하지 못하였으며, 1980년 초반 투쟁이 급증하였을 때도 자연발생적 투쟁의 한계를 넘어서지 못했다.

제4부
부마항쟁과 1980년대 부산지역 노동운동

1. 부마항쟁과 1980년대 초 부산지역 노동운동

1) 부마항쟁의 정치경제적 배경과 전개

1970년대 한국경제는 세계적 불황에도 겉으로는 빠른 속도로 성장했다. 경제성장률은 1970~1979년 사이 연평균 9.6%에 달했고, 특히 1976~1978년에는 연평균 12.3%에 달했다. 무역에서도 1970~1979년 총수출액이 연평균 39.2%씩 증가하여 1977년에는 수출 100억 달러를 달성하게 되었다. 그러나 이는 양적 성장에 불과했고, 한국경제의 구조적 모순이 심화되는 과정이기도 했다. 이러한 모순은 1960년대의 경제개발 방식, 즉 외자를 유치해 부품과 자본을 들여와 국내의 저임금 노동력으로 가공·조립하여 수출하는 외향적 수출주도 경제였기 때문에 근본적으로 취약했는데, 중화학공업화를 추진하는 과정에서는 이 모순이 더욱 커지게 되었다. 즉, 중화학공업화에 의한 수출증대는 수입유발효과를 키워 더 많은 외자를 도입해야 하는 악순환 고리로 나타나 무역적자가 1970~1979년간 11억 4,800만 달러에서 52억 8,300만 달러로 5배가 늘었고, 외채도 8억 5천만 달러에서 70억 7백만 달러로 급증하게 되었다(이원보, 2013: 200~201).

이러한 고도성장과 함께 고도성장의 허구라는 모순은 한편으로는 자본의 집중화와 온갖 특혜로 독점재벌을 만드는 계기가 된 반면, 성장의 그늘에서는 저임금 장시간 노동자를 양산하는 등 빈부

격차의 심화와 경제의 불균형을 초래하였다.

이러한 현상은 부산지역에서도 나타났다. 1960년대부터 수출지향적 경공업화로 한국 제1의 항만을 가진 조건에서 급속한 성장을 이루었다. 수출이 증대되고 고용기회가 크게 늘면서 인구도 급증하게 되었다. 부산의 인구는 1960년 116만 명에서 1970년에는 205만 명으로 증가하고, 1979년에는 317만 명으로 전국비중 8.4%에 이르게 되었다. 이러한 인구증가는 지속적인 인구유입의 결과였고, 부산지역의 급속한 경제성장을 반영한 것이기도 하였다. 그러나 부가가치 측면에서 살펴보면, 부산지역 제조업의 1인당 부가가치가 낮은데 이는 부산지역의 주력산업이 저부가가치 노동집약적 산업이며 이들 산업들이 수출에 크게 의존하고 있기 때문이었다. 따라서 부산지역의 종업원 1인당 급여액은 서울은 물론 전국 평균에 비해 낮을 뿐만 아니라 전국 최하위 수준이었다.

당시의 부산지역 경제는 1960년대 박정희정권이 추진했던 수출지향적 경공업화가 실현되었지만 1970년대 들어 강행한 중화학공업화로부터는 소외되어 왔다.[1]

결국 부산지역 경제구조는 신발, 섬유, 합판 등 노동집약적 경공업이 주종을 이루고 이들 부문은 수출의존도가 높은 업종으로 극도의 저임금과 장시간 노동에 바탕을 두고 있었다. 그리고 1970년대 중반 이후 중화학공업의 중복투자로 인한 모순이 누적되고 이러한 구조적 문제가 부산지역에 큰 타격을 줌으로써 위기가 심화되

---

1 1970년대 국제경제의 변화에 대응하기 위해 유신체제에서 강행된 중화학공업화를 추진하는데 부산은 지리상으로는 동남권의 중심부에 위치했지만 중화학공업투자 대상지에서는 배제되면서 부산경제의 위기가 비롯되었다.

어 있는 상태에서, 김영삼의 국회 제명이라는 이슈를 계기로 학생들의 가두시위가 한국자본주의의 약한 고리였던 부산과 마산에서 먼저 점화되어 폭발했다고 볼 수 있다.

부마항쟁 당시 부산시청 앞에 등장한 장갑차
출처: https://v.daum.net/
v/20181016174135141

1979년 10월 16일에 발발한 부마항쟁은 학생들의 시위로 촉발되어 사회적 모순과 불만이 누적된 민중들의 들불 같은 참여와 유신체제에 대한 폭발적인 저항으로 순식간에 확산되었지만 항쟁의 지도부가 없었던 관계로 부산에서의 계엄령 선포와 군대의 투입으로 항쟁은 급격히 축소되었다.

부마항쟁으로 연행된 사람 1,563명 중 학생은 30%에 불과했고, 기소된 87명 중에도 학생은 37명에 불과했다. 그렇게 부마항쟁은 학생들로부터 시작되었지만 민중항쟁으로 발전해 간 것이다.

광복로시위대
출처: https://cafe.daum.net/ejutaek/
N8uB/20757

부마항쟁이 민중항쟁으로 확산되자 박정희정권의 내부 분열과 이에 따른 대통령 저격사건으로 정국은 커다란 혼란에 빠지게 되고 18년 장기집권은 박정희 한 사람의 죽음으로 막을 내리게 되었다. 그만큼 유신체제는 정권으로서의 정통성도, 기반도 취약했던 것이다.

따라서 유신체제 아래 억눌려 있던 노동운동은 박정희정권의 몰락과 함께 억압적 노동 통제가 해제되면서 투쟁이 촉발되는 계기를 맞이하게 되었다. 그리하여 부마항쟁 이후 1980년 봄 노동운동이 폭발적으로 고양되었다. 그러나 곧 이은 1980년 5월 신군부세력의 쿠데타로 부마항쟁에 의해 형성된 노동운동의 정치적 기회가 닫히면서 노동운동은 급속한 후퇴와 함께 좌절을 경험하게 되었다.

2) 신군부의 등장과 1980년대 상황

1979년 10.26사태와 석유파동으로 정치·경제 위기가 노골화된 가운데, 1980년 초 정치계는 유신체제 후의 권력쟁탈을 둘러싼 치열한 암투가 벌어졌다. 한 치 앞을 내다보기 어려운 안개정국이었다. 대학생들이 이러한 상황을 뚫고 1980년 3월부터 4월에 걸쳐 학원민주화투쟁에 나서 5월 초에는 거리로 뛰쳐나와 '유신세력 타도'와 '계엄 즉각철폐'를 외치며 민주화 대시위에 돌입했다. 이러한 학생들의 투쟁은 5월 15일 절정에 이르렀다. 그러나 학생운동 지도부는 신군부와의 무력충돌을 우려하여 '서울역 회군'을 선언했고, 학생들은 학교로 돌아갔다. 신군부는 주저없이 5월 17일 계엄확대를 단행했다. 신군부는 정치인, 재야민주인사, 학생운동 지도부들을 대량 연행하고, 대학 휴교령과 정치활동 금지령을 발동하여 짧았던 서울의 봄은 막을 내렸다. 5.17쿠데타의 광풍으로 온 나라가 침묵 속에 잦아들 때 광주에서 신군부정권의 폭압에 맞서 들고 일어났다. 광주민중항쟁의 시작이었다. 항쟁은 5월 18일 무장군인들이 학생들을 무차별 폭행한 데서 시작되었다. 그리고 5월 27일 새벽 도청에서의 장렬한 항전과 죽음을 마지막으로 미국을 등에 업은 신군부의 잔혹한 살육전에 맞선 광주 민중들의 처절한 항쟁은 막을 내렸다. 투쟁을 주도한 세력은 조직되지 않은 노동자 대중이었고, 투쟁방식은 무장투쟁과 지역점거투쟁이었으며, '해방공동체'를 통해 우리 사회 초유의 민중 자치를 실현했다.

광주민중항쟁을 진압한 후 신군부는 5월 31일 국가보위비상대책위원회(국보위)를 만들어 폭력적인 정권탈취에 본격 착수했다. 신군부는 사회의 숙정과 정화를 명분으로 정치인, 지식인, 언론인 등 반대세력과 경쟁자들을 가차 없이 제거했다. 그리고 새 헌법을 만들고 민주정의당을 결성했다. 1981년 2월 신군부는 선거인단 선거를 통해 전두환을 대통령으로 만들어 냈고, 4월 11일에는 제11대 국회를 개원시켰다. 이른바 제5공화국의 출범이었다.

신군부의 억압은 서슬이 퍼랬지만 민중들은 스스로 몸을 던지는 극한적인 형태로 저항을 시작했다. 서강대생 김의기의 투신(1980년 5월 30일), 노동자 김종태의 분신(1980년 6월 9일), 서울대생 김태훈의 투신(1981년 5월 27일) 등이 이어졌다. 그리고 1981년 3월 19일 서울대 학생들의 교내시위를 기점으로 교내와 가두에서 투쟁이 확산되고, 미국문화원 방화와 점거 등 반미투쟁이 새롭게 등장하였다. 이렇게 사회적 저항과 반미, 체제변혁 운동이 격렬하게 전개되고 교황 방한 등 국내외 현안이 임박하자 전두환 군사정권은 1983년 하반기에 탄압정책을 완화하여 유화국면을 연출했다. 그러자 각계각층의 운동이 더욱 활발하게 전개되어 1985년부터는 개헌 투쟁으로 발전하게 되었고 사회변혁 운동이 들불처럼 번져갔다. 이에 대해 전두환정권도 탄압의 강도를 높였지만 이미 민주화와 사회변혁의 물결은 막을 수 없게 되고 서울대생 박종철의 고문치사 사실이 폭로되면서 민주화운동은 1987년 6월 항쟁을 통해 직선제 개헌을 쟁취해내게 되었다.

한편 1970년대 고도성장을 구가하던 한국경제는 1980년대 들면서 위기의 늪에 빠졌다. 1980년의 경제성장률은 -4.8%로 곤두박질쳤고, 물가는 무려 39%나 치솟았다. 휴폐업과 조업단축으로 실업률은 4%대에서 5.2%로 급상승했다. 파탄위기에 직면했던 경제성장률은 1981년 6.6%로 회복되긴 했지만 1985년까지 연평균 7.2%에 그치고 해마다 불안정한 모습을 보였다. 경제위기의 진원지는 유신정권의 불균형적인 경제성장 전략과 외채에 의존한 부실한 중화학공업화였다. 1979년 203억 달러였던 외채 총액은 1985년에 이르면 468억 달러로 급증했다. 전두환정권은 국내 경제체제의 정비를 위해 재정·금융의 긴축과 중화학공업 구조조정 등을 내용으로 하는 경제안정화정책을 강행했다. 그러나 긴축정책은 진행과정에서 경기회복을 이유로 포기했고, 오히려 대폭적인 금리 인하를 통한 수출대기업 지원으로 전환했다. 그리고 중화학공업의 구조조정과정에서 천문학적인 재정·금융상의 특혜가 제공되었고, 그 부담은 국민들에게 전가되었다. 특혜를 받고 부실기업을 인수한 독점재벌은 더욱 커졌다.

이렇게 축적된 독점자본을 토대로 세계경제의 상황변화에 따른 3저 호황(저유가, 저환율, 저금리)에 따라 1986년 이후 3년간 한국경제는 단군 이래 최대 호황을 누렸다. 연평균 성장률 12.8%의 고도

성장에 무역수지 흑자도 경제개발 사상 최초로 연평균 100억 달러 안팎에 이르렀다. 그러나 이 같은 대호황이 노동자의 처지 개선으로 연결되지 않았다. 오히려 노동대중에게는 자신들이 성장의 주역이면서도 생존비 이하의 저임금과 억압적인 노동통제 아래서 그 혜택에서 배제되고 있다는 박탈감이 커졌다. 더구나 국내 경기가 과열되고 부동산 등 각종 투기와 과소비가 성행하며 비생산적 부문이 번영을 누리자 상대적 궁핍은 더욱 높아질 수밖에 없었다. 경제개발에서 소외된 노동대중의 불만은 3저 호황의 열기 속에서 비등점을 향해 치달으며 폭발을 준비하고 있었다. 마침내 6.29선언으로 억압체제의 이완이 가시화되자 1987년 7월 이후 노동자의 울분이 폭발하였다.

3) 부마항쟁 직후 부산지역 노동운동

1980년 노동부 발표에 따른 노사분규 건수는 206건으로, 분규방식은 작업거부 76건, 농성 120건, 시위 10건 등으로 격렬한 분규양상을 보였다(지역사회문제자료연구실, 1989: 41). 그리고 대부분의 분규는 4~5월에 집중 발생하였다. 1980년 1월 1일부터 4월 24일까지 행정관청에 신고된 511건의 조정신청 중에 부산지역이 151건으로 전국에서 가장 많았던 점은 부마민주항쟁의 영향으로 투쟁에 대한 자신감이 나타난 것으로 볼 수 있다.

부산지역에서는 동국제강, 연합철강 노동자들의 임금인상투쟁, 북부산택시, 연희택시 기사들의 사납금인하투쟁, 남보특수합판의 체불임금청산투쟁, 삼화방직 노동자들의 어용노조퇴진투쟁 등 수

많은 노동쟁의가 이 시기에 집중적으로 발생했다(지역사회문제자료
연구실, 1989: 41).

이 시기 노동자투쟁의 대표적 사례인 동국제강, 동명목재, 그리
고 연합철강 노동자투쟁 양상을 보면 모두 저임금과 장시간 노동,
그리고 실업으로 내모는 휴·폐업에 맞서 전체 노동자들이 참여하
여 격렬한 투쟁을 전개한 80년 초반의 대표적인 대중투쟁이었다.
동국제강과 동명목재는 미조직상태였고, 연합철강은 노조가 주도
했다. 그리고 이 투쟁들은 5.17쿠데타와 함께 투쟁이 중단되었지만
부산지역 노동자들의 투쟁에 많은 영향을 주었을 뿐만 아니라 투쟁
방식에서도 가두투쟁 등 부마민주항쟁의 투쟁방식으로부터 영향을
받기도 했다. 노사분규는 1981년까지 이어졌으나 1982년부터는 급
속히 하강하였다. 원인별 분규현황에서 전체적으로 임금인상과 체
불임금청산이 압도적으로 높은 비중을 차지하고 있어 노동자들의
경제적 궁핍이 주된 쟁의의 원인이었다.

이 시기 노동자투쟁의 대표적 사례인 동국제강, 동명목재 및 연
합철강의 양상을 살펴보면 다음과 같다.[2]

(1) 동국제강 노동쟁의

동국제강 노동자투쟁의 배경과 발단은 1980년 4월 28일 밤 10시
경 압연부 노동자 300여 명이 야간작업을 중단하면서 임금 40% 추
가 인상 등 8개 조항을 요구하는 농성투쟁으로 시작되었다. 회사
는 1978년 12월에 임금 15.6%를 인상하였고, 1979년에는 임금인상

---

2 지역사회문제자료연구실(1989)의 44~50쪽 내용을 참고·인용하였음.

이 없었다. 그리고 1980년에도 부산시가 직권으로 15.4%(당시 물가
인상률은 연평균 25% 이상이었다)를 인상하자 노동자들은 분노를 참
지 못하고 투쟁에 나서게 되었다. 파업농성에 들어간 노동자들은
29일 아침에는 회사 사무실 및 인사기록카드와 경리장부 등을 보
관한 계근실을 부수고 불을 지르는 등 행동이 격렬해졌다. 사태수
습차 서울에서 내려온 부사장은 성실한 교섭보다는 적당히 무마하
려고 하자 노동자들은 다시 격렬한 시위와 함께 회사의 기물을 부
수고 불을 태웠다. 29일 밤 8시 45분 120명의 기동경찰이 출동하여
정문에서 200미터 떨어진 지점에 진을 치고 노동자들의 시내진출
을 차단하였고, 7대의 소방차까지 대기하였다. 850여 명으로 증원
된 기동경찰은 맹렬한 기세로 거리로 뛰쳐나온 노동자들을 최루탄
과 페퍼포그로 제지하였고, 노동자들은 돌멩이, 쇠파이프, 각목으
로 대항하며 전투경찰과 맞붙어 싸우다가 밤 11시 50분경 농성을
풀었다. 이때 주동자로 8명이 연행되어 6명이 구속되고 2명은 불구
속 입건되었다. 4월 30일 오전 다시 1천여 명의 노동자가 집결하였
으나 사측과 경찰은 교섭할 상대
가 없자 부서에서 대표를 선출하
여 교섭한 결과 5월 5일 임금인상
만 사측 안대로 30%를 인상하고
나머지 7개항을 수용하고는 합의
하였다. 이 투쟁으로 5월 8일 8명
의 노동자가 추가 구속되었고, 경
찰도 11명이 중경상을 입었으며,
회사 건물 50평을 포함해 연건평

부산 남구 용호동 동국제강 전경.
약 694,215m²[21만 평]에
민간 기업 최초로 대규모 철강공장을
설립하였다.
출처: 한국향토문화대전

500여 평이 불에 타 조업중단까지 합쳐 총 10억여 원의 재산손실을 입었다.

동국제강 노동자투쟁은 다른 자연발생적 운동이 그렇듯이 지도부가 없이 산만하게 전개되어 요구와 투쟁전술, 협상 등이 비조직적이었고, 결국 사측의 제시안을 받을 수밖에 없는 한계를 보였다. 투쟁은 격렬했지만 노조를 만들어내지도 못했고, 근로조건도 원점으로 회귀할 수밖에 없었다. 그런 점에서 노조결성을 중요시했던 1987년 노동자투쟁과 대비되는 것으로 당시의 노동자들의 의식 수준의 차이를 볼 수 있다.

(2) 동명목재 노동쟁의

동명목재 노동자투쟁은 1980년 봄 휴업조치 철회와 회사정상화 투쟁의 대표적 사례이다.

세계 30개국에 연간 8천만 달러 상당을 수출하던 동명목재는 1979년 이후 원목 수입가격이 급격히 인상되면서 채산성 악화로 5백억 규모의 차입금과 연체이자를 지불하지 못해 부도직전에 경영진에 의해 휴업을 결정하게 되었다.

동명목재 노동자투쟁은 1980년 3월 31일부터 시작된 조업단축이 5월 7일 15일간의 전면휴업으로 이어지자 3천여 명의 노동자들은 즉각 사내운동장에서 '동명목재조업 정상화추진위원회'를 구성하고 정부와 금융기관에 기업 가동을 위한 7개항의 요구조건을 내걸고 농성에 들어갔다. 5월 10일 4일째 농성투쟁을 벌여온 노동자들은 이날 지급되어야 할 자신들의 임금조차 은행의 융자거부로 받지 못하자 격분하여 공장 앞 용당로를 점거하고 정부와 은행의 대책 마련, 그리고 경영진의 빼돌린 재산환원을 촉구하며 경찰과 대치하였다. 그 후 계속하여 5월 17일까지 관계당국의 대책을 요구하며 3천여 명이 노동자들이 끈질기게 농성을 하였으나 아무런 성과도 거두지 못한 채 5.17 군사쿠데타를 맞아 농성을 끝낼 수밖에 없었다. 당시 '부산시 지역대책협의회'와 '동명목재정상조업추진위원회'를 비롯한 부산시민들은 정부의 지원만 있으면 동명목재의 재건이 가능하다고 주장했으나 정부는 방관함으로써 동명목재를 폐업시키고 말았다.

(3) 연합철강 노동쟁의

1980년 봄 부산지역 대부분의 노동쟁의가 노동조합이 없는 미조직노동자들의 자연발생적 투쟁이거나 노조가 있다고 해도 어용화된 노조로서 노동자들의 임금 및 근로조건개선에 아무런 역할을 하지 못했던 사정과 대조적으로 연합철강은 노동조합이 선두에 서서 임금인상투쟁을 이끌었다. 1980년 4월 19일 연합철강노동조합은 노사협의회에서 임금 51.4% 인상, 퇴직금누진제 부활 등을 요구했으나 사측에서는 10% 인상을 고집하면서 교섭이 결렬되었고, 노동조합은 부산지방노동위원회에 직권조정을 의뢰하였다. 노동조합은 4월 30일까지 요구안이 관철되지 않을 경우 파업투쟁에 돌입할 것을 사측에 통보하고, 5월 2일 임금 37% 인상, 퇴직금누진제부활 등 5개항을 요구하였다. 그러나 직권조정만료일인 5월 12일까지 사측과 부산지방노동위원회가 노동자들의 요구안을 일방적으로 묵살하자 연철노조는 5월 13일 오전 7시 야간작업을 마친 비번 노동자 450여 명의 농성투쟁을 시작으로 오후 3시부터는 전면파업에 들어가 1,200여 노동자들이 투쟁 대열에 합류하였다. 전면파업이 전개되자 이에 놀란 사측은 13일 오후 5시 노사협의회에서 임금 20% 인상과 퇴직금누진제는 경기가 호전되면 논의한다는 타협안을 제시했으나 노조는 단호히 거부하였다. 이날 밤 1,200여 명의 노동자들은 '임금인상, 정사장 출두' 등의 구호를 외치며 사내 시위투쟁을 전개하였으며, 투쟁의 열기가 고조되자 2백여 명의 노동자들이 회사 후문으로 몰려가 가두진출을 시도하기도 했다. 연철노동자들은 5.17비상계엄 확대조치 이후 18일까지 계속 투쟁하였으나 19일부터 무조건 정상조업에 들어간다는 노동조합의 통보에 따라 18일 밤 농성노동자들은 모두 귀가하였고 6일간에 걸친 파업투쟁은 종결되었다.

동국제강, 동명목재, 연합철강노동자들은 저임금과 장시간 노동, 그리고 실업으로 내모는 휴·폐업에 맞서 전체 노동자들이 참여하여 격렬한 투쟁을 전개하였지만 투쟁 주동자에 대한 구속과 5.17쿠데타 이후 노동운동에 대한 전면적인 탄압으로 인해 지속적으로 이어지지 못하고 투쟁이 중단되는 한계를 공통적으로 가질 수밖에 없었다.

2. 1980년대 상반기 부산지역 노동운동

1) 전두환정권의 노동통제

전두환정권은 광주민중항쟁을 총칼로 진압한 다음 1980년 5월

31일 '국가보위비상대책위원회'(국보위)를 설치하고 지배체제를 급속히 정비해 갔는데 노동운동에 대해서도 예외는 아니었다.

1980년 8월 21일 '노동조합 정화지침' 시달은 두 가지 경로로 진행되었다. 하나는 한국노총과 산별노조 상층을 지배해온 어용간부의 축출과 지역지부의 해체였고, 다른 하나는 1970년대 노동운동을 주도해 온 민주노조의 파괴였다.

또한 신군부는 1980년 12월 31일 근로기준법, 노동조합법, 노동쟁의조정법, 노동위원회법을 개정하고 노사협의회법을 새로이 제정하였다. 개정법은 기업별노동조합만을 인정함으로써 노동자들의 산업별, 지역별 단결과 연대를 차단하고, 제3자 개입을 금지함으로써 노동조합운동에 대한 사회적 연대와 지원을 봉쇄하였다. 노조설립요건 역시 종업원 30인 이상 또는 1/5 이상이 가입한 경우로 한정함으로써 새로운 노동조합 결성은 현실적으로 불가능해졌다. 그리고 1981년 2월 18일에는 노동대책회의[3]가 국가의 공식적인 노동탄압 기구로 구성되었다(이은영, 2014: 17-18).

따라서 이 시기 노동체제의 특징은 법과 조직 이전에 공안, 치안 기구의 물리적 억압을 중심적인 수단으로 사용한 데 있었다. 1983년 유화국면 이후 신규노조 결성투쟁이 빈발했을 때 이를 통제한 일차적 수단은 국가 및 국가와 결탁한 사용자들의 탈법적 물리력

---

3 국무총리 행정조정실이 12월 18일 각 부처에 시달한 노동대책회의 의규에 따르면, 이 회의는 노사분규 예방 및 해결대책, 노사문제의 오도 및 확산 방지대책, 노사문제에 대한 제3자개입방지대책 등을 협의처리하며, 중앙과 지역에 설치하는데, 중앙의 경우 노동부장관을 위원장으로 경제부처 차관, 대검차장, 치안본부장, 안기부차장이 위원으로 참가했다.

행사였고, 블랙리스트와 사찰, 용공조작과 조직사건공작, 인신구속과 테러 등이 주된 통제장치였다(이은영, 2014: 17-18).

　1980년대 노동운동의 특징은 비합법적 노동운동단체 및 노동운동 외곽단체의 활동이 활발했다는 점과 현장 내 학생운동 출신 활동가들이 조직 안팎에서 노동운동을 전개하며 노동자 간은 물론 노동자와 학생 출신의 노동운동가 간에 연대의식이 고양되어 가고 있었다는 점이다. 이러한 양상에 대해 국가는 노동운동가에 대한 탄압을 강화하여 노동진영과 비노동진영의 연대를 막으려 했다. 예를 들면 1983년 말 정부가 대학생들의 복학, 일부 정치인의 해금 발표 등 유화조치를 취할 때에도 블랙리스트에 의해 해고된 노동자들은 여전히 그 대상에서 제외시킴으로써 노동자대중으로부터 격리시키고자 했다. 또한 소위 위장취업자, 즉 학생운동 출신 노동자에 대해서도 사법적 절차를 통한 형사적 제재로 노동현장과 분리시켰다(이은영, 2014: 18-19).

2) 1980년대 상반기 부산지역 노동운동

　1980년 쿠데타를 통해 정권을 장악한 전두환정권은 억압적 통치를 오래 유지할 수 없었다. 계속되는 학생운동 중심의 민주화투쟁이 격화되고 전국의 교도소가 양심수로 넘쳐나는 상황이 되면서 전두환정권은 1983년 말 대규모의 정치범을 석방하는 등 유화국면을 조성할 수밖에 없게 되었다. 그에 따라 1984년에는 학생회가 부활되는 것과 함께 민주화운동청년연합(의장 김근태)과 노동자복지협의회(운영위원장 방용석) 등 공개적인 사회운동단체도 결성되었다.

따라서 억압적 상황에 숨죽여 지내던 부산지역의 노동현장도 1984년이 되면서 학생운동 출신의 활동가들과 감옥에서 출소한 양심수들이 뛰어들기 시작하면서 활기를 띠기 시작했다. 민주화운동의 한 방편으로서 노동현장에 뛰어든 학생운동 출신 활동가들은 척박한 여건에 처해 있던 노동운동에 새로운 불씨를 지피며 노동운동을 지원하고 노동자들과 연대하고자 했다. 이미 1970년대부터 지역에서 활동해 오던 가톨릭노동청년회(JOC)와 1970년대 말부터 형성되기 시작한 야학 등을 통해 노동자들과 학생들의 연대가 이루어져 왔지만 본격적으로 노조를 결성하고 투쟁을 전개한 것은 이 시점부터라고 할 수 있다. 여기에 유화국면을 맞이해 출소한 양심수들까지 노동현장에 들어가면서 노동운동은 더욱 활발해지기 시작했다. 이 시기 부산의 노동운동은 전두환정권의 탄압 속에서 노동조합을 통한 조직적 투쟁보다는 야학이나 소규모 그룹활동을 토대로 성장한 활동가들의 지원 속에서 노동조건의 개선, 부당행위에 대한 저항, 민주노조 결성 등 산발적인 투쟁을 전개했다. 민주노조운동이 태동하려는 움직임은 채 성숙되지 않은 분위기에서도 징조들이 나타나듯이 크고 작은 투쟁들이 있었다.

특히 부산은 1960년대 이래 경공업 중심의 산업구조가 형성되면서 노동현장은 전국에서 가장 열악한 상황이었으며, 1960년대 대한조선공사노조를 제외하면 이렇다 할 노동운동이 활성화되지 못하였으며, 1970년대에는 대한조선공사노조조차 어용화되어 노동운동이 전반적으로 침체되어 있었다. 이는 노동운동이 발생할 만한 객관적 조건은 갖추어져 있었으나 이를 이끌 주체의 형성이 다소 지체되었기 때문이다.

그러나 전두환정권의 폭압적인 통치에서도 생존권을 지키려는 노동자들의 자연발생적인 투쟁은 꾸준히 이어질 수밖에 없었는데, 1983년 부산의 조선견직과 삼화모방에서 일어난 투쟁이 바로 그것이었다. 조선견직에서 상습적인 임금체불로 노사분규를 일으키던 사측이 단체협약상 100%의 추석상여금을 경영부진을 이유로 1인당 3~5만 원만 지급한다고 하자 200여 명의 조합원들이 농성투쟁을 통해 받아냈으며, 삼화모방에서도 100%의 추석상여금을 50%만 지급하겠다고 하자 조합원들이 농성 등을 통해 받아내었다(섬유노보, 1983년 10월 31일).

한편, 1983년 말 노동조합을 결성했다가 사측의 지속적인 탄압으로 2주 만에 노조를 해산한 대우정밀의 사례도 눈여겨볼 필요가 있다. 대우정밀은 원래 국방부 조병창으로 군장비를 생산하고 있었는데, 1982년 1월 1일부터 민영화되어 대우그룹의 계열사가 되었다. 조병창 시절에는 전 직원이 군무원으로 원칙으로 주 44시간 근무를 했으나, 민영화 이후 주 48시간 근무로 바뀌었다. 특히 연장근무가 많아져 하루 평균 10시간 근무를 하며 노동강도도 강화되었다. 임금수준은 창원공단이나 기타 정밀가공공장의 평균보다 약간 낮은 편(123,000원 정도)이었으며, 상여금은 400%였다. 더욱이 1983년 초 조병창 시절부터 근속하던 고임금 노동자 47명을 회사 옆 비닐하우스에 배치하여 막노동을 시키는 등 부당한 처우를 일삼다가 총무과 소속 무보직으로 대기발령을 내는 등 감원의 기미가 나타나자 억압적 노무관리, 부당해고의 위협, 비인간적 대우 등을 개선할 필요성을 절감한 공고 및 직훈 동문 대표 수 명이 몇 차례 모이면서 노조결성을 합의하였다. 1983년 10월 초 제조부, 기술부 등에 근무하던 송희태(위원장), 정준화(사무국장), 오세원(총무부장), 허만영(회계감사) 등이 노조결성을 주도하면서 금성알프스노조위원장 최경환(금속노련 경남두의장)의 도움으로 노조를 결성하게 되었다. 노조설립 준비과정에서 송희태가 전세금을 뽑고, 오세원이 마을금고에서 대부를 받는 등 사채까지 동원하였는데, 이는 조합 해산 시 잡음을 일으키게 된다. 12월 10일 연산동 소재 예식장에서 87명이 모여 노조설립대회를 개최하고, 하루 만에 신고필증을 교부받았는데, 교부한 경남도청이 문책을 당했다는 후문도 있었다. 이후 동문회 등을 통해 불과 4~5일 만에 조합원 가입원서를 900매 이상 받아내는 등 활발한 활동을 개시했다. 그러나 사측은 군수물자를 생산한다는 명목으로 회사 내 현역 군인들에게 실탄을 장전하고 보초근무를 서게 하여 공포 분위기를 조성하고, 노조의 핵심간부들에 대한 대규모의 물량공세를 통한 회유와 조합원 내 분열 조장 등 노조에 대한 공공연하고도 노골적인 탄압을 가했다. 더욱이 지속적인 지원을 약속했던 금속노련과 경남도협의회의 태도가 돌변하고, 노조집행부도 사측의 집요한 공격을 버텨내지 못하여 회사 내에서 수차례 회합을 거친 후, 각본에 짜여진 대로 12월 27일 해산결의를 하였다. 그 과정에서 한 간부는 사측으로부터 300만 원을 받아 그간의 자금을 충당하고(전세금, 사채, 대부금 등을 정리함), 몇몇 간부들은 팀장 등 좋은 보직으로 이동하고, 타 직장에 좋은 조건으로 알선을 받아 전직한 경우도 있다는 후문이 있었다. 사측은 그 이후 각 단위동문회를 넘어서는 연합동문회를 설립하여 적극 지원하는 한편 통제함으로써 노동자들의 단결가능성을 적극 저지·배제하였다. 1983년 말 대우정밀노조의 결성실패는 노조결성에 대한 열의만 충

만했을 뿐, 정부 및 자본의 탄압 등에 대한 충분한 대비를 하지 못했을 뿐만 아니라 노조결성 시 자금동원 문제나 친목적 성격인 동문회라는 조직력을 바탕으로 한 점 등 당시 정부의 성격이나 노동운동에 대한 이해의 부족과 낮은 계급의식으로 탄압을 극복하기에는 역부족인 점이 배경이었다(한국기독교사회문제연구원, 1986: 109-114).

1983년부터 1984년에 걸쳐 노조민주화투쟁을 전개한 금성알프스전자의 투쟁도 주요한 투쟁 사례다. 금성알프스전자는 금성사가 50%, 일본 알프스전기가 50% 투자한 외국합작회사였다. 본사는 경남 양산에 위치하고 있으나 부산과 광주에도 공장이 가동되어 총 종업원 수는 약 3,500명이었다. 금성알프스에는 1974년 10월에 노조가 창립되어 최경환(1, 2, 3대 위원장, 금속노련 경남도의장)이 초대 위원장이었다. 1977년 3월경 2대 노조위원장 선거 시 규약에 조합장 선출규정이 없는 상태에서 대의원 27명이 투표했으나, 1차 투표에서 상대편 후보가 과반수를 넘자 최경환은 2/3 이상이 되어야 한다고 재투표를 위해 정회를 선포하였다. 돈봉투가 돌았다는 소문이 있는 가운데 실시한 재투표에서는 1차 투표와는 반대로 최경환이 과반수가 넘는 득표(2/3에는 미달)를 했고, 이번에는 그대로 통과시켜 재당선되는 등 노조운영의 비민주성이 표출된 바 있다. 1980년 3월, 3대 조합장 선거 시에도 돈봉투가 돌아다니는 등 부정선거가 자행되는 가운데 최경환이 3대 조합장으로 재선되었다. 이에 불만을 품은 대의원들은 선거 직후부터 약 2개월간 700여 명의 서명을 받아 '노조의 예산집행을 공개하라'는 등의 10여 개 요구사항을 노조집행부에 전달했는데, 노조집행부는 회계서류를 급조하여 회계감사의 도장도 찍히지 않은 상태로 대의원회의에서 발표하며 무마시켰다. 이후 조합원 전광언이 3년 후의 조합장 선거를 대비하여 민주노조를 결성할 것을 다짐하며 14~15명을 모아 '한마음회'를 결성하였다. 한마음회는 이후 약 30명가량으로 확대되고 각 부서별로 모임을 갖는 등 활발한 작업을 진행했으나, 주축세력이 조합원 자격이 없는 5급직으로 승급하는 등 내부문제로 1983년 선거 때에는 15명가량이 선거운동에 참가하였다. 1983년 3월 9일 노조대의원 선거 시 '한마음회'와 관계된 조합원 및 대의원 후보는 투표권조차 주지 않아 항의하자, 선관위 부위원장은 개표 시 한 표 얹어주면 되지 않느냐는 등의 망언을 서슴지 않는 등 부정선거를 자행했다. 그럼에도 그날 전광언을 지지하는 대의원들이 많이 당선되자 노조집행부는 대의원들을 노조사무실에 감금했다가 영업용 택시를 대절해 동래구 소재 금강장 여관에서 하루 지낸 후 관광버스를 이용해 부곡온천까지 데리고 가 온갖 향응을 베풀었다. 동시에 현 집행부를 반대하는 측에 대해서는 1명씩 독방에 가두고 온갖 회유와 협박 등으로 최경환을 지지해 줄 것을 강요하였다. 1983년 3월 11일 위원장선거 결과 1차에 13:14, 2차에 12:15로 최경환의 표가 많이 나왔으나, 검표위원들이 투표용지를 확인하는 과정에서 〈i, Ⅲ〉 등 특이한 기표가 나와 전광언 측이 무효표라고 주장했으나 임시의장은 묵살하고 최경환의 당선을 인정했다(〈i, Ⅲ〉 등의 표가 나오면 모 대의원에게 얼마의 돈을 지급해 주겠다는 등 사전약속이 있었다고 함). 이후 사측은 전광언을 지지하는 세력을 점차 거세하기 시작했다. 1984년 1월 29일 전광언은 1983년 3월 실시한 노조위원장 선거에서 현 위원장이 부정선거로 당선된 사실을 전 조합원들에게 알리기 위해 사측에 유인물 배포 사전승인 신청을 했으나 사측은 일언지하에 거절하고 전광언의 보직을 변경하였다. 이에 전광언이 노조활동을 제약하려는 의도라고 격렬히 항의하여 노조활동은 보장받게 되었다. 1984년 5월 초, 4월 단체협약 시 확정된 남자기능공 임금인상률이 19.6%임에도 불구하고 실제로 집행된 임금인상률은 2%가량 낮게 지급되었다. 이에 전광언 등은 노조집행부에 그 사실을 규명해 줄 것을 요구했으나 노조집행부가 사측의 입장만 두둔하면서 이를 지연시키자 현장 분위기는 고조되기 시작했다. 그리고 사측이 전광언을 비조합원 직인 5급직으로 승진발령을 내려고 하자, 1984년 5월 26일 전광언은 일련의 불이익 대우 및 현 노조집행부의 비리를 전 조합원에게 알리고자 40여 명의 동료 조합원들과 점심시간을 통해 '부정노조 추방하여 우리 권리 바로 찾자', '부정노조 뿌리 뽑아 정의사회 구현하자'라는 플래카드를 들고 노조집행부의 불법성과 어용성을 규탄하는 집회를 약 1,000여 명의 조합원이 모인 식당 앞에서 열었다. 그러나 사측의 만류에 따라 아무런 문제없이 자진해산하였다. 1984년 6월 1일 사측은 위 집회를 주동 또는 참가했다는 이유로 전광언 등 5명을 해고하고, 같은 달 15일 자로 권고사직 1명, 10% 감급 4명, 견책 1명, 경고 1명 등 중징계 처분을 내렸다(한국기독교사회문제연구원, 1986: 127-131). 이 금성알프스전자 노조 민주화투쟁 또한 정권과 자본의 노동탄압에 대한 본질과 노동운동에 대한 이해의 부족, 노동자계급에 대한 이해가 부족한 가운데 진행하여 실패한 사례로 자연발생적 투쟁의 한계를 보였다.

1984년에 들어서면서 부산의 노동운동은 민주노조 건설 투쟁, 근로기준법 준수, 생존권 확보 등을 위한 다양한 투쟁을 전개하면서 보다 조직적이고 적극적인 투쟁을 전개하였다. 임금체불과 부당해고, 그리고 사측의 비인간적이고 폭력적인 탄압에 저항하는 일상적인 투쟁이 빈번하게 일어났고, 노동조합 설립시도도 더욱 확대되었다.

대구에서와 함께 택시노동자들의 투쟁, 신발제조업체인 태화고무와 부산화학의 고용안정 투쟁, 섬유업체인 삼도물산과 신발제조업체인 세화상사, 동국제강의 하청인 천양항운, 한일시멘트 하청레미콘회사인 한운기업사 등에서 노동조합 결성 투쟁이 일어났으며, 풍영과 동양고무에서는 노조민주화 투쟁이 가열차게 진행되었다. 특히 삼도물산, 세화상사, 풍영, 동양고무 투쟁은 학생운동 출신 활동가들이 현장에 투신하여 조직한 투쟁이라는 점에서 이전의 투쟁양상과 다르게 전개되었다. 이외에도 무료급식을 요구한 오성여객 운전사들의 투쟁, 의사의 불법의료행위에 저항한 침례병원 간호사 투쟁 등이 있었다.

1984~1986년 기간에도 부산에서는 여러 건의 노동운동이 전개되었고, 나름의 성과를 거둔 투쟁도 적지 않았다. 그중 주요 투쟁을 살펴보자.

(1) 태화고무 투쟁

부산 사상공단에 위치한 태화고무는 종업원 1,500여 명을 고용하여 나이키운동화를 생산하였는데, 해마다 수출 물량에 따라 공장 규모를 줄였다 늘였다 하고, 여름철에는 2개 라인(100명)을 타 부서에 배치하여 노동자들의 지탄을 받아왔다. 1984년에 들어서도 수출 주문량의 감소로 사상공장의 규모를 축소하려고 하였다. 1984년 4

월에 7개 라인을 철수하자 불안을 느낀 노동자들 사이에 동요가 일어나자 사측은 '이전계획 없다. 조용히 일만 해'라는 요지로 노동자를 안심시켰다. 그러나 회사는 4월 23일 4개 라인을 철수시키기 위해 소속 노동자 100여 명에게 사복으로 갈아입고 소지품을 챙겨 본사로 가라고 지시했다. 마지못해 옷을 갈아입고 나가는 노동자들의 불만은 하늘을 찌를 듯했다. 이에 아직 철수되지 않은 라인의 분임장, 조장 40여 명이 주동이 되어 '우리들도 곧 같은 꼴이 될 테니, 지금 한판 하고 치우자'면서 노동자들에게 사복으로 갈아입고 정문으로 나오라고 하여 600여 명이 정문에서 연좌농성에 들어갔다. 놀라서 달려온 본사 기획실장에게 노동자들은 '우리는 헤어질 수 없다.' '이것은 해고나 마찬가지니 지금 당장 해고수당, 월급, 퇴직금을 지급하라'고 요구했다. 한참 후 노동자 대표들은 기획실장으로부터 '같이 일하게 해주겠다'는 약속과 서약서를 받고 해산했다(민주노동 제2호, 1984년 5월 25일).

(2) 택시노동자 투쟁

1984년 5월 25일 대구에서 시작된 택시기사들의 투쟁이 6월에는 부산지역 택시기사들의 투쟁으로 확대되었다. 6월 4일 새벽 1시 20분부터 택시기사 1천여 명은 현행 하루 7만 원대의 사납금을 6만 원으로 인하하고, 대물사고의 피해를 사측이 변상할 것 등 6개항의 요구조건을 내걸고 서면로터리 일대에서 시위를 전개했다.

이날 시위는 새벽 1시 20분경 서면로터리에 집결한 20여 대의 택시를 선두로 하여 그 뒤로 회사택시들이 속속 몰려들기 시작해 1시간 정도 만에 서면로터리와 중앙로에 2백여 대, 부산진구 당감동입

구까지의 가야로에 5백여 대, 전포로에 2백여 대, 초읍동 방면의 새싹길에 1백여 대 등 1천여 대의 택시들이 서면 일대의 도로를 완전 차단한 채 진행되었다. 택시기사들은 이날 새벽 6시 20분 부산시장과 택시조합이사장과의 협의 끝에 사납금 5천 원 인하, 상여금 월별 지급, LPG주입 자율화 등에 합의하여 일단 해산하였다.

그러나 이날 저녁 부산 택시사업주들의 간담회에서는 택시기사들이 부산시장과 합의한 사항 가운데 사납금 5천 원 인하만을 받아들이기로 하고 나머지 사항은 노사협의 후 추후 결정한다고 발표했다. 부산시장이 택시기사들에게 보장하겠다는 5개항의 약속들이 택시사업주들에 의해 일방적으로 파기되었던 것이다. 이에 격분한 택시기사 4백여 명은 5일 새벽 나머지 4개항의 요구조건의 이행을 촉구하면서 다시 서면로터리에 택시를 집결시켜 놓고 5시간 동안 시위와 농성투쟁을 벌였다. 이에 놀란 부산시장은 새벽 4시 30분 시위 현장에 나와 새벽 5시와 6시 두 차례에 걸쳐 택시사업주와 협의하여 당초 약속을 지키겠다고 확약했다. '부산시장의 약속이니 믿어 달라'고 호소하며 택시기사들을 설득하여 시위와 농성을 해산시키려고 했다. 그러나 택시기사들은 사업주들이 모두 나와서 약속 이행에 대한 확약할 것을 요구하면서 투쟁을 계속하였다. 택시기사들의 시위가 아침 6시 30분까지 계속되자 긴급 출동한 500여 명의 기동 경찰은 기사들을 강제 해산하고 노동자 10여 명을 연행하여 2명을 구속하였다. 그리고 이 사건은 부산택시사업조합 152개 회사 대표회의에서 4일에 약속한 사납금 인하 등 택시기사의 요구사항을 모두 수락하면서 일단락되었다.

부산택시기사들의 시위투쟁은 생계와 건강이 위협을 받고 있는 절박한 생활상의 요구에서 자연발생적으로 폭발하였지만 단순한 노사분규나 노동쟁의조정법의 한계 내에서의 합법적인 파업을 훨씬 넘어 사업장 단위를 벗어나 전 도시적으로 확대된 파업과 가두시위를 감행했을 뿐만 아니라 중심가 도로에 택시를 빽빽이 세워 놓음으로써 도시의 교통기능을 마비시켜 그 위력을 과시하고 정치권력과 기업주들에게 큰 위협과 불안을 느끼게 했다. 노동부와 사업주들은 노조결성을 유도하거나, 스스로 사납금을 인하하고 노동조건을 부분적으로 개선하는 양보를 함으로써 택시기사들의 누적된 불만을 완화하여 집단행위를 예방하려 했다. 또한 부산택시운전기사들의 파업과 가두시위는 어용 택시노조의 실상을 여지없이 폭로하였다. 당시 부산에는 152개의 택시회사 가운데 113개의 회사에 노동조합 조직이 있었고, 노조 조직이 보잘것없었던 대구에서와 같이 시위와 파업이 발생했던 것은 노조가 운전기사들의 생계와 지위 개선을 위한 역할을 전혀 못 했음을 의미하였다.

부산택시기사의 파업과 시위투쟁은 사납금 인하 등 구체적인 성과를 쟁취하면서 부산운수노동운동 발전의 계기를 만들었을 뿐 아니라 이 시기의 정체된 부산노동운동에도 활기를 불어넣었다(지역사회문제자료연구실편, 1989: 60-62).

택시기사들의 투쟁에 이어 6월 12일에는 칠성여객, 동성버스 등 버스운전기사들도 임금체불과 부당대우에 항의하는 투쟁을 이어갔다.

(3) 삼도물산 투쟁

삼도물산은 국내 굴지의 섬유업체로 1974년에 영도공장을 설립하여 피혁제품을 생산 수출하는 업체로 성장하였다. 삼도물산 영도 공장의 노동자는 최고 일당이 3,050원으로 월 10만 원에도 미치지 못하는 극심한 저임금에 시달렸으며, 작업장 시설은 노동자들의 건강을 해칠 정도로 허술하기 짝이 없었다. 삼도물산 노동자들은 보다 나은 생활조건과 근로조건에서 일하기 위해 1984년 9월 5일 영도 현대예식장 2층에서 조, 반장을 중심으로 48명의 노동자가 모여 노조를 결성했다. 그러자 사측은 노조를 설립했다는 이유로 조합원들을 협박·감금하고, 수십 차례에 걸쳐 조합원의 집을 방문하여 노조탈퇴를 강요하였다. 그러나 이러한 노조 방해 활동이 효과가 없다고 판단한 사측은 강민숙 위원장을 포섭하여 12월경 노조를 해산하려고 하였다. 이를 눈치 챈 노조 간부와 일반조합원 80여 명이 '노조정상화 추진위원회'를 발족하고 임시위원을 선출하여 노조를 지키려고 했다. 그러다 1985년 2월 말경에 조합원 송향란이 강제 잔업에 항의하다 출근 정지 1개월의 징계를 받는 사건이 발생하였다. 이에 조합원들이 사측에 항의하였는데 그 과정에서 조합원 3명을 해고시키고 일부는 부서이동을 시켰다. 그리고는 해고자들을 불순분자, 간첩, 빨갱이, '사상이 불온하다', '공장을 망해먹기 위해 들어왔다' 는 등의 비방과 왜곡선전을 하였다.

이 사태를 좌시할 수 없었던 몇몇 노조 간부들은 이 문제에 대해 사측 편만 들고 있는 위원장을 탄핵하기 위해 조합원 2/3 이상의 서명을 받아 임시총회 소집을 요구하였다. 그러나 회사와 상급단체의 지원을 받고 있던 위원장이 이를 묵살하였고, 도리어 임시총회 소집을 요구한 간부와 조합원만 사측의 탄압을 받았다. 이에 노조 간부들은 점심시간을 이용하여 조합원에게 노조의 필요성에 대한

교육을 실시하였고, 이를 빌미로 사측이 노조간부를 탄압하자 이를
지켜보던 조합원들이 '임시총회 소집하라'며 파업하고 농성에 돌입
하였다. 결국 이 사건으로 많은 조합원들이 경찰에 연행되어 조사
를 받았고, 몇 명의 해고자와 상당수의 조합원이 강제 사직을 당하
게 되었다. 그 이후 해고자들은 부당노동행위 구제신청과 민사소
송을 벌였으나 패소하고 말았다(부산민주운동사편찬위원회, 1998: 485,
삼도물산해고노동자 호소문).

(4) 세화상사 노동조합결성 투쟁

세화상사는 북구 삼락동에 있는 종업원 500여 명의 신발공장으
로 전량 수출하는 업체였다. 작업현장 분위기는 심한 욕설과 폭행
으로 생산량 독촉과 인간 이하의 대우로 살벌한 작업현장이었다(세
화상사노조 정상화추진위원회 호소문, 1985. 3. 8).

세화상사 노동자들은 1985년 1월 6일에 전년도 12월분의 봉급
을 받았는데, 그것도 강제 저금으로 6,580원씩 일괄 공제되자 이
에 항의하여 재봉 7조의 이홍련 씨 등이 104명의 서명을 받아 사장
에게 호소하는 편지를 보냈다. 이들은 저금액을 환불받았으나 사
측은 주동자를 색출하고자 했다. 이에 노동자들은 평소부터 불만
의 대상이었던 비인격적 대우와 저임금, 부당해고 등에 대처하기 위
해 노조결성을 서둘러 진행하였다. 그리하여 세화상사 노동자들은
1985년 2월 1일 한국노총 부산시협의회 회관에서 화학노련 부산시
협의회 간부 10여 명이 참석한 가운데, '노동자란 무엇인가, 사용자
란 무엇인가, 노동조합이란 무엇인가?'라는 교육을 받고 발기인 33
명으로 노동조합을 결성했다.

그러나 다음 날 노조결성식을 한 사실이 사측에 알려지자 사측은 바로 노조파괴공작과 노조결성을 주도한 노동자들을 탄압하기 시작했다. 위원장과 회계감사가 사장과 인척관계(사실은 사돈 및 먼 친척임)인 것을 이용해 부모들로 하여금 위원장과 회계감사를 집에 감금시키고, 가입원서를 받으려는 노조 간부들에게서 가입원서를 뺏고, '빨갱이 같은 새끼', '어디서 무슨 수작이냐', '이것들이 겁나는 것이 없나', '회사 망해먹으려는 것들' 등 막말을 하며 대꾸할 때마다 뺨을 때리는 등 심한 폭언과 폭행을 했을 뿐만 아니라, 노조 간부들을 부서이동시켜 모두 한 조로 모은 후 감시를 했다.

2월 5일 노조 간부인 이재영, 장경식, 배영성 등은 점심시간 식당에서 노동자 100여 명을 모아 놓고 노조에 대한 설명과 가입을 권유하였다. 이들은 사장 등 사측 간부들과의 면담에서 불만이 무엇이냐는 물음에 '최우선적으로 노조를 인정해 줄 것'을 요구했다. 그러나 사측은 2월 10일 노조 총무부장 이재영에게 이날 퇴근 후 노조설립 총회를 개최하겠다고 통고하였다. 대부분의 노동자들이 이 사실을 모른 채 퇴근했기 때문에 노조결성 반대파들만이 참석하여 압도적인 반대표로 노조설립을 부결시켰다.

그리고 노조파괴공작의 차원에서 사측은 노조결성대회 참석자 중 8명이 멋모르고 강제로 참석했다는 이의서를 받아 구청에 제출하자, 노조설립신고서를 이미 접수하고 그 결과의 통보를 계속 연기하고 있던 북구청은 2월 14일에야 신고서를 반려했다. 그러고는 핵심 활동가들을 해고하기 시작했다. 노조위원장은 6일간 삼촌집에 감금되어 출근하지 못했는데 무단결근으로, 회계감사 2명과 부녀부장은 상사명령불복종과 근무태만으로 해고하였으며, 조합원 1

명은 1개월간 무급정직 처분을 당하고, 3명의 노조간부는 회사의 탄압에 못 이겨 강제로 사직서를 제출하였다.

회사는 노조 관련자들을 계속 감시하고 협박과 폭행 등으로 괴롭히기도 하였으며, 또 유언비어를 만들어 경찰에 신고하여 조사를 받게 하는 등 상식 이하의 탄압을 가하여 3월 1일 자로 핵심간부 조합원 전원을 해고하였다.

사측은 3월 19일 관리자인 계장을 위원장으로 세우고 사측에 붙은 조반장들을 주요 간부로 선임해서 다시 한국노총 화학노련 부산시협의회 간부 10여 명이 참석한 가운데 어용노조를 결성했다.

따라서 이 사건은 단순히 사측의 부당노동행위만이 아니라 행정관청과 한국노총, 경찰 등 노조 관련한 주요 기관들이 모두 민주노조운동에 대해 조직적으로 배제하고 탄압에 가담하고 있는 정황을 보여주는 사건이었다. 학생운동 출신 활동가와 노동야학을 경험한 노동자들에 대해 불순세력으로 규정하고, 이들에 의한 노조결성을 적극적으로 방해하는가 하면 노총의 간부들조차 처음에는 노조결성대회에 참석해서 지원한다고 했다가 사측과 경찰의 탄압을 받자 슬그머니 발을 빼더니 사측에서 어용노조를 만들자 다시 어용노조의 결성대회에 참석해 축사를 했다.

그리고 세화상사의 해고노동자에 대해 이른바 블랙리스트를 작성해 취업을 방해한 흔적도 나타났다. 이홍련(세화노조위원장 역임)은 해고 뒤 5월 1일 동금사에 취직했다가 경찰이 회사에 알려 2개월 만에 쫓겨났으며, 다시 7월 6일 태광고무에 입사해 3시간 정도 일하다가 서류심사에서 쫓겨나고, 8월 7일에는 선영에 입사했다가 9월 3일 노무과장에게 불려가 세화노조 결성 때 직책 등 취조를 당하다 9월 6일 해고되었다. 배영모(세화노조 부위원장 역임)는 해고된 후 삼호실업에 입사 근무하다가 현장관리자들이 매일같이 옆에서 일을 지켜보고, 꼬투리를 잡는 등 감시의 눈초리가 심해 결국 회사를 그만두게 되었고, 7월 23일에는 우성에 입사했다가 8월 9일 또다시 해고되었다. 우성에서는 배영모의 친척인 배영성(세화노조 간부 역임)도 함께 해고되었는데 회사의 노조 사무실에 가서 부당해고에 대해 항의하자, 우성의 노조위원장(사장의 처남)은 이들의 이름이 적힌 명단을 보여주면서 '회사가 살기 위해서는 어쩔 수 없으니 제발 나가 달라'고 하면서 가내공업에 소개해주겠다고 하며 사정하자 물러나고 말았다. 김은경(가명 장인옥, 세화노조 조합원)은 8월 중순 대륭에 입사 근무하던 중 9월 5일경부터 공장장과 주임이 그녀가 일하는 자리에 와서 하루 종일 교대로 감시하고, 옆에서 일하는 근로자에게 "혹시 누가 회사에 대해 이것저것 물어보는 사람이 없더냐?"고 묻고, 일하다가 다친 노동자에게는 "너 손가락에 대해 관심 갖는 사람이 있으면 즉시 연락해라"고 지시하는 등 계속 괴롭히다가 9월 9일 문경에 있는 모친에게 연락하여 강제퇴사케 하고 귀향시켰다(세화상사 블랙리스트 대책회의, 1985. 9. 13).

이 세화상사의 노조결성 투쟁은 노동자들의 민주노조 건설 투쟁과 이를 제지하려 한 정부의 대표적인 탄압사례였다.

위의 삼도물산과 세화상사의 노동쟁의는 노동현장에 투신한 운동가들에 의해 조직된 투쟁으로 인권위원회와 한국기독청년협의회(EYC)의 적극적인 지원 아래 끈질긴 출근투쟁과 가족의 지원투쟁이 전개되었고, 4월 9일 신민당 박찬종 의원 사무실에서의 단식농성으로까지 이어졌다. 삼도물산과 세화상사의 노동자투쟁은 '블랙리스트'가 엄존하는 상황에서 큰 성과 없이 많은 활동가들이 해고되었다는 한계가 있기는 했지만, 노동문제를 세간에 널리 알리는 역할을 한 투쟁으로 평가되었다. 이 투쟁은 뒤이어 발생한 동양고무, 풍영, 대양고무, 동국제강 등의 투쟁에도 많은 교훈을 남겼다.

(5) 연합철강노조의 '반동국 투쟁'

연합철강 노동자들의 농성은 기존 노조의 조직력과 투쟁력을 보여준 부산에서는 보기 드문 투쟁이었다. 그들은 1985년 2월 정부의 국제그룹 해체와 동국제강의 연합철강 인수방침에 저항하며 투쟁을 전개했다. 1985년 4월 19일 '동국제강 인수반대 궐기대회' 개최와 탄원서, 결의문 제출로 시작된 투쟁은 노동조합 분열, 와해 책동, 기존 근로조건의 개악 등 동국제강이 노동자와 노동조합을 억압하는 조치를 취함에 따라 '전면적인 반동국투쟁'으로 전환되었다. 6월 13일 노동조합 주최로 열린 '동국제강 인수반대 궐기대회'는 본격적인 대중투쟁의 서막이었다. 이후 노동자들은 교대로 정상근무하면서 농성하는 준법투쟁을 벌였다. 8월 14일까지 이어진 약 50일간의 투쟁 기간 중 하루평균 1,031명(1986년 평균조합원수 1,402명의 약 74%)의 조합원이 농성에 참가하는 등 연합철강 노동자들은 강한 결속력을 보여주었다. 투쟁은 노동조합과 중앙대책협의회(재무부, 노동부, 안기부 등)의 위임을 받은 지역대책협의회 간에 '동국'이 아닌 새로운 전문경영인 체제를 구축하기로 합의하면서 일단락되었다. 이 투쟁은 어용노조가 판치던 시기에 노동조합 주도로 전개한 흔치 않은 사례로, 기간산업 노동자의 강한 단결력과 투쟁력을 배경으로 전개한 대자본 투쟁이었다(지역사회문제자료연구실, 1989: 62-65).

(6) 국보직물 투쟁

국보지문은 사상공단이 형성되면서 모라에서 가내공업으로 출발하여 1973년에 학장동으로 이전하였고, 동진실업 인수 등 무리한 기업 확장으로 인한 재무구조 악화로 1984년 12월부터 임금체불이 시작되었다. 하청기업으로는 동보·안락·성우직물(소유주들은 인척관계)이 있었다. 생산품목은 코르덴, 우단으로 수출 대상국은 일본이었다. 종업원은 500여 명으로 작업환경이 열악하여 먼지가 작업장 전체를 뒤덮는데도 환풍시설이 갖추어져 있지 않고, 귀를 째는 듯한 소음과 모터에서 뿜어내는 열기로 한여름에도 하의만 입고 일할 정도였다. 열악한 작업조건과 야간작업에다 무거운 물건을 옮기는 작업으로 인해 많은 산재가 발생하기도 하였다. 국보직물은 1985년 설을 전후로 임금이 밀리면서 분위기가 술렁이기 시작했다. 4월이 되자 3개월의 임금이 체불되고, 하루하루 회사 기계가 반출되는 것을 지켜보던 노동자들은 직수(베 짜는 사람)와 기사(베틀 직기의 고장을 수리하는 사람)들을 중심으로 단결하여 기계 반출을 금지시키고 일한 대가를 요구하면서 일주일간에 걸친 점거농성을 하였다. 그 과정에서 근로감독관이나 경찰이 우선 농성을 해산할 것을 종용하였으나 그들의 요구를 묵살하고 끈질기게 농성을 하면서 농성 대표자를 통해 협상을 벌인 결과, 사직서를 쓰는 사람에 한해 퇴직금과 밀린 임금 전액을 받기로 하고 농성을 해제했다.

(7) 부산화학 투쟁

부산 사상구 감전동에 위치한 부산화학은 1976년 가내공업으로 시작하여, 1, 2공장 종업원 1,500명의 대기업으로 성장했다. 나이키 등의 제품을 생산하여 품질로는 제일이라는 호평을 받으며 회사는 성장했지만, 근로조건은 열악하였다. 부산화학 노동자들은 저임금과 장시간노동, 타 회사보다 30% 높은 책임량, 환풍기 하나 변변히 없는 작업장에서 직업병에 시달리며, 관리자들의 역설과 폭행으로 공포 분위기 속에서 일해왔다(고무노협, 1995: 160).

1984년 7월에는 북구 감전동 소재 신발제조업체인 협신산업에서 회사의 근로기준법 위반 사항을 노동부에 진정한 일로 해고당한 사건이 발생했는데, 이 사건을 계기로 그 회사 노동자 몇 명이 야학에 다니고 있다는 사실이 드러났으며, 같은 야학에 부산화학 노동자도 있다는 정보를 입수한 부산화학에서는 이를 빌미로 평소에 행하던 퇴근 시 몸수색을 집중적으로 실시하여 '노동법 해설' 등 노동 관련 서적을 가진 사람을 적발해내고 해고시켰다. 해고당한 여공들은 1985년 8월 28일 노동부에 진정서를 내고 다음 날 동료들과 함께 사내에서 진정서를 기초로 유인물을 뿌렸다. 회사에서는 이들을 업무방해 혐의로 고소하여 검찰이 구속영장을 신청했으나 기각되었다. 그러자 회사는 주동자 3명을 9월 2일 자로 이력서 허위기재를 사유로 해고하였다. 이들은 이후 수차례에 걸쳐 노동자의 의식을 일깨우는 유인물을 작성, 배포하였고, 그에 대한 동조자가 늘어남에 따라 사측은 거의 매일같이 사내 방송을 통해, '타인에게 친절한 사람, 자기 집에 자주 초대하여 대접하는 사람, 회사 일을 성실히 하는 사람'은 불순분자이므로 즉시 신고하라는 등 흑색선전을 계속하면서도 유인물에서 요구하는 내용이었던 국민저축 문제와 미지급된 주휴수당 3년치를 소급하여 지급하게 되었다. 그리고 해고자에 대한 폭행 사건은 검찰로 송치되었으며, 휴게시간, 근로 문제에 대해서는 해고무효확인소송과 함께 민사소송을 끈질기게 추진했다. 이 부산화학 투쟁은 노동자의 최소 권리인 근로기준법 준수 투쟁으로 부산지역 노동자들의 권리의식 함양에 기여했다.

부산화학의 사장 박근보는 일감이 없다는 이유, 혹은 불경기라는 이유로 1982년에도 폐업하여 노동자들을 하루아침에 거리로 내쫓았던 경력이 있었는데, 1986년 2월 26일의 제2공장 폐업 때도 마찬가지였다. 부산화학 제2공장에서는 1월경부터 폐업설이 돌았으나, 회사관리자들은 유언비어를 믿지 말고 일만 열심히 하라고 하더니, 2월 24일 갑자기 작업이 끊기면서 노동자들을 모아놓고 무조건 본사로 옮기라고 했다. 노동자들은 이렇게 무작정 본사로 출근하라는 것은 어수선한 분위기에서 노동자들을 자진퇴사하게 만들어 해고수당 없이 감원하려는 꼼수라고 판단하였다. 그리하여 전원 2공장으로 정상출근하기로 서명하였으며, 자진퇴사하지 말고 계속 출근하여 대책을 논의하고 단결하여 노동자들의 정당한 요구를 계속하자고 호소하였다(고무노협, 1995: 160, 162). 그에 따라 2월 26일에는 본사 정문 앞에 2공장 노동자들이 몰려와 불경기에는 예고 없이 해고시키려고 하는 사장의 행위에 대해 분노하고, '박근보 사장 나와라'를 외쳤으나 사장은 나오지 않았고, 경찰과 노동부에서 나오고 난 후에야 사장은 공장을 정상 가동한다고 해명하였다. 그러나 이후 여전히 작업량을 충분히 주지 않고 각자가 지쳐서 사표 내기를 바라는 분위기를 조성하였다.

(8) 세신정밀 투쟁

세신정밀은 1976년 설립된 회사로 모기업은 세신실업이다. 세신정밀은 세신실업의 하청업체로 북구 삼락동에 위치하고 있었으며, 종업원은 580명(남 500명, 여 80명)이다. 주요 생산품은 양식 및 한식용 칼, 각종 스테인리스 식기류, 김치통 등이며 양식용 칼은 수출품목이었다.

스테인리스 그릇, 수정 등을 만들어 사세를 비약적으로 확장해 온 세신정밀은 먼지가 많고, 염산 등 유해 약품을 사용하는 작업이 많아 위험하고 열악한 환경 속에서 강제잔업 등으로 노동시간은 11시간에 이르러 저임금, 장시간 노동, 열악한 환경으로 인해 이직률이 극심했다. 그러나 회사는 작업 성격상 특정 기능을 가진 사람을 필요로 하지 않는 까닭에 "더러우면 나가라"는 식이며(실제로 조회시간 등에 생산관리자들이 빈번하게 얘기함), 따라서 일 년 내내 모집공고가 붙어 있었다. 신입공의 초임은 매우 낮은 수준이고 또한 근속연수가 짧아 퇴직금, 상여금 등의 지출 또한 낮은 것을 회사는 선호하였다.

이러한 상황에서 1985년 8월 28일 최종 연마반 김준효는 노동부 부산북부출장소에 사측의 근로기준법 위반 사항에 대해 진정서를 제출하고, 29일 노동부에 제출한 진정서 사본 20매가량을 작업 시작하기 전에 각 부서에 배부하였다. 때마침 사측은 1985년 당시 부산에서 일어난 대학 출신 노동자들에 의한 노사분규에 대해 우려하던 중, 그것을 예방하기 위해 예비군 카드를 점검하며 대학 출신자 2명을 밝혀내고, 같은 날 오후 4시경 관리과장이 김준효에게 이력서에 학력기재를 누락했다는 이유를 들어 사직서 제출을 종용하였으며 김준효가 이를 거부하자 해고를 통보하게 되었다. 그리고 분임토의 시간에 회사는 김준효에 대해 "노사분규를 일으킬 목적으로 위장취업한 빨갱이부다 더 나쁜 놈"이라고 악선전하였다. 이에 동료노동자 박재순이 강력히 항의하자 대부분의 노동자들이 지지하였다. 8월 30일 김준효가 출근 시 유인물을 배포하자 회사는 김준효를 폭행하고 북부서로 끌고 갔다. 그리고 박재순은 사무실로 불려가 김준효와의 관계를 추궁당하고 작업장 출입을 통제당했다. 이후 두 사람은 출근하면 감금당하고 북부서로 끌려 간 후에 훈방조치되는 패턴을 반복하면서 계속해서 유인물 배포를 통해 회사 측의 부당한 행위를 고발하고 해고무효확인소송 및 임금청구소송과 부당노동행위 구제신청을 하는 등 법적 대응을 병행하였다.

(9) 풍영 투쟁

풍영은 북구 감전동에 소재한 신발제조업체로 '르까프'라는 브랜드를 생산하였으며 다른 신발업체와 마찬가지로 저임금과 장시간 노동을 시행하고 있었다. 또한 풍영은 화승그룹의 주력업체로서 동양고무와 함께 부산지역 학생운동 출신 활동가들이 많이 들어가 투쟁한 대표적인 사업장의 하나였다.

풍영은 종업원 6천여 명의 규모와 달리 다른 신발제조업체에 비해 임금수준이 현저히 낮아 하루 기본급이 약 300~400원가량 적었다. 이런 이유로 퇴사자가 늘어나고 입사자는 줄어들어 기능공 확보에 어려움을 겪다가 1985년도 임금인상을 실시하게 되었다. 당초 풍영의 근로시간은 점심시간 30분에 총 근로시간 10시간으로, 이 중 8시간은 일당, 나머지 2시간은 연장수당을 지급해 왔다. 그런데

1985년 5월 10일 월급 지급 시 기본급 11% 인상을 미끼로 연장수당을 종래 2시간에서 1시간 30분으로 줄여 지급하기 시작했다. 이로 인해 현장 내의 불만이 높아지면서 노동자들은 회사 내에서 인사과와 노조 등에 항의하고 시정을 요구했으나 무시당하자 30분 찾기 서명운동을 벌이게 되었고, 416명의 서명으로 노동부 동래지방사무소 북부출장소에 진정을 하게 되었다.

또 한편 30분 연장수당 문제로 불만이 높은 가운데 1985년 노조 대의원선거가 있었는데, 대부분의 부서에서 투표가 실시되는지도 모르는 가운데 부정한 방법으로 투표가 실시되었다. 부정선거가 노골적으로 진행되자 동료노동자의 항의가 이어졌고 그 과정에서 1과에 대의원으로 출마한 학생 출신 활동가 김미자(가명)의 가명입사가 드러나 이력서허위기재로 해고되는 사건도 발생해 부당노동행위 구제신청서를 지노위에 제출하였다. 7과의 경우에는 대체로 공정한 투표가 이루어져 하봉순이 대의원으로 당선되지만 당선 이후 무수한 괴롭힘 끝에 강제사직을 당하는 등 노동조합은 노동자들이 기댈 수 있는 언덕이 아니라 탄압을 방치하고 오히려 앞장서는 기구로 전락되어 있었다.

진정서를 제출하고 나서도 현장 내의 불만은 높아지고 술렁대자 회사 측에서는 30분 연장수당을 지급하려고는 하지 않고 자신들이 지급할 의무가 없다고 하며 서명에 앞장섰던 사람들을 전방답사, 새마을교육이라는 명목으로 괴롭히다가 결국 관리자들이 노골적으로 동료와 분임장들을 사주하여 이들 중 7명에게 강제사직서를 받아냈다. 그리고 회사가 지급해야 할 30분 연장수당이 8,000여만 원인데, 이를 무마하기 위해 조반장 이상 관리자에게 회식비란

명목으로 거액의 돈을 풀었다. 노조 또한 사측과 야합하여 행동하였다. 당시 한국노총 부산시협의회 의장인 풍영노조위원장(김만호)은 노동자들의 요구에 대해 '너희는 법 다 지키고 사느냐', '근로기준법도 회사 사정에 따라서는 안 지켜도 되는 것 아니냐', '점심시간 30분이면 너희들이 단결해서 찾아 먹어라', 그리고 복직투쟁을 하는 노동자들에게 '너희들은 회사에서 복직을 허용해도 내가 조합원으로 받아들일 수 없다'고 하였다. 진정서를 접수한 노동부 근로감독관도 노동자들의 요구에 성의를 보이지 않고, 회사 사정이나 노사간의 합의 등의 이유를 내세워 시간을 끄는 등 무성의하고 안일한 태도로 일관했다.

강제사직자 김선덕과 강앵자는 회사 인사과장으로부터 복직을 제안받으며, 그 조건으로 공개사과와 해고된 학출활동가 노득현(가명 김미자)과의 관계 청산을 요구받았다. 그렇게 하여 학출활동가와 현장 출신 노동자의 관계를 단절시키려고 하였으나 그들은 이를 거부하였다.

더욱 황당한 일은 점심시간 30분에 대해 진술하기 위해 노동부에 호출되어 출석한 김선덕이 노동부 진술 도중에 경찰에 연행되고, 강앵자가 노동부에서 진술 후 경찰서로 연행되어 각각 구류 3일과 5일을 처분받았다는 사실이다. 이들의 죄명은 유언비어 날조라는 것으로 터무니없기도 했거니와 19세의 강앵자는 구류 중에 폭행을 당하고 하루 5시간씩 조사를 받는 고초를 겪었다.

풍영 해고노동자(강제사직자 포함)들과 현장에 있는 활동가들은 꾸준히 유인물을 배포하여 사측의 부당성과 노동부의 무성의, 강제휴직 철회 등을 홍보하였고, 사측은 꾸준한 30분 찾기 운동으로 노동자들의 동요가 계속되자 결국 7월 28일 '휴가수당'이라는 명목으로 1인당 1만 원~5만 원 정도의 4, 5월분 30분 연장수당을 지급하게 되었다.

그러나 회사는 7월 말 지급한 보너스명세서에 4, 5월 30분 연장수당을 받은 사람에게는 매년 관례상 휴가비로 지급하던 상여금을 지급하지 않고 1985년 6월 이후 입사자에게만 5,000원의 휴가비를 지급하였다. 이에 대해 풍영부당대우개선추진위원회[4]는 1,000만 불 목표 달성하면 하기휴가 상여금 100% 지급한다는 사측의 약속 불이행에 항의하는 유인물을 배포하고 사측의 약속 이행을 촉구하면서 공개사과를 요구하였다.

한편 회사는 명분에서는 밀렸지만 학출활동가와 노동자활동가들을 색출하기 위해 혈안이 되어 8월 초에 학출활동가였던 손주라와 정귀순, 배경희, 박정아 등을 해고하였다.

이후 1985년 9월 6일 '풍영 부당해고자 일동'과 '풍영부당처우개선추진위원회 일동'이 발행한 공동유인물을 보면, 5월에 이어 8월에도 학생운동 출신을 포함해 해고자가 발생했다는 사실을 알 수 있으며, 풍영의 근로조건 개선을 위한 투쟁을 위장취업자가 동료근로자를 선동한 것으로 언급한 왜곡보도에 대한 항의의 내용과 당시 언론의 문제점을 지적하였던 내용이었다. 그리고 9월 21일에는 학

---

4 풍영에서 노조민주화운동을 추진하던 사람들은 1985년 연장 30분 찾기 운동부터 다양한 유인물을 배포했는데, 처음에는 해고자 일동 또는 강제사직자 일동이라는 명의로 내다가 30분 문제가 해결됨과 동시에 보너스 문제가 발생했을 때는 부당대우개선추진위원회라는 명의로 유인물을 냈다가 1987년 노동자투쟁시기에는 풍영노조민주화투쟁위원회라는 이름으로 유인물을 내었다.

생운동 출신 활동가 노득현이 풍영노동자들에게 보너스 지급의 유인물을 돌리다가 경찰에 연행되어 9월 22일 자로 구속되었다. 풍영 노조민주화투쟁은 이후 1987년 노동자대투쟁 시기에도 노조민주화를 위해 농성투쟁을 전개하여 요구의 대부분을 관철하는 합의까지 했으나 사측의 기만적 탄압으로 끝내 노조 민주화투쟁은 성공하지 못했다.

(10) 동양고무 투쟁

동양고무는 1953년에 설립되어 투쟁이 발생한 1986년 당시 종업원 수가 본사에 6,000여 명, 부암, 범일, 감전 공장에 2,000여 명, 총 8,000여 명으로 대규모 신발제조회사였다. 회사는 1984년부터 흑자 경영으로 1985년의 당기순이익은 26억 원이었다. 임금 및 기타 작업환경은 화승그룹에서 가장 열악하였다. 화승그룹은 타 회사에 비하면 상대적으로 나은 편이라고 할 만큼 여타 신발사업장의 근로조건은 열악했다. 노동조합은 1964년에 설립하였으나 위원장은 간선제였고, 대의원은 직선제였으나 대의원선거가 있는지도 모르는 조합원이 대다수로, 노조에 대한 관심이 거의 없었다(민주주의사회연구소, 2017: 238-239).

동양고무 투쟁 환경을 살펴보면, 1980년대 부산지역 학생운동 출신자들이 노동현장에 투신하면서 여성들은 다수가 신발공장으로 투신하였다. 부산에는 70년대 후반부터 노동야학과 JOC(가톨릭노동청년회)가 있었고, 특히 동양고무 공장 주변에는 당감성당 야학이 있어서 이미 5기까지 졸업생을 배출했으며, 서면성당에도 JOC가 활성화되어 있었다. 부산지역의 학생운동 출신 활동가들은 70년대 후반부터 현장에 투신하였는데, 부림사건과 부산미문화원방화사건으로 지역운동권이 거의 구속되다시피 하는 탄압을 받아 1984년경부터 본격적으로 현장에 투신하게 되었으며, 부산대 졸업생 조근자와 이숙희 등이 동양고무에 입사하여 동양고무에 근무하고 있던 당감야학과 서면 JOC 출신 노동자(엄해금, 박순연, 최수연, 강영대 등)들과 함께 조직사업을 하게 되었다. 이어서 1984년 겨울에 부산대 졸업생 이성희가 입사하였다. 이들은 1984년 12월에 당감야학 출신 노동자, 서면성당 JOC 출신들과 함께 비공개 조직인 새벽회를 결성하여 활동하기 시작했다. 당시 사업은 사업장 조사와 각자 소모임을 구성하여 운영하는 것을 목표로 했다. 1985년 4월경에는 부산대 학생 출신 김민건, 김순남, 이미숙과 한국외대 출신 김동민이 입사하고, 서면성당 JOC 출신 유재안, 이광호, 원정렬, 최수연 등이 입사하여 대부분의 주요부서에 활동가들이 배치되는 진용을 갖추게 되었다. 그리고 1985년 8월에 여성 중심의 새벽회와 남성 모임을 하나로 합쳐 새별회를 결성했다. 이렇게 하여 활동가들과 활동가들이 운영하는 소모임 등으로 1985년도 가을경에는 약 60~70명의 점조직 형태가 구성되었다.

1986년 임금인상투쟁을 대비해 집중적인 학습을 하였는데, 내부 활동가는 소모임에 주력하고 학습은 외부에서 지원하는 형태였다. 1986년 1월 무지개폭포 MT에 소모임을 이끌고 있는 선진활동가들과 핵심구성원들이 대거 참여하여 86임투 결의를 다지는 행사를 개최하였으며, 이때 학부 출신은 조근자와 김민건만 참여하였는데, 이는 후일을 도모하기 위해 드러내지 않기로 한 것이었다. 그리고 동양고무 임금인상 투쟁을 지원하기 위해 부산지역 임금인상투쟁위원회를 결성하였는데, 이는 유인물 등의 발행처 명시를 위해 임의로 만든 것이었다(민주주의사회연구소, 2017: 235-238).

동양고무 임금인상 투쟁은 나름대로 치밀하게 준비하였다. 임금인상 투쟁은 1986년 3월 초부터 4개월 동안 4차에 걸쳐 전개했으나, 유인물을 배포하는 과정에서 조직원이 노출되어 본격적인 대중투쟁을 조직하기 전에 발각되는 등 실천과정에서 치밀하게 계획 또는 준비가 되지 않아 핵심역량이 해고되고 말았다. 특히 신발사업장의 경우 사측의 무자비한 폭력과 강압적인 분위기로 인해 노동자들이 상당히 위축되어 있었기 때문에 대중투쟁으로 발전하는 데 한계가 있었다. 당시 외부 엄호세력으로 부산인권선교협의회의 고호석, 당감성당 송기인 신부, 중부교회 최성묵 목사 외 인권변호사 등이 폭행 등에 항의하고, 부산인권소식 등에 게재하였으며, 주거지와 가두에서 유인물 배포와 집회, 시위 등을 조직했지만 현장 노동자들의 대중투쟁을 조직하지는 못했다.

동양고무의 임금인상 투쟁은 비록 여러 활동가들이 해고되고 구속되면서 대중투쟁으로 발전하지 못한 채 선도투쟁에 그쳤지만, 활동가와 노동자 대중의 결합 정도, 선진노동자들의 투쟁역량, 대중투쟁을 조직·지도할 수 있는 투쟁전술 등에서 많은 시사점을 준 투쟁으로 평가되었다(지역사회문제자료연구실, 1989: 65-71).

특히 동양고무 투쟁을 앞두고 부산지역에서 "실천적 임투를 위하여"라는 팸플릿이 부산지역 활동가들에게 배포되었고, 실제로 동양고무에 투신한 활동가 중에는 실임조직[5]에 몸담고 있던 활동가

5 실임조직은 이재영과 황선민 등이 주도하여 '실천적 임투를 위하여'라는 팸플릿을

도 있었고, 반실임조직[6]에 몸담고 있는 활동가도 있었지만 정작 동양고무 내부의 긴박한 상황으로 인해 실-반실 논쟁[7]에 관심을 가질 수 없었다(민주주의사회연구소, 2017: 244-245)고 한 것으로 보아 한때 부산지역 학출 노동운동가 사이에 회자되었던 실-반실 논쟁은 지역 노동운동에 큰 의미를 가지기 어려운 것으로 보인다.

이후 6월항쟁과 6.29선언 후 폭발한 1987년 노동자대투쟁 시기에 동양고무에서도 8월 19일부터 21일까지 2박 3일간 파업농성을 하여 요구사항을 일정 부분 쟁취한 후 파업주동자들에 대한 특별한 불이익 없이 22일부터 정상조업에 들어가게 되었는데, 파업이 촉발된 곳은 남성노동자들만 근무하는 프레스부서였으나 2박 3일간의 파업을 성공적으로 이끌었던 사람은 노조대의원이었던 김윤심, 최경진, 장명순, 강순자, 장신자를 비롯한 조직화된 선진노동자들이었다. 이들은 1986년 임금인상 투쟁에도 함께했던 노동자들이었다. 파업과 농성이 진행되는 동안 교섭대표로 나선 재단부서 최의용 기장과 프레스부의 백종남 등은 대표로서 역할을 하지 못하고 사측 논리에 따라 움직이는 등 혼선이 발생했다. 결국 우여곡절을

발간한 그룹이 형성한 노동운동 조직을 일컫는다.

6 반실임조직은 '실천적 임투를 위하여'에서 제기하는 선도투를 반대하는 노선으로 어떤 특정 노선이나 이론을 제시하지는 않았지만, 부산지역 노동운동의 주류를 형성한 그룹이다. 이상록, 노재열 등이 주도하였다.

7 실-반실 논쟁은 1985년도 당시 노동운동 활동가들의 역할을 둘러싼 논쟁으로 '실천적 임투를 위하여'라는 팸플릿을 통해 활동가들이 선도적 투쟁을 주도해야 한다는 주장과 선도적 투쟁을 전개한다고 대중투쟁이 촉발되는 것은 아니고, 활동가들이 노동자 대중 속에서 의식화 조직화에 매진하면서 준비해야 한다는 주장이었다. 이는 MT-MC논쟁, 또는 깃발논쟁의 부산판이라고 볼 수 있다. 그러나 이 논쟁에서 언급하는 것처럼 활동가들의 역량이나 역할 등에서 명확하게 구분할 만큼 역량이 성숙되어 있지 않았고, 논쟁이 노동운동에 미친 영향도 크지 않았다.

겪은 끝에 협상은 타결됐고, 일정 정도의 근로조건이 개선은 되었으나 노동조합은 여전히 어용노조 그대로일 수밖에 없었다.

파업 이후 처음에는 별다른 조짐이 없었지만 점차 회사에서는 파업을 주도했던 사람들을 괴롭히고 솎아내기 위해 압력을 행사하고, 노동자들은 경찰조사 등을 통해 괴롭힘을 당하면서 서서히 강제사직을 당하거나 스스로 못 견뎌서 퇴사를 하게 되었다.

결국 동양고무 투쟁은 억압된 노동자들을 각성시키기 위한 선도적 투쟁으로서는 의미를 가질 수 있었지만 대중투쟁이 폭발적으로 발생한 1987년에는 정작 투쟁을 지도할 지도력이 부족한 상태에서 나름대로 1986년 투쟁의 성과를 이어가 그나마 성공적으로 마무리되었다고 할 수 있다. 그러나 가장 중요한 노조민주화와 역량강화라는 측면에서는 실패한 투쟁으로 볼 수밖에 없었다. 선도투쟁과 대중투쟁의 결합이라는 측면에서 아쉬움이 많이 남는 조직과 투쟁이었다.

이상의 사례 외에도 동국제강에서 1985년 3월 25일에 학생운동 출신 활동가 2명, 5월 3일에 또 2명이 해고되었으며, 신일금속에서도 1985년 5월 30일 학생 출신 노동자 1명이 이력서 허위기재를 이유로 해고되었다. 이들은 해고되자 유인물 등을 통해 근로기준법 위반과 해고의 부당성 등을 알리는 활동을 하여 동료들의 지지를 받기도 했지만 대중투쟁으로 발전시키지는 못했다.

이상에서 보았듯이, 1980년대 초중반의 부산지역 노동운동은 크게 현장노동자들에 의해 자연발생적으로 일어난 임금인상투쟁, 노조결성투쟁, 노조민주화투쟁을 전개했는가 하면, 현장에 투신한 학생운동 출신 활동가들에 의해 목적의식적으로 임금인상투쟁과 노조결성투쟁, 노조민주화투쟁을 전개하기도 하였다. 그러나 유감스럽게도 현장노동자들에 의해 주도된 투쟁들은 당시 정권의 성격이나 자본의 본질을 잘 이해하지 못한 채 전개되면서 회유나 협박 등에 넘어가 분열되거나, 탄압에 걸맞은 전략·전술이 부재한 채로 승리하지 못했다. 학생운동 출신 활동가들이 주도한 투쟁 또한 경험의 미숙과 정권과 자본의 총체적 색출과 탄압으로 노동자 대중과 충분히 결합하지 못한 채 대부분 실패하고 말았다. 그러나 다양하게 전개된 소모임과 투쟁의 경험들은 이후 1987년 노동자대투쟁의 토양이 되었다.

3) 학생운동 출신의 현장 투신과 노동야학

1980년대 들어서면서 학생운동은 광주항쟁에 대해 평가하고 학생운동의 역할과 사회운동에 대한 진로 고민 속에서 노동운동으로의 투신과 연대에 대해 실천적·조직적 모색을 하였다. 1970년대 말에는 개별적 차원에서 학생운동 출신이 노동현장에 투신하는 경향이 있었으나 1980년대 들어 학생운동이 체계화되고 조직화되면서 집단적 투신을 실행하게 되었다. 수도권 지역에서는 학생운동 출신이 노동현장에 투신하는 규모가 상당하였으나 정확한 규모는 알 수 없고,[8] 부산지역에서도 초기에는 부산대를 중심으로 현장에 투

---

8 송호근은 "1987년을 전후로 인천지역에 약 1천여 명, 부천지역에 약 200여 명이 있었다고 밝혔고, 또 『신동아』(1989년 6월호)에서는 1980년 5.17 이후 1983년 대학자율화조치 이전까지 제적당한 1,363명 중 상당수가 노동현장에 참여해

신하였으나 여타의 대학들에서도 학생운동의 조직들이 빠르게 갖추어지면서 80년대 중반 학번이 되면 동아대, 경성대, 수산대, 부산외대 등에서 학생운동가 출신이 현장에 투신하였다. 부산지역에서는 대규모사업장이 신발산업에 집중되어 있었기 때문에 신발산업에 많은 활동가들이 투신하였으며, 남성들의 경우에는 동국제강을 비롯, 한국주철관, 신일금속 등 금속사업장에도 많이 투신하였다. 1980년대 초·중반에는 부산 출신으로 서울대 학생운동 출신들이 귀향하여 노동운동에 투신하였으며, 1980년대 중반 이후에는 서울의 여러 대학 출신들이 부산지역에 투신한 사례가 많았다.[9] 예를 들면 제파피디그룹[10]으로 알려진 팀에서도 10여 명이 부산의 현장에 투신해 국제상사 등 여러 곳의 신발사업장과 동국제강 등 금속사업장에 투신하였다. 그들은 부산노동자연합 결성에도 참여하였고, 부산노련에서 상근활동을 하기도 했다. 또 한양대와 한양여대 출신 10여 명은 집단적으로 신평장림지역을 중심으로 현장 투신을 하였

1987년까지 경인지역에서 활동하였다고 밝히고 있다. 또 『월간중앙』(1989년 4월호)에서는 노동현장에 참여한 학생운동가들이 전국적으로 약 1만여 명 정도에 이를 것으로 추산하였다. 그러나 임영일의 연구(「한국의 노동운동과 계급정치(1987~1995)」, 부산대사회학박사논문, 1997, 58쪽)에서는 "당시 인천을 비롯한 수도권지역에 약 3천여 명 정도가 있었고, 그 대부분은 1~2년 활동을 하다가 학생운동이나 정파적 서클운동조직에 들어가 활동하였다. 그러나 약 3분의 1 이하 정도가 장기적인 전망을 가지고 현장에 뿌리박는 운동을 전개하였다"고 밝히고 있다 (유경순, 『1980년대, 변혁의 시간 전환의 기록1』, 2022, 182).

9 서울대뿐만 아니라 연세대, 고려대, 성균관대, 한양대, 경희대 등 여러 대학 출신의 활동가들이 있었다.

10 제파피디그룹은 '보임다산사건'과 '제파피디그룹사건'으로 알려진 그룹으로 전국적으로 산개하여 현장에 투신하였으며, 부산과 마산, 울산, 거제 지역에도 들어간 것으로 알려졌다.

다.[11] 지역적 연고가 없는 경우였지만 이미 학생운동 출신의 현장투신은 학생운동의 흐름상 일반적인 경향으로 볼 수 있었고, 특히 부산에 연고를 둔 부산지역 대학을 중심으로 상당수의 학생운동 출신 활동가들이 현장에 투신하였을 것으로 추정할 수 있다.

학생운동가들이 노동자들과 함께 노동운동에 접근하는 방식으로 1970년대부터 이어온 야학운동을 들 수 있다. 야학[12]은 1970년대 초 노동자 전태일의 분신항거 이후 청계피복노조를 중심으로 한 노동교육 또는 실질적인 노조활동이나 투쟁을 지원하는 형태로 전개되었다. 부산지역의 경우 유신체제하의 1970년대를 지나는 동안 학생운동이나 노동운동에 있어 그 역량이나 활동이 제한적이었는데 1970년대 말이 되면서 학생운동 출신 일부가 노동현장 투신과 함께 노동현장과의 접점으로 노동야학이 모습을 드러내기 시작했다.

---

11 한양대 출신의 현장투신은 1986년부터 1989년까지 학교 선후배 관계인 15명 내외의 활동가들이 현장에 들어왔다. 1988년 이후 1990년대 초반까지 신평장림지역에서 활동한 활동가는 현정길(진양기계·협신금속·노동자복지연구소), 안동운(대광정밀·삼공사), 이건수(신라금속·서흥화학), 박영일(동우공업·유성공업·신평장림공단노동자의집), 신태균(호승·대성실업·성창기업), 정승은(삼양통상), 김보경(대봉), 이숙자(동일화성·명성실업), 윤인선(쌍미실업·화승실업·천지기업·대도실업), 김영준(호승) 등이고, 일부는 신평장림지역에 노동단체를 설립·운영하였는데, 노동자복지연구소(노동상담소, 원두영·현정길), 한돌도서원(노동도서원, 이우영·윤인선), 신평장림공단노동자의집(풍물강습, 황영석·김미경·박영일) 등이 있었다. 한양대 출신 외에도 허인범(성균관대, 제일전기), 민병렬(서울대, 한국주철관), 김기식(부산대), 정경흠(경성대, 서흥화학), 홍순호(동아대, 대강), 이수용(경성대), 이행진(동아대) 등 부산지역 대학 출신 여러 명이 신평장림공단을 중심으로 현장활동을 하였다. 그 활동은 대략 1990년대 중반까지 이어졌다.

12 이 글에서 말하는 야학은 노동운동과 연관된 노동야학을 말하는데, 검정야학 또한 생활야학 또는 노동야학으로 변화된 부분을 다루는 것으로 한다.

부산지역 최초의 노동야학은 성안야학으로 부산 출신 서울대학생이었던 신기엽과 박순성(서울대 76학번) 등이 1학년 여름에 휴학하고 내려와 허천호, 강용현(이상 부산대), 박욱영(부산공전) 등과 함께 가야동 소재 성안교회에서 생활야학의 형태로 1977년 12월에 처음 문을 열었다. 처음 입학생은 7~8명 정도였다. 성안야학은 이후 1979년 8월 3기 신입생을 받으면서 강학(講學)도 강용현, 윤철현, 이성홍 등 부산대 중심으로 바뀌었다. 1979년 부마항쟁 이후 교회쪽의 압력으로 가톨릭노동청년회(JOC)의 도움을 받아 가야성당으로 야학을 옮기게 되면서 가야성당야학으로 바뀌었다. 1980년 광주항쟁 이후에는 강학도 이성홍을 중심으로 부산대 황충호, 허판수, 이성화, 이귀원 등으로 바뀌었다. 가야성당야학은 1기 졸업생인 박주미가 졸업 후 JOC 활동을 한 것을 계기로 JOC 활동으로 연결되기도 했다.

성안야학 시절 허천호, 강용현, 강병철, 허종석 등은 영도 봉래성당 지하에 밀알야학을 열었고, 또 영도사회관을 야간에 빌려 만든 청야야학은 1979년 봄에 개교하여 1979년 겨울까지 운영하다 밀알야학과 합쳤다. 청야야학의 초기 강학은 박진주, 이우주, 이우사, 강병철, 김태숙, 허종석, 윤연희, 서경숙 등이었다. 밀알야학의 강학구성은 부산지역 대학연합서클인 성아회의 회원이 주축이었고, 이후 부산대 민족사연구회, 아카데미 흥사단 등에서도 참가하였다. 밀알야학은 초기부터 노동야학의 지향성을 갖고 출발하여 학제를 2학년으로 나누어 의식화를 위한 교과목도 배정하고 강학들의 의식화를 위한 학습모임도 하였다.

사상성당야학은 학생운동 측면에서 학생 중심으로 만들어진 것이 아니고 가톨릭노동청년회(JOC)를 중심으로 노동운동을 활성화하기 위한 활동가들의 노력의 일환으로 만들어졌다. JOC 전국여회장을 지낸 정인숙과 마산에서 활동하던 홍점자가 노동운동에 뜻을 두고 부산에 와 최준영과 박욱영 등의 도움을 받아 1979년 7월경에 야학을 개설하기도 했다.

당감야학은 1980년 봄쯤에 문을 열었다. 1979년 대학졸업반이던 고호석이 졸업후 진로를 고민하면서 교직을 선택했지만, 노동운동에 기여하고 후배들에게 간접적으로나마 실천의 장을 마련하기 위해 열었다. 초기 강학은 고호석, 문창하, 김인순, 유영철, 장상훈, 유장현 등 중앙고 동문서클 중심이었다. 당감성당은 부산지역 민주화운동의 대부 격인 송기인 신부가 주임신부로 있으면서 민주화운동의 센터역할을 하는 분위기여서 자연스레 노동야학의 중심이나 거점 역할도 하여 강학 수급에서도 노동운동에 대한 관심이나 야학에 뜻을 둔 많은 이들이 들어왔으며, 또 이를 거쳐 다른 야학으로 옮기기도 하였다. 1980년대 초반 당감야학 강학으로 이승명을 중심으로 강기현, 임인숙, 이창우, 이해견, 김기영, 김형복, 황영숙, 이성우, 한경숙, 김성란, 정덕남 등이 활동하거나 거쳐 갔다.

YMCA야학은 YMCA라는 공개적 특성과 자체 내 조직을 갖춘 기관이라는 점에서 일반 야학과는 성격이 많이 달랐다. YMCA야학은 1981년 전점석이 YMCA사회개발부 간사로 들어오면서 본격적으로 시작했는데 Y-근로청소년교실이라는 이름으로 노동자프로그램을 시작하였다. 처음에는 YMCA 본부건물을 중심으로 프로그램을 운영하다가 곳곳에 YMCA 이름으로 장소를 섭외하여 교회나 동사무소 등의 협조를 얻어 많은 야학을 운영하였다. 문현동 한누리교회(이원걸 목사), 괴정 산정현교회(박광선 목사), 반송 제일교회, 학장 제일교회, 그 외 토성동 등에서 야학프로그램을 진행하였다. 이처럼 YMCA야학은 공개기구의 특성을 최대한 활용하여 많은 노동자들이 공개적으로 교육을 받게 하면서 자연스레 현장활동과 연계될 수 있는 공간을 열어주었다. 당시 YMCA야학 강학은 손주라, 배경희, 송영수, 이미숙, 이숙희, 김미현, 김준효, 정광모, 이효인, 문부식 등이었다.

영남산업연구원(약칭 '영산')은 부산지역 가톨릭계 노동교육기관으로 야학과는 차이가 있지만 노동자교육프로그램을 운영하였다. 영산은 1977년부터 교육프로그램을 운영하였는데, 1980년대 초반 진병태가 실무책임을 맡으면서 본격적인 노동자교육을 펼쳤다. 이후 손영숙과 하영권이 합류하였으며, 3개월 과정으로 1년에 4회 신입생을 모집했는데, 1회에 2백 명 정도였고 많은 때는 350명까지 모집했다. 영산에서 배출한 인원만 5천여 명에 달했는데 이 역시 가톨릭이라는 공개기구를 최대한 활용하여 대규모의 교육적 성과를 이뤄낸 일이었다.

검시(검정고시)야학 또한 노동야학의 자극을 받아 검시야학에 대한 방향성 등에 대해 강학들이 고민한 결과로 생활야학 또는 노동야학으로 변화를 시도하기도 했다. 1985년 당시 부산에는 40여 개의 야학이 존재했고, 대부분이 검시야학이었다. 1960년대부터 있었던 검시야학은 1970년대 말까지 활성화되었다가 1979년 이후 급격히 변화되는 시국의 영향을 받아 강학들의 의식이 변화하기 시작했다. 1980년 무렵 교류를 갖던 몇몇 검시야학들이 모여 적극 논의하고 실천방안을 모색하면서 이성희(반송성당 야학)의 제의로 김수홍

(성신야학), 김한규(거제 무궁화야학) 등이 주축이 되어 생활야학이나 노동야학으로의 형태를 모색하면서 1981년 부산지역 야학연합회를 구성하였다. 야학연합회에서 초대 김한규, 2대 이성희, 3대 김수홍, 이후 황영대, 이동환 등이 회장으로서 역할을 하였다. 야학연합회에 참여한 야학은 성신야학, 무궁화야학, 반송야학, 온누리야학, 동래야학, 성화야학, 우암야학, 샛별야학, 새마음야학, 대건야학, 형설야학, 어람야학, 솔빛야학 등이었다. 야학연합회의 활동은 1986년 이후 노동야학과 통합되면서 1987년까지 전체적인 논의와 활동을 함께 하였다.

1986년이 되면서 노동야학과 검시야학을 망라해 밀양솔숲에서 1박 2일 전체 야학수련회를 가졌고, 1987년 밀양 사자평 수련회 때는 전체 참여인원이 3백 명에 이르렀으며 전체 체육대회를 하면 5천 명에 가까운 학생과 강학이 참여하여 운동장 섭외에도 어려움이 있을 정도로 야학연합회가 활성화되었다.[13]

그러나 1987년 이후 노동자대투쟁을 거치며 노동야학이 자연스럽게 정리가 되고 야학연합회는 다시 검시야학 위주로 운영되다가 1989년 부산지역야학협의회가 만들어져 내부적으로 '노동운동 지원공간'으로서의 역할을 자임하였다. 당시 소속 야학은 광안야학, 대건야학, 무궁화야학, 문현야학, 어람야학, 새마음야학, 형설야학 등인데, 강학들의 세대교체와 학생 수의 급감, 재정의 압박 등으로 야학은 어려움을 겪게 되었다. 그러다가 1994년에 부산지역야학협의회가 해체되고 1995년 10월에 부산지역 야학연대가 출범하여 야

---

13 손정은(당시 Y야학 강학) 전화인터뷰, 2022년 4월 중순

학의 역할을 전반적인 교육 소외의 해소라는 교육적 관점에 초점을 맞추었다.

이렇게 부산지역 노동야학은 부산지역 노동운동(특히 신발산업과 섬유산업) 가운데 많은 숫자는 아니었지만 현장에서 필요한 활동가를 배출하고 다양한 형태의 현장 안팎 싸움에서 현장 내 조직과 적극 결합하여 지원하는 등 효과적인 역할을 하였다. 1985년 부산지역 노동야학이 하나의 단일화된 조직으로 통합하면서 비약적 발전을 하게 되는데 이는 개금지역에 한문교실이라는 형태의 새로운 야학이 등장하면서 비롯되었다. 이 한문교실은 이성화가 주도하여 손영숙, 하영권 등이 함께했는데 전단작업을 통해 한 기수에 1백 명 이상의 노동자들을 모집하였다. 이 한문교실의 형태를 지켜본 노동야학들은 이후 이성화의 적극적인 조직사업과 맞물려 내용적으로 노동야학의 단일화된 조직형태를 갖게 되었다. 이전에는 개별야학 중심으로 교재와 과목에 대한 논의와 결정, 강학의 배치와 졸업생 대책 등을 결정했다면 이 부분이 전체적 틀에서 이루어지게 된 것이다. 이에 따라 각 야학 소속 강학 대표들의 모임이 활성화되고 기존의 개별야학의 대표로서가 아니라 전체적 역량 속에서 배치된 야학의 대표 역할을 하게 된 것이다. 이후 강학들의 연수와 의식화 학습이 보다 체계적이고 조직적으로 이루어졌고, 이전의 친목 위주의 졸업생 모임도 현장에 들어간 활동가들과 연계가 가능해졌으며, 기존 졸업생이 활동하던 JOC조직과 현장학습 소모임에 대한 연계도 체계적이고 수월해졌다.

당시 노동야학의 조직구성을 보면 전체 야학지도부가 있었고, 개별야학 강학대표모임과 각 야학단위로 강학모임이 있었으며, 각

야학의 강학들은 따로 학습소모임으로 연결되어 있었다. 이를 근간으로 강학대표모임에서는 각 야학의 성과와 문제점 등을 논의하고 졸업생 배출과 차기 야학에 대한 준비와 강학의 배치에 대한 논의를 하였다.

1985년 이후 대표적인 고무노동자 투쟁사례인 풍영, 화성, 동양, 대양, 국제 등의 투쟁을 보면 야학 출신 노동자들의 참여가 두드러졌다.

1987년 노동자대투쟁 이후 야학 단위의 소규모 노동자 의식화를 위한 교육활동 대신 봇물처럼 터져나오는 노동 대중의 실질적인 요구에 부응하는 형태의 조직이 필요했다. 당장 실질적인 노동쟁의와 노조설립, 노조민주화 등 현장의 구체적이고 실천적인 요구에 부응할 수 있는 공개적이고 대중적인 교육공간의 필요성을 들어 만들어진 것이 사랑방노동자학교이다.

사랑방노동자학교는 노동야학 관련해 1년 형을 살고 1987년 6월민주항쟁 직후에 가석방된 이성화의 주도로 만들어졌다. 처음 사랑방노동자학교는 이성화를 교장으로 이승명, 이창우, 김수홍 등 노동야학 멤버와 이성희, 허판수, 노창식, 조연주 등이 참가했는데 3기부터 수강생들이 점차 늘어나고 졸업생들이 적극 참여하면서 상당한 활동과 성과를 이루어 내었다.

이렇듯 야학은 1987년 6월민주항쟁에 개별적으로 참가한 다수의 노동자들 중에 중요한 구성원들을 배출해 노동자대투쟁 당시에도 현장에서 자연발생적으로 일어나는 쟁의의 중심에 있었다고 할 수 있다.

4) 현장 노동운동 노선 논쟁[14]

1970년대 후반기 학생운동은 반유신투쟁을 어떻게 전개할 것인가를 둘러싸고 논쟁을 벌였다. 그 내용은 '현장준비론'과 '정치투쟁우위론'으로 대립되었다. '현장준비론'은 학생운동이 직접적인 정치투쟁을 지양하고 노동현장에 접근하는 훈련과 준비를 해서 졸업 후 노동현장에서 조직활동가가 되는 데 목표를 두어야 한다고 주장하였다. 이에 반해 정치투쟁우위론(학생선도투쟁론)은 적극적인 선도투쟁, 정치투쟁이야말로 학생운동 본연의 임무라고 주장하였다(유경순, 2011; 49).

1970년대 말 이념서클의 주된 흐름은 '학생·재야 중심의 산발적 투쟁으로 유신체제를 붕괴시키는 것은 불가능하므로 민중을 의식화시켜 반독재투쟁의 전면에 떨쳐 나서게 하는 데 주력해야 한다'는 입장이었다. 이에 따른 현장준비론은 대학생활을 현장에 투신하기 위한 준비기로 설정하였다. 이는 당시 정치투쟁 중심인 학생운동의 한계에 대한 인식과 기층 민중을 중심으로 한 역량을 구축할 필요가 있다는 판단이 주요 근거였던 것으로 보인다. 이에 반해 민중이 반독재투쟁에 나서기까지 많은 시간이 걸리므로 투쟁자원이 풍부한 학생들이 먼저 선두에서 강력한 반독재투쟁을 전개해야 한다는 정치투쟁우위론의 반론 또한 만만치 않았다. 특히 이선근 등이 이끌던 흥사단 아카데미 계열은 학생들의 선도적 민주투쟁을 강

---

14 1980년대 초중반 노동운동과 관련한 노선대립은 학생운동의 연장선에서 전개된 것으로 학생운동의 위상과 역할, 그리고 조직노선, 투쟁노선 등과 관련된 것이었으며, 이는 주로 학생운동 출신의 활동가들이 중심이 되어서 전개되었다.

조하였다. 논쟁은 대중적이지 않았으나, 현실운동의 방향을 둘러싸고 학생운동이 전략 차원에서 자신의 이념을 정비해 가고 있다는 것을 의미했고 학생운동이 현실을 변혁하는 사회운동이라는 새로운 차원으로 접근하고 있음을 보여주었다. 그러나 현장준비론을 주장한 경우에도 노동현장으로 투신한 학생운동가는 극히 일부에 지나지 않았다. 대부분의 학생운동가들은 주로 노동자투쟁이 일어났을 때 그것을 여론화하는 홍보역할을 하였고, 특히 다수가 야학교사로 참여하였다.

그리고 1970년대 노동현장에 투신한 경우는 많지 않았을 뿐만 아니라 대부분이 남성이었고, 노동현장 투신이 곧 생활인이 되는 것이기에 장기적으로 노동운동을 하기 위해 기술 습득을 필수적인 것으로 생각하는 경향이 많았다. 그리고 이들 대부분은 구속과 수배 등의 경력으로 늘 정보당국의 주요 감시대상이었기 때문에 활동이 자유롭지 못했다(유경순, 2011: 56-57). 이러한 노동현장으로의 투신을 통해 현장에서 제대로 활동하는 것은 몇몇의 사례[15]를 제외하면 대부분 어려운 상황이었다.

그러던 중 1980년 5월 3일 전국민주노동자연맹(이하 '전민노련')이 조직되었다. 그 주체는 민주노조간부 출신 노동자, 도시산업선교회의 활동가, 노동현장에 투신한 학생운동 출신 활동가 등이었다. 전민노련은 이태복의 활동으로 시작되었는데, 이는 당시 노동운동의 흐름에 대한 문제의식 속에서 시도된 것이었다. 즉 이태복은 1970

---

15 1970년대 노동현장에 투신하여 제대로 노동운동을 한 경우는 김문수, 최규엽 등 몇 명에 지나지 않았다.

년대 민주노조운동이 노동조합의 틀에 안주하면서 개별 노동자들의 이익 추구만을 하는 조합주의·경제주의적인 성격을 띠고 있다고 비판하였다. 또 노동운동에 학생운동가 출신들이 참여하고 있었지만, 이들의 활동은 종교단체라는 제한된 범주에서 간접적으로 이루어졌고, 직접 현장에 투신한 몇몇 학생운동가들도 대부분 장기론-준비론, 소그룹주의 등에 빠져 있다고 비판했다. 그는 이러한 자연성장적 운동방식을 극복하기 위해 지식인들이 노동운동에 간접적으로 참여하는 방식을 극복하고 대규모의 조직적인 노동현장 참여가 필요하다고 판단하였다. 이태복은 당시 남민전이 시민들을 중심으로 전위조직을 결성하려는 것에 반대했다. 전위조직은 노동운동의 대중적 기초가 강화되고, 거기서 전위역량이 성장할 때 결성될 수 있다는 것이었다. 그는 민주주의 과제를 해결할 주체는 결국 노동자계급과 그 동맹자들이기 때문에 그 투쟁을 지도하는 참모부의 구성도 이 투쟁과정에서 축적된 지도역량에 의해 이루어져야 한다고 강조했다. 전민노련 추진세력은 1979년 10.26사건 이후 노동운동이 고양되어 가는 정세 속에서 기존 어용노총을 대신해서 새로운 노동운동의 구심체로서 '제2노총 건설'을 주장했다. 이를 위해 노조민주화투쟁과 미조직노동자의 노조결성운동을 추진해 산업별 조직체제로 전환해서 노조운동의 전국적 센터를 건설하려는 것이었다. 이 당시 노조간부들의 의견은 한국노총민주화와 '제2노총 건설'로 나뉘었다. 전국금속노조 민주화추진위원회가 앞장선 노총정상화추진위는 노총민주화의 방법을 택했으나, 신군부세력의 5.17쿠데타로 무산되었다. '제2노총 건설'의 시도는 5.16 이후 한국노총체계에서 정권과 결부된 어용노총의 민주화가 가능하지 않다는 판단하에 아래로부터 민주적 노조의 중앙을 건설해야 한다는 것을 제기한 점에서 의미가 있었다. 이는 1970년대 민주노조들이 한국노총으로부터 이념이나 조직관계에서 독립된 활동을 하지 못한 한계를 극복하기 위한 시도이기도 했다. 최종적으로 전민노련 결성준비에 참여한 사람들은 대구·경북지역의 김병구, 안양의 유동우, 서울 청계피복노조의 양승조, YH무역노조의 박태연, 울산의 하동삼, 광주의 학출활동가 윤상원, 도시산업선교회 간사였던 신철영, 노동현장에 투신해 있던 김철수 등이었다. 이들은 1979년 12월경부터 1980년 4월까지 조직구성을 위해 활동했다. 전민노련은 창립대회 직후 5.17쿠데타가 일어나면서 정세가 고양국면에서 탄압국면으로 변화되었음에도 광주민중항쟁 이후 패배주의 등의 태도를 비판하면서 이전과 같은 방식의 조직활동을 계속해 나갔다. 그러나 1981년 6월 10일 이태복이 치안본부 대공분실로 연행되고, 이어서 이선근, 이덕희 등 전민학련 관련자 수십 명이 연행되었다. 8월 초 양승조, 신철영 등 전민노련 관련자까지 수사가 확대되면서 조직은 와해되었다(유경순, 2011: 80-86).

1970년대 학생운동가들의 노동현장 투신과 노학연대 활동은 1980년대 변혁적 노동운동의 주체 형성과정이기도 했다.

1980년 상황을 둘러싸고 학생운동 세력들은 '단계적 투쟁론'과 '전면적 투쟁론'으로 대립했다. 이는 1970년대 후반기에 등장했던 '현장준비론'과 '정치투쟁론' 두 흐름의 연장이었다. 우선 10.26 이후 정세판단의 차이가 있었다. 초기에 학생운동을 주도했던 '단계적 투쟁론'은 당시 상황을 합법적 운동시기로 보면서 지배세력에게 쿠데타의 빌미를 주지 않도록 대중운동 역량을 확보하는 것이 시급하다고 보았다.[16] 그러나 신군부세력이 정국의 주도권을 장악하려 하고 사북항쟁 등을 비롯해 노동운동이 폭발적 양상을 띠게 됨에 따라 '진민뢰 투쟁론'이 대두하였다.[17] 5월 12일 연세대의 가두시위에서 시작된 학생운동의 가두진출로 5월 15일 서울역광장에 30만 명의 시민이 운집했으나, 학생운동 지도부는 의사표현이 충분하다는 이유로 퇴각(서울역 회군) 결정을 내렸다. 이날을 기점으로 신군부세력은 5월 17일 계엄령을 포고했다. 한편, 광주의 민중들은 신군부의 계엄령에 맞서 5월 18일부터 28일까지 항쟁을 지속했지만, 신군부세력은 이 항쟁을 진압하고 정권을 장악했다. 1980년대는 민주화운동과 광주민중의 패배 속에 열렸다(유경순, 2011: 92-93).

1980년대 운동은 광주민중항쟁의 평가에서부터 시작되었다. 1980년 광주에는 혁명조직도 계급의식으로 무장된 민중도 없었다. 그러나 진압군의 폭력에 물러나지 않고 저항한 광주민중의 모습은 미래의 변혁주체로서의 '민중'의 근거가 되었다. 학생운동가들은 광주에서 발견한 민중을 통해 생산의 현장에 있는 계급으로서 노동자를 재인식하기 시작했다. 그리고 광주로부터 시작된 반성과 성찰은

---

16 이 입장은 "국민들이 적의 정체와 현정세의 본질을 잘 모른다. 따라서 선거 등을 통해 적의 정체가 노골적으로 드러날 때 싸워야 한다. 노동운동과의 연대성 없이는 실패할 가능성이 많으므로 노동운동의 폭발적 고양을 기대해야 한다. 현재 경제적 안정화가 가속화되고 있으므로 시간의 흐름에 따라 사태가 우리에게 유리하게 전개될 것이다"라는 낙관적 논리를 펼쳤다(「인식과 전략」, 『한국노동운동논쟁사』, 현장문학사, 1989, 51-53).

17 이 입장은 상황판단을 학내이슈에서 정치이슈로 전환하고 가두정치투쟁을 전개하여 신군부세력의 집권의도를 국민들에게 폭로해야만 정권장악을 봉쇄할 수 있다는 것이었다. 병영집체 거부투쟁을 고비로 학생들의 투쟁 열기가 고조되고 쿠데타설이 분분해지는 가운데 투쟁우위론의 맥을 이은 이 노선이 점차 강세를 보였다.

마르크스주의를 만나면서 그 활로를 찾았다. 정부는 학생운동을 탄압하기 위한 여러 가지 방도를 취했지만[18] 오히려 학생운동은 더욱 심화되고 대중화되어 대학마다 이념서클이 양산되었다.

학생운동 세력은 광주민중항쟁의 좌절을 극복하기 위해 학생운동의 역할을 새롭게 모색하기 시작했다. 당시 학생운동을 주도하던 세력은 '단계적 투쟁론'의 맥을 잇는 그룹이었는데, 이들은 소모적인 시위 만능주의를 불식하고 장기적으로 운동역량 강화에 주력해야 한다는 입장을 취했다. 이 그룹은 '무림'이라고 지칭되었다. 그리고 또 다른 그룹인 '학림'은 학생들의 시위가 가지는 기폭적 역할을 강조하며 첨예한 정치투쟁을 강조했고, 이 두 개의 그룹이 대립했다(무림-학림논쟁). 무림은 1980년 12월 '반제반파쇼 투쟁선언'사건을 계기로 심각한 조직적 타격을 입어(소위 '무림사건'), 1981년 초 학생운동의 주도권은 학림으로 넘어가게 되었다. 이들은 대학 간의 연계, 과감한 시위전술의 채택, 학생운동 내의 전위조직건설 등을 목표로 하여 각 대학에서 1981년 초반부터 공세를 펼침으로써 패배의식을 극복하고 학생운동을 빠르게 회복하는 데 기여했으나 1981년 전민학련사건(소위 '학림사건')으로 역량에 손실을 입었다.

이러한 1980년대 초의 '무림·학림논쟁'은 1982년에 들어와 소책자의 형태로 보다 체계적으로 진행되었다. 무림의 입장을 계승했다고 볼 수 있는 「야학운동비판」이 먼저 제출되었고, 뒤이어 이를 반박하는 「학생운동의 전망」이라는 소책자가 제출되었다. 학생운동

---

18 정부는 학생운동을 억압하기 위해 졸업정원제 도입, 학원 내 교직원의 동원체제 구축, 정보경찰 투입을 통한 감시망 강화, 운동권 학생에 대한 강제징집과 녹화사업 등 다양한 억압체제를 구축했다.

은 팸플릿 논쟁을 통해 학생운동과 노동운동의 관계, 그 결합방식의 문제와 나아가 변혁운동의 여러 가지 방도들을 폭넓게 모색해 나갔다. 「야학운동비판」의 주장은 수많은 공개·비공개 야학, 공장활동 경험 등과 맞물려 학생운동가들의 노동현장 투신을 가속화시켰고, 「학생운동의 전망」은 학생운동의 선도적 정치투쟁을 강화하기도 했다. 이러한 논쟁은 학생운동의 민중지향성을 확산시켰을 뿐만 아니라 노학연대투쟁 등 학생운동의 영역을 대중적으로 확대시키는 계기도 되었다.

1984년 하반기부터 '무림·학림논쟁'을 더 체계화시켜서 등장한 민주화투쟁위원회(이하 '민투위' 또는 민투의 영어발음 약자인 'MT')와 무림연합(주류를 의미하는 Main Current의 약자인 'MC'로 통칭됨)의 논쟁, 또는 「깃발」·「반깃발」 논쟁'은 서울대에서 전 학생운동과 학생운동 출신 현장활동가로 퍼져나가 1985년 상반기에 절정을 이루었다. 이 논쟁에서는 투쟁전술, 조직문제, 노동자투쟁과 연관하여 '생산지 정치투쟁론'을 놓고 공방을 벌였다. 이 논쟁은 1985년경 마르크스·레닌주의 원전의 보급과 함께 전위조직·계급조직 건설의 문제로 확대되어 변혁이론 분화의 배경을 이루었다.

이 MT(깃발)-MC(반깃발) 논쟁을 계기로 부산의 노동운동에도 학생운동가 출신의 현장활동가들의 역할과 관련한 논쟁이 일어났다. 동양고무투쟁에 대한 일종의 중간평가서인 「실천적 임투를 위하여」라는 팸플릿에 의해 촉발된 이 논쟁은 적극적 선도투쟁을 강조했던 '실임'그룹(위 팸플릿 제목에서 딴 것임. 이재영, 황민선 등)과 대중투쟁을 위한 이론적, 조직적 준비를 더욱 강조했던 '반실임'그룹(이상록, 김진모, 노재열 등) 그리고 어느 쪽에도 속하지 않았던 이른바 '비실임'그룹으로 나뉘어 대립하게 되었고, 이들은 현장 내 활동가 조직화로 연결되기도 했다. 하지만 학생운동 출신 현장활동가 중심의 이 논쟁은 부산지역 노동현장 전반에 미치는 영향이 크지 않았을 뿐만 아니라 많은 현장활동가들이 정보기관과 사측의 활동가 색출작업으로 현장에서 지속적으로 활동하기 어려워지면서 실천 활동상의 큰 차이와 전술적 의미를 가지기 어렵게 되었다. 그리고 얼마 가지 못해 실임그룹은 스스로 해체하였고, 부산지역에서 가장 큰 세력으로 남아 있던 반실임그룹 또한 1987년 노동자대투쟁을 거치면서 존재의미를 가지지 못하게 되었다.

5) 6월민주항쟁과 노동자 참여

6월민주항쟁은 박종철 고문치사사건에서 촉발되었지만 부마항쟁과 광주민중항쟁, 그리고 박정희에 이은 전두환 군사독재 정권의 폭압 속에서 민주화운동과 노동운동의 성장 등 사회 각 분야에서 일어나는 민주화에 대한 요구로부터 필연적으로 발생할 수밖에 없는 전 민중의 항쟁이었다. 투쟁은 박종철 열사에 대한 '2.7추도대회'를 비롯하여 '3.3평화대행진', '5.18박종철 고문치사 은폐 조작 폭로'를 거치면서 국민의 항쟁의지는 더욱 뜨거워졌고, 결국 6월민주항쟁으로 폭발하였다.

6월항쟁 당시 부산서면에서의 시위대(6월 18일)
출처: https://blog.naver.com/
bc586/221571312291

6월민주항쟁은 군사독재를 종식시키고 대통령직선제를 쟁취한 항쟁으로 한국의 민주주의에서 가장 중요한 항쟁이었다. 또한 1987년 7, 8, 9월에 집중적으로 일어난 노동자대투쟁으로 이어지는 투쟁이기도 했다. 노동자대투쟁은 절차적, 형식적 민주주의를 넘어 실질적 민주주의를 만들어가는 계기가 되는 투쟁으로 한국 노동운동의 분수령과 같은 투쟁이었다.

6월민주항쟁에서 노동자들이 참여하는 경로는 다양했는데, 개별적으로 많은 경로가 있었다. 이미 1970년대 민주노조를 결성한 경험이 있는 경우에는 조직적으로 참여가 가능했겠지만 부산에서는 이렇다 할 민주노조가 형성되지 못한 실정이었다. 따라서 노동자들은 노동조합 등 공식적인 조직을 통한 참여보다는 개별적 참여가 많았다. 다만 과거 부마항쟁 때와는 양상이 달랐다. 이미 박정희 전 대통령의 서거 이후 찾아온 민주화의 기운을 타고 1980년 노동쟁의를 경험하였으며, 1984년 부산 택시노동자 파업을 거쳤고, 부마항쟁과 광주민중항쟁의 영향을 받고 체계적인 학습을 받은 학생운동 출신의 노동운동가들이 야학과 현장에서 노동자들과 결합하고 있던 시절이었다. 따라서 노동자들은 조직적 참여보다는 개별적 참여이지만 야학과 소그룹 등의 활동 속에서 이미 사회 모순에 눈을 뜬 노동자들이 동료들과 함께 연락을 취해 함께 참여할 수 있는 여건이 형성되어 있었다.

"당시에 풍영, 동양고무, 대양고무, 국제상사 등 신발공장과 삼도물산 등에서 민주노조를 세우기 위해 싸우다 해고된 노동자들과 이른바 위장취업을 했다가 해고된 학생 출신들이 많았는데 그 해고 노동자들이 모여 해고자복직투쟁위원회(이하 해복투)를 만들어 활동을 하고 있었다. 해복투 소속 노동자가 중심이 되어 사상에서부터 골목골목에 서너 명씩 모여 있다가 '와서 모여 함께 하나가 되자'라는 노래를 부르며 선동을 하면 그걸 신호로 모여 도로에 내려와 집회를 하고 행진을 하였다. 보통 채 5분도 못 되어 최루탄을 쏘며 전경들이 몰려오면 흩어지고 하면서 사상에서 시작해 주례, 가야를 거쳐 서면까지 가면서 게릴라시위를 하였다. 퇴근 이후 그렇게 가야방면에서, 양정방면에서, 범냇골에서, 전포동에서 사람들이 밀려오면 서면 일대는 그야말로 인산인해가 되었다. 학생들도 많았지만 대부분은 퇴근 이후 몰려든 노동자, 회사원이었고 이른바 시민이었다."(김진숙, 2017)

이렇게 1970년대 말부터 형성된 야학이나 가톨릭노동청년회(JOC) 등을 통해 각성된 노동자들과 부마항쟁이나 광주민중항쟁을 거친 학생 출신 노동자들, 그리고 노조활동을 통해 자생적으로 성장한 노동자, 그리고 이른바 넥타이부대라고 불린 대졸 사무직 노동자들이 퇴근 후 대거 합류하였다. 바로 6월민주항쟁에 참여한 많은 노동자들이 자연스럽게 1987년 노동자대투쟁과 민주노조운동의 주역이 되었던 것이다.

그리고 이런 노동자들의 움직임과 별도로 개별적으로 6월민주항쟁에 참여한 두 노동자가 있었다. 바로 황보영국 열사와 이태춘 열사가 그들이었다.

황보영국은 4.13호헌조치에 반대하여 5월 17일 호헌반대 집회가 열리자 서면 부산상고(현 롯데백화점 자리) 옆 인도에서 온몸에 석유를 끼얹고 불을 붙인 후 '독재 타도', '광주학살 책임지고 전두환은 물러가라', '호헌책동 저지하고 민주헌법 쟁취하자'는 구호를 외치면서 복개천 위로 100여 미터를 달리다 귀거래식당 앞길에서 쓰러졌다. 그는 쓰러지면서 "하나님, 이 나라를 불쌍히 여겨주소서."라고 절규하며 혼절하였다. 황보영국은 백병원 중환자실에서 고통 속에서도 홀로 독재타도를 외치다 결국 25일 새벽에 숨졌다.

황보영국은 1973년 2월 당감국민학교[현 당감초등학교], 1976년 2월 중앙중학교를 졸업하였고, 1976년 3월 성지공업고등학교[현 성지고등학교]에 입학하여 2학년 재학 중인 1977년 9월에 자퇴하였다. 고등학교를 중퇴한 후 노동자 생활을 시작했고, 1979년에 방위병으로 입대하여 군 복무를 마쳤다. 이후 1987년까지 울산 현대중공업, 부산 삼화고무와 태화고무, 우성사 등에서 연강판, 전기용접, 중장비운전 등의 기술을 익히면서 근무하였다.

6월민주항쟁에 적극 참여한 노동자 중에는 이태춘 열사도 포함되어 있다. 1986년 동아대 무역학과를 졸업한 이태춘은 이듬해 3월까지 화승에 근무하다가, 1987년 3월 이후 태광고무 무역부에서 사무직 노동자로 근무하였다. 이태춘은 재학 시절 학생운동에 참여하지는 않으나, 반독재 민주화운동을 지지하는 정치적 성향을 지니고 있었다. 6월민주항쟁 이전에 이태춘은 전두환정권의 폭정에 분노하고 있었으며, 항쟁이 시작되자 퇴근 후 매일같이 시위에 참여하여 최루탄가루를 뒤집어쓴 채 집에 오곤 하였다. 1987년 6월 18일 저녁 이태춘은 가두시위에 참여했다가, 좌천동 고가도로[일명 오버브릿지] 위에서 경찰이 무차별 난사하는 다연발탄과 직격탄을 맞고 다리 위에서 추락하였다. 시민 4명이 최루탄을 뒤집어쓴 채 쓰러진 그를 발견하여 지나가는 승용차에 태워 대연동 재해병원으로 이송하였다. 그러나 재해병원의 시설 미비로 밤 12시경 이태춘은 봉생병원으로 옮겨져 뇌수술을 받았으나 끝내 회복하지 못하고 6월 24일 오후 8시 40분경 사망하였다.

3. 1980년대 상반기 부산지역 노동운동의 특징

부마항쟁이 발발한 직후 1980년 초 부산지역 노동운동은 다른 지역에 비해 압도적으로 많은 노동쟁의가 발생했다. 이는 앞에서 지적한 대로 부마항쟁을 직접 체험한 노동자들이 투쟁에 대한 자신감을 가진 측면도 있지만, 또 다른 측면에서는 그만큼 부산지역의 경제적 상황이 어두웠던 점도 작용했다고 할 수 있다. 그리고 폭발적으로 나타난 노동자들의 투쟁이 지속되지 못하고 계엄령과 함께 잠잠해진 것에 대해서도 분석이 필요하다.

1980년대 상반기 부산지역 노동운동의 특징 첫 번째는 1970년대 부산지역의 경제적 상황과 무관하지 않다. 1970년대 말 2차 오일쇼크와 함께 70년대부터 강행한 중화학공업화로부터 소외되어 왔고, 1970년대 중반 이후 중화학공업에 대한 중복투자 모순이 심화되면서 경공업 중심의 부산지역 경제에 심대한 타격을 준 결과가 부마항쟁의 경제적 배경으로 작용하였다. 그러한 모순으로 부마항쟁 이후 1980년대 초 노동쟁의가 집중적으로 발생하였던 것이다.

두 번째 특징은 1970년대 부산지역 노동운동의 흐름 속에 1970년대 민주노조의 전통이 부재한 것이다. 1970년대 민주노조의 탄생은 노동자들의 자연발생적 생존권 투쟁을 넘어서 고려대노동문제연구소, 크리스챤아카데미, JOC, 도시산업선교회 등을 통해 노동조합 간부 및 활동가들을 상대로 진행된 의식화의 토대 위에서 이루어졌다고 볼 수 있다. 이러한 민주노조들은 기존 한국노총의 어용성을 극복하기 위해 현장조합원들을 소모임 단위로 의식화하고 조직화하는 사업을 진행했고, 이를 통해 민주노조로서의 내용을 채워나간 수 있었다 아울러 이 과정에서 노동운동의 지도자들이 형성되었다. 또한 1970년대 중반부터 학생운동 출신 지식인의 노동운동 참여도 민주노조 형성에 많은 영향을 미쳤다. 부산지역에서도 1970년대 후반경에 학생운동 출신 활동가의 현장 투신이 이루어졌으나 개별적 활동 수준이었고, 도시산업선교회와 JOC 또한 현장노동자들의 의식화, 조직화 사업을 추진하는 데까지는 진전하지 못하였다. 따라서 1980년 초반의 대규모 투쟁에도 지원세력 없이 개별 사업장 단위의 투쟁에 그치게 되었을 뿐만 아니라, 전두환 군사정권의 성격을 분명히 인식하고 이를 극복하기보다는 계엄령이 확대되자 대부분의 투쟁이 중단되기에 이르렀다고 볼 수 있다.

세 번째 특징은 전두환 정권이 들어선 이후 학림사건이라고 불린 전민학련, 전민노련 조직사건을 통해 학생운동과 노동운동 세력을 탄압하고, 이어서 부산지역에도 부마항쟁의 배후를 만들기 위해 부림사건을 조작하여 부산지역의 학생운동과 노동운동 등 민주화운동 세력을 뿌리째 뽑으려고 하였던 점이다. 이 부림사건으로 말미암아 부산지역 학생 출신 현장활동가와 학생운동, 민주화운동이 심각한 타격을 받게 되었다.

1970년대 후반부터는 부산지역에서도 학생운동이 체계적으로 발전하고, 전국적으로도 광주항쟁의 영향으로 1970년대 중반부터 이루어지던 학생운동 출신의 현장투신이 본격적으로 이루어졌던 시기였다. 그러나 부산지역은 부림사건의 영향으로 이러한 현장활동이 지연되어 1984년경부터 본격적인 현장투신이 이루어졌고, 충분히 준비되지 못한 상태에서 현장에 뛰어드는 경향도 적지 않았다.

네 번째 특징은 1980년대 들어 급격히 발전한 학생운동이 노동 현장에 대한 투신뿐만 아니라 노동야학 등을 통해 현장노동자들에 대한 의식화 조직화를 시도하였고, 이는 1980년대 중반 민주노조 결성과 임금인상 투쟁 등을 이끄는 동력이 되었으며, 이후 1987년 노동자대투쟁의 흐름을 만드는 동력이 되었다는 점이다.

부마항쟁 이후 1980년대 부산지역 노동운동은 학생운동의 발전과 함께 보다 조직적이고 의식적인 운동으로 이전에 비해 분명한 목적의식을 가지는 조직운동으로 발전할 수 있는 계기가 되었다고 볼 수 있다. 그러나 한편으로는 1970년대 민주노조운동의 전통이 부재한 상태에서 부림사건 등 지역 내 민주화운동 세력에 대한 탄압으로 노동운동의 발전이 지체되는 양면성을 가진 시기였다.

제5부
1987년 노동자대투쟁

1. 부산지역 1987년 노동자대투쟁

1) 부산지역 노동자대투쟁의 발생배경과 업종별 현황

1987년 이전까지 노동운동은 두 가지의 흐름으로 진행되었다. 하나는 군부와 재벌을 중심으로 형성된 지배체제의 하위파트너로 참여하여 대중투쟁에 의존하지 않는 노동조합의 정치를 통해 노동자들의 지위를 향상시키고자 했던 한국노총 중심의 제도화된 노동운동이고, 다른 하나는 전태일 이후 민주화운동과 맥을 같이하며 성장해왔던 대중투쟁 중심의 노동운동 흐름이다(최영기 외, 2001: 13).

1987년 노동자대투쟁은 군사독재체제에 저항하여 정치민주화를 이룬 6월민주항쟁과 맥락을 같이하는 의미에서 노동자들의 공정한 분배와 기본권 확보 요구를 억압해 왔던 군사독재에 맞선 경제민주화투쟁이었다.

1987년 노동자대투쟁에는 광공업뿐만 아니라 서비스업 그리고 생산직만이 아니라 보건의료, 사무·전문직 노동자들까지 투쟁에 합류하였다. 전국적으로 7, 8, 9월 석 달에 걸쳐 3천8백여 건의 쟁의가 일어났으며 참가인원 수도 150만 명에 달했다. 이전의 노동쟁의와 비교해 보더라도 실로 엄청난 것이었다.

1987년 노동자대투쟁이 발생하게 된 배경에 대해서는 여러 가지 요인이 복합적으로 작용하였다고 볼 수 있다. 그중에서도 1987년

7, 8, 9월에 집중적으로 쟁의가 발생하고 노조결성이 쇄도하게 된 결정적인 계기는 1987년 6월민주항쟁이었다는 점에서는 이의가 없을 것이다. "6월민주항쟁은 정치적 기회구조를 확대시킴으로써 노동운동을 비롯한 각종 대중운동의 활성화에 기여하였다. 노동자대투쟁과 함께 급속히 발전한 노동운동은 물론이고 학생운동도 보다 체계적이고 조직화된 모습을 갖추게 된다. 그리하여 1980년대 후반 이후 오늘날까지 한국의 사회운동의 판도를 민중적으로 확산하는 데 결정적으로 작용했다."(부산민주운동사편찬위원회, 1998: 555)

6월민주항쟁은 노동자에게 새로운 세상을 만들 수 있다는 확신을 주었다. "당시는 노동조합이 민주화된 곳이 없었기 때문에 노조 깃발을 들고 조직적으로 모인 건 아니었으나 노동자들은 분명 6월민주항쟁의 중심부대였다. 그때 거리는 어딜 가나 다 해방구였다. 저녁이면 사상에서부터 서면을 거쳐 난생처음 거리에서 맘껏 고함을 질러보고 최루탄을 피해 도망을 가면서도 두려움보다는 해방감을 만끽한 노동자들은 이미 6월 이전의 노동자들이 아니었다. 생전처음 듣던 노래를 불러보고 생전 처음 구호를 외쳐 본 노동자들은 4, 50년 살아온 인생에서보다 훨씬 많은 것들을 단 며칠 만에 거리에서 배우게 된 것이다."(김진숙, 2017: 187)

6월민주항쟁은 6.29선언[1]을 통해 직선제 쟁취와 정치적 승리로

---

1 6.29선언의 내용은 다음과 같다. ① 대통령직선제 개헌을 받아들이고 개정된 헌법에 의거, 연내에 선거를 실시한다. ② 대통령선거법을 개정한다. ③ 김대중 씨를 사면하여 복권시키고 극소수를 제외한 시국 관련 사범을 대부분 석방한다. ④ 국민의 기본권을 신장한다. ⑤ 언론자유를 창달한다. ⑥ 지방자치제를 실시하고 대학을 자율화한다. ⑦ 정당의 자유로운 활동을 보장한다. ⑧ 과감한 사회정화를 실시한다.

마무리되었지만, 임금인상과 작업장에서 인권향상을 갈구하던 노동자들은 자신들의 문제를 위해 학생들과 민주인사가 나오지 않는 거리 대신에 현장에서 새롭게 싸우지 않으면 안 되었다. 그렇게 7월 5일 울산² 현대엔진에서부터 시작된 7, 8, 9월 노동자 대투쟁은 울산을 거쳐 7월 22일 부산으로 넘어오게 된다. 태광실업을 거쳐 대한조선공사, 세신실업, 국제상사로 이어지면서 부산에서도 노동자대투쟁이 들불처럼 확산되고, 이는 다시 마산, 창원, 거제를 거쳐 전국으로 확산되었다.

다음으로 1987년 노동자대투쟁이 가능한 요인은 사회경제적 조건이었다. 1986년부터 지속된 3저 호황 속에서 기업들은 연일 최대의 순이익을 올리는 데 반해, 저임금과 장시간 노동으로 대표되는 노동자들의 열악한 상황은 투쟁을 촉발시킬 수밖에 없었다.

1987년 1월 기준 전 산업 평균임금총액(정액급여+초과급여+특별급여)은 366,702원이었으며 월평균 근로시간은 216.7시간이었다(노동부, 「매월노동통계조사보고서」 1987년 1월분). 이는 1986년 한국노총에

---

2 울산의 경우는 부산과 다른 양상이었다고 할 수 있는데, 민주헌법쟁취국민운동울산본부의 경우 6월에 이미 노동운동에 관한 관심을 표명하였고, 6.26국민평화대행진 때에는 노동자들의 참여를 독려하기 위해 '민주헌법 쟁취하여 노동사회 이룩하자!', '노동자 생존 압살하는 군부독재 타도하자, 몰아내자!', '민주정부 수립은 우리 노동자들의 단결된 힘으로', '못 살겠다, 못 참겠다, 악덕재벌 몰아내자' 등의 구호를 내세운 선전물을 내기도 했다(민주헌법쟁취국민운동울산본부, '민주헌법 쟁취하여 노동사회 이룩하자', 1987.6.26.). 그리고 7월 5일 현대엔진에서 노동조합이 결성되자 바로 지지성명을 발표하였다(원영미, 2018: 382). 이렇듯 울산에서는 6월민주항쟁과 노동자대투쟁이 바로 이어서 전개되었다는 점에서 6월민주항쟁과 노동자대투쟁의 연속성은 더욱 강하였다. 이미 노동자들은 6월민주항쟁 전부터 노조결성을 준비하였으며, 6월민주항쟁을 통해 자신감을 가질 수 있었다. 그 노조결성투쟁이 1987년 노동자대투쟁으로 확대된 것이다.

서 제시한 4인 가족 기준 최저생계비 524,113원에도 훨씬 못 미치는 수준이었다. 따라서 노동자들은 최소한 생계유지를 위해서는 장시간 노동을 할 수밖에 없었고, 연장근로, 휴일특근, 야간노동이 일상화될 수밖에 없었다.

부산지역의 경우에는 신발과 섬유 등 소비재 중심의 노동집약적 산업이 압도적이었던 상태로 미루어 더 열악하였다는 것은 말할 필요조차 없었다.

경제성장률에 미치지 못하는 임금인상으로 인해 노동자들의 열악한 노동환경은 언제 어디서든지 계기만 발생하면 폭발하기 직전이었던 것이다. 그런데 6월민주항쟁이 발생했고, 노동자들은 비록 조직적으로 참가하지는 않았지만 상당수의 노동자들의 불만이 6월민주항쟁으로 모아졌으며, 다수의 노동자들이 참여하였지만 6.29 선언에서는 노동자들에 대해서는 일언반구도 없었던 것이 노동자들에게는 엄청난 불만으로 누적될 수밖에 없었다.

마지막으로 1987년 노동자대투쟁은 단순히 경제적 불만으로만 그렇게 완강하게 오랫동안 지속될 수는 없었을 것이다. 전태일 열사 분신 이후 민주노조운동에 대한 꾸준한 열망과 지속적인 투쟁을 통해 축적해 온 노동자들의 잠재된 힘이 있었기에 가능했다. 특히 한국의 민주화운동의 주축세력이었던 학생운동이 전태일 열사 분신 이후 박정희 · 전두환정권의 폭압적 탄압에도 불구하고 민중운동에 대한 결합을 높여가면서 과학적 이론을 심화시켜 왔고, 부마항쟁과 광주민중항쟁을 거치면서 꾸준히 저항세력으로 성장하면서 현장으로 투신하는 경향이 강해져 왔다. 이들은 노동자계급을 사회개혁의 주력으로 파악하고, 노동자들의 권익향상을 위한 활동부터 시작해 개혁의 주체로 세우기 위해 다양한 활동을 전개하였을 뿐만 아니라 1970년대 말부터 직접 현장에 투신하기 시작했다. 이렇게 야학과 사회교육, 그리고 현장에서 이론적으로 무장된 활동가들의 지원을 받은 노농자들은 사회구조에 대한 모순을 인식하기 시작했다. 그리고 다른 한편으로는 이미 현장에서부터 자생적으로 성장한 노조활동가들 또한 독재정권의 노동탄압에 분노가 축적되면서 노동자대투쟁의 주체로 형성되고 있었다. 1960년대부터 형성된 검정야학은 점차 생활야학, 노동야학으로 변화하기도 하고, 또 바로 노동야학이 학생운동 또는 사회단체에 의해 목적의식적으로 만들어져 1980년대 중반쯤에는 참여 학생 수가 5,000여 명을 넘었고, 이들 야학 출신 노동자들은 동양고무, 풍영, 대양고무 등 다양한 현장에서의 투쟁을 거치고 6월민주항쟁과 노동자대투쟁에서 중요한 역할을 하였다. 뿐만 아니라 1980년대 초 동국제강과 연합철강의 노동자 그리고 택시노동자 등 투쟁이 있었고, 전두환 집권으로 잠시 주춤했으나 다시 1984년 대구에 이어 부산 택시노동자의 투쟁이 발생하고, 1985년에는 세화상사와 삼도물산에서 노조결성과 임금인상 투쟁이 벌어지는 등 노동자들은 자신들의 생존권과 노조를 결성하기 위한 투쟁을 준비하고 있었다고 할 수 있다.

노동자대투쟁의 진원지가 되었던 울산에서도 노동자들이 갑자기 폭발적인 투쟁을 한 것은 아니었다. 울산에서도 부산이나 여타 다른 지역과 비슷한 양상을 보였다. 1987년 노동자대투쟁 이전 노동현장에 대한 문제의식을 가진 울산지역 현대그룹 계열사 노동자들은 동료노동자들과 교류하며 소모임을 결성하고, 조직기반을 강화해 가고 있었다. 또한 학생운동가 출신 현장활동가가 활동하고 있었다. 노조결성을 목표로 노동법을 공부하는 독서모임 노동자들은 지역활동가들과 함께하는 지원모임에 참여하며 현장의 문제를 공유하였다. 이들 이외에도 교회를 매개로 사회활동에 참여하는 노동자들도 있었다. 군사독재하의 정치권력과 권위주의적인 기업의 통제 아래 놓여 있던 노동자들은 억압적이고 차별적인 작업장 분위기와 비인간적인 대우를 개선하기 위한 일상활동을 벌이고 있었다. 외부의 지역 활동가들과 지속적으로 교류하며 비공개적인 소모임 활동을 토대로 노사협의회 활동에 참여하고(현대엔진, 현대자동차), 차별적 처우의 개선을 요구하는 유인물을 배포하였으며(현대엔진, 현대자동차, 현대중전기), 중식거부투쟁과 같은 태업을 주도하였다. 선진적인 노동자와 사회운동세력[3]의 유기적 결합은 다양한 일상활동을 거쳐 노조결성 시도로 이어졌고, 노동자 대중의 적극적인 참여로 노조들이 결성되었다. 울산지역 현대그룹 계열사 노동자들의 노조결성 노력이 6월민주항쟁을 만나 노동자대투쟁으로 폭발하게 된 것이다.

울산에서부터 시작된 노동자대투쟁은 1987년 7, 8, 9월 3개월 동안 부산지역에서도 363건의 쟁의행위가 일어났고, 1986년 411개에 불과하던 노동조합의 수는 1988년 12월 31일 기준 662개로 늘어났고, 조합원의 숫자는 25만 명을 넘어섰다(최동진, 1989: 93).

부산지역에서 1987년 노동자대투쟁을 주도한 업종은 〈표 3〉에서 보듯이 금속업, 신발업, 섬유업, 운수(택시)업이었다. 금속업, 신

---

3 당시 울산YMCA 간사 이상희를 중심으로 양정교회 내 YMCA야학 등이 개설되었으며, 울산사회선교협의회 내 노동문제상담소 등에서 현장노동자들의 참여와 상담이 활발하게 이루어졌다.

발업, 섬유업은 부산지역 제조업 중에서도 주종을 이루는 업종으로 압도적인 다수의 노동자들이 취업해 있었다.

〈표 3〉 업종별 분규발생 현황

업 종	발 생 건 수
금 속	57(조선 3, 일반 54)
화 학	43(신발 26, 일반 17)
섬 유	31(모직 9, 봉제 18, 기타 4)
자 동 차	155(택시 122, 버스 19, 화물 14)
연 합	56(전자 6, 기타 50)
해 원	7
항 운	5
관 광	6
출 판	3
계	363

출처 : 지역사회문제자료 연구실, 『동향』, 1집

〈표 4〉 부산제조업 중 금속업, 섬유업, 신발업의 비중

업 종	업체수(개)	종업원수(명)
전 체	5,235	405,899
금속(1차금속, 조립, 금속기계, 장비)	1,987	83,418
화학·고무·플라스틱	1,134	170,207
섬유·의복·가죽	966	102,382
기 타	1,148	49,892

출처 : 부산상의, 『부산 제조업체 현황』, 1986. 필자가 재가공

이 업종들의 특징은 부산지역 노동자대투쟁의 특징을 보다 구체적이고 집약적으로 나타내고 있으며, 노동자대투쟁 이후 부산지역 노동운동의 흐름과 발전을 규정하였다. 따라서 금속업, 섬유업, 신발업 그리고 택시업으로 크게 나누어 개괄할 필요가 있다(지역사회

문제자료연구실, 1989: 102-103).

<표 5> 3개 업종 쟁의실태 비교

항목 업종	전체 사업장수	노동자수	분규 업체수	참가 노동자수	쟁의 참가율	쟁의발생 빈도(1)	쟁의발생 빈도(2)
금속	1,987	80,418	57	8,568	41.9%	2.9%	28.5%
신발	491	135,149	26	11,510	15.5%	5.3%	16.8%
섬유	717	94,506	31	9,070	37.9%	4.2%	16.2%

주 : 1) 사업장수와 노동자수는 1986년 말 기준의 수치임.
　　 2) 쟁의발생빈도(2)는 100인 미만 사업장을 제외한 분규업체의 쟁의발생 빈도임.

출처 : 지역사회문제자료연구실, 『동향』, 1집

(1) 금속업

금속업은 업체 수가 가장 많지만 노동자 수는 가장 적은 것에서 알 수 있듯이 대부분 중소영세업체가 많다. 전체 1,987개 업체 중에서 100인 이상 사업장은 123개에 불과하다. 그러나 분규발생 업체 수는 57개로 제조업 중 가장 많았으며, 100인 이상의 업체를 중심으로 볼 때 123개 업체 중 대기업의 대부분을 포함한 35개 업체에서 쟁의가 발생하여 발생률이 28.5%로 가장 높았고, 쟁의참가율도 41.9%로 가장 높았다. 요구내용을 보면, 임금인상뿐 아니라 근로기준법 준수, 복지시설 확충에 대한 요구가 많아 이 업종의 열악한 노동조건을 반증하고 있다. 특히 영세기업의 사업장에서는 100%에 가까운 참여율을 보였으며, 분규발생 당일 타결된 경우가 많고, 요구조건의 관철도 매우 높았다. 또한 6일 이상 장기화된 경우가 14개 업체로 섬유업과 신발업에 비해 많았는데, 이들 업체 대부분이 1천 명 이상의 규모로 대기업 금속노동자의 강고한 투쟁력을 보여주었다. 금속업 노동자의 노동조건 개선의지는 대부분 조직에 대한 요구로 구체화되었고, 노동자대투쟁 기간 동안 부산지역 전체 노조 설립 수 109개 중 33개의 신규노조가 금속업에서 생겼다.

이처럼 금속 노농자들은 요구를 관철시키고 보다 구체적이고 지속적인 권리의 확보를 위해 노동조합을 결성하는 등 높은 투쟁역량으로 투쟁 후 노동조건 개선 등 실질적인 요구사항 관철도가 제조업 중에 가장 높았다(지역사회문제자료연구실, 1989: 103-106).

(2) 신발업

1987년 노동자대투쟁 당시 화학관련 산업에서 일어난 쟁의는 모두 43건인데 이 중 신발업에서만 26건이 발생했다. 신발업은 타 업종에 비해 대규모 기업이 많았다. 부산지역에서도 중소기업 노동자의 쟁의가담률(68.8%)에 비해 대기업노동자의 쟁의가담률(24.2%)이 현저히 낮았는데 특히 신발업의 대기업에서 심각하였다. 쟁의발생 빈도는 섬유업보다 높은 편이었지만 쟁의가담률은 15.5%로 가장 낮았다.

1985년과 1986년 중 타 업종에서는 쟁의가 거의 없었지만 그나마 신발업종에서는 학생운동 출신 활동가들과 야학 출신 노동자 중심의 투쟁이 있었는데 대부분 구사대 폭력과 학생 출신 활동가들에 대한 색출로 해고와 구속 등으로 인해 현장 대중과 긴밀하게 결합하지 못하게 되면서 투쟁의 성과들이 현장 내의 역량 강화로 연결되지 못했다. 그러나 그 과정에서 자각한 선진노동자들이 어느 정도 존재하였는데, 신발업의 분규업체 중 많은 부분이 이들에 의해서 주도되었다.

투쟁의 초기단계에는 많은 노동자가 시위에 합세하여 분위기가 상승하지만 대부분 2~3일 만에 끝이 났다. 4일 이상 지속된 업체는 7개로 이들도 시간이 지남에 따라 투쟁지도부가 노동자와 점차 분리되는 양상을 보였다. 이렇게 대중투쟁이 지속되지 못한 상태에서 소수의 노동자들에 의해 유지되는 싸움이 진행됨으로써 9월 이후의 끔찍한 폭력적 탄압과 신규노조 파괴공략 앞에 거의 무력함을 나타냈다.

대규모 신발업체에서는 대부분 오래된 어용노조가 자리 잡고 있었기 때문에 어용노조 퇴진의 요구가 높았다. 이는 지난 투쟁경험에서 기업주의 폭압적, 전근대적 노무관리와 열악한 노동조건이 어용노조의 존재와 무관하지 않다는 것, 어용노조가 노동자의 자주적 진출을 가로막고 있다는 것을 노동자들이 피부로 느끼고 있음을 반증하는 것이기도 했다. 그러나 신발업 노동자들 대부분은 폭압적인 노동통제와 탄압을 뚫고 자주적 노동조합을 쟁취하기에는 의식적인 면뿐만 아니라 조직적인 면에서 역부족이었다.

신발업에서는 화성과 동풍 등 4개 업체에서 신규노조가 결성되었을 뿐 기존의 어용노조 중 민주화된 곳은 없었다. 투쟁의 장기성에 비해 조직화가 낮은 점, 9월 들어 자행된 끔찍한 폭력, 어용노조의 건재, 일상적인 사내 폭력 등은 신발업 노동자들의 엄청난 억압적 상황을 단적으로 말해줄 뿐 아니라 앞으로 전개될 신발업 노동자들의 자주적인 처지개선 노력을 한층 어렵게 하는 객관적 조건으로 작용하였다. 7~8월 신발노동자의 투쟁은 이런 여러 가지 제약을 뚫고 생존권 확보를 위한 투쟁에서 승리하기 위해서는 단위사업장 내에서의 대중조직화, 특히 구사대의 폭력을 막기 위한 남성노동자들의 효과적인 조직화 문제, 나아가 타 산업 노동자들과의 대중적 연대의 구축 등 여러 가지 과제를 올바로 해결해야 함을 분명히 보여주었다(지역사회문제자료연구실, 1989: 106-107).

(3) 섬유업

섬유업에서는 총 717개 업체 중 31개 업체가 쟁의에 참가해 쟁의 발생 빈도는 낮았다. 그러나 1백 명 미만의 사업체를 제외하면 전체 167개 업체 중 27개 업체가 참여해 16.2%(봉제업 58%)의 발생율을 보였고, 전 산업 쟁의발생 수의 8.6%를 차지했다. 각 단위 기업별 노동자 참여율은 37.9%로 신발업보다 높은 편이었다. 섬유업의 경우 특이한 점은 쟁의업체의 과반수 이상이 1~2일 사이에 타결했다. 복지시설 확충, 임금인상, 근로기준법 준수, 상여금 지급 등에서 타 업종보다 높은 요구율을 보였고, 합의율도 높았지만 실제의 개선상태는 낮았다. 그 이유는, 요구는 높았지만 투쟁의 경험이나 단결의 정도가 낮아 대부분 요구조건의 관철이 불투명한 상태에서 합의했기 때문이다. 또한 투쟁과정에서 노조가 결성된 사업장이 7개 사업장뿐으로 쟁의발생업체의 22.5%에 불과해 부산지역 평균 수준에 훨씬 못 미쳤다(지역사회문제자료연구실, 1989: 107-109).

(4) 운수업

운수업은 크게 택시업, 버스업, 화물운송업으로 나누어진다. 1987년 노동자대투쟁 당시 총 쟁의발생의 42.7%에 해당하는 155건이 이 업종들에서 발생한 것에서 나타나듯 부산지역 노동운동에서 운수업이 차지하는 비중은 아주 높다. 특히 택시업의 경우 122건이라는 쟁의발생 수를 기록했고, 부산지역에서는 최초로 유일하게 업종별 연대파업을 벌이기도 했다.

버스업의 경우도 8월 8~9일 양일간에 10여 개 이상의 시내버스가 전면파업에 들어가 부산 시내 대중교통을 마비시키는 연대파업의 양상을 보이기도 했다. 화물운송업에서는 그 특수성으로 해서 항만의 기능을 전면 마비시켜 한국의 수출입을 봉쇄하는 엄청난 파급효과를 가져왔다(지역사회문제자료연구실, 1989: 109).

2) 1987년 부산지역 노동자대투쟁의 전개

6.29선언 이후 부산에서는 노동자들의 움직임이 거세지고 있었다. 1987년 초부터 공개적인 노동자단체를 만들어야 한다는 논의는 있었지만, 구체적으로 실현되지 못했다. 그러던 중에 6월민주항쟁이 발생했다. 노동자들은 6월민주항쟁에 대규모로, 조직적으로 개입하지는 못하였다. 다만 몇몇 활동가들이 '부산노동자투쟁위원회'를 결성하여 민주헌법쟁취국민운동부산본부에 이름을 내걸고 최대한 많은 노동자들이 민주항쟁에 참여할 수 있도록 하였다. 객관적인 자료는 남아 있지 않지만 당시 현장 활동에 투신한 학생운동 출신 활동가들이 이미 1980년 이후로 투신하여 1984년부터는 본격적으로 노동현장에 들어갔을 뿐만 아니라 서울 등 타 지역의 학생운동 출신들도 투신하고 있던 상태였기 때문에 상당한 규모의 활동가들이 노동현장에서 노동자들과의 접촉면을 넓히고 있었다. 실제로 6월민주항쟁 당시 퇴근시간대 사상이나 주례에서 발생한 시위대는 대부분 노동자들로 구성되어 있었다. 또한 서면을 비롯한

시내에서도 저녁 무렵의 시위에는 퇴근하고 나온 공장노동자들과 사무직 노동자들이 다수였다.

부산노동자투쟁위원회는 7~9월 노동자대투쟁 때는 범내골 민주헌법쟁취국민운동부산본부 사무실 내에서 노동조합 결성이나 노동탄압에 대한 상담을 하였으며, 매일 수없이 많은 노조결성을 지원하기도 하였다. 그렇게 하여 1987년 11월에는 노동자대투쟁 속에서 배출된 해고노동자와 학출노동자 등 선진노동자들 중심으로 '부산노동자협의회'를 결성하였다.

부산에서의 노동자대투쟁은 울산 현대엔진의 노조설립 이후 서서히 울산 전역으로 투쟁의 불길이 퍼져가던 즈음 시작되었다. 7월 13일 동아건설 현장노동자들이 1일 파업농성을 통해 임금 25% 인상, 상여금 연 400% 지급 등 4개항의 요구사항을 쟁취하자 부산지역 노동자투쟁도 불붙기 시작했다. 7월 17일 르까프 신발제조업체인 풍영에서 노동자들이 어용노조 퇴진, 부당연장노동 취소 등을 요구하며 농성에 돌입하였고, 이어서 7월 23일 태광산업(1,700여 명), 7월 25일 대한조선공사(2,500여 명), 7월 27일 세신정밀(8백여명), 7월 28일 국제상사의 파업투쟁으로 확산되어 부산지역을 파업투쟁의 열기로 몰아넣어 9월 14일 6개 회사(풍영, 국제상사, 부영, 삼화고무, 화성, 대양고무) 18명의 노동자들이 가톨릭센터 농성에 이르기까지 총 363건의 노동자투쟁이 전개되었다. 섬유 31건, 조선과 일반금속 등 금속 57건, 신발과 일반화학 등 화학 43건, 택시와 버스, 화물운송 155건, 전기전자 등 56건, 항운과 관광, 출판 등 21건 등이 발생한 것에서 알 수 있듯이 부산지역의 노동자대투쟁도 전 산업과 업종을 망라한 최대 규모의 노동자항쟁이었다(부산민주운동사편찬위원회, 2021(1): 387-399).

부산지역의 노동자대투쟁은 대략 세 시기로 구분할 수 있다.[4]

제1기는 7월 23일 태광산업의 노동자투쟁에서 8월 초까지의 시기로 투쟁의 도입기라 할 수 있다. 6월민주항쟁 속에서 전 민중에게 형성된 자신감과 더불어 6월민주항쟁의 결과 발생한 억압적 통치기구의 부분적 공백사태와 튼튼한 배후를 갑자기 상실한 자본의 일시적 무력화를 계기로, 노동자계급이 자신의 요구를 투쟁으로 쟁취해 낼 수 있다는 자신감을 획득해 가는 과정이었다.

제2기(8월)는 제1기에 형성된 투쟁의 성과가 전 산업과 전 지역으로 확산되어 간 시기이다.

제3기(9월~12월 말)는 정권과 사측의 공세와 노동자계급의 일시적 후퇴가 특징이다. 노동자들의 광범한 투쟁열기에 놀란 정권과 사측이 폭압통치의 공백상태를 벗어나 전열을 가다듬고, 중산층과 노동계급의 분리를 유도하고 그 바탕 위에 공권력 투입과 연행, 구속 등의 방법으로 탄압하였다.

(1) 제1기(7월 23일~8월 초)

1987년 6월민주항쟁 이전인 2월 말부터 울산 현대그룹의 몇몇 사업장에서 각종 소모임과 함께 전개해 오던 중식거부, 잔업거부 투쟁 등을 통해 현대그룹 노동자들은 투쟁을 준비하다 6월민주항쟁을 통해 자신감을 얻게 되면서 가장 조직이 잘 구성된 현대엔진

---

4 지역사회문제자료연구실에서 발간한 『80년대 부산지역 노동운동』(1989: 83-101)의 시기구분에 따라서 요약 정리하였음.

에서 7월 5일 노동조합을 결성하는 데 성공하였다. 이어서 현대미포조선 노동조합이 결성되고, 현대중공업의 경우 노동조합 결성 서류가 탈취되자 현장노동자들의 분노가 치솟아 사측의 부도덕성을 만천하에 폭로하였다.

한편 7월 6일 17개 노동운동단체가 모여 '민주헌법쟁취노동자 공동대책위원회'를 결성하였으며, 금속노련 등 5개 산별노련 33개 노조 112명의 노조간부들이 '노조민주화실천위원회'를 결성하는 등 전국에서 노동자투쟁의 조짐이 나타나기 시작했다.

울산 현대그룹 노동자들의 노조결성과 노조사수 투쟁 소식은 곧바로 부산지역으로 파급되었다. 7월 22일 태광산업부터 시작해 7월 25일 대한조선공사, 27일 세신정밀, 28일 국제상사 등 부산의 대기업 노동자들이 투쟁에서 나섬으로써 투쟁의 불길이 세차게 타올랐다.

① 태광산업 투쟁

태광산업은 부산의 최대 섬유업체였지만 노동환경은 열악했다. 부산에서 가장 먼저 투쟁에 나선 태광산업 노동자들은 7월 22일 2시 30분경 반여공장의 각 부서 노동자들이 스크럼을 짜고 '와 나가자!'는 함성과 함께 운동장에 모였다. 순식간에 1,000여 명이 집결하여 '어용노조 몰아내자', '인간차별 폐지하라'고 외치며 운동장을 돌았다. 기숙사생도 곧바로 합세하여 1,500여 명으로 불어난 시위대는 상여금 인상, 휴가보너스 지급 등의 요구사항이 관철될 때가지 싸우기로 결의하였다. 특히 나이 어린 여학생 노동자들이 투쟁의지를 발휘하였다. 이튿날 아침 협상대표를 뽑고 밤새워 토론하여 정리한 요구조건을 가지고 사측과 협상에 들어갔다. 장장 8시간의 협상 끝에 이들이 제시한 17개 요구사항을 사측이 수락함으로써 4시 30분경 노사협상이 타결되었다.

② 대한조선공사 투쟁

대한조선공사는 노동자 수 4,800여 명의 선박제조업체로 손에 꼽힐 만한 조선사였으나 작업환경과 임금은 매우 열악하였다. 1987년 7월 25일 점심시간, 식당 벽에 노동자들의 열망을 모아 20개항의 요구조건을 적은 벽보가 붙었다. 이를 본 몇몇 관리자들이 욕설을 퍼부으며 벽보를 찢어버리자 식사를 하려고 모였던 노동자들이 분개하여 이에 항의하면서 싸움이 시작되었다. 식당 전체가 술렁거리자 노동자들은 모두 식사를 거부, 중단하고 '나가자'라고 외쳤다. 이 사건이 도화선이 되어 이날 오후 1시경부터 1,500여 명의 노동자들의 농성이 시작되었다. 노동자들은 임금인상, 부당해고자 복직, 어용노조 타도 등 20개항의 요구조건을 내걸고 투쟁을 전개했다. 25일 밤 자정을 넘기고 사측과 교섭을 시도했으나 터무니없는 내용에 노동자들은 계속 농성을 이어갔다. 26일 새벽 4시 10분경

1987년 대투쟁 당시 대한조선공사 노조원들

중무장한 전경과 사복경찰들이 사과탄을 터트리며 농성장에 침입하여 노동자들을 폭행하고 80여 명을 연행하며 공포분위기를 자아냈다. 그럼에도 불구하고 2,000여 명의 노동자들은 27일 오전 7시 30분부터 정문 앞에서 다시 농성을 재개했다. 노동자들은 체계적인 파업농성을 위해 경비대, 급식조, 대표부를 구성하고 20개 요구사항 관철, 연행자 석방, 최루탄 난사에 대한 항의의 집회를 계속하였다. 연행자들은 이날 오후 늦게 전원 석방되었다. 대한조선공사 노동자 가족 500여 명과 인근 주민들도 파업 지원에 나섰다. 30일 사측은 노동자들의 일치단결을 방해하기 위해 휴무를 결정했으나, 노동자들은 결의대회를 개최하여 '정상근무', '휴무반대', '외세배격'이라는 3개 항의결의문을 내걸며 투쟁의지를 다졌다. 결국 사측에서 노동자의 요구사항을 대부분 수용하는 쪽으로 결론이 났고 31일 오후 5시 50분경 노사대표들이 협정서에 서명해 농성을 해산했다.

③ 세신정밀 투쟁

태광산업과 대한조선공사의 승리와 함께 부산지역 노동자들을 크게 고무시켰던 것은 사상구 삼락동에 위치한 세신정밀 노동자들의 투쟁이었다.

세신정밀은 노동자 수 600여 명의 스테인리스 식기 제조업체였다. 세신정밀의 공장은 부산과 양산, 창원 등 세 군데에 있었는데, 이 가운데 부산공장의 노동조건이 가장 열악하였다. 1985년 세신정밀에서는 학력을 낮추어 취업한 위장취업자의 해고문제로 반대투쟁이 벌어지기도 하였다. 또한 부산공장에서는 종종 부서별로 일상적인 생존권 투쟁이 일어났으나, 근본적인 해결이 되지 못하고 노동자들의 불만만 높아져 왔다.

　7월 23일 어용노조의 민주화를 요구하는 유인물이 배포되었다. 그리고 27일 12시경 '우리의 요구 및 주장'이라는 벽보가 식당에 부착되고 운동장에서 농성투쟁이 시작되면서 투쟁이 전개되었다. 운동장에 집결한 400여 명은 각 부서별 대표자로 지도부를 선출하고 사장과 면담을 요구하는 한편, 면담이 거부되자 '임시총회 소집요구 서명'을 전개하여 285명의 서명을 받아냈다. 이를 기반으로 작업을 일체 거부하고 철야농성을 결의하였는데, 이러한 농성에는 어용노조의 일부 간부들까지 서명을 하고 동참하였다. 이에 대응하여 사측은 28일 급식과 급수를 중단하고 2일간 휴업을 공고했으며, 농성노동자들은 노조위원장 탄핵을 결의하고 임시집행부를 구성하여 맞대응하였다. 그러자 사측은 창원공장과 양산공장의 관리자들을 동원하고 전경을 배치하는 등의 방식으로 농성노동자들을 위협하였다.

　7월 29일 농성노동자들은 자위대를 구성하고 철야농성을 이어가는 한편 '우리의 요구 및 주장의 관철을 다짐하면서-세신정밀 노동자의 철야 농성 3일째에'라는 유인물을 배포하며 투쟁결의를 다졌다. 그러나 기존의 어용노조 집행부와 공동교섭단을 구성하려는 노력이 결렬되면서 한때 농성대오가 흔들리기도 하고, 전기마저 끊어진 30일 이후 빵과 우유로 연명하는 장기농성의 한계가 점차 드러나기 시작하였다. 이 틈을 노린 사측의 흑색선전이 강화될 즈음인 31일 농성노동자들은『세신 소식지』를 창간하여 사측의 선전을 반박하는 활동을 전개하였다.

　드디어 어용노조가 노조위원장 탄핵을 전제조건으로 하는 공동교섭단 구성이라는 농성단의 제의를 받아들여, 노조 측 3인과 농성 노동자 3인으로 공동교섭 대표단을 구성하였다. 그러나 8월 1일 노조 측과 사측의 일방적인 합의가 발표되었다. 이에 농성노동자들은 강력하게 반발하였지만 농성 해제 후 지체 없이 임시총회를 소집한다는 노사합의사항을 수락하여, 부서별로 '노동조합정상화추진위원회'를 발족하면서 농성을 해제하였다.

농성 해제 후인 8월 4일부터 26일까지 노조정상화추진위원회는 노조위원장을 탄핵하고 사측과의 재협상을 진행하였다. 그 결과 상여금 400%, 임금 10% 인상, 가족수당 3만원 지급 등을 쟁취하고 노조의 민주화를 이루어냈다.

세신정밀 노동자투쟁은 1987년 노동자대투쟁의 역동적인 분위기와 함께 현장활동가들이 조직적으로 준비한 투쟁이었다. 그 결과 어용노조의 민주화에 성공한 초기 사례로서, 이후 부산지역 노동자들이 투쟁을 더욱 고무한 의의가 있었다.

④ 국제상사 투쟁

국제상사는 당시 사상공업지역 내에 있던 부산의 대표적인 신발 제조업체였다. 종사자가 많을 때는 25,000여 명에 이를 정도로 규모가 큰 신발 수출업체였지만 노동조건은 매우 열악했다. 대부분이 여성노동자였음에도 생리휴가는커녕 연월차휴가조차 사용하기 어려웠으며, 화장실은 노동자 500명당 1개에 불과하였다. 게다가 관리자들의 욕설과 구타는 일상적이어서 어린 여성노동자들에게도 예외는 아니었다. 7월 28일 노동자들은 '어용노조 퇴진'과 '보너스 연 400% 지급', '휴가비는 기본급의 100%', '퇴근 시 몸수색 중

국제상사 생존권투쟁
출처: 네이버블로그 '우리동네 역사알기
구덕골자원봉사캠프'

단' 등 16개항의 요구사항을 내걸
고 농성에 돌입했다. 2,000여 명의
시위대에 당황한 사측은 29일과
30일을 휴업기간으로 정하고 30
일 깡패 70명과 사무직 사원 500
여 명으로 구성된 '구사대'를 동
원해 노동자들에게 폭행을 가하
였다. 그 와중에 구사대와 투석전

을 벌이던 90여 명의 여성노동자들이 지하강당에 감금당하는 사건
이 발생하기도 했다. 사측의 폭력적 진압에 분노한 시민과 학생 등
이 정문 앞에서 연좌농성을 벌였다. 농성이 계속되자 사측은 휴가
비 50% 지급, 4일간의 휴가를 일방적으로 공고하여 투쟁대열을 분
열시키고 노동자들을 회유하였다. 31일이 되자 노동자들이 휴가를
떠나면서 서서히 투쟁대열에서 이탈했고, 저녁 8시경에는 모두 해
산할 수밖에 없었다. 그럼에도 계속해서 투쟁을 진행한 노동자들은
8월 1일 새벽 4시 농성장을 사상성당으로 옮겨서 농성에 들어갔다.
지지시위를 벌이던 학생과 시민들은 성당 주변에서 '우리는 왜 사
상성당에 들어왔는가'라는 제목의 유인물을 뿌렸다.

　한편 사측은 8월 5일 사장 명의의 글을 통해 '휴가비 50% 지급',
'토요일 오후는 생산목표량을 달성했을 때만 오후 4시 퇴근 실시',
'노조에 관계되는 일은 노조에서 해결하도록 위임'한다고 밝혔다.
그러나 노동자들은 휴가비 100% 지급을 계속 주장했고, 생산목표
량을 회사 마음대로 잡아 혹사시키면서 목표량 달성 후 퇴근시키겠
다는 것은 노동자의 요구를 완전히 무시하는 처사라고 지적하였다.

또한 어용노조에 대한 지원을 즉각 중단하고 어용노조를 없애야 한다고 반박하였다. 다음 날 정오부터 작업을 거부하고 나온 노동자 500여 명은 국제상사 본관 도로 앞에서 농성을 시작하였다. 이날 선성들이 부차별 최루탄을 난사하며 8명의 노동자를 연행해 갔다. 사측은 7일 오전 일방적으로 무기한 휴업을 공고했으나 노동자들은 '휴업조치 거부한다', '민주노조 건설하자', '가족수당 지급하라'고 주장하며 회사 본관 앞마당에서 농성을 이어갔다. 결국 8월 12일 노동자들의 요구가 어느 정도 받아들여진 노사합의가 이루어졌다.

한편 8월 1일 일부 국제상사 노동자들이 들어간 사상성당 정문 앞에는 농성을 지지하기 위해 모인 시민과 학생들이 노동자들과 함께 경과보고 및 각계각층에서 보내온 지지성명서 낭독, 시민발언 등을 매일 진행하였다. 이들은 13일까지 농성을 계속했으나 사측은 이들을 거들떠보지도 않았다. 이런 사측의 태도에 노동자들은 분노했지만 노사합의가 이루어진 데다 오랜 농성에 지쳐 자진 해산할 수밖에 없었다. 사측은 노사합의에서 사후보복은 일체 없을 것이라고 했으나 주동자 11명을 강제 해고하였다. 이에 노동자들은 복직투쟁을 시작했다.

7월 28일부터 16일 동안 진행된 국제상사 노동자투쟁은 1987년 노동자대투쟁 가운데 가장 장기적인 투쟁이었으며, 부산지역 노동계의 연대집회, 지역주민의 동참, 민주세력의 지원 같은 지역사회의 지지 속에서 진행되었다는 점에서 의의가 있었다.

이 시기 노동자들의 투쟁은 부산지역의 소수의 대기업에서 투쟁을 주도하여 대규모사업장의 위력을 발휘했다. 대한조선공사, 국제상사 등 부산지역 주된 업종의 대기업노동자들이 구사대와 경찰의 무자비한 폭력적 탄압을 뚫고 투쟁해 나감으로써 부산지역 노동자들의 투쟁의지를 북돋았던 것이다. 전국적인 견지에서 볼 때 부산지역 노동자들은 울산의 노동자 투쟁을 재빨리 이어받아 투쟁에 나섬으로써 투쟁의 물결을 마산과 창원 등 전국적으로 확산시키는 데 주요한 영향을 미쳤다. 부산지역의 투쟁은 7월 30일 창원의 현대정공 노동자들의 노조결성, 한국중공업의 어용노조 규탄 투쟁, 31일 효성중공업 노동자투쟁으로 이어졌고 이것은 또다시 구미지역으로 이어지면서 전국적으로 확산되었던 것이다.

(2) 제2기(8월)

여름휴가 동안 울산, 부산, 마산, 창원 노동자들의 투쟁과 승리 소식을 접한 노동자들은 '우리도 한판 하자', '하면 된다'는 강한 투쟁의지와 자신감으로 가득 차 있었다.

8월에는 대기업 노동자에서 영세 중소규모사업장 노동자까지, 전 산업에 걸쳐 모든 노동자들이 투쟁에 나섰다. 특히 부산의 특화산업인 항만하역과 운수업 등에서 파업의 파급효과가 당장 눈앞에 나타나 노동자들이 이 사회의 주역임을 인식시켜 주는 계기가 되었다.

이 시기의 투쟁은 격렬하게 전개되었다. 8월 중순을 지나면서 투쟁형태는 작업거부, 파업농성에서 가두시위, 점거농성으로, 또 자위대 구성에서 중장비를 앞세운 무력시위, 지배자의 폭력에 맞선 폭력투쟁으로 발전하였다. 이 변화는 투쟁하는 노동자의 수가 폭증하면서 이루어졌고, 초기 대한조선공사의 중장비시위나 울산의 연합 가두시위의 영향이라 볼 수 있다. 17일 중장비를 앞세운 4만여 현대노동자들의 장엄한 가두행진은 노동자에게는 벅찬 감동과 환희를 그리고 군부독재정권와 자본가들에게는 간담이 서늘해지는 공포와 위기감을 안겨주었다.

8월 초순 투쟁의 흐름을 주도한 것은 운수노동자들이었다. 7월 30일 삼익선박의 파업을 필두로 8월 2일 천양항운, 8월 4일 한진 컨테이너 파업은 부산의 항만기능을 마비시켜 수출이 전면 중지되었는가 하면 8월 5일 학성여객 운전기사 파업의 승리와 함께 불붙기 시작한 버스기사들의 투쟁은 8월 9일 9개 시내버스회사 동시파업으로 발전하여 시내의 대중교통이 마비되어 버렸다. 아리랑관광호텔의 노동자들도 8월 5일 투쟁을 시작하여 노동자투쟁의 영역을 호텔, 접객업소, 유통산업까지 확산시켰다.

8월 초순 투쟁은 하루 평균 2.9건의 쟁의발생을 기록하면서 완만하게 진행되었다. 그러나 8월 중순과 하순에 들어서면서 투쟁은 급격히 증가해갔고(각각 하루 8.9건, 하루 16.5건) 투쟁형태도 격렬한 양상을 더해갔는데, 이 조짐은 8월 10일 대형선망업의 쟁의에서 나타나기 시작했다.

대형선망업에서 어용노조의 임금협상 결과에 불만을 품고 9일 대책위원회를 구성한 선원들이 10일 7시경 부산공동어시장 광장에 집결하여 어용노조 퇴진, 기본급 20% 인상 등 17개항의 요구를 내걸고 연좌 농성에 들어갔다. 다음 날 모 회사의 배가 출항한다는 소식에 '우리의 요구 관철 없이 출어가 웬 말인가?'라는 플래카드를 들고 충무로 쪽으로 진출하였다. 경찰의 저지로 다시 어시장에 돌아온 선원들은 바리케이트를 치고 대열을 정비하였다. 일부 선원이 경찰의 저지에 분노하여 공동어시장 2층에 올라가 기물을 파손하기도 했지만, 그것은 극히 부분적인 것에 지나지 않았다. 그러자 경찰이 최루탄을 난사하며 농성장에 난입했고 그 과정에서 다수의 부상자가 발생했다. 게다가 노동자 3명이 연행되어 구속되었다. 경찰의 폭력에 분노한 선원들은 격렬한 가두시위를 벌였다. 시위는 충무동과 남포동 일대에서 다음 날 새벽 4시까지 전개되었다. 언론은 선원들의 투쟁을 과격난동으로 매도하였고, 일부 선원의 기물파손 장면만 크게 다루었을 뿐 경찰의 무자비한 직격탄 난사와 그로 인한 부상자들에 대해서는 보도하지 않았다. 대형선망 선원들의 쟁의는 격렬하였지만 조직화로 이어지지 못하고 그 후 성과 없이 끝났다.

8월 11일 태양사, 대동스프링공업사, 한국이연, 한국주철관, 일동정기, 8월 12일 대한상사, 유창정밀강관, 동양제관, 성일기계, 동남알미늄, 8월 13일 이원산업, 고성산업사, 신신기계, 한국스프링공업 등, 11일 이후 금속업종의 중소공장 노동자들이 대거 투쟁에 나섰다. 삼화, 세화상사, 대양고무, 진양화학 등 신발업계에서도 대대적인 파업투쟁이 나타나는 등 11일 이후 제조업 노동자들의 투쟁이 본격적으로 전개되었다. 특히 사상공단보다 비교적 업종의 종류가 단순한 신평·장림공단에서는 중소규모 금속공장에서 연쇄적으로 투쟁이 벌어졌다.

투쟁이 빠르게 확산될 뿐만 아니라 투쟁의 형태도 단순한 파업농성에서 시위로 발전하자 8월 13일 부산시경, 안기부, 노동부 등이 합동으로 '노사분규 종합상황실'을 차려놓고 자본가들을 노골적으로 지원하기 시작했다. 또한 구사대 폭력, 회유, 매수, 협박 등으로

태양사 투쟁(1987. 8. 11)

노동자들을 탄압하던 자본가들도 '직장폐쇄'라는 더욱 악랄한 방법
으로 노동자들의 투쟁을 와해시키려고 했다. 8월 13일 양산의 삼양
식품에 이어 부산에서도 8월 14일 태양사에서 직장폐쇄 신고를 하
였다. 그러나 노동자들은 독재정권의 엄포와 자본가의 탄압에도 물
러섬이 없이 오히려 더욱 가열찬 투쟁을 전개했다.

15일과 16일 양일간의 연휴기간에 삼익비치아파트 관리사무소,
극동호텔, 덕성교통, 남북택시 등 휴일이 없는 서비스산업 노동자
들이 투쟁의 불씨를 지켜주었고, 연휴를 마친 노동자들은 곧바로
투쟁을 전개했다. 17일에는 유진화학 노동자 6백여 명이 임금인상,
민주노조 인정 등을 내걸고 파업농성을 벌인 것을 비롯하여 9개 회
사 노동자들이 새롭게 투쟁을 전개했으며 특히 17, 18일 양일간에
한주통상, 밤화방직, 덕성물산, 대보섬유, 대우실업 등 섬유업의 노
동자들이 투쟁에 대거 참여했다.

8월 중순이 지나면서 투쟁의 양상도 더욱 격렬하고 조직적인 형
태로 발전해 나갔다. 18일에는 택시기사 6백여 명이 3백여 대의 택시

를 몰고 서면으로 진출하여 경찰과 맞서 새벽 4시까지 LPG 폭발음을 내며 철야시위투쟁을 전개했다. 또한 18일부터 투쟁해오던 고려제강에서는 양산공장 노동자 5백여 명이 부산 수영공장에 합류하여 21일까지 연합파업농성투쟁을 전개하여 값진 승리를 거두었다.

8월 21일 전두환대통령이 하기 기자회견을 통해 '좌경용공' 운운하며 노동자투쟁의 정당성을 매도, 훼손시키는 중에도 노동자들은 위축되거나 물러서지 않았다. 같은 날 부산지역 11개 공장에서 새롭게 투쟁이 시작되었다. 8월 22일에는 주말임에도 불구하고 풍영과 삼화 등 6개 회사가 투쟁대열에 합류했다.

8월 22일 임금교섭과정에서 사측의 성실한 태도를 요구하기 위해 옥포호텔로 행진하던 대우조선 노동자들에게 경찰은 오리걸음으로 행진하면 길을 터주겠다고 노동자들을 조롱했다. 그 약속을 믿고 오리걸음으로 50미터쯤 전진하고 있는 6백여 명의 노동자들을 향해 경찰은 불과 1백 미터 앞에서 최루탄 직격탄을 쏘아 대우조선 노동자 이석규가 사망했다. 이석규 열사가 사망한 이후 23일부터 27일까지 50여 개의 사업장에서 투쟁이 일어났다. 신동금속, 국일, 동승기업 등 자동차부품업체에서 투쟁대열에 참여, 각각 노조를 결성하고 보다 조직적인 투쟁에 돌입하였으며 동양고무, 스타윈, 벽산페인트, 부산항운노조, 오복간장 등 새로 시작하는 투쟁이 전 업종에 걸쳐 나타났다. 8월 하순은 1일 평균 16.5건이라는 가장 많은 투쟁발생률을 보여 8월 초와 8월 중순에 비해 급증세를 보였다. 세신정밀과 만호제강 등의 노동자들이 가두로 진출하여 경찰과 대치하며 치열하게 투쟁하였다. 또한 8월 11일 노조를 결성하여 직장폐쇄에 항의하고 송금도 회장의 집을 점거하는 등 치열한 투쟁을

벌여온 태양사에서는 사측의 합
의불이행에 항의하여 서면 본사
를 점거하여 투쟁하는 등 투쟁은
더욱 격렬하게 전개되었다.

이석규 열사 장례식

이석규 열사 장례식 날인 28
일 부산의 108개 택시회사의 택시
8,120대가 오후 4시를 기해 일제히 총파업에 들어갔고, 7시 사상역
에서 거행하기로 했던 이석규 열사 장례집회가 3천여 전경의 원천
봉쇄로 불가능하게 되자, 노동자 1천여 명이 가두투쟁을 전개했다.
택시기사들도 택시를 몰고 거리로 나왔고, 각 사업장에서 투쟁하던
노동자들도 거리로 나와 투쟁에 나섰다. 새벽 4시까지 사상, 개금,
가야, 서면의 거리에서 노동자들의 산발적인 시위가 계속되었다. 그
러나 가두투쟁에 나선 노동자들은 대부분 개별적인 참여였으므로
적극적인 투쟁은 되지 못했다.

8월 26일부터 전면파업에 들어갔던 대우자동차 부산공장과 동
래공장 노동자들의 투쟁도 9월 7일까지 계속되었고, 8월 29일부터
31일까지 삼성기업사, 광신석유, 대성사, 제일산업 등의 금속노동자
와 성요사, 세명전기, 부영화학, 극동해운, 우성식품, 서라벌관광호
텔 등 무려 18개 회사의 노동자들이 투쟁에 새로이 나섰다.

한편, 이 시기 자연발생적인 노동자투쟁의 고양 속에서 선진적
인 노동자들과 목적의식적인 활동가들의 움직임도 활발하였다. 이
들은 노동자대투쟁의 초기에 노동쟁의의 불씨를 부산지역으로 옮
겨 붙이는데 일정한 역할을 했을 뿐 아니라, 사업장 단위의 대중투
쟁을 조직하기 위해 애를 썼다. 또한 6월민주항쟁 기간 동안 결성

된 부산민주노동자투쟁위원회(민노투)는 곳곳에서 터져나오는 쟁의소식을 부산지역노동자들에게 알리는 홍보·선전활동을 벌였고, 민주헌법쟁취국민운동부산본부 노동문제특별대책위원회(국본노특) 산하에 상담창구를 만들어, 노동조합 결성을 비롯하여 투쟁 중에 제기된 노동자들의 상담의뢰에 답하였다.

이들의 활동은 종종 사업장단위 대중투쟁을 조직하고 이끌어가는 데서 미숙함을 드러내었고, 또한 대중투쟁의 물줄기를 좌우할 수 있는 역량은 못 되었다. 국본노특과 민노투의 경우 1985년과 1986년의 소규모 노동자투쟁 속에서 해고된 대학 출신 노동자와 선진노동자들이 중심이 되어 6월민주항쟁 중에 만들어진 조직으로 노동대중과의 결합 정도가 매우 낮았고 조직 자체도 불완전하여, 쏟아지는 상담의뢰에 대응하는 것만도 힘에 부친 실정이었으므로 올바른 지원은 한계를 가질 수밖에 없었다. 그러나 이들은 자발적인 대중투쟁 속에서 새롭게 배우려 애를 썼으며, 얼마 되지 않는 역량이나마 전력을 기울였고, 노동대중의 이익과 운동의 고양을 위해 헌신하였다.

8월 28일부터 시작된 부산지역 택시노동자들의 투쟁 내막을 보면 다음과 같다. 28일부터 9월 5일까지 택시기사들은 9일간의 전면파업에 돌입하였다. 전국자동차노조연맹 산하 각 지역지부로 구성되어 있던 운수업의 경우 지부체제의 비민주성과 어용성은 타 지역에서도 늘 문제였다. 그러나 조합원들의 권익을 외면한 부산택시지부라는 노조에 대한 어용 시비와 겹쳐 부산택시지부의 1987년 임금협정에 대한 불만이 거세게 폭발하였다. 지부장 직선을 통한 지부체제의 민주화를 목적으로 했던 택시기사들의 움직임은 꾸준히 이어져 오고 있었다. 그러던 중 8월 18일 오후 6시 30분경 노동복지회관 앞에서 어용노조 타도를 위한 택시기사들의 집회가 열렸다. 이들의 요구는 현 택시지부장 퇴진, 임금협정 재협상, 상여금 400% 지급, 승차주행거리 하한선 시정, 월 연차수당 착취금 회수 등 5개 항이었다. 이날 산발적 시위를 벌인 기사들은 19일 새벽에도 동래, 구포, 전포, 부산역, 성지공원, 가야로 입구 등에서 농성을 진행하였다. 그러나 이날의 집회는 택시기사들의 높은 정치의식에 반해 그것을 담아줄 조직의 부재와 그 문제점을 여실히 드러냈다. 18일과 19일 가두시위로 2명의 기사가 구속되고 7명이 즉심에 회부된 가운데 부산택시운송사업조합과 부산택시지부는 합의를 시도하였으나 각 택시회사 조합장은 껍데기뿐인 합의를 거부하고 28일 오후 4시를 기해 전면파업에 돌입하였다.

전면파업을 결의한 기사들은 각 회사 차고에 차량을 입고시키고 조합간부들은 거리에 나가 입고하지 않은 택시기사에게 입고를 설득하는 한편 플래카드, 머리띠 등을 나눠주고 농성을 독려하였다. 그러나 파업 4일째부터 이탈 차량이 늘어가고 8일째에는 사측 노사협의위원 전원이 사퇴하는 등 협상창구가 봉쇄되면서 파업의 기세가 꺾이기 시작했다. 사측은 '선운행, 후협상' 원칙을 강요하였다. 또 설사 협상이 된다 하더라도 현 택시지부의 대표성이 문제가 되고 있어 총회를 통해 번복될 가능성이 높으므로 섣불리 협상에 임할 수 없다는 태도를 표명했다.

파업이 장기화되자 사측과 기사들은 자체적으로 노사협의를 한 후 결정을 내리는 일이 속출했다. 이런 분위기 속에 109개 파업회사 가운데 29개 회사 소속 택시 700여 대가 9월 5일부터 운행을 재개하는 등 이후 대부분의 택시들이 정상운행에 들어갔다. 이들의 합의사항은 상여금 50% 추가지급, 공휴일 유급휴가 실시, 업무상 과실 또는 구속의 경우 기본급 지급, 운전사 중징계 철폐 대신 불성실할 경우 사규적용, 부제조정의 긍정적 검토, 개인택시 및 면허요건 완화 건의, 자녀학자금의 사업장별 검토 등이었다.

(3) 제3기(9월 초~12월 말) : 자본과 국가권력의 공세와 노동자들의 대응

이석규 열사의 시신탈취극을 계기로 정권의 폭력적 탄압은 전면화되어 9월 초에 접어들면서 더욱 거세어졌다. 또 이 무렵 관제언론을 동원한 지배세력의 흑색선전과 노동자에 대한 중상모략도 최고조에 달했다. 9월 4일 당정회의에서는 '노동자의 폭력에 공권력 개입 필요'를 결의하였고, 민주헌법쟁취국민회의조차 정부개입에는 반대하지만 '근로자의 자제를 촉구'하는 분위기 속에서 제도언론은 '폭력화'에 대한 정부의 개입을 지지하고 나섰다. 그리고 9월 5일 60여 명의 기자들이 동원된 가운데 사상 최초로 공개된 국무회의에 전경련 간부가 나와서, '임직원을 묶어 토끼뜀을 시켰다', '사장을 드럼통에 넣고 굴렸다', '부사장과 상무 등을 포크레인 삽날에 신고 올렸다 내렸다 하면서 노래를 강요하고, 노래값을 요구했다' 등의 거짓보고서를 발표하였다. 그리고 언론은 이것을 대대적으로 보도하여 노동자 투쟁을 매도하고 탄압의 분위기를 조성했다.

9월 1일 강원도 삼척탄좌와 인천 한영알미늄, 대우자동차, 현대중공업에 대한 공권력 투입과 연행 등 전국적인 공권력의 폭력진압 양상과 여론의 질타 속에서 노동자의 투쟁 열기는 점차 식어갔다.

부산에서도 9월 1일 5건, 2일 5건, 3일 3건, 4일 2건 등 쟁의발생 수가 점차 줄어들어 5일 108개 택시회사의 쟁의 타결과 함께 급격히 줄어들었다. 9월 중의 투쟁에서 관심을 집중시켰던 투쟁은 일본항공 부산지부의 투쟁이었다. 임금인상, 차별대우 철폐 등을 내걸고 9월 18일부터 20일간 벌인 침묵농성투쟁은 민족적 감정과 결부되어 관심이 집중되었는데, 노동부의 중재로 합의가 이루어지면서 끝났다. 그 밖의 대부분의 투쟁은 거의 하루나 이틀 만에 타결되었는데 정권의 직접적 탄압의 영향과 함께 사측이 7~8월을 통해 향상된 동일업종 수준으로 요구조건을 대략 수락했기 때문으로 보인다. 또 이 시기에는 사측이 노동자들의 분규발생이나 재분규를 사전에 막기 위해 같은 업종의 수준으로 임금인상과 노동조건을 향상시킨 것도 눈에 띈다. 신발업의 경우 대부분이 상여금, 근로조건 개선에 대한 합의만 본 상태였는데 9월로 접어들면서 임금인상을 하겠다느니, 기타 노동조건을 개선하겠다는 등의 무마책을 썼고 그 후 신발업에서 8% 임금인상이 있었다. 분규가 일어나지 않은 사업장의 경우도 사측에서 일정 정도의 임금인상과 노동조건 개선을 하는 모습도 보였다.

그러나 이런 무마책보다도 크게 두드러진 것은 사측의 무자비한 보복적 탄압이었다. 신발업을 중심으로 투쟁이 끝난 8월 말부터 투쟁에 적극적이었던 노동자들을 개별적으로 호출, 감금, 구타, 부서 이동 후 해고 또는 강제 사직시켰다. 구사대폭력으로 전국을 경악하게 했던 국제상사의 경우 8월 17일 농성자들을 출근과 동시에 불러내어 협박, 폭행 심지어 감금까지 시켰고, 8월 18일 농성을 주도했던 대학 출신 노동자를 경찰에 넘기고는 '간첩이다'는 식의 흑색

선전을 하였으며 농성에 적극 참여했던 사람들을 하나둘씩 해고시켰다. 8월 말까지 국제상사에서만도 무려 20여 명의 노동자가 해고되었다. 해고된 노동자들은 출근투쟁을 시도했으나 무자비한 구사대를 뚫기에는 역부족이었고 오히려 폭행당한 후 경찰서로 연행되어 갔다. 또한 '기강확립 기간'이란 이름하에 공포 분위기를 조성하고, 신발, 두발, 근무시간 중 잡담에 대해 군대식 규제가 뒤따랐다. 풍영의 경우에도 투쟁과정에서 합의된 노조민주화추진 보장, 유인물배포 보장, 사후보복 금지 등을 무시한 채 출근과 동시에 '죽이겠다'는 위협 아래 감금, 욕설, 구타를 행하며 사직을 강요하였는데, 노동자 30여 명을 안전관리실에 데려다 무차별 폭행을 하고 땅바닥을 혀로 핥게 하는 잔혹한 짓을 저질렀다. 화성, 삼화, 대양 등에서도 비슷한 양상이 나타났다.

부산에서 최초로 직장폐쇄 신고를 냈던 태양사에서도 무자비한 폭력과 대량해고가 감행되었다. 합의불이행으로 재농성까지 했던 태양사 노동자들은 투쟁을 통해 결성된 노조를 중심으로 단결하여 8월 29일 승리를 거두었으나 9월 7일부터 국가권력의 탄압 양상에 편승한 사측은 관리자들을 동원하여 노동조합 집행부 등 50~60명의 노동자를 집단폭행하였다. 이로 인해 노조위원장도 코뼈가 부러지고, 사무장은 전치 10일의 부상을 당했으며, 조직부장도 100여 대의 뭇매를 맞아 온몸이 시퍼렇게 멍이 들었다. 뿐만 아니라 야근하러 출근하는 노조대의원들을 골목에서 집단폭행하였다. 그 후 노조간부 및 농성에 앞장선 사람의 대부분이 해고되었고 노조는 유명무실한 존재로 전락했다. 이렇게 하여 7~8월 투쟁 후 부당해고 및 강제사직 당한 노동자 수가 부산지역만 125명(1987년 9월 12일 기준,

확인된 사람에 한함)에 달했다.

한편 거리로 내몰린 해고노동자들은 개별적인 출근투쟁이나 노동부의 진정 등을 통해 자신의 문제가 해결될 수 없다는 것을 깨닫고 공농으로 싸워나갈 길을 모색했다. 9월 14일 저녁, 해고자 20명이 폭력탄압과 부당해고에 항의하여 부산가톨릭센터 농성에 들어갔다. 그리고 가두시위, 유인물 배포 등을 통해 농성투쟁을 알렸다.

국민운동 부산본부 상집위원 20여 명도 해고노동자 가톨릭센터 농성투쟁을 지지하며 48시간 단식농성에 들어갔다. 또한 부산변호사협회와 대한변호사협회가 노동자에 대한 폭행과 해고에 대한 진상조사작업에 들어갔고 각 대학에서도 노동운동 탄압사례 발표회를 개최하여 노동자 탄압소식을 알려나갔다. 재야단체 등 민족민주운동진영에서는 노동자들과 함께 구체적이며 실천적인 지원과 연대를 이루기 위해 노력했는데, 9월 18일 목회자 23명이 전경련의 '노동자 극렬행위' 조작 보고에 항의하여 전경련 회장실을 점거 농성한 사례는 노동운동탄압저지투쟁의 꽃이었다.

시간이 지남에 따라 사람들의 관심은 연말에 있을 대통령 선거로 옮겨졌고 노동자들도 사회의 민주화만이 복직을 이루고 민주노조에 대한 탄압을 없앨 수 있으며 노동자의 생존권과 노동3권이 지켜질 수 있다는 판단하에 18일간의 부산가톨릭센터 농성을 해산했다. 그럼으로써 노동자들의 투쟁은 사측의 폭력과 부당해고에 맞서는 데 그치지 않고 노동운동을 탄압하는 군부독재의 타도 선언으로 발전하였다. 7~9월 투쟁기간 중에 5백여 명이 넘는 구속자를 낸 현 정권의 실체를 폭로하고, 재집권 음모를 분쇄하고자 개별 공장지역의 범위를 뛰어넘어 전국적 연대투쟁을 다양하게 모색하였다.

10월 15일 창원 통일의 해고노동자와 부산지역 해고노동자(국제
상사, 풍영, 삼화, 대양) 등 23명이 군부독재 퇴진을 요구하며 서울의
국민운동본부에서 농성투쟁을 시작했다. 농성이 시작되자 민주통일
민중운동연합, 청계피복노조, 인천민주노조건설 공동실천위원회 등
각계각층에서의 지지와 함께 노동자들이 투쟁에 합류하기도 했다.
창원에서는 국민운동본부의 주최로 1천여 명이 가두로 진출하여 격
렬한 투석전을 벌였다. 서울에서는 10월 21일 대학생 150여 명이 종
로5가에서 지지시위를 했고, 22일에는 기독교회관 앞에서 시민과 학
생 300여 명이 모여 연대투쟁을 결의했다. 20일을 전후로 경인, 안
양, 성남, 마산, 태백 등지의 해고노동자들도 투쟁에 동참하였다. 23
일에는 국본 농성 노동자 중 11명이 민정당사 농성을 시도하여 '우
리는 왜 민정당에 들어왔는가'라는 유인물을 통해 6월민주항쟁 이
후 민주화란 가면 속에 자행되는 현 정권의 노동운동 탄압을 폭로하
며 진정한 민주화는 군부독재정권의 타도, 전두환 · 노태우 일당의
완전한 퇴진을 통해서만 이룰 수 있다고 주장했다. 또한 학생운동에
대해 선거라는 틀에 얽매여 노동자들과 함께 벌여야 할 당면투쟁을
소홀히 한 점을 지적했으며, 제 민주세력에게는 후보문제만 매달려
말뿐인 지원과 지지에 그칠 것이 아니라 투쟁에 동참할 것을 호소하
였다. 이 농성은 3백여 명의 백골단에 의해 해산되고, 민정당사 농성
에 참가한 11명이 전원 구속되었다. 10월 27일에는 노동자 · 청년 ·
학생 · 시민 3천여 명이 참석한 가운데 명동성당에서 노동운동 탄압
분쇄 결의대회가 개최되었다. 집회 후 구속자 석방, 민주정부 수립
등을 외치며 명동 일대에서 격렬한 항의시위를 전개했으며, 학생과
시민 3백여 명이 명동성당에서 철야농성을 하였다.

그러나 이 시기의 노동운동 탄압규탄 투쟁은 힘 있게 조직되지 못하였다. 민족민주세력은 거의 선거문제에 매달려 있었고, 선거에 대한 입장에 따라 사분오열되어 있었다. 더군다나 몇몇 해고자 중심의 투쟁이, 실제적으로 창원을 제외하고는 각 지역 노동대중의 기반으로부터 분리되어 있었기 때문에, 민족민주세력과의 연대에 있어서도 직접적이고 구체적인 연대투쟁으로 발전되지 못했고 광범위한 대중투쟁으로 조직해낼 수도 없었다. 다분히 상징적인 투쟁에 머무를 수밖에 없었다.

이러한 해고노동자들의 투쟁과 아울러 7~8월 투쟁에서 합의된 사항의 불이행과 신규노조에 대한 탄압에 항의하는 노동자들의 투쟁도 전개되고 있었다.

새한운수 노동자들은 사장이 노조 부위원장 등 3명을 폭행죄로 고소하자 노조간부의 석방과 노조탄압 중지를 요구하며 9월 10일부터 전면파업을 시작했고, 26일부터 민주당사에서 무기한 농성에 들어갔다.

8월에 노조를 결성했으나 신고필증이 교부되지 않자 구청에서 농성하여 힘으로 신고필증을 쟁취하는 등 노조에 대한 지지가 높았던 덕양냉동의 사례도 인상적이다. 노동자들은 사측이 위원장, 부위원장 등 간부 10여 명을 해고시키려 하자 농성에 돌입하여 15일간의 굳센 투쟁으로 10월 3일 10명 전원복직, 임금 20% 인상, 노조활동 보장 등을 쟁취하였다.

10월 24일에는 한진컨테이너 소속 운전기사 50여 명이 구사대를 통한 노조탄압에 항의하며 농성에 돌입하였다.

대한조선공사 노조의 임금인상 투쟁도 전개되었다. 7월 말 투쟁을 통해 노조민주화를 위한 조합원 총회를 보장받은 후 8월에 민주적인 절차를 통해 위원장을 선출하여 노조를 정상화시킨 후 바로 임금인상투쟁에 들어갔다. 9월 21일부터 단체교섭에 들어갔으나 사측의 무성의로 협상이 결렬되자 조합원들은 출근과 동시에 파업에 들어갔고 새로 구성된 노조집행부는 사측과 경찰의 기만술책 속에 다소 나약한 모습을 보이기도 했으나 조합원들의 강철 같은 단결로 10월 26일 임금 25% 인상을 쟁취했다.

또한 신규노조의 결성이 활발히 진행되어 9월 15개, 10월 7개의 신규노조가 결성되었다. 특히 침례병원, 고신의료원 복음병원에서 병원노조가 그리고 재송삼익, 서면삼익, 동래럭키에서 아파트관리노조 등 서비스업종에서 노조가 결성되었고, 동신유압, 성요사, 동아금속 등 금속업종에서 9곳의 노조가 결성되었다. 이 시기에 특히 쟁의발생 수에 비해 노조결성 수가 많은 것은 지난 투쟁 속에서 독재정권과 자본가의 탄압에도 굴하지 않고, 자신들의 요구를 지속적이고도 실질적으로 담보하기 위해서는 노동자들의 자주적 조직인 노조가 꼭 필요하다는 조직에 대한 자각이 노동대중 사이에 광범하게 뿌리내려 갔음을 말해준다. 실제 이 시기에 결성된 노조가 이후 전노협과 업종회의 등 민주노조 진영에 상대적으로 많이 참여하였다.

한편 11월 1일 동부고속 동래지점 운전기사 60여 명이 월급제 실시, 민주노조 인정 등을 요구하며 철야농성에 돌입했고, 11월 2일에는 대선조선 노동자 3백여 명이 어용노조 퇴진과 지난 노사분규 때 합의한 임금인상 등 15개항의 조기수락을 요구하며 작업거부에 들어갔다. 11월 5일에는 신발공장인 하남 노동자 300여 명이 임금인상과 상여금 추가지급 등 3개항을 요구하면 출근거부와 태업을 실시했다. 특히 동부고속 동래지점 운전기사들의 투쟁은 가족까지 합세한 끈질긴 싸움을 통해 월급 6% 인상, 노조 분회 인정, 고정급 비율의 상향조정, 농성기사와 가족에 대한 고소 취하 등을 합의하였다. 7~8월 투쟁 속에서 노조를 결성한 대우정밀도 그동안의 탄압국면 속에서 노조 조직을 강화하며 대통령선거국면이라는 유리한 상황을 이용, 다시 투쟁에 나섰다. 12월 11일부터 상여금 600%를 요구하며 투쟁에 돌입하여 잔업거부, 임시총회 개최, 중식거부 등 전 조합원의 적극적 참여 속에 준법투쟁을 적극 벌여나갔다. 일부 관리자와 사측은 노동자의 요구를 거부하고 노조와해를 시도하기도 했지만 대중의 힘으로 사측의 책동을 이겨내고 29일 상여금 550%, 매달 마지막 토요일 오전근무를 쟁취했다. 상황을 유리하게 활용하는 다양한 전술로 투쟁에서 승리한 대우정밀노조의 투쟁은 위축되어 있던 타 사업장 노동자들에게 투쟁의지를 북돋운 중요한 싸움이었다.

이 시기의 투쟁은 부분적으로 합법적 양상을 띠고 있었다. 이는 정권의 폭력적 탄압으로 인한 노동자 대중의 위축에 기인하지만 노조의 역량강화를 우선적 과제로 하면서 가능한 한 많은 조합원을 투쟁에 참여시키려 했기 때문이었다. 또 농성을 주도해 나갔던 노동자들이 해고와 구속 등의 탄압으로 현장 대중과 분리되면서 현장의 주체적 역량이 현저하게 감소되어 강도 높은 투쟁을 이끌어 갈 수가 없었기 때문이었다.

이 시기 노동운동의 또 다른 특징은 사무전문직에서 노동조합의 결성이 활발히 진행되었다는 점이다. 7, 8월 이후 전국적으로 70여 개의 병원노조가 결성되었고 특히 사측의 강고한 탄압에 맞서면서 다른 병원들과 적극적인 연대를 모색, 12월 12일 전국병원노조협의회를 결성했다. 이보다 앞선 11월 27일에는 전국금융노조연맹 소속 보험, 증권, 단자, 외국은행 국내지점 등 45개 노조들이 자유금융노련을 결성했다. 이들은 자신들의 의지와 요구를 발전시키기 위해 어용노총을 탈퇴하며 업종별 노조연맹을 새롭게 만드는 모범을 보였던 것이다. 뿐만 아니라 산업재해 노동자들이 9월 27일 전국산업재해노동자연맹을 건설했다.

10월 이후 지역들에서 민주노조들 사이에는 연대를 통해 현재의 기업별 노조체제의 한계를 극복하고 사측과 정부의 탄압을 적극적으로 이겨나가려는 모습들이 나타났다. 12월 탄탄한 단위사업장과 지역적 역량을 토대로 마산창원지역노동조합총연합이 결성되었는데, 이러한 움직임은 1988년으로 접어들면서 전국적으로 확산되어 나갔다.

부산에서도 새롭게 탄생한 민주노조들이 노조의 역량강화를 위해 구체적인 연대의 틀을 모색해 가는 과정이 있었는데, 이는 1988년에 부산지역노동조합연합 결성으로 나타났다.

다른 한편 대통령선거라는 정치적 상황을 맞아 자주적 민주정부 건설을 위한 투쟁이 노동자들 사이에서도 제기되었다. 노동자대투쟁의 과정에서 군부독재가 자본가들의 충실한 동반자임을 깨달은 노동자들은 자주적 민주정부의 수립없이 노동계급의 생존권이 확보될 수 없음을 자각하게 되었다. 부산에서는 7, 8, 9월 투쟁에서 해고된 노동자들을 중심으로 부산노동자선거대책위원회를 결성하고 노동자를 대상으로 반노태우투쟁을 전개하면서 자주적 민주정부란 무엇인가를 선전하였다. 그러나 새롭게 탄생한 민주노조들은 자체조직을 정비하기에도 급급한 상태였고 선거의 분위기나 중요성 또한 개별 노동자 차원에 그쳤다. 5백 명가량의 노동자공정선거감시단 중 부분적으로 몇몇 노조의 조합원들이 참가한 것을 제외하고는 조직적 참여가 이루어지지 않았다. 부산노동자선대위의 활동도 조직적 취약성으로 하여 출퇴근 시의 유인물 배포, 야당선거유세장을 돌며 진행된 반노태우선전 이상의 활동을 할 수 없었다. 부분적으로 선진노동자 중심의 현장 내 유인물 배포 등 선전작업이 있기도 했으나 공동투쟁을 조직할 수 있는 수준은 아니었다.

3) 부산지역 1987년 노동자대투쟁의 특징과 의의

1987년 노동자대투쟁은 전국에서 비슷한 양상으로 전개되었다. 전국적으로 드러난 공통의 특징은 다음과 같다. 첫째, 1987년 노동자대투쟁은 어느 사업장을 막론하고 임금인상을 주요 요구로 내세울 만큼 노동자들의 임금억제에 대한 불만이 표출된 것이었다. 둘째, 1987년 노동자대투쟁을 통해 노동자들의 요구는 임금에만 국한된 것이 아니라 노동운동을 지속적으로 할 수 있는 조직을 세우는 것이었다. 따라서 노조결성과 노조 민주화, 노조활동 보장 등에 대한 요구가 높았고, 특히 간선제가 아닌 직선제를 기반으로 하는 민주노조에 대한 열망이 높았다. 셋째, 합법적인 방식보다는 '선투쟁 후협상'과 같이 전투적 방식의 투쟁이 대세를 이루었다. 이미 6월민주항쟁을 거리에서 겪은 노동자들은 독재정권과 사측에 대항해 합법적인 방식으로 쟁취할 수 없다는 것을 체득하였기 때문에 먼저 투쟁에 돌입하고 그 뒤에 협상을 하는 전투적 방식을 선택하였다는 공통점이 있었다.

그렇다면 부산지역의 노동자대투쟁의 특징은 무엇일까? 첫째는 규모가 클수록 분규발생빈도가 높아져서 1천 명 이상 사업체의 분규발생률이 65.9%(전국의 경우 61.1%)에 이르렀다. 부산지역에서 투쟁을 선도했던 태광산업, 세신정밀, 대한조선공사, 국제상사의 규모에서도 짐작하겠지만, 대기업이 투쟁을 주도하여 인근업체, 관련업종으로 파급되었고, 또한 타 업체의 분규타결에 중요한 영향을 미쳤다. 부산지역의 경우 특히 신발업의 대규모 사업장은 수만 명이고 중소규모라는 사업장도 1천 명이 넘는 것이 보통이었기 때문에 규모 면에서 울산, 창원 등 중화학공업지역과 다른 양상이 나타난 것으로 볼 수 있다.

둘째, 항구도시의 특성을 보여주는 항만 해운 및 선원들의 쟁의가 두드러진 점이다. 전체 분규업체 가운데 제조업의 비중이 49%(전국의 경우 51% 정도)를 차지하는 반면, 운수·창고업을 포함하는 서비스업이 보다 많은 비중을 점하였다.

셋째, 운수업은 크게 택시업, 버스업, 화물운송업으로 나누어지는데 부산지역 노동운동에서 운수업이 차지하는 비중이 높았다. 7, 8, 9월 노동자대투쟁 기간 동안 총 쟁의발생의 42.7%에 해당하는 155건이 운수업에서 발생했고, 그중 122건이 택시업에서 발생했다. 그리고 택시파업은 부산지역에서 유일한 연대파업이었는데, 이는 노동자의 권익을 외면한 한국노총 전국자동차노조연맹 부산택시지부에 대한 분노에서 기인해 지부체제 타도와 지부장 직선제 요구로 분출되었다. 113개의 택시회사 중 노동조합이 결성되어 있는 1백여 개의 사업장에서 어용노조 민주화투쟁 및 노동조건개선투쟁이 벌어졌다. 그러나 택시노조 민주화는 지도력의 부재와 경찰의 개입 등으로 연대파업에서 이탈차량이 늘어나면서 노조민주화에는 성공하지 못했다.

1987년 노동자대투쟁이 모두가 승리한 투쟁으로 귀결된 것은 아니다. 많은 곳에서 근로조건 개선과 임금인상을 이루었지만, 노조 결성이나 노조민주화에는 실패하기도 했다. 구속과 해고 등 피해도 상당했다. 그럼에도 불구하고 노동자대투쟁은 한국노동운동 역사 상 커다란 획을 그은 일대사건이었다. 그런 점에서 노동자대투쟁의 의의를 살펴보면 다음과 같다.

노동자대투쟁의 첫 번째 의의는 개별 노동자의 권익쟁취라는 측면과 함께 전국 전 산업에 걸친 총파업투쟁이자 노동자의 자발적 투쟁으로 한국사회에서 경제민주화를 본격적으로 제기했다는 점에서 큰 의의가 있다. 그전에 민주화운동은 대부분 반독재민주화운동에 집중되어 있었다면 1987년 노동자대투쟁을 통해 전국적 수준에서 경제민주화 차원의 운동으로 발전되었다. 이에 따라 1987년 투쟁만으로 그치지 않았고, 1988~1989년 이후 1990년대까지 계속되는 두 자릿수 임금인상률과 노동조합의 성장과 함께 경제민주화는 한국사회의 주요한 과제가 되었다.

두 번째 의의는 1987년 노동자대투쟁은 생존권을 넘어서 사측과 정부를 대상으로 노동조합의 결성과 노조민주화, 그리고 작업장에서의 인간적 권리의 회복과 노사관계의 민주화를 요구하면서 노동자계급이 산업현장의 민주화와 사회민주화를 실현할 주체라는 점을 명확히 하였다는 것이다.

세 번째 의의는 이후 한국의 사회운동이 학생운동 중심에서 노동운동 중심으로 이동된 것이라고 할 수 있다. 1987년 6월민주항쟁에서도 퇴근한 노동자들은 밤늦도록 가두투쟁에 동참하는 경우가 많았으며, 노동자대투쟁을 통해 폭발적으로 터져 나온 후에 이들은 상당한 수가 노동조합으로, 그리고 1987년 이후에 만들어진 노동단체들로 조직되었고, 이후 사회민주화운동의 주력이 되어가면서 점차 부산노련 등의 대중조직으로서 사회민주화운동세력의 중심에 서게 되었다.

그렇다면 노동자대투쟁의 한계는 무엇일까? 우선 자연발생적 투쟁이 지니는 한계를 지적하지 않을 수 없다. 대부분의 요구조건이 비슷했지만 역시 대부분의 투쟁이 개별기업단위로 이루어졌으며, 투쟁의 지도부가 불철저하거나 경험부족을 드러내어 협상이 지연될수록 우왕좌왕하는 모습을 보여주었다. 더욱이 1980년대 초·중반 형성된 학생운동 출신 활동가를 비롯한 선진노동자 등 목적의식적인 노동운동 세력 또한 '상담' 이상의 지원을 조직하지 못했다. 노동자들의 투쟁이 비록 개별사업장단위에 한정되고, 자연발생적 투쟁의 한계를 지니고 있었지만, 생존권 확보라는 동일한 요구에 근거하여, 이를 동종노동자 나아가 노동자 모두의 통일된 요구로서 적극 선전선동하면서 노동자의 이익이 하나임을 인식시키는 것은 당시의 조건에서라도 가능한 일이었다. 그러나 이것조차 제대로 수행하지 못했던 것은 1986년 이래 활동가들의 무원칙한 분열에 기인하는 바가 컸다.

다음으로는 1987년 노동자대투쟁을 통해 형성된 신규노조가 지역 전체에서 차지하는 실질적인 세력은 생각보다 미약했다. 〈표 6〉은 1987년 노동자대투쟁을 통해 새로 결성된 노조가 이를 포함하는 한국노총 시협의회에서 차지하는 비중을 보여주는 것이다.

<표 6> 6.29 이후 설립된 노조의 비중

(단위 : %)

구 분	업 체	조합원수	근로자수
전 체	21.8	3.7	12.6
금 속	39.3	9.8	27.3
섬 유	20.0	4.4	31.1
화 학	34.0	4.3	12.5
자동차	10.0	5.7	10.3
연 합	35.7	8.9	12.6

출처 : 지역사회문제자료연구실, 『동향』, 1집

위의 표에서 보여주듯이 투쟁기간 중 결성된 신규노조는 모두
합하여, 업체 수에서는 전체의 21.8%를 차지하고, 조합원 수에서는
전체의 3.7%에 불과하였다. 나아가 이를 전국과 비교할 때, 부산에
서 신규노조의 비중이 상당히 낮았다. 전국의 경우 신규노조가 기
존 노조 수의 48% 이상을 차지하고, 조합원 수 역시 기존 노조 수
의 32%를 넘어서는 성과를 보였음에 비해 부산지역은 전국의 수준
에 훨씬 못 미치는 수치를 나타내었다. 이것은 신규노조가 전체노
조 가운데서 차지하는 실세가 미약하다는 것을 단적으로 보여준다.
또한 이 점은 부산지역의 노조결성율이 높으면서도 어용노조가 많
다는 사실과 맞물리는 점으로, 노동자대투쟁 이래 부산지역 노동운
동의 성과가 다른 지역에 비해 충분히 현실화되지 못하고 있는 한
원인이기도 하였다.

2. 민주노조의 확산과 임금인상 투쟁

1) 1988~1989년 노동운동의 전개와 발전

(1) 1988~1989년 노동조합운동의 배경

1987년 6월민주항쟁의 결과 전두환정권은 6.29선언을 통하여 직선제 개헌을 약속하였고, 1987년 말 직선제로 대통령선거를 치렀다. 그러나 양 김 씨의 분열로 민정당 노태우 후보가 36.6%의 득표로 당선되었다. 민주화를 열망하던 시민들은 허탈했다. 6월민주항쟁과 이어진 노동자대투쟁의 열기가 채 식기도 전에 다시 쿠데타의 주역에게 정권이 돌아간 셈이었다. 양 김 씨의 득표 합계는 55.1%였고, 양 김 씨가 단일화만 했어도 민주정부를 만들 수 있었던 상황이었기 때문에 시민들의 박탈감은 한층 더했다. 새롭게 당선된 노태우정권은 6월 민주항쟁보다 뒤늦게 폭발한 노동자대투쟁에 대한 두려움이 더 컸다. 왜냐하면 현장에서는 하루가 멀다 하고 계속해서 임금인상 투쟁과 노조결성이 이루어지고 있었고, 노동운동의 발흥은 또한 자본주의의 근간을 흔들 수 있기 때문이었다.

수년간 지속된 경제성장은 1988년에도 원화절상, 시장개방 압력, 노사분규에도 불구하고 12%의 고성장을 이루었고, 실업률도 2.6%로 사상 가장 낮은 비율이었다. 이런 상황에서 노동자대투쟁을 통해 표출된 경제민주화 요구는 거센 흐름을 이루었고, 정부도 토지공개념과 금융실명제 등 경제개혁을 시도했다. 그러나 1988년 말부터 시작된 경기침체국면을 계기로 정부는 경제위기론을 유포하면서 노동운동을 억압하기 시작했다.

1987년 말에 개정된 노동법은 민주노조운동을 제약하는 3자개
입금지와 노조의 정치활동금지 등의 독소조항을 그대로 둔 채 지극
히 부분적인 보완을 한 것에 지나지 않았다. 그 내용은 노동조합 설
립형태의 사율화, 결성인원제한 삭제, 노조설립신고증 교부기간 단
축, 유니온숍제도의 제한적 허용, 노동쟁의행위금지대상의 축소, 냉
각기간 단축, 해고 이후 법적 분쟁기간 동안 조합원 자격 인정 등이
었다. 1988년에 실시된 최저임금제도 고시기준 미만의 저임금을 일
소하겠다는 정부의 요란한 구호와 달리, 최저생계비에 훨씬 못 미
치는 현실의 저임금 실태와 기업주의 과도한 착취를 합리화·고착
화하는 데 불과했다는 비판을 받았다(지역사회문제자료연구실, 1989:
119).

노태우정권은 1988년이 시작되면서 노동운동에 대한 기조를 탄
압으로 정하였다. 표면상으로는 준법정신을 강조했지만 결국 노조
지도자를 구속시키고, 노조를 와해시키는 내용이었다.

그리하여 1987년 이후 노동운동의 주요 과제는 1987년 노동자
대투쟁의 성과를 어떻게 계승하고 발전시킬 것인가라는 점에서 이
후 노동운동의 발전에서 중요한 의미를 가지는 시기였다. 그리하여
1988~1989년의 노동운동은 1987년 노동자대투쟁의 성과를 바탕
으로 민주노조의 기틀을 다지고, 단위노조의 역량을 강화하여 1987
년 투쟁의 자생성을 극복하기 위한 연대운동을 끌어내야 하는 과제
가 있었다. 그리하여 1988년 임금인상투쟁은 임금인상과 함께 민주
노조 결성으로 모아졌고, 자본과 정권의 탄압에 맞서는 전략으로는
연대를 통한 노동운동탄압저지투쟁을 전개하기로 하였다. 이렇게
노동운동에 대한 탄압을 연대를 통해 해결하면서 자연스럽게 민주

노조운동 진영의 연대조직을 형성하는 계기가 되었다.

(2) 1988년 임금인상투쟁의 전개와 특징

1988년 임금인상투쟁은 1987년 노동자대투쟁의 성과 위에서 출발했다. 또한 경기호황으로 인해 임금인상에 대한 기대심리가 높아졌으나 노동자 생활수준의 상대적 하락에 따른 불만은 노동자들로 하여금 임금인상에 대한 투쟁의지를 높였다. 그리하여 노동자대투쟁 과정에서 결성된 민주노조들은 1987년 말부터 지역별·업종별·재벌그룹별로 결집하기 시작했다. 민주노조들은 연초부터 노동조합을 통해 1988년 임금인상투쟁과 단체협약투쟁을 준비했다.

한국노총은 29.3%의 임금인상률을 제시하면서 임금인상활동의 주요목표로서 1일 8시간 노동으로 최저생계비 확보, 임금구조 개선 및 일시금 확충, 최저임금법 개정활동 추진, 노동시간 단축활동 추진, 고용안정 보장을 내용으로 하는 임금인상활동지침을 제시했다. 반면 새롭게 형성되기 시작한 민주노조진영은 1988년 임금인상투쟁에서 지역별·업종별 공동교섭과 공동투쟁을 시도하였다. 그러나 초보적인 단계를 벗어나지는 못하였고 오히려 정보교류와 노조탄압에 맞선 지원투쟁 등이 연대투쟁의 주를 이루었으며, 실제로는 단위노조 중심의 임금인상투쟁이 주가 되었다.

노동부는 '노사분규대책위원회'를 상설화하고 노사관계 관련조직을 창설 강화했으며, 사용자들도 각 기업별로 노무관리부서를 대폭 확장하여 노동자와 노동조합의 동태를 파악하고 임금교섭대책 마련과 구사대 관리 등 통제를 강화했다.

전국적으로 임금 타결인상률을 보면, 10~15%이 상승했는데,

1988년 10월 말까지 100~299인의 사업장은 11.6%, 300~499인의 경우 12.5%, 500~999인의 경우 14.3%, 1,000인 이상의 경우 14.7% 였다. 이와 같이 대기업일수록 타결 임금인상률이 높은 것은 1988년에는 기업규모가 클수록 노사분규 발생률이 높아서 노동자들의 요구가 강했고, 기업의 이윤율이 중소기업에 비하여 상대적으로 양호했다는 점 등에 기인하였다. 생산직과 사무직을 비교하면, 생산직 15.5%, 사무직 11.7%로 생산직노동자들이 사무직노동자들보다 높은 임금인상을 획득하였는데 이는 1987년 이후 노동조합운동의 활성화와 생산직노동자들의 노동조합 활동 주도 그리고 하후상박 (下厚上薄) 원칙에 대한 사회적 공감대 형성 등에 기인하였다.

(3) 1988년 부산지역 임금인상 투쟁

1988년 임금인상투쟁을 앞두고 부산지역 노동자들도 신규노조 결성과 조직적인 임금인상 투쟁을 준비하고 있었다. 특히 금속업종에서 신규노조 결성이 많았으며, 임금인상투쟁에 대한 준비활동도 가장 활발히 전개되고 투쟁과정에서도 적극적이었다. 그러나 지역연대는 충분히 준비되지 못한 한계도 있었다.

1988년 2월 11일 대한조선공사 노동자들이 두 차례에 걸친 단체교섭을 하였으나 아무런 진척이 없자 조회거부와 잔업거부, 상임집행위원회의 철야농성 등으로 설날상여금 100%를 받아내는 승리를 거두었다. 지금까지 50% 이상 받아본 전례가 없었던 노동자들의 사기는 고양되었다.

2월 16일에는 이용성 위원장을 비롯한 발기인 60명으로 부산에서 가장 큰 규모의 공기업노조인 부산지하철노동조합이 결성되어

7월 1일 단체교섭을 시작하여 9월 6일 단체협약을 체결하였다. 이어서 부산전기, 태성물산, 삼우정밀, 한독병원에서도 노조가 결성되었다. 그리고 업종별노조와 지역별노조도 결성되었다. 1월 14일에 부산혁공(제화공)노동조합이 결성되었고, 이어서 복장사노조, 건축가사무원노조도 결성되었다. 3월 10일까지 새롭게 결성된 노조는 31개였다. 지난해 같은 기간에 비해 다섯 배나 증가하였다.

1987년 12월 7일 결성된 메리놀병원노조도 단체교섭에 들어갔으나, 종교기관조차도 노동자들의 권익과 단결을 이해하려고 하지 않았다. 메리놀병원노조는 1988년 3월 24일에 단체협약 체결을 지연하고 합의사항조차 지키지 않자 조합원 129명이 3일간 단식농성을 하고 탈진자도 발생하였다. 그런데도 병원은 가톨릭 레지오활동과 노조활동 중에 선택을 강요하기도 하는 등 부당노동행위를 서슴지 않았다. 그렇게 노조탄압이 계속되고, 단체교섭에 불성실하게 대응하여 결국 노조는 8월 30일 단체행동에 돌입하였고, 사측은 공권력

농성 중인 메리놀병원 노조원들(1988.3.24.)
출처: 부산민주운동사 2(2021)

투입을 요청해 조합원 30여 명이 연행되고 구속자도 발생하였다.

1988년 부산지역 임금인상투쟁의 첫 번째 봉화는 대한조선공사 노동조합이 올렸다. 2월 27일 대의원총회에서 통상임금 27.4% 인상을 동과시켜 5자에 걸친 교섭과 준법투쟁으로 통상임금 3만 6천 원, 상여금 100% 인상, 근속수당(평균 1만 원) 기본급 포함 등의 내용으로 사측과 임금교섭이 타결되는 듯했으나 사측의 기만적인 태도와 노조의 무능으로 인해 노동자들은 다시 한번 분기하여 일어났다. 그렇게 노동자들은 조합원 총회를 통해 사실상 파업을 벌이면서 해고자복직투쟁을 벌였으나 사측은 휴업으로 맞대응하였다. 노동자들의 철야농성, 단식, 가두시위 등에도 불구하고 노조를 중심으로 일사분란한 투쟁이 되지 못하였고, 공권력의 탄압과 사측의 경영위기를 앞세운 분열책동에 무조건 조업재개를 결정하는 굴욕적인 패배를 맛보기도 하였다(최동진, 1989: 158).

대우정밀노조는 시장조사, 조합원설문조사, 동종업종 및 그룹 내 타 사업체의 임금실태 및 노동조건 조사, 가족간담회, 조합원 및 간부교육 등을 통해 계획적이고 조직적으로 임금인상투쟁을 준비하여 3월 23일부터 4월 11일까지 12회의 단체교섭을 하였다. 노조는 임금 35% 인상과 직급호봉개선 등의 요구를 내걸고 리본달기부터 시작해 철야농성까지 다양한 준법투쟁을 구사하면서 교섭에 임하였지만 사측은 이성도 노조위원장을 노동쟁의조정법 위반으로 고소하였다. 대우정밀노조는 결국 3월 말 다시 파업에 들어갔다. 이러한 일련의 과정을 통해 노조는 사장이 대우그룹 본부의 지시만 받는 허수아비라는 사실을 인식하고, 김우중 회장과 담판을 짓기 위해 상경투쟁에 나서게 되었다. 상경투쟁단은 대우빌딩에 평화적으로 진입하려고

하였으나 대우그룹 측의 요청을 받은 경찰은 폭력적으로 노동자들의 진입을 막으려고 노동자들을 연행하고 강제 귀가시켰다. 이에 노조는 잔류인원의 신변보호를 위해 남은 180여 명이 명동성당에 들어가 철야농성을 하였다. 그리고 양산공장에서도 1천 명의 조합원들이 철야농성에 들어갔다. 이후에도 계속 사측의 직장폐쇄에 맞서 단식농성과 삭발투쟁 등으로 대응을 하였다. 이러한 대우정밀노조의 강고한 투쟁은 마침내 대우그룹의 김우중 회장이 교섭에 나서지 않을 수 없게 만들어 57일간의 투쟁을 마무리했다.

대우자동차노조 부산지부에서도 통일요구 통일행동 지침에 맞춰 1988년 3월 26일 부평본사와 동시에 쟁의발생 신고를 내고 정시출근 등 준법투쟁에 들어갔다. 조합원들은 이미 하루 전인 25일 파업을 결의했고, 연산동 정비사업소 조합원들도 자동차에 '최저생계비 보장하라' 등의 요구조건을 적은 현수막을 두르고 시내를 운행했다.

그 외에도 4월 6일에는 성요사노조가 쟁의발생 신고를 냈고, 4월 9일에는 동진노조에서 파업을 결의했으며, 부산전기노조는 쟁의를 결의하였다. 4월 20일에는 KBS방송국 부산총국 소속 기자들 20여 명이 공정언론 보장과 사내 민주화를 요구하면서 취재 및 제작 거부에 들어갔다.

그렇게 4월 말까지 전국에서는 총 450건의 노동쟁의가 발생했는데 1987년의 같은 기간에 비해 6.3배가 증가하였고, 부산에서는 32건이 발생하여 30건이 타결되는 높은 타결율을 보였다. 이러한 임금인상투쟁의 분위기 속에서 부산주공과 장원, 춘해병원, 강남병원, 문화병원에서 노조가 결성되었다.

그리고 4.26총선에서 민정당이 참패하자 노동자들은 봇물처럼 투쟁에 돌입했다. 노동부 발표에 따르면 26일 이전에 쟁의발생은 하루 평균 4~5건이었으나 28일 이후엔 하루 10여 건으로 증가했고, 중소기업노동사들의 투쟁도 폭발하였다. 장기화되던 대우정밀의 투쟁도 활기를 띠었고, 쟁의 중이던 부산주공, 부일레미콘, 삼영무역, 고려트레펠알베드, 동진, 국제제지 노조도 고무되어 5월 14일 부산주공과 동진 노동조합이 성공적으로 투쟁을 마무리했다. 이는 정치적 변화가 노동운동에 미치는 영향을 단적으로 보여주는 사례였다. 또한 동신유압노조와 만호제강노조는 임금인상투쟁 과정에서 기회주의적인 태도를 보인 지도부를 교체하기도 하였다.

그러나 여전히 한편으로는 어려움을 겪는 노조도 있었는데, 삼영무역노조와 대륙레미콘노조, 고려피혁노조 등에서 투쟁이 장기화되고 있었다.

6월 10일에 들어서 노동부는 파업 및 직장폐쇄 기간 중의 임금과 상여금 지급불가 지침을 발표하였다. 이른바 무노동무임금을 정부가 강요한 셈이었다. 이에 맞춰 경총도 무노동무임금 원칙을 재계 공동실천으로 결의하였다. 이 무노동무임금 지침은 노동부장관 퇴진투쟁을 비롯해 노동조합과 노동운동단체들의 거센 항의에 부딪혀 7월 18일 공식적으로 백지화되었지만 노동부는 개별 기업주들에게 이 방침을 준수하도록 유도·강제하였다. 이 지침은 이후 노사관계를 더 악화시키는 계기가 되었을 뿐만 아니라 쟁의가 장기화되는 원인이 되기도 하였다.

노태우정권은 민주노조를 탄압하는 제도적 장치 외에도 공권력의 조직된 폭력을 빌려 노동운동을 압살하려고도 했다. 경찰과 사용자들이 공동으로 작성한 블랙리스트가 고려피혁 성남공장에서 발견되었고, 현대그룹 노조지도자에 대한 테러와 구속, 대우정밀 이성도 위원장과 정우영 조직부장 구속 등 노동자의 구속이 줄을 이었다. 7월 13일 백병원에서는 간호부장이 간호조무사의 핸드백을 뒤진 것이 발단이 되어 노조가 공개사과를 요구하면서 하루 동안 전면파업을 벌였고, 14일부터는 준법투쟁을 전개했다. 7월 14일 삼화금사공장[5]에서 인격적 대우와 동일임금을 요구하며 태업에 돌입하였고, 성우금속노조는 노조결성과 함께 현판식과 보고대회를 예정했으나 사측의 방해로 무산되었다. 7월 16일 부산적십자혈액원 노조는 7월 16일 노조설립 보고대회를 개최하는 등 부산지역의 여러 현장에서 사측의 탄압과 노동조합의 투쟁이 복합적으로 교차되고 있었다.

한편 부산에서는 또 하나의 새로운 투쟁이 있었는데, 그것은 언론민주화를 향한 투쟁이었다. 부산일보노조는 부산일보가 정수재단의 소유로 그동안 문제가 되었던 관제신문의 내용을 극복하고 참언론을 실현하고자 파업을 전개해 편집장 직선제 등 민주언론 쟁취를 기치로 파업에 들어갔다. 이에 대해 7월 12일 13개 노조위원장이 부산일보노조를 지지 방문하였으며, 노조는 14일부터는 무기한 철야농성에 돌입하였다. 부산일보노조의 투쟁에 시민들의 동참도 이어져 7월 15일에는 민주언론 쟁취 부산시민 서명운동협의회를 결성하고, 16일부터 서명 및 지지집회를 열기로 하자 7월 17일 사측이

---

5 삼화와 같이 신발공장에서는 대부분의 노조가 어용이었기 때문에 투쟁이 노조 차원이 아니라 노조민주화추진위원회와 같은 활동 단위들에 의해 이루어졌다.

타결하여 민주언론의 장을 열게 되었다.

8월에 들어서면서 연합철강노조가 7월 16일 동국제강 인수반대를 위한 가두시위를 벌인 데 이어 8월 1일부터 2천여 명의 조합원들이 동국세강 성병권포기 등을 요구하면서 전면파업에 돌입했으며, 성분도병원도 8월 17일부터 단체협약 체결을 요구하며 전면파업에 들어갔다. 그러나 '평화구역'을 빙자해 구포강남병원 노동자들이 투쟁을 포기하라는 협박을 당하고, 8월 19일에는 113일째 직장폐쇄 철회 투쟁을 벌여온 대류레미콘 김해공장에 공장 주변이 올림픽 성화봉송로에 포함된 지역이라면서 노동자들이 백골단의 습격을 받는 등 노동운동에 대한 탄압도 이어졌다.

8월 하순이 지나면서 부산교통공단노조와 병원노조들의 단체협약이 마무리되었다. 병원노조들의 단체협약체결도 병원 측의 권위주의적이고 불성실한 태도들로 여러 가지 우여곡절을 겪었다. 성분도병원은 직장폐쇄로 파업이 장기화되었고, 대동병원은 병원장이 대자보를 찢고 조합원을 매도하는 유인물을 배포하는 등 탄압이 잇달았다. 이에 대응해 병원노조들은 연대투쟁으로 극복해 나갔다.

10월 9일부터 25일 동안 파업을 벌여온 제일교통 노동자들은 사측의 탄압과 회유를 물리치고 완전한 승리를 거두었다. 이 투쟁은 무능한 지부의 단체협약 내용을 뛰어넘는 권익을 쟁취함으로써 부산뿐만 아니라 전국의 택시노동자들의 투쟁에 큰 활력을 불어넣었다.[6]

---

6 한국노총 소속 택시노조 지역지부의 경우 단체협약을 일괄 체결하는 방식으로 교섭을 해 온 관행으로 새롭게 탄생한 민주적인 단위 택시노조에서는 이에 대한 불만이 많았던 차에 제일교통에서 이 관행을 무시하고 파업을 통해 지부의 단체협약

대륙레미콘노조가 구사대 폭력에 항의하여 농성 192일째 진행하고 있던 10월 30일에 4백여 명의 부산지역 노동자들이 대륙레미콘 농성장에서 노동법개정 투쟁을 위한 노래 및 웅변대회를 개최하였다. 그리고 11월 9일 사측이 노동자 농성기간 7개월분에 대한 평균 임금과 퇴직금 지급을 수락하여 노조는 농성을 풀었다.

한편 10월 24일 벽림상사에서는 사측의 위장폐업에 맞서 노동조합에서 회사를 임대받아 운영하는 전국에서 보기 드문 사례가 발생했다. 벽림상사노조는 단체협약 문제로 수차례 사측과 교섭을 하던 중 9월 12일 사측이 원화절상으로 회사경영이 어려워졌다며 일방적으로 폐업선언을 하였다. 그러나 벽림상사 노동자들은 사측이 노조를 해산시킬 목적으로 원화절상을 핑계로 위장폐업했다는 사실을 간파하고 전 조합원이 사측의 위장폐업에 맞서 단호히 투쟁할 것을 결의하였다. 노동자들이 관리자들의 폭행과 구타에도 불구하고 30일간에 걸쳐 완강하게 농성을 전개하자 사실상 폐업의사가 없었던 벽림상사 기업주는 항복하였다. 10월 13일 노조가 '폐업철회도 못 하고 해고수당도 못 준다면 회사는 우리가 운영하겠다'고 제안하자 사측이 돌연 지금까지의 태도를 바꿔 노조의 제안을 수락한 것이었다. 대부분의 조합원들이 자체운영 문제에 찬성하였고 10월 24일 사측과 최종합의가 끝남으로써 벽림상사는 노동자들의 임대운영에 들어갔다. 벽림상사의 투쟁은 사용자의 위장폐업에 맞서 노조자체 운영이라는 새로운 대응전술로 폐업을 저지한 점에서 일정한 의미를 가지지만 회사와의 임대계약조건이 현실에 비추어 지

수준을 뛰어넘는 단체협약을 체결할 수 있었다.

극히 불리한 것이었을 뿐 아니라 조합활동과 공장관리가 혼동되어 노조활동의 무력화를 가져오는 등의 문제점을 안고 있었다.

10월 25일 연합철강 정상화추진위원회 1,500명 조합원이 부당인수 철회와 정부의 민설 공개입찰을 요구하며 국회의사당 앞에서 농성을 하였으며, 28일에는 과천정부종합청사 앞에서 연좌농성을 하였다. 12월 29일 연합철강 정상화추진위원회와 사측이 정상가동에 합의하였으나 30일 연철 파업 150일째 전날 합의한 회사정상가동 합의안이 조합원 찬반투표에서 부결되었다.[7] 이와 관련하여 11월 1일에는 평민당이 노동관계법 개정을 위한 야권3당 공동위원회 시안을 전면 수용하기로 결정하면서 연합철강, 대륙레미콘, 제일교통,

---

[7] 연합철강의 '반(反)동국제강인수투쟁'은 1977년 연합철강을 흡수했던 국제그룹이 1985년 해체되면서 국제그룹에 속해 있던 연합철강을 동국제강이 인수하려 했기 때문이다. 1차 투쟁이 끝난 1986년 8월 14일 당시에 새로운 전문 경영인 체제를 구축한다는 합의를 해 부분적 성과를 거두었지만 '동국제강의 연합철강 인수 포기'라는 노동조합의 요구와는 일정한 거리가 있는 내용이어서 화근을 남겨둔 셈이었고, 이는 1987년에 다시 되살아났다. 1987년 4월 1일 연합철강은 '반동국제강 인수투쟁'의 선두에서 활동한 4명의 사원을 부당하게 대기시키는 인사 발령을 단행하였다. 더욱이 인사 발령의 부당함을 항변하던 사원 98명까지 전격적으로 인사 발령 조치하였다. 이로써 장장 5개월여에 걸친 1987년 연합철강의 노동자투쟁이 시작되었다. 8월 27일 갑반 퇴근자들의 농성이 시작되었다. 농성이 확대되면서 연합철강 노동조합은 9월 1일 파업에 돌입하여 이후 13일 동안 파업 투쟁을 지속해 9월 13일 노동조합과 회사는 1987년 11월 말까지 현지 법인을 설립하는 것을 골자로 합의 타결하고, 파업을 종식시켰다. 그러나 노사가 합의한 현지 법인 설립이 지켜지지 않았기 때문에 연합철강노동조합은 12월 9일 현지 법인 설립 약속 불이행으로 사용자, 정부 당국, 주거래 은행에 촉구 성명서를 발표하면서 새로운 투쟁을 시작하였다. 이 투쟁은 1988년을 넘기면서까지 지루하게 계속되었다(노재열, '연합철강노동자투쟁', 『한국향토문화전자대전(http://www.grandculture.net)』) 필자는 1986~1987년 동국제강에 근무하였는데, 당시 연합철강은 기술력에서 동국제강을 훨씬 앞서고 있다는 자부심을 가지고 있었기 때문에 동국제강으로의 인수에 대한 반감이 매우 컸다. 따라서 부결될 수밖에 없는 분위기였다.

풍산금속 등 4개 회사 노동쟁의조사위원회를 구성했다.

11월 14일 대우정밀노조는 단체협약안 쟁취결의대회를 개최하여 대우그룹의 조병창 인수 비리규명, 주 44시간 근무제 환원, 가족수당 부활을 요구하였다. 24일에는 1,600여 명의 조합원들이 단체협약체결을 요구하며 거리로 진출하며 파업을 전개하였으며, 26일에는 전국 9개 도시 9만여 명이 참가한 '전두환·이순자 즉각 구속 노태우정권규탄 제3차 국민궐기대회'에 1천여 명이 조직적으로 참여하였다. 12월 10일 파업 17일째 사측이 휴업공고를 하자 상경노동자 170명이 평화민주당사에서 김우중 회장의 면담을 요구하며 농성에 돌입하였다. 그리고 12월 5일 조합원 1,500여 명은 이기택 의원 사무실을 점거농성하며 대우그룹의 조병창 인수비리에 대해 김우중 회장을 국회에서 조사할 것을 촉구하였다.

11월 15일 대한조선공사 노동자 2,800여 명이 악덕관리자 퇴진과 노조활동 방해 중단, 무급처리 철회를 요구하며 파업에 들어갔다. 19일에는 1,500여 명이 회사 정문 앞 도로를 차단하고 농성에 들어갔고, 24일에는 부산지방노동청을 점거하였다. 29일에는 부산 MBC 앞 도로를 차단하고 MBC의 왜곡보도에 대한 항의농성을 하였다. 12월 7일에는 29일의 MBC 앞 농성 시 경찰의 무차별 진압에 항의하는 시위를 하였다.

한편 12월 6일에는 부산MBC노조가 서울MBC로부터 지방계열사의 독립성을 요구하는 투쟁을 전개했다.

12월 15일 우림정밀 노동자 150여 명이 일당 100원 인상과 상여금 400% 지급, 근로조건 개선을 요구하며 농성에 들어가고, 21일 노조설립신고를 하자 사측은 노동자 13명을 강제해고하였다. 이에

27일 부산노련 소속 800여 명의 노동자들이 우림정밀노조탄압 규탄대회를 가지고 안락로타리에서 금사동 우림정밀까지 가두시위를 벌이기도 했다.

이렇게 1988년에는 노동조합 수는 꾸준히 증가하였고, 투쟁도 늘어났다. 부산에서만 집계된 건을 살펴보면 1987년 363건에 비해서는 많이 줄었지만 1988년 105건의 노사분규가 일어났다. 부산의 부당노동행위 구제신청건수는 80건으로 1987년에 비하여 3.7배가 늘었다. 정권과 자본은 탄압의 고삐를 늦추지 않았지만 노동자들의 열망을 억누르지 못하였다.

1988년 노동운동의 주요 특징은 첫째, 1987년 노동자대투쟁 속에서 또는 그 후에 결성된 신규노조들이 노동운동의 중심으로 자리 잡게 되었다는 점이다. 1987년 노동자대투쟁의 경험은 노조결성 요구를 크게 증대시켜, 1988년의 경우 투쟁건수와 규모는 1987년보다 작았으나 노조결성 수는 더 많았고 민주노조의 수도 지속적으로 증대하는 경향을 보였다. 이는 1987년 노동자대투쟁이 정부에게 노동법 개정을 강제하여 노조설립 절차가 완화된 것도 부분적인 요인이 되었다고 볼 수 있지만, 그렇다고 해서 노조결성이 쉬운 일은 아니었다.

1988년 전태일열사정신계승·노동법 개정을 위한 전국노동자대회
출처: https://cafe.daum.net/eyngday/

고려부산노조의 경우 1988년 노조를 결성하여 설립신고서를 내러 동래구청에 갔으나 사측이 뺏으려고 해 실랑이가 벌어졌으며, 신고서가 반려됨에 따라 동래구청에서 이틀에 걸쳐 농성하여 노조지부로 신고해 지부장 선거를 다시 실시하여 원래 위원장이 당선되는 우여곡절을 겪어야 했다. 사측은 노조결성을 막으려고 회유와 협박 등 갖은 수단을 다 쓰다 마침내 노조가 결성되자, 지부장 선거에서 김준환 현 위원장을 낙선시키기 위해 안간힘을 썼다. 후보로 나온 세 사람이 통합하여, 위원장은 빨갱이이며 선동으로 사람들을 현혹시킨다고 악선전하기도 했다. 이에 김준환 위원장 측은 참모들이 각 부서를 돌아다니며 악선전을 깨는 작업에 들어갔고, 선거유세에서 김 위원장은 "민주는 어용이 3개 아니라 1백 개가 합쳐도 이긴다. 조합원을 위한 조합이 되겠다"고 호언하여 마침내 민주노조를 결성할 수 있었다.

둘째, 노동자대중의 의식과 연대조직의 발전이 일정한 성과를 거두었다는 점이다. 또한 노동운동지원단체가 민주노조들 간의 연대의식과 연대운동의 발전에 상당한 기여를 함[8]과 동시에 노동자교육에도 상당한 역할을 하였다. 1988년 들어 노동자의 의식은 더욱 진일보한 양상을 보여주었다. 전체적으로 노동자들의 정치·사회에 대한 관심이 증대함에 따라 요구도 발전하고, 조직에 대한 애착과 참여도 더욱 증대하는 등 대중의 자주적 의식이 고양되었고, 핵심 노동자들이 형성되기 시작했다. 또한 민주노조의 지역연대체가 결성되고, 업종별노조협의회(병원, 사무금융, 출판, 언론, 연구전문기관 등)

---

8 1988년 6월 7일에 전국노동운동단체협의회가 결성되었다.

의 활동이 활발히 전개되었다.

셋째, 노조운동의 발전을 기초로 노동법 개정투쟁이 새롭게 제기되었다는 점이다. 1987년 말 개정된 노동법은 노조설립 및 노동쟁의의 조건을 부분적으로 보완한 데 지나지 않아 노동자들의 단결과 투쟁을 심각하게 제약했다. 실제 1988년 10월 18일까지 발생한 노동쟁의 1,657건 가운데 81.8%에 달하는 1,343건이 법의 한계를 뛰어넘는 쟁의로 진행되었다. 온갖 악법을 동원한 정권과 자본의 탄압공세가 거세지고 이에 맞서 민주노조들의 투쟁이 치열하게 전개되면서 노동법 개정에 대한 요구가 대중적으로 제기되었다. 이에 따라 노조협의회들은 임금인상과 근로조건의 개선투쟁에서 보다 높은 제도개선투쟁으로, 지역연대투쟁에서 전국연대투쟁으로 전환하면서 노동운동의 질적 발전을 획득하고자 노동법 개정투쟁을 하반기투쟁의 중심과제로 설정하였다. 목표를 노동법의 개정을 통한 활동영역의 확대, 제도개선 요구투쟁의 주체로 참여함으로써 정치의식 향상, 전국적 차원의 공동투쟁 전개를 통한 노동조합의 전국적 결속, 반민주악법 개폐투쟁과 결합함으로써 사회의 철저한 민주화 실현에 두고 본격적인 노동법 개정투쟁을 준비해 나갔다.

(3) 1989년 임금인상투쟁의 전개와 특징

① 임금인상투쟁의 배경

1989년에 들어 최근 2년여에 걸친 노동자들의 단결과 투쟁의 연장선에서 노동자의 진출을 확대하고 노동운동의 발전을 보다 확고한 것으로 만들 필요가 있었다. 그러나 노사 간의 긴장은 극도로 높아졌고, 노동계는 여전히 저임금 상태를 극복하기 위해, 그리고 민주노동조합의 연대체를 형성하기 위해 준비하였고, 사용자는 1987년 노동자대투쟁 이후 더 이상 노동계의 힘에 밀리지 않기 위해 반전의 기회를 노리고 있었다. 이는 노태우정권의 노동운동 탄압으로 구속과 해고, 공권력투입 등을 통해 나타나고 있었다. 먼저 노동계의 요구를 살펴보면 다음과 같다.

민주노조진영의 임금인상투쟁본부는 37.3%의 임금인상을 요구하였고, 한국노총이 26.8%의 임금인상을 요구한 데 비해 경총은 10.9%의 임금인상률을 제시했다.

민주노조진영은 1988년 12월에 '지역별·업종별 노동조합 전국회의'를 결성하였고, 1989년 1월에 임금인상투쟁과 노동법 개정을 효과적으로 쟁취하기 위해 '전국노동법 개정 및 임금인상투쟁본부'를 설치하였다.

전국회의에서는 1989년 임금인상투쟁에서 쟁취해야 할 목표와 투쟁방향을 다음과 같이 설정했다. 첫째, 임금인상투쟁을 통하여 인간다운 삶의 조건을 쟁취한다. 이를 위해 8시간 노동으로 생계비 확보, 노동조건의 개선과 공장 내 비민주적 요소를 척결한다. 둘째, 임금인상투쟁을 통해 조직을 확대 강화시킨다. 이를 위해 단위노조의 조직력 강화, 지역·업종별 연대조직의 강화, 전국적 노동조합 조직의 건설, 조직의 확대를 이룬다. 셋째, 임금인상투쟁을 노동법 개정 투쟁과 결합시킨다. 이를 위해 임금인상투쟁 과정에서 노동악법의 본질을 폭로하고, 임금인상투쟁의 준비와 진행 과정에도 노동법 개정투쟁에 적극 참여하며, 투쟁과정에서 악법들을 무력화시킨다. 전국회의는 전국적 공동요구로 평균 97,924원(최저생계비의 75%)

의 임금인상, 주 44시간 노동을 내걸고 3월 말부터 집중적인 교섭으로 4월 10일 동시 쟁의발생 신고, 4월 20일 동시파업에 돌입하기로 방침을 세웠다.

한국노총은 1989년 임금인상 활동지침을 마련했는데, 평균 26.8%의 임금인상을 실현하여 하후상박 원칙에 입각, 임금인상 재원을 배분하고 주 44시간 노동의 완전한 관철을 위해 산업별·업종별·지역별 공동교섭체계를 구축하는 것이었다. 또 정부의 임금가이드라인 제시방침에 대해 임금정책의 시정을 요구하고, 정부의 임금인상률 제시방침에 대해 항의했으며, 국가임금위원회 설치 및 임금가이드라인 설정의 철회를 요구했다. 그리고 정부 임금관련 기구회의 불참을 결의하고, 정부의 임금억제정책 저지를 위한 투쟁계획을 세웠다.

② 1989년 부산지역 노동운동 전개과정

가. 노동운동탄압저지투쟁

1989년은 1월 4일 노태우정권이 풍산금속 안강공장에 공권력을 투입하여 농성노동자들을 구속시킨 데 대해 풍산금속노조 동래지부가 1월 5일 구속자 석방과 수배해제를 요구하는 투쟁에 돌입하여 노조탄압저지를 위한 투쟁이 치열하게 전개되기 시작했다.

대우정밀노조(위원장 이성도)는 전년도에 이어 계속 투쟁을 이어 갔다. 1월 26일부터 노조간부 석방, 수배해제를 요구하는 농성에 다시 들어갔으나 2월 11일 사측은 노조위원장 이성도 등 3명에 대해 해고 조치하고 사무장 윤명원 등 2명을 정직 조치하였다. 그런 상황에서 3월 8일에는 노사가 파업기간 생활자금 기본급 300% 지급, 단체협약 미타결조항 및 구속자·해고자 문제는 조업 뒤 교섭하는 등 7개항에 대해 잠정 합의하였으나 이에 대해 노조 찬반투표에서 조합원들은 이를 부결시켰다. 그러자 3월 27일에는 사측은 파업을 주도한 병역특례자 8명을 해고시켜 강제징집이 되도록 압박하였다.

1월 27일에는 감전동 소재 자동차 부품업체인 영동산업노조가 해고된 노조위원장의 복직을 요구하는 농성을 전개하였으며, 1월 28일에는 대한항공 용역업체인 한일개발 노동자들이 대한항공과의 차별대우에 항의하는 농성을 벌였다. 2월 8일에는 부산대학교 직원노조가 최저생계비 보장과 차별대우 폐지, 인격적 대우보장을 요구하면서 파업에 들어갔다.

3월 6일에는 화물운송연맹이 복수노조금지조항 철폐를 요구하며 공화당 중앙당사를 점거농성에 돌입하였으며, 4월 2일 부산 수산대운동장에서 1,500여 명의 조합원들이 모여 임금인상 승리 및 합법성쟁취를 위한 화물운송노동자 대동전진대회를 개최하였다.

신우인터내셔널노조도 2월경 폐업과 해고에 맞서 파업에 돌입, 농성투쟁을 벌였으며, 5월 23일 위장폐업철회 농성 100일째 조합원들이 구사대 60여 명의 봉쇄를 뚫고 회사 진입에 성공하였다. 이후 파업 156일 만인 6월 30일에 해고자 원직복직과 쟁의기간 임금 50만 원 지급 등에 합의하여 승리하였다.

한편 공안합동수사본부는 노동쟁의 발생 시 3자 개입 땐 경찰을 투입하여 강제해산시키겠다고 발표하였고, 5월 3일에 동의대 학생들의 농성을 진압하던 중 경찰관 6명이 사망하는 사건이 발생하여

공안분위기가 한층 더 강화되었다.[9]

그런 상황에서도 전국교직원노조가 5월 14일 발기인대회 및 준비위원회 결성대회를 개최하였으며, 5월 28일 경찰의 원천봉쇄를 뚫고 연세대에서 250여 명이 결성대회를 기습 결행하여 참교육과 교육민주화, 교육의 자주성 선언을 했다. 이어서 6월 10일 전교조 부산지부도 결성대회를 개최하였다. 이에 대해 문교부 장관은 전교조 지부결성을 주도한 교사에 대한 중징계와 형사고발을 지시하였다. 정부의 전교조 탄압에 대한 대응을 위해 전민련 등 23개 재야단체는 '전교조 탄압저지와 참교육실현을 위한 범국민공동대책위원회'를 결성하였다. 그러나 공안당국은 전교조 15개 지부에 대해 심야수색을 단행하여 교사 53명을 연행하였으며, 부산지부에서도 4명을 연행해 갔다. 한편 6월 27일에는 동삼초등학교에서 전교조활동을 하는 딸을 교장이 구타하고 좌경으로 매도하는 것에 격분한 분회장 이성림 교사의 부친이 목매 자살하는 사건이 발생하여 조합원 400여 명이 서부교육청에 몰려가 항의농성을 하였으며, 7월 23일 부산지역 시민사회 23개 단체회원과 전교조 교사 400여 명이 모여 전교조 부산지역 공동대책위원회를 개최하였다. 7월 28일 교사 650명 징계에 대응해 명동성당에서 단식농성에 돌입하였고, 29일 전교조 공대위 주최로 전교조 탄압저지와 참교육실천을 위한 범국민서명운동 발대식을 개최하였다.

전국택시노조연맹 부산지부 소속 76개 택시노조가 3월 23일 집

---

9 전국노동운동단체협의회가 5월 말 기준 구속노동자 수가 300명이 넘었음을 발표해 노동운동에 대한 탄압이 가혹함을 알렸다.

단쟁의발생신고를 하였다. 택시노동자들은 1984년과 1987년 투쟁에서 상징적인 투쟁을 전개하였지만 여전히 어용노조를 해결하지 못한 상태였다. 4월 17일 38개 택시노조 기사 200여 명은 어용지부 퇴진을 위한 택시노동자 궐기대회를 지부정상화추진위원회 주최로 개최하였다. 6월 12일에는 20개 택시노조 100여 명의 기사들이 모여, '89 택시기사 완전월급제 쟁취 대책위 발기인대회'를 개최했다. 6월 16일 영남택시는 파업 70일 만에 월차 및 경조휴가 시 정상근무 인정과 파업기간 기본급 100% 지급에 합의하여 타결하였으나, 6월 22일 동광택시, 동승택시, 덕포택시 노조위원장 4명이 구속되고, 3명이 수배되었다. 6월 29일에는 부산기사연합회 소속 500여 명의 택시기사들이 노총본부가 있는 노동복지회관 앞에서 '완전월급제 쟁취 및 노동운동 탄압 규탄대회'를 개최하였다. 택시노동자들은 구속자 석방 요구와 사납금 인상저지 투쟁을 결의하고 범내골까지 가두행진을 진행했다. 이어서 7월 25일 가성택시노조는 자체적으로 임금동결대책위원회를 조직하여 수납창구를 봉쇄하고, 1만 원 사납금인상분 납부거부를 실행하여 하루 만에 사측이 인상조치를 철회하도록 하였다. 이후 11월 2일 진택시, 대주산업 등 17개 택시노조는 단체협약의 '지역적 구속력' 조항 적용에 반발하여 임금교섭을 독자적으로 추진하는 등 다양한 투쟁을 전개했으나, 오랜 숙원이었던 어용지부 민주화는 이루지 못했다.

섬유업이나 신발업과 같은 여성 중심 사업장의 노동탄압은 더욱 심했다. 5월 27일 국제방직 조합원 1천여 명이 노조총회 보장과 해고자복직 요구, 구사대폭력에 대한 항의농성을 전개했다. 또 6월 2일에는 어용노조가 장악하고 있던 국제상사에서 노동자 500여 명이 작업환경 개선 등 16개항을 요구하며 작업을 거부하고 농성에 들어갔다. 6월 5일에는 신발제조업체 삼화에서 부산노동자연합 회원과 노동자들이 삼화에서의 부당해고와 부산노동자연합 사무처장 폭행사건에 항의 중 6월 1일과 5일 두 차례에 걸쳐 삼화 구사대 150여 명에게 30여 명의 노동자들이 감금과 집단폭행을 당했으며, 대한조선공사노조 임금대책부장의 코뼈가 내려앉고, 이에 항의하던 김영수 목사도 폭행을 당했다. 이 소식을 접한 대한조선공사노조 2천여 명의 조합원들이 삼화고무 구사대의 폭행에 항의하기 위해 6월 7일 삼화의 정문에서 폭력규탄 항의농성을 전개했다. 그러는 와중에 삼화 금사공장에서는 주부노동자 2명이 작업 중 과로로 사망하는 사건도 발생하였다.

아폴로제화에서도 투쟁으로 7월 8일 노조위원장 등 9명이 구속되고, 12월 16일 해고노동자 2명(우상태, 이성중)이 잇달아 납치되어 감금된 상태에서 집단구타를 당하는 사건이 발생하였다. 그리고 12월 19일 구사대원이었던 이한민이 지난 4월에 일어난 네 차례의 노조간부 감금폭행사건은 사측의 지시에 따른 것이라는 양심선언을 하여 노무과장 등 5명이 구속되기도 했다. 부영화학에서 노조결성에 반발해 회사가 휴업하자 노동자 200여 명이 11월 18일 민주노조 인정을 요구하며 농성에 돌입했다. 12월 12일 조합원 단식 6일째, 조합원 김두성이 투신자살을 기도하였으나, 16일 위원장이 사측과 일방적으로 합의 후 사퇴함에 따라 다수 조합원들이 회사로 복귀할 수밖에 없었다. 이후 부영화학노조는 부산고등법원에 노조설립신고 반려처분 취소 소송을 제기했다.

노동조합의 파업 등 투쟁에 대해 직장폐쇄 및 집단해고를 통해 노조를 압박하는 사례도 많이 발생하였다. 세신실업에서 1월 20일, 양지금속에서 파업 10일째인 5월 2일, 만호제강에서 5월 7일, 대형선망수협 산하 33개 수산회사에서 5월 10일, 한독병원에서 파업 10일째인 5월 13일, 대성철강에서 5월 22일, 태평양밸브에서 6월 25일, 영남화학에서 7월 11일에 연이어 직장폐쇄 신고를 하였다. 성일기계에서는 3월 25일 임금교섭 무성의에 노조원들이 태업 등 준법투쟁에 들어가자 조합원 72명을 집단해고한 후 사장이 잠적하였다. 만호제강에서는 파업 50일째인 5월 22일에 구사대들이 폭력을 행사하였으나 노동자들이 단결하여 물리치기도 했다. 동진에서 제1사업부 노조파업 결정에 맞불을 놓는 의미에서 사측에서 122명에 대해 해고 예고를 하여 노조가 부당노동행위구제신청과 함께 파업농성을 진행하자 6월 20일 파업 11일째 되는 날 사측은 폐업 조치하였으며, 7월 7일 조합원 122명 등 195명의 노동자를 전원 집단해고하고, 영업을 전면 중단하였는데, 중앙노동위원회에서는 9월 20일 해고된 노조원 전원에 대해 원직복직을 판정하였다.

6월 25일에는 양산 태평양밸브노조에서 단체협약체결과 임금인상 요구에 대해 회사 측이 직장폐쇄 신고를 하기도 했다. 풍년산업에서는 6월 30일 노조 결성을 주도한 노동자 14명을 집단해고하였다. 같은 날 대한조선공사에서는 특수도장, 대능건설, 조공중기의 협력업체 조합원들이 사측으로부터 올해 체결된 단체협약안과 임금인상안의 적용이 거부당해 파업에 돌입했는데, 특수도장에서 조합탈퇴를 강요하였고, 노동자들이 이를 거부하자 폐업공고를 하였다. 이에 대해 조선공사노조는 협력업체에 대한 차별대우 철폐를 요구하면서 파업투쟁에 돌입하기로 결정하였다. 7월 11일 영남화학에서도 노조결성 때부터 탄압을 계속하다가 노조가 파업에 돌입하자 직장폐쇄를 단행하였다.

병원업종에서도 노조탄압이 강도 높게 진행되었다. 8월 31일 세상병원에서는 해고된 노조부위원장과 사무장이 노조를 파괴하기 위한 부당해고를 주장하며 농성에 들어갔다. 메리놀병원에서는 사측이 노사합의각서를 백지화하고 노조를 와해시키기 위해 노조간부 11명을 고발하였고, 파업 12일째인 9월 12일 공권력을 투입하여 노동자 40여 명을 강제해산하고 경찰에 연행했다. 남천병원에서는 9월 30일 임금교섭이 결렬되면서 노조가 파업에 들어가자 사측은 즉시 직장폐쇄와 함께 전체 노동자 109명을 해고했다. 병원노련 부산지부는 10월 28일 남천병원, 세강병원, 대동병원 등의 집단해고와 위장폐업 등에 대해 논의하고 병원민주화를 촉구하면서 중소병원 노조탄압분쇄 결의대회를 개최하였다. 그러나 남천병원 사측은 10월 30일 자로 노동자 105명을 전원 해고하고 폐업신고를 하였다.

부산지역의료보험에서는 12월 2일, 36일째 농성 중인 현장에 경찰 6백여 명이 조합원 82명 전원을 연행하였으며, 12월 5일 국제통운노조는 부당징계철회를 요구하면서 조합원 50여 명이 9일째 철야농성을 전개하였으며, 극동호텔에서는 9월 22일 일방적으로 폐업을 결정하여 통보하고, 직원 생계에 대한 대책 없이 호텔을 매각해 조합원 83명이 반발하는 사건이 발생했으며, 파라다이스비치호텔에서는 10월 24일 민주노조 추진 조합원 서명운동이 전개되자 주동자에 대한 해고를 단행했다. 12월 9일 지방노동위원회가 '이력서 허위기재로 해고한 것은 부당하다'는 판정을 내리고 복직을 명하였으나 사측이 거부했다. 대림기업은 12월 28일 준법투쟁을 주도한 노조간부를 업무방해 등으로 고발하고 해고하여 노조원 200여 명이 노조 와해 음모라고 반발했다.

한편 고려부산노조는 연대투쟁과 단위사업장투쟁에 따른 노동탄압으로 구속, 구류, 해고 시 통상임금의 100~150%를 노조에서 지급하기로 해 정부와 자본의 노동탄압에 맞서는 투쟁여건을 만들기도 했다.

나. 임금인상(임금체불해소) 및 단체교섭 투쟁

천일화학에서 1월 20일 부도가 발생하여 노동자들이 대표를 선출해 임금확보에 나섰으며 동해화성에서도 2월 2일 부도가 나 600여 명의 노동자의 임금 및 퇴직금 4억 원이 체불되었다. 성일기계에서는 3월 25일 임금교섭에 무성의한 사측에 노조원들이 태업 등 준법투쟁으로 맞서자 조합원 72명을 집단해고한 후에 대표이사가 잠적하였으며, 청송산업에서도 임금체불 후에 대표가 잠적했다.

4월에 접어들면서 쟁의발생 사업장이 늘어나기 시작해 1989년 한 해 동안 꾸준히 쟁의발생 신고가 이어졌다. 양지금속노조가 4월 11일, 부산주공노조, 일동정기노조, 메리놀병원노조, 백병원노조가 15일, 동국제강노조가 20일, 동신전자노조가 5월 8일, 삼창노조와 한일정공노조가 9일, 고려종합운수노조와 동부고속노조가 6월 20일, 천일정기화물노조가 7월 13일 쟁의발생 신고를 하였다.

7월 14일 자동차노련이 월 642,760원 동일 월급을 요구하면서 6대도시 시내버스노조가 쟁의 신고를 하였다. 상여금 인상과 징계위원회 노사동수 등 17개항에 대해 결렬된 화성노조가 8월 18일, 단체교섭 거부와 노조와해 공작에 대응해 태평양상사노조가 10월 13

일 쟁의발생 신고를 하였다.

쟁의발생 신고와 함께 파업 등 투쟁사업장도 확대되었다. 신동
금속노조가 3월 28일 기본급 5만 7천 원, 양산 이전에 따른 생산장
려수당 3만 원 지급을 요구하면서 파업에 돌입하였다. 태평양화학
노조도 4월 11일 임금 7만 원 인상, 상여금 700%, 직제개편을 요구
하며 전국 각 지부별 파업에 돌입했다. 4월 26일에는 대동조선노조
가 파업에 돌입했고 부산수산노조도 전 선원 정액 9만 원 인상과
상여금제도 신설 등을 요구하며 대형선망선원 4천여 명이 파업 및
농성에 돌입했다. 한국금속노조와 한독병원노조가 잔업거부, 집단
월차, 생리휴가 등 준법투쟁에 돌입하였다. 준법투쟁에 들어간 한
독병원이 5월 5일부터 파업에 돌입하였으며, 파업 10일째인 13일에
사측에서 직장폐쇄를 하자 노조원이 철야농성에 들어갔다. 5월 5일
백병원과 메리놀병원에서는 계속 파업을 이어갔다. 6월 22일 정부
가 시중은행의 임금합의안을 한 자릿수로 제동하려고 하여 잠정합
의한 20.6% 인상안이 백지화될 위기에 처하게 되자 은행노조는 총
파업을 불사하겠다는 입장을 밝혔다. 부산공대협은 메이데이인 5
월 1일 '노동절 100주년 기념 부산 · 울산 · 양산지역 노동자 · 학생
대회'를 개최해 4천여 명이 참가했는데, 가두시위를 전개해 345명이
연행되었다.

임금 및 단체교섭 타결과정을 내용을 중심으로 보면, 부산지하
철노조는 1988년 노조가 결성된 후 1월 23일 직원 확충과 8시간 근
무제 등을 요구한 단체교섭이 결렬되자 쟁의발생 신고를 내고, 27
일 단체협약 즉각체결을 요구하는 집회를 개최하였다. 또한 2월 3
일 파업에 돌입하고 8일 지하철 운행을 전면 중단하기로 결정하였

다. 이에 대해 부산지방노동위원회가 직권중재 결정으로 파업을 불허하자 노조는 지노위의 직권중재를 거부하고 파업을 강행할 것을 결의하였으나, 2월 8일 노사는 정원확충과 8시간 노동제를 추후 실시하는 것으로 단체협약을 체결하여 타결했다. 연합철강노조가 오랫동안 투쟁하던 끝에 1월 31일에 분규기간 무급처리 대신 생계보조금 및 상여금 지급을 하는 조건으로 정상조업에 합의하였다. 고려화약노조가 2월 22일부터 체불임금에 대해 재무구조 공개를 요구하면서, 체불임금 지급, 임금 35% 인상, 노조활동 보장 등을 요구하며 한 달째 파업을 했다. 노조는 파업기금 마련을 위한 1일 찻집 행사도 진행하는 등 투쟁을 전개해 파업 80일째인 5월 8일 기본급 52,000원 인상 등의 내용으로 합의했다.

대한조선공사노조도 1989년 임금인상투쟁을 앞둔 2월 23일 사측에서 3월 중 매각방침을 발표하는 등 긴장을 고조시키다가 5월 8일부터 전면파업에 들어가면서 서울신탁은행 각 지점 업무마비투쟁을 함께 전개하기도 하였다. 대한조선공사는 결국 5월 15일 한진그룹이 인수하여 한진중공업으로 사명이 바뀌었고, 6월 16일 대한조선공사노조는 파업 41일 만에 한진그룹 측과 정액급여 63,000원 인상 등에 합의하여 조업을 재개하였다.

만호제강노조는 3월 20일 단체교섭을 15차까지 진행했으나, 상여금 600%, 임금 총액기준 지급, 퇴직금 누진제, 징계위 노사동수 구성 등 26개 조항이 미타결되면서 쟁의발생 신고를 하였으며, 교섭위원 16명 전원이 삭발투쟁을 결의하였다. 이어서 4월 1일부터 3개 공장 노동자 975명이 사업장별로 전면파업에 돌입하여 7월 3일 파업 92일 만에 파업기간 생계보조금으로 20만 원 지급, 46시간 근무에 47시간분 임금지급 등 3개 쟁점사항의 수락으로 단체협약을 체결하였다. 그러나 사측은 5월 7일 직장폐쇄 신고를 하고, 5월 22일 파업 50일째 구사대폭력도 행사했으나 노조가 물리쳤고, 6월 23일에는 단체협약안 최종합의 중에 사측이 파업 중 임금전액지급조항을 거부하자 노동자 100여 명이 협상장에 시너를 붓고 노사 대표들을 감금하는 사태가 발생하여 사측이 강압에 의한 합의사항 무효로 규정하고 주동자 9명을 고발해 26일 김영준 위원장 등 8명의 노조간부가 구속되었다.

원림상사노조는 3월 27일 파업 43일차를 맞이해 특별상여금 100% 지급과 파업 중 임금 100% 지급을 요구하면서 노조집행부 10명이 삭발 단식투쟁에 들어갔다가 4월 3일 특별상여금 1인당 15만 원, 노종조합에 위로금 3백만 원, 파업기간 임금 80% 지급 등을 쟁취했다. 수산노조 대형선망선원들이 파업 23일째인 5월 16일 정액 77,000원 인상과 파업기간 임금 100% 지급으로 분규를 타결했다. 한국노총 고무노련의 신발분과위원회 소속 20개 노조도 4월 18일 임금교섭에서 기본급을 16.2% 인상하였다.

5월 5일에는 한국금속노조와 부산주공노조, 고려제강노조, 동국제강노조, 고려노조, 미진금속노조 등이 협상을 타결했으며, 5월 11일에 동아건설 부산지부와 항만하역업체인 동성실업이 임금협상을 타결했다. 그리고 수산노조 대형선망선원들이 파업 23일째인 5월 16일 77,000원 인상과 파업기간 임금 100% 지급으로 분규를 타결했다.

③ 1989년 부산지역 노동운동의 특징

노동자들의 임금인상투쟁의 결과 1989년에도 예년에 비해 높은 임금인상을 획득했다. 노동부 통계에 따르면 1989년 6월 말 기준 종업원 100명 이상 사업장 6,801개 중 임금교섭이 타결된 사업장 6,620개의 평균임금인상률은 18.0%로 1988년 같은 기간의 평균인상률 13.5%보다 높았다. 문제는 1989년에도 규모별 임금상승률의 격차가 확대되는데 생산직노동자의 경우 1988년 1/4분기에 10~99인 규모가 18.1%, 100~499인 규모가 18.2%, 500인 이상 규모가 20.0%의 상승률을 보였다. 2/4분기에는 10~99인 규모가 21.9%, 100~499인 규모가 27.5%, 500인 이상의 규모가 32.1%의 상승률을 보였다(한국노동연구원, 1989: 분기별 노동동향분석). 이러한 현상은 규모별 노조의 교섭력과 이윤율 등의 격차에 기인하는 것이었다. 한편 노동부는 '1988년 조업단축 및 휴폐업한 10인 이상 고용업체 2,292개 대상으로 조사한 결과 경영난의 원인인 임금인상은 3.3% 뿐이고 판매부진이 50%라고 밝혀 임금인상이 경영난의 원인이 아님이 밝혀지기도 했다. 또한 8년간 실질임금상승률 5.9%로 노동생산성상승률 12.1%의 절반수준에 불과하였다.

한편 노동운동에 대한 정부의 탄압도 노골화하였다. 노동부는 언론노련, 병원노련의 노조설립신고에 대해 한국노총 상급단체에 미가입하여, 조직의 중복을 이유로 반려하였으며, 5월 30일 '단체협약 체결 시 노조원 승인 불필요' 지침을 시달하여 노동계가 크게 반발하였다. 노동부는 더 나아가 노조가 단체협약안을 조합원 찬반투표에 부칠 경우 사용자가 교섭을 기피하는 것은 부당노동행위가 아니라는 유권해석까지 하여 민주노조 운영에 대한 침해로 반발을 사기도 했다.

또 정부는 공권력에 의한 물리적 탄압도 강화하였는데, 6공화국 들어 시국구속자 2,094명(하루 3.8명)으로 5공화국 때보다 갑절 늘어났으며, 1989년 10월까지 1,300여 명의 시국관련 구속자 중에 노동자가 400여 명으로 지난해보다 4배 가까이 늘어나 노동운동에 대한 공권력의 강경대응이 집중되었다는 것을 보여주었다. 또한 청와대, 안기부 등 11개 기관으로 대책협의기구를 구성하여, 전경련부터 반상회까지 동원하여 전 국가체제를 전교조 탄압기구로 악용하였으며, 홍보비 등 대책비에 전경련이 18억 원을 기탁해 자본과 정권이 결탁하여 전교조와 노동운동을 탄압하였다. 한편 정부는 6월 19일 '하반기 경제종합대책'을 발표하여 임금인상 요구를 한 자릿수로 억제할 필요성을 강조하고, 무노동무임금을 정착시키기 위해 국민임금조정위와 노사교육협회를 설치키로 하였다. 또 11월 16일 경총, 전경련, 상의, 무역협회, 중소기업중앙회, 은행연합회 등 6개 단체는 전국경제단체총협의회의 결성을 추진하기로 하였다. 이것은 노동운동에 대해 좌경폭력으로 매도하고, 노동쟁의 차단과 공권력 확보를 겨냥한 것이었다. 부산지방노동위원회는 부산지역 사용자의 부당노동행위가 64%나 늘어났다면서도 이유 있다고 한 구제판정은 12건에 불과했다. 이는 공안정국 분위기에 편승한 것에 기인하여 더욱 가혹해진 노동탄압을 정부가 앞장서서 했다는 것을 의미하는 것이었다.

노동운동에 대한 정부의 개입과 탄압에도 불구하고 노동부의 집계에 따르면 상반기 중 전 산업에서 1,120건의 노동쟁의가 발생해 1988년 대비 44.1% 증가하였고, 평균임금인상률도 18.7%로 나타나

한 자릿수 임금억제정책도 실패하였음을 알 수 있었다. 또한 쟁의 업체 83%가 파업기간에 임금을 지급해 무노동무임금 정책이 노조의 투쟁으로 무력화되었다는 것을 보여주었다. 노동연구원의 조사에서도 사용자, 노조 60%가 정부의 쟁의 개입이 노사관계 안정에 도움이 안 된다고 조사되었다.

9월 20일 문교부 국정감사에서 전교조 탄압에 11개 부처가 동원되었음을 이철 의원이 폭로하였다. 청와대, 안기부 등 11개 기관으로 대책협의기구를 구성하여, 전경련, 반상회까지 동원하여 전 국가체제를 전교조 탄압기구로 악용하였다. 청와대 대책협의회에서 1989, 1990년 대책 홍보비 45억 원을 쓰기로 했고, 전경련은 18억 원을 기탁하여 자본과 정권이 결탁하여 전교조와 노동운동을 탄압하였다.

1989년 임금인상투쟁은 공동연대투쟁, 대규모 공권력투입, 5월 총파업위기설 등으로 국민의 관심사로 떠올랐지만 4~5월을 정점으로 활발하게 진행되던 투쟁은 6월 들어서 쟁의건수가 점차 줄어들기 시작했다. 문익환 목사 방북과 이에 대한 공안당국의 전면수사 확대, 동의대 사건으로 인한 여론의 악화와 정부 사용자의 경기침체에 따른 경제위기설 유포 등의 영향이었다. 그럼에도 불구하고 노동자들은 높은 임금인상을 쟁취하였다.

1989년 노동운동의 특징은 다음과 같다. 첫째, 자본과 정권이 공권력과 이데올로기 차원에서 본격적으로 노동운동을 탄압했다. 둘째, 이러한 조건에서 지역별노조협의회가 대부분 지역에서 갖추어지고, 업종별협의회도 대부분 업종에서 갖추면서 민주노조운동 진영은 연대투쟁을 통해 본격적인 상급단체를 조직하기 시작했다. 셋째, 한 자릿수 임금억제 정책에도 불구하고 두 자릿수의 임금인상률을 기록하며 노동자들의 소득수준을 높이는 데 기여했다. 그러나 규모별 임금격차는 노동조합 조직력의 차이와 기업별 이윤율의 차이 등으로 심화되었다.

2) 노동법개정운동

1987년 노동자대투쟁에서 보여준 노동자들의 투쟁방식은 당시로서는 불법파업이었다. 합법적인 파업이 되기 위해서는 일반사업장은 30일, 공익사업장은 40일간의 냉각기간을 거쳐야 한다는 것을 지키면 파업이 불가능하다는 것을 이미 알고, 선투쟁 후교섭의 방식을 사용했던 것이다. 따라서 1987년 노동자대투쟁을 통한 노동자들의 권리선언은 기존 헌법과 노동법체계에 대한 심각한 부정이었고, 더 이상 법이 현실을 규정할 수 없다는 사실이었다. 이런 상태를 방지하기 위해서는 정권도 법 개정에 나설 수밖에 없었고, 노동자 또한 확보된 권리를 법적으로 인정받고자 했다.

당시 노동자들의 요구는 임금인상과 억압적 노무관리 철폐, 어용노조 퇴진과 민주노조 건설이었다. 이 세 가지 중 가장 중요한 사항은 당연히 민주노조 건설이었다. 민주노조라는 조직이 담보되어야만 임금인상도, 억압적 노무관리도 해결할 수 있다는 의식으로 발전하였다. 따라서 1987년 노동자대투쟁 이후 노동법개정의 과제는 노동조합의 쟁의권 확보와 노조설립의 자유, 한국노총이 아닌 민주노조의 독자적 상급단체를 법적으로 보장받는 것이었다.

정부는 1987년 노동자대투쟁을 계기로 종래의 권위적·노동배제적 정책을 바꾸지 않을 수 없어서 1987년에 노동법을 개정했다. 그러나 노동자대투쟁의 핵심주체였던 민주노조 진영은 법 개정과 정에 주체로 등장하지 못했다. 왜냐하면 민주노조세력이 노조를 확 대하고 지역단위의 연대를 강화하는 작업에 치중하여 노동법개정 과정에 조직적으로 개입할 수 없었고(노중기, 1995: 154), 노동법 개 정의 주체인 노동부는 제5공화국의 정권의 일부였으며, 국회도 노 동자들의 요구를 수용하기보다는 연말에 있을 대통령선거에 집중 하고 있어서 노동자대투쟁의 요구를 전폭적으로 수용할 수 없었기 때문이었다.

그럼에도 1987년 개정노동법은 노동조합법의 경우 노조설립이 보다 자유화(노동조합 설립형태의 자유화, 노조설립 요건상의 규제완화, 노조설립신고증 교부기간의 단축, 설립신고 서류 간소화 등)되고, 노조에 대한 행정관청의 간섭이 제한(규약의 변경·보완명령, 결의 및 처분의 시 정명령, 노조임원의 자격제한 폐지, 노조해산명령제의 폐지 등)되었으며, 단체교섭 위임절차 간소화 및 단체협약 유효기간 2년, 임시총회의 소집절차 원활화, 유니온숍의 허용 등으로 개정되었다. 노동쟁의조 정법은 쟁의행위의 제한사항 완화와 노동쟁의조정제도의 개선[10] 방 향으로 개정되었다(최영기, 2001: 214).

한편 한국노총의 입장에서 볼 때 민주노조운동에 대한 입지의

---

10 쟁의행위 제한사항 완화는 공익사업의 범위 축소, 쟁의행위 금지대상의 축소, 냉각 기간 등 쟁의행위 제한기간 대폭축소 등이 개정되고, 노동쟁의조정제도의 개선은 노동쟁의신고에 대한 행정관청의 적법성 심사제의 폐지, 알선기능의 노동위원회로 의 이관, 알선기간의 폐지, 당사자 합의에 의한 중재위원 선정, 임의조정제도의 도 입 등이었다.

불안감이 있었고 어용노조의 시비가 늘 따라다녔다. 때문에 노조설립에서 복수노조 금지규정이 강화됨으로써 입지가 강화된 측면도 있었다.

민주노조진영이 법 개정에 관심을 갖기 시작한 것은 1988년 5월 경부터였다. 1987년 노동법이 노조설립 및 노동쟁의의 조건을 다소 완화하기는 했지만 여전히 노동자들의 단결과 투쟁을 심각하게 제한하고 있다고 인식했다. 1988년에 들어 10월 18일까지 발생한 노동쟁의 1,657건 가운데 합법적인 것은 314건에 불과하며 81.1%에 달하는 1,343건이 불법쟁의였다. 노동자들은 5월에 들어서 경고장 발급, 연행과 구속 등 노동자 탄압이 급증하자 임금인상투쟁, 노조탄압저지투쟁 등 당면의 직접적인 문제를 내건 투쟁을 넘어서 탄압의 수단이 되고 있는 노동법 개정을 위한 투쟁으로까지 나아가지 않으면 안 된다는 것을 느끼게 되었다(최영기, 2001: 219).

1988년 4월 총선에서 여소야대 국회가 만들어졌고 노동자들은 이때를 놓치지 않았다. 5월이 되자 현대엔진노조 탄압저지투쟁을 위해 모였던 '노조탄압저지 전국노동자공동대책협의회(이하 공대협)'(이후 전국노동운동단체협의회로 개편) 주도로 노동법 개정투쟁을 시작했다. 6월 13일 결성된 '노동법개정 전국노동조합 특별위원회(이하 노조특위)'를 서노협 사무실에 설치하고 '노동법개정 공청회'를 개최하여 노동법 개정안을 발표했다. 7월 29일 노동관계법 개정을 위한 야3당 합동공청회가 열렸는데 여기서 만들어진 노동법 시안에는 한국노총이나 정부의 의견보다는 공대협의 요구가 반영되었다. 공대협과 노조특위는 나아가 전국의 노동자를 노동법개정으로 묶어 세웠다. 두 조직은 '전국노동법개정투쟁본부'를 조직하고

10월 9일 북한산(수도권), 화왕산(영남권), 대둔산(호남권)에서 노동법개정을 위한 등반대회를 개최했다. 여기에 1만여 명의 노동자가 참여했다. 부산지역노조연합회는 노동법개정운동을 위해 일찍부터 노동법개정투쟁위원회를 두고 실무진을 꾸려왔으며, 9월 30일과 10월 5일에 노동법 개정문제를 두고 노동자교육 행사를 개최했다.

이어 11월 13일에는 연세대에서 5만여 명의 노동자가 참여한 가운데 '전태일 열사 정신계승 및 노동악법 개정 전국노동자대회'를 열었다. 노동자들은 피로 쓴 '노동해방' 현수막을 앞세우고 "악법철폐!", "노동해방!"을 외치며 국회의사당으로 행진했다. 이날 전국 5만 노동자들의 투쟁은 한국노동운동사에 길이 남을 역사적 투쟁이었다. 투쟁을 통해서 전국의 노동자들은 하나로 단결했으며, 노동자계급이 한국 사회운동의 중심으로 나서 그 지위와 역할을 다할 수 있음을 보여주었다.

노동법개정투쟁의 열기는 지속되어 12월 4일 부산에서 800여 명의 노동자가 참석하여 '노동악법개정 투쟁보고 및 노조탄압분쇄결의대회'를 개최했다. 이후 선봉대가 민주당점거농성을 벌여 결국 12월 정기국회에서 노동법을 개정토록 하겠다는 민주당의 약속을 받아냈다.

1988년 노동법개정투쟁은 두 가지 점에서 의미가 크다. 우선 조직적 측면에서 전국의 노동자들이 한곳에 모여 한 목소리를 낸 투쟁을 만들어냈고, 전국노동자대회가 끝난 후 '지역업종별노동조합 전국회의'를 결성하는 계기가 되었다. 전국회의는 이후 전노협 건설에 매진하였다. 이후 비록 정권의 거부권 행사로 무산되고 말았지만 야당을 노동자의 힘으로 강제해 1989년 3월 임시국회에서 노동법 개정안을 통과시켰다. 노동법 개정을 정당 간 협상이나 국회 논의에 맡겨두지 않고 대중투쟁으로 강제한 결과였다.

3) 지역별·업종별 연대투쟁과 부산노련 결성

1987년 노동자대투쟁의 시발점이 되었던 현대엔진노조에 대한 정권과 현대재벌의 탄압은 상상을 초월했다. 노동자대투쟁으로 구속된 권용목 위원장이 석방되자마자 사측은 해고를 단행했다. 그러나 해고의 효력을 다투는 중일 때는 조합원의 자격이 있다는 법 조항에 근거해 권용목은 위원장후보로 등록하여 95.7%라는 압도적인 지지로 위원장에 당선되었는데, 사측은 이에 대해 입후보자격 가처분신청을 냈고, 울산지원은 이를 그대로 통과시켰다. 이에 현대엔진노조는 굴복하지 않고, '현 집행부 인정, 해고자 원직복직'을 내세우며 집행부 단식농성과 파업농성을 전개하였다. 전투경찰과 백골단은 분말소화기, 쇠파이프, 사과탄, 전자봉, 가스총, 심지어 칼빈소총까지 동원하여 폭력을 휘둘렀다. 또한 언론은 재벌의 앞잡이가 되어 노노 간 싸움으로 날조 보도하였다. 이에 노동운동단체들은 현대엔진의 문제는 개별사업장의 문제가 아닌 전체 노동조합에 대한 탄압과 직결되는 것이라고 판단하여 2월 27일 현대엔진민주노조탄압 규탄 영남지역공동대책협의회를 구성하고 4월 2일 부산에서 지역노동자 1천여 명이 참가하는 집회를 개최하였다. 자본과 정권의 탄압을 이겨내기 위해서는 민주노조의 연대가 불가피한 상황이었다.

부산에서도 1987년에 신규 결성된 노조들은 노동자대투쟁 1주년을 맞아 연대투쟁의 성과인 민주노조협의회 건설을 논의하였다. 1988년 8월 6일 강남병원노조사무실에서 동아건설, 부산지하철 등 17개 노조위원장과 간부들이 모인 가운데 '부산지역노조연합회'를 결성하고, 김덕갑 동아건설부산지부장을 의장으로, 성요사, 만호제강, 고려피혁, 동진, 대륙레미콘, 대우정밀노조위원장 등을 부의장으로 선출하였다. 부산노동조합연합회는 부산, 양산, 김해의 노동조합을 가입대상으로 하였으며, '지역과 업종에 구애됨이 없이 전국적으로 통일된 연대를 구축하고, 노동악법 철폐와 노동운동탄압분쇄를 위해 공동투쟁하고, 근로조건개선, 노동시간단축, 생활임금쟁취를 위해 공동으로 노력하며, 민주복지사회를 위해 민주세력과 연대한다'는 등의 5개항의 강령을 채택했다.

이러한 연대투쟁은 1989년에 접어들면서 보다 구체적으로 진행되었다. 노태우정권이 노사자율교섭 원칙을 포기하고 공권력 투입을 공식적으로 천명하면서 노동운동에 대한 탄압을 강화했기 때문이었다.

첫 번째 포문이 1월 4일 파업농성 중이던 풍산금속 안강공장에서 열렸다. 노태우정권은 공권력을 투입하여 노동자 7명을 구속하고 6명을 불구속하였다. 1월 8일에는 현대중전기 노조원, 해고자 23명이 현대해고자복직실천협의회 사무실과 모임을 갖고 있던 산장에서 괴한 34명에게 집단폭행을 당하는 사건이 벌어졌다. 이로인해 현대엔진노조위원장 권용목 등 다수가 입원하였다. 이 사건은 현대그룹이 주도하고 공권력이 개입했다는 의혹이 제기되어 야당에서 현대그룹 노조원 테러사건 관련 국회 내무위원회와 노동위원회를 소집하여 진상규명을 촉구하였다. 그리고 1월 15일 노동운동

탄압분쇄 및 테러만행규탄 전국노동자대회를 전국노동법개정 및 임금인상투쟁본부가 개최하였다. 여기에는 현대그룹 11개 계열사와 서노협을 비롯해 인천, 대구, 경북, 부산, 마창 등 10개 지역노조협의회, 삼성, 대우, 풍산금속 노동자, 재야인사 등 3만여 명이 참석하여 울산시청을 거쳐 공업탑 광장까지 가두시위를 하고 정주영 재벌과 군부독재 화형식을 하였다.

이후 현대그룹 노동자들은 자본과 정권의 노동탄압에 맞서 시민과 학생 등 제 민주세력과 연대하여 불굴의 투쟁을 하였다. 1989년 3월 30일 파업 110일째 되는 현대중공업에서 1만 4천여 명의 병력 투입과 함께 헬기와 군함까지 동원한 공권력의 기습진압은 육해공 전시작전을 방불케 하였다. 이에 파업농성자들은 오좌불 숙소로 농성장을 옮겼으나 백골단이 재진압을 개시하여 무차별 폭행하고 5백여 명의 조합원을 연행하였다. 이에 현대그룹 계열사 노동자들도 투쟁에 동참하였고, 그 여파는 전국적으로 확산되었다. 4월 4일 현대중공업 진압 전경의 양심선언까지 이어졌으며 현대중공업 어용노조 서태수 위원장은 사퇴하였다. 그러나 정부는 4월 5일 현대중공업 오좌불 농성장에 대해 또 강제해산을 시도하였다. 6일에는 현대노동자 석방대회를 경찰이 봉쇄하여 무산시키자 시민과 학생들이 가세하여 17일째 시위와 농성을 이어갔다. 전대협은 결사대 70명을 파견하고, 각지의 현대영업소와 파출소를 계속 피습하였다. 그리고 4월 8일에는 현대중공업 시민대책위원회가 정주영 회장과의 직접 협상과 경찰병력 철수를 주장했다.

부산에서도 1989년 연초부터 탄압에 맞선 연대투쟁이 진행되었다. 1월 5일 풍산금속 동래지부는 전날 안강공장에 공권력이 투입된 것에 대해 강력하게 항의하고 구속자 석방과 수배해제를 요구하였다. 그리고 풍산금속 노조탄압공동대책위원회를 결성하고 공권력 동원에 연대투쟁을 벌일 것을 다짐하면서 조업중단을 하였다. 또한 전국적인 공대협에 맞춰 「노조탄압저지 및 임금인상 완전쟁취를 위한 부산·양산·김해지역 공동대책협의회」(이하 공대협) 결성 및 대우정밀 파업지지를 위해 부산, 양산, 김해지역 노동자 단결대회를 1월 22일 1천여 명의 노동자들이 모여 개최했다. 공대협은 2월 15일 이성도 공대협의장 및 구속노동자 석방을 위한 노동자궐기대회를 열고, 노조탄압중지, 임금인상완전쟁취, 구속노동자 석방, 노동악법개정, 독점재벌타도 등을 요구하며 사상에서 평화시위를 벌였다.

2월 19일에는 전국적인 '노동운동탄압분쇄 및 노동악법 반민주악법 철폐를 위한 전국노동자 궐기대회'에 따라 공대협 주최로 부산, 마산, 창원, 진주, 거제지역 노동자 5천여 명이 참가한 집회 후 격렬한 시위를 전개했다. 3월 10일에는 부산 공대협 주최로 '임금인상완전쟁취 및 노동악법 완전철폐 노동자 등반대회'를 동래산성에서 노동자 500여 명이 참석한 가운데 개최했다. 그리고 4월 9일에는 전국적인 '89공동임투 완전승리쟁취 및 노동운동탄압분쇄 노동자결의대회'에 따라 1,500여 명의 노동자들이 참석하여 집회 후 가두시위에 나섰다가 21명이 연행되었다.

상반기의 연대투쟁을 기반으로 하반기에 들어서면서 부산지역에서도 보다 대중적인 방식으로 지역단위 연대조직의 결성에 대한 필요성이 높아져, 9월 30일에는 연대투쟁을 전개해 왔던 노조들이 전국적 연대조직를 위한 지역별 노조협의회인 '부산지역 노동조합총연합'을 결성하고 19개 노조가 참여하여 이성도 대우정밀노조 위원장을 의장으로, 이태득 한진 중공업노조위원상과 김영준 만 호제강노조위원장을 부의장으로 선출하였다. 그리고 10월 8일 전 노협 건설을 위한 노동자 등반대

부산노련 창립대의원대회
출처: 부산민주운동사 2(2021, 49)

회를 서울, 부산, 광주 등 3곳에서 1만 5천여 명의 노동자들이 모인 가운데 개최하고 11월 12일 전태일열사정신계승 전국노동자대회를 서울대에서 개최했다. 경찰이 원천봉쇄한 가운데 1,600여 명의 노동자를 연행하였지만, 서울 도심 곳곳에서 격렬한 가두시위를 전개했다. 11월 17일 지역·업종별 노조전국회의 산하 12개 지역노조협의회 소속의 200개 노조가 작업거부를 하고 노동자대회 봉쇄에 대한 항의차 임시총회 또는 규탄대회 등을 열었다.

한편, 경총, 전경련, 상의, 무역협회, 중소기업중앙회, 은행연합회 등 6개 단체는 노동운동에 대해 공동 대응의 필요성을 느끼고, 노동운동을 좌경폭력집단으로 매도하면서 노동쟁의를 사전에 차단하기 위해 공권력을 확보하는 것을 겨냥하여 경기대책을 발표한 뒤 서둘러 전국경제단체협의회를 추진하겠다는 입장을 발표하였다. 그리고 12월 23일 경제 6단체를 비롯해 80여 업종별 협회가 참여하는 경제단체협의회를 발족했다.

노동부도 경제단체의 움직임에 맞춰 12월 1일 경영·인사문제는 쟁의사유가 될 수 없다는 새 지침을 발표하였다. 이에 대해 전국회의와 13개 업종별협의회, 한국노총 등은 비난성명을 발표하였다.

〈표 7〉 지역별노조협의회 조직현황(1989년 11월)

조직명칭	결성시기	조합 수	조합원 수
서울지역노동조합협의회	88년 5월 29일	120	38,000
인천지역노동조합협의회	88년 6월 18일	78	9,900
부천지역노동조합협의회	89년 7월 22일	43	5,000
경기남부지역노동조합연합	88년 12월 28일	56	10,000
성남지구노동조합총연합	89년 4월 28일	79	11,000
전북지역노동조합연합	88년 8월 21일	28	7,000
광주노동조합협의회	89년 3월 5일	19	5,000
동광양노동조합협의회	89년 2월 18일	15	3,000
대구지역노동조합연합	89년 11월 8일	15	3,000
구미지역노동조합협의회	준비단계	7	25,000
울산지역노동조합협의회	준비단계	6	66,000
진주지역민주노조연합	89년 1월 17일	13	2,250
부산지역노동조합총연합	89년 9월 30일	60	15,000
마찬창원노동조합총연합	87년 12월 14일	40	33,000
거제지역노동조합협의회	준비단계	8	12,600
포항지역노동조합협의회	89년 2월 16일	38	17,440
대전지역노동조합협의회	준비단계	5	350
합계		630	263,540

출처 : 김진균, 2008, 28쪽

〈표 8〉 업종별 조직현황(1989년 9월)

조직명칭	결성 시기	조합 수	조합원 수	업종별 협의회의
사무전문직노동조합협의회	87년 11월 27일	125	40,000	가입
전국병원노조연맹	88년 12월 17일	126	24,000	가입
연구전문노조협의회	88년 7월 16일	54	17,000	가입
전국교직원노동조합	88년 5월 28일	단일노조	20,000	가입
민주출판노조협의회	88년 1월 19일	23	2,200	가입
건설노조협의회	88년 12월 10일	40	12,000	가입
시설노조협의회	89년 1월 28일	52	6,000	가입
외기노조협의회	88년 12월 11일	100	15,000	가입
언론노조연맹	88년 11월 26일	53	17,000	가입
대학노조협의회	88년 2월 1일	88	10,000	가입
지역의보전국협의회	89년 5월 13일	13	8,000	미가입
전국대학강사협의회	88년 8월 3일	단일노조		미가입
화물운송노련	88년 9월 12일	14	2,600	가입
합계		690	173,800	

출처 : 김진균, 2008, 28쪽

이들은 헌법에 보장된 노동자의 단체교섭권 유린이며, 노동쟁의조정법 제2조 노동조합법 제46조의 3에 배치되는 직권남용적인 노동운동 탄압이라고 규탄했다.

한편 전국회의는 12월 17일 전국회의를 해체하고 전노협 창립준비위원회(위원장 단병호)를 발족하고, 조직강화, 강령규약준비, 재정, 대외협력 등 4개 소위원회를 구성했다. 전노협창준위는 지도부 구속시 즉각 전국적 총파업을 단행하기로 하고, 홍보선전과 지지서명운동 등 5개항을 결의했다. 이에 대해 정부는 12월 28일 전노협 결성을 앞두고 단병호 위원장과 지노협의장들을 연이어 구속·수배 조치하였다.

이상의 지역별 업종별 연대투쟁은 자본과 결탁한 군사독재정권의 노동운동에 대한 탄압에 대항하기 위해 전개되었지만, 그 과정에서 지역별 노조협의회가 만들어지고, 업종별 협의회도 만들어지면서, 자연스럽게 새로운 민주노조의 단결체인 전국적 연대조직의 형성으로 나아가고 있었으며, 이는 전국조직노선에서 노총민주화나 민주노조의 독자적인 전국조직이냐의 논쟁이 있었지만 자본과 정권의 탄압에 대응하는 연대투쟁과정에서 자연스럽게 전국노동조합협의회(이하 전노협)의 결성으로 가고 있었다.

4) 부산 고무공장에서의 구사대 폭력

신발산업은 부산지역의 주력산업이었다. 노동집약적 산업인 데다 주로 OEM(주문자상표부착생산) 방식으로 생산을 했기 때문에 독자브랜드보다는 세계적인 유명브랜드의 하청기지로 저임금노동에 기초하고 있는 문제점을 안고 있었다.

1987년 7월 국제상사에서 노동자투쟁이 벌어졌을 때 사측은 덕포동시장과 사상 주변의 깡패들을 돈으로 매수하여 특수경비대라는 이름의 구사대를 구성해 파업농성을 파괴하기 위해 각목, 돌, 신골 등으로 농성노동자들에게 무자비한 폭력을 행사해 60여 명의 부상자가 생겼었다. 또한 농성에 적극 가담한 노동자들을 선별하여 지하실로 끌고 가 가둔 채 고춧가루를 먹이는 등 고문을 가해 사직서를 강요해 받아내는가 하면 농성이 끝난 이후, 경비원이 있음에도 불구하고 구사대가 뚜렷이 하는 일도 없이 현장 안에 머물러 있었다.

풍영의 경우도 1987년 8월 농성이 끝난 이후 안전관리, 축구부를 가장한 폭력배와 관리자들이 농성참가자 중 중심적인 30여 명의 노동자를 지하실에 감금하여 무차별 폭행을 가하고 해고시켰다. 심지어 이들은 폭행을 가하면서 혓바닥으로 땅바닥을 핥으라고 강요하고 혀에 흙이 묻었는지를 확인하는 비인간적 잔혹함을 보여주기도 했다.

화성의 경우 1987년 8월 투쟁과정에서 노동조합을 결성한 기업이지만 예외가 아니었다. 관리자들이 직접 나서서 노조를 만들었다는 이유 하나로 노조간부를 보일러실에 감금시켜 놓고 6시간가량이나 폭행을 가하면서 벌겋게 불이 달아오르는 보일러실에 떠밀어 죽여버리겠다는 협박을 하며 해고시켰다. 노동자들이 관리자들은 '공포의 관리자'라고 얘기하고 '지옥 같은 분위기'로 현장 내의 잔인성을 표현했을 정도로 구사대 폭력은 가히 살인적이었다.

원창의 1988년 폭력사태는 제2의 성고문사건을 연상케 했는데,

이전에 다니던 회사에서 노조활동을 하다 해고당했다는 이유 하나로 여성노동자를 엘리베이터 속에 가두거나, 또 다리 사이에 각목을 꽂아 비트는가 하면 옷을 찢는 성적 폭력을 가하였다.

삼화 범일공장에서는 1989년 6월 해고노동자의 출근투쟁을 막는 것에 항의하는 사람은 누구든 가리지 않고 감금, 폭력을 행사하였다. 이들은 '교통부 주먹'이라는 구사대로 해고자들을 막는 데 톡톡히 한몫을 했다. 어용노조 집행부까지 합류하여 폭력을 휘둘러 해고노동자 전상련과 지원투쟁을 나온 한진중공업 노조간부 고현석의 코뼈를 심하게 부러트리는 등 폭력을 자행했다. 심지어 폭력에 항의하던 목사, 노동자, 학생, 시민 등이 머리, 다리, 팔, 얼굴 등 온몸에 심한 부상을 당했다. 또 항의하는 대의원, 조합원 등 3명을 식당에 감금한 상태에서 '죽어서 열사가 되라'며 무차별 폭행을 가하기도 했다. 1989년 12월 아폴로제화에서는 회사 내 밀실에서 6시간 동안 각목으로 폭행을 가해 이러한 폭행과 납치, 협박은 각목테러라고 불렸다.

이렇듯 신발산업에서 민주노조 활동을 하는 경우 발생한 구사대폭력은 사전에 치밀한 계획하에 이루어져 수 시간 동안 동료들과 격리된 상황에서 지하실, 경비실, 엘리베이터 안에서 심지어 눈을 천으로 가린 채 무자비하게 행사되었다. 극도의 불안감을 조성하여 폭행을 당하는 그 순간뿐만 아니라 그 이후에도 저항할 의지를 포기하도록 강요했던 것이다. 폭행을 당한 노동자에게는 합의각서와 합의금조로 몇 푼의 돈을 쥐어주고 회사 밖으로 팽개쳤다. 이런 일들이 발생할 때마다 노동자들은 진정, 고소, 고발 등의 법적 조치로 호소하였지만 한 건도 제대로 처리된 적이 없었다. 노동부와 경찰의 무성의한 태도가 구사대폭력을 더욱더 부채질하고 있었던 것이다.

이러한 폭력은 신발산업 노동자의 투쟁을 직접 억압하는 목적 외에도 현장 내 작업과정에서 일상적으로 행해졌다. 욕설과 함께 관리자가 노동자의 뺨을 때리고, 신골을 집어던지고, 갑피 짝으로 때리는 모습은 1980년대 신발공장에서 일상화되어 있었다. 이는 현장노동자 대부분이 어린 여성노동자였고, 자본가의 이윤추구의 원천이 장시간 노동과 노동강도의 강화, 저임금에 있는 것이 근본원인이었다(부산노동자연합, 1990: 주간정보 16호). 그리고 거기에 기생하는 어용노조와 공권력이 동조하였던 것이다. 1987년 노동자대투쟁 전후로 신발산업에서 발생한 수많은 노동운동이 민주노조로 결실을 맺기 어려웠던 이유이기도 했다.

3. 부산지역 노동단체운동

1) 부산지역 노동단체의 결성과 활동

1987년 6월민주항쟁이 6.29선언으로 소강상태에 접어들었다. 항쟁에 개별적 참여한 노동자들은 자신들이 원했던 임금인상을 비롯하여 인격적 대우 등 작업장에서의 민주주의가 6.29선언에 전혀 반영되지 않았음을 알았기에 투쟁의 열기는 노동현장에서 노동자대투쟁으로 분출하게 되었다. 앞에서 언급했듯이 투쟁은 합법적으로 이루어질 수 없었다. 노동자들은 8월 말 이후 '노동자투쟁이 국민

경제를 파탄으로 이끈다', '노동자투쟁이 불법적이며, 폭력·난동·과격으로 치달아 사회불안을 야기시킨다', '외부세력 개입과 좌경불순' 등의 악선전에 맞서는 대항논리를 제대로 펴지 못하고 있었다. 심지어 민주헌법쟁취 국민회의는 9월 4일 '근로자 자제 촉구 및 정부개입 반대' 입장을 표명하기도 했다(지역사회자료연구실, 1989: 162). 반면 민주헌법쟁취 국민운동본부 부산본부는 기관지 '민주부산'을 통해 지지, 성원을 보냈다.

> "대통령직선제도 중요하지만 그보다 더 중요한 것은 민중의 생존권 보장을 외면한 민주화일정은 무의미하다는 것… 민중이 제외된 민주화는 민주화 흉내에 불과하다. 민중에 대한 억압과 착취가 담보된 민주화가 이 지구상에 또 어디에 있는가?"(9.9 현시국을 보는 우리의 입장, 국본 부산본부)

> "독재정권은 '노사분쟁이 계속되면 민주화에 방해가 된다'며 협박하고 있지만 우리는 1천만 노동자와 그 형제인 1천만 농민의 민주적 권리가 배제된 그 어떤 민주화도 애초부터 거짓임을 단호히 선언"(「누가 노동자의 생존권 투쟁에 침뱉으려 하는가?」, 『민주부산』, 1987년 8월 9일)

1987년 노동자대투쟁을 거치면서 노동자들은 인간다운 삶을 보장하는 유력한 수단으로 노동조합의 설립과 민주적 운영에 대해 정확히 알고 실천하길 원했다. 또한 1988년 노동조합과 노동운동에 대한 법적, 물리적 탄압을 거치면서 노동자들은 노동법개정투쟁,

독재정권 규탄투쟁, 노동운동탄압저지투쟁 등을 적극 벌여왔으며 그 과정에서 우리 사회의 전반적 구조에 대해 보다 정확히 파악하고 투쟁의 길을 올바르게 개척해 나갈 수 있기를 요구했다.

이러한 요구에 부응하여 전국적으로 수많은 공개적인 노동단체들이 새롭게 결성되었으며 부산에서도 부노협과 노동문제연구소를 비롯한 10여 개의 공개적인 노동운동지원단체가 결성되었다. 이들은 노동자들의 요구의 다양성과 각 단체가 가진 특성에 맞게 상담, 교육, 문화, 여성, 법률, 조사연구, 투쟁 등의 분야에서나, 사상, 신평장림, 금사공단 등 공단지역에서 최선을 다해 지원사업을 수행했다.

1987년 노동자대투쟁 당시에는 터져 나오는 임금인상투쟁과 노조결성에 대응하기 위해 국민운동본부 내 '부산노동자투쟁위원회'가 구성되어 학생운동 출신 해고노동자들이 결합해 투쟁을 지원하였고, 같은 해 11월 15일 부산노동자협의회(이하 부노협)가 결성되었다.

부노협은 노동현장에서 해고된 해고노동자들을 중심으로 단체활동가와 현장활동가 등 노동운동에 종사하는 사람들이 힘을 모아 세운 공개단체로서 그동안 노동조합의 결성 및 운영에 대한 상담과 지원, 노동자교육 및 지원, 부산노동자신문 등 각종 소식지와 선전물 발간, 노동자투쟁의 지원, 노동조합과 민주세력 간의 투쟁지원 등의 활동을 헌신적으로 해온 정치적 입장이 다양한 활동가 그룹[11]

---

11 부산노동자협의회에는 노재열, 이성조, 송영수 등 부산지역의 반실임그룹이 주축이고. 서울대 출신 정의헌, 이기철 그룹, 구성애 등 장명국 계열 그룹, 김재하, 허판수 등 부산지역 NL그룹 등이 참여하였다.

이 모여 결성한 단체였다(최동진, 1989: 90).

부노협이 상담과 교육, 선전, 투쟁지원 및 연대 등 종합적인 활동을 하였다면, 노동문제 상담을 전문으로 하는 단체들도 설립되었는데, 노동문제연구소 부설 노동상담소, 그리고 공단 주변에 입지한 노동상담소들은 노동자들의 퇴근 후 바로 상담이 가능하도록 하였다. 이는 사상공단 인근의 가톨릭노동상담소, 금사공단 인근의 동래노동상담소, 신평장림공단 인근의 노동자복지연구소 등이다.

노동자들이 투쟁에 나서면서 가장 절실한 과제 중의 하나가 바로 노동교육인데, 1987년 노동자대투쟁 이전에는 노동야학이 노동자들의 사회의식이나 계급의식을 초보적으로 자각하게 하는 기능을 하였다면, 이후에는 노동자들의 자각은 자신들의 생존권을 위한 투쟁 속에서 자본과 정권의 본질을 깨우쳐가는 과정에 있었다고 할 수 있다. 이를 이론적으로 뒷받침하는 것이 노동조합의 자체교육과 노동단체에서 이루어진 노동자학교 같은 것이었다. 노동조합의 자체교육은 노동조합의 운영이나 임금, 근로시간, 휴게 등에 관한 노동법교육과 같은 실무적 교육이 주를 이루었으며, 간간히 초청강연을 통해 자본의 본질과 정권의 속성, 사회에서 노동계급의 역할 등 이념적인 교육도 이루어졌다. 반면 노동단체에서 하는 노동자학교는 시기에 따라 임단투교실과 같은 실무적인 강의도 있었지만, 주로 노동자의 철학, 역사, 경제 등 이론적 학습에 방점을 두는 경우가 많았다. 물론 노동자교육이 체계적이고 깊이 있게 진행되는 데는 한계가 있었다. 노동자들은 장시간 노동과 특히 교육을 받으려는 의욕이 있는 노동자들에게는 노조활동 등으로 시간적 제약도 많았기 때문이었다. 부산지역에서도 Y노동자학교가 1988년에 개최되었고, 부산노동자협의회에서도 노동자학교가 3기까지 개설되었다. 노동교육을 전문적으로 하는 단체도 설립되었는데 1987년 7, 8월 이후 설립되었던 노동교실야학이 좀 더 전문적이고 체계적인 노동자교육을 위해 1988년 11월 사랑방노동자학교로 발전했다. 초기에는 이성화, 이창우, 이승명, 이성희 등 노동야학 강학 출신들이 사랑방노동교실이라는 이름으로 개금 우리교회에서 시작하였다. 1~2기에는 소규모였으나 3기부터는 장소를 양정사무실로 옮기면서 본격적으로 교육하였다. 1989년 사랑방노동자학교 임투교실에는 당시 신규노조들의 간부들도 상당히 많이 참가하였다. 사랑방노동자학교는 7기까지 운영하였으며, 이후에는 전노협 등 노동조합에서 노동교육이 본격화되면서 사랑방노동자학교는 자체 해산하였다.

노동자들의 문화공간으로 공단지역 또는 노동자들이 밀집해서 거주하는 지역을 중심으로 노동도서원들도 1987년 노동자대투쟁 이후 부산에서만 설립되었다. 부산지역 노동도서원은 1987년 이후 노동자와 지역주민들에게 양서와 다양한 문화활동의 기회를 제공하며 노동문제와 사회문제에 대한 교양 문화공간으로서 역할을 하였다. 노동도서원의 주된 활동은 ① 도서의 대출과 관리, ② 보유한 자료에 대한 상담과 도서 목록의 작성, ③ 회원의 가입과 탈퇴를 관리하는 업무, ④ 소모임의 운영과 각종 행사의 주최, ⑤ 각종 기초 교양 강좌와 노동 강좌를 개최하는 등의 교육 활동, ⑥ 각종 집회의 참여, ⑦ 회원이 소속된 노동조합에 대한 지원과 상담업무, ⑧ 노동 일반에 대한 정보 제공 등이었다. 노동도서원을 이용하는 노동자들은 노동조합이나 노동운동에 동참하기도 하고, 때로는 노동조합의 간부가 되기도 하여 노동운동의 저변을 확산시키는 데 기여했다.

부산 최초로 1987년에 개원한 노동도서원인 아롬도서원은 주요 회원이 서면 및 중앙동 지역의 사무직 여성이었다. 아롬이라는 소식지를 계간으로 발행하고, 등산반 산사랑, 노래반 한여름, 시사토론반, 생활문화반, 풍물반 등의 소모임이 있었다. 아롬도서원은 다른 노동도서원의 설립에 영향을 미쳐 햇살도서원(사상구 감전동 소재, 1988년 4월 1일 개원), 일꾼도서원(진구 가야동 소재, 1989년 9월 개원), 한돌도서원(사하구 괴정동 소재, 1990년 2월 개원), 들불도서원(사상구 덕포동 소재, 1989년 개원), 도서원 삶터(영도구 영선동 소재), 태백도서원(부산진구 전포동 소재, 1988년 개원), 일사랑도서원(동래구 서동 소재) 등이 지역을 중심으로 지역주민과 노동자들의 교류와 교양, 그리고 각종 등산반, 기타반, 독서모임 등 다양한 소모임을 매개로 노동자들의 인식을 향상시켰고, 그들이 자연스럽게 현장에서 노동운동에 적극 참여하는 동기가 되었다.

노동자문화운동 차원에서는 전문적인 마당극과 노래극 등의 예술장르에서 노동운동을 지원하고 노동자들의 문화패조직을 지원하던 문화운동단체 놀이패인 일터가 있었으며, 신평장림노동자의 집 또한 풍물전수 등을 통해 지역노동자 문화공간으로 활동했다. 아울러 조사 및 연구, 동향지 발간(4호부터 '지역과 노동'으로 제호 변경), 자료실운영, 교육 등의 사업을 전문으로 하는 지역사회문제자료연구실과 여성노동자의 권익향상을 위해 활동하는 여성노동자의 집 등의 노동단체들도 있었다.

노동단체들은 실천활동과정에서 높아가는 노동자들의 요구를 한 단체가 독자적으로 수행하기 힘들다는 것을 느끼면서, 지원사업에 대해 상호 간 활동경험을 공유하고 유기적인 협조하에 지원사업의 중복성과 갈등을 피해 나갈 것이 요구되었다.

이에 대응하여 지역적 차원에서 해결하고자 시도한 것이 1988년 7월 노동단체실무자모임(이하 노실) 수련회였다. 이 수련회에는 개인적 친분을 바탕으로 노동운동 지원사업에 대한 상호경험을 공유하고 지원사업의 효율을 높이기 위해 그전부터 실무자모임을 가져왔던 노동법률상담소, 만남의 집, 근로여성의 집, 우리교회, YMCA, 야학연합회, 노동문제연구소, 부산노동자협의회가 같이 참여하였다. 이 모임에서 단체들은 당장 단체협의회 등 새로운 조직을 만들기보다는 그를 가능하게 할 조건을 마련하는 데 동의하고, 매월 1회 정기모임을 가지면서 정기모임에는 한 사람이 고정적으로 단체를 대표해 참석하고, 회장과 총무를 두어 매월 일정액의 회비를 거두며, 모임에서는 자기단체의 소개, 활동내용, 활동상황에 대해 문서로 보고하고, 지역차원에서 요구되는 지원사업에 대해 상호협력하기로 결의했다. 이후 이 모임에는 햇살도서원, 노동자복지연구소, 동래노동상담소(전 만남의 집), 지역사회문제자료연구실, 놀이패 일터, JOC가 참여하였다.

그러나 노동법개정투쟁과 대륙레미콘투쟁 등에 대해 지역적 차원에서 요구되는 공동지원 사업은 결정만 있고 실행이 없는 취약성을 드러냈다. 이러한 노실의 취약성을 역량에 맞게 해결하고자 그간에 모색된 방안들은 실무간사를 확보하는 문제, 중심단체(전 부노협)를 놓고 상호협조하는 문제, 모임의 내규를 정하는 문제, 공개단체 실무간사들 간의 교류를 증진시키는 방안 등이 제기되었다. 그리하여 실무간사를 두고, 단체 내 교육실무자모임 간담회를 2회 개최하는 성과를 가져왔다. 그러던 중에 1989년 1월 노실모임에서 지원역량의 구심적 역할이 기대되어 왔던 부노협이 존폐여부를 둘러싸고 분열되어 노동운동의 통일성을 저해하는 결과를 초래할 수도 있는 심각한 사정이 발생했다. 이에 대해 노실모임은 이러한 경향에 쐐기를 박고, 기왕의 노동운동 지원사업의 통일적 수행을 더 높이고자 노동단체협의회의 결성을 시도하였다.

2) 부노협의 해산과 노동단체운동의 분화

1987년 11월에 결성된 부노협은 오래가지 못했다. 부노협은 1989년 2월 '부산노동자협의회 활동을 마감하면서'라는 소식지를 끝으로 활동을 사실상 중단하였다.

1989년 들어 새롭게 건설된 '노조탄압저지와 임금인상완전쟁취를 위한 부산·양산·김해지역 공동대책협의회'는 노동조합의 연대투쟁과 이를 뒷받침해 온 노동운동단체들이 공동으로 노력한 성과라고 할 수 있으며 부노협의 해체를 둘러싼 치열한 모색도 그 과정의 하나였다. 그것은 부노협이 부산지역 노동운동 지원사업을 선두에 서서 헌신적으로 해왔기 때문이며, 부노협은 결성 초기부터 지역의 선진노동자들의 공동의 노력과 투쟁 속에서 존재해왔고 그 성과를 이어왔기 때문에 부노협의 활동 성과를 발전시키고 이어나가는 것은 부산지역 노동계급의 통일과 단결에 중요한 기초가 될 것이었다.

부노협 내에서 제시된 방향은 다음의 두 방향이었다.

하나는 부노협 실무자만의 사무국 체계를 탈피하고 지역 내 선진노동자들의 조직적 뒷받침 속에서, 즉 실무자만이 아닌 지역 내 선진노동자들의 결집된 힘으로 공개적 지원·지도활동이 이루어져야 한다는 것이었다.

또 다른 하나는 부노협의 사업이 체계화·조직화되지 못한 원인이 실무자로 된 사무국 체계가 아니라 지원 주체인 사무국(실무자 전체)의 지원활동 자체의 문제이므로 이를 개선해야 한다는 것이었다.

전자는 부노협이 벌이는 지원활동을 통해 맺어진 노동자들을 단일한 조직체계 속에 포함시켜 지원활동이 하나의 체계와 규율과 질서 속에서 이루어질 수 있어야 운동의 성과가 통일적이고 지속적으로 축적되어 발전한다는 것이고, 후자는 조직의 문제는 아직 때가 이르며 조직결성의 주체도 형성되어 있지 않으므로 그간의 지원사업 전체를 평가 반성하고 내부체계와 역할을 재조정해서 새로운 각오와 태세로 지원사업에 임해야 한다는 것이었다.

1988년 말에 부산에서 부산노동자연합이라는 선진노동자 조직을 만들겠다는 움직임이 표면화된 이후 논쟁이 더욱 가열차게 이루어졌으나 이견은 좁혀지지 않았다. 이후 여러 번의 공청회와 토론회를 거치면서 부노협의 실무자를 비롯한 많은 선진노동자들은 '부산노동자연합'이라는 선진노동자 대중조직을 준비하는 사람들, 부노협과 같은 공개 지원단체를 만들어 기존의 부노협 활동을 계승하려는 사람들, 그리고 이와는 무관하게 대중운동에 새롭게 매진하는 사람들로 나누어져 활동을 하게 되었다.

전자의 입장인 단일한 투쟁대오를 조직하자는 입장을 살펴보면 다음과 같다. 1987년과 1988년 투쟁의 성과를 기초로 1989년 '노조탄압저지 및 임금인상완전쟁취를 위한 부산·양산·김해지역 공동대책협의회'(이하 공대협)가 구성되어 유례없이 많은 노동조합과 노동운동지원단체가 연대하여 당면한 투쟁을 집중 전개하고 있지만, 이는 1989년에 들어와 정권과 자본의 전면적인 탄압에 공동으로 맞서 노동조합을 지키고 임금인상을 성과적으로 달성하기 위한 대중적 요구에 기초한 일시적 협의체라는 점에서 한계가 있다는 점이다. 또 부분적 일시적으로 정치투쟁을 하지만 지속적인 정치투쟁을 하기는 곤란하다는 점, 전체 조합원의 자주적 민주적 요구를 중심으로 움직여가는 것을 생명으로 하는 노동조합은 아직 전체 조합원이 정치적으로 각성되지 못한 상태에서는 지속적인 정치투쟁을 자기 임무로 삼을 수는 없는 조직이라는 점이었다.

그러므로 노동조합의 협의체적 성격이 강한 공대협은 지역적 구심을 갖는 지속적 투쟁체로서가 아니라 더 많은 노동조합과 노동자들을 포괄할 수 있는 노동조합의 연대조직으로 자신의 발전 전망을 잡아나가야 하며, 이와 함께 공대협의 투쟁의 성과를 바탕으로 지역적 구심을 가지면서 보다 굳센 단결에 기초하여 높은 투쟁을 지속적으로 수행할 수 있는 투쟁조직(궁극적으로는 정치조직)은 따로 준비되어야 한다는 입장이었다.

반면 후자의 입장을 살펴보면 다음과 같다. 부노협의 해체와 관련하여 중요하게 제기되었던 또 다른 문제는 노동조합 지원활동을 더욱 극대화하고 발전시키자는 것이었다. 1987년 노동자대투쟁 이후 노동자들은 많은 부문에서 노동(조합)운동에 대한 지원 강화를 요구하였고 몇몇 초보적 상담단체에 불과했던 노동운동단체들이 상담소, 교육단체, 여성노동자단체 등의 형태로 분화되어 간 것은 거기에 대해 올바르게 부응한 과정이라고 평가하였다. 그리고 그런 변화와 더불어 보다 높은 단계의 지원사업이 요구되고, 지원활동이 보다 지속적이고 전문적인 영역으로 요구되고 있으며, 지원사업이 전체적 통일성과 효율성이 요구되고 있었기 때문에 이러한 요구에 부응하기 위해서는 지원활동의 축적에 의한 지원역량의 강화가 요구된다는 것이었다.

결국 전자는 선진노동자의 조직인 '부산노동자연합'을 설립하였고, 후자는 부노협의 지원활동을 계승하고, 이후 지원역량의 강화를 위해 흩어진 노동단체들이 통일적으로 지원을 하고자 '부산노동단체협의회'의 설립으로 정리되었다.

3) 노동단체의 역할과 연대

1990년대 초반 부산지역 노동단체는 선진노동자 조직화를 추진한 부산노동자연합(의장 김진숙)과 노동조합운동에 대한 지원의 중요성을 강조한 부산노동단체협의회(의장 하동삼)가 주축이었다. 부산노동자연합은 전노협 부산노련의 상근자 파견 등으로 부산노련과 직접적인 결합을 높였고, 정치적 입장은 PD(민중민주주의)계열이라고 볼 수 있는 반면, 부산노동단체협의회는 전노협 부산노련 등과 연대를 하면서도 법률상담과 회원조직 등 다양한 단체의 연대체로서 노동조합운동의 지원적 성격이 상대적으로 높았으며, 참가단체들이 전체적으로 그런 것은 아니었지만, 시간이 지나면서 정치적 입장이 NL(민족해방민중민주주의)계열에 기반한 단체들이 중심이 되었다고 볼 수 있다. 이들 노동단체들은 정부와 자본의 집중적인 탄압을 받거나 새로운 투쟁이 형성되면 대책위원회 등을 구성하고 참여하는 것을 통해 연대를 실현해 나갔다.

(1) 부산노동자연합

부산노동자연합은 창립배경에 대해 1993년 부산노동자연합 창립 4주년 기념토론회에서 '변혁적 노동운동의 과제와 진로 : 선진노동자 조직운동으로서의 부산노동자연합 활동을 중심으로'라는 주제발제를 통해 다음과 같이 발표했다.

"부산노동자연합의 역사 또한 부산지역 민주노조운동의 역사와 함께하고 있다. 노동조합운동은 1988년을 거치면서 투쟁은 더욱 치열해졌고, 그 성격 또한 생존권적 차원에서 계급적인 것으로, 경제적 요구투쟁에서 정치적 투쟁으로, 노동자 권익향상이라는 개량적인 방향에서 노동해방이라는 방향으로 급격히 진출하였다. 사업장 대중투쟁을 지역차원에서 보다 집중적으로 지원하고, 빠르게 진출하는 대중의 요구와 열망에 부응하여 노동운동의 질을 한 단계 높은 수준으로 발전시켜내기 위하여 선진노동자들의 조직적 활동이 시급히 요구되었다. 부산노동자연합은 이러한 요구에 부응하여 1989년 4월 16일에 선진노동자 조직으로서 창립되었다."(부산노동자연합, 1993: 5-6)

아울러 부산노동자연합이 표방한 선진노동자에 대한 개념에 대해서는 '선진노동자는 노동계급 해방이라는 계급적 대의에 복무하려는 삶의 방향을 분명히 하고 이를 위한 조직적인 생활과 실천을 강화하기 위해 끊임없이 고민하고 노력하는 사람'이라고 정의하고 있으며, 특히 현 시기 선진노동자에 대해서는 계급운동의 대중적 토대인 전투적 민주노조운동의 확대 강화를 위해 노동 대중 속에서 대중과 함께 실천하는 사람으로, 기업별 노조활동에 국한하지 않고 노동자의 지역적 전국적 단결과 정치적 실천을 위해 앞장서는 사람으로 규정하고 있다. 그런 점에서 선진노동자조직운동은 민주노조운동을 통해서 성장해 온 선진노동자들이 지역, 전국적으로 결집하여 스스로의 삶을 운동적 삶으로 단련하고 실천 경험을 축적함으로써 당면 실천의 성과를 극대화하고 올바른 방향을 잡아 나간다는 것이다.

부산노동자연합의 성격은 노동해방을 분명한 자기 목표로 하는 변혁적 노동운동조직이며, 지역의 선진노동자조직이라고 규정하였으며, 당시의 부산노동자연합의 임무에 대해서는 민주노조운동을 더욱 확대 강화시키고, 당면시기 지역 노동자계급에게 요구되는 지역 투쟁과 정치활동을 통하여 노동자의 정치적 진출(정치세력화)을 위해 적극 앞장을 서며, 선진노동자 조직대오의 확대강화와 지역적 전국적 통일을 적극 모색하는 것으로 규정했다.

부산노동자연합의 활동을 살펴보면, 1989년 4월 출범과 함께 삼화고무 해고자들에 대한 관리자들의 폭행에 대해 20여 일에 걸쳐 항의투쟁을 전개하여, 1990년 6월 김진숙 의장이 구속되기도 하였다. 1990년 전노협에 대한 탄압이 본격화되면서 부산노동자연합은 지역차원에서 전노협지원대책위원회 활동에 적극 나섰다. 그리고 1991년 5월 대기업연대회의 사건으로 구속된 박창수 한진중공업 노조위원장의 의문사와 12월 고무노동자 권미경 열사의 항의투신에 대해 자본과 정권의 민주노조 말살과 노동자 착취에 맞선 열사들의 정신계승 투쟁에 나섰다. 1992년 급격한 산업구조조정으로 신발산업의 부도 및 폐업이 부산 전체를 휩쓴 것에 대해 다른 단체와 함께 대책활동을 하였다. 그리고 일상적으로 기관지 '부산노동소식'지를 매주 발행하여 지역과 전국의 투쟁 소개와 정세분석, 그리고 투쟁방향 등 다양한 형태로 당시 노동운동의 흐름을 이끌었다

그러나 부산노동자연합이 선진노동자 조직운동으로서 발전 전망을 세우고 변혁적 노동운동의 주체로 나서는 과정으로 발전하는 데에는 한계[12]가 있었다. 또한 전노협 부산노련과의 관계에서 나타난 조직 헤게모니 등의 문제점도 있었다는 비판도 따랐다.

(2) 부산노동단체협의회

부산노동단체협의회는 1989년 4월 1일에 부산지역 노동단체[13]들이 모여서 결성하였다. 부산노동단체협의회는 교육, 선전, 조사연구, 투쟁지원, 조직, 연대사업 등 다양한 사업을 전개하였다. 이는 다양한 성격과 조건을 지닌 개별 노동단체들이 가지는 지원의 부분성과 협소함을 노동단체협의회를 통해 극복하는 성격이었다. 부산노동자연합이 선진노동자 조직운동을 표방하며 노동운동을 변혁적 계급운동으로 선도할 것을 표방하였다면, 부산노동단체협의회

---

[12] 한계를 명확하게 정식화할 수는 없지만, 전위조직으로도 규정할 수 없고, 명확한 정체성을 세우기 어려웠다. 해고자, 노조활동가, 학출활동가 등으로 구성된 회원들이 각각 소속된 노조와 단위가 존재했기 때문에 부노련이 일관성 있는 조직활동을 하기에는 한계가 있을 수밖에 없었다.

[13] 부산노동단체협의회의 출범 당시 참가한 노동단체는 햇살도서원, 일꾼도서원, 노동자복지연구소, 동래노동상담소, 노동법률상담소, 사랑방노동자학교, 놀이패 일터, 여성노동자회, 지역사회연구소 등이었고, 출범 이후 부산기사연합회, 부산가톨릭노동상담소, 들불도서원, 일사랑도서원, 노동자모임터, 신평장림노동자의 집 등이 가입 또는 참관하였다. 그리고 처음에 참가했던 YMCA와 우리교회는 1989년 9월에 탈퇴하였다.

는 노동운동에 대한 지원을 충실히 하여 노동운동의 발전에 기여하는 것을 표방했다고 볼 수 있다.

이는 부산노동단체협의회가 강령에서 '강령 1. 우리는 부산지역 노동단체 간의 통일성을 바탕으로 노동자투쟁에 대한 체계적인 지원을 확보하기 위해 적극 노력한다.' 그리고 2항에서는 '우리는 노동조합과 굳건히 연대하며, 노동단체의 지역적 전국적 연대를 위해 적극 노력한다.'고 하여 노동자투쟁에 대한 지원과 노동조합 및 단체와 연대를 표명하였다.

부산노동단체협의회의 사업을 보면, 소속단체 실무자, 노동단체 소속 회원 및 대중 및 노동조합에 대해 임투 등에 관해 다양한 교육사업을 전개하였고, 고문변호사제도를 운영하여 노동조합의 법적 문제에 대해 매월 간담회를 개최하였다. 그리고 투쟁사업에도 적극 참여하여 삼화고무와 아폴로 폭력항의대책위 활동, 동신화학 위장분할 저지투쟁 지원, 부영화학 노조결성투쟁 지원 등 노동조합의 투쟁을 지원하였으며, 노동절 100주년 기념 노동자대회에 140여 명이, 광주노동자대회에 170여 명, 전노협 건설 노동자등반대회에 200여 명, 11월 전국노동자대회에 100여 명의 회원들이 참가하였다. 그 외에도 이경현 양 살인폭력 규탄대회, 광주항쟁계승 국민대회, 전교조 탄압저지 및 참교육실현 국민대회 참가 등 민족민주운동에도 회원조직들과 함께 참가하였다(부산노동단체협의회, 1990: 5-25).

부산노동단체협의회는 이외에 부산민족민주운동연합(이하 부민련)에 참관 후 참가, 전국노동운동단체협의회(이하 전국노운협)에 참관 후 가맹하였고, 부민련, 전민련, 전국노운협에 대의원을 선출하여 파견하는 등 노동운동과 민족민주운동에 적극 참여하고 연대를 실천하였다. 1990년 전노협이 결성되자 전노협지원 공동대책위원회에 참여하고, 동신화학 노조지원 대책팀을 구성해 활동하면서 부산노동단체협의회 차원의 임투교실 등 다양한 지원활동도 펼쳤다.

이상과 같은 각종 투쟁현장에 대한 지원대책위원회 활동이나, 광주참배단, 노동자등반대회 등 대부분의 연대활동이나 부민련, 전국노운협, 전민련에 참가하고 대의원을 파견하는 대부분의 활동은 부산노동자연합도 참여하고, 부산노동단체협의회도 참여하는 방식으로 진행이 되어 사실상 두 단체 간의 차이가 크지 않고, 분열되었다는 평가도 존재하였다(장현태, 1990: 209-210).

1991년 10월 11일 부산노련이 제안한「ILO기본조약 비준 및 노동법개정과 블랙리스트 철폐를 위한 부산양산지역 노동자 공동대책위원회」구성에 노동단체로서 부산노동자연합과 부산노동단체협의회, 그리고 부산택시기사연합회 등이 참가하였다. 이들 노동단체들은 정부와 자본의 전노협과 부산노련 등 지노협에 대한 집중적인 탄압에 대해 단체를 통해 각성된 노동자 및 회원들이 규탄투쟁 등 각종 연대집회에 참가하면서 노동조합운동 전반을 지원하는가 하면, 새롭게 노동조합을 결성하거나 임금인상투쟁을 준비하는 신규노조에 대한 상담과 교육 등 다양한 활동을 지원하기도 하였다. 또한 비조합원이지만 노동도서원을 통해 노동자의식을 향상시킨 노동자들이 자신들의 사업장에 노동조합이 조직되었을 때는 쉽게 노동조합의 간부가 되는 경우도 많았다.

4. 전노협 결성과 민주노조 총단결
(1990년대 전반기)

1) 노태우정권의 노동정책

(1) 정부와 자본의 반격

1986~1989년이 고도성장, 경상수지 흑자, 물가안정이라는 '세 마리 토끼'를 잡은 '단군 이래 최대의 호황기'였다면, 1990~1992년은 지표상으로는 고도성장이 지속되는 가운데서도 경상수지 적자, 물가불안, 증시침체, 부동산가격 폭등 등이 나타나 어두운 그림자가 드리워진 시기였다(최영기, 2001: 283). 특히 부산지역의 경제사정은 더욱 암울하였다. 부산의 주력산업인 신발산업의 경우 1992년에만 250여 개 업체가 도산하여 8만여 명의 노동자가 일자리를 잃는(한겨레, 1992. 12. 23) 등 노동집약적인 산업인 신발, 섬유, 의복 및 가죽산업, 조립금속 등이 집중된 부산에서 감량경영이 확산되었다. 이러한 상황에 더해 전노협의 결성과 임투의 결합이 예정된 1990년 상반기는 노동과 자본 모두에게 중요한 전환점이 되는 시기였다.

정권은 이미 1989년 상반기 경제기획원의 종합대책에서 경제위기의 책임을 노동운동으로 전가시켰고, 11월 25일에는 치안장관 회의를 통해 노사협조체제 정착을 위한 종합대책을 발표했다. 그것의 주된 내용은 전노협과 교원노조의 절대 불인정, 노동조합과 운동권의 연계차단=제3자개입의 국법질서 차원의 엄단, 지역단위의 치안·노무담당 전담기구의 설치 및 공조체제의 확립과 이를 위한 노사분규 특별대책반의 상설운영과 분규다발업체들에 대한 철저한 관리, 업종별 공동임금교섭의 확대, 노사협조체제의 강화를 위한 노동자교육과 이를 위한 노사교육본부의 가동, 근로자 및 노조 간부 해외시찰 적극 추진, 주택보급 등 노동자 복지정책의 강화 등이었다. 그리고 12월 23일에는 주요 경제단체들이 노동운동에 대한 총자본 수준의 공조체제 확립과 강력한 공동대응을 천명하면서 경제단체협의회를 결성하였다. 정권은 노동운동에 대한 확실한 통제가 없이는 한국자본주의의 재편을 순조롭게 진행시킬 수 없다고 판단하여 1990년 노사관계의 안정화를 제1의 정책목표로 설정하고 노동운동에 대해 전면적으로 대응하였다.

자본은, 1989년 임투에 대한 자체평가에서, 기업들의 경쟁적 임금인상, 무노동무임금 원칙의 미정착, 불법행위에 대한 강경대응 미흡, 폭력행위에 대한 공동대처능력 부족, 법률상의 대응능력 부재, 기업차원의 노무관리 대책과 공동대응전략의 결여 등으로 인해 노동운동에 대한 효과적인 통제가 이루어지지 못한 것으로 판단하였다.

자본은 경단협의 결성을 계기로 1990년 임투와 전노협의 결성에 대응한 주요 전략을 수립했는데 주요 내용은 첫째, 임금협상에 대한 대책으로서 국민경제사회위원회의 적극 활용과 한 자릿수 임금조정 분위기 조성, 경제 6단체와 30대 재벌그룹의 공조, 지역·업종별 임금대책과 공동임금교섭, 경쟁적 임금인상 규제, 임금협상 선도업체의 후원과 통제, 임금교섭에 대비한 자체교육과 전략의 마련 등이었다. 둘째, 민주적 노동운동과 전노협의 결성에 대한 대책으로서 지역·업종별 노사분규 특별대책기구의 설립과 전국적인 공동보조의 모색, 노총 등 제도권 조합들과의 협력체제 강화, 단체교섭과 임금교섭의 원칙 설정, 노사교육 및 해외연수의 확대, 노사분규 특별기동대책반(전국적인 상설 구사대조직) 운영 등이었다. 나아가 자본은 '무노동무임금의 추진', '생산성 범위 내에서의 임금조정', '노조의 경영·인사권 참여배제', '불법쟁의에 대한 강경대처', '경영 성과의 배분과 복리의 증진' 등의 공동의 실천에 합의하면서 1990년 임투에 대비하였다(박준식, 1990: 72-74).

또 한편으로 부산에 많았던 중소규모의 제조업 노동조합을 탄압하기 위한 방안으로 위장분할과 휴폐업 등을 악용하기도 하였다. 위장분할은 120여 명의 노동자가 근무하던 동신화학에서 임금인상 투쟁이 끝난 후인 12월 초 사장이 위원장을 면담하면서 언급하고 25일 발표하였다. 이에 대해 노조는 즉시 간부회의를 열고 단체교섭을 요청하고 비상대책위원회를 구성하였다. 교섭에서 사장은 분할이유를 생산관리의 효율화라고 주장하고 분할에 따른 조합의 정리를 하자고 했다. 이에 대해 노조는 휴게실에서 철야농성에 들어갔고, 사측이 휴업공고를 내자 쟁의결의 신고를 접수하였다. 그리고 노사교섭 중에 사장이 나가려고 하자 못 나가게 막았는데 이를 불법감금과 업무방해라고 해 위원장을 연행하고, 공권력을 투입해 조합원 전원을 연행하였다. 이 일로 3명이 구속되고, 10명이 불구속 입건, 20명이 즉심에 넘겨졌다. 노조는 조합원의 단결과 지역연대투쟁을 통해, 사측으로 하여금 5월 재가동 입장을 끌어냈지만, 작은 회사에서 조반장이나 사장과 다시 마주 보며 작업한다는 것이 불가능할 만큼 마음의 상처를 받은 조합원들이 떠났고 비조합원들조차 사측의 비인간적 행태를 보면서 퇴사하였다. 결국 위장분할 철회투쟁은 조합의 부분적 승리와 사측의 완패로 끝났지만 아쉽게도 조합원이 남지 않게 되었고, 회사는 와해되었다.

위장폐업은 신우인터내셔널에서 발생했는데, 전적으로 노조결성에 대한 사장의 불만과 전근대적인 횡포 때문이었다. 사장은 노주가 결성되자 생산부서를 모두 정리하고 조반장에게 하도급을 주었다. 그러나 노조는 조합원들의 굳은 단결과 투쟁을 통해 승리로 이끌었다. 노동위원회의 판결과 언론보도도 도움이 되었지만 조합원의 단결된 힘 앞에 사장이 마침내 굴복했던 것이다(지역과 노동 편집부, 1990: 68-74).

그러나 이런 투쟁의 승리 사례만 있었던 것은 아니었다. 무수히 많은 중소제조업체들이 하도급, 아웃소싱, 분할, 폐업, 업무조사, 파업유도 등으로 노조를 탄압하기 시작하였다는 사실이다.

1990년 코파트노조의 경우 사측이 노조의 파업을 유도하여 노조를 파괴하는 방식으로 탄압한 사례였다. 코파트노조는 1989년 설립 당시 조합원이 250여 명이었으나 1990년에는 120여 명으로 줄었는데, 사측은 자연 감소된 인원을 충원하지 않았고, 핵심간부가 있는 부서의 경우에는 하청으로 돌려 간부들을 배제시키는 방식으로 탄압수준을 높여갔다. 노조는 단체협약준비소위와 임금인상준비소위를 구성해 시장조사와 부서별 분임토의 등을 통해 임단협 교섭을 준비하였으나 신생노조여서 원활하게 진행하지 못하였다. 교섭은 사측이 파업을 유도하는 형태로 진행되었는데, 교섭을 해태한다든지, 대표이사가 불참한다든지 할 뿐만 아니라 노조의 요구에 대해서는 '죽어도 안 된다. 너희들이 알아서 하는 방법이 있지 않는냐'며 파업을 하려면 하라는 식으로 나오고, 임금삭감과 휴가폐지 등으로 자극했다. 이에 전 조합원들의 울분이 폭발하여 노조간부들이 투쟁의지를 보여주면서 파업에 들어갔다. 파업 초기에는 단결력이 좋았으나 장기파업을 이끌 준비가 되지 않은 상태에서 파업 75일 만에 공권력이 투입되어 11명의 파업지도부가 구속되는 것으로 막을 내릴 수밖에 없었다.

동양라이너노조(위원장 이국석)의 경우 조합원 50명 미만의 노조였지만 초기에는 강력한 단결력으로 임금인상도 쟁취하고 기세를 올렸으나 사측의 공장분할로 축소되고, 전노협 소속 사업장이라는 이유로 업무조사대상사업장이 되었으며, 업무조사를 받지 않으면 위원장이 구속된다고 하여 조합원들은 노조를 해산하자고 하였지만 위원장이 강력하게 노조를 사수하겠다고 하니 퇴근길에 집단폭행을 당하기도 하고, 사측의 탄압에 조합원이 5~6명만 남았다.

삼성기업사노조(위원장 노창규)의 경우 30여 명의 조합원이었지만 전노협 소속 사업장이라는 이유로 업무조사대상사업장이 되었고, 안기부와 경찰이 노골적으로 개입하여 결국 위원장이 구속되고 나자 노조는 어용노조로 바뀌게 되었다.

(2) 1990년대 보수대연합과 노동탄압정책

1988년 총선에서 성립된 여소야대 국회는 집권당과 정부의 힘을 크게 약화시켰고, 따라서 국민여론과 야당이 원하는 방향으로 정국이 운영될 수밖에 없는 구조를 만들었다. 이러한 구조 속에서 불완전하나마 '5공 청산' 작업이 이루어질 수 있었고, 경제적 민주화 즉, 노동자들의 단결권과 사회적 형평성 등도 어느 정도 실현될 수 있었다.

그러나 1990년 1월 22일 전노협이 결성된 바로 그날 이루어진 3

당 합당과 그에 따른 민주자유당이라는 거대여당의 출현[14]은 민주주의의 심화를 통한 공고화의 과정에 심각한 단절을 초래했다. 거대여당세력은 민주주의의 심화요구를 거부하고, 기득권을 지키고 낡은 질서를 유지시키는 쪽으로 나아갔다. 그러한 정국 구도의 변화는 노동정책에도 그대로 반영되었다. 정부는 그동안 자제해 왔던 노사분규에 대한 국가권력의 직접적 개입을 늘렸으며, 보수강경파였던 최병렬을 노동정책의 사령탑인 노동부장관으로 임명함으로써 매우 공세적인 노동정책을 전개하기 시작했다. 이 시기의 노동정책을 특징 지은 것은 임금가이드라인의 부활에 의한 임금억제정책과 전투적이고 비타협적인 노동운동을 와해시키거나 이를 순치시키려한 강도 높은 노동탄압정책이었다.

정부는 임금가이드라인 정책을 본격화하여 1990년에는 10% 일 더하기운동과 한 자릿수 임금인상정책을 펼쳤으며, 1991년에는 정부투자기관 및 출연기관, 30대 그룹 주력기업, 지역적으로 임금교섭에 영향이 큰 사업장, 기타 고임금 직종 등인 약 300여 개 기업을 '임금교섭 선도부문'으로 지정하여 이를 조기에 타결토록 유도하는 등 주요 사업장을 중점적으로 감독하고, 1992년에는 모든 정부기관을 동원하여 '총액임금정책'을 강력히 밀어붙였다.

한편 정부는 전노협이 결성되기 전부터 그 지도부를 구속하거나

---

14 1988년 집권여당인 민주정의당은 여소야대 정국이라는 초유의 사태에 직면했다. 제2야당인 통일민주당과 제3야당인 신민주공화당은 여소야대 정국이 민주정의당과 평화민주당의 주도로 전개되면서 점차 입지가 축소되었다. 민주정의당은 여소야대 구조를 변화시키고 보수연합구도를 구축하려는 목적에서 3당 통합을 추진하여 1990년 민자당을 창당해 국회의원 2/3를 넘어선 216석의 거대여당을 구축하였다.

수배함으로써 결성을 원천봉쇄하려고 하였고, 전노협이 결성되자 주요 간부들을 구속하고, 소속 노조들에 대한 대대적인 업무조사를 통해 전노협을 탈퇴하도록 압력을 가하여 전노협의 기반을 붕괴시키려고 했다.[15] 또한 노태우정권은 1991년 2월 대우조선 파업에 대한 지원방안을 논의했다는 이유로 전노협과 대기업연대회의 간부 7명을 제3자개입 혐의로 구속시켰다.

2) '노총민주화'와 '제2노총건설' 논쟁

1987년 노동자대투쟁 이후 새롭게 결성된 민주노조들은 비록 노조결성과정에서는 신고필증을 받기 위해 상급단체를 명기해야 한다는 시비 때문에 한국노총을 상급단체로 하는 경우가 많이 있었지만, 다수의 민주노조들은 한국노총을 사실상의 상급단체로 인정하지 않은 상태였고, 민주노조 간의 연대를 계속 추진하고 있었다.

더욱이 한국노총과 산하 연맹들은 민주적이고 자주적인 노조의 결성에 크게 도움이 되지 못했을 뿐만 아니라 이후 투쟁과정에서도 방관하는 자세를 취하였다. 따라서 새롭게 형성된 민주노조들 간의 연대는 자연스러운 과정이었고, 그에 따라 민주노조의 구심점, 즉

---

15 1990년 2월 말 단병호 전노협위원장이 구속되었고, 3월 초에는 전노협 중앙위원인 권용목과 설남종을 구속시켰고. 5월에는 김영대 전노협위원장 직무대행 등 전노협 간부 14명과 지역노동단체 간부 및 병원노련간부 18명인 총 32명, 현대중공업 파업을 주도한 노조간부 16명, 현대중공업 공권력 개입에 항의해 연대파업을 주도한 이상범 현대자동차노조위원장 등 현총련 간부 10여 명, 마창노련 간부 10여 명, 서울지하철노조 간부 3명 등 60여 명을 구속시켰다. 그 결과 전노협은 중앙위원급 간부 27명 가운데 대부분이 구속되는 타격을 입었다.

제2노총 및 상급단체의 결성이 논의될 수밖에 없었다.

이에 따라 1국 1노총, 1산업 1산별노조, 1기업 1노조의 원칙을 지켜나가야 하며, 그러기 위해서는 한국노총을 민주화하는 것이 당시 노동운동의 당면과제라고 주장하는 노총민주화론과, 한국노총의 어용성은 생성에서부터 상층부가 노동귀족으로 채워져 있기 때문이 아니라, 외세와 독재정권의 지배와 조정 아래에 존재하는 정치경제적 구조의 문제이기 때문에 한국노총의 완전한 민주화는 불가능하다는 제2노총건설론 등의 입장이 논쟁을 전개했다. 결국 민주노조운동은 제2노총이라고 할 수 있는 민주노총을 건설하였고 합법화시켰을 뿐만 아니라 단위노조까지 복수노조가 가능하도록 법 개정을 이루었다. 어떤 조직경로가 올바른가를 떠나 각각 논의의 장단점과 당시 논쟁의 한계 또한 존재한다는 전제 아래, 이를 재검토해보는 것 또한 의미가 있겠다.

노총민주화 입장을 먼저 살펴보자.

노총민주화 입장을 가진 한종구의 글에서 복수노조체제에 대한 입장을 확인할 수 있다. "민족민주운동이 복수노조체제에 대해 어떤 입장을 취해야 하는지 논의하기 전에 복수노조체제 일반이 노동조합운동에서 어떠한 의미를 가질 수 있는가를 검토해보기로 하자. 가령 기업차원에까지 복수노조체제가 허용된다면 한 기업 안에도 여러 개의 노조가 성립될 것이고 회사가 조종하는 노조도 생기게 될 것이다. 현재 노자간 역관계를 보았을 때 강한 단결력의 노조가 뿌리박혀 있지 못한 한 회사가 통제 가능한 노조가 득세할 가능성이 크게 된다. 특히 새로 조직되는 노동조합의 경우 그러한 가능성이 더욱 높아지게 된다. 또한 단위노조든 상급노조든 복수노조체제에서는 분열의 가능성이 높아지게 되고 합당한 분열도 있겠지만 헤게모니를 둘러싼 분열이 보수·진보 양 진영을 가리지 않고 발생하게 될 것이다(한종구, 1989: 693)." 또 그는 이중조합주의에 반대하는 것은 "조합을 파괴하는 것이 아니라 획득하는 것, 즉 낡은 노동조합 내에 있는 무수한 대중, 이 대중을 중심으로 해야만 비로소 혁명투쟁이 발전하기 때문인 것이다(한종구, 1989: 702)"라는 주장에 근거해 노총민주화를 당시의 운동단계에서 당면과제로 제시하였다.

또한 장명국은 "노총민주화론과 제2노총론의 문제점을 극복하고 이를 발전적으로 통일시키는 구체적이고 현실적인 방안은 현재의 허구적 전국조직인 노총을 '안팎에서 와해'시켜 나감으로써 한국의 전체 노동자가 자주적이고 민주적으로 참여할 수 있는 새로운 노동조합의 전국적 조직을 건설하는 것이다"라며, 현실화되고 있던 업종단위의 조직(사무금융노련, 병원노련, 언론노련, 택시노련 등), 그리고 한국노총의 지역별협의회에 대해서는 지노협 등의 조직, 즉 당시 이미 현상되고 있던 재벌 그룹별, 산업업종별, 지역별의 단결강화와 조직 건설을 기반으로 전국조직을 건설하기 위한 준비위원회를 결성하여 대규모 대중투쟁을 조직함과 동시에 허구적·비민주적 노총의 틀을 깨고 새로운 전국조직 건설을 위한 객관적 조건을 창출해내며, 이 준비위원회의 방향성을 제시할 노동자정치조직을 건설하여 노동자와 농민 등 각계각층의 통일전선조직에 의한 민주정부수립과 동일한 방향성을 갖도록 해야 한다. 따라서 전국적인 새로운 노동조합조직의 건설은 노동자 정치조직의 발전 및 각계각층 민중의 통일로서의 통일전선조직 건설과 그 궤를 같이하면서 3개 방면에서 통일적으로 이루어져야 한다는 입장을 제시해 독자적인 전노협 건설 또는 노동조합 전국조직 건설에 대해 반대 입장을 취했다고 볼 수 있다. 따라서 장명국의 입장은 크게 보면 노총민주화론에 입각한 경로라고 분류할 수 있다.

그러면 제2노총건설론의 입장이라고 볼 수 있는 논의를 살펴보자.

제2노총 건설론의 입장을 밝힌 한국노동연구소의 주장에 따르면, "현재와 같은 강한 식민지적 성격을 지닌 자본주의 사회에서는 외세와 국내독점자본의 중층적 착취에 의해 탄압은 항시적이고 유화 혹은 개량은 명백한 한시성을 지닌다. 따라서 자본과 국가권력은 그것이 부분적이든 전면적이든 항상 탄압을 일삼게 되"므로 노총 민주화는 불가능하다는 입장이다. 또한 한국노총의 민주화를 위해서도 제2노총이 존재할 필요가 있다고 주장했다. 제2노총의 위상에 대해서는 "민주노조 혹은 그 연합조직은 자본과 국가권력의 어떠한 타격에도 결정적 피해를 입지 않고 자신을 유지, 강화할 수 있는 의식화, 조직화를 의미한다. 제2노총의 존재는 이 의식화와 조직화의 합법적, 공개적 토대이며 물질적 토대이다(한국노총연구소, 1989: 710-711)."라고 규정하여 제2노총의 조직적 위상을 지나치게 높게 바라보는 문제점도 보였다.

한편 전국노동운동단체협의회는 "노총과의 관계설정에 있어서 지적되어야 할 사안으로 첫째, 제2노총의 건설이나 노총 민주화는 양자택일을 해야 하는 것은 아니라는 점, 둘째, 노총과의 관계에 대해 고정적인 인식을 팔 필요가 없다는 점을 전제로 노총과의 관계를 성급하게 규정하기에 앞서 민주노조운동의 구심을 명확히 하는 데 모아져야 한다"는 입장을 전제하고, 한국노총 산하의 노조에 대해서도 "노동조합의 일부 집행부가 어용인 것이지 산하 노동자들

모두를 어용이라고 말할 수는 없다. 그러므로 전국조직의 건설과정에서 제기되는 시급한 문제는 노총에 형식적으로 가입되어 있는 일반 노동자들을 민주노조로 견인해내고, 경우에 따라서는 사안별로 공동투쟁의 가능성도 상정할 수 있다. 성급하게 노총을 타도의 대상으로 규정하는 것보다는 민주노조운동의 구심점을 강화하는 일이 무엇보다도 중요한 시기이다(전국노동운동단체협의회, 1989: 743)." 라는 입장을 표명하였다. 이러한 입장은 당시 민주노조 연대투쟁의 노총민주화보다는 자연스럽게 제2노총 건설의 흐름을 반영하는 것으로 볼 수 있다.

1987년 노동자대투쟁을 통해, 그리고 이후 1989년까지 노동운동의 대중조직인 노동조합 조직률이 가장 높아졌을 정도로 많은 노동조합들이 새롭게 결성되었고, 새롭게 형성된 노동조합들은 민주적이고 자주적인 노동조합을 지향하면서 한국노총에 대한 부정적 기류가 강했으며, 자본과 정부의 탄압에 맞서 자발적으로 연대투쟁을 강화하면서 자연스럽게 지역노조협의회와 업종노조협의회(또는 업종연맹)를 형성하였다. 나아가 이러한 흐름에 따라 한국노총이 아닌 새로운 상급단체를 형성하려는 분위기가 고조되었다. 노동운동 내부에서 이러한 민주노조의 상급단체 결성과 더불어 노동운동의 방향 논쟁의 하나인 제2노총건설 관련 논쟁이 일어났고, 각각의 주장은 나름대로 당시의 정세와 운동을 둘러싸고 각 운동진영의 입장을 개진한 것이나, 대중운동의 흐름은 한국노총에 대한 불신을 바탕으로 민주노조 간의 연대투쟁으로 발전해 가는 것이 대세였다. 따라서 민주노동조합 진영은 전노협 건설을 기정사실로 준비해 가는 방향으로 흘러갔다.

3) 전노협 출범

1989년 하반기부터 전노협 결성을 추진해 온 '지역업종별노동
조합전국회의'는 1989년 12월 중앙집행위원회를 열어 1990년 1월
'전국노동조합협의회(전노협)'를 출범시키기로 결의하고 전노협 창
립준비위원회를 발족시켰다. 전노협 창립준비위원회는 강령규약,
조직강화, 재정, 대외협력 등 4개 소위원회를 구성하고, 기관지인
격주간 '전국노동자신문'을 창간하는 등 준비작업에 박차를 가했
다. 또한 전노협 창립대회를 대의원대회 형식으로 치르기로 하고,
창립대회에 참석할 전국대의원 총수를 1,247명으로 확정했다. 이
에 따라 1990년 1월 부산지역노동조합총연합을 시작으로 서울지
역노동조합협의회 등 각 지노협·업종협들이 대의원을 선출했다.
그러나 전노협의 결성과정은 순탄치 않았다. 정부가 1989년 12월
말 전노협 준비위 단병호 의장에 대해 사전 구속영장을 발부하고
특별수사본부까지 설치하여 검거에 총력을 기울이고, 인천, 광주,
마창, 대구 등의 지노협 의장 대부분과 각 지역의 핵심적인 노조간
부들을 구속·수배하거나, 쟁의사업장에 대한 공권력 투입을 늘리
고, 각종 집회를 원천봉쇄하는 등 민주노조진영에 대한 봉쇄와 압
박을 가중시켜 나갔기 때문이었다(최영기, 2001: 291-292).

전노협은 탄압과 봉쇄에도 불구하고 1990년 1월 22일 수원 성균
관대에서 전국에서 모인 노조 대의원 4백여 명과 학생·재야인사
등 6백여 명이 참석한 가운데 창립대회를 열고 출범했다. 전노협은
위원장에 단병호, 부위원장에 김영대 서노협의장 외 7명, 사무총장

전노협 창립대회
출처: 노동과 세계(2020. 1. 22)

에 최동식을 선출하고, 권용목 등을 중앙위원으로 선출함으로써 지도부를 구성하였다.

전노협은 창립선언문에서 "이제 이 땅의 노동자가 진정으로 자신의 경제·사회·정치적 지위를 향상시키고 자본과 권력의 탄압에 통일적으로 대처할 수 있는 전국조직"을 갖게 되었으며, "노사협조주의와 어용적·비민주적인 노동조합운동을 극복하고 자주적이고 민주적인 노동운동을 전개해 나갈 수 있는 한국 노동조합운동의 새로운 조직적 주체가 탄생"하였다고 역사적 의미를 자평하였다. 아울러 "업종별·산업별 공동투쟁과 통일투쟁을 발전시키는 속에서 기업별노조체계를 타파하고 자주적인 산별노조의 전국중앙조직을 건설"하는 것을 조직목표로서 천명하였다. 또한 동일노동 동일임금 쟁취, 고용안정보장제도 쟁취, 안전한 작업환경 확보, 노동3권의 완전쟁취, 여성노동자에 대한 차별철폐 등 12개항의 강령을 채택했으며, 동시에 1990년 임금인상요구율을 23.3%로 발표하고, 이를 쟁취하기 위해 본격적인 공동임금인상투쟁과 무노동무임금 철폐, 경제단체협의회 해체, 노동운동 탄압분쇄 등의 활동을 펴나가기로 결의했다. 전노협 창립에는 전국 14개 지역노조협의회와 2개 업종노조협의회에 속한 602개 단위노조 조합원 19만여 명이 참여했으며, 전교조, 전문기술노련, 화물운송연맹 등은 참관조직으로 참가하였다.

4) 1990년대 초반 노동자 투쟁과 전노협 사수

(1) 1990년대 초반 공동임투

전노협이 결성되고 난 이후 민주노조진영의 투쟁은 두 가지 투쟁과제에 맞물려 있었다. 임금인상억제 정책에 맞선 임금인상 투쟁, 그리고 전노협과 지노협, 소속 조합 등 민주노조 진영에 가해지는 정부와 자본의 노동운동탄압 저지투쟁이었다. 그 외에도 노동법 개정투쟁, 정치세력화 등도 있었지만 당시의 정세와 역량상 모두 수행하기에는 한계가 있었다.

민주노조운동이 4년째 접어든 1990년, 민주노조 건설투쟁은 어느 정도 마무리되고 노동자들의 관심사는 1987~1989년간의 투쟁을 통해 급격히 개선되었지만, 아직 만족할 만한 수준에 이르지 못한 임금 및 근로조건의 개선이 여전히 중요한 과제였다.

1990년 이래 전노협의 공동임금투쟁은 지역·업종·전국별 공동투쟁체계의 구성(12~3월) → 요구안 확정을 위한 총회(3월) → 교섭시기 집중(4월) → 쟁의발생 신고(4월 말) → 총력투쟁(5~6월) → 임금투쟁 마무리(6월 이후)의 순으로 진행되어 왔으며, 거의 관례처럼 굳어졌다. 전노협의 공동임투에서 가장 중요한 특징은 시기집중뿐만 아니라 요구도 통일함으로써 기업별노조체제를 극복하고 산별노조 건설과 '민주노조 총단결'을 위한 실천적 토대를 구축하려고 한 점에 있었다. 이러한 공동임투를 통해 임금억제정책을 상당부분 무력화시켰다.

1990년 타결된 평균 임금인상률은 기본급 기준으로 14.5%, 통상임금 기준으로는 15.4%로 정부와 자본의 집중탄압에도 불구하고 공동투쟁의 상을 정립하였고, 전노협의 안정적 토대를 강화시켰던 주요 투쟁으로 자리매김하였다(전노협백서발간위원회, 1997(2): 56-57).

그러나 부산에서는 1990년 임투에서 전노협의 공동투쟁본부 구성지침에도 불구하고 공동투쟁본부를 구성하지 못했다. 당초 부산노련에 소속되지 않은 노동조합들까지 합쳐 약 60여 개의 노조가 모여 공동투쟁본부 구성에 대한 토론을 하였으나 공동투쟁본부 구성에는 실패하고, 각 노조들의 임금인상투쟁을 부산노련 소식지에 공유하는 수준에서 정리하였다.

1990년 부산지역 임금인상투쟁에서 가장 모범적인 임금인상투쟁을 전개한 노조는 고려부산노조[16]라고 할 수 있다. 고려부산노조 집행부는 당시 많은 민주노조들이 1987~1988년에 결성되어 임금인상투쟁이나 단체협약투쟁, 그리고 일상활동을 해오면서 조합원들이 집행부에 의존하는 경향이 강해지고, 집행부도 조합원을 바로 주인으로 세우려고 하기보다는 끌고 가려는 경향이 강해져 모든 부분을 집행부에 위임하고 집행부가 알아서 하라는 경향이 많다는 것을 파악하고, 조합원들의 자주성과 민주성, 집중성을 높이는 임금인상 투쟁을 준비하였다. 당시 김준환 노조위원장은 조합원 분임토의에 기초하여 전 조합원이 참여하는 1인 1요구안에 근거하고 조합원 10명당 1소위원회를 구성하여 72개 라인으로 나누어 간담회

---

16 고려부산노조는 1988년 노조결성 당시에는 조합원이 1,900여 명으로 전체 종업원은 2천 명 수준이었으나 1990년 임투 시기에는 전체 종업원이 900명 정도이고, 조합원은 769명이었다. 회사는 주로 안전화와 야구글러브, 핸드백, 골프장갑 등을 생산하는 업체였다.

를 시작으로 임금인상투쟁이 자신을 위한 투쟁이라는 점을 강조하여 요구안부터 전 조합원의 동참을 통해 만들어 내고, 투쟁단계도 7단계로 조합원들이 동참할 수 있는 단계를 높여가는 방식으로 임금인상투쟁을 기획하였다. 또한 조합원들의 아이디어를 모아서 깃발 만들기와 준법투쟁 등 다양한 방식을 전개하여 19%의 임금인상을 쟁취하는 데 성공하여 전국적으로도 모범이 되었다(부산가톨릭노동상담소, 1991: 31~47).

부산지역의 경우 1990년에는 자본과 정부의 지속적인 탄압으로 공동투쟁본부를 구성하지 못하였으나 1991년에는 3월에 '91 임금인상과 물가폭등 저지 및 노동기본권 쟁취를 위한 부산양산지역 공동투쟁본부'를 구성하였고, 20개 노조가 참가하였다. 1990년에 업무조사와 공권력 투입 등 지속적인 탄압으로 부산노련 소속 노조가 6개밖에 남지 않은 상황에서 20개 노조와 5개 참관노조, 2개 노민추, 3개 노동단체가 참가하면서 확장성을 넓혔다.[17] 그리하여 부산양산지역 91임투는 총 23개 사업장[18]이 파업투쟁에 돌입한 사실에서 볼 수 있듯이 전국적으로도 가장 치열한 양상을 띠며 진행되

---

17 공투본에 참가한 노조와 단체는 다음과 같다.
　＊20개 노조 참가 : 한진중공업, 대우정밀, 동양라이너, 한독병원, 고려부산, 신동금속(이상 부산노련), 동신유압, 신우산업기기, 한국금속, 태평양밸브, 일동정기, 대림기업, 오성화학, 광명연마, 미진화학, 세동, 인산기업, 진성쇼트, 성요사, 메리놀병원
　＊5개 노조 참관 : 신일금속, 태평양화학, 부산교통공단, 우진기계, 신신기계
　＊2개 노민추 참가 : 고무공장 노민추, 풍산해고자협의회
　＊3개 노동단체 참가 : 부산택시노동자연합, 부산노동자연합, 부산노동단체협의회
18 대우정밀, 동양라이너, 동신유압, 한진중공업, 우진제약, 복산약품, 동우국제, 천일정기화물, 태평양화학, 고려강선, 고려상사, 고신의료원, 제일교통, 새한운수, 만호제강, 연합철강, 동국제강, 대형선망, 동신금속 등

었으며, 쟁의발생 신고를 내고 교섭을 진행하는 과정에서 유리한 조건의 내용으로 타결을 지은 노조도 예년보다 훨씬 많아 민주노조운동의 대중적 토대를 넓혔다.

1992년에 들어서면서 정부는 경제위기 극복을 위해 일하는 풍토를 정착하자며 '5대 더하기 운동(일, 저축, 절약, 생산성, 수출)'과 '30분 일 더하기 운동'을 추진했다. 1991년 12월 부산지역 대봉의 노동자 권미경 열사의 죽음도 '30분 일 더하기 운동' 등 노동강도 강화에 대한 저항이었다. '30분 일 더하기 운동'의 본질은 경제위기의 책임이 노동자에게 있다는 인식을 확산시켜 노동운동에 대한 이데올로기적 탄압의 일환이었고, 임금인상 억제와 탄압의 명분을 확보하기 위한 것이었으며, 노동자에 대한 착취와 노동강도의 강화를 통한 이윤 증대를 목표로 한 정책이었다. 총액임금제는 1989년 이래 정부의 임금억제정책이 실패로 돌아가자 정부가 그 원인이 임금체계의 비합리성, 즉 기본급의 비중이 낮고 임금체계가 복잡한 데다가 사용자와 노조가 정부의 강력한 임금억제정책을 우회하기 위하여 기본급 이외의 각종 복지성 수당을 통해 '편법적'인 임금인상을 하는 데 있다고 본 정부의 강경책이었다. 그러나 이러한 유례없는 강압적 임금억제정책에 대해 전노협 등 민주노조 진영은 물론이고, 한국노총도 강력한 반대를 표명했다. 전노협은 1992년 1월 임금인상 요구율을 전년도보다 3.2%포인트 오른 25.4%로 발표함으로써 정부의 임금인상 억제목표에 정면으로 도전했다. 또한 전노협, 업종회의, 현총련은 4월 10일 총액임금 적용사업장 426개 노조와 더불어 '총액임금제 저지를 위한 전국노동조합대책위원회'를 구성하여 연대파업 등 강도 높은 대응방안을 마련하였다.

한국노총 또한 총액임금제 투쟁이 총자본과 총노동의 운명을 긴 한판승부로 규정하고 총액투쟁본부와 상황실을 설치 운용하면서 과거 어느 때보다도 강력하고 현장성 있는 투쟁을 전개했다. 한국노총이 이렇듯 보기 드물게 강력한 투쟁에 나선 것은 총액임금제 자체가 노동조합의 자율적 단체교섭권에 대한 공격이었다는 점에서 좌시할 수 없는 이유도 있었지만, 무엇보다도 산하 조합들의 한국노총에 대한 강력한 투쟁 요구 때문이었다. 이미 전노협 출범 이후 전노협과의 선명성 경쟁에서 밀리면서 사무전문직노조와 대기업노조를 중심으로 광범위한 조직이탈이 일어나고 있어 위기감을 느끼고 있던 한국노총으로서는 산하 조합들의 이러한 요구에 호응하지 않을 수 없었다.

부산노련은 1992년 1월 정기대의원대회에서 부산노련, 참관노조, 미가입노조가 결합하여 공동임금인상투쟁본부를 구성하기로 결의하고, 3월 동래산성에서 400여 명의 조합원들이 참가한 가운데 '92임투전진대회 및 부산양산지역 공투본 발대식을 가졌다. 이어서 4월에 유산지구, 웅상지구, 북구지구 등 지구별 임투전진대회를 가졌다. 이후 지역차원의 공동행사로는 제2차 총액임금제[19] 분쇄를 위

---

19 1992년 부산양산지역 총액기준 5% 임금억제 대상사업장은 다음과 같다.
　　* 내무부소관 : 부산도시개발공사, 부산의료원, 부산주차장관리공단
　　* 재무부소관 : 부산생명보험, 부산은행, 동남은행
　　* 상공부소관 : 내쇼날프라스틱, 롯데삼강, 롯데제과, 제일제당, 한국유리공업, 동부제강, 태평양화학
　　* 노동부소관 : 경남버스, 고려제강, 고려종합운수, 국제상사, 금성알프스전자, 금성포스타, 금호상상, 기아써비스, 기린, 대봉, 대선조선, 대야케미칼, 대양, 경남모직공업, 대우부산공장, 동국제강, 동성화학공업, 동신운수, 동아상사, 동아제분, 대교문화, 동아타이어공업, 동아엘레베이터, 럭키금성상사(주), 만호제강, 미광운수, 대림

한 노조대표자회의, 메이데이 집회투쟁, 대구에서 영남노동자대회
등이 있었다(전노협백서발간위원회, 1997(4): 108-110).

한편 한진중공업노조는 1987년 노동자대투쟁 이후 끊임없이 민
주노조를 확고히 세우기 위해 노력해왔으나 결정적인 순간에 집행
부가 조합원들의 의사를 충분히 수렴하지 못함으로써 민주노조 건
설과 사수의 문제가 조합원들의 관심사가 되었는데, 14대 위원장이
었던 박창수 열사가 옥중사망함으로써 강력한 민주노조의 바람은
좌절을 겪었다. 15대 위원장 정상채 등 집행부는 1992년 임투에서
사측의 최종안을 조합원 찬반투표에 붙였으나 참석조합원의 66%
가 반대하였다. 그럼에도 15대 집행부는 사측의 최종안을 받아들여

수산, 미진금속, 미화당, 보생, 부산경남우유협동조합, 부산교통, 부산교통공단. 태
광화성, 부산콘테이너부두운영공사, 부산피아노, 부영화학, 삼도물산, 삼양통상, 삼
화, 삼호실업, 샤니, 성창기업, 세방기업, 세신실업, 세화상사, 세원, 송월타올, 스타
위. 신일금속공업, 쌍미실업, 연합철강공업, 오성사1공장, 오양수산, 화승화학, 우성
식품, 우성타이어, 유진화학, 은성사, 제일교통, 진양, 천일고속, 청산, 태광고무산업,
태광실업, 태양사, 태창기업, 태화, 파라다이스비치호텔, 풍산, 한국냉장, 한보철강공
업, 한진조선, 한진중공업, 한창, 현대자동차써비스, 화성산업(주), 화승산업, 화승실
업, 화승통상, 흥아공업, 흥아타이어공업, 경남여객자동차, 관우회, 국보, 국제통운,
그랜드호텔, 대림수산, 대한종합운소, 동국무역, 동래관광호텔, 동부산콘테이너터미
널, 범아공사, 부산위생, 신양선박대행사, 부산고속버스터미널부산백화점, 부산동부
시외버스정류장세원백화점, 부산항부두관리협회, 해우대개발(주)웨스턴조선비치,
대우자동차, 대우정밀공업, 동산유지, 공일고무벨트, 삼천리자전거, 삼천리자전거공
업, 진주햄, 태창, 태광산업, 한국종합기계, 한국주철관공업
* 보사부소관 : 고신의료원, 메리놀병원, 부산백병원, 침례병원, 대동병원, 부산위
생병원, 성모병원, 성분도병원, 일신기독병원
* 교통부소관 : 동부고속, 범양상선, 한진, 한진해운
* 공보처소관 : 부산일보사
* 기타 : 동아대학교, 인제대학교백병원, 동의대학교, 부산외국어대학교
(출처 : 부산노동소식 70호, 부산노동자연합 발행)

조인식을 가졌고, 임단협이 마무리되자 8월 27일로 16대 위원장 선거에 임하게 되면서 다시 강력한 민주노조 집행부를 선출하고자 하는 조합원들의 열망이 높아졌고, 박창수 열사의 뜻을 잇기를 자임하며 해고자들과 민주노조운동진영의 지지를 받고 있던 이정교 조합원이 16대 위원장으로 당선되었다.

대우정밀노조도 총액임금제 대상사업장으로 윤명원 위원장 등 노조간부 다수가 해고된 상태에다 해고된 노조간부들은 회사 내 조합사무실 출입이 봉쇄되어 있는 어려운 여건에 처해 있었다. 사측은 출근투쟁을 하던 윤명원 위원장 등 노조간부들을 폭행하는가 하면 노조간부 해고자 수련회에까지 경찰 60여 명이 난입하는 등 대우정밀노조는 끊임없이 사측과 경찰의 탄압을 받으면서도 7월 30일 13차 교섭에서 기본급 3만 원(6.38%), 근속수당 5천 원, 생산장려금 10만 원, 연말성과금 20만 원, 사원주택 및 복지기금 조성(주택자금까지 합쳐 10억 원) 등을 내용으로 하는 1992년 임금인상안을 잠정합의하고 조합원 찬반투표에서 50.08%의 찬성으로 임금교섭을 마무리하였다.

총액임금제와 관련하여 부산의료원 노사는 1992년 임금교섭에서 합의하였으나 합의내용에 대한 부산시의 승인과 내무부 승인과정에서 정부와 지방자치단체가 노사합의를 무시하며 합의내용을 삭제하였다. 내무부는 총액 5% 인상 고수에 따라 위험수당 2천 원, 가족수당 2천 원, 당직비 5천 원 등을 삭제하였고, 부산시는 노사가 합의한 단체협약에 간호사 20명을 보충하게 되어 있음에도 8명만 채용하고, 일용직 근속년수 3년 기준으로 9명을 구제하기로 하였으나 3명만을 정규직으로 전환하겠다고 하여 합의사항을 무시하고 노사자율을 정부기관이 나서서 방해하여 노조의 투쟁을 촉발시켰다.

또 한편 전국적으로도 총액임금제와 연관되어 1992년 MBC문화방송 파업이 발생했다. 4월부터 8월까지 단체교섭을 하였으나 사측이 총액임금제를 고수하고 단협의 공정방송관련 조항까지 기존의 입장을 고수하는 가운데 일방적으로 총액기준으로 5% 인상된 임금을 온라인으로 입금하자 마침내 노조의 분노가 폭발했다. 노조는 즉시 쟁의발생 신고를 내고, 찬반투표를 통해 쟁의행위를 결의한 뒤 9월 2일부터 전면파업에 들어갔다. 이에 대해 정부는 불법파업으로 규정하였고, 서울지노위가 중재재정을 내렸으나 사측의 입장만을 일방적으로 반영한 것이었다. 노조는 중재재정을 거부하고 끝까지 투쟁한다는 방침을 천명하고, 10월 초까지 매일 조합원 200명씩 동원하여 집회투쟁을 계속했다. 마침내 정부는 10월 2일 경찰병력 1,000명을 투입하여 파업농성을 해산했다. 부산, 여수, 마산, 삼척, 진주, 청주 등 MBC 지방방송사들도 통일된 교섭을 진행해오다 서울MBC가 파업에 들어가자 9월 4일 일제히 쟁의돌입을 결의한 뒤 9월 15일부터 해당 지노위의 중재회부 결정에도 불구하고 전면파업에 돌입하였다. 그러나 부산MBC만이 19일까지 지속하였을 뿐 나머지는 16~17일에 타결하였다. 50여 일간 진행된 파업은 노사가 10월 21일 합의에 도달함으로써 종결되었다. 보도국장의 노조추천제는 단체협약에서 삭제하는 대신 노조의 요구대로 공정방송협의회를 활성화시키는 제도적 장치를 마련한다는 것이 골자였다(최영기, 2001: 395-396).

(2) 노동운동탄압 분쇄투쟁

1990년대 민주노조진영의 핵심적인 두 번째 투쟁과제는 전노협과 지노협, 그리고 민주노조 진영에 가해지는 노동운동 탄압분쇄투쟁이었는데, 이는 정부와 자본의 물리적, 이데올로기적 탄압이 입체적으로 전개되었기 때문이다.

전노협 창립을 물리적으로 막지 못한 정부와 자본은 지노협을 약화시켜 전노협을 무력화시키려고 하였다. 전노협에 대한 이념 공세와 지도부의 구속, 무노동무임금 적용에 전노협 소속 노조들에 대한 업무조사, 전노협 탈퇴 유도 등 가능한 모든 수단이 총동원되다시피 했다. 정부의 전노협 와해대책은 크게 네 가지 방향으로 진행되었다. 첫째, 지노협과 단위노조를 지원하는 행위를 제3자개입금지 위반으로 판단하여 엄벌한다. 둘째, 전노협 건설에 핵심적 역할을 한 인물들을 다양한 이유로 사전에 사법처리한다. 셋째, 전노협 가입노조에 대해서는 그 자금원을 원천적으로 차단하기 위해 대대적인 업무조사를 실시하고 업무조사 결과 전노협에 기금을 낸 것이 밝혀지면 양자 모두를 기부금품법 위반 등으로 사법처리한다. 넷째, 전노협과 관련된 행사나 대회, 집회는 원천봉쇄하고, 각종 유인물의 배포도 사전 차단한다. 이러한 방침에 따라 1990년 들어서 단병호 위원장을 비롯해 262명을 구속하였고, 김영대 전노협 위원장직무대행을 비롯해 10개 지노협 의장단이 수배되었다. 또한 KBS에서의 방송민주화투쟁과 현대중공업에서의 투쟁뿐만 아니라 부산지역의 대우정밀노조나 메리놀병원노조, 심지어 중소사업장인 동신화학노조 등에서 수시로 공권력을 동원해 사업장을 침탈하였다.

전노협은 '노동부의 노동조합 업무조사에 대한 보완지침'에서 노동부의 업무조사 목적이 전노협 탄압, 와해에 있으며 법적 근거가 빈약한 불법적인 것이라 규정하고 전면적 거부 방침을 확정 지었다. 업무조사에 해당된 사업장은 총 129개 노조였고, 대상사업장은 전국적으로 고루 분포되어 있었다. 부산지역에서도 동신유압노조, 일동정기노조 등 20여 개 노조가 업무조사 대상이었다. 그리고 업무조사를 거부한 11개 사업장은 고발조치되었다.

중소기업에도 전노협 탈퇴의 압박은 거셌다. 한독병원노조는 병원노련에 가입했으면서도 유일하게 전노협 부산노련에 가입한 병원노조였다. 사측은 1990년 경단협 지침과 함께 행정기관 및 공권력 등을 등에 업고 전노협·병원노련 탈퇴를 통해 한독병원노조를 무력화하려고 시도했다. 3월 5차 단체교섭 때까지 전노협을 탈퇴해야만 단체교섭을 하겠다며 사측은 단체교섭을 일방적으로 결렬시켰다. 그리고는 위원장의 노조전임을 부정하고 근무지 복귀를 명하며 복귀하지 않을 시 징계하겠다는 공문을 시행했다. 이에 대해 노조는 단체협약 쟁취 및 임금인상 쟁취를 위한 투쟁대책위원회를 발족시키고, 깃 달기, 임시총회, 철야농성 등 투쟁 수위를 높여갔고, 사측은 위원장 해고 통보, 전 조합원 징계위원회 회부, 고소 고발 등으로 탄압을 지속하였다. 10월 25일 서근애 위원장이 무기한 단식농성에 돌입하고, 10월 30일 긴급 임시총회를 개최하자 사측은 전경과 백골단 60여 명을 출동시켰으나 조합원들은 한 치의 흔들림 없이 민주노조 사수의 결의를 다졌다. 그렇게 위원장 단식 이후 환자수가 급격히 떨어지자 사측은 손을 들 수밖에 없었다.

1991년에 들어 전노협 탈퇴공작도 노골적으로 이루어졌다. 그중에서도 대기업연대회의의 핵심사업장이 있던 영남지역 노동운동의

한 고리인 부산에 집중적인 탈퇴공작을 펼쳤다. 부산노련에 대한 공작은 안기부 등 공권력을 동원하여 부산노련의 핵심사업장인 한진중공업과 고려부산노조를 탈퇴시키려고 시도하는 것이었다.

한진중공업노조는 1990년 조합원 91%의 압도적 지지를 받고 박창수 위원장을 선출함으로써 어용노조 28년 동안 강요받았던 기나긴 굴종과 침묵을 깨뜨리고 민주노조 집행부를 구성해 활발한 활동을 전개하기 시작하였고, 이는 노태우정권으로서도 정치적 부담이 되었던 것이다. 안기부는 한진중공업노조를 전노협에서 탈퇴시키기 위한 공작을 전개하였는데, '한진중공업노조는 조합원들의 연령이 높고 의식이 취약하며 노조의 집행력이 아직은 취약하므로 지도부 몇 사람만 매수하면 쉽게 무너질 것'이라는 판단으로 진행하였다. 당시 안기부 조정관은 구속된 박창수 위원장의 조기석방과 해고자 복직을 위해 전노협을 탈퇴할 것을 제안하였다. 박창수 위원장이 서울구치소에서 이마에 부상을 당해 안양병원에 입원했고 안기부요원은 입원 중인 박창수 위원장에게 전노협 탈퇴를 전화로 설득하는 등 공작을 진행하던 중 5월 6일 박창수 위원장이 죽임을 당한 채 병원 마당에서 발견되었다. 그리고 경찰은 백골단을 동원해 영안실 벽을 뚫고 시신을 탈취하여 강제부검을 실시함으로써 사인을 은폐하였다.

전노협 중앙위원이자 한진중공업 노조위원장인 박창수 위원장이 전노협탈퇴공작으로 살해된 1991년 5월 6일 노동운동 진영은

박창수 열사의 시신탈취
출처: https://blog.naver.com/uiwangi/
221950898047

박창수 위원장의 죽음은 '노동운동 탄압의 집약적 표현'이라고 규정하고 한진중공업노조를 비롯한 전노협, 대기업연대회의, 전국업종노동조합회의, 전국노동운동단체협의회, 전국노동단체연합준비위원회 등 6개 노동단체로 '고 박창수 위원장 옥중살인 규탄과 노동운동 탄압분쇄 전국노동자 대책위원회'를 구성하였다. 전노협은 전국노대위의 투쟁방침에 따라 5월 9일 전국적 총파업에 돌입한 후 국민대회에 결합하라는 투쟁지침을 발표하였고, 부산노련은 5월 6일 한진중공업노조, 대우정밀노조 등 8개 노조를 중심으로 대표자회의를 소집하고 박창수 위원장 사인규명과 살인정권 퇴진투쟁을 벌이겠다는 결의를 모은 후 곧바로 철야농성에 들어갔다. 울산의 현총련, 마창노련, 대구노련 등에서도 투쟁을 결의하고 농성에 돌입하는 등 전국적인 투쟁으로 확대되었다. 5월 9일에는 박창수 위원장의 타살과 강경대 열사 등에 분노한 시민들이 '해체 민자당, 타도 노태우'를 외치며 거리로 뛰쳐나와 전국 87개 시군에서 50여만 명이 가두시위를 벌였다. 이날의 시위는 6공화국 들어 최대 규모로 서울 20만, 부산 7만, 광주에서 4만 등 대도시에서는 수만 명의 노동자, 학생, 재야단체 등이 조직대오를 갖춰 도심을 점령하고 최루탄과 물대포로 맞서는 경찰을 포위, 곳곳에서 무장해제시키며 밤늦게까지 투쟁을 벌였다. 노동계는 전국투본의 시한부 총파업 결정에 따라 산하 98개 노조는 이날 오후 일제히 작업을 중단하고 총회를 열어 노태우 타도를 위한 국민대회에 참가할 것을 결의하면서 대회에 합류하였다. 전국투본은 5월 15일 '고 박창수 위원장 옥중살인 규탄 및 폭력통치 종식을 위한 전국노동조합 비상대표자회의'를 열어 5월 18일 총파업투쟁을 결의하여, 전국 19개 지역, 156개 사업장,

91,415명이 투쟁에 참가하였다. 부산에서도 한진중공업노조(2,200명), 대우정밀노조(1,269명), 동신유압노조(211명), 고려부산노조(760명), 신신기계노조(74명), 제일교통(670명), 태평양화학(452명), 신동금속(167명) 8개 노조 5,803명의 노동자들이 파업과 휴무, 총회 등을 통해 투쟁에 참가하고 2차 국민대회에 결합하였다.

한진중공업노조는 위원장이 의문사를 당한 지 40여 일이 지나도록 진상규명조차 진행되지 않아 전 조합원의 결의를 모아 상경투쟁을 결의하고 6월 12일 1천여 명의 조합원들이 상경하여 성균관대 시위진압과정에서 숨진 김귀정 학생의 장례식에 참가한 후 유인물 2만 부를 시민들에게 나누어주고 안기부 앞에 항의규탄집회를 가졌다. 13일에는 한진그룹 본사 항의방문 중에 전원 연행되어 전경버스에 태워져 서울 각지에 분산되었으나 다시 성균관대로 재집결하여 16일까지 본사 항의방문 투쟁을 전개했다.

이후 장례대책위원회는 6월 22일 회의를 통해 '많은 현안 해결과제 가운데 한진중공업노조의 임금인상·단체협약 갱신투쟁의 요구는 한진중공업노조에서 독자적으로 해결토록 하고 장례대책위는 유족 보상문제와 진상규명 투쟁과 관련된 파업기간 중의 임금 지급, 고소고발 취하, 그리고 장례문제로 한정하는 것이 실정에 걸맞다'는 점과 유족과 한진중공업노조가 동의한다면 6월 29일 장례를 치르는 것으로 내부방침을 정하였다. 박창수 위원장의 장례일인 6월 29일은 새벽부터 폭우가 쏟아졌다. 오후 2시로 예정된 발인식을 앞두고 유족보상과 한진중공업 노조간부에 대한 고소고발 취하, 파업 중인 한진중공업 조합원에 대한 임금보장이 있기 전까지 장례를 치를 수 없다는 유족의 입장에 따라 연기되는 듯했으나 장례와 투쟁을 병행한다는 결정에 따라 4시부터 장례를 진행, 5시에 영안실 앞에서 가족들의 오열 속에 발인제를 거행하고, 6시경에 안양 벽산쇼핑 앞 사거리에서 3만여 명의 노동자, 학생, 시민이 지켜보는 가운데 노제를 치렀다. 밤 10시경 인덕원 사거리에서 추도식을 갖고 30일 새벽 1시경 서울구치소 앞 추모식을 하려고 했으나 허용하지 않는 경찰에 맞서 격렬한 항의투쟁을 하고 한진중공업을 향했다. 한편 부산에서는 한진중공업노조와 6천 명의 노동자, 학생들이 부산대에서 29일 추모제를 열며 장례행렬을 기다렸다. 10시경 한진중공업에 도착하였고, 한진중공업 단결의 광장에는 4천여 명의 노동자와 시민이 모여 있었다. 오후 7시에 노조사무실에서 발인제가 열렸고, 밤 10시 부산시청 앞 노제에는 1만여 명의 시민이 참여했다. 밤 11시경 부산역에 장례행렬이 도착했을 때에는 비가 내리기 시작했다. 부산역 노제를 마치고 7월 1일 새벽 1시 장지로 향해 새벽 5시에 솔발산 공원묘지에 박창수 위원장을 묻고 장례는 마쳤다. 전국노대위는 박창수 위원장의 장례를 마치고 7월 1일 한진중공업 노조에서 장례위원회·집행위원회 연석회의를 열어 후속사업으로 '고 박창수 위원장 추모사업회' 추진과 진상조사 활동을 지속하기로 하고 세부 대안을 마련하기로 했다.

이렇듯 한진중공업의 경우에는 어용노조의 뿌리가 있었던 것을 빌미로 전노협 탈퇴공작을 하였다면, 부산의 또 다른 대규모 사업장 대우정밀의 경우엔 그런 방식이 어렵다고 보고, 현장을 초토화시키며 대규모의 구속, 해고로 조합원 전체가 패배의식을 갖고 전노협을 탈퇴하도록 계획을 세운 듯했다.

1991년 6월 3일은 대우정밀노조 초토화작전의 서막이 오른 날이었다. 새벽 5시경 1,300여 명의 백골단이 페퍼포그, 중장비, 수중보트를 앞세우고 일사불란하게 대우정밀로 진입했다. 비 오듯 퍼붓는 다연발탄의 굉음과 함께 인근 철마산 일대를 이 잡듯이 뒤진 경찰은 40여 명의 조합원들을 끌고 가 20명을 구속시켰다. 최루가스 냄새가 가시지 않은 현장에서 사측은 조업재개를 서둘렀다. 조합원들은 다시는 불법파업에 참가하지 않겠다는 각서를 써야 현장 안으로 들어갈 수 있었다. 억압과 공포 분위기 속에서 160여 명의 조합원들이 무더기로 인사위원회에 회부되었으며 7월 30일까지 46명이 해고되었다. 해고자 가운데는 해고되면 군대에 끌려갈 병역특례자가 14명이나 있었다. 7월 18일 잠정합의안이 나왔을 때 노조는 임금 5만 원 더 받자고 이렇게 힘겹게 싸워온 것이 아니다. 해고자, 구속자가 생긴 것은 돈이 문제가 아니라 전노협·민주노조 사수, 구속자 석방 등의 문제를 위해 싸웠기 때문이라는 원칙적 입장을 고수하였다. 대우정밀노조의 조합원들은 그렇게 전노협 부산노련의 중심노조로서 굳건히 싸웠다.

1991년 하반기부터는 신발업계의 무더기 도산사태가 발생했다. 권미경 열사가 근무하던 대봉은 아디다스 등의 신발을 제조하여 전량 수출을 하는 전체 사원 3,500명 규모의 대규모 수출업체였다. 11월 1일부터 노조의 협조 아래 이 회사에서는 전체 사원이 "원가 절감, 결근 방지"라는 깃을 달고, '구사운동'을 실시하였고, 목표량 달성을 위해 노동자들의 노동강도를 강화했다. 현장에서는 관리자들이 초시계를 들고 다니면서 목표량 달성을 요구하였다. 12월에 들어오면서 강제연장근로 등과 함께 노동강도는 더욱 강화되었다. 목표량을 달성하지 못하면 정신교육을 받느라고 통근차를 놓치기도

사랑하는 나의 형제들이여!

나롤 이 차가운 땅에
묻지 말고 그대들 가슴속에
묻어주오.

그때만이 우리는 완전한
하나가 될 수 있으리.

인간답게 살고 싶었다.
더이상 우리를 억압하지 마라.

내 이름은 공순이가 아니라
미경이다.

— 열사의 팔뚝에
쓰여진 유서 —

권미경 (23)

1969. 6.24 전북 장수에서 출생.
1982. 2.   부산 아라곳교 졸업.
1982. 3.   보세공장 취업으로 노동자
            생활 시작함.
1985. 2.   공장생활을 하면서 동기여중 야간 졸업.
1990. 6.   (주)대봉에서 여성공으로 근무.
1991. 12.6 (주)대봉 3층 옥상에서 투신
            경남 양산 솔밭산묘원에 안장.

권미경 열사의 유서와 약력
출처 : 고무노동자 권미경 열사 일기 및 관련자료 모음집

했다. 평소 세심하고 다정다감한 성격으로 주위 동료들로부터 사랑과 신뢰를 받아오고 성실하고 꿋꿋한 권미경은 나이 어린 학생들이 밤이면 공부하고 낮이면 생산량을 맞추기 위해 애쓰다 불량이라도 하나 내면 거침없이 쏟아지는 관리자들의 폭언을 자신이 당하는 것처럼 아파하고 괴로워했다. 가슴 여린 스물세 살의 권미경은 12월 6일 "천국과 지옥이 있다고 믿느냐? 이곳이 바로 지옥이 아니냐"라고 말하고, 오후 4시 10분 휴식시간에 옥상에 올라가 투신하였다. 팔에는 그녀의 유서로 보이는 그림과 같은 문구가 적혀 있었다.

이른바 '30분 일 더하기 운동'으로, 그동안 노동자들의 저임금 장시간 노동으로 막대한 이윤을 챙긴 자본들이 이윤을 기술개발과 신제품개발 등에 투입하지 않고, 자신들의 책임을 노동자에게 전가시키기 위해 노동강도를 극도로 강화한 결과였다. 권미경의 죽음이 알려진 이후 부산지역의 11개 민주단체들이 모여 "고무노동자 고 권미경 양 사인규명 대책위원회"를 구성하고 진상규명과 대책마련에 나섰다.

(3) 노동법개정투쟁

1991년 전노협은 업종회의와 전국노동운동단체협의회, 전국노동단체연합 등과 함께 'ILO기본조약 비준 및 노동법 개정을 위한 전국노동자 공동대책위원회'를 구성하고 노동법 국회 청원과 공청회 등을 통하여 노동법 개정의 필요성을 적극 제기하였다. 또한 노동법개정투쟁과 관련한 각 지역별 교육과 선전을 매개로 하여 1991년 11월 10일 전국노동자대회에 6만여 명의 노동자들을 결집시킨 가운데 노동법 개정투쟁을 전개함으로써 민주노조 총단결을 가시화시켰다. 이를 통해 민주노조운동에 대한 대중적 자신감을 어느 정도 회복시켜 낼 수 있었고, 민주노조 총단결의 조직적 내용에 대해서는 특히 업종회의와의 관계에서 한 걸음 더 진전시킬 수 있었다.

부산지역에서는 1991년 10월 18일 부산노련과 전교조부산지부, 병원노련 부산지부, 전국화물운송노련, 항만하역노조연합회, 전국언론노련 산하 부산지역 언론노조 등 6개 노조단체와 2개 노동운동단체(부산노동자연합과 부산노동단체협의회)가 부산지역 공대위를 결성하였다. 부산지역 공대위는 1991년 10월 30일 1,000여 명이 참여한 가운데 노동법 개정 대중강연회를 열었으며, 11월 6일에는 노동법 개정 공청회를 개최하여 노동법개정투쟁에 대한 조합원의 적극적인 참여를 유도하였다.

5) 김영삼정권의 노동정책과 부산지역 노동자 투쟁

(1) 신경영전략의 확산과 노경총합의

군사정권시대에서 문민정권시대를 연 김영삼정권의 전반기 (1993~95년)에는 한국경제가 비교적 단기간의 호황국면이었다. 경제성장률은 1993년 5.6%, 1994년 8.2%, 1995년 9.3%를 기록했고 투자와 수출도 호조를 보였다. 그러나 대기업과 중소기업, 중화학공업과 경공업 그리고 자본집약산업과 노동집약산업 사이의 양극화 현상은 더욱 심화되었다. 섬유·신발·완구 등 경공업·내수중심·노동집약산업은 경기침체와 산업구조조정이라는 두 가지 어려움을 동시에 맞으며 극심한 부진을 보인 반면, 전자·조선·철강·자동차 등 중공업·수출중심·자본집약산업은 회복조짐을 뚜렷하게 드러냈다. 이런 경제동향은 노동시장에도 반영되었다. 실업률은 계속 낮아졌으며(1993년 2.8%, 1994년 2.4%, 1995년 2.1%), 취업자의 증가세는 사회간접자본 및 기타 서비스업부문이 주도했고 제조업부문 중 전기·기계·기계장비 등 중공업부문을 중심으로 비교적 높았지만, 가죽·신발·의복 및 모피 등 경공업부문에서는 지속적인 감소추세를 보였다. 특히 중소기업의 경우 인력난이 심화되며 많은 기업들이 도태되거나 값싼 노동자를 찾아 해외로 진출하는 양상을 보였다.

이 시기의 경제상황과 관련해 특기할 것은 1993년 말 UR협상이 타결되고 WTO체제가 출범하면서 세계화의 충격이 급격하게 밀려왔다는 것이다. 세계화의 충격은 시장 개방으로 농업부문에 가장 큰 영향을 미쳤지만, 직접적인 영향 외에도 경제를 바라보는 국민의 기본시각과 정부정책, 노사 당사자 등에게 미친 영향 또한 심대한 것이었다. 김영삼정권이 주도한 '세계화론'은 다소 희화적이었지만 '무한경쟁', '국가경쟁력', '국제경쟁력'이라는 담론이 지배적인 깃이 되고 그와 더불어 '유연화론', '작은정부론' 등 신자유주의적인 담론이 영향력을 확대해 갔다.

1993년 노-경총 4.1임금합의가 있었는데, 표면상으로는 경제단체들이 이를 제안하는 형식으로 추진되었지만 정부에 의해 사전에 조율된 것이었다. 정부는 1989~1992년까지의 정부 주도 임금억제정책이 노동계의 강력한 반발에 부딪혀 실효를 거두지 못하자 노사 중앙조직이 임금인상률에 합의하는 형식으로 임금가이드라인을 정하고자 했다. 이러한 임금정책의 전환은 1993년 1월 최각규 부총리가 민간기업에 대해 임금인상 가이드라인을 제시하지 않겠다고 공식 발표함으로써 공식화되었다(최영기, 2001: 407-408).

최각규 부총리의 발표 직후 경제5단체장은 1993년 임금협상은 신노사관계의 정립이라는 관점에서 노사 당사자주의에 입각해 타결되어야 하며, 경제단체가 임금가이드라인을 발표하지 않고 한국노총과의 대표자회의를 통해 단일안이 도출될 경우 이를 단위사업장의 노사 쌍방에 제시하겠다고 밝히고, 한국노총에 대해 이 문제를 논의하기 위한 노사대표자회의를 즉각 개최할 것을 제의했다(최영기, 2001: 408).

한국노총은 사용자단체의 회담 제의에 응하기로 하고, 4.7~8.9%(통상임금 기준)의 임금인상률에 합의하며, 그 결과를 '93년도 중앙노사 임금조정합의서'라는 문서로 발표하였다. 이 합의에 대해 한국노총은 '사회적 합의'로 규정하고 의미 있게 평가하였으나 한국노총 내부에서부터 강력한 반발과 비판에 직면하였다. 화학, 섬유, 금속, 금융 등 일부 산별노련은 한국노총과 경총의 교섭이 진행되는 중에 이미 독자적인 임금인상 지침을 만들어 산하조직에 시달했으며, 합의내용에 대해서도 반발했다. 산하 단위노조의 반발은 더욱 극심했다. 특히 대기업노조일수록 반발이 거셌다. 단위노조들은 노-경총 중앙임금합의가 산하 노조들로부터 위임받은 적이 없기 때문에 비민주적이며 정당성을 결여하고 있다는 점, 노-경총이 합의한 임금인상률이 조합원들이 기대하는 임금인상 수준에 비해 턱없이 낮다는 점 때문에 불만이었다. 실제 단위노조 임금교섭 현장에서 사측이 이 합의를 근거로 협상의 여지를 좁혔으며, 정부도 이것을 사실상 임금가이드라인으로 삼아 임금교섭 지도에 나서면서 더욱 분노했다. 따라서 단위노조들은 이것을 '밀실야합'으로 규정한 민주노조진영의 주장에 귀를 기울였으며, 많은 한국노총 산하 노조들이 지역 차원에서 민주노조 진영과 함께 공동투쟁을 벌이는 양상으로 전개되었다.

한편 전노협, 전국노동운동단체협의회 등은 "4.1임금합의는 정부와 자본의 한 자릿수 임금억제를 위한 사회적 분위기 조성에 한국노총 지도부가 들러리를 선 결과에 불과"하다는 점 등을 들어 이 합의의 정당성, 구속력, 의의 등을 전면적으로 부정하는 등 대대적인 반대운동을 전개했다. 또한 현총련 소속 울산지역 10개 계열사 노조들은 보란 듯이 평균 15.18%의 임금인상요구안을 확정지었으며, 대노협 산하의 대공장노조들도 20~30%에 달하는 고율 임금인상요구안을 제출함으로써 노-경총 임금합의를 완전히 무시해버렸다(최영기, 2001: 410-411).

한국노총은 1994년에도 경총과 임금교섭을 시도하여 3월 30일 통상임금 기준 5.0~8.7% 인상률에 최종 합의하였다. 한국노총은 이 임금합의를 역시 '사회적 합의'로 규정하면서 비록 실무자 차원이지만 징책·세노개선을 위한 협상과 합의당사자로 정부를 끌어들여 이행가능성을 높였다는 점, 그리고 절차적 측면에서 1993년 임금합의에 대한 비판을 수용하여 각종 여론수렴 절차와 의결기구를 통한 전반적 방침과 요구안을 확정하는 등 사회적 합의의 실효성을 높이기 위해 다양한 노력을 경주한 것으로 자평하였다.

그러나 1993년 임금합의보다 훨씬 더 강력한 조직 내외의 반발과 비판에 직면했다. 한국노총 조직 내부에서는 한국노총이 나름대로 산하 조직의 의견수렴의 과정을 거치는 등 중앙합의의 민주성·투명성이 강화된 데 대해서는 인정하고, 사회적 합의의 필요성에 대해 인정하면서도 낮은 임금인상률이 비판과 불만의 원천이 되었다.

이처럼 산하조직과 조합원들의 불만이 가득해진 상황하에서 전노대가 조직한 '노-경총 밀실합의 분쇄투쟁'과 '노총 탈퇴운동'은 커다란 반향을 불러일으켜 많은 노동조합들이 대의원대회를 통해 노조규약에서 한국노총에 대한 상급단체 규정을 삭제하거나 맹비

〈표 9〉 1994년 한국노총 탈퇴 현황

(단위: 개)

구분	전노대	전노협	현총련	대노협	업종회의	조선노협
조합	736	169	33	16	518	6
	(1,145)	(451)	(33)	(16)	(645)	
조합원	279,862	55,436	82,000	18,000	124,426	30,150
	(407,000)	(129,000)	(97,000)	(40,000)	(141,000)	

주 : ( ) 안의 수치는 전노대가 주장한 수치임.

출처 : 한국노동조합총연맹, 『사업보고서』, 1995, 187쪽

납부를 거부하는 형식으로 한국노총을 탈퇴하였다.

이 가운데는 이미 전노대에 가입한 사업장들이 주류를 이루었지만, 전노대 미가입 사업장도 상당수 포함되어 있었다. 특히 제조업 대기업 노동조합들을 대표하는 다수의 대공장 노조들이 대거 한국노총을 탈퇴한다고 선언한 것은 한국노총에게는 커다란 타격이었다.

이러한 한국노총 탈퇴운동은 민주노조 진영의 결집체인 전노대의 위상을 높여 주었을 뿐 아니라 앞으로 탄생이 예고된 민주노총 준비위원회와 민주노총의 건설과정에도 큰 탄력과 조직적·대중적 기반을 제공해 준 것이었기 때문에 한국노총의 충격과 위기감은 더욱 클 수밖에 없었다(최영기, 2001: 415).

이렇게 1994년 노-경총 임금합의에 대한 예상을 뛰어넘은 산하 노조들의 반발과 전노대에 의한 조직적인 노총 탈퇴운동에 충격을 받은 한국노총은 1994년 '노동운동발전 및 사회개혁을 위한 전국 노조대표자회의'를 가졌다. 이 자리에서 '노총발전방안'을 공식적으로 채택하고, 1995년에는 사회적 합의를 추진하지 않겠다는 것을 공식 발표하면서, 민주노조진영에 대해서는 '노동계 대통합'을 위해 회합을 가질 것을 제안했다. 그러나 민주노조 총단결의 기치 아래 민주노총 준비위원회 구성을 목전에 두고 있던 전노대가 이러한 제안을 받아들일 가능성은 전혀 없었다. 따라서 한국노총의 노동계 대통합 제안은 상징적인 의미 또는 내부 결속용의 의미밖에는 가질 수 없었다. 한국노총은 1995년 민주노총 출범을 전후해서도 다시 한번 노동계 대통합을 제의했지만 민주노총 측의 불응으로 무위에 그쳤다.

(2) 노경총합의 및 신경영전략에 맞선 부산지역 노동자투쟁

부산지역에서는 1993년 4.1임금합의에 대해 규탄하는 36개 노조 대표자들[20]이 서명하면서 본격적인 임금억제정책 분쇄와 임금인상 투쟁을 준비해 나갔다. 이를 위해 전노협을 비롯해 업종회의 등은 공동투쟁본부를 구성하기로 하고, 명칭은 '임금억제정책 분쇄 노동법 개정 전국노동조합공동투쟁본부'로 하고, 지역은 동일한 명칭에 지역명을 붙여 '임금억제 정책분쇄 노동법 개정 ○○지역 노동조합 공동투쟁본부'로 하기로 했다. 이에 따라 부산양산지역은 '임금억제 정책분쇄 노동법 개정 부산양산지역 노동조합공동투쟁본부[21]'로 하고 이성도 부산노련의장과 윤영규 병원노련 부산본부장을 공동본부장으로 하여 27개 노조로 구성하였다. 부산양산공투본은 1993년 3월 20일 부전역 광장에서 800여 명의 노동자들이 참여한 가운데 공투본 발족식 및 임단투 전진대회를 개최하여 '93 임단투의 투쟁의지를 대내외적으로 선포했다. 또한 메이데이인 5월 1일과 2일

---

20 노-경총 임금합의 규탄 노조대표자 부산양산지역 노동조합 명단은 다음과 같다.
　　대우정밀, 한진중공업, 신동금속, 한독병원, 신일금속, 동신유압, 성요사, 풍산기계, 풍산정밀, 한국기계, 제일중기, 신우산업기기, 대림기업, 오성화학, 인산기업, 미진화학, 우진제약, 성우금속, 신신기계, 일동전기, 동보체인, 한창제지, 새한실업, 대림, 유성금속, 세웅종합건설, 부산수리조선소, 부산의료원, 고신의료원, 백병원(부산), 메리놀병원, 일신기독병원, 춘해병원, 동아대병원, 침례병원, 적십자혈액원(이상 36개 노조)

21 부산양산지역 공투본 소속 노조는 다음과 같다.
　　신일금속, 대우정밀, 성요사, 신동금속, 한진중공업, 동신유압, 오성화학, 인산기업, 한국기계, 미진화학, 대림기업, 제일중기, 신우산업기기, 풍산기계, 우진제약, 어드밴스, 일신기독병원, 한독병원, 고신의료원, 침례병원, 동아대병원, 춘해병원, 부산의료원, 백병원, 적십자혈액원, 메리놀병원, 풍산정밀 이상 27개 노조

에는 영남노동자대회를 개최하였는데, 부산대학교에서 개최한 전야제에는 8개 지역 2,000여 명의 노동자들이 참여했으며, 다음 날 부산역 본대회에는 5,000여 명의 노동자들이 참여하였다. 6월 12일에는 93임투 승리와 6월항쟁 계승을 위한 노동자결의대회를 부산역 광장에서 개최하여 임투 중간보고 및 공동 행동방침을 대중적으로 공유하면서 지역적 역량을 결집시켜 갔다.

그러면서 부산양산공투본은 단위노조의 투쟁을 지원했다. 6월 14일에는 농성 중인 신일금속노조 탄압 항의집회를 가졌으며, 15일에 경찰이 신일금속 지도부를 연행하자 신일금속 조합원과 부양공투본 소속 조합원 100여 명은 신일금속 정문에서 항의집회를 갖고 북부경찰서를 항의방문했다. 16일에는 신일금속노조가 전면파업에 들어갔고, 부양공투본 소속 조합원 500여 명이 공권력의 봉쇄를 뚫고 신일금속으로 진입, 규탄집회를 개최함으로써 연행자 전원을 석방시켰다.

메리놀병원노조도 6월 28일 파업에 돌입하였다. 일방중재와 직권중재라는 독소조항으로 자본과 정부가 탄압을 가했지만 메리놀병원 노동자들은 불퇴의 결의로 투쟁하여 사측으로 하여금 노조의 요구를 수용할 수밖에 없도록 하였다.

1993년 부산양산 공투본은 7월 14일 8차 대표자회의에서 공투본을 해소하기로 하고 이후 투쟁지원은 부산노련과 병원노련 부산본부가 공동으로 논의하기로 했다.

1994년에 들어서면서도 노총과 경총의 기만적 임금합의를 위한 협상이 진행되는 동안 94년 임투승리를 위한 부산양산지역 노동조합들의 움직임도 활발하게 진행되었다. '노사정임금합의 분쇄, 근로자파견법 저지 94임단투승리를 위한 부산양산노동조합 공동투쟁본부(준)'는 3월 3일 부산일보 소강당에서 40여 개 노조간부 150여 명이 참여한 가운데 확대간부결의대회를 가졌다. 공투본은 3월 19일 부산역광장에서 임단투전진대회를 개최했고, 공투본 소속 20여 개 노조대표자들은 부산지방 노동청을 방문하여 기만적인 노사정합의 기도를 규탄하는 항의서한을 전달하고 항의집회를 가졌다.

부산양산 공투본은 6월 총력투쟁 일정보다 상대적으로 일찍 교섭 및 투쟁을 배치하였다. 웅상지구 중소노조의 임금인상 투쟁은 시기를 맞추어 공동대응을 강화하였다. 북구지역 신일금속, 동신유압, 태양사, 부산주공 노조도 시기를 맞추기 위해 긴밀한 공조체제를 갖추었고, 부산주공을 제외한 3사는 5월 말 6월 초에 쟁의발생신고와 쟁의행위신고를 접수시켰다. 병원의 경우도 7개 종합병원노조가 5월 말에 쟁의발생신고를 동시에 접수시키고 투쟁시기를 일치시켰다(전노협백서발간위원회, 1997(6): 69).

부산양산공동투쟁본부는 백병원 노조위원장에 대한 징계방침을 사측이 결정하자 백병원노조에 대한 탄압에 공동대응하기 위해 5월 12일 비상대표자회의를 개최하고 병원장을 항의방문했다. 또한 노동조합 여성간부에 대한 성희롱은 여성인권 차원에서 대응한다는 방침을 세웠다. 이러한 공투본의 적극적인 대응과 노조 측의 조직적 대응으로 사측은 징계방침을 철회하고 성희롱 당사자에 대해서도 법에 따라 처리하겠다는 안을 받아들였다.

6월 8일에는 북구 3사 노조(신일금속, 동신유압, 태양사) 지원을 위해 신일금속에서 열리는 문화제에 참여하여 파업 첫날 교섭을 통해 이정영 전위원장의 복직약속을 받아내고 임금인상 투쟁을 마무리하였다.

6월 20일에는 메리놀병원과 동아대병원의 노조가 파업에 들어갔다. 부산양산공투본 차원에서 대표자회의를 파업사업장에서 개최하고, 지원 방문, 총회 참석, 지지대자보 부착, 항의방문 등을 진행하였다.

6월 27일에는 한진중공업노조와 백병원노조가 파업에 들어갔다. 이날 경찰은 부양노련 사무실을 압수수색하였고, 문영만 부양노련 의장(공투본 공동본부장)에 대해 사전 구속영장을 발부받았다.

6월 28일 19시경 메리놀병원에 경찰이 투입되었다. 농성조합원들은 옥상의 농성장으로 옮겨가며 격렬히 저항했으나 무자비하게 밀고 들어오는 경찰력을 막기에는 역부족이었다. 조합원 81명이 연행되었고 이 중 사전구속영장이 발부된 3명이 구속되었다. 부양공투본은 병원에 집결하여 규탄대회를 갖고 약 30여 명이 중부경찰서로 달려가 강제연행에 대해 강력히 항의하고 면회투쟁을 전개하였다. 사전영장이 발부되어 구속된 간부를 제외한 나머지 조합원들은 석방되자 다시 병원 로비에서 항의농성을 계속하며 '비상대책위원회'를 구성하였다. 부산지역 병원노동자들의 이러한 파업투쟁은 문민정부라고 칭한 김영삼정권에서도 여전히 노조에 대한 탄압이 심했고 이 탄압을 극복하지 않고서는 정상적인 노조활동이 불가능함을 보여주었다.

한진중공업은 1994년 초 다대포공장 정인석 조합원이 사측의 비인간적인 노무관리에 항의해 목을 매 자살한 사건이 있었다. 조합원들은 분노했고, 사측과 맞서고자 하였으나 가족과 노조집행부가 뜻이 일치하지 않아 임금인상, 단체협약 갱신투쟁을 앞두고 있던 탓에 흐지부지 종결되어 버렸다. 조합원들은 임금인상과 단체협약 갱신투쟁을 기약할 수밖에 없는 상황이었는데, 한진중공업에는 일방중재 조항으로 사실상 파업이 원천봉쇄되는 규정이 있어서 일방중재소항 철폐와 해고노동자 복직 등 핵심 사안들이 있었다. 노조가 6월 15일 쟁의발생신고를 하자 25일 사측이 일방중재를 신청했고, 부산지방노동위원회는 이를 즉시 수용함으로써 자율교섭의 길을 차단하였고, 정부 개입에 의한 강제타결을 강요하고 나섰다. 결국 노조는 27일 쟁의행위 찬반투표를 실시하여 93.4%의 찬성으로 전면파업에 들어갔다. 이에 정부는 28일 조길표 위원장, 김주익 사무장 등 노조간부 5명에게 사전구속영장을 발부하고 경찰투입 지시를 내렸다. 이 소식을 들은 조합원들은 전 조합원 집회를 열어 경찰침탈에 대비하여 쟁의대책위원회의 결정에 따라 밤 9시부터 LNG선에 승선하였다. 1,200여 명의 조합원들은 "사전구속영장이 떨어진 위원장을 잡아간다면 모든 조합원이 구속을 불사하며 투쟁할 것을 결의하고 요구조건 완전 쟁취가 이루어질 때까지 배 위에서 내려가지 않겠다"고 밝혔다.

한진중공업노조는 12만 8천 톤에 달하는 LNG선의 높이가 42m에 달하고 열과 습기가 가해질 경우 치명적인 파손을 입게 되어 경찰이 공중투하 작전을 펼치지 않는 한 진압이 불가능하며, 그것마저 엄청난 액수에 달하는 LNG선을 포기하고 예기치 못할 인명피해를 각오하지 않는 한 진압할 수 없을 것으로 판단하였다.

조합원들은 파업이 전개되자 시종일관 높은 결의와 결속력을 갖추어 11일간이나 파업투쟁을 벌였으며 이는 노동통제에 억눌린 분노의 표출이자 공권력투입에 제동을 걸며 전국전선을 지켜낸 투쟁이 되었다.

공투본은 6월 30일 11차 대표자회의에서 한진중공업 투쟁을 지원하기 위해 7월 1일 한진중공업 정문 앞에 집결하여 물품과 의료진을 지원하였으며, 7월 2일에는 약 200여 명이 지역노동자와 학생들이 참석하여 시민대책위 주최로 '노동자탄압 저지 및 신공안정국 분쇄를 위한 노동자, 시민결의대회'를 개최하여 철도·지하철 노동자들에 대한 탄압과 파업사업장에 무단으로 공권력을 투입해 탄압하는 김영삼정권을 규탄했다. 대회를 마친 노동자 학생들은 한진중공업노동자들의 투쟁을 응원하기 위해 한진중공업 정문으로 달려갔으나 경찰들에 의해 100여 명이 연행되는 등 원천봉쇄망을 뚫지 못해 집회는 무산되었다. 열흘이 넘는 파업투쟁을 했으나, 노조는 7월 22일 임금인상 단체협약 갱신협정 조인식을 가졌다. 선상파업과 관련하여 노조간부 9명이 구속되어 부산교도소에 수감되었다.

한편 1994년 전국지하철노동조합협의회(이하 전지협) 공동투쟁을 엄호하기 위해 부산지역에서도 6월 17일 30여 개의 민주단체로 구성된 '철도, 지하철 안전운행과 제도 개선을 위한 시민대책위원회'를 구성하고 기자회견을 가졌다.

전지협은 서울지하철노조와 부산지하철노조, 전기협이 참가하여 1994년 3월 16일 창립한 궤도교통관련 노조협의체였다. 전기협은 전국철도노조 산하의 160개 지부 중 20개 기관차 사무소(기관차 검수원) 지부들의 협의체여서 전기협 소속 조합원은 철도노조에 소속된 조합원이고 전기협 산하 지부 역시 철도노조 소속의 합법지부였다. 전기협은 전체 철도노동자를 대표하는 조직이 아니라는 형식적 한계로 인해 전지협에 참관자격으로 가입하고 있었고, 당시 철도노조는 한국노총 소속으로 간선제로 지도부를 선출하고 있어서 어용노조였으며, 철도노동자들은 장시간 노동에 열악한 근로조건을 감수하고 있었는데 정부가 변형근로제를 도입하는 것 등으로 분노가 폭발하기 직전이었다. 서울지하철과 부산지하철, 그리고 전기협은 노동조건 개선의 구체적 내용은 상이했지만 이미 3사의 노동조건 결정이 사용자가 아닌 정권에 의해 좌우되고 있었고 정권의 탈법적 노동정책으로 인해 투쟁을 결의하게 되었다는 점에 공동투쟁의 근거가 있었다.

1994년 6월 전지협 공동투쟁 결의대회를 시작으로 부산에서도 부산지하철과 전기협 부산지구위원회 조합원들의 결의대회가 성공적으로 개최되었다. 이후 전지협 3사는 동시에 쟁의발생신고를 접수시켰고, 공동투쟁 결의를 발표했다. 단사별 찬반투표 결과는 서울지하철노조 90.7%, 부산지하철노조 96.2%, 전기협 90.4%의 찬성으로 나타났다.

전지협 3사는 6월 27일에 전국의 철도와 서울 및 부산의 지하철이 총파업투쟁에 들어갈 것을 밝혔다. 그러나 정부는 전기협 지도부에 대해 사전구속영장을 통한 검거령으로 협박하고 공동투쟁에 제동을 걸었다. 또 철도청과

1994년 6월 24일 부산지하철 노조 연좌농성

철도노조의 탈법적이고 기만적인 노조합의사항에 의한 '철도 현업 직원 처우개선 대책'을 보도하고 대내외적 압박을 가했다. 그리고 6월 22일 전노대 간부를 통해 철도청과 노동부장관이 기만적인 대화

를 요구해 왔다. 그러나 6월 23일 새벽 전기협 용산농성장을 포함 전국 14개 지부에 공권력을 투입하여 641명의 철도노동자를 연행하였다. 이에 전기협 서선원 의장은 새벽 4시를 기해 전국적인 철도 총파업을 선언하고 전기협 지도부는 기독인권회관에서 농성에 돌입하였다. 조합원들은 영등포산업선교회, 종로성당, 명동성당 등으로 분산되어 농성투쟁을 시작했다. 전기협 농성장 공권력투입에 항의해 서울지하철노조와 부산지하철노조는 새벽 4시를 기해 규정준수운행을 시작했다. 전지협 공대위는 성균관대에서 2천여 명이 참석한 가운데 집회를 열었고 집회 후 100여 명이 경찰에 연행되었다. 서울지하철노조도 조합원 총회를 개최해 6월 24일 04시를 기해 총파업에 돌입하여 고려대, 민주당 여의도당사, 명동성당, 영등포산선 등에 산개하여 집결하였다. 부산지하철노조도 조합원 총회를 열고 6월 25일 04시를 기해 총파업 선언을 하고 조합원은 부산대학교 강당에서 조합원 총회와 농성투쟁을 전개하였다.

전지협의 공동투쟁에 대해 국제노조단체의 지지도 이어졌다. 독일공공운소노조(OTV)의 연대서한을 비롯해, 덴마크노총(LO)은 김영삼 대통령에게 항의서한을 보냈고, 프랑스총련(CGT)은 정당한 파업 보장 그리고 농성장 침탈과 불법연행에 대한 항의와 석방을 요구하였다. 국제자유노련(ICFTU)은 구속자 석방과 성실히 교섭할 것과 강제중재 철회를 요구하였으며, 독일공공운수노조(OTV)는 노동자와 노조지도자들에 대한 구속과 수배는 ILO조약에 위배되는 것으로 항의서한을 발송했다. 일본 도쿄지하철노조가 정부의 탄압에 대한 항의와 연대서한을 발송했다. 그 외에도 호주 한국청년연합은 영사관에서 피켓시위를 하는 등 한국의 철도와 지하철노조의 파업에 대한 정당성과 정부의 탄압에 항의하였다.

1995년에는 민주노총 준비위에 많은 힘이 실렸다. 전노협도 1995년 임금인상 요구액 및 투쟁방침으로 민주노총 준비위가 논의한 결과를 수용했다. 민주노총 준비위는 사회개혁 요구[22]도 제시하면서 임금 14.8%(기본급 기준 82,348원, 호봉승급분 제외) 인상을 요구하기로 하였으며, 각급 조직은 이를 임금인상 요구의 기준으로 삼되 제반 요건을 고려하여 자제 조직에 걸맞게 임금인상 요구를 산정하는 것으로 하였다.

부산양산지역에서는 부양노대 소속노조와 참관노조, 부양노대 미가입노조까지 모두 포괄하여 '1995년 임금인상·단체협약갱신 투쟁 승리와 사회개혁을 위한 부양 노동조합 공동투쟁본부(이하 부양공투본)'를 구성하였다. 부양공투본은 임금인상·단체협약갱신 투쟁 전진대회를 개최하였다. 본격적인 투쟁을 앞두고 메리놀병원 사측의 조합원 탈퇴공작과 공동교섭 지연, 해태에 대해 노조가 연대투쟁을 선언하며 동조 밤샘농성과 선전전 등을 전개하였다. 6월 중순에 접어들면서 쟁의사업장이 늘어났다. 일양운수노조는 전면파업이나 부분파업 등을 전개하였고, 신일금속노조는 이틀간 전면파업을 벌인 후 잔업거부투쟁을 하다가 3일간 전면파업을 벌였다. 그러나 사측이 조합간부 등 11명을 업무방해 등으로 고소고발하여 7월 들어 안임상 위원장, 정만권 조직부장, 이정영 대의원이 구속되었고, 8명의 쟁대위원들이 고소고발된 채 노조사수 투쟁을 전개했

---

[22] 민주노총 준비위는 1995년에 최우선적으로 집중해야 할 사회개혁 요구로서 네 가지를 정했다. 첫째, 의료보험 통합 일원화와 보험적용 확대, 둘째, 국민연금의 민주적 관리 운영, 셋째, 세제 및 재정개혁, 넷째, 재벌 경제력 집중 규제 등이다.

다. 그리고 태양사노조가 잔업거부 투쟁을 벌였고 부산지하철노조와 한진중공업노조가 쟁의행위를 결의했다.

1995년 12월 15일 전국구속수배해고노동자원상회복투쟁위원회(이하 전해투) 농성장인 민주당 서울지부당사의 비상계단에서 대우정밀 병역특례 해고노동자 조수원이 목을 매 숨진 채로 발견되었다. 조수원은 1991년 해고된 후 수배생활을 하면서 원상회복을 위해 투쟁해왔다. 조수원을 비롯한 병역특례 해고자들은 1993년 민주당사에서 38일간 단식농성을 전개하였고, 1994년에는 사회각계에 병역특례 해고노동자들의 억울함을 호소하며 정부에 병역특례 해고자 군문제 해결을 위한 탄원서와 건의서 등을 통해 군문제 해결을 촉구하여 왔다. 이러한 투쟁의 성과로 대우그룹으로부터 1994년 5월 27일 복직합의를 쟁취하여 일터와 가족의 품으로 돌아간다는 희망을 가졌으나 정부는 병역문제는 복직합의와 아무런 관련이 없다며 해결에 대한 어떠한 대안도 내놓지 않고 병역특례 해고자들에게 군입대를 강요하였다. 이 과정에서 병역특례 해고노동자들은 박형규 목사 외 498인의 명의로 정부에 청원서를 접수하고 병역특례자 군문제 해결을 위한 병역법시행령 개정을 요구하는 등 국회의원 면담, 국회 국방위원회와 정부, 여당 등에 병역문제 해결 촉구 피켓시위, 당사자 편지 보내기, 전국노동자 엽서 보내기, 전

대우정밀 조수원 열사 장례식
출처 : 부산일보(1996. 1. 6.)

국 민주단체 건의서 보내기, 병역법 개정 공청회 등 할 수 있는 활동을 거의 다했다. 그 결과 1995년 12월 6일 국회 국방위원회 청원심사소위원회는 '회사, 당사자, 본인 3자가 모여 병역특례 해고노동자 군문제를 긍정직으로 섬토하라'는 권고안을 내렸다. 이에 따라 12월 12일 조수원을 비롯한 병역특례 해고노동자 3인과 대우그룹 관계자, 풍산그룹관계자, 병무청 국장, 과장, 심사관들이 모여 논의하였지만 병무청의 입장은 시종일관 '군복무를 하라'는 것이었다. 그 후 조수원은 '정든 일터로 돌아가고 싶다', '어머니, 아버지 품으로 돌아가고 싶다'던 간절한 소망을 버리고 세상을 떠났다. 자본과 권력에 죽음으로써 항거한 것이었으며, 이 땅의 병역특례 해고자들을 위해 자신의 몸을 불사른 것이었다(전노협백서발간위원회, 1997(7): 331-332).

노동해방열사 조수원은 죽어서 23일이 넘어서야 장례를 치를 수 있었다. 그사이 중앙병무청항의투쟁, 신한국당 쇠사슬항의투쟁, 대우센터, 서울역, 대우자동차, 김우중 회장 집, 힐튼호텔, 명동성당 쇠사슬농성투쟁 등 혹한의 겨울에 죽음을 각오한 투쟁을 전개하여 병역특례 해고노동자 11명의 군문제가 완전히 해결되고, 해고자들의 복직이 합의된 후 전국노동자장으로 결정되어 장례를 치르게 되었다.

(3) 노동운동의 약화와 민주노조 총단결

전노협은 500여 개 노조, 약 20만 조합원으로 출발하였지만 3년을 경과하며 탄압과 고용불안에 의한 휴·폐업 증가로 가입노조가 절반 이하로 줄어들었다. 이는 권력과 자본의 탄압에 맞서 민주노조 운동을 사수하기 위해 선봉에서 투쟁해 온 전노협으로서는 일정 정도 불가피한 일이기도 하였다. 이러한 과정은 비록 전노협 가입 조합원 수가 축소되는 과정이었지만 다른 한편 700여 개 노조에 30만을 상회하는 조합원들이 전노협에 조직적으로 참관하고 있거나 연대·교류하고 있을 정도로 민주노조운동의 지평을 넓히는 과정이기도 하였다. 그럼에도 불구하고 결성 초기보다는 전노협에 대한 대중적 열정과 전노협의 사회적, 정치적 위상이 축소된 것도 사실이다. 또한 단위노조의 조직력과 부산노련을 비롯한 지노협의 지도집행력도 결성 초기보다 상당히 취약해져 있었다. 전노협과 함께 민주노조 진영의 다른 한 축으로 세워진 전국업종노동조합회의도 조직운영 면에서 대표자들의 협의수준에 머물러 있었고, 사무직과 업종들은 다양한 자기요구를 갖고 있어 사업의 통일성 및 조직적 전망의 통일성이 매우 취약하였다.

한편 전노협과 업종회의가 주축이 되어 구성된 "ILO기본조약 비준 및 노동법 개정을 위한 전국노동자 공동대책위원회(이하 'ILO공대위')"는 1991년 전국노동자대회 개최 이후 줄곧 민주노조 총단결 투쟁의 구심으로 부각되었지만, 대중적인 일상사업의 전개를 통해 조합원 대중의 연대의식을 높여내고 이를 토대로 보다 진전된 조직발전을 이루었어야 함에도 그렇지 못한 상태였고, 주요 대공장을 비롯하여 한국노총을 이탈하는 많은 노조들을 포괄하여 조직적으로 결합시키지도 못했다.

이러한 조직적 문제점과 한계를 극복하기 위해서는 민주노조운동의 궁극적인 조직목표와 당면목표, 그리고 이에 대한 구체적인 전망을 분명히 하면서 이를 실현하기 위한 다양한 사업들을 목적의식적으로 배치하고 모든 역량을 이런 사업에 집중시켜야 했다. 민주노조진영은 나날이 가중되는 자본과 정권의 총체적이고도 입체적인 공세에 맞서기 위해 기업별노조의 한계를 극복하고 자주적이고 민주적인 산별노조에 기초한 전국 중앙조직의 건설을 분명한 목표로 설정하고 있었다. 그러나 이러한 전망은 장기적 차원의 목표일 뿐 민주노조 총단결과 산별노조 건설을 위해서는 조직사업과 투쟁사업, 교육, 선전, 문화사업 등 일상활동 강화, 그리고 정책 등이 밀접한 연관 속에서 통일성을 높여야 했다.

조직의 확대강화는 일상활동과 투쟁 속에서 올바르게 실현될 수 있다. 그러나 항상적인 탄압과 노동통제가 강화되고 있는 상황에서는 무엇보다도 이를 돌파하기 위한 투쟁적 관점을 분명히 하는 것이 매우 중요하다. 1993년에 주어진 투쟁과제는 크게 세 가지로, '임금억제정책을 분쇄하고 생계비를 확보하는 것'과 '노동법 개악을 저지하고 우리의 요구를 중심으로 법 개정을 쟁취하는 것', 그리고 '고용안정을 위한 제도개선투쟁의 토대를 만들어 내는 것'이었다(전노협백서발간위원회, 2001(5): 12-14).

이러한 인식의 확산과 심화에 따라 민주노조진영은 그동안 분분하던 조직발전 전망에 대한 논쟁을 정리하고 1992년 노동자대회에서 '민주노조 총단결 강화 발전을 통한 산별노조 건설, ILO공대위 강화·발전'을 대중적으로 결의하였다. 민주노조진영은 그 과정에서 '1992년 전국노동자대회 조직위원회'를 구성하고, 이 조직위를 통해 조직발전문제를 계속 논의하였는데, ILO공대위는 그 과제가 노동법 개정으로 한정되어 있고, 조직도 전노협과 업종회의로 제한되어 있기 때문에 노동운동의 당면과제들을 공동으로 수행하고 민주노조 총단결의 조직발전 전망을 구체화하기 위해서는 새로운 조직의 틀이 필요하다는 데 동의하여 1993년 6월 1일 '전국노조대표자회의(전노대)'를 발족시켰다. 전노대는 한편으로는 국가와 자본의 공세에 맞서는 공동투쟁조직이라는 것과 다른 한편으로는 산별노조 건설을 통해 궁극적으로 민주노조를 아우르는 정상조직(민주노총)을 건설해 가는 중간조직으로 그 위상과 목표가 설정되었다.

전노대는 전노협과 업종회의뿐만 아니라 현총련, 대우그룹노조협의회 등 비노총계열의 노조단체를 총망라한 것이었다는 점에서 노동계의 판도를 변화시킬 것으로 주목받았다. 전노대는 '93년 전국노동자대회, '94년 임금인상투쟁과 노동법개정투쟁을 조직하는 중심적 역할을 담당함으로써 민주노조진영의 조직적 구심점으로서의 위상을 강화시켰다. 특히 1994년 임투에 즈음해 노-경총 임금합의에 대한 광범위한 반대투쟁전선을 구축하고 '어용노총 탈퇴 및 맹비납부 거부운동'을 전개함으로써 광범위한 중간노조들의 한국노총 이탈을 이끌어 냄으로써 민주노총 건설을 위한 기초를 마련했다. 그리고 1994년 전국지하철노조협의회와 전국기관사노조협의회의 성공적인 투쟁과 한국통신과 한국전력 등에서의 새로운 민주적 집행부의 등장 등은 1990년 이래 수세적인 위치에 놓여 있던 민주노조진영의 분위기를 일신하는 계기가 되었다. 1994년을 분수령으로 많은 노조들이 한국노총을 탈퇴하여 전노대 쪽으로 견인되었으며, 특히 전노대 참가를 유보하고 있던 전지협과 대공장노조들의 전노대 가입, 기아그룹노조총연합(기총련), 전국농협노련 등이 결합하면서 민주노조진영의 조직은 더욱 확대되었고, 마침내 9월 30일 전노대 제18차 대표자회의는 전노대 운영위원회를 확대 개편하여 민주노총건설추진위원회를 결성하였고, 1994년 11월 13일 전국노동자대회에서 민주노총준비위원회를 공식 발족시켰다.

(4) 영남노동조합대표자회의[23]

영남지역노동조합대표자회의는 1988년부터 1996년까지 약 9년간 활동해 왔다. 이 조직은 지노협과 전노협이 결성되기 전 1987년 노동자대투쟁이 발생하자 자본과 정권의 탄압도 동반하였기 때문에 신규 민주노조들은 단결과 연대를 통해 극복하지 않으면 안 되는 조건에서 대공장이 밀집해 있는 동남임해공단을 중심으로 지역차원의 연대를 넘어 영남지역 차원의 연대의 필요성이 제기되면서 결성되었다.[24] 따라서 전노협이나 민주노총의 공식적인 조직이 아니었음에도 지노협과 지역의 주요 투쟁노조 특히 대기업노조들의 연대투쟁을 노동단체들과 함께 조직하여 전노협의 결성과 사수, 그리고 민주노총 특히 산별노조 건설에 상당한 영향을 준 연대조직이다.

처음 진행된 조직형식은 영남지역노조 · 단체연석회의로 1988년

---

23 이 부문은 영남노조대표자회의의 간사였던 노재열 전 금속산업연맹 정책실장이 영남노동운동연구소의 기관지 『연대와 실천』에 「영남지역 노동조합대표자회의」라는 제목으로 연재한 글(노재열, 2005~2006)을 중심으로 정리했다. 말미의 주관적 의견은 필자의 의견이다.

24 영남지역에서는 1970년대부터 간간이 진행되던 학생운동가 출신의 현장투신이 1983년경부터 보다 적극적으로 진행되었고, 이러한 과정에서 현장노동자들은 학습과 조직활동을 수행하게 되었다. 1985년을 전후해서 울산지역 현대중공업의 노조결성 시도와 실패, 부산지역 대우정밀노조결성시도 실패, 조선공사(현 한진중공업)노조 정상화 투쟁, 마창지역 통일중공업 노조민주화투쟁 등 몇몇 활동가들이 선도하는 조직활동을 중심으로 한 노동현장투쟁이 조금씩 나타나다가 1986년을 전후해서는 임금인상, 근로조건 개선을 요구하면서 점차 대중적인 투쟁으로 고양되기 시작했다.

부터 1992년까지 진행되었다. 1988년부터 본격화되기 시작한 민주노조운동을 지역별로 모아내고 전국적인 민주노조운동의 구심을 만들어 나가는 과정에서 민주노조이지만 아직 노조간부로서의 역량이 부족하였기 때문에 대부분의 지역에서 노동단체 활동가들이 지원하는 역할을 하였다. 또 지역에 따라 노조의 규모나 노조간부의 역량이 조금씩 차이가 났는데, 지역별로는 1988년 당시 마산창원, 진주, 부산에서만 지노협이 건설되고 나머지 영남지역은 주요 투쟁노조 중심으로 활동이 이루어지는 상황이었다. 그렇기 때문에 노조와 함께 지역의 노동단체 역할이 매우 긴밀하게 결합되어 진행되었다.

1987년 노동자대투쟁은 현장노동자들의 단결과 민주노조운동의 시작이기도 했지만, 1987년 이전부터 노동현장에 투신하여 계급적 노동운동을 수행해 왔던 노동운동가들의 활동방식을 지하운동에서 공개운동으로 바꾸는 계기이기도 했다. 이러한 활동은 1987년 하반기 마창지역의 경남노동자협의회, 부산의 부산노동자협의회(이후 부산노동자연합), 대구노동자협의회(이후 대구노동운동단체협의회), 구미노동자의 집(이후 구미노동운동단체협의회), 포항노동자의 집, 울산노동교육협회(이후 현대그룹해고자복직실천협의회) 등으로 전개되었다.

영남지역노조·단체연석회의에 참가한 지역은 마산창원, 부산, 울산, 진주, 거제, 대구, 구미, 경주, 포항 등 9개 지역이었고, 지노협이 있는 곳은 지노협 대표자가 참가하고 지노협이 없는 곳은 지역의 주요투쟁노조 대표자가 참가하면서 각 지역별 노동단체 대표가 참가하는 방식으로 진행되었다.

영남지역노조단체연석회의가 만들어낸 투쟁은 다음과 같다. 1988년 2월 26일 울산 현대엔진 노동자들의 파업투쟁에 대한 영남지역 노동자들의 공동투쟁(울산 태화강 고수부지, 전국노동자대회), 1989년 새해 벽두 안강지역 풍산금속 노동자들의 투쟁에 대한 공권력 침탈에 공동 대응하기 위한 영남지역 노동자들의 공동투쟁, 울산 전하동(만세대) 투쟁을 지원하기 위한 영남지역 노동자들의 모임, 대구 남선물산 노동자 파업투쟁 지원, 1991년 공동임투를 위한 영남지역노조단체간부수련회 개최, 1991년 노동운동탄압분쇄를 위한 영남노동자대회 개최(부산), 한진중공업 박창수 위원장 옥중살해 대응 투쟁, 고무노동자 권미경 열사 공동투쟁, 1992년 공동임투를 위한 영남노조단체간부 수련회 개최(108명 참석), 총액임금제분쇄와 1992년 임투승리를 위한 영남지역 노동자대회 개최(경북대) 3,500여 명 참가.

1992년 하반기에 들어서면서 자본과 권력의 전노협에 대한 탄압이 격화되고 민주노조운동에 대한 위기의식이 높아지면서 다양한 토론이 진행되기 시작했다. 특히 노조와 단체 간의 역할에 대한 논의와 산별노조 관련한 건설경로 등이 집중적으로 논의되었다. 영남지역노조단체 연석회의 역시 투쟁을 중심으로 단결하고 활동하였지만 논란의 소용돌이 속에 있었고, 이러한 논란과 더불어 그동안의 노동단체 활동에 대한 점검을 진행하면서 노조활동과 단체활동의 발전적인 분리를 논의하였다. 또 다른 시각으로 보면, 자본과 권력의 탄압이 거세어지고 이에 대한 대중투쟁 또한 거세게 일어나면서 본격적인 대중투쟁의 시기로 접어든 속에 노동단체가 할 수 있는 영역이 더 이상 노동조합이라는 대중조직활동 속에서 필요로 하지 않았던 측면이 강했다. 또한 노동단체 역시 대중투쟁 속에서 자기의 역할을 더 이상 찾을 수 없는 상황 속에 보다 정치적이고 계급적인 방향을 모색하지 않을 수 없는 상황을 맞이했다.

이에 따라 1993년부터는 영남지역노조·단체연석회의를 해산하고 영남지역노조대표자회의라는 이름으로 공식적 활동을 전개하였다. 민주노조운동 또한 격변하는 이 시기에는 금속노동자들의 산별노조 조직건설과 관련해 수많은 토론과 실천이 이루어졌는데, 영남지역노동조합대표자회의에서도 많은 논의가 이루어졌다.

금속노동자들의 조직건설 일정을 살펴보면, 1990년 전노협 건설이후 1995년 민주노총 출범을 전후로 1994년 조선노협이 출범하고, 1995년 자동차연맹이 출범하였으며, 1996년 민주금속연맹이 출범하였다. 그리고 1990년부터 활동을 전개해 온 현대그룹노동조합총연합 등으로 금속노동자들이 분화되었지만 산별노조를 지향하는 금속노동자들은 결국 1998년 2월 15일 금속산업연맹으로 결집하게 되었다.

민주노조운동에 대한 전망을 세우고 산별노조 건설을 위한 정책연구도 이 시기의 중요한 시대적 요구였다. 이에 노동현장의 활동가와 전문연구자가 결합한 형태의 '연대와 실천을 위한 영남노동운동연구소'가 1994년 2월 26일 창립되었다. 영남노동운동연구소는 노동운동에 대한 이론적 모색, 특히 산별노조 조직 노선에 대한 많은 연구를 하고, 현장 활동가들이 다수 결합하는 방식으로 운영되었다.

한편 1993년 3월 영남지역 조선업종의 노동조합인 대우조선과 한진중공업, 코리아타코마 등 3개 노조의 위원장들이 모여 조선업종 노동조합 간의 연대활동에 대한 논의를 하게 되면서, 5월 처음으로 조선업종 노동조합대표자회의가 이루어졌다. 이 회의에서 조선업종 세미나 개최, 일상적 연대활동 등에 대해 논의할 회의를 매월 1회 갖고 각 부서장 모임을 적극 추진하기로 하였다.

이에 따라 9월 노조간부 25명이 참석한 가운데 조선업종 세미나를 개최하였고, 삼성노동자협의회까지 포함한 총 82명이 모여 제2차 조선업종 노동조합 간부수련회를 개최하였다. 11월 조선노협 규약을 확정하고 '조선업종 노동조합 연대회의(가칭)'의 명칭을 조선노협 준비위로 바꾸어 1994년 1월 30일 '전국조선업종노동조합협의회'를 출범시켰다.

영남노동조합대표자회의는 영남지역의 조선, 자동차, 기계금속 대공장을 기반으로 대산별노조를 추진하는 경향이 강했으며, 민주노총이 산별로 재편하는 데 많은 영향을 끼쳤다. 특이한 사항으로 민주금속연맹이 창립되면서 전국적 산별연맹의 주 사무실을 당시 금속사업장이 밀집해 있는 울산과 창원, 거제 등 영남지역의 중심인 부산에 두는 데 영향을 미치기도 했다. 이러한 현장 중심의 운동 경향은 산별연맹의 중심기능이 무엇이냐에 따라 다를 수 있다는 것을 보여주었다. 아쉽게도 민주금속연맹은 1년 후 서울로 이전하게 되면서 그러한 시도는 무위로 돌아갔다. 현장이 밀집한 지역에 산별연맹의 본부를 설치한 시도는 검증할 수 있는 기간으로는 부족했다.

6) 민주노총 결성

민주노총 준비위원회는 1994년 11월 13일 조합원 수 40만 명(전체 조직노동자 167만 명의 4분의 1)의 규모로 첫 출범하였다. 민주노총 준비위는 비록 한국노총에 비해 열세였지만, 자동차 · 조선 · 공공부문 등 주요 전략사업의 노조들을 다수 포괄하고 있다는 점에서 그 비중이 한국노총과 대등한 수준에 이르렀다. 당시 한국노총의 맹비 납부 조합원이 약 50~60만 명이었다는 점을 고려하면 한국노총을 압도하는 조직노동운동의 중심이 되는 수준이었다.

민주노총 준비위원회는 '투쟁 속에 민주노총을 건설'한다는 원칙 아래 1995년 상반기 사업과 관련해 임금인상투쟁과 더불어 '사회개혁 요구'에 최우선으로 힘을 집중해 나가기로 결정했다. 민주노총 준비위원회의 사회개혁 요구는 ① 의료보험 통합 일원화와 보험적용의 확대, ② 국민연금의 민주적 관리운영, ③ 세제 및 재정개혁, ④ 재벌의 경제력 집중 규제 등 4개 항목이었으며, 뒤에 교육개

민주노총 깃발
출처: 민주노총 홈페이지(http://nodong.org/timeline)

혁이 추가되었다(민주노총 준비위원회, 1995).

민주노총 준비위원회는 또 한편으로 노동조합의 정치활동에 대해서도 과거와는 다른 적극성을 보였는데 1992년 대선 이후 노조 정치활동의 필요성에 대한 인식이 점차 고양되고, 민주노조진영의 조직적 자신감을 반영한 것이기도 했다.

민주노총 준비위원회는 이처럼 임단투, 사회개혁투쟁, 정치활동 등을 전개하는 한편 무엇보다 1995년 11월 민주노총 건설을 위한 준비를 추진했다. 그러나 민주노총의 건설이 순탄치만은 않았다. 그것은 정부가 민주노총 결성대회 직전에 민주노총의 결성을 견제하고 나섰기 때문이었다. 1995년 11월 2일 경찰은 민주노총 준비위원회 운영위원인 문성현과 전국노동운동단체협의회 간부 2명을 국가보안법 위반 및 노동쟁의조정법 위반 혐의로 긴급 구속하고, 1987년 이래 전투적 노조운동의 이론을 제공하고 전노협 등에서 상당한 영향력을 행사해온 전국노운협을 이적단체로 규정하면서 핵심간부 10여 명을 구속, 수배하였으며, 민주노총 준비위원회가 민주노총 창립을 앞두고 창립기금을 모금하고 있던 계좌를 적법한 절차를 통해 허가를 받지 않았다는 이유로 압수수색하기도 했다. 노동부는 민주노총이 조직대상에서 한국노총과 중복되고 현총련, 지노협 등 '임의단체'를 가입시키고 있다는 이유로 민주노총의 합법성을 인정할 수 없다는 입장을 미리 밝히기도 했다.

자본도 민주노총 결성 움직임에 대해 민감하게 반응했다. 경제5단체는 '민주노총이라는 급진과격세력이 전국조직을 결성해 노동계를 분열시키려 하고 있다'고 주장하며, 급진과격세력의 불법노동쟁의와 제3자개입 등 불법행위에 대해서는 고소고발, 손해배상청구 등 모든 법적 수단을 동원하고 법외단체에 대한 노조전임자 파견을 허용하지 않을 것을 결의했으며, 정부에게 급진과격단체의 불법행위를 관련법에 따라 엄정히 처벌해 줄 것을 요청했다.

그러나 정부는 전노협 결성 때와는 달리 민주노총 결성 자체를 봉쇄하지는 않았다. 당시의 법 현실로 미루어 볼 때, 민주노총에 대해 정부가 합법성을 공식적으로 인정할 수는 없을 것이라는 점을 감안하면, 민주노총의 건설 자체를 막으려고 한 것이라기보다는 민주노조운동진영의 '전투적 노동운동'을 주도하는 세력과 민주노총을 분리하려는 의도에서 나온 것으로 볼 수도 있었다.

산별노조의 건설은 1990년대 한국 노동운동의 중심적인 의제 가운데 하나였고, 산별노조 건설을 위한 논의와 구체적인 실천작업은 민주노총 건설작업과 함께 시작되었다. 전노대는 민주노총 건설과정에서 원칙적으로 민주노총은 산별조직에 기반하여 건설되어야 한다는 점을 분명히 했다. 당시 전노대 내에서 전노협과 업종회의를 중심으로 전개된 이 논쟁은 민주노총 건설방침까지 포괄하는 '조직발전 논쟁'의 일부로 '대산별론'과 '소산별론'의 대립[25]으로 나타났다.

---

25 대산별론의 입장은 전노협조직의 다수를 이루고 있던 금속산업 노조들과 전노협에 가입하지 않고 있던 금속산업의 대공장노조(조선업종, 자동차업종)를 모두 하나의 금속산업연맹으로 조직하고 차후에 이를 금속산별노조로 발전시켜 나가자는 것이었다(전노협 1안). 소산별론은 서로 조건이 다른 업종을 성급히 묶을 경우 '선포식 조직'이 될 수 있다고 보고 비교적 동질성이 높은 업종단위(자동차, 조선, 기계금속, 전기전자 등)로 나누어 각각 별도의 연맹조직을 먼저 건설하자는 것으로 이것이 '산업별 단일노조 건설'을 앞당길 수 있다는 것이었다(전노협 2안). 이 논쟁은 외형적으로는 산별노조의 구획에 관한 것이지만 이면에는 '교섭이 먼저인가 조직화가 먼저인가'라는 쟁점과 중소기업 노조와 대기업 노조의 관계의 문제라는 두 개의 숨은 쟁점이 있었다.

이 논쟁은 전노대 내에서 전노협 2안을 중심으로 한 수정안을 택하였기 때문에 소산별론으로 기울었고, 민주노총 건설과정에서는 그에 따라 업종연맹(협의회)이 건설되는 방향으로 진행되었다.

전노대 출범 당시에 제조업노조는 대부분 지노협에 가입해 있었고, 비제조업노조는 업종회의, 제조업대공장노조는 그룹별노조협의회로 결집해 있었고 전노대는 모두를 가맹단위로 인정하고 출발했다. 그러나 민주노총이 전노대의 확대판이 되어서는 안 된다는 공감대가 있었기 때문에 민주노총 건설 논의가 바로 산별노조 건설 논의를 중심으로 전개되었고 소산별론으로 정리되자 제조업노조들의 산별재편도 이루어지게 되었다. 가장 먼저 조선업종 노조들이 1994년 1월 전국조선업종노동조합협의회(조선노협)를 출범시켰고 여기에는 현대중공업, 한라중공업, 한진중공업, 현대미포조선, 대우조선, 코리아타코마 등 6개 노조가 참여했고, 그 외 6개 노조가 참관조직으로 참가했다. 자동차업종에서도 완성차 5사를 중심으로 1994년 삼성그룹의 승용차사업 진출에 대한 공동대응이 계기가 되어 자동차업종연맹 건설이 추진되어 1995년 11월 전국자동차산업노동조합연맹을 결성하고 민주노총에 합류했다.

이와 별도로 업종별 연맹 추진 움직임에 대해 우려를 품은 영남지역노동조합대표자회의는 산별노조로 가는 길에 있어 영남지역 금속산업 노동자들의 역할이 매우 중요하다고 판단하여 1994년 10월 '전국금속산업노동조합연맹 건설을 위한 영남지역 추진모임(가칭)'을 결성하였다. 이후 이 조직은 전국금속일반노조협의회 추진위원회를 조직하여 1995년 임투에서 조선노협 등과 함께 금속 차원의 공동투쟁을 모색하였으며, 민주금속연맹을 조직하여 민주노총에 합류하였다.

이렇게 지노협으로 구성되어 있던 제조업노조들도 다수의 산별(업종별) 조직을 보유하면서 1995년 11월 11일 연세대학교 대강당에서 1,000여 명이 참가한 가운데 민주노총 창립대의원대회를 개최하였다.[26] 그리고 다음 날 12일 3만여 명의 조합원이 참가하여 민주노총 창립을 기념하는 전국노동자대회를 가졌다.

부산양산지역에서는 1993년 부양노련과 병원노련 부산지부를 중심으로 임단투공투본을 구성하여 신일금속투쟁, 우진제약투쟁을 지원하면서 하반기 노동법개정공투본에 결합한 화물운송연맹과 전교조부산지부, 부산경남언론노협, 항만하역노조연합 등이 봉생병원 파업과 결합하여 공투본의 역할이 높이면서 봉생병원 투쟁을 지역투쟁으로 승화시켜 승리로 이끌었다.

1994년에도 부양노련과 병원노련부산지부, 부산지하철노조 등이 94공투본을 구성하면서 전지협투쟁, 한진중공업 LNG선상파업, 메리놀병원파업, 백병원파업투쟁으로 이어지며 많은 해고자와 구속자가 발생했지만 연대투쟁의 성과를 높였다. 이러한 연대의 성과를 바탕으로 10월 7일 '노동법개정과 민주노총 건설을 위한 부산양산지역 노동조합 대표자회의(준)(부양노대, 위원장 윤영규)'를 발족시켰다. 이에는 부양노련과 병원노련부산지부, 부산지하철노조, 부산기관사협의회, 지역의료보험노조, 전교조부산지부, 전국화물운송연맹과 제조업의 중간노조가 공식적으로 참가하였고, 한국통신노

---

26 민주노총 창립에는 15개 산업(업종)조직과 10개 지역본부, 2개 그룹조직이 가맹단위로 참가했고, 산하 조합은 861개 노조였으며, 조합원 수는 41만 8,154명이었다.

〈그림1〉 민주노총 건설과정

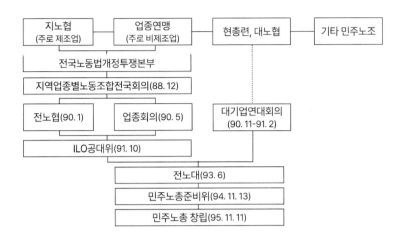

조부산지역본부가 참관하였다. 구체적 사업으로 11월 중순까지 조
직확대를 위해 지구·업종별 간담회를 조직하고 다양한 선전홍보,
교육사업을 전개해 나가기로 하였다. 그러면서 민주노총 건설사업
의 결의를 모아나가기 위해 11월 3일에는 '노동법개정과 민주노총
건설을 위한 연대와 전진의 밤'을, 11월 27일에는 '노동법개정과 민
주노총 건설을 위한 노동자 한마당 행사' 등 대중들을 결집시키는
다양한 행사도 아울러 전개했다(부산노동소식 111호: 3).

　노동법개정과 민주노총건설을 위한 부산양산지역노동조합대표
자회의는 부양노련, 병원노련 부산지부, 지역의료보험노조, 부산지
하철노조, 전교조 부산지부, 화물운송노조 등이 참여한 가운데 12
월 23일 공식출범하여 부산양산지역의 민주노총 건설투쟁을 본격
진행했다.

　부양노대는 1995년 10월 20개 노조 111명의 조합원과 부산연합

등 진보적 노동단체 임원 24명이 참석한 가운데 민주노총 부산양산지역조직 준비위원회 발족선포대회를 가졌고, 준비위원회 역할로 조직의 확대강화를 위해 연맹소속 지역조직과 중간노조를 견인하기로 하였으며, 대중적인 교육선전 및 행사를 기획하여 조합원들의 지역조직 건설과 민주노총 건설에 대한 인식을 확대강화하고, 지역조직의 강령, 규약 및 사업계획과 상근집행력 확보, 재정확보 등 제반 필요한 내용을 채워나가는 준비작업을 해나가기로 하였다. 준비위원회에는 금속, 화학, 병원, 공공, 운수, 언론, 사무, 금융, 대학업종 56개 노조 16,584명의 조합원이 참가하고, 10개 노조 1,358명의 조합원이 참가 가능한 조합원으로 집계되었다(민주노총부산양산지역조직준비위원회, 1995).

민주노총 부산양산지역본부 준비위원회는 1996년 2월 강한규 전 부산지하철노조위원장을 초대 본부장으로 선출하고, 지역본부 규약과 사업계획, 예산안을 통과시킨 창립대의원대회를 개최하여 민주노총 부산양산지역본부를 창립하였다. 금속연맹 9개 노조와 2개 참관노조, 화학노협 2개 노조, 병원연맹부산지역본부 11개 노조, 화물운송연맹 11개 노조, 전지협소속 2개 노조, 전문노련 4개 노조, 전교조부산지부, 지역의료보험노조, 건설연맹 1개 노조 등 42개 노조가 가입하고 2개 노조가 참관한 상태에서 출범하였다. 그리고 1996년 3월 이성도 전 대우정밀노조위원장과 김진숙 한진중공업 해고자를 지도위원으로 위촉하였으며, 상설위원회로 정치위원회, 재정위원회, 조직강화위원회를 설치하고, 엘지전자부품 유기용제 중독 시민대책위원회, 5, 6공 완전청산과 민권회복을 위한 범시민대책위원회, 위천공단 저지대책위원회에 참가하기로 결의하였다.

7) 노동법 개정운동과 총파업투쟁

(1) 노동법 개정운동과 노사관계개혁위원회 협상

1993년에 출범한 김영삼정권은 신경제정책에서 노사개혁을 주요 개혁과제의 하나로 설정하고 노동법 개정의지를 밝혔다. 김영삼정권이 기본입장은 노태우정권 때 구성된 노동법개정연구위원회(이하 연구위)의 연구결과가 나오면 이에 기초하여 국민여론을 수렴하여 법을 개정한다는 것이었다. 그러나 노동관계법 개정을 둘러싸고 노사 간 이해관계가 첨예하게 대립하고 있는 점을 고려한 정부는 연구위의 안이 발표될 경우 이것이 정부의 안으로 받아들여지고, 이를 둘러싸고 노사 간의 갈등이 전개될 것을 우려했다. 따라서 정부는 연구위에서의 논의 진행상황과 잠정적인 결론을 철저히 비밀에 붙였고, 노동법 개정을 차일피일 미루었다. 이후 김영삼정권의 노동정책 계획은 유야무야되었으며, 연구위의 시안발표도 계속 미루다가 결국 노동법 개정 연기방침을 공식화했다. 1993년 연말에는 국제경쟁력 강화하는 방향으로 법 개정을 추진한다는 방침을 세우고 연구위에 전달하며 그동안의 연구를 전면적으로 재검토할 것을 요청했다.

한편 1993년 3월 ILO 이사회는 ILO공대위의 한국정부와 노동관계법에 대한 제소에 대해 ILO공대위의 손을 들어주는 잠정적 권고를 채택했다. 이 권고는 한국정부에 대해 노동조합법을 개정하여 복수노조 금지 및 제3자개입금지 조항을 폐지하고 공무원·교원의 노동3권을 보장할 것을 권고하고, 아울러 노동관계법 개정과 관련된 진전상황을 통보해 줄 것과 해직교사 복직관련 조치, 구속근로자 처리결과, 전교조에 대한 집회 금지와 부당노동행위 관련 경위에 대한 설명을 요구했다. 정부는 이에 대해 연구위를 통해 노동법 개정 문제를 논의하고 있으며 향후 이를 토대로 여론수렴을 거쳐 1993년 중에 노동법 개정안을 국회에 제출할 것이며, 복수노조 문제, 공무원·교원의 단결권 문제 등은 향후 충분한 여유를 가지고 신중히 처리할 것이라는 입장을 ILO에 통보했다. 그러나 ILO 결사의자유위원회는 1993년 11월과 1994년 6월 다시 한번 조속한 노동관계법의 개정을 통해 ILO의 핵심적 노동기준인 결사의 자유원칙에 부합하는 방향으로 노동법을 개정할 것을 권고했다.

이렇게 집단적 노사관계법의 개정이 불가피해짐에 따라 정부와 자본은 개별적 노동관계법상의 일부 조항들이 '지나치게 노동보호적'이고, '경직적'이라는 주장을 은연중에, 때로는 공공연히 펼치기 시작했다. 따라서 노동법 개정의 의제가 집단적 노사관계의 민주화와 개별적 노동관계의 유연화라는 두 개의 쟁점으로 분명히 정립되어 갔다.

1994년 민주노조 진영은 개별적 노동관계법 개악저지, 근로자파견법 도입 저지 및 집단적 노사관계법 개정이라는 목표를 세우고 노동법 개정투쟁에 임했다. 특히 민주노조진영은 이러한 노동법 개정투쟁 과정을 민주노총 건설과 직접 결합하여 진행시킨다는 목표 아래 진행하였다. 1995년 민주노조진영의 노동법 개정투쟁의 초점은 제3자개입 조항을 무력화시킨다는 데 맞춰졌다. 이에 따라 금속 일반노동조합추진위, 영남지역노동조합대표자회의, 현총련, 전노협 등 조직들의 산업별·지역별 공동연대투쟁 선언, 제3자개입 선언이 줄을 이었다.

이처럼 민주노조진영의 노동법 개정투쟁은 한국노총의 청원식, 정부와의 협상식 노동법 개정운동보다는 직접 조합원 대중에게 호소하고 조합원 대중의 결의를 모으는 방식으로 전개되었다. 그리고 이러한 활동이 바로 민주노총으로 결집하는 민주노조진영 총단결의 기초가 되었다는 점은 특기할 만하다(최영기, 2001: 446-452).

1996~1997년의 시기는 노동법 개정이 최대의 쟁점이 되었던 시기이어서 이를 둘러싸고 노사정 간의 협상과 투쟁이 이루어졌다. 노동법개정투쟁은 1996년 5월 노사관계개혁위원회 출범에서부터 정부의 노사관계개혁추진위원회(이하 노개위)가 구성되는 11월 10일까지를 1단계로 하고, 이 시기부터 신한국당이 개정 노동법을 날치기 통과시킨 12월 26일까지의 2단계, 그리고 날치기 처리 이후 1월 21일 영수회담까지의 3단계로 구분할 수 있다. 노동법개정 투쟁의 1단계인 노개위 국면에서 양대노총은 노개위를 중심으로 한 협상을 진행했고, 이러한 협상에서 유리한 고지를 점하기 위한 경쟁과 투쟁을 전개했다. 애초에 신노사관계 구상은 노동기본권의 보장을 포함한 집단적 노사관계 개혁에 상당한 비중을 두었고 양대노총도 노개위에 대해 비교적 적극적이라고 평가했으나, 노개위 합의가 무산된 이후 정부안은 자본의 논리가 일방적으로 관철되는 것으로 변질되었다(최영기, 2001: 473-474).

김영삼정권은 1996년 정권 말기임에도 신노사관계 구상을 발표하고 본격적인 노사관계 개혁을 위해 대통령직속 민간자문기구로 '노사관계개혁위원회'를 설치하겠다고 밝혔다. 이러한 노사관계 재편의 핵심은 노동법 개정이었다. 그 내용은 노동조합이 요구하는 노동기본권의 보장과 집단적 노사관계법의 개정을 허용하면서 동시에 자본 측이 요구하는 노동시장의 유연화와 개별적 노동관계법의 개정을 관철하는 것이었다. 노사관계 개혁은 현실적으로 한국노총의 약화와 민주노총의 부상이라는 노동정세 속에서 민주노총을 포섭함으로써 국제경쟁에 대응할 수 있는 협조적 노사관계를 형성하고자 한 것으로, 노-경총 합의의 실패 이후 전략사업장의 다수를 포괄하고 있는 민주노총을 배제한 노동정책이 실효성이 없다는 점에서 민주노총을 새로운 협력적 동반자로 삼음으로써 협력적 노사관계의 새로운 패러다임을 구체화하고자 한 것이었다. 이런 측면에서 신노사관계 구상은 민주노조운동의 성과인 동시에 민주노총을 체제 내로 포섭하고 협조적 노사관계를 구축하고자 하는 정부의 적극적인 전략이었다.

임단투가 시작되는 시점에 정부가 제기한 신노사관계 구상은 민주노총으로 하여금 노동법 개정 쟁점에 본격적으로 대응하지 않으면 안 되게 만들었다. 민주노총은 노동법 개정투쟁의 목표를 1996년에 노동법을 개정하여 합법성을 쟁취하고, 개별적 노동관계법의 개악을 저지하여 민주노총의 조직력을 강화하고 대내외적 위상을 강화하는 것으로 설정했다. 1996년 5월 1일 민주노총은 노동절대회사에서 참여와 투쟁의 기조를 천명하였고, 다음 날 노개위 참가를 공식 결정했다.

그러나 이러한 참여방침은 조직 내외의 비판에 직면했다. 비판의 내용은 세 가지였다. 첫째, 신노사관계 구상을 민주노총의 성과라는 측면에서만 평가하고 자본의 새로운 공세라는 측면을 인식하지 못함으로써 자본의 신보수주의적 재편의 동반자가 될 수 있다는 점, 둘째, 절차상의 문제로 노개위 참여를 조급하게 결정함으로써 조직 내부의 민주적 의사결정의 원칙을 해쳤다는 점, 셋째, 해고자 복직 및 전임자 축소, 직권중재 등의 문제로 대중투쟁을 전개하고 있던 공공부문 노조들은 노개위 참여가 대중투쟁의 조직화에 장애가 된다는 점이었다(박성인, 1996).

그럼에도 민주노총 중앙위원회는 참여와 투쟁의 원칙이라는 기조를 통과시켰고, 노사관계 개혁과 노동법 개정투쟁의 방향을 수립하고 실천할 조직으로 노동관계특별대책위원회를 구성했다. 민주노총은 투쟁의 제1단계인 5월 중순에서 7월 중순까지 임단투의 성공적 마무리에 집중하면서 노사관계 개혁방향에 대한 대중적 논의를 전개하고, 노사관계개혁위원회에 적극 참여하여 여론 싸움에서 주도권을 잡는 데 집중하는 것으로 투쟁방향을 설정했다. 그리고 이후 조합원 교육과 토론을 통해 노동법 개정에 대한 대중적 동력을 결집하고, 3단계인 10월 하순 국회 상임위가 열리는 시점부터 본격적인 대중투쟁에 돌입하는 것을 예정하고 있었다(권용목, 1996).

한편 한국노총도 1996년 4월 산별연맹 대표자회의를 통해 노사관계 개혁 및 노동법 개정에 대한 대응전략을 논의하여 신노사관계 구상에 대한 입장은 참여와 협력적 노사관계로의 개혁에는 찬성하나 개별적 노동관계법 개정에는 반대한다는 것이며, 특히 노사관계개혁위원회의 공정성이 보장되어야 한다는 입장을 밝혔다. 이후 한국노총 중앙위원회는 그동안 완강하게 고수해 왔던 복수노조 금지조항에 대해 '전면삭제'로 입장을 전환함으로써 외형상 민주노총의 노동법 개정요구를 전면 수용했다. 이러한 입장전환은 한국노총이 복수노조 금지조항에 의해 50여 년간 유일한 총연합단체로서의 독점적 지위를 누렸던 것에 비추어 보면 전향적인 것으로, 현실적으로 민주노총의 노개위 참여로 민주노총의 합법화가 불가피해진 조건에서 입장 전환을 통해 향후 전개될 노동운동의 재편과 노사관계 개혁과정에서 능동적이고 주도적인 역할을 수행하려는 기대에 의한 것이었다(한국노총, 1998: 22).

노사관계개혁위원회는 5월 출범 이후 11월 노동관계법 개정 요강 확정으로 활동을 마무리하기까지 타협안을 마련하고자 했으나, 핵심적인 쟁점에 있어서는 거의 합의점을 찾지 못했다(장홍근, 1999).

중요 쟁점사항은 집단적 노사관계법에서 복수노조 금지, 제3자 개입 금지 및 정치활동 금지, 공무원·교원의 단결 금지, 공익사업체에서의 쟁의행위에 대한 직권중재와 개별적 노동관계법에서는 정리해고 요건의 완화, 변형근로제의 도입, 근로자파견법의 제정, 시간제근로자제도 도입 등 노동보호기준의 완화 등이었다. 양대노총은 집단적 노사관계의 개폐를 요구하고 근로기준의 완화에 대해서는 강하게 반대한 반면, 자본 측은 근로기준의 완화를 강하게 요구하면서 집단적 노사관계의 개폐는 반대하였다.

노개위 협상이 진행되는 중에 재경원과 통산산업부가 '하반기 경제운용방안'에서 정리해고와 근로자파견제, 변형근로제의 도입을 발표하고, 경제위기설이 확산되자 경제위기의 원인을 고비용구조 탓으로 돌리고 고비용의 핵심 주범을 고임금으로 지목하는 등 경쟁력강화를 앞세운 경제정책으로 이어지면서 정부정책이 보수적 방향으로 급선회하였다. 노사관계개혁위원회는 민주노총이 10월 회의 불참을 선언하였으나 민주노총이 불참한 상태에서 노개위 내부

논의를 계속해 노-경총 간의 기합의사항을 통과시켰다. 이후 전체 회의에서 공익최종안[27]을 노동관계법 개정요강으로 확정하고 미합의사항 중 107개 합의, 40개 미합의의 상태로 정부에 최종 보고하였으며, 11월 12일 노동법 개정요강을 대통령에게 보고함으로써 노동관계법 개정에 대한 노개위에서의 논의를 일단 마무리하였다.

민주노총은 노개위 복귀 후 노-경총의 제1차 합의안에 대해 이의를 제기했지만 수용되지 않자 정기국회에서 복수노조 금지 철폐, 공무원·교원의 노동기본권 보장 등의 법 개정을 실현시키기 위한 총력투쟁을 전개할 것을 선언했다.

한국노총은 8월 이후 노동법 개악 기도를 저지하는 것을 목표로 5단계 활동계획을 세웠다. 1단계(7월 말~8월 말)는 노개위에 참여하여 한국노총의 입장을 적극 개진하며, 2단계(9월 초~10월 중순)는 근로기준법 개악 및 한국노총 요구의 미관철 시 노개위 탈퇴 및 투쟁체제에 돌입하고, 3단계(10월 말~11월 중순)는 국회 입법예고 시 적극적인 반대활동을 전개하며, 4단계(11월 중순~12월)는 국회표결 시 총파업으로 통과를 저지하고, 5단계(1997년 1~2월)는 1997년 임투

---

27 공익안의 주요 내용은 ① 복수노조 금지는 전면 허용하되, 경과규정을 두어 일정 기간 동안 상급단체만 허용하기로 하고, ② 제3자개입 금지는 단체교섭 등의 지원규정을 신설하여 지원받을 수 있는 자를 열거한 후 그 이외의 자가 고의로 교섭방해나 쟁의조정, 선동할 수 없도록 수정하였으며, ③ 해고근로자의 자격은 2차 개혁과제로 넘기고, ④ 연합단체 정의규정은 현행 유지하되 보완방법은 2차 개혁과제로 넘겼으며, ⑤ 노조전임자 임금은 노조의 재정자립 원칙을 선언적으로 명문화하고, 복수노조 전면허용시의 전임자 급여 문제는 2차 과제로 넘겼으며, ⑥ 교원의 단결권에 대해서는 명칭을 교원단체로 하고 특별법에 규정하는 것으로 하였으며, ⑦ 변형근로제는 격주 단위 주 48시간제로 취업규칙으로 도입하고, ⑧ 연·월차휴가는 2차 과제로 넘기고, ⑨ 파견근로제는 1997년에 입법화하도록 하는 것 등이었다(민주노총, 1997:145~148).

및 대선과의 연계투쟁을 전개하는 계획이었다(한국노총, 1998: 29).

노사관계개혁위원회를 통한 노동법 개정 협상은 민주노조의 성장으로 인한 노사 간 변화된 역관계를 반영한 것으로 민주노총의 체제 내 포섭에 의한 협조적 노사관계 구축전략이었으며, 그러한 의미에서 노동운동의 성과이기도 했다. 그러나 노동법 개정 협상 자체는 노동운동에 유리한 지형 위에서 출발했지만, 자본 측의 불만과 저항, 경제침체에 따른 정부정책의 보수화에 따라 협상의 지형이 변화하기 시작했다. 노동법 개정 협상과정을 통해 지루한 힘겨루기가 계속되었고 타협의 여지는 점차 축소되었다. 민주노총은 노사관계의 자유화를 추진하는 정부 내 자유주의적 개혁파들의 실험에 대해 호의적이었지만 노동법 개정이 정리해고제나 근로자파견제 등 근로조건의 심각한 위협을 초래하는 내용을 포함하는 것에 대해서는 수용할 수 없었다. 왜냐하면 대중적 투쟁을 통해 성장해 온 민주노총의 정체성 문제와도 직결되는 것이기 때문이었다. 마찬가지로 전경련은 법적·제도적 수준에서의 노사관계의 자유화나 민주노총을 파트너로 하는 중앙교섭에 대한 거부감을 갖고 있었고, 노사관계의 기업내부화라는 구조를 최대한 유지하고자 했다. 독점대기업들은 개별자본수준에서 노조를 상대할 수 있는 충분한 능력을 갖고 있었고 법적 뒷받침 없이도 개별적 노동관계의 유연화를 실질적으로 추진할 수 있는 능력을 갖고 있었다. 따라서 이들에게 노사관계의 자유화와 민주노총의 합법화는 불필요한 양보였던 것이다. 나아가 정부 내에서조차 노사관계 개혁을 경제운용에 종속적인 것으로 파악하여 단기적인 시각에서 접근하는 경제팀의 입지가 강화됨에 따라 노개위 국면을 주도했던 자유주의적 개혁파들의 입지도 약화되어 갔다.

독점자본의 저항, 경기 불황, 정부 내 개혁팀의 약화에 따라 노개위 협상의 의미도 약화되었고, 협상의 중점도 노사관계 개혁에서 노동시장 유연화로 이전되는 양상을 보였다. 이와 함께 양대노총의 반발 강도는 높아졌고, 노동법 개정 협상은 노동법 개정을 위한 대중투쟁으로 대체되었다.

결국 노개위를 통한 노동법 개정 협상의 실패는 정부 측의 노동관계법 날치기 통과와 이에 저항하는 양대노총의 총파업투쟁으로 귀결되었다. 문민정부에 의한 개악 노동법과 안기부법의 날치기 통과는 명확히 개혁과 민주주의의 후퇴를 의미하는 것이었고, 중산층과 노동자들에게는 심각한 고용불안과 경제적 희생을 강요하는 것이었다. 노개위의 합의사항조차 일방적으로 뒤집은 노동법 개악은 노동자들의 엄청난 저항에 직면했을 뿐만 아니라 중산층과 지식인, 종교인, 야당들을 포함한 광범위한 민심이반을 초래했다. 그런 의미에서 총파업투쟁은 민주화의 후퇴를 의미하는 정권의 시도에 저항하는 정치적 투쟁이자 동시에 노동운동이 시민적 저항을 주도하고 투쟁을 선도하는 조직적 주체였다는 점에서 노동운동 발전의 새로운 단계를 보여주는 것이었다. 노동운동은 광범위한 국민적 저항을 동원한 총파업투쟁을 통해서 1990년대 들어 계속 위축되어왔던 노동운동의 사회적 역할과 위상을 강화하고 노동운동의 정치적 영향력을 확대하는 계기를 마련할 수 있었다.

(2) 노동법 총파업투쟁

1996년 12월 26일 새벽 4시 여당인 신한국당은 국회 본회의를 단독으로 개최하여 노동관계법과 안기부법을 포함한 11개 법안을 단 7분 만에 '날치기'로 변칙 처리했다. 날치기 노동법은 애초 정부안에서 복수노조와 정리해고 조항을 수정해 더욱 개악된 내용[28]이었다. 정부여당의 날치기 통과는 노동조합뿐만 아니라 정치권과 시민사회단체의 격렬한 반발을 불러일으켰다.

노동법개악에 대한 노동운동의 저항은 예고된 것이었다. 노개위 협상이 사실상 결렬되고 정부 측의 노동법 개정안이 발표된 이후부터 노동조합의 투쟁은 본격적인 준비단계에 돌입했다. 민주노총은 이미 7월경부터 11월 총력투쟁을 결의하고, 각 조직별로 교육선전, 파업결의, 쟁의행위 찬반투표 등 대중사업을 통해 총파업 준비에 돌입해 있었다. 한국노총 역시 정부의 개악된 노동법 강행처리 방침에 대해 총파업투쟁을 포함한 총력투쟁 방침을 분명히 하고 있었다. 그렇게 12월 26일 노동법 날치기 통과 이전까지 진행된 양대 노총의 투쟁과정은 날치기 통과 직후 즉각적인 총파업투쟁을 가능하게 했고, 총파업투쟁이 조직적인 준비와 체계를 갖고 지속적으로 진행될 것임을 예고했던 것이다.

노동법의 날치기 통과 직후 먼저 즉각적인 총파업투쟁에 돌입한 것은 민주노총이었다. 1단계 총파업투쟁(1996년 12월 26일~1997년 1월 2일)은 날치기가 통과된 날 즉시 이루어졌다. 이날 나온 민주노

---

28 상급단체의 복수노조 설립은 당초 정부안보다 3년 유예된 2000년부터, 기업단위 노조는 정부안대로 2002년부터 허용하기로 했고, 정리해고는 '계속되는 경영의 악화, 생산성 향상을 위한 구조조정과 기술혁신 또는 업종의 전환 등 긴박한 경영상의 필요'에 따라 가능하게 하였다. 특히 복수노조의 3년 유예는 민주노총의 합법화를 연기한 것으로 기존합의를 완전히 뒤엎은 것이었다.

총의 투쟁방침은 ① 민주노총 산하 전 조합원은 26일 오전부터 즉각 무기한 총파업에 돌입한다. ② 이를 위해 오전 출근 직후 파업 출정식을 갖는다. ③ 출정식을 마친 조합원들은 각 지역 또는 권역별로 작업장 밖에서 규탄집회를 갖는다. ④ 총파업에 돌입할 수 없는 노조는 비상총회를 개최하며 파업투쟁에 동참하도록 하고, 이도 어려운 노조는 '교육시간 확보'를 통해 조합원 총회를 열도록 한다. ⑤ 총파업투쟁에 돌입했을 때 전교조의 '단식수업', 화물노련의 '구간별 안전운행' 등 조직의 특성과 조건에 맞는 투쟁전술을 구사하도록 한다는 것이었다.

1단계 총파업은 자동차연맹, 금속연맹, 현총련 등 제조업을 기본으로 하고 사무직의 전문노련과 공공부문의 병원노련, 지하철이 가세하는 양상으로 진행되었으며 파업돌입 노조는 평균 170~180개, 참가조합원은 20만 명을 상회하였다. 민주노총 지도부는 명동성당에서 농성에 들어갔고, 전국 12개 지역에서 10만여 명이 참가한 가운데 규탄집회가 열렸다. 12월 30일 민주노총은 2단계 총파업투쟁 방침을 발표했는데 주요내용은 1월 2일까지 날치기 법안을 백지화하지 않으면 신정연휴가 지난 후 세 차례에 걸쳐 총파업을 확대한다는 것이었다. 이 방침에 따라 12월 31일에서 1월 2일까지 농성을 진행했다(최영기, 2001: 498-499).

부산지역에서도 총파업 첫날 기아자동차, 쌍용자동차, 아시아자동차의 정비·판매 지부 조합원과 대우자동차 부산지부, 동래지부 등 자동차연맹 부산지부(추) 소속 노동자를 중심으로 대우정밀노조와 한진중공업노조 등 금속연맹 부산양산지부 소속 노동자들이 즉각 총파업에 돌입하여 부산역광장에서 1,000여 명이 모여 노동법·안기부법의 날치기를 규탄하고 남포동까지 신한국당 해체, 15대 국회 해산, 김영삼정권의 퇴진을 요구하는 가두시위를 벌였다.

총파업 2일째 자동차연맹과 금속연맹의 총파업에 전문노련 산하 데이콤노조와 현총련 산하 현대자동차서비스노조가 파업에 돌입했으며, 병원노련 부산지부가 중식집회 후 규탄집회에 동참함으로써 총파업의 양상이 제조업으로부터 사무전문직으로 확산되었다. 이날 부산역 집회에는 5,000여 명이 넘는 노동자가 모여 집회와 가두행진을 벌였다. 특히 전국화물운송노동조합연맹 산하 12개 노조는 '철폐 노동악법'이라는 대형 현수막과 스티커를 컨테이너에 부착하고 운행했고, 고속도로에서 시속 60km로 준법 운행하며 차량 시위를 시작하였다.

총파업 3일째는 16개 사업장 15,000여 명의 노동자가 총파업을 계속했으며, 3,000여 명의 노동자가 부산역 집회 후 서면으로 가두행진하며 6월항쟁의 분위기를 재현했다.

총파업 4일째 민주노총이 주최한 '날치기 노동법·안기부법 무효화와 신한국당 해체, 김영삼정권 퇴진 전국노동자대회'에 참가하기 위해 부산양산본부 소속 노동자들은 100여 대의 차량에 3,000여 명의 노동자들이 분승하여 서울까지 차량시위를 벌이며 집회에 참가하였다. 부산지하철노조가 이날 04시부터 총파업에 돌입하였으나 민주노총 권영길 위원장의 연말연시 국민편의를 생각한 공공부문 파업유보 지침에 의해 현장에 복귀하였고, 화물운송노련 12개 노조도 부분파업에 돌입하였다가 현장에 복귀하였다.

총파업 5일째 총 14개 사업장 8,000여 명이 파업에 돌입하였고, 3,000여 명의 노동자가 부산역 집회 후 서면으로 가두행진을 하였다. 이날 오후부터 연휴기간 지도부를 보위하고 투쟁 분위기를 지속시켜가기 위해 가톨릭센터 농성에 들어갔다.

1997년 1월 1일과 2일에는 신정연휴기간에 부산역광장에서 시민선전전을 계속 진행하였으며, 1월 3일 이후의 2단계 총파업투쟁을 결의하며 가톨릭센터 농성을 해산하였다.

민주노총 부산양산본부는 1단계 총파업투쟁에 대해 '신한국당의 날치기 쿠데타에 대해 조합원 대중은 즉각적인 총파업으로 답하여 전국적 총파업 가능성을 의심하던 집행부와 우리 스스로들의 우려를 말끔히 불식시키고 투쟁의 자신감을 가지게 만들었다'고 평가했다(민주노총부산양산지역본부, 1997: 74).

2단계 총파업투쟁은 1997년 1월 3일부터 14일까지 전개되었다. 2단계 총파업은 자동차, 금속, 현총련 등 제조업노조들의 파업에 병원노련, 사무노련, 전문노련, 방송노조 등 공공부문노조들도 총파업에 돌입하며 단계별로 파업을 확대하였다. 그리고 14일에는 한국노총 박인상 위원장이 명동성당을 방문해 민주노총과 공동기자회견을 갖고 날치기법 무효와 재개정이 이루어질 때까지 투쟁을 계속할 것이며, 전국노동자 공동집회를 개최할 것을 발표했다. 그리고 3단계 총파업투쟁은 1월 15일부터 19일까지 전개하였으며, 1월 15일은 388개 노조 35만 856명의 노동자가 총파업에 참여했고, 전국적으로 20여 개 지역에서 총 16만여 명이 가두시위를 전개했다. 각계각층의 항의행동도 범국민적으로 확산되었고, 양대노총은 공동기자회견, 공동집회 등을 통해 공동전선을 형성했다(최영기, 2001: 499-500).

부산양산지역에서도 자동차, 금속, 현총련 소속 노조들이 총파업을 하고 부산역광장에서 집회를 가지고 서면과 남포동 등으로 가두행진을 이어나갔으며, 1월 7일부터는 방송4사와 지역의보, 사무노련, 건설노련, 대학노련 소속 노동조합도 총파업에 가세하여 30여 개 노조 20,000여 명이 총파업에 참여했고, 부산역집회에 2,500여 명이 참가하였다. 1월 9일에는 현대자동차서비스 노동자들이 중심이 되어 100여 대의 신한국당 규탄 차량시위를 벌였으며, 1월 10일에는 금속, 자동차, 현총련이 총파업을 계속하는 가운데, 병원노련 8개 노조가 파업출정식을 가지고 동참하였으며, 사무노련, 전문노련, 언론노련, 대학노련, 부산지하철, 지역의보 등 60여 개 노조 30,000여 명이 총파업에 돌입, 부산역 집회 후 남포동까지 가두시위중 경찰 폭력으로 다수의 부상자가 발생하기도 했다. 11일에는 지역본부 소속 모든 업종의 노동자들이 파업에 동참하여 70여 개 노조 35,000명이 총파업에 돌입했고, 7,000여 명이 부산역 집회 후 '근조 문민정부'가 쓰인 상여를 앞세우고 서면까지 가두시위를 벌였다. 특히 양산지역노조대표자회의 소속 500여 명의 노동자가 양산터미널에서 사전 규탄집회 후 부산역으로 결집하였으며, 웅상지역 역시 500여 명이 사전 집회 후 부산역으로 집결하였다. 1월 12일에는 화물노련 파업결의대회가 1,200여 명의 화물노동자가 참가한 가운데 개최되었으며, 13일에는 민주노총은 부산진역에서 집회를 하고, 한국노총 부산본부가 부산역 광장에서 3,000여 명의 노동자가 모여 규탄집회를 개최하였다. 14일에는 부산택시노조협의회 4개 노조가 시한부파업에 동참하였으며, 1월 15일에는 다시 모든 업종의 노동자가 파업에 동참했고, 신문사노조가 시한부 파업에 동참, 70여 개 노조 35,000명이 총파업에 돌입하여 총파업기간 중 최대규모의 파업이 이루어졌다. 특히 화물운송노련 12개 노조가 전면파업에 돌입하여 수출입 물동량의 수송에 비상이 걸렸으며, 15,000여 명의 노동자가 부산진역 집회 후 남포동까지 가두행진을 하여 6월항쟁 이후 최대의 가두시위를 벌였으며, 경찰과 충돌하여 다수의 부상자가 발생했다. 16일과 17일에도 계속 총파업과 가두시위가 이어졌고, 18일에는 '날치기 노동법·안기부법 전면 무효화와 김영삼정권 퇴진을 위한 범국민 궐기의 날'을 정해 10,000여 명이 범대위가 주최한 부산역 규탄집회 후 서면까지 행진했다.

민주노총부산양산지역본부는 2~3단계 총파업투쟁에 대해 '신정 연휴라는 어려운 조건에서 대중적 총파업전선을 강고하게 유지하면서 20여 일에 걸친 전후 최대의 전국적 총파업을 감행해 민주노총의 위상을 높이고 노동자 대중의 정치적 자각과 함께 노동자계급이 민주주의 수호의 주도세력임을 입증했다'고 평가했다(민주노총부산양산지역본부, 1997: 75-76).

4단계 총파업(1월 20일~2월 28일)은 정부여당이 1월 21일 노동법 재개정과 민주노총 지도부에 대해 발부된 구속영장 철회 방침을 밝히고 민주노총이 전면파업을 수요파업으로 전환하면서 마무리되었다. 1월 22일 수요파업에는 135개 노조 140,373명이 참가하였고, 1월 26일에는 민주노총과 한국노총이 공동으로 중앙집회 및 지역 4곳에서 '날치기 노동법·안기부법 무효화와 민주적 노동법 개정을 위한 전국노동자대회'를 개최하여 15만여 명의 노동자들이 참가하였다.

부산양산지역에서도 4단계 총파업투쟁으로 1월 22일 15개 노조 10,000여 명이 부분파업 후 부산역 집회에 2,000여 명의 노동자가

노동법총파업(민주노총부산본부와
한국노총부산본부 공동집회)
출처: 민주노총부산본부홈페이지

참가한 후 서면까지 가두행진을
했으며, 1월 23일부터 30일까지
부산역광장에서 천막농성과 시민
선전전을 전개하였다. 1월 25일
에는 범국민 결의의 날로 1,500여
명의 노동자, 학생, 시민이 부산역
광장에 모여 집회 후 서면까지 가
두행진을 하였으며, 2월 1일에는
민주노총과 한국노총의 공동집회
가 부산역광장에서 약 8,000여 명
의 노동자가 참석한 가운데 개최
되어 규탄집회 후 남포동까지 가
두행진하였다.

민주노총 부산양산지역본부는 4단계 총파업에 대해 전면총파업
을 수요파업으로 전환하고 현장으로 복귀하면서 무노동무임금, 결
근처리, 인사징계 등 개별 자본가들의 탄압에 대응하지 못함으로써
이후의 투쟁이 강고하게 유지될 수 있는 조건을 마련하지 못한 것
으로 평가하였다.

1996~1997년 노동법 개악에 반대하는 총파업투쟁은 한국 노동
운동의 새로운 발전단계를 보여주는 역사적인 사건이었다. 이 총파
업의 의의는 첫째, 건국 이후 최초의 또한 최대규모의 총파업이었
다. 전 산업, 전 지역을 포괄하는 전국적 규모의 총파업이었고 참여
한 노동자 수나 파업기간에 있어서도 최대규모였다. 그리고 이 총
파업의 성격은 날치기 노동법의 무효화를 목표로 내건 정치적 총

파업이었다. 노동법과 안기부법의 날치기 통과는 개혁과 민주주의의 후퇴를 의미하고, 중산층과 노동자들에게는 심각한 고용불안과 경제적 희생을 요구하는 것이었다. 둘째, 정권에 대한 국민적 저항과 성지투쟁의 성격을 갖고 있다는 점에서 사회운동에서 노동운동의 중심성을 재확인하고 노동운동의 지위와 역할에 대한 인식을 새롭게 했다는 점이다. 셋째로 총자본의 세계화와 신보수주의 공세에 맞선 투쟁으로 세계노동자와의 국제적 연대를 강화했다. 총파업에 대한 국제 노동운동의 관심은 매우 높았고 지지와 연대는 매우 적극적이었다(최영기, 2001: 506-508).

이러한 의의를 지닌 총파업투쟁을 통해 노동운동은 다음과 같은 성과를 얻을 수 있었다. 첫째, 날치기 노동법 개악을 저지하고 노동법이 재개정과 파업지도부에 대한 구속철회 등 정권의 후퇴를 끌어냈다. 둘째, 민주노총의 조직적 토대와 사회적 위상이 강화되었다. 출범한 지 1년밖에 되지 않은 민주노총의 지도집행력과 조직의 결속도가 강화되었다. 셋째, 그동안 조직적 경쟁과 갈등관계에 있던 양대노총이 노동계급 공통의 이익을 수호하기 위한 투쟁에서 공동전선을 형성하고 공동투쟁의 경험을 축적했다. 한국노총의 총파업은 역사상 처음으로 한국노총의 개혁을 상징적으로 보여주는 것이고, 투쟁전선의 확대 효과와 함께 한국노총은 많은 투쟁경험을 얻게 되었다. 넷째, 조합원의 정치의식을 강화하고 노동자 정치세력화의 필요성을 확인하는 계기가 되었다(최영기, 2001: 508-509).

그러나 총파업투쟁은 한 달 이상의 강고한 투쟁에도 불구하고 최소한의 수준에서 노동법 재개정이라는 결과를 가져왔을 뿐 노동기본권의 완전한 보장과 노동시장 유연화의 저지라는 노동법 개정

투쟁의 원래의 목표에 비추어 볼 때 상당한 한계를 갖는 것이었다. 뿐만 아니라 새로 개정된 노동법을 둘러싼 노동과 자본 간의 격렬한 계급투쟁이 계속되었으며, 현장에서 자본의 탄압은 여전하였다. 파업기간 중 무노동무임금 적용, 단위노조 집행부에 대한 징계 위협 등 개별자본가들의 공세에 제대로 대비하지 못했고 노동운동은 총파업의 후유증에 시달렸다.

민주노총은 총파업투쟁의 한계에 대해, ① 투쟁의 결정적인 승리를 위해서는 강력한 투쟁력과 더불어 국민적 항쟁으로 발전시키는 것이 중요했음에도 민주노총이 범국민대책위에 확실하게 결합하고 앞장서서 실천하는 사업을 전개하지 못한 점, ② 조직 간의 투쟁력과 조직력의 편차가 드러났으며 취약한 조직에 대한 정권과 자본의 탄압에 대한 대처가 부족해 현장조직력이 약화된 사례가 많은 점, ③ 파업 전술과 지도력, 내용에 있어서 부족한 점, ④ 정치적으로 각성된 열성간부와 조합원들을 단련시킬 사업과 틀이 부족한 점을 지적하였다(민주노총, 1997: 184-186).

한국노총은 총파업의 한계 및 과제와 관련하여 한 달 이상의 강고한 투쟁에도 불구하고 기업별노조의 분산성과 이기주의라는 한계를 뼈저리게 실감하였으며, 산별노조로의 전환을 통한 조직적 단결과 지도력의 확보가 노동운동 발전의 조직적 과제로 제기되었다는 점을 중시하면서 노동운동의 정치적 역량 강화가 경제투쟁의 성과물을 지키고 노동자의 권익보호를 위해서도 필수적이라고 지적하였다(한국노총, 1998: 225).

한편 민주노총 부산양산지역본부도 노동법개정투쟁의 성과에 대해 명실상부한 전국적 총파업을 감행함으로써 노동자가 한국사회의 정치적 독자세력임을 명확히 한 점과 민주노총이 조직적이고 계획적으로 총파업을 진행시킴으로써 산하 노조에 대한 조직적 관장력을 높이고 명실상부한 노동자계급의 대표체로 우뚝 서게 된 점을 들었나. 그리고 한계와 문제점에 대해서는 노동법개정투쟁이 전국적 정치투쟁이라는 측면이 일면적으로 강조되어 단위사업장 내 개별자본과의 투쟁전선을 강고하게 지키는 문제가 간과됨으로써 시간이 흐름에 따라 조합원들의 투쟁의지와 투쟁전선의 긴장감을 떨어뜨리는 원인이 되었다는 점과 날치기 노동법·안기부법의 무효화와 김영삼정권 퇴진이라는 정부와 총자본과의 정치투쟁을 선포하고도 투쟁의 자생적인 진행을 방치했다는 점 등을 들었다(민주노총부산양산지역본부, 1997: 78-82).

8) 1996~1997년 부산지역 노동자 투쟁

(1) 1996년 노동자투쟁

먼저 양대노총의 임단투 방침을 살펴보면, 민주노총의 경우 1996년 임단투는 출범 후 처음 맞이하는 대중투쟁이었으므로 전국적 투쟁전선을 구축하여 정치적 지도력을 발휘할 수 있을 것인가의 문제가 있었다. 민주노총은 노동자들의 생활개선과 의식향상뿐만 아니라 조직력의 확대를 추구하며, 임금인상 요구액과 관련해서는 경기불황을 고려해 현실적으로 가능한 요구로 14.8%의 임금인상과 임금격차 해소, 최저임금 개선, 임금구조 개선 등을 제시했고, '공동요구-공동교섭-공동투쟁'을 통한 조직력의 확대, 강화, 발전을 주요 목표로 설정했다. 또한 단체협약 갱신투쟁 6대 요구로, ① 노동시간 단축(주 40시간 노동제), ② 기업의 사회적 책무와 노동조합의 경영참가, ③ 직장탁아소와 교육·의료비 보조, 재해위험 우려 시 작업중지권, ④ 고용안정, ⑤ 해고자 복직을 제시했다.

한국노총은 1995년에 이어 정부와 경총의 중앙임금합의 요구를 거부하며 12.2%의 임금인상요구안을 제시하였다. 한국노총은 자율교섭, 생계비 확보, 정책·제도개선 요구를 원칙으로 여기에 4대 사회보장제도 개선을 중심으로 한 정책제도 개선요구를 병행하였다.

1996년 투쟁에서 가장 쟁점이 되었던 부문은 부산지하철을 비롯한 서울지하철, 한국통신, 조폐공사, 지역의료보험을 중심으로 한 공공부문 노동자들의 투쟁이었다. 공공5사는 정부 측이 해고자 복직, 전임자 축소방침 철회, 직권중재조항 철폐, 공무원 단결권 보장, 고용불안 해소, 임금가이드라인정책 철폐 등의 공동요구안을 수용하지 않을 경우 총파업에 돌입할 것을 선언했다. 임금교섭에서 부산지하철노조는 총액 16%(기본급 10.8%) 인상과 12명의 해고자 복직을 요구했으며, 사측은 총액 7.5%(기본급 4.8%)의 인상을 제시했다. 그러나 해고자 복직 등에서 별다른 진전이 없자 노조는 6월 4일 쟁의발생 신고, 23일 쟁의행위를 결의했다(노동부, 1996: 343-344).

서울지하철노조와 한국통신노조, 전국지역의보노조, 한국조폐공사노조도 모두 쟁의발생신고와 쟁의행위를 결의한 상태였다. 6월 2일에는 보라매공원에서 조합원 3만여 명이 참석한 공노대 조합원총회가 개최되었고, 6월 4일 공동쟁의발생신고와 6월 13일까지 쟁의행위 찬반투표를 실시하였다, 6월 15일 대학로에서 공공부문 투쟁결의대회를 개최하고, 민주노총 지도부의 명동성당 농성에 결합함으로써 투쟁분위기를 고조시켰다. 6월 19일 지역의보노조를 제외하고 부산지하철 등 4개 사업장이 직권중재를 신청함으로써 파업 직전까지 이르렀다. 그러나 6월 19일 조폐공사와 지역의보에서 합의가 이루어졌고, 6월 20일 부산교통공단에서 임금총액 8% 인상과 해고자 4명 복직에 합의했으며, 서울지하철과 한국통신 역시 해고자 복직, 임금인상에 합의해 공공부문의 연대투쟁은 파업에 이르지 않고 마무리되었다.

4월 4일에는 부산도시개발공사 노조가 파업에 돌입했다. 노조는 공사가 무사안일한 경영을 벗어나 진정한 시민의 공기업으로 나기 위해서는 부실공사 등에서 공사 임원들이 책임 있는 자세가 중요함과 동시에 조합원들도 주인의식을 강화하기 위해 인사 및 경영의 투명성을 강화하는 방안으로 공사경영민주화를 위한 단체협약 체결을 시도하였으나 공사 측의 무성의로 파업에 들어가게 되었다(부산도시개발공사노동조합, 1997). 또한 4월 29일에는 부산상공회의소 노조가 인사 및 경영투명성의 문제로 파업에 들어갔다. 두 노조의 상급단체인 전문노련과 건설연맹은 민주노총 부산양산지역본부와 공동으로 5월 10일 '부산상공회의소노조, 부산도시개발공사노조 탄압분쇄를 위한 부산지역 노동자결의대회'를 부산역에서 개최하고 부산시청까지 가두행진을 하면서 시민들에게 홍보하였다.

6월에 들어 민주노총 부산양산지역본부는 부일산업노조에 대한 탄압에 맞서 19일 양산경찰서 항의방문과 부일산업 본사 앞에서 항의집회를 가졌고, 20일에 대우정밀 해고자원직복직합의서 이행촉구를 위해 부산지방노동청을 항의방문하고, 부산상공회의소 로비에서 부산양산지역본부 확대간부 비상결의대회를 개최하여 상공회의소노조 투쟁을 지원했다. 또한 6월 21일부터 27일까지 해고자복직 및 96임단투 승리를 위한 부산역 천막농성에 들어갔으며, 6월 22일에는 부산양산지역 노동자 총력결의대회를 개최하였다. 부산역광장 천막농성은 7월에 들어서 다시 1일부터 13일까지 농성하면서 대시민 선전활동을 계속하였다. 그리고 7월 6일에 한진중공업 공권력투입 저지와 96임단투 승리 결의대회를 개최하였다.

한진중공업노조는 6월 28일부터 일방중재 철폐, 주 42시간 노동, 작업중지권 확보, 해고자 복직 등을 요구하며 파업에 들어갔으나 사측에서 일방중재 조항을 악용해 일방중재를 신청하여 7월 11일 일방중재가 결정되었다. 중재안은 사측에서 제시한 안을 기본으로 제시한 것이었다. 한진중공업노조는 부산지방노동위원회의 중재재정은 사측 요구안을 그대로 수용한 것이고 노사가 합의한 사항까지 배제한 월권행위라고 규정하고, 수용을 거부하기로 결의하고, 중앙노동위원회에 재심을 요구하기로 하는 한편 한진그룹과 직접 협상을 위한 상경투쟁 등 파업의 강도를 높이기로 하였으나 사측의 방해로 전 조합원 상경투쟁은 무산되었다. 한진중공업노조의 교섭대표인 김경춘 부위원장과 김용국 사무국장은 무기한 단식농성에 들어갔으나 사측은 12일 박재근 노조위원장, 김경춘 부위원장, 김용국 사무국장, 김양수 조직쟁의부장 4명을 노동쟁의조정법 위반과 업무방해 혐의로 고소해 공권력 투입을 할 수 있는 준비를 해 놓았다. 일방중재가 내려지고 사측의 탄압이 거세지자 금속연맹은 16일 전국동시다발로 '노동위원회 규탄 및 한진중공업 투쟁 지원 연대를 위한 단위노조 중식집회'를 진행하였다. 민주노총 부산양산지역본부는 13일 비상대표자회의를 개최하여 김영갑 노동쟁의중재위원장을 직무유기 및 직권남용으로 고발하고, 박태섭, 박일규 공익위원에 대한 퇴진 서명운동을 전개하고, 15일부터 20일까지 매일 노동위원회 앞에서 집회를 개최하고 지역본부 이름으로 민주노총 노개위 위원의 노개위 탈퇴 요청 등 투쟁방침을 밝혔다(영남노동운동연구소 1996(25): 65). 그러나 7월 25일 박재근 위원장은 농성 중인 조합원들 200여 명이 모인 가운데 파업 및 농성을 해산하고 위원장이 경찰에 자진출두하는 것으로 임단투를 마무리하여 일방중재가 관철되는 결과가 되어 아쉬움을 남겼다(영남노동운동연구소 1996(26): 59).

한편 5년여에 걸쳐 복직투쟁을 전개해 오던 대우정밀 해고노동자들이 마침내 1996년 11월 7일 사측으로부터 복직 약속을 받아냈다. 권오준 대우정밀 사장과 전흥재 노조위원장의 단독교섭에서 총 12명의 해고자 중 9명의 해고자들을 1996년 12월부터 계열사 파견근무 후 1998년 1월 1일부터 대우정밀로 복직시키기로 합의했다. 그리고 1991년 해고 당시 노조간부로 활동해 왔던 윤명원(전 위원장), 문영만(직대), 이창기, 정우영 등은 1996년 12월 1일로 계열사로 복직했다가 1997년 12월 1일부로 계열사에 남거나 명예퇴직, 1989년에 해고된 이성도 전 위원장은 11월 7일부로 원직복직했다가 1996년도 12월 1일로 사표를 내는 것에 합의했다. 노조는 합의안이 만족스럽지는 못하지만 시급한 타결이 요구돼 받아들이기로 했다고 밝혔다(영남노동운동연구소 1996(29): 21).

(2) 1997년 노동자투쟁

1997년 임단투는 1996~1997 총파업의 연장선상에서 전개되었으나 한보그룹과 기아 사태로 시작된 경기침체로 노동조합에 불리한 여건 속에서 이루어졌다.

민주노총은 1997년도 2월에 개최된 정기대의원대회에서 노동법 개정투쟁, 임단투, 사회개혁투쟁, 고용안정투쟁을 4대 투쟁방침으로 제시했으며, 임단투 방침으로는 전국적 통일성과 집중성 제고, 산업별 공동교섭 공동투쟁, 노동악법 어기기 운동을 통한 임단투와 노개투의 연계를 제시했다. 그리고 임금요구안으로는 생계비 쟁취와 총파업기간 중 미지급 임금을 요구율에 반영한 10.6%±3%를 제시했다.

한국노총도 1997년 1월 「노동악법 철폐와 생존권 확보를 위한 97년 임투 지침」을 발표하여 노동법 개정 투쟁과 임단투를 연계하며 산업별 교섭권 위임에 의한 공동투쟁을 전개하는 것으로 하였다. 이런 방침에 따라 임금인상요구율을 11.2%로 제시하고 노동악법을 철폐하지 않을 경우 추가임금인상요구율로 7.2%를 제시했다. 이렇게 양대노총 모두 노동법 무효화 투쟁과 임단투를 결합한다는 원칙과 가능한 공동요구와 공동투쟁을 통해 전국적 수준의 투쟁을 조직한다는 입장을 가지고 있었다.

1997년 임단투의 특징은 경제위기의 심화와 1996~1997년 총파업투쟁이라는 두 가지 요인에 의해 규정된다. 첫째, 가장 큰 특징은 경기침체로 인해 노동조합들이 예년에 비해 낮은 임금인상을 요구했으며, 그 결과 임금동결과 무교섭, 무쟁의를 선언한 사업장이 대폭 증가했다.[29] 둘째, 단체협약 요구 중 가장 많은 노조에서 제기하

---

[29] 1997년 10월 말까지 임금동결업체는 990개로 전년 동기 206개에 비해 크게 증가하였고, 임금 무교섭 타결사업장은 195개로 전년 동기 35개에 비해 크게 증가했다 (한국노총, 1998).

고 타결한 항목은 고용안정 요구였다. 셋째, 임단협 시기가 요구안 확정부터 교섭시작, 타결 속도 등에서 전반적으로 지연되었다. 넷째, 업종이나 지역별로 상급단체에 교섭권을 위임한 공동교섭이 확대되었다. 양대노총이 모두 교섭권 위임을 통해 공동교섭을 주요 전술로 추진한 결과이다.

그러나 전반적으로 공동투쟁을 통해 전국적 투쟁전선을 구축하겠다는 양대노총의 의도와는 달리 실제 임단투의 진행은 각 사업장별로 분산되어 전개되었다. 1997년 임단투는 총파업투쟁의 연장선상에 있었지만 경제위기와 총파업 등 투쟁 피로감으로 힘 있게 전개되지 못하여 쟁의건수가 1996년의 85건에 비해 7건이 줄었으며, 노동손실일수 역시 44만 5,000일을 기록하여 전년에 비해 절반가량 감소하였다. 부산양산지역본부는 97임단투 부산양산지역 투쟁본부를 구성했으나, 임단투 과정에서 부산양산지역에서는 16개 노조[30]가 조정신청에 들어갔으며, 9개 노조[31]가 파업을 결의하였고, 5개 사업장[32]에서 파업에 돌입하였다.

1997년 3월 24일, 경영이 어렵다는 이유로 택시회사(국민캡)를 분할매각한다는 사측의 방침에 고용불안을 느낀 국민캡노조의 투쟁이 발생했다. 국민캡은 택시 163대를 운행하고 조합원이 284명인데

---

30 97임단투 조정신청 노조 : 부산지하철, 대우자동차, 한국금속, 대양운수, 대우정밀, 전국지역의료보험, 한진중공업, 미진화학, 한국기계, 대우자동차판매, KBS, 백병원, 동아대병원, 신동금속, 태평양밸브, 부산상공회의소
31 파업결의노조 : 부산지하철, 지역의보, 대우자동차, 대우정밀, 한국기계, 대우자동차판매, 동아대병원, 한진중공업, 부산상공회의소
32 파업노조 : 대우자동차노조, 지역의보노조, 대우정밀노조, 대우자동차판매노조, 한진중공업노조

허준도 사장은 택시를 4개 택시회사에 양도양수한다는 계약을 체결하여 발표하였다. 당시 택시 1대당 1,500만~1,700만 원의 프리미엄을 가만히 앉아서 챙기되 소속 노동자들은 고용불안에 놓일 수밖에 없는 처지였다. 그리고 택시의 양도양수는 부산시의 승인사항이었다. 부산시와 사측은 노조의 항의투쟁에 대해 5월 8일 회사 내 농성장에 공권력을 투입하여 농성노동자 18명을 전원 북부서로 연행하고 밤에 양수사 직원들과 공권력을 투입하여 택시를 양수사로 빼 가자 국민캡노조는 남은 택시 전체를 운행 중단시키고 투쟁에 돌입하였다. 부산양산본부와 국민캡노조 등은 문정수 시장 퇴진운동을 비롯해 시청 항의방문, 시장퇴진 촉구 캠페인, 집회 등 다양한 투쟁을 하던 중 노조집행부가 합의서에 서명하러 부산시에 간 사이에 이에 반발한 홍장길 조합원이 사내에서 자결[33]을 하여 투쟁이 새로운 국면으로 접어들게 되었고, 택시 분할매각 반대 투쟁과 장례투쟁이 결합되어 1997년 12월까지 투쟁을 전개한 끝에 노조간부 4명만 남고 전원 양수사에 승계되었다.

부산의 새마을금고노조는 1996년 9월 새마을금고 200개, 3,000여 명의 노동자 중에 11개 120명의 조합원으로 출발했다. 새마을금고노조는 9개월에 걸쳐 단체협약 체결을 위해 열다섯 차례의 교섭을 진행했음에도 불구하고 노조조차 인정을 받지 못하고 있었다.

---

33 국민캡노조 홍장길 조합원는 다음의 유서를 남겼다. "민주노총 동지들 그동안 수고많았습니다. 그리고 국민캡노동조합위원장 내 시체를 집에 옮기지 말 것. 국민캡 마당에 빈소를 차릴 것. 그리고 문정수 시장과 허준도가 나를 짓밟고 나를 죽였다. 민주노총 그리고 국민캡조합 동지 여러분 복수해주기 바란다. 1997. 5. 홍장길 올림"

특히 이사장들의 부당노동행위(교섭해태, 노조탈퇴 강요 등)와 폭력(금고 가입회원을 동원한 폭행) 등에 대해 여러 차례 노동청과 경찰에 고소 고발, 진정 등을 하였으나 무혐의로 기각되었다. 새마을금고연합회(이사장 도종이는 개금동 새마을금고 이사장이자 전 부산시의회 의장)가 사실상 사용자단체임에도 불구하고 이를 부인하고 개별 금고의 단체교섭을 배후 조종하고 있었다. 이러한 조건에서 노조는 28일부터 준법투쟁에 돌입했다. 부당해고를 단행한 엄궁동 새마을금고 항의방문을 하고 5월 1일 메이데이 때 노동절 기념행사 참석과 엄궁동지부 부당해고 철회촉구 집회를 개최하였다. 5월 15일은 부당노동행위 척결을 위한 새마을금고연합회 앞에서 집회를 개최하고, 5월 23일부터 전면파업에 돌입하려고 하였으나 5월 22일 사측에서 전임자 3명 인정과 10개 금고 공동교섭을 하기로 함에 따라 6월 말까지 유보하였다. 이후 교섭을 통해 6월 30일 잠정합의를 거쳐 단체협약을 체결하였다.

5. 1988~1997년 시기 노동운동의 특징

1987년 노동자대투쟁이 발생하고 그 여파는 계속 이어졌다. 그러나 노동자들의 거센 저항과 운동에 대해 수습에 나선 자본과 정권은 노동운동의 발호를 잠재울 특단의 방안이 필요했을 것이다. 그러나 유신체제에서 이어진 계속된 군부독재정권의 노동운동에 대한 탄압을 기조로 자본가들에 대한 특혜를 통해 외형적 성장에 치우쳐 오랫동안 억눌려 왔던 노동자들이 쉽게 물러설 기미는 없었다. 따라서 이러한 거침없는 억압에 대응할 유일한 수단은 폭력에 의존하는 방법 외에는 달리 없었다. 공권력이라는 합법적인 폭력기구를 가진 정부는 노동운동에 대해 다양한 방법을 동원하여 탄압하였다. 따라서 이 시기의 노동운동은 정치·경제·사회적 지위 향상을 갈구하면서 터져 나온 임금인상투쟁, 노조결성투쟁, 노동법개정 등 법제도 개선투쟁 그리고 노동운동 탄압에 맞선 연대투쟁 등과 이를 억제하고 기득권을 수호하기 위해 공권력 투입, 구속, 수배 등 폭력적 수단과 노동조합 업무조사와 같이 정부기구를 이용한 탄압, 총액임금제, 노-경총 임금합의 등 다양한 형태의 정책 추진을 동원하여 서로 총력전을 펼친 시기였다.

이 시기 노동운동의 특징은 다음과 같이 정리할 수 있다.

첫째, 1987년 노동자대투쟁을 통해 노동자에 대한 비인간적 처우개선을 집중적으로 이루어 노동자들의 인권이 중요한 의제로 올랐다. 이 당시 가장 많이 외쳤던 구호가 '노동자도 사람이다, 사람답게 살아보자'였던 것은 그동안 노동현장에서 비인격적 대우가 지배적이었고, 이에 대한 노동자들의 불만이 넘쳤던 것이다.

둘째, 임금인상 등 현안문제만 해결하는 것을 넘어서 지속적인 노동운동이 가능하도록 노동조합을 결성하면서 투쟁했다. 당면 현안문제, 예를 들면 임금체불 청산이나 임금인상만 되면 투쟁이 끝나는 일회성을 극복하고 지속적인 권익투쟁을 할 수 있는 제도적 장치인 노동조합 결성이 임금보다 더 중요한 과제였다.

셋째, 경제개발 시기 재벌이 형성되고, 한국 자본주의의 축적이 재벌 중심으로 이루어진 반면, 노동자들에게는 계속 강요된 저임금 구조로 빈부격차가 심화되었는데, 1987년 노동자대투쟁 이후 1990

년대 중반까지 이루어진 꾸준한 임금인상은 부의 분배기능이 긍정적으로 작용하여 비로소 경제민주화가 이루어지는 계기가 되었다.

넷째, 이러한 지속적인 임금인상의 경우 지급력이 양호한 재벌그룹 대기업노동자와 공공부문 노동자의 임금은 상당 수준 인상된 반면, 대기업의 하청시스템을 형성하는 영세 중소기업 노동자들의 임금인상 수준은 그에 미치지 못함에 따라 기업규모 간 임금격차가 확대되는 계기가 되었다.

다섯째, 1987년 노동자대투쟁 시기 노동자들의 투쟁이 합법적으로 전개되기보다는 선투쟁 후협상의 방식으로 법을 초월한 방식으로 이루어짐에 따라 노동조합에 불리한 법체계를 개정하기 위한 노동법개정운동이 지속적으로 전개되었다. 이는 그동안 노동법이 노동자의 권익을 옹호하기보다는 억제하는 방향으로 바뀌어 온 결과로 노동자대투쟁 이후 노동운동에서 노동법 개정은 주요 이슈가 되었다.

여섯째, 노동자들은 정권의 탄압에 대응해 연대투쟁과 연대조직을 통해 극복하였으며, 한국노총민주화론과 제2노총 건설 논쟁도 있었으나 결론적으로 민주노조의 전국조직을 만들어 이전의 1노총 시대에서 복수노총 시대를 열었다.

일곱째, 이 시기는 노동운동에 대한 탄압이 공권력 동원에 의한 침탈은 말할 것도 없이 구속과 수배 등 물리적 탄압이 극에 달했으며, 아울러 업무조사 등 정책적 탄압, 신경영전략에 따른 고용유연화 등 다양한 수법의 노동탄압이 전방위적으로 행해졌고, 노동자들은 이러한 탄압을 연대투쟁으로 뚫고 민주노조의 전국조직을 건설했다.

여덟째, 1987년 노동자대투쟁 시기에는 많은 노동조합이 결성되는 과정에서 법제도적 한계와 함께 임금인상 요구의 관철 등 당면한 노동자들의 요구를 수용하기에도 벅찬 상황이었기 때문에 기업별노조를 중심으로 조직될 수밖에 없었다는 한계가 있었다. 또한 이후에도 노조결성과 임금인상 투쟁에서 사측과 정부의 탄압이 병행되는 과정이었기 때문에 전노협을 결성하면 산별노조를 지향한다는 원칙적인 내용을 포함하였고, 민주노총을 결성하는 과정에서는 산별 연맹조직을 중심으로 조직하였지만 여전히 기업별노조가 기본적인 조직 틀이자 교섭 단위였다. 또한 그 속에서 기업별로 임금인상과 기업복지를 실현한 결과 기업규모 간 격차가 확대되었다.

종합적으로 이 시기는 6월민주항쟁의 결과 탄생한 대통령직선제에 기반한 제왕적 대통령제라는 정치체제에, 자본의 독점강화에 따라 재벌과 중소기업의 양극화가 심화된 경제체제를 바탕으로 기업별노조를 축으로 하는 1987년 노동체제가 자리 잡은 시기였다.

제6부
신자유주의시대 부산지역 노동운동

1. 김대중정권과 신자유주의 정책

1) IMF경제위기와 사회적 합의[1]

1997년 말 IMF경제위기 이후 과거의 고성장·저실업의 경제구조는 더 이상 유효하지 않으며, 구조조정과 정리해고로 고용불안이 구조화되었다. 노동운동의 주요과제는 임금 및 노동조건 개선에서 고용안정으로 변할 수밖에 없었다. 노동운동과 노동조합은 전혀 새로운 환경과 심각한 도전에 처해졌다.

1997년 한보사태로 시작된 삼미, 진로, 대농, 기아 등 재벌 대기업들의 연쇄부도는 한국경제의 취약점을 여실히 보여주었고, 부실 대기업들에게 거액을 대출했던 금융기관들의 부실도 심화되었다. 재벌기업들의 중복 과잉투자와 막대한 장기투자자금은 대부분 은행권으로부터의 대출에 의해 조달되었고, 종금사로 대표되는 제2금융권은 국내외 금리격차를 이용하여 해외로부터 막대한 단기자본을 조달하여 대기업에 제공해왔다. 이러한 상황에서 재벌기업의 부도와 이에 연루된 은행 및 제2금융권의 부실화는 급격히 한국경제에 대한 대내외적 신뢰도를 악화시켰다. 때맞춰 진행된 동남아 금융위기와 함께 단기외채의 만기연장이 불가능해졌고 국제금융시장의 투기세력과 연관된 단기 외국자본들은 급격히 한국을 빠져나갔

---

1 이 부분은 최영기·김준·조효래·유범상(2001), 550~571쪽을 요약 정리하였음.

다. 그 결과는 1997년 11월 급격한 환율인상과 외환보유고의 소진이라는 외환위기로 나타났다.

한국정부는 IMF의 긴급구제금융을 통해 일단 국가부도사태는 면했지만 그 대가로 IMF가 요구하는 안정화프로그램과 구조조정프로그램을 수용하는 쪽으로 위기대응 방향을 정했다. 더욱이 1998년 상반기까지 여전히 외국자본의 유출가능성은 지속되고 있었고, 금융권의 생존을 위한 대출금 회수와 외자를 유치하기 위한 고금리정책은 자금난을 이기지 못한 중소기업들의 광범위한 연쇄도산을 초래했다. 1997년 11월 이후 6개월 동안 총 7,643개 기업이 부도처리되었으며, 그중 대기업은 55개에 불과하고 나머지 7,588개가 중소기업이었다(김상조, 1998). 1998년 1/4분기 경제성장률은 −3.8%를 기록해 1980년 이래 처음으로 마이너스 성장을 기록했고, 민간소비지출과 기업의 설비투자, 공장가동률은 급격히 하락했다. 고금리와 경기침체로 인한 중소기업의 연쇄도산, 대기업의 공장가동률 하락, 자영업의 몰락은 사상 초유의 대량실업사태를 낳았다. 이에 따라 1997년 12월 IMF와의 구제금융 협상이 타결된 후 정부는 사회적 합의 추진 의사를 공식화했다.

민주노총은 IMF와의 구제금융 협상이 진행되는 동안 12월 3일 '경제위기 극복과 고용안정을 위한 노사정 3자 기구'의 구성을 제안했고, 12월 10일 재벌체제의 개혁과 책임규명, 고용안정을 노사정 3자 기구에서 다루자는 제안을 재확인했다.

1998년 12월 대통령선거에서 승리한 김대중 당선자는 한국노총 위원장과의 만남을 통해 'IMF 극복을 위한 노사정협의회' 구성을 제안했고 한국노총의 참여 약속을 받아냈다. 12월 27일에 당선자는 민주노총과의 만남을 통해 노사정협의회 참여를 요청했고, 민주노총은 원칙적으로 참가에 동의하였으나, '협의기구의 성격과 실효성 보장', '재벌개혁과 책임자 처벌', '정리해고ㆍ근로자파견제 반대' 등을 참가의 전제조건으로 내걸었다. 김대중 당선자는 노사정위원회와 같은 사회적 협의기구가 경제위기 타개를 위한 고통분담의 분위기를 조성ㆍ확산해야 한다는 점을 강조했다. 이미 IMF구제금융 조건으로 합의한 '경제구조조정 및 금융시장 개방에 관한 정책이행 계획'에는 정리해고 제한 완화와 파견근로제의 도입 등 노동시장의 유연화에 관한 항목이 포함되어 있었기 때문에 고통분담의 내용과 관련해 정리해고 문제가 핵심적인 쟁점으로 부각되었다.

1998년 1월 대통령당선자는 인수합병 시 정리해고를 허용하는 금융산업 구조조정법의 통과를 위해 임시국회를 개최하려고 하였으나 양대노총은 노사정위원회 불참과 총파업을 선언하면서 강력히 반발했다. 그에 따라 임시국회는 2월로 연기되었고, 김대중 당선자와 4대 재벌총수 회동을 통해 기업개혁방안 5개항에 대한 합의가 이루어지고, '금융산업 구조개선에 관한 법률'을 노사정 협의 후 처리키로 함으로써 노사정위원회 출범이 가능해졌다.

제1기 노사정위원회는 1998년 1월 15일 재경원과 노동부 장관, 양대노총 위원장, 전경련과 경총회장, 정당대표 4명 등 총 10명으로 공식발족했다. 노사정위원회는 노사정의 고통분담 의지 표명에 합의하고, 산업현장의 부당노동행위 중지를 촉구하였다. 노사정위원회의 10개 의제[2]를 선정해 만장일치, 일괄처리의 방침을 확정했다.

---

2 합의된 10개 의제는 ① 기업의 경영투명성 확보 및 구조조정 촉진방안, ② 물가안

1월 20일 노사정위원회는 「경제위기 극복을 위한 노사정 간의 공정한 고통 분담에 관한 노사정 공동선언문(Ⅰ)」을 채택하여 "노사는 산업평화를 유지하며 해외자본 유치를 위한 여건 조성에 최선을 다하며 노사정위원회가 합의·채택한 의제들에 대하여 조속히 노사정 대타협을 통해 일괄 타결할 것"을 선언했다.

핵심 쟁점은 정리해고 법제화와 관련한 노사정 간의 이견이었고, 노동조합의 주요 불만 사항은 급증한 체불임금 및 무분별한 해고 등 부당노동행위의 만연, 재벌개혁의 불철저성, 부실한 실업 대책 등이었다. 최종쟁점은 정리해고제와 근로자파견제의 법제화였으며, 그 외에도 공무원·교원의 노동기본권 보장, 노조전임자 임금지급, 실업자의 조합원 자격 인정, 산별체제로의 전환, 부당노동행위에 대한 구체적 조치 등이었다. 1월 21일 민주노총은 노사정위원회 불참을 선언했고, 2월 2일에는 한국노총이 불참을 선언했다. 2월 2일 당선자 측은 해고절차와 해고회피 노력을 강화한 수정안을 제출했고, 노사관계와 관련된 전향적인 입장을 제출함으로써 다시 협상이 진행되었다. 결국 한국노총이 적극적인 타결의사를 표명하고 정부 일각에서 민주노총을 배제한 합의를 추진하는 등 민주노총을 압박함에 따라 민주노총 투본 대표자회의는 노동기본권 확보 시 정리해고·파견제 논의를 협상팀에 위임하였고, 2월 6일 협상팀은 노사정

정방안, ③ 종합적인 고용안정 및 실업대책, ④ 사회보장제도 확충 등 저소득층 근로자 생활보호대책, ⑤ 임금안정과 노사협력증진방안, ⑥ 노동기본권 보장 등 민주적 노사관계 확립, ⑦ 노동시장의 유연성 제고방안, ⑧ 국민대통합을 위한 조치, ⑨ 수출증대 및 국제수지 개선을 위한 국민운동 전개, ⑩ 기타 경제위기 극복을 위한 노사정, 국민의 역할에 관한 사항 등이다.

간의 사회협약[3]에 합의하였다.

노사정 합의 직후 민주노총은 무효선언과 총파업을 결의했으나 정부여당은 합의를 제도화하는 방향으로 노동 관련 법을 재개정했다. 법이 통과되자 노동조합은 실업자의 초기업단위노조 가입문제와 전교조 합법화에 따른 노동권 부여를 누락시키거나 축소한 점, 퇴직 후 우선재고용 의무화의 완화, 소액주주의 권한 약화 등 재벌개혁의 후퇴를 지적하며 노사정 합의사항이 제대로 지켜지지 않았다고 강력히 반발하였다.

사회적 합의에 대한 노동조합의 대응에 있어서 양대노총은 정리해고제 및 근로자파견제의 도입과 같은 노동자들의 핵심적 이익에 대해서는 공동보조를 취했지만, 사회협약에 대한 태도나 노사정위원회의 참여와 관련해서는 상당한 차이를 보였다. 한국노총은 노사정위원회의 참여에 대해 매우 적극적이었다. 한국노총은 정책연합을 통해 김대중 당선자의 승리에 기여했던 만큼 신정부와의 정치적 밀월관계를 기대했으며 상대적으로 대중동원력이 취약한 조건에서 사회적 합의를 활용하여 민주노총과의 경쟁에서 우위를 점하고자 했다. 반면에 민주노총은 노사정위원회 참여와 사회협약 합의를 둘

---

3 사회협약은 ① 노동시장 유연성 제고를 위한 고용조정제의 개정과 근로자파견제도에 관한 법률제정 합의, ② 교원과 공무원의 단결권 보장, 단체협약 일방해지에 따른 사전 통고기간 연장, 노조의 정치활동 보장, 실업자에 대한 초기업단위노조 가입자격 인정 등 노동기본권의 보장에 대한 합의, ③ 고용안정과 실업대책을 위한 기금조성, 의료보험 일원화 추진과 적용범위 확대, 국민연금제 개선과 관련한 공공자금관리제도 개선 등 사회보장제도의 확충에 대한 합의, ④ 기업재무구조 개선, 지배주주의 책임규정과 경영진의 책임경영 강화 등 기업의 경영투명성 확보 및 구조조정 촉진에 대한 합의와 정부조직 개편, 정치권의 고통분담 요청 등 각 분야에 걸친 개혁방향에 대한 합의를 주요 골자로 한다.

러싸고 상당한 내적 갈등에 직면했고 결국 노사정위원회 참여를 주도했고 사회협약에 서명했던 1기 지도부를 퇴진시키고 사회협약 무효화를 선언했다.

2) 구조조정과 노동운동의 대응

IMF경제위기 이후 기업부도와 대량실업으로 이어지는 상황 속에서 노동조합들은 고용안정과 생존권 보장, 정리해고제 철폐, 실업대책 마련을 요구하는 고용안정 투쟁을 전개했다. 양대노총이 주도하는 고용안정투쟁은 정부의 구조조정정책 및 자본의 대규모 정리해고전략과 충돌하면서 구조조정과 정리해고 반대투쟁으로 발전되었고, 현대자동차투쟁에서 절정에 달했다.

부산지역의 경우 산업활동은 IMF경제위기 이후 극심한 불황국면에 진입했고, 부도율은 1997년 12월 지역 내 4개 종금사 업무정지명령 이후 상승을 시작해 부도율 작성 이후 최고율을 기록했고 부도업체 수도 1998년 1월부터 3월까지 1,220개를 기록했다. 이에 따라 1998년 2월에 실업율은 7.7%까지 급상승하여 실업자 수도 평소의 2배인 13만 3천 명에 달했다. 대규모 구조조정과 중소기업의 도산 급증으로 전직실업자의 증가가 예상되는 가운데, 고등학교 및 대학졸업자의 노동시장 신규진입으로 실업대란이 현실화되었다.

사회협약으로 상당한 내부 진통을 겪은 민주노총은 3월 말 이갑용 위원장의 2기 집행부를 출범시키고 본격적인 투쟁대열을 정비했다. 2기 집행부는 즉각 고용안정 확보와 부당노동행위 척결을 위한 총력투쟁을 선포하고 현안문제 해결을 위해 김대중 대통령과 공식면담을 요구하였고, 정리해고·근로자파견제 철폐, 부당노동행위 근절과 노사정 간 대등한 사회적 교섭틀이 되지 않는 한 노사정위원회에 불참한다는 조건부 참여 입장을 밝혔다. 또한 상반기 투쟁 빙침은 고용안정과 생활안정 쟁취, 정리해고제와 근로자파견제 철폐, 부당노동행위 근절 및 현장 조직력 복원, 신자유주의 노동시장 유연화 공세 저지, 비정규직·실업자·미조직노동자 조직화, 민주노총의 확대 강화와 산별노조 건설, IMF협약 반대와 재벌체제 해체 등을 주요 요구로 설정하고 5~6월 총파업투쟁을 중심으로 총력투쟁을 전개하면서 시민사회단체와 연대하여 강력한 대정부투쟁전선을 구축한다는 것이었다. 또한 '노사정위원회는 자문기구이자 실무적 협의기구 수준이기 때문에 주요 현안문제를 해결하는 데 근본적으로 한계가 있다'면서 '책임 있는 정부당국과의 직접적인 대화와 협상을 통하여 현재의 난국을 정치적으로 해결하는 대정부 중앙교섭 투쟁을 전개한다'는 교섭방침을 결정했다.

이에 따라 민주노총의 5월 27~28일 총파업투쟁이 전개되었다. 5월 27일 총 132개 노조 12만 3,416명이 총파업에 참여하여 전국 15개 지역에서 약 6만 명의 참여 속에서 '고용안정 쟁취와 민중생존권 사수를 위한 총파업승리 결의대회'를 개최했고, 5월 28일 총 109개 노조 11만 1,632명이 파업에 참가해 14개 지역에서 약 5만 명이 참석한 집회 및 행진을 했다. 5월 29일 대검 공안부는 총파업을 주도한 노조간부 143명을 업무방해로 입건할 것을 지시했고, 민주노총 산별대표자·지역본부장회의는 6.10총파업 총력투쟁을 결의했다. 5월 30일 '고용안정·실업대책 마련과 재벌개혁·IMF재협상을 위한 범국민운동본부'가 제1차 국민대회를 개최했다. 6월 3일 제2기 노사정위원회가 출범한 가운데 민주노총은 노사정위원회 불참을 재확인하고, 교섭 및 6.10총파업 결정권을 집행부에 위임하였다. 이미 6월 2일부터 정부와 노정교섭을 시작한 민주노총은 6월 5일 정부의 최종안을 수용해 노정합의[4]에 이르렀다. 그에 따라 총파업을 철회하였으며, 6월 10일 민주노총은 대의원대회에서 노사정위원회 참여를 최종 결정하였다.

이러한 5월 총력투쟁에 대해 민주노총은 'IMF체제하의 신자유주의 공세, 구조조정과 대규모 정리해고 등으로 현장이 위축되고 노사정 잠정합의의 여파에 따라 투쟁전선이 와해된 상황에서 고용안정 쟁취를 위한 대중적 투쟁전선을 복원하고 정리해고에 대한 대치선을 만들었다'고 평가하였다(허영구, 1999).

그러나 민주노총의 5월 총파업은 형식은 민주노총의 5대 요구안을 내건 총파업투쟁이었지만, 실제로는 각 연맹의 요구에 기반한 시기집중이었다. 5월 27일 총파업에 돌입하기 이전에 투쟁의 상과

---

4 노정합의 내용은 제1기 노사정위원회 합의사항을 재확인한 것을 제외하면, ① 정리해고제 · 근로자파견제와 관련하여 노사가 제기하는 문제점과 남용방지에 필요한 제반조치를 논의한다. ② 2000년부터 업종별, 규모별로 법정근로시간을 주 40시간으로 단축하는 방안을 함께 논의한다. ③ 정부는 주요 업종 · 산업의 고용안정 및 현안문제의 합리적 해결, 발전적 협의체계 마련 방안을 논의할 수 있도록 노사정위원회에서 산업별 · 업종별 노사단체 간 '간담 · 협의회'가 정례적으로 활성화되도록 지원한다. ④ 정부는 노사정 신뢰구축을 위하여 부단노동행위를 조속히 근절하기 위해 총력을 경주하고 부당노동행위 사업주는 엄단한다. ⑤ 노사정위원회가 경제위기 극복과 실업문제 해결을 위한 실질적인 사회적 합의기구가 도도록 운영한다. ⑥ 정부는 IMF와의 분기별 추가 협의결과를 노사정위원회에 설명하고, 경제성장률, 물가상승률, 금리, 시장개방 등에 관한 노사의 의견을 수렴하여 반영되도록 노력하며, ⑦ 현대자동차, 삼미특수강, 기아자동차 등 중요 현안의 처리와 노동절 집회 관련 구속자 석방과 5.27 총파업 관련 고소 · 고발 철회에 대한 구두약속 등을 주요 내용으로 하고 있다.

관련하여 각 연맹의 요구를 중심으로 한 시기집중인가, 공동의 요구를 중심으로 한 총파업투쟁인가에 대한 논란이 있었지만 정확한 투쟁의 상에 대한 정립이 이루어지지 못했다(허영구, 1999).

민주노총이 5월 총력투쟁을 진행하는 동안 한국노총의 관심은 산하노조의 다수를 점하고 있는 공공부문의 구조조정 문제였다. 정부가 6월 말까지 공공부문 민영화 등을 주 내용을 하는 정부산하기관 관리 기본법안의 입법화 방침을 밝힘에 따라 한국노총은 4월에 철도, 광산, 전력, 정보통신, 금융, 공공서비스, 화학, 연합, 공공건설, 도시철도, 체신노조, 담배인삼공사 등 공공부문 연맹 및 노조의 대표자들로 공공부문 구조조정 대책위원회를 구성하고 조직적 연대를 통해 대정부 투쟁을 벌이기로 했다(한국노총, 1999: 113).

공공부문 구조조정에 대한 한국노총의 기본입장은 '공공부문 구조조정 자체에 반대하는 것은 아니며, 노조와 협의하지 않고 정부가 일방적이고 획일적으로 추진하는 것을 반대'한다는 것이었다. 한국노총은 공공부문의 합리적 구조조정을 위해 과정의 투명성과 민주성 보장, 근로조건 저하 금지, 대량실업 방지, 대국민서비스 질 제고, 경영자율성 보장, 장기적인 전망과 계획하의 구조조정 시행, 노동기본권의 보장, 노사자치의 보장 등의 사항이 반영되어야 한다고 강조했다. 이러한 상황에서 정부는 공공부문 구조조정과 관련하여 한국노총의 대책위원회와 3차 교섭에서 '구조조정에 관한 기본원칙과 방향', '경영실태 현황 파악', '구체적 구조조정 방안'을 노조와 최대한 협의키로 했으며, 공공부문 구조조정에 대한 최종안을 확정하기 전에 노조대표와 협의하여 공공부문 구조조정 시 고용안정을 주요한 과제로 삼기로 약속했다. 이에 따라 노동부 등 정부와 공공부문노조

간의 실무회의를 통해 합리적인 공공부문 구조조정을 위한 협의체 구성을 논의하였으나 구성 및 운영에 대한 의견을 좁히지 못했다(한국노동연구원, 1998(2): 38-40). 그럼에도 한국노총은 정부와 제2기 노사정위원회 구성에 합의했고, 6월 3일 제2기 노사정위원회가 발족했다. 한국노총은 제2기 노사정위원회에 대해 명분과 실리의 양 측면에서 대단히 적극적인 평가를 하고 노사정위원회에 대해 민주노총과는 달리 일관되게 적극적인 자세를 갖고 있었다.

1998년 고용안정 투쟁의 첫 번째 시기가 5월 27~28일의 총파업 투쟁과 6.5노정합의로 마무리되었다면, 6~7월의 두 번째 시기는 정부 측의 일방적 구조조정의 가속화와 이에 대한 노동조합의 반발과 투쟁이 특징이다.

금융기관의 구조조정은 5개 은행의 퇴출,[5] '조건부 승인'을 받은 은행의 경영 정상화, 제2금융권 구조조정, 서울·제일은행의 매각을 포함했다. 금융감독위원회는 6월 18일부터 56개 민간부실기업(종업원 수 2만 9,012명)과 5개 은행(임직원 1만 117명)의 퇴출을 결정하였고, 4개 부실 보험사[6](직원 2,100명, 설계사 8,500여 명)에 대해 3개월간 영업을 정지시켰다. 이는 금융노동자들의 대량실업을 초래했다. 1998년 초에 제일·서울은행에서의 무더기 감원을 시작으로 1998년 8월까지 은행권에서만 2만 명의 실직자가 발생했고, 증권, 종금, 투신 등 제2금융권에서도 금융기관의 퇴출과 감량조치에 따라 대량실직이 잇따랐다.

---

5 5개 은행은 동화, 대동, 동남, 경기, 충청은행이 포함되었다.
6 국제, BYC, 태양, 고려생명이다.

기획예산위원회는 공공부문 구조조정 방침을 3차에 걸쳐 발표했는데, 7월 3일(1차) 한국통신 등 11개 공기업과 이들 기관의 21개 출자회사의 민영화 계획을 발표했고, 8월 4일(2차) 한국전기통신공사 등 19개 공기업의 55개 자회사 중 40개사를 2002년까지 지분매각을 통해 민영화하기로 확정했다. 1, 2차 공공부문 구조조정은 평균 20% 정도인 2만 8천여 명을 감축하는 것이었다. 또 3차로 2001년까지 정부 출연 및 위탁기관 27개를 통폐합하거나 매각해 1만 3천여 명의 직원을 감축하겠다고 발표했다.

이처럼 6.5노정합의가 이루어진 지 얼마 되지 않은 6월 18일, 29일, 7월 3일 계속해 정부의 구조조정방침이 발표되자 한국노총은 7월 2일 강제적 구조조정 저지와 고용안정 보장을 요구하고 투쟁계획을 발표했고 민주노총도 7월 8일, 7월 투쟁방침을 확정했다. 또한 양대노총은 7월 10일 노사정위원회 불참을 선언하고, 7월 12일 6만여 명의 노동자들이 참여한 가운데 전국노동자결의대회를 개최하였다.

민주노총은 금융산업노동자들의 투쟁을 지속시키면서 7월 3일 공기업 민영화 발표 이후 격화된 공공부문 노동자들의 투쟁을 묶어 7월 15일을 전후한 총력투쟁을 준비했다. 현대자동차 정리해고가 쟁점으로 부상한 금속산업연맹이 7월 14일 총파업투쟁에 돌입했고, 7월 15~16일 공공연맹, 공익노련 등을 중심으로 총파업에 들어갔다. 특히 한국통신은 역사상 처음으로 파업투쟁을 전개했다. 7월 14~15일에 총 31개 노조 6만 3,705명의 조합원이 파업에 참가하였다. 5월의 총파업투쟁이 금속산업연맹을 중심으로 한 투쟁이었다면 7월 투쟁은 금속산업연맹과 함께 공공연맹을 중심으로 한 투쟁이었다. 한국통신, 지역의보, 조폐공사, 한국공항공단 등을 중심으로 한 공공연맹은 출범 3개월 만에 파업투쟁을 주도했다.

정부는 민주노총 수석부위원장을 비롯한 90여 명의 간부들을 수배하고, 민주노총 사무총장을 연행·구속하는 강경방침을 고수하였다. 수배된 간부들은 명동성당에서 농성과 투쟁 지도를 수행하는 등 정부와 민주노총 간의 전면전으로 전개되었다.

민주노총은 7월 14~15일 파업으로 요구가 쟁취되지 않을 것으로 예상하고 다시 7월 23일 총파업을 준비하였다. 총파업을 하루 앞둔 7월 22일 양대노총 위원장과 김원기 노사정위원장이 교섭에 들어가 7월 23일 8개항의 합의가 이루어져 파업유보결정을 내렸고, 25일에 나머지 2개항을 포함해 전체 합의가 이루어졌다. 이에 따라 양대노총 위원장은 7월 27일 노사정위원회 복귀를 선언했다.

정부의 구조조정정책은 노사관계의 핵심 쟁점으로 1999년에도 계속되었다. 5대 그룹의 빅딜로 요약되는 재벌기업의 구조조정[7]과 공공부문의 민영화 및 해외매각이 1999년 내내 정부와 양대노총 간 충돌의 접점이었다. 이미 노사정위원회를 매개로 한 사회적 합의에

---

7 5대 재벌의 구조조정은 재벌들의 저항으로 지연되다가 1998년 12월 김대중 대통령과 5대 재벌 총수들의 합의에 의해 5대 재벌 빅딜이 확정되었다. 12.7합의에 의하면, ① 석유화학은 현대 및 삼성이 동일지분으로 단일법인을 설립하고, ② 항공기는 현대, 삼성, 대우가 동일지분으로 단일법인을 설립하며, ③ 철도차량은 현대, 대우, 한진이 지분비율 4:4:2로 단일법인 설립한다. ④ 선박용 엔진은 삼성의 사업부문을 한국중공업으로 이관한다. ⑤ 발전설비는 삼성 및 현대의 사업부문을 한국중공업에 이관하며, ⑥ 정유는 현대가 한화를 인수하고, ⑦ 반도체는 LG의 보유지분 전체를 현대에 양도하며, ⑧ 삼성자동차와 대우전자를 맞교환하는 것이 주요 내용이다. 이 같은 5대 재벌 구조조정은 워크아웃이 적용된 6대 이하의 재벌들과는 달리 소유구조의 개선에 의한 재벌해체라는 노조의 요구와는 거리가 멀고 독점과 경쟁력을 강화하기 위한 군살 덜기에 불과하다는 비판을 받았다.

의한 구조조정은 가능하지 않았고, 정부의 일방적인 구조조정과 이에 저항하는 민간 대기업과 공공부문 노동자들의 직접적인 충돌이 일상화되면서 개별 자본이 아닌 노정간의 갈등이 심화되었다. 금속을 비롯한 민간대기업노조들이 주력을 이루고 있는 민주노총은 재벌기업의 구조조정에 반대하는 총력투쟁을 주도했다. 또한 공공부문의 민영화와 해외매각, 인력감축 등이 추진된 공공부문에서는 이 부문 노조의 다수를 포괄하고 있는 한국노총의 민영화 및 해외매각 반대투쟁이 본격화되었다.

이에 따라 매각방침이 확정된 대우조선노조의 전면파업이 있었으며, 현대그룹의 주요 계열사들도 매각·청산하겠다는 구조조정 계획안이 발표되면서 매각이 확실시되는 사업장 노조의 강력한 반발이 있었다. 공공부문에서도 서울지하철노조를 비롯해 공공연맹 17개 노조 2만 1,000명이 파업에 돌입했고 전국의료보험노조 등 50개 노조 2만 명이 4월 28일 하루 파업을 벌였다.

금속산업연맹도 5월 총력투쟁 방침에 따라 5월 13일 조합원들이 2박 3일 동안 상경투쟁을 통해 집회시위와 노숙투쟁을 벌였다. 나흘에 걸친 파업에는 날마다 14~20개 노조 2만여 명의 조합원이 참여했으며, 상경투쟁에는 120여 개 노조에서 '정리해고 철폐 40시간 쟁취 결사대' 8,000여 명의 조합원이 참여했다. 파업과 상경투쟁의 주된 동력은 한국중공업노조, 쌍용자동차노조, 현대정공노조, 강원산업노조 등 구조조정 사업장의 노조들이었다.

서울지하철노조와 한국통신노조가 민주노총의 공공부문 구조조정 반대투쟁을 주도했다면 한국노총은 정투연맹, 한국전력노조, 담배인삼공사노조를 중심으로 공동대책기구를 구성했고, 한국전력

분할매각을 계기로 공공부문 구조조정 반대투쟁을 조직했다.

공공부문의 주요 투쟁은 한국전력노조의 전력산업 분할매각 반대투쟁과 한국중공업노조의 민영화 반대투쟁, 서울지하철공사노조의 구조조정 반대투쟁, 한국조폐공사노조의 민영화반대투쟁 등이었다.

3) IMF시기(1998~1999년) 임금 및 단체협약 교섭과 투쟁

1998년 단체교섭과 노동쟁의의 특징은 첫째, 고용안정을 전제로 한 양보교섭이다. 실질임금상승률은 -9.3%를 기록해 1981년 이후 처음으로 마이너스를 기록했다. 노동쟁의는 129건으로 1997년의 78건에 비해 1.6배 이상 증가했으며, 특히 대형사업장에서의 쟁의가 증가하여 노동쟁의 참가자 수는 전년에 비해 3.3배 증가한 14만 6천명을 기록했고, 노동손실일수도 3배 이상 증가한 145만 2,000일을 기록했으나, 쟁의의 내용은 정리해고 반대, 고용안정 등 쟁의대상 여부로 시비를 다투는 사안에 대한 파업이 많았다.

둘째, 교섭권 위임을 통한 중앙교섭이 확산되었다. 민주노총은 1998년 임단협에서 산업별 협의회 구성을 요구하고 사용자단체에 공동교섭을 촉구하였으며, 각 연맹별로 고용안정 및 임금인상 요구, 산업별 제도개선 요구안을 마련하였다. 그러나 금속산업연맹의 경우 교섭권 위임을 한 노조는 전체 184개 중 55개 노조 29.9%에 불과했고, 사측에 통보한 노조는 19개에 불과해 아직 연맹의 중앙교섭에 대한 노조간부 및 조합원들의 인식은 미약했다.

셋째, 노동쟁의의 주요 원인 중 하나가 부당노동행위와 체불임금을 둘러싼 갈등이었다. 양대노총은 사측의 부당노동행위 근절을 요구했고, 한국노총은 부당노동행위 고발센터를 설치해 수천 건에 이르는 상담과 이에 따른 156건을 28차에 걸쳐 고소 고발 조치했다. 이에 따라 노동부 장관은 부당노동행위 근절을 위한 담화문을 발표했다. 또한 경기불황 여파로 체불임금이 1조 원대에 이르며, 임금이 체불된 노동자 수가 11만 7천여 명으로 1997년에 비해 50%나 증가했고, 체불사업체 수도 2배 이상 늘었다(서영주, 1999).

넷째, 고용조정을 둘러싼 갈등이었다. 1998년 들어 9월 말까지 5대 재벌그룹은 6만 3,000명을 감축했으며, 금융권에서도 정부주도의 구조개혁에 따라 8월 말까지 4만 5,000명을 감축했다. 공기업 등 정부기관을 포함한 공공부문에서도 자체 구조조정을 통해 10월 말까지 5만 3,000명을 감축했다(한국노동연구원, 1998(4): 41). 특히 1998년 내내 현대자동차와 만도기계의 쟁의와 같이 대규모 사업장에서의 갈등이 크게 증가하였으며, 정부정책 차원의 고용조정도 진행되었기 때문에 노정 간의 갈등도 심화되었다.

1999년 임단투는 공세적으로 진행되었다. 1998년의 양보교섭이 결과적으로 현장 투쟁동력과 조직력의 약화를 가져왔고 고통분담이 노동자들에게 편중되었으며, 고용안정협약이 이루어진 기업들에서조차 구조조정이 단행되는 등 양보교섭에 따른 실익이 없었다고 평가하였다.

1999년은 예상과 달리 상반기를 기점으로 급격한 경기회복이 나타났다. 경제성장률도 1998년 −5.8%에서 1999년 1/4분기에 4.5%를 기록했고, 3/4분기에는 12.3%를 기록했다. 소비와 투자에서도 회복세를 보였고, 기업들의 경영성과도 개선되었으며, 부도업체 수도 크게 감소하였다. 이에 따라 실업자 수는 1999년 2월의 178만 명 (8.6%)을 정점으로 꾸준히 감소하여 1999년 9월에는 100만 명 수준 으로 하락하였다(한국노동연구원. 1999(4): 59-60).

따라서 1999년 임단투의 특징은 고용안정을 담보로 한 양보교섭 에서 원상회복 교섭으로 전환되었다. 그에 따라 임금인상을 한 업 체가 크게 증가하였다. 1999년 11월 말 기준 임금인상이 이루어진 업체는 50.7%(2,303개)였다. 이는 1998년 임금인상 업체가 15.25%, 동결업체 66.0%, 임금 삭감업체가 18.8%였던 데 비해 크게 향상된 것이었다. 또한 노동쟁의는 전국적 수준에서는 한국중공업, 한라중 공업, 전력관련 사업장 등 구조조정과 관련한 공공부문과 대기업의 파업이 계속되는 등 증가해 1999년 노동쟁의 건수는 총 198건으로 1998년에 비해 1.5배 증가했다.

한편 IMF경제위기 이후 실업자 감소와 일자리 창출, 고용안정을 위한 방안으로 노동시간 단축에 대한 논의도 활발하게 진행되었다. 노동시간 단축은 경기변동에 따른 노동수요의 감소를 고용인원의 조정보다는 노동시간 조정에 의한 일자리 나누기를 통해 해결해야 한다는 주장으로서, 노동시간 단축을 통한 일자리 나누기는 대량실 업으로 인한 사회적 비용을 감소시키고, 노사협력에 의한 고용조정 과정은 노사관계 개선과 노동자의 헌신성 증대를 통해 장기적으로 경영의 효율성을 높이는 계기가 될 수 있다는 점, 일자리를 재분배 함으로써 실업에 따른 고통을 함께 분담한다는 적극적인 사회연대 전략의 의미를 가질 수 있다는 것이었다(서영주, 1999). 노동시간 단 축을 둘러싸고 노조는 실 근로시간 단축을 위해서는 법정근로시간 단축이 우선되어야 한다고 주장한 반면, 사용자는 연장근로가 관행화된 현실에 비추어 볼 때 법정근로시간 단축은 할증임금만 증가시켜 기업의 부담을 가중시킬 것이라고 주장해 반대했다.

4) 전교조 합법화

1999년 1월 6일 '교원의노동조합설립과운영등에관한법률'이 국회에서 통과되어 1989년 결성된 전교조가 합법화되었다. 1987년 9월 전국교사협의회(전교협)가 창립된 이후 1989년 5월 전국교직원노동조합(전교조)가 결성되고 전국 15개 지부를 결성 완료했다. 이후 문교부가 전교조 조합원 전원에 대한 파면·해임방침을 발표함으로써 조합원 1,527명이 파면·해임당했다. 1994년 3월 해직교사 1,524명 중 1,294명이 복직된 이후 1998년 2월 노사정위원회가 1998년 7월부터 교원노조의 인정을 합의한 이후 1999년 7월부터 16개 시도지부와 168개 시군구지회, 1,000여 개의 학교 분회로 구성되고 조합원이 1999년 말 6만 5,000명으로 확대되었다.

전교조는 10여 년간의 합법화 투쟁을 통해 전국적 통일투쟁의 경험을 축적해 왔고, 교육노동의 동질성과 계급적 동질성, 교육의 중앙집권화라는 조건으로 인해 전국단일노조로서의 면모를 갖출 수 있었다. 합법화 이후 조합원 수가 폭발적으로 증가하고 합법활동과 지방자치가 확대됨에 따라 각 지방자치체 수준에서 교육정책 결정에 대한 참여와 교섭 또한 확대되었다.

한편 교원노조의 합법화에 따라 한국노총은 1999년 5월 한국교원노동조합을 결성하고 1999년 말 조합원이 2만 5,091명에 이르러 복수 교원노조 시대를 열었다(한국노총, 2000: 343-344).

5) 대량실업 사태와 실업자운동의 조직화

1998년 내내 사회적으로 쟁점이 된 것 중의 하나가 대량실업과 실업대책이었다. 정부 공식통계에 의하면, 실업자 수는 1998년 1월 93만 4,000명에서 1999년 1월에는 176만 2,000명(실업률이 8.5%)으로 증가하였다. 민주노총은 이 수치가 과소평가된 것이며, 1998년 8월 기준 실업자 수는 387만 명으로 실업률은 17%에 이른다고 주장했다(민주노총, 1998).

이러한 대량실업사태에 대한 정부의 실업대책은 고용유지, 고용창출, 직업훈련과 취업알선, 실업자 생계보호의 네 영역으로 구성되어 있었다. 정부는 1998년 초 10조 원의 예산 중 순수 실업예산으로 5조 6천억 원을 지출하였고, 이 중 정부예산 3조 6천억 원을 투입했다. 그러나 정부의 실업대책은 신속한 구조조정과 노동시장 유연화를 통해 고용을 창출한다는 전략에 기초하여 단기적인 실업증가를 불가피한 것으로 인식하였고, 실업자에 대한 최소한의 생계보호에 한정된 실업대책을 추진하였다. 때문에 실업급여, 공공근로사업, 한시적 생활보호 등 실질적 혜택의 수준과 내용이 낮아서 사회적 안전망의 사각지대가 너무 넓다는 비판을 받았고, 기업의 고용유지 및 해고회피 노력에 대한 지원, 부당한 정리해고에 대한 규제, 노동시간 단축과 일자리 공유를 위한 정책적 노력 등 실업을 예방하기 위한 거시경제 운용이 결여되어 있다는 비판을 받았다(최영기, 2001: 641).

때문에 대량으로 발생하는 실업자들을 조직화하거나 실업자들의 노동조합 가입을 추진하려는 노력이 이루어졌다. 민주노총 산하 건설노련의 실업자 조직, 부산실직자쉼터 주도의 실직자 거리행진 모임, 국민승리21이 주축이 된 '실업자동맹추진운동' 등 실업자에 대한 조직화 움직임이 가시화되었다.

부산지역의 실업자운동을 살펴보면, 1998년 6월 16일 실직자거리행진준비위원회가 부산지역 실업대책 민간기구 결성을 제안하여, 7월 3일 부산지역 실업대책협의회[8] 사업방향에 대한 토론회를 개최하였다. 7월 25일에는 공공근로사업 대상자 선정기준 제시를 위해 부산시 사회복지국과 간담회를 개최하였으며, 영도구, 동구, 사상구, 사하구 등 기초단체 공공근로사업위원회 참여 신청을 하였다. 10월 15일에는 실직가정 겨울 나기 사회안전망 민간단체 지원체계를 구축하기 위해 부산지역 실업극복 국민운동 토론회를 개최하였다. 그리하여 10월 17일 실업반대 범국민 대행진을 개최하여 부산역에서부터 서면까지 실업자 행진을 진행했다. 이어서 11월에

---

8 부산지역 실업대책협의회 참가단체와 조직체계는 다음과 같다.
   * 참가단체 : 노동자를 위한 연대, 민주노총부산지역본부, 부산경남보건의료연대회의, 부산경남울산합동추모사업회, 부산경실련, 부산기독교교회협의회, 부산장애인총연합회, 부산참여자치시민연합, 부산환경운동연합, 기독교노동상담소, 부산여성회, 영남노동운동연구소, 전국연합 부산본부, 부산가톨릭노동문제상담소, 북구사랑청년회, 연제공동체, 반송을 사랑하는 사람들의 모임
   * 조직체계 : 상임공동대표에 강한규(민주노총부산지역본부), 김용환(부산기독교인권위원장), 박영미(부산여성실업대책위원장/부산여성회장), 공동대표에 이세일(부산경남보건의료연대회의 공동대표), 정화원(부산장애인총연합회장/시의원), 김석준(영남노동운동연구소장/부산대 교수), 이성우(전국연합 부산본부 의장)을 선임하고, 고문으로 김동수(부산YMCA 이사), 김정각(스님, 부산참여자치시민연합 공동대표), 김희로(우리물산장려운동 본부장), 손덕만(신부, 부산환경운동연합 공동대표), 이종석(부산경실련상임고문/경성대신학대 학장)을 위촉했으며, 집행위원장으로는 안하원(목사/기독교노동상담소장)을 임명했다.

는 실업자 종합지원센터 설립을 준비하는 한편 저소득 실직가정 겨울나기 사업을 수행하였다.

1999년 들어서도 부산지역실업대책협의회의 활동을 이어나가 1월 7일에 실업극복국민운동에 부산실업자종합지원부산센터 1차 제안서를 제출하였으며, 1월부터 3월까지 저소득 실직가정 결연사업을 수행하였고, 3월 10일에는 부산실업자종합지원부산센터 2차 제안서를 제출하였고, 실업자종합지원센터의 준비[9]를 해 나갔다. 이후 부산지역실업대책협의회와 부산실업자종합지원센터는 공공근로 민간위탁사업 활성화방안 워크숍, 부산시 실업행정체계 개선방안 제안, 실직자 한마당, 자활사업 등을 전개해 나갔다.

6) 대우자동차 정리해고 및 해외매각 저지 투쟁

대우자동차의 본사는 부평에 있지만, 부산의 전포동과 금사동에 대우자동차 버스제조공장이 있으며, 연산동에 직영정비사업소가 소재하고 있었다.

'세계는 넓고 할 일은 많다'던 김우중 회장이 이끌던 '대우그룹'이 부도를 맞아 그룹이 해체되면서 대우자동차는 1999년 워크아웃 대상기업이 되었다. 독자생존이냐 해외매각이냐의 갈림길에서 대우자동차는 포드에 매각이 추진되다 포드가 인수를 포기해 여의치 않게 되자 부도위기에 내몰렸다.

---

9 집행위원회를 개최하여 실업자종합지원부산센터의 운영규정안을 검토하는 한편 사무국장으로 이성조를 선임하는 등 8명의 상근자 인선을 확정하고 집행위원장인 안하원소장을 비롯해 10명의 운영위원도 확정해 나갔다.

2000년 10월이 되자 김대중정권과 사측은 '구조조정 동의서가 없으면 부도처리가 불가'하다고 노동조합을 압박했다. 경영의 실패를 고스란히 노동자에게 돌렸다. 휴업이 반복되고 임금은 체불되었다. 조합원의 40%가 일용직 노동자로 나서야 하는 형편이었다. 1999년 10.3%였던 조합원 맞벌이 가정은 1년 뒤 37%가 되었다.

2001년 정리해고 통보가 임박하면서 노동조합은 2001년 2월부터 위원장에게 파업의 전권을 위임해 부서를 돌아가며 갑작스럽게 라인을 멈추게 하는 '파상(게릴라)파업'에 들어갔다. 정리해고 통보를 하루 앞두고 사측은 2월 15일부터 전 공장 휴무를 통보했다. 정리해고 통보 발송을 앞두고 조합원들의 공장 결집을 막기 위한 조치였다. 이에 노동조합은 '최후의 결전을 준비합시다'라는 호소문을 통해 '16일부로 전면 총파업을 선언'했다. 정리해고 통지를 발송하는 2월 16일 오전 11시부터 노사협상이 개시되어 마라톤회의를 했고 노동조합은 무급순환휴직을 제안했으나 사측은 받아들이지 않았다. 희망퇴직을 인정하는 노동조합의 최종안에도 사측은 거부해 노사협상은 결렬되었고 17일 아침 정리해고가 통지되었다.

이 과정에서 부산에서는 2월 16일 대우자동차 정리해고 및 해외매각 저지를 위한 부산대책위를 결성하고 성명을 발표하였다. 그리고 대우자동차 부산지부는 4시간 파업에 들어갔고, 서면 롯데백화점 앞에서 개최된 대책위 차원의 '대우자동차 공권력투입, 김대중정권 규탄대회'에 결합하였다. 2월 28일에는 정리해고 분쇄, 김대중정권 퇴진을 위한 노동자대회를 시청 앞에서 개최하였으며, 3월 3일에도 부산역광장에서 규탄대회를 개최하였다. 3월 17일에는 부산역광장에서 신자유주의 분쇄, 정리해고 분쇄, 김대중정권 퇴진 영남노동자대회를 개최하였다. 이후 부산대책위는 4월 14일 부평 대우자동차 조합원에 대한 무차별 폭력사태를 일으킨 공권력에 항의하여 2개월간 매일 서면에서 공권력의 무차별 폭행을 영상과 사진전을 통해 정리해고의 부당성과 해외매각 반대 선전전을 펼쳤다.

7) 공무원노조 결성

민주노총과 전교조가 합법화되면서 공무원사회에서도 노조결성 움직임이 형성되었다. 그 출발은 1999년부터 시작된 공무원직장협의회의 결성이었다. 공무원직장협의회의 결성배경은 공무원연금을 개악하려는 움직임에 대해 이를 저지하고 공무원들의 권익을 보호하기 위한 것이 직접적인 계기였지만, 오랫동안 독재정권하에서 공무원들은 정권의 시녀라는 시민의 인식을 공무원노조를 통해 극복하고자 하는 열망이 반영된 것이기도 했다.

직장단위 공무원직장협의회는 2000년 전국공무원직장협의회발전연구회(전공연)를 거쳐 2001년 3월 전국공무원직장협의회총연합회(전공련)를 출범시켜, 6월 9일 창원에서 전국공무원노동자대회를 개최하고, 7월 28일 전국공무원노동자대회를 부산역광장에서 개최하였다. 이어서 전공련은 10월에 전국공무원노동조합 추진기획단을 구성하고 11월 4일 서울에서 제3차 전국공무원노동자대회를 개최하며 공무원노조 결성의 추진동력을 만들어갔다. 공무원노동자대회는 공무원도 노동자라며 자신의 존재를 규정하고 노동기본권 보장을 촉구하고 공직사회 개혁의 깃발을 공무원 스스로가 세우는 과정이기도 하였다. 행정자치부는 주동자와 적극가담자를 중징계하겠다는 처벌방침을 밝히며 압박했을 뿐만 아니라 행사장 주변에서 검문검색을 통해 공무원들을 돌려보내는 등 갖은 압박을 통해 행사를 무력화하려 했지만 누구도 상상하지 못한 7천여 명의 공무원늘이 집결한 것을 보고 모두가 감격스러워했다. 결국 전공련은 2002년 3월 전국공무원노동조합를 창립하였다.

한편 전공련의 출범에 맞추어 부산에서도 부산공무원직장협의회총연합회(이하 부공련)가 결성되었다. 정부는 부공련이 직장단위 직장협의회를 넘어서는 연대를 하고 나아가 공무원노조 결성으로 이어질 것을 저지하기 위해 징계와 해고 등 탄압을 강화하기 시작했다. 이에 대해 지역 내 시민사회단체들은 '공직사회 개혁과 공무원노동기본권 쟁취를 위한 부산공동대책위원회'(이하 부산공무원공대위)를 결성하여 부공련에 대한 지지와 연대를 통해 엄호하였다. 공무원 공대위는 6월 7일 발족했는데, 부산지역의 원로와 57개 시민사회단체가 참여하여 공직사회 개혁을 위한 공무원노조 결성에 적극 참가하였다.[10]

부산공무원공대위는 이용한 부공련대표에 대한 징계 및 사법처리 방침 철회를 위한 기자회견, 성명서 발표, 검찰청 항의방문, 그리고 공직사회개혁, 공무원노동기본권 쟁취, 전공련 탄압규탄 전국결의대회를 개최하면서 부공련 단위 직장협의회와 간담회를 갖는 등

---

10 공무원공대위에 김정각 스님, 배다지 의장, 송기인 신부, 송정제 대표, 이태일 교수, 정영문 목사, 조성래 변호사, 황한식 교수 등 원로 8명이 고문으로 참여했고, 김석준 부산대교수, 김희욱 환경운동연합대표, 문재인 노동자를 위한 연대 대표, 이용한 부공련대표, 그리고 김진수 한국노총부산본부장과 문영만 민주노총부산본부장 등이 공동대표를 맡았다.

다양한 활동을 하였다.

전공련은 2002년 3월 23일 서울 고려대학교에서 전국공무원노동조합 창립대의원대회를 개최하였다. 공무원노조 창립의 의의나 감회는 창립선언문에 잘 나타나 있다.

창립선언문

아! 얼마나 애타게 기다리던 순간인가.

오늘, 우리는 기나긴 어둠의 터널을 지나 밝은 세상으로 첫발을 내딛는 엄숙한 순간을 맞이하였다. 돌이켜보면, 우리 공무원들은 지난 50여 년간 권력과 자본이 시키면 시키는 대로 할 수밖에 없었으며, 주면 주는 대로 받아왔다.

국민들로부터는 정권의 하수인이요,
부정부패의 장본인으로 원망과 질책의 대상이었고,
정권은 정권대로 정권유지의 도구로 이용했다.

정권이 바뀔 때면 어김없이 정권의 정통성 확보를 위한 희생양으로 우리들에게 사정의 칼날을 들이대는 악순환을 당해왔다. 세상의 모든 사람들이 제각각 인간임을 선언하고 제몫 찾기에 열을 올릴 때도 우리는 특별권력관계라는 두터운 껍질 속에서 복종과 침묵으로만 일관하였다.

하지만 이제 우리도 더 이상 굴종의 역사 속에서 머물러 있을 수만은 없다. 오늘 온갖 방해와 탄압에도 불구하고 엄숙하게 출범하는 공무원노조는 지난날 군사정권에 의해 빼앗긴 노동자라는 이름을 되찾는 것이며, 민주노동운동에 당당하게 노동자로서 참여하여 역사발전에 기여하는 첫걸음이 될 것이다.

권력과 가진 자들에 의하여 흔들려온 공직사회를 곧추세우고, 오랜 세월 부정과 부패로 얼룩져온 공직사회를 혁신함으로써 올바른 나라, 상식과 정의가 바로 서는 나라를 만드는 데 주체가 될 것이다.

이제 90만 공무원 노동자의 이름으로 만천하에 선포한다.
세상을 바로잡고, 나라를 바로 세우는 공무원노조가 설립되었음을...

2002년 3월 23일 전국공무원노동조합

8) 부산의료원 민간위탁 저지 투쟁

IMF경제위기로 신자유주의 정책이 강화되면서 공공부문 민영화(사유화)가 추진되었고, 이윤이 나지 않는다는 이유로 공공기관을 민간위탁하는 사례도 늘어났다.

부산시는 부산지역에서 유일한 공공의료기관이었던 부산의료원에 대해 적자운영을 이유로 민간위탁을 추진하였다. 1999년 6월 민주노총 부산본부는 보건의료노조 부산본부, 부산의료원 지부 등과 함께 부산의료원 공공성 강화를 위한 대책을 논의했다. 부산의료원

문제는 노동조합만의 문제가 아니었으므로 시민사회단체와 함께 '의료개혁과 부산의료원 공공성 강화를 위한 부산시민대책협의회'를 결성하여 공동으로 대응하게 되었다.

부산의료원 민간위탁 추진은 2001년 하반기에 다시 구체화되면서 시민대책협의회는 2001년 10월 부산의료원과 부산시의회, 부산시청에 정보공개청구를 하였으며, 이를 토대로 26일 '부산의료원 민간위탁 저지와 공공의료 강화를 위한 부산지역 대책위원회(이하 부산의료원대책위)'를 결성하고 시청 앞에서 기자회견을 가졌다. 그리고 부산의료원의 민간위탁을 추진하기 위해 부산시가 관리이사로 파견한 안본근 관리이사의 직무 일부 정지 및 파견취소 행정심판을 청구하고, 시청 앞에서 시민들을 대상으로 선전활동을 시작하였다.

부산시는 11월 8일 부산의료원의 위탁운영의 근거를 마련하기 위한 조례 개정안을 입법예고하였고, 부산의료원대책위는 이에 대해 반대하는 성명을 발표하였다. 그리고 13일에는 조례예고에 대한 공청회가 소비자연맹이 주최하는 형식이었으나 실질적으로는 부산시가 주도하는 것에 대한 성명서를 발표하였다. 당시 소비자연맹을 비롯한 일부 시민단체들은 부산의료원이 시민들의 세금으로 운영하는데 적자경영은 그만큼 부산시가 세금으로 충당해야 하기 때문에 민간위탁을 통해 적자경영에서 탈피해야 한다는 입장을 갖고 있었다. 반면 부산의료원대책위는 행려환자, 미연고환자, 노숙자 등 치료비를 낼 수 없는 환자들과 저소득층 등이 유일하게 찾을 수 있는 공공병원이 부산에서 부산의료원이 유일하기 때문에 적자가 나는 것은 당연한 것이며, 이를 지자체가 담보하는 것이 정상이라는 입장을 갖고 있었다. 즉 적자경영은 의료공공성을 위해 불가피하며, 이것이 복지국가를 향한 길이라는 것을 강조하였다.

부산의료원대책위는 계속해서 부산시장 면담을 요청하고, 시의회 의원들에게도 민간위탁경영반대에 대한 동의서를 발송하여 답변을 요청하는 한편 조례입법 예고에 대한 의견서를 제출하였고, 진정서 및 8만여 장의 시민 서명지를 시의회에 제출하였다. 부산시와 경찰은 이러한 활동을 방해하고, 시의회에 진정서 제출도 할 수 없도록 문을 걸어 잠그는 바람에 몸싸움도 벌어졌다. 그리고 부산의료원 민간위탁 반대 집회도 개최하였고, 부산시와 교섭도 요청했으나 거절당했다. 이 와중에 부산의료원 경영개선팀에 수당을 지급한 것에 대해 검찰에 고발도 하였다.

이렇듯 부산의료원 민간위탁 추진에 대해 시민들의 서명지가 대량으로 접수되고 반발이 거세어지자, 부산시는 입장을 바꾸어 '부산의료원 운영개선' 기획단을 구성하여 운영하겠다는 보도자료를 12월 3일 내면서, 민간위탁 운영의 근거를 만들기 위해 기획단이 운영개선 대책을 마련하는 동안 11월 8일에 입법예고한 바 있는 부산의료원 설치조례 개정안 의회 제출을 보류하기로 하였다. 이로써 부산의료원을 민간위탁하려는 부산시의 의도는 무산되었고, 부산의료원은 부산시가 운영하는 공공병원으로서 존속할 수 있게 되었다.

9) 김대중정권 시기 기간산업 민영화(사유화) 및 해외매각 저지 투쟁

김대중정권의 4대 개혁 중 공공부문 개혁은 주로 공공부문의 민영화로 나타났다. 2000년 하반기에 이미 민영화방침이 발표된 한국전력과 한국통신을 중심으로 공공부문 노동자들은 민주노총과 한국노총을 망라하는 공공부문노동조합연대투쟁대표자회의(공공연대)[11]를 결성해 정부의 일방적 구조조정에 맞서는 연대투쟁을 시도했다. 공공연대는 양대노총이 결합했다는 상징성과 함께 사실상의 대표성을 갖춘 조직이 되었다. 그러나 공공연대는 공동교섭 등을 상정하지 않은 느슨한 공동투쟁체로서 내부의 다양한 조직환경과 현안 차이 때문에 많은 한계를 갖고 있었다. 특히 연대의 현안이며 조직적 구심이었던 전국전력노동조합이 12월 초 민영화 반대파업을 극적으로 철회하면서 '전력산업구조개편에 관한 법률'이 통과되고 철도노조는 12월 초 국회에서 철도민영화 법안이 유보되자 대응을 유보했다. 한국통신이 12월 말 명동성당에서 노숙농성에 돌입했지만 사실상 연대는 와해되었다.

공공연대의 와해 이후 공공부문 대규모 노조는 각각 내부 민주화의 진통을 겪게 되는데 핵심쟁점은 노조위원장의 간선제를 직선제로 바꿔내는 것이었다. 결국 철도노조가 2001년 5월 직선제 전환에 성공했다. 또 전년도에 직선제를 확보한 한국전력 노동자들은 2001년 4월 한국전력공사에서 발전부문 5개 자회사가 분할되자 7월 소산별의 발전산업노조를 결성했고 위원장 선거 직후 민주노총에 가입했다.

이런 과정을 거치면서 2001년 11월 공공부문 해당노조 외에 시

---

11 공공연대에는 정투노련(1만 7천 명), 공공서비스노련(1만 3천 명), 도시철도노련(8천 명), 공공건설연맹(5천 명), 전력노조(2만 4천 명), 철도노조(2만 5천 명), 체신노조(2만 3천 명), 공공연맹(9만 6천 명) 등 8개 연맹 20만여 명이 참가했다.

민사회단체를 포괄하는 국가기간산업민영화(사유화)저지 범국민대책위원회(범대위)가 결성되어 민영화 문제는 단순한 공공부문 노사관계 차원을 떠나 국민적 현안으로 부각되기 시작했다.

공공3사노조(철도노조, 가스공사노조, 발전노조)는 2001년 10월 공동투쟁본부(공투본)를 출범시키고 11월 25일 1차 공투본 결의대회와 2002년 2월 3일 2차 결의대회를 가졌다. 이들은 2002년 2월 전국노동자대회에 참석해 동시 파업돌입을 선언했고 곧이어 돌입했다.

공공3사노조는 정부와 직접 협상하는 노정 간 공동교섭을 추진한다는 원칙을 세우고 우선 민영화정책기조의 철회를 공동교섭의 요구사항으로 삼았다. 단사별 현안은 단사별 교섭을 통해 해결하는 방안을 병행 추진했다. 비록 선언적 의미에 그치고 말았지만 어느 한 단사라도 교섭이 마무리되지 않으면 공동 파업투쟁을 끝내지 않는다는 방침을 천명했다.

실제로 공동파업이 진행되는 과정에서는 먼저 현안이 상대적으로 덜 시급했던 가스공사노조가 공동파업 하루 만에 노사합의문을 작성하고 먼저 파업을 접었으며 이어 철도노조 역시 노사합의에 따라 3일 만에 파업을 끝냈다. 이후 2월 27일 철도노조원과 함께 서울대에서 농성 중이던 발전노조[12] 대오가 1차 산개투쟁에 돌입했다. 3

---

12 발전노조는 '전력산업은 규모의 경제, 범위의 경제의 장점을 살리면서, 공공재의 특성에 맞게 저렴하고 안정적인 공급을 확보하기 위해 수직통합적 공기업체제를 유지할 필요가 있다'고 주장했다. 이러한 발전노조의 요구에 대해 정부는 '발전회사 통합은 국회에서 의결, 공포되어 추진 중인 정부의 정책적 사항으로 노사 간 논의할 대상이 아니라고 사료되며, 사회공공성에 대해 고용창출 및 지역발전 등에 인식을 같이하고 무인화운전을 지양'하겠다고 밝혀, 쟁점을 좁히는 것이 아니라 대체인력 투입과 직권중재로 노조의 파업을 불법화하고 탄압을 가했다.

월 10일 전국 5개 지역에서 수천 명이 순식간에 모였다 흩어지는 이른바 '번개집회'를 연 뒤 다시 2차 산개투쟁에 들어갔는데 3월 11일 이후에도 파업불참자는 266명에 불과할 정도로 파업대오가 견고했다. 이들은 3월 24일 연세대학교에서 집결한 후 3차 산개투쟁을 전개했다. 3월 25일 이후 파업불참자는 1,500여 명으로 늘어나면서 타결을 고민한 노조 지도부와 민주노총이 4월 2일 노정합의를 했는데, 이의 수용여부를 둘러싼 발전노조 총회가 무산되고 이어 다음 날 갖기로 한 총회 역시 무산되면서 발전노조는 노정합의와 무관하게 현장복귀를 선언했다.

정부는 1994년부터 발전부문에 경쟁을 도입하기 위해 발전회사를 몇 개로 분할하여 단계적인 민영화를 추진해오다 1998년 한전을 수력원자력 1개사와 5개의 발전회사(남동발전, 서부발전, 중부발전, 남부발전 등)로 분리해 매각을 추진했으나 발전노조가 2002년 38일 간의 파업투쟁을 통해 분할매각을 잠정 중단시켰다.

38일의 장기파업은 국민적 지지여론과 조합원들의 결합력을 높였을 뿐만 아니라 공공부문 민영화에 대한 강한 문제제기가 되었다. 사회 전체에 큰 반향을 일으켰는데, 기간산업의 공공성을 둘러싸고 무엇이 기간산업이며 공공성인가 하는 다양한 공개토론회도 연이어 열렸다. 처음 상투적 시각에서 이들의 파업을 부정적으로 보도하던 보수 언론도 번개집회와 산개투쟁 등 발전파업과정에서 전개되는 새로운 방식의 '파업문화'를 중심으로 처음에는 다분히 상업언론적 여흥으로 보도하였지만, 점차 '김대중정권 때리기'와 맞물린 여론의 고조를 이끌어 가면서 관련쟁점을 다루기 시작했다. 그 과정에서 〈한겨레신문〉을 제외하면 〈오마이뉴스〉, 〈프레시안〉

등 온라인언론매체의 여론형성이 부각되었고 이는 산개투쟁을 벌인 파업노동자들의 주요 연락매체가 인터넷과 이동전화 등 온라인매체였다는 점과 맞물려 새로운 주목을 받았다. 또 발전파업에 대해 거의 모든 사회난제가 정부의 일방적·졸속적 민영화를 비판하면서 기간산업 구조개혁에 대한 국민적 합의, 사회적 합의 등을 요구했다. 그런 점에서 발전노동자들의 파업은 한국사회의 여론형성 기제와 관련해서도 그간 보수여론에 의해 일방적으로 주도되고 때로 매도되는 양상에 새로운 전기를 마련했다고 할 수 있었다(김상곤, 2008: 170-177).

부산지역에서는 기간산업 범대위가 결성된 후 11월 20일 기간산업 민영화(사유화) 및 해외매각 저지를 위한 부산지역 범국민대책위원회가 출범하고 기자회견을 가졌다. 이 연대단체에는 민주노총 부산본부와 한국노총 부산본부를 비롯해 33개 시민사회단체가 참가하였다. 발전노조의 파업이 진행되는 동안 민주노총 부산본부도 부산역 천막농성과 본부장의 단식농성, 시민사회단체 대표자들의 릴레이 단식농성이 이어졌다. 또한 철도노조가 부산역 광장에서 천막농성에 들어가고, 부산범대위는 선전활동을 하였으며, 12월 2일부터 철도노조가 파업에 돌입하고 지부별 철야농성에 들어갔다.

10) 김대중정권 시기 부산지역 노동쟁의

(1) 1998~2000년 노동쟁의

1998년에는 IMF경제위기로 인한 전국적 차원의 투쟁 전선만이 아니라 개별사업장이든 전국 동시든, 다양한 곳에서 노동쟁의가 이어졌다.

전국지역의료보험노조는 보건복지부의 일방적인 2,000명의 인원감축계획에 반대하면서 노사정협의체를 구성해 정확한 업무량을 파악하고 이에 입각한 직제 조정을 할 것을 주장하였다. 또한 의료보험업무의 지장을 지적하면서 1998년 1월 15일 부산지부를 비롯해 전국 동시 지부총회를 열고 무기한 밤샘농성에 돌입했다.

부산에 노조사무실을 두고 있는 기산노조는 1998년 1월 16일부터 노조간부들의 해고에 반대하여 농성에 돌입했다. 기아그룹이 기산 자동차판매사업본부 직원들을 선별 입사시키는 과정에서 노조간부들의 해고에 반대한 농성이었다. 사측은 1월 31일부로 영업소를 폐쇄시키겠다는 방침이었다. 대우자동차판매노조는 1997년부터 사측이 노조탈퇴를 강요하고 15명의 노조대의원을 해고한 것에 대해 김대중 대통령과 노동부에 진정서를 보내 의법 조치를 촉구하였다.

민주노총 부산양산지역본부는 양산지역 노동조합들이 양산시협의회를 구성하면서 민주노총 경남본부 소속으로 정리되어 민주노총 부산지역본부로 개명하고, 2기 지도부를 선출[13]한 후 민주노총 차원의 전국동시다발 집회로서 정리해고 도입저지, 재벌개혁, 경제주권 수호를 위한 집회를 개최하였다. 또한 김해의 한진여객이 한국노총을 탈퇴하고 민주노총에 가입하고자 하는 대의원들에 대한 탄압을 자행함에 따라 '고용안정과 부당노동행위 척결을 위한 노동자결의대회'를 개최했다. 이날 운수조합원 및 민주단체회원들 100

---

[13] 민주노총 부산본부 2기 본부장에는 강한규 본부장이 1기에 이어 연임되었다.

여 명이 함께 사측의 부당노동행위 중단을 촉구하고, 양산노동부에 특별근로감독을 요구하였다.

1998년 5월 8일 자갈치시장 공동어판장에서 수십 년 동안 저인 망선원노조 집행부의 기만과 어용성에 신물을 느낀 대형트롤선원 500여 명이 대형트롤선원노동조합을 결성하고 출범식을 개최하였다. 원래 한국노총 전국해상산업노동조합연맹 저인망선원노조에 소속된 조합원들이 97~98 임금협상과정에서 저인망선원노조 집행 부가 IMF정국을 빌미로 선원들의 임금을 40% 삭감한 협상안에 직 권조인한 것에 반발하여 전원 탈퇴 후 대형트롤선원노동조합을 결 성하고 민주노총에 가입함으로써 선원노동자들에게도 처음 민주 노총 소속 노동조합이 결성되었다. 대형트롤선원노조는 부산시청 에 설립신고를 접수하였으나 부산시청은 조합원들의 근로자 신분 확인을 이유로 720여 명에 이르는 선원들에 대한 승·하선 확인서 를 요구하며 신고필증 교부를 지연시키는 등 민주노총 소속의 선 원노조 출범을 고의로 방해했고, 이에 대해 노동조합과 민주노총 부산지역본부는 5월 15일 부산시청 앞에서 신고필증 교부 지연에 항의하는 규탄집회를 개최하기도 하였다(송영수, 1998).

컨테이너운송회사인 코리아브이익스프레스노조는 1998년 2월 경 비상식적인 노조탄압에 맞서 12일째 파업 중이었는데, 사업주 가 노동자의 보험료까지 횡령한 사실이 밝혀지자 운전기사 9명이 1998년 3월에 노조를 설립해 화물운송연맹에 가입하였다.

부산지하철노조는 1인 승무제 철회라는 노사합의 이행을 요구 하며 조합원 80.4%의 찬성으로 7월 3일 파업에 돌입했다. 이에 서 울지하철노조 역시 6월 11일에 한 노사합의를 이행할 것을 요구하며 부산지하철노조와의 연대투쟁을 선언하였다.

한일밸브노조(위원장 김장주)는 금속산업연맹 부산양산본부(본부장 최용국)와 함께 7월 28일 회사의 상호를 위장 변경하여 노동조합을 공중분해시키려는 김태원 사장을 대표적 악덕기업주로 선정하고 정부의 부당노동행위 사업주 처벌 약속에 따라 즉각적인 구속을 촉구하였다.

민주노총 부산지역본부는 8월 6일 부산지역 10대 악덕기업을 선정하여 발표했다. 10대 악덕기업은 노동조합 와해공작 및 불법 정리해고를 단행한 한일밸브공업, 새마을금고연합회, 대우자동차판매, 파라다이스호텔과 노조탄압 및 부당해고를 자행한 부일교통, 동남알루미늄, 구사대폭력 등 부당노동행위를 일삼은 코리아브이익스프레스, 노조와의 합의사항을 파기하며 노조와해를 기도하는 부산교통공단, 불법적인 강제퇴출로 전 직원을 정리해고한 부산리스금융, 노조결성 5개월 동안 단체교섭에 나오지 않고 있는 대형트롤어업협회 등 10곳이었다.

부산매일신문사 노조원들은 1998년 9월 29일로 부도처리된 상태에서 대우그룹의 폐간 압력에 맞서 그룹에서의 분리독립을 선언하고 김우중 회장에게 면담약속 파기에 대한 해명을 요구하며 10월 중순 김우중 회장실을 점거 농성했다. 부산매일신문은 분리독립에 따른 자립기반 마련과 대우그룹 직접경영으로 인해 발생한 부채탕감 등을 요구했으나 대우그룹은 이를 외면해왔다.

한진중공업노조는 11월 9일 전면파업에 돌입했다. 동종업종에 비해 30% 정도 낮은 임금을 받아온 상황에서 사상 유례가 없는 조선산업 호황으로 향후 2년 6개월의 수주물량을 확보하고 있는 상태인 데다가 상반기 312억 원의 흑자를 냈음에도 불구하고 사측이 임금동결, 유급휴일 축소 등 단체협약 개악을 주장하고 9월 17일 부산지노위가 조정안으로 제시한 35% 인상안을 거부했기 때문이다.

1999년 부산지역 임단협은 IMF의 여파로 임금인상을 이룬 노조도 있었지만 임금동결 사업장도 적지 않았다. 또 부분적인 삭감도 이루어졌다.[14]

유일하게 민주노총에 있는 대형트롤선원노조는 실무교섭 21차만에 1,100명의 조합원에 적용되는 단체협약을 체결하였다.

---

[14] 임금인상을 이룬 노조는 민주노총 금속산업연맹 소속으로는 대우정밀노조(기본급 25,000원), DCM노조(기본시급 2,005원), 동보체인노조(기본급 30,000원), 신동금속노조(기본급 5%), 신신기계노조(기본급 36,000원), 신일금속노조(기본급 5.27%), 한진중공업노조(기본급 4.25%), 보건의료노조 메리놀병원지부(정액 20,000원+기본급 2%), 고신의료원지부(통상임금 6.6%), 동아의료원지부(3.08%), 춘해병원지부(정액 20,000원+정률 2%) 그리고 화물노련 소속 고려종합운수노조(월 45,000원), 세방기업노조(월 23,000원), 화물노련 운송하역노조 국제통운지부(월 80,000원), 국보지부(월 39,650원), 금강트레일러지부(월 50,000원), 대양운수지부(월 55,000원), 천경지부(월 43,000원), 전국민주화학노련 금양노조(기본급 70,000원)가 임금인상을 하였다. 임금동결한 노조는 도시개발공사노조, 동신유압노조, 신라금속노조, 유광노조, 대학노조 동아대지부와 외대지부, 부산의료원지부, 사무금융노련 화승금고노조, 제일투신노조, 미래금고노조, 국제신문노조, 부산일보노조, KBS부산지부, 부산방송노조, ㈜동방노조, 양양운수노조, 천양항운노조, 천일정기화물노조, 삼익물류지부, 대형트롤선원노조 등이다. 그 외 전국의료보험노조부산본부는 임금 2% 삭감한 대신 가계지원비 125% 확보로 전체 2~4% 인상효과를 보았고, 부경지역종금노조는 1998년 IMF로 인해 금융구조조정 당시 가장 먼저 퇴출된 부산지역 4개 종금사 노조 중 남은 조합원들이 모여 만든 노동조합으로 8월 25일 상경투쟁하여 9월 3일 한나라당 당사 점거를 했다가 9월 8일부터 부산역광장에서 철야농성을 하였다. 결국 부경종금노조는 해고자 원직복직, 용역전환직원 원상회복, 3월 임금까지 소급해 원상회복하고 연차휴가 근로수당에 대한 계속근로를 인정받는 것으로 합의하였다.

동남알루미늄노조가 1998년 민주노총 부산지역본부가 지정한 10대 악덕기업 중에 하나인 동남알루미늄에서 1999년에도 계속 투쟁을 이어가 부산지역본부는 1월 23일 등 네 차례에 걸쳐 회사 앞에서 지원집회를 개최하였고, 사장집 앞에서도 집회를 개최하였다. 역시 10대 악덕기업으로 지목된 새마을금고에서도 노사갈등이 고조되어 항의방문을 하였는데, 부산에서 시작된 새마을금고 노조조직화는 1999년에 전국적으로 확산되기도 하였다.

민주노총 부산지역본부는 재벌그룹 빅딜 및 워크아웃 등으로 인해 정리해고가 확대되면서 1월 30일 정리해고 반대를 위한 부산시민 결의대회를 개최하였다.

한편 민주노총 부산본부를 비롯해 부산지역 민중단체들이 모여 만든 IMF공동투쟁본부를 민중연대 상설 공동투쟁조직으로 전환하여 3월 4일 부산민중연대 출범식을 가졌다. 3월 25일에는 금속산업연맹이 4시간 파업에 들어갔으며, 한국기계노조가 상여금 체불문제로 전면파업을 벌였다. 3월 27일 정리해고저지 구조조정 중단 전국 동시다발 집회를 부산역광장에서 개최하였다. 4월 6일 CBS노조가 파업을 벌였으며, 4월 17일에는 민주노총 부산본부가 부산역광장에서 대정부투쟁 결의대회를 개최했다. 4월 28일 대우그룹 구조조정과 관련하여 대우자동차가 4시간 파업함에 따라 대우자동차 전포·동래공장과 정비사업소 등이 파업에 들어갔다. 전국의료보험노조도 구조조정에 반대하여 파업에 들어가 의보노조 부산본부가 파업집회를 개최하였다.

6월 들어 조폐공사 파업유도 발언이 나오는 등 전반적인 노동운동에 대한 탄압이 거세지고 공안통치가 강화되면서, 6월 12일에는 노동운동탄압·공안통치 중단, 김대중정권 퇴진 투쟁 결의대회를 개최하고 가두행진을 벌였으며, 17일에는 파업유도 규탄집회를 부산역에서 개최하고, 18일부터 파업유도 진상규명 및 김대중정권 퇴진 부산역 천막농성에 돌입했으며, 지역본부 임원들의 단식농성도 함께 진행하여 9일차인 26일 파업유도 공안탄압 노동자시민 행동의 날 전국 동시다발 집회를 개최하고 단식농성을 해제하였다.

7월에는 방송사 연대파업으로 부산KBS와 부산MBC 노조에서 상경투쟁이 진행되었으며, 부영마을버스에서 노조설립을 시도하였으나 사측의 방해로 장기투쟁으로 이어졌다. 부영마을버스 조합원들은 인허가권을 가진 남구청을 항의방문하여 9월 1일 남구청장실을 점거하기도 하였고, 버스차고지에서 농성을 벌이기도 하였다. 10월 19일 노조는 남구청의 주선으로 사장 면담을 하였으나 성과가 없었고 11월 28일 부영마을버스 집중집회도 개최하였다, 민주버스연맹위원장이 남구청장 면담(11월 1일)도 하고, 부영마을버스 해결 촉구집회를 개최하면서 부산시장 면담을 요구하기도 하고, 노동부에 고소도 하는 등 여러 방법을 동원하였지만 사용자에 대한 관용으로 지노위에서조차 기각되자 12월 20일 부산지방노동위원회 위원장실을 점거농성하기도 하였다.

1997년 택시노동자 홍장길의 죽음으로 택시노조와 사용자단체, 부산시의 유착관계가 드러나 투쟁이 촉발된 이후 2000년에 다시 택시노동자들의 투쟁이 발발했다. 부산지역 택시노동조합은 대부분 한국노총 부산택시노조 소속이었다. 임금협상이 진행되어 쟁의신고까지 갔고, 4월 중순 지노위 중재안이 나왔지만 4월 25일 한국노총 부산지역택시노조는 노사 간 전격적으로 밀실합의를 하여 택시노동자들의 분노가 터져나왔다. 그러면서 2000년 택시노조의 투쟁이 시작되었는데, 5월 8일 백마교통과 도시교통분회가 부산지역노조를 탈퇴하고 기업별노조를 설립하였다. 이에 따라 부산택시노조 탈퇴가 폭주하였는데, 민주노총 쪽으로 탈퇴 상담이 40여 건이 밀어닥쳤고, 18개 사업장이 부산택시노조 탈퇴를 진행했다. 그리고 탈퇴를 추진하는 택시노조들이 비상대책위원회를 구성하여 탈퇴작업에 들어가 조직형태 변경을 위한 임시총회 소집 서명운동을 시작하자 한국노총 부산택시노조는 '밀실에서 합의된 사항을 3개월 유보하고, 재협상하여 총투표를 실시하겠다'고 기층 택시노동자들의 반발에 항복하였다. 그에 따라 5월 15일 탈퇴사업장 비대위는 5월 19일 '택시노동자 생존권 사수 부산택시노조 집회'를 개최하였다. 부산택시노조의 밀실합의에 반발해 발생한 택시노동자 투쟁은 기존의 노조를 탈퇴는 하였지만 이들을 새로운 조직으로 이끌 만한 구심점이 약해 이후 하나의 세력으로 모아지지 못하는 한계를 보였다.

2000년에 들어서면서 비정규노조의 투쟁이 확산되는 분위기였다. 민주노총은 5.31총파업 준비를 하고 있었고, 금속노조와 보건의료노조는 산별교섭 지침에 따라 집단조정신청을 하였으나 비정규직노조는 자신들의 생존권 확보를 위한 투쟁에 나서지 않을 수 없었다. 5월 22일부터 건설일용노동조합이 부산시를 상대로 투쟁에 나서 27일 집회를 개최하였고, 6월에 들어 금양노조, 정관지회, 유성, 건설일용 등 비정규노조와 중소사업장노조가 파업에 들어갔으며, 부산시와 노동청 앞 항의집회를 개최했다. 6월 16일에는 마을버스 성신창신교통노조가 파업에 들어갔으며, 부산지역 일반노조 청소용역업체인 대원개발, 대성기업, 금정환경, 화성환경 등에서 근무하는 환경미화원들이 투쟁을 준비하였다. 7월 1일 부산지역 비정규직 노동자대회가 개최되었고 자치노조가 전국동시다발 결의대회를 진행하였으며, 롯데호텔 비정규직, 재능교사노조, 자치노조, 일반노조 환경미화원, 조선비치호텔 객실청소원, 성신창신교통 등의 비정규직이 투쟁을 7~9월 동안 계속 이어갔다. 2000년 말에는 한국통신계약직노조의 투쟁과 영동자동차학원, 농심자동차학원 등에서도 투쟁이 계속되었다.

2001년 10월 19일에는 대형트롤선원노동조합에 이어 두 번째 민주노총 선원노조인 전국원양오징어채낚기노조 결성보고대회가 열렸고, 11월 15일에는 채낚기 노조 설립필증 교부 촉구집회를 중구청 앞에서 개최하였다.

비정규직노조는 특정 시기 임단투를 하는 경우와 달리 노조결성 시부터 노조불인정 등 다양한 탄압이 동반되면서, 투쟁시기가 따로 있는 게 아니라 노조결성 시부터 투쟁하고, 단체협약 시에도 거의 투쟁을 하지 않으면 안 되는 상황이 전개되었다.

(2) 신선대 · 우암부두노동자의 민주노조 건설투쟁

1999년 말부터 신선대 · 우암부두 노동자들이 민주노조 건설을 추진하였다. 부두에서의 노동을 살펴보면, 과거에는 일명 '가데기' 작업이라고 하여 노동자들이 등짐으로 상품을 상하선하였는데, 이 작업을 하는 노동자들을 부두노동자라고 하였다. 이들은 전통적으로 항운노조가 클로우즈샵(Closed Shop) 형태로 독점적으로 노무공급해왔다. 그러나 컨테이너 항만이 들어서면서 부두작업은 대부분 장비가 대체하였고, 장비기사들이 컨테이너 상하선과 차량탑재를 도맡게 되었다. 신선대와 우암부두는 부산 북항에서 대표적인 컨테이너부두로, 항운노조의 영향력이 가장 작은 부두였다. 장비기사들은 항운노조를 통해 취업하는 게 아니라 부두운영업체가 직고용한 노동자들이었기 때문이다. 이러한 신선대·우암부두 노동자들이 IMF경제위기 이후 수출입 물량이 부족하고 구조조정 바람이 불면서 1999년 12월 15일 전국운송하역노조 신선대지부와 우암지부를 설립하였다. 2000년 1월 26일 운송하역노조 쟁의행위 찬반투표에서 87.4%의 찬성을 얻고 27일부터 31일까지 경부고속도로 준법운행에 들어갔으며, 2월 1일에는 민주노총 차원의 기자회견을 가졌다.

민주노조의 설립에 대해 항운노조는 복수노조에 해당된다며 강력히 반발하였다. 또한 부두운영사와 해양수산부, 노동부 등에서는 1950년대 전평 이후 처음으로 민주노조가 부두에 들어서는 것에 대해 부담을 느껴 이미 사문화된 복수노조에 대해 그릇된 행정해석을 바탕으로 민주노조 설립을 방해하고 나섰다. 특히 항운노조는 자칫하면 독점적 노무공급권을 가지고 있던 자신들의 기득권이 사라질까 봐 신선대·우암지부 조합원에 대해 폭력사태를 일으키기까지 했다.

이에 신선대·우암지부 조합원들은 2월 26일 경성대로 집결해 농성투쟁을 벌였으나 사측의 대체근로 투입 등으로 인해 갈등이 고조되었다. 3월에 들어 네 차례에 걸쳐 민주노총 부산지역본부가 나서서 시청과 부산역, 서면 등에서 항의집회를 개최하고, 지역대책위원회 구성과 시민중재단을 구성을 추진하였다. 시민중재단은 사태의 원만한 해결을 위해 노동청과 새천년민주당 지구당 항의방문과 집회를 개최하였다. 3월 16일에는 민주노총지역본부와 화물노련 지도부는 단식농성에 돌입했다. 이에 시민중재단은 3월 28일 청와대를 방문하여 사태해결을 촉구하였으나 장기화되면서 결국 4월 27일 파업을 중단하였다. 이 투쟁으로 신선대·우암지부는 13명이 해고되었고, 27명이 정직, 70명이 견책이라는 징계를 받고 사태는 종료되었다.

2. 노동유연화와 비정규 노동운동

1) 노동시장 유연성 제고와 비정규직의 양산

1990년경부터 정부는 국가경쟁력의 제고를 위해 노동시장의 유연화가 필요하다는 인식 아래 '노동의 유연화' 정책을 꾸준히 추진해왔다. 이러한 노력은 IMF경제위기를 계기로 보다 강화되었다. IMF와 국내외 자본들은 정리해고제 및 근로자파견제의 도입을 요구했다. 정부는 이를 적극 수용하여 1998년 초 노사정위원회에서 합의라는 형식을 빌려 정리해고제의 즉각 도입과 근로자파견제의 도입을 실현했다. 이러한 제도적 변화와 더불어 공공·금융·기업 부문에서의 구조조정도 급속하게 진행되었다. 구조조정의 내용은 인력감축과 해외매각이 주된 것이었다.

공공부문에서는 공기업 민영화 및 조직 축소, 아웃소싱, 인력감축, 임금 및 복지비용 삭감, 연봉제 도입 등이 실시되어 1998~2000

년에 총 13만 1,082명의 인원감축이 있었는데, 이는 1997년 말 정원에 비하면 18.7%가 감축된 것으로 정부가 당초 목표했던 감축인원을 초과달성한 것이었다. 감축내용을 보면 중앙정부는 13% 감축에 그친 반면 공기업은 25%, 산하기관은 23%가 감축되었다. 중앙정부에서도 3~5급은 겨우 4.1% 감축된 반면 6급 이하는 11%가 감축됨으로써 주로 산하기관 및 하위직 위주로 인력을 감축했다는 문제점이 있었다.

금융부문에서도 1998년의 제1차 금융구조개혁 시 5개 부실은행이 P&A(자산부채이전) 방식으로 퇴출되고 다른 일부 은행들이 합병되었으며, 일부 은행의 외자유치와 해외매각 등이 이루어졌다. 기타 은행들도 점포 수 축소, 조직 통폐합, 인력감축, 임금 및 복지후생비 삭감 등의 구조조정을 단행했다. 그 결과 은행 수는 1997년 말 33개에서 2000년 8월 말 22개로 줄어들었으며, 점포 수는 1997년 말 5,987개로부터 2000년 6월 말 4,784개로, 임직원 수는 11만 3,994명에서 7만 3,401명으로 35%나 줄어들었다. 종금사, 증권사, 투신사, 보험사, 리스사, 농·수·축협 등 제2금융권에서도 퇴출·합병 등의 조치가 취해졌다.

이러한 공공부문과 금융부문의 구조조정 과정은 목표, 내용, 방식 등의 면에서 많은 문제점을 가지고 있었다. 구조조정의 목표 면에서 정부는 효율성과 경쟁력을 내세웠으며 공정성이나 공익성, 노동자의 생존권 등 우리 사회가 지향해야 할 다른 가치를 거의 고려하지 않았다. 공공부문의 경우 공익성이 큰 전력과 철도 등의 매각으로 공익성이 저하된다거나 해외매각에 따른 국민경제의 안정성 위협, 국부유출 등의 우려가 제기되었으나 정부는 이를 철저히 무시했다. 또 금융부문의 경우 금융부실화를 가져온 국제금융자본에 대한 손실분담 원칙, 부실대출에 책임이 있는 금융기관 대주주 및 경영진, 정치인, 관료에 대한 철저한 책임추궁, 공적자금 투입에 따른 금융기관의 사회적 통제 등은 거의 이루어지지 않고 결국 금융권 부실부담을 노동자 및 전 국민에게 전가하게 됨으로써 공정성을 해치는 결과로 귀결되었다(윤진호, 2001: 294).

구조조정의 내용 면에서도 문제가 많았다. '구조조정=인력감축' 식은 올바른 방향이 아니며 진정한 의미에서의 구조조정도 아니다. 이는 첫째로 대량실업에 따른 사회보장 지출의 증대, 소득세 감소 등 사회 전체의 경제적 비용을 증대시키며, 둘째로 이혼, 가출, 청소년 문제, 알코올 중독, 범죄, 자살, 사회불안 등 각종 사회적·정치적 문제의 발생으로 인한 사회적·정치적 비용을 증대시키고, 셋째로 남아 있는 재직근로자의 사기 저하 등으로 인해 기업 자체의 효율성 저해를 가져온다. 따라서 인력감축 위주의 구조조정 정책보다는 기업, 금융부문의 소유·지배구조 개선, 경영의 투명화, 고용유지 정책, 구조조정 과정에서 발생하는 불가피한 실업자에 대한 사회안전망의 제공, 고용창출력 여부를 최우선으로 하는 거시경제정책 등 '사회통합적 구조조정'을 했어야 했다. 구조조정의 방식 면에서도 노동배제적인 일방적 구조조정 방식이 주류를 이루었다. 대부분의 구조조정 정책들이 노동조합이나 해고 당사자 또는 이해관계자들과의 성실한 사전협의나 해고회피 노력 없이 정부에 의해 일방적으로 진행되었다. 노동조합은 구조조정의 내용 및 방식 등에 대해 협의하기를 요구했지만 정부는 이에 대해 진지한 협의를 회피했다(윤진호, 2001: 295).

이러한 구조조정 과정에서 해고된 노동자뿐만 아니라 재직노동자들도 임금삭감, 각종 부가급여 축소, 노동강도 강화, 정규직의 비정규직화 등 각종 불이익을 당했다. 특히 IMF경제위기 이후 발생한 대량실업은 다행히 급속하게 감소했으나 질적 측면에서 상황은 악화되었는데, 그것은 노동시장에서의 비정규직의 급격한 증가로 인한 것이었다. 그럼에도 이에 대한 노동정책의 대응은 매우 소극적이었다. 이는 한국의 노동정책이 기본적으로 신자유주의적인 이데올로기에 입각한 노동시장 유연화 정책을 그 기반으로 하고 있는 점에 기인했다. 비정규직 노동자가 전체 취업자에서 차지하는 비중은 1996년 27.2%에서 1997년 28.8%, 1998년 28.7%, 1999년 31.9%, 그리고 2000년에는 32.7%로 급증했다. 이는 전체 임금노동자의 52.4%에 해당하는 수치였다. 여기에 당시 노동자성을 인정받지 못하는 보험설계사, 학습지 교사, 골프장 경기보조원, 화물운송 지입차주, 방과후 교사 등 이른바 특수고용노동자 같은 사실상의 비정규노동자를 합치면 실제 비정규직 노동자의 규모는 훨씬 더 컸다.

이들 비정규직 노동자의 임금은 상용노동자 임금의 57~87% 수준이었고, 주간 평균노동시간은 임시직의 경우 49시간으로 상용직의 46.5시간보다 더 긴 것으로 나타났다. 연월차휴가, 생리휴가 등도 절반 정도밖에 적용받지 못하였고, 4대보험 또는 50~60% 정도, 최저임금제도 30~40% 정도밖에 적용받지 못했다.

이러한 광범한 비정규직 노동자의 존재는 또한 정규노동자들에게도 임금저하, 고용불안, 근로조건 저하 등의 악영향을 미치며 나아가 노동조합의 조직률을 떨어뜨리고 조직력과 투쟁력을 약화시키는 요인으로도 작용했다.

비정규직 문제가 심각한 사회적 이슈로 등장하자 정부는 비정규노동자 보호정책을 폈으나 사회보험의 일부 적용확대 등 매우 소극적이고 부분적인 수준에 머물렀다. 결국 비정규노동자들은 스스로의 권익을 스스로 찾아야 했다.

2) 정규직노조와 비정규직노조의 운동

노동시장의 유연화정책은 비정규노동자를 확대함으로써 구조조정의 부분적 수혜자로서의 핵심 정규직과 최대 피해자로서의 비정규직을 분리해 내었고, 정규직과 비정규직 간의 차별을 공고화·일상화하기 시작했다. 1987년 노동자대투쟁으로 확보된 시민권이 비정규직 노동자에게는 적용되지 않았다. 민주노총의 합법화를 비롯해 집단적 노사관계에 있어서는 노동기본권이 확장되었음에도 개별화·파편화되어 있는 비정규직 노동자들의 경우는 노동법의 사각지대로 몰리고 있었고, 기업별노조의 관성이 그대로 남아 있는 정규직노조 또한 든든한 버팀목이 되지 못했다. 따라서 비정규노동자의 조직화와 투쟁이 2000년부터 증가 추세를 보이고 있는 것은 최소한의 권리조차 박탈당하고 있는 상황에서 이를 회복시키고자 하는 자발적 운동의 필연적 산물이었다.

이에 대해 자본은 비정규직 노동자들에 대한 노조 불인정과 노동자성의 부인으로 밀고 나갔다. 정부는 최소한의 자기 임무인 공정한 관리감독기능의 포기와 폭력적 탄압으로 일관했다. 이는 신자유주의 구조조정이 폭력을 통한 노동배제적 통제를 기본적 속성으로 하였음을 의미했다. 2001년 한 해 구속된 노동자는 모두 241명으로 지난 1992년(275명) 이후 가장 많았다. 김영삼정권 집권 5년간 모두 632명의 노동자가 구속된 반면 김대중정권은 집권 4년 만에 686명을 구속시킨 데서 알 수 있다.

이러한 조건에서 비정규노동자들의 투쟁 성격을 보면, 첫째, 비정규노동자들의 투쟁은 사회적인 불공정과 불평등에 저항하고, 모든 차원의 민주주의 확대를 요구하는 운동이었다. 정규직과 비정규직으로 분리 통치되는 상황에서 최소한 노동3권을 포함한 일반적 민주주의조차도 보장받지 못하고, 노동기본권 확장을 위한 투쟁은 시계를 거꾸로 돌려 70~80년대 민주노조 건설을 위해 선배 노동자들이 걸었던 길을 다시 걸을 수밖에 없었다. 노조건설과정에서 나타나는 노조 불인정, 교섭 거부, 부당해고와 부당노동행위, 구사대와 공권력을 동원한 폭력, 그리고 끝이 보이지 않은 장기투쟁 등의 모습에서 비정규노동자들의 투쟁은 노동기본권의 확장을 통해 주변부 모든 노동자들의 권리를 대변하지 않을 수 없었다.

둘째, 비정규노동자들의 투쟁은 시장만능주의, 이윤지상주의 사회관계의 반영으로 새로운 운동방식과 연대를 통해 새로운 진보적 대안을 만들지 않을 수 없는 투쟁이었다. 호텔롯데노조, 이랜드노조, 학습지노조, 경기도노조, 포항지역건설노조, 일반노조, 화물연대와 같이 비정규직의 정규직화, 특수고용형태 노동자들의 노동자성 인정, 공공부문 민영화 저지 등의 투쟁에서 새로운 형태의 운동을 보여주었다.

셋째, 비정규직 노동자들의 투쟁은 정규직-비정규직이라는 현실의 벽을 뛰어넘지 않으면 정규직조차도 그 생존의 입지가 좁혀들 수밖에 없음을 '정규직 중심의 조직노동'에게 알리고 있으며 노동자 내부의 벽을 허물기 위한 공동투쟁을 제기하였다.

　이러한 비정규노동자들의 투쟁은 IMF경제위기 이후 건설일용노조의 확대, 여성노조(1999.1), 사무전문직노조(1999.4), 서울경인지역평등노조(1999.1), 경기도노조(2000.1), 부산지역일반노조(2000.4)를 중심으로 서울, 안양, 수원, 평택, 진주, 마산, 울산 등에서 지역일반노조의 움직임으로 나타났다. 그리고 제조업에서도 한라중공업사내하청노조, 볼보비정규직노조, 현대자동차사내하청노조, 현대중공업사내하청노조 등 하청노동자들의 조직화도 이루어졌다. 비슷한 시기에 재능교육노조도 결성되어 법외노조 상태에서 32일간의 파업투쟁을 전개하여 임 · 단협을 체결함으로써 특수고용노동자 문제를 사회적으로 부각시켰다. 이런 조직적 성과는 재능교육노조를 주축으로 전국학습지산업노조(2000.10)의 건설로 이어졌다. 2000년에는 호텔롯데노조의 파업투쟁이 공권력의 폭력으로 인해 노동운동 전체의 투쟁으로 확산되어 결국 3년 이상 근무한 계약직 조합원의 정규직화를 쟁취함으로써 '비정규직의 정규직화 요구'가 사회적쟁점이 될 수 있는 결정적 계기를 열었다.

　이랜드노조의 경우 정규직노조가 조직대상의 확대를 통해서 임시, 파견직 비정규노동자를 조합원으로 조직함으로써 '노동 내부의 연대가능성'을 실천적으로 입증했다. 또한 이랜드노조의 경우 시민사회단체와의 연대를 통해 비정규문제를 사회적 쟁점으로 만들고 연대투쟁의 모범사례를 일구어냈다. 서울대시설관리노조, 방송사비정규직노조, 보험모집인노조, 골프장경기보조원노조, 한국통신계약직노조 등 다양한 고용형태의 비정규직 노동자 투쟁이 활성화되는 계기를 이루었다. 이러한 비정규노동자의 조직화는 2000년 한

해 동안 비정규노조 90개, 1개 지회가 결성돼 35,844명이 조직되었고, 비정규직의 정규직화를 쟁취한 사업장이 13개 노조와 14개 지부로 844명이었다(박승흡, 2002).

부산지역에서는 부산지역일반노조가 2000년 4월 1일 출범하였다. 일반노조는 기존의 기업별노조의 한계를 극복하고 업종과 직종 구분 없이 노동자라면 누구나 가입하고 활동할 수 있으며 지역 중심으로 결합된 단결체를 표방하였다. 부산지역일반노조 조합원은 직접고용 비정규직 노동자[15]와 간접고용(용역업체) 노동자들로 나뉘는데, 간접고용노동자는 주로 구청에서 청소(생활쓰레기 수거운반 업무) 및 정화(분뇨 수거 운반) 업무를 위탁받은 민간업체에 고용된 노동자,[16] 그리고 대학에서 청소업무와 경비직 업무를 위탁받은 업체의 노동자와 아파트단지 청소나 경비업무를 위탁받은 업체의 노동자들이다. 또 지금은 해산되고 없지만 지하철에서 매표소 업무를 위탁받아 운영하던 업체의 노동자들이 있었으며 초·중·고교에서 경비업무 파견 전문용역업체에 고용된 노동자들이었다. 부산지역일반노조의 조합원은 2002년 약 300여 명이었으며, 2009년에는 600여 명(33개 현장)으로 확대되었다가 2019년 말경에도 600여 명(5개 지부, 38개 지회)이었다. 이는 부산지역일반노조를 거쳐 간 노동자가 상당히 많았음을 얘기해 주고 있는데, 투쟁에 실패하거나, 투쟁

---

[15] 직접고용 비정규직의 투쟁사례는 부산대 청소미화 노동자 투쟁사례, 조선비치호텔 청소업무 계약직 여성노동자 투쟁사례, 롯데백화점 계산대업무 계약직 여성노동자 투쟁사례, 한솔교육 학습지교사 투쟁사례, 케이블TV업종 노동자 투쟁사례, 보람상조계약직 노동자 투쟁사례 등이 있었다.

[16] 구청 민간위탁 투쟁사례 업체로는 부산진구 유창환경, 중구 신아환경, 수영구 광안환경 등 대부분의 민간위탁업체들이 해당되었다.

을 통해 쟁취한 다음에도 노조가 해산되는 경우도 많았기 때문이었다. 이러한 현상은 기존의 노조에서는 볼 수 없던 업종이나 규모의 현장[17]들이 일반노조에 가입하여 근로조건 개선과 고용안정을 위해 투쟁하는 과정에서 발생했다. 그리고 일반노조는 노동자의 노동조건 개선을 위한 투쟁은 물론 지방자치단체와 용역업자 간의 유착이나 잘못된 제도에 의한 주민피해에 대해서도 이를 고발하거나 제도 개선을 위해 줄기차게 투쟁하여 많은 성과를 냈으며 노조의 특성상 지역현안에 대한 투쟁에도 앞장서 참여해온 것이다.

특히 부산지역일반노조는 지자체 민간위탁 업종인 정화조업체의 부정비리[18]를 지역사회에 폭로하면서 노동조합이 주민들의 이익

---

17 전체 직원 수가 10명 내외~200명 규모의 현장과 조합원 1명~140명 현장까지 있었고, 업종도 제조업부터 청소, 정화, 버스정비, 사무직, 축산가공물, 케이블TV, 사회복지법인, 종교단체, 아파트청소·경비 노동자들이 두루 가입하여 활동했으며, 그 외에도 일반노조에 가입했다가 탈퇴한 조합원이나 업종 수는 훨씬 더 많았다.
2019년 기준으로 조합활동을 하는 현장은 버스정비 및 사무직으로 삼성여객지회와 삼화여객지회가 있으며, 제조업 생산직으로 성진테크지회와 성광사지회, 육가공업체인 부경양돈농협지회, 장례서비스업을 하는 보람상조지회, 관광안내 및 통역업을 하는 부산광역시관광협회지회, 고용노동부 민간위탁업체인 대한안전기술원지회, 대학교 청소미화업을 하는 신라대지회, 동의대지회, 동의대행복기숙사지회, 가톨릭대지회, 부산대대학생활원지회, 부산대주차관리지회, 부산대기숙사지회, 부산대소비자생활협동조합지회, 동아대소비자생활협동조합지회, 동아대청소미화지회, 기초단체 생활폐기물수집운반업체인 케이알씨산업지회(부산진구), 성신환경지회(북구), 해동환경지회(해운대구), 기초단체 분뇨수집운반업체인 동래정화·동명정화지회, 연제정화·연제환경지회, 천지산업지회(부산진구), 사하환경·사하정화지회, 사회복지시설인 애광원지회, 시각장애인연합회지회, 한국아동복지회지회, 다문화가족지원센터지회, 미남노인복지센터지회, 전포종합사회복지관지회, 자치단체 또는 공기업 무기계약직인 부산시설공단지회, 부산시청지회, 동래구청지회, 북구청지회, 연제구청지회, 부산진구청지회, 영도구청지회, 해운대구청지회, 부산환경공단지회 등이 있다. 그 외에도 개별조합원이 다수 존재하고 있다.
18 정화조 부정비리는 아파트단지나 주택 등의 정화조를 비우는 과정에서 용량을 속

을 대변하는 활동도 하였다. 2002년 1월 26일 부산지역일반노조는 '임단협 완전승리와 분뇨정화업체 불법비리 근절을 위한 전조합원 결의대회'를, 그리고 2월 2일 연제·청우정화 정화조 부정비리 규탄집회를 개최했고 2월 6일 정화조 부정비리 근절을 위한 사하구 주민대책위를 결성하여 사하구청장을 비롯해 금정구 사회복지국장 등과 면담도 진행하였다. 5월에는 정화업체 부정비리 실태조사를 부산지역일반노조가 시행하였고, 6월에는 청소 민간위탁업체들의 부정비리를 조사하고 자치단체장 면담을 진행하는 한편 투쟁을 병행하는 등 노동자들의 권익향상과 함께 지자체 민간위탁 사업의 전반적인 부실을 바로잡기 위한 투쟁을 적극 펼쳤다. 부산지역일반노조는 지자체 관련 비정규직 투쟁만이 아니라 사회복지기관, 종교기관, 교육기관의 비정규직 노동자 등 다양한 비정규직 노동자들을 조직하고 대변하는 한편 해당 기관들의 부정비리도 폭로하는 투쟁을 병행하였다.

그리고 부산지역에서 대표적인 비정규직 노동자로서 특수고용직화물운송노동자를 들 수 있다. 화물운송노동자들이 처음부터 특수고용직이었던 것은 아니다. 화물운송업에서 생산수단 이전에 따른 위수탁 확대배경은 자본이 노동 재구조화를 추진해 기존 직영노동자들에 대해 위수탁화를 추진한 것이다. 운송자본은 본래의 주요

여 주민들의 부담을 가중시켜 업체의 이익을 챙기는 방식으로 지자체마다 민간위탁한 업체들의 공공연한 관행이 되다시피 한 부당이득 행위를 노조가 결성되고 난 이후 조합원들의 폭로에 따라 부정비리가 밝혀진 것으로 노동조합이 주민들의 이익을 보호하는 역할을 하게 되면서 정화조 비리 척결을 통해 주민과 결합한 사례였다.

업무인 운송업보다는 상대적으로 위험성이 덜한 '창고업'과 알선업 형태로 점차 전업을 모색하기 시작했고 자신들이 보유하고 있던 운송차량을 노동자들에게 불하하기 시작했다. 운송자본은 자차(직영차)를 최소화하여 시장의 불확실성에 따른 위험을 위수탁화된 노동자들에게 전가하는 전략을 선택했던 것이다. 이와 같은 특수고용직화 과정에서 노동의 저항이 없었던 것은 아니지만 결과적으로는 자본의 의도대로 관철되었다. 왜냐하면 초기 위수탁으로 전환시키면서 비교적 좋은 조건(일종의 '유인책')을 제시했기 때문이다. 실제로 초기에는 직영으로 있는 것보다 수입이 약간 나은 경우도 있었다. 그 후 상당수의 노동자들이 위수탁으로 나갔지만 차량의 과잉공급과 맞물리면서 노동조건이 후퇴해 현재는 상당수 노동자들이 직영노동자들에 비해 매우 열악하게 되었다(백두주, 2003: 11-12).

이들 특수고용직 화물운송노동자들을 조직하게 된 계기는 과포화 상태인 시장상황, 지입제와 다단계알선 문제로 대표되는 전근대적인 화물운송체계, 이에 따라 조직대상인 화물운송노동자의 생활실태의 악화, 그리고 조직주체인 운송하역노조의 미조직·비정규직 노동자의 조직화 전략이 결합하여 본격적인 조직화가 이루어지게 되었다(백두주·윤영삼, 2003: 16). 특히 운송하역노조는 2002년 6월에 '화물노동자공동연대(화물연대) 준비위원회'를 발족시키고, 조직화를 위해 3대 요구안과 분절화된 노동자 간 연대의 필요성에 따라 3조직 연대를 내세웠다.[19]

---

19 3대 요구는 ① 도로비, 경유가 인하, ② 운송료 현실화, ③ 고속도로 휴게소 운영개선이었으며, 3조직연대는 노동조합, 상조회, 준조합원 조직 간 연대를 말한다. 직영노동자는 노동조합에 가입되어 있었고, 위수탁노동자들은 상조회로 조직되어

그리고 본격적인 조직화 이전에도 이미 '자발적 저항'은 시작되었다. 2002년 4월에는 휴게소 화물차출입통제와 간이휴게소 폐쇄에 항의해 일부 화물차들이 최저속도를 유지하면서 정체를 빚기도 했고, 5월에도 휴게소 주차공간 확보, 통행료 인하, 경유가 인하, 운송료 현실화 등을 요구하면 최저속도 운행을 진행했다. 당시 초기 주체들이 운송하역노조와 결합하면서 본격적인 조직화가 시작되었다.

3. 노동운동의 변화 모색

IMF경제위기를 계기로 공공부문, 금융산업, 재벌그룹 등에서 대규모의 구조조정과 정리해고가 확산되면서 노동운동은 일대 위기를 맞이하게 되었고, 또한 신자유주의 세계화가 본격화되면서 비정규직의 확산과 특수고용노동자 등 고용형태의 다양화와 고용불안정성이 높아지는 등 상황이 크게 바뀌었다. 기존의 노동운동 방식과 기업별 노동조합으로는 노동기본권을 지키기 어렵게 되자 노동운동 진영에서는 노동운동의 변화를 모색하지 않을 수 없었다. 자연스럽게 산별노조 조직화와 노동자 정치세력화를 의미하는 진보정당 건설이 제기되었다. 문제는 노동조합의 힘이 확대되고, 발전적으로 전개될 때 산별노조로의 전환과 노동자정치세력화가 이루어

있었다. 지입차주들의 경우는 거의 조직되지 않았거나 일부가 차주연합회로 조직되어 있었으나 이들을 준조합원으로 조직하기 시작했던 것이다.

졌어야 하나 노동운동이 위기에 처하고 노동조합운동이 수세로 몰리면서 산별노조 건설과 정치세력화가 추진되었던 것이다. 따라서 기존의 기업별노조를 중심으로 하는 조합주의에 대한 심층적이면서도 대중적인 극복과정 없이 형식적인 조직전환과 정당건설이 추진된 측면이 강했다. 그렇지만 기존의 기업별노조 체제로서는 신자유주의체제에서 자본의 공세를 견디기 어렵기 때문에 노동운동의 변화를 모색하지 않을 수 없었다.

1) 기업별노조에서 산별노조로 전환

(1) 산별노조 건설의 배경

산별노조 건설은 전노협의 강령에서에서뿐만 아니라 민주노총을 설립하는 과정에서도 목표로 언급되었다. 그러나 정작 산별노조의 건설이 촉발하게 된 계기는 1997년 말 IMF경제위기로 신자유주의 정책이 본격 시행되던 시기였다. 즉, 신자유주의 세계화에 대해 기업별노조체계로는 변화된 정세와 자본의 공세에 효과적으로 대응하기 어렵다는 인식이 구체화 되면서 산별노조 건설이 추진되었다.

한편 김대중정권은 경제위기에 대한 대응방식을 철저하게 신자유주의 방식으로 대응하면서 경제구조의 재편에 착수하였다. 김대중정권의 노동정책은 국가경쟁력 강화를 목적으로 노사정 3주체의 사회적 합의를 통한 제도개혁을 추구하였다는 점에서 이전 정부의 그것과는 차이가 있다. 형식적으로는 노동을 3주체(노·사·정)의 하나로 인정하였다는 점에서 진일보했다고 볼 수도 있으나 내용 면에

서는 시장경제질서를 구축하기 위한 강제적 구조조정과 구조조정
에 반대하는 노동자들에 대한 탄압으로 일관하는 등 노동배제적 정
책을 추진하였다는 점에서는 달라진 것은 없었다. 또한 김대중정권
이 사회적 합의를 통해 이루고자 했던 제도개혁은 노동자들의 요구
라기보다는 IMF를 비롯한 초국적 금융자본의 요구에 기반한 것이
었다.

　　노사정 합의기구로서 설립된 노사정위원회는 합의사항의 이행
을 강제할 어떠한 권한도 갖고 있지 않은, 단순한 대통령 자문기구
였을 뿐이며 따라서 합의내용의 실행은 순전히 정부의 정책의지에
따라 좌우되게끔 되었다. 그에 따라 정리해고제와 근로자파견제와
같은 친자본적인 내용은 합의가 되면 바로 법제화되었지만, 노동시
간 단축, 공무원 단결권 보장, 실업자의 조합원 자격 인정 등과 같
은 친노동자적 성격을 갖는 내용은 아무리 합의가 되더라도 갖가
지 핑계를 대며 법제화를 지연시켰다.

　　김대중정권에 들어서 구속노동자의 수가 급격히 늘어났는데, 구
속 근거를 보면 과거에는 노동쟁의조정법상의 제3자개입금지나 집
회및시위에관한법률 위반이 많았으나, 김대중정권에 들어서는 형법
상의 업무방해죄나 폭행죄가 많았다. 그리고 나아가 민법상의 손해
배상이나 가압류 청구 등 노동법 외의 법을 적용해 노동운동을 탄
압하는 신종방식이 늘어났다. 노동조합 활동의 주요한 형태인 파
업, 집회, 시위에 부속된 행위, 계속관계에 있는 하나의 행위를 분리
하여 형사처벌하거나 인과관계를 고려하지 않고 결과만을 이유로
한 손배해상청구와 가압류는 법리적으로도 타당치 않을뿐더러 노
동3권을 보장하는 헌법정신에도 부합되지 않는 것이었다.

한편 1998년부터 노동쟁의가 급격히 늘어나 김대중정권 내내 증가추세가 계속되었다. 이는 IMF경제위기라는 특별한 사유가 있기는 했지만 신자유주의 시장경제질서를 이식하려는 정부정책이 그만큼 집요했기 때문이기도 했다. 쟁의발생 원인을 살펴보면, 전통적인 임금 및 단체협약 관련 쟁의도 늘어났지만, 체불임금 해소, 정리해고 반대, 고용보장 요구, 민영화 반대 투쟁 등 다양하게 나타났으며, 특히 비정규직 노동자들의 차별철폐와 정규직화 요구 등 투쟁이 광범위하게 전개되었다. 이 시기의 또 다른 특징은 노동쟁의가 장기화되는 경향이 생긴 것이다. 이러한 상황으로 인해 노동조합들은 기업별노조체계로서는 대응하기 어렵다는 인식으로 산별노조 건설을 촉진하게 되었다.

(2) 부산지역 산별노조 건설과정[20]

부산에서 산별노조의 형태로 가장 먼저 조직한 곳은 전교조이다. 전교조는 노동조합이지만 교육민주화운동의 일환으로 결성된 측면도 강하여 교육정책, 특히 민족 · 민주 · 인간화 교육과 참교육 실현을 기치로 출범하였으므로 학교별 단위노조 형태보다는 자연스럽게 전국적 단일조직의 형태를 띠고 출범하게 되었다. 국가교육과정을 비롯한 제반 교육정책도 그렇고, 교사신분 또한 국가직 공무원으로, 인사권이 시도교육감에게 있었기 때문에 전교조는 광역 시도 단위로 지부를 설립하였고, 학교 단위로는 분회를 두었다. 이

---

[20] 산별노조 건설은 전국적 차원에서 추진되었다. 그러나 여기서는 전국적 차원의 산별노조 건설과정보다는 지역에서 전국적 산별노조의 부산지부(또는 지역본부) 건설과정을 중심으로 살펴보았다.

렇게 전교조는 처음부터 산별노조의 형태를 띠고 출범하였으므로 여기서는 기업별노조가 산별노조로 전환한 사례를 중심으로 살펴보고자 한다.

① 보건의료노동조합 부산지역본부

1987년 노동자대투쟁 이후 불과 1년여 사이에 결성된 180여 개의 병원노동조합은 신규노조로서의 어려움과 취약성을 공동으로 해결하기 위해 1987년 12월 병원노동조합협의회(이하 병원노협)를 결성했다. 병원노협은 단위노조 간의 정보와 경험의 교류, 지원을 추진하며 전국에 지역협의회를 조직하여 전국적 조직체로 결집되었다. 그러나 탄압에 대한 공동대처와 위장 휴·폐업과 부당노동행위에 대한 연대의 필요성이 높아지면서 협의회에 대한 요구는 커지는 반면, 공식적 상급단체가 아닌 점, 단위노조 지원에 대해 외부 불순세력 혹은 제3자개입이라는 탄압을 받고 있었다는 점, 단위노조 간부가 병원노협 임원을 겸임함으로써 집행력이 제대로 확보되지 못한다는 점, 재정적으로 병원노협 분담금으로는 활동이 어려운 점으로 인해 병원노련을 건설하게 되었다.

병원노련 결성 이후의 상황을 보면, 병원노련은 이전 병원노협의 조직기반을 토대로 하여 보다 체계적이고 강력한 조직체계를 요구하였다. 병원노련 결성 당시 80개 노조에서 1989년 7월에는 130여 개 25,000여 조합원으로 조직이 확대되었으며 28개 신규노조가 결성되어 가입하였다. 당시 미가입 병원노조는 3개에 불과했는데 이들은 노조간부가 기존 연합노련의 간부이거나 조합원들에 의해 불신받고 있는 경우였다. 규모별 조직률을 살펴보면 400명 이상의 경우가 90% 이상이었고, 200병상 이상의 대형병원이 83%였다.

병원노련은 1990년 5월 전국업종노동조합회의(업종회의)에 가입하여 활발한 연대활동을 펼쳤다. 그 후 임단협교섭 등 일상활동과 노동법 개정투쟁 등에서 전노협 등과의 연대활동에 앞장서고 전국노조대표자회의와 민주노총 준비위원회, 민주노총 결성까지 활발한 연대투쟁과 조직건설에 앞장섰다.

병원노련은 산별노조 건설을 준비하는 과정에서 1995년부터 공동대각선교섭[21]을 진행해왔으며, 1997년에도 고신의료원, 동아의료원, 봉생병원, 메리놀병원, 대남병원, 부산의료원, 백병원, 일신기독병원 등이 교섭권을 위임하여 공동대각선 교섭을 진행하였다.

1998년 1월 병원노조들은 전국보건의료노조를 결성하여 산별노조로 전환하였다. 이에 따라 부산지역 병원노조들도 부산지역본부의 설립을 위한 준비를 진행하였고, 2월부터 산별전환을 위한 규약변경결의를 진행하여 1998년 말까지는 소속 지부 100%가 산별노조에 합류했다. 그러나 창립대의원대회의를 개최한 1999년 1월까지 6개 지부는 참가하지 않았다.[22]

병원노조들은 일단 형태상으로는 산별노조로 전환하였지만 내용상으로는 미비하다는 판단하에 산별노조로서의 위상을 정립하고, 산별노조가 조합원과 현장 속에 뿌리를 내리게 하기 위한 사업

---

21 산별노조와 개별 사용자가 행하는 교섭 또는 기업별노조의 상급단체가 개별사용자와 행하는 단체교섭의 방식
22 보건의료노조 부산지역본부는 1998년 지도부 구성과 산별노조 조합비 문제로 내부 갈등이 있어서 창립대의원대회를 개최하지 못하고 1999년 초에 마침내 창립대의원대회를 개최했었다.

에 착수하였다. 보건의료노조 부산지역본부를 건설한 1998년 1년
차 사업기조를 다음과 같이 세웠다. 첫째, 기업별노조 활동행태를
극복하고, 산별노조가 현장과 조합원 속에 뿌리내리게 한다. 둘째,
병원노련 부산지역본부 산하 100%가 산별노조에 합류케 하고 미
조직노동자 조직화사업을 전개한다. 셋째, 고용안정과 실질임금 확
보투쟁을 전개한다.

　한국민주노조운동의 역사에서 본격적인 산별노조를 건설한 보
건의료노조는 중앙과 지역본부, 지부가 사업의 통일성을 가지면서
각 조직 간 역할을 명확하게 하는 것이 중요한 문제라고 인식했다.
활동에서도 역할의 재배치 필요성과 각 지부의 일상적인 활동점검
및 문제파악을 위한 체계가 만들어져야 하는 것과, 산별노조와 지
역본부 사업의 공유 및 현장의 의견수렴을 위해 합동상집 · 대의원
대회를 정례화하는 것을 사업계획에 제시했다. 여기서 중앙의 역할
은 정책개발, 교섭과 투쟁의 총괄, 재정과 인력의 집중으로 설정하
였고, 지역본부의 역할로는 교섭과 투쟁, 조직, 교육을 실질적으로
진행하는 것이며, 지부는 현장조직관리라는 역할로 정리하였다.

　아울러 산별노조에 맞는 지도집행력을 갖추고자 부산지역본부
의 조직체계를 재정립하기 위해 본부장, 부본부장, 사무국장, 총무,
교육, 조직 1 · 2, 선전, 문화, 조사통계부장 등 장기적으로 전임 상
집(常執) 간부 구성을 바라보고 1998년에는 주요부서의 책임자를
선정하는 수준에서 조직체계를 구성하고자 했다.

　또한 미조직노동자 조직화사업은 명실상부한 산별노조의 위상
을 갖는 주요한 사업으로 중앙의 방침과 연계하여 미조직특별위원
회를 구성하여 미조직노동자 조직화사업을 전개하는 것으로 하였

는데 특히 국립대병원과 200병상 이상의 병원 다수가 미조직상태에 있는 점에 주목했다. 조직사업계획에서는 현장활동가 조직을 만드는 것을 계획했으며, 교육사업은 합동상집·대의원교육과 합동상집·대의원 수련회, 그리고 합동조합원교육을 실시하였다. 아울러 의료민주화사업을 위한 지역본부 차원의 사업 필요성도 제기했다. 교섭전술로는 3월 중순 통일교섭을 시작하여 4월 초 집단교섭 또는 대각선교섭으로 전환하기로 하되, 부산지역본부에서는 집단교섭 성사투쟁을 위한 교섭전술을 별도로 계획했다.

보건의료노조 부산지역본부는 이상의 기조와 방침으로 사업을 추진하려고 하였으나 기업별노조의 벽을 한꺼번에 뛰어넘기에는 역부족이었다. 그럼에도 2001년 부산의료원 민간위탁저지와 공공의료강화투쟁을 통하여 지역 시민사회와 함께 다양한 투쟁을 전개하였고, 부산의료원 민간위탁을 저지시킨 승리한 투쟁을 만들어 냈다. 그리고 합동조합원교육[23] 등에서도 나름대로 성과를 냈다.

② 금속노조 부산양산지부 건설과 경과

한국노동운동사에서 금속노동자들은 전통적인 제조업 노동조합의 주력이었고, 가장 선두에서 투쟁을 전개해 왔다. 특히 1987년 노동자대투쟁을 거치면서 대두된 대공장 정규직 노동자들의 절대 다수는 금속노동자들이었고, 1987년 노사관계체제를 끌어온 핵심노동자들이기도 했다.

---

23 보건의료노조 부산지역본부는 산별교육사업으로 합동조합원교육을 매년 실시하였는데 2001년 528명, 2002년 602명, 2003년 570명, 2004년 521명 등 꾸준히 많은 조합원들이 참석하였다.

금속부문 노동조합의 역사는 전노협에서 민주노총으로 전환하는 과정에서 민주금속연맹, 자동차연맹, 현총련의 금속 3조직시대, 금속 3조직이 통합한 금속산업연맹을 거쳐 금속노조와 금속산업연맹 공존시대를 지나 현재의 금속노조를 이루고 있다.

1995년 민주노총이 출범했을 때는 자동차연맹과 현총련이 민주노총 가맹단위가 되어 활동 중이었고, 1996년 1월 금속일반추진위원회와 조선노협이 함께한 민주금속연맹이 출범하여 금속 3조직시대가 되었다. 1996년 12월 노동법 날치기 통과 당시 자동차연맹, 민주금속연맹, 현총련이 잇달아 총파업을 벌임으로써 금속노동조합의 힘을 여지없이 보여주였고, 1997년 3월 현총련이 금속 3조직 통합을 제안하고 민주금속연맹과 자동차연맹이 적극 수용하여 1998년 2월 금속산업연맹을 출범시켰다.

금속산업연맹은 출발부터 산별노조 건설을 조직적 목표로 설정하였고, 1년차 임단투 요구부터 산별중앙교섭을 사용자 측에 제기하는 등 산별노조 건설을 본격 준비하였다. 1999년 3월 임시대의원대회에서 2000년 10월 금속산별노조를 건설할 것을 결의하였으며, 2001년 2월 108개 노조 30,795명의 조합원으로 금속노조를 결성하였다.

1998년 금속산업연맹이 결성된 직후 전국금속산업노동조합연맹 부산양산본부도 창립대의원대회를 개최하고 1기 집행부를 구성하였다. 창립 당시 14개 노조 10개 지부 총조합원 수 6,750명으로 부산시에 18개 노조·지부, 양산시에 7개 노조·지부, 김해시에 1개 지부가 있었고, 업종별로는 자동차완성사(판매·정비 포함) 10개 지부, 자동차판매업 1개, 자동차부품업 5개, 조선업 1개, 일반금속 8

개, 판매서비스(공구)업이 1개였다.[24]

금속노조의 결성이 가시화된 후 부산양산지역에서는 2001년 1월 산별준비위원회를 구성하여 조직형태 변경결의를 추진하면서 금속노조 부양지부 건설작업에 착수하여 4월 전국금속노조 부산양산지부 창립대의원대회를 개최했다. 금속노조 13개 지역지부 중에서 가장 늦게 출범한 부산양산지부는 금속노조 창립 당시에는 10개 노조 702명이 조직형태변경을 통해 가입했으나 부양지부의 창립 시에는 정관지역지회 한국기전현장위원회가 신규가입하여 사업장은 11개, 조합원은 785명으로 조직현황으로 볼 때 금속노조 내에서 가장 작은 지부였다.

금속노조의 결성은 한국민주노조운동을 주도해 온 금속노동자들의 산별노조운동의 시작으로 민주노조진영에서 차지하는 비중을 고려할 때 중요한 의미를 가졌다. 그러나 금속산별노조운동은 원만하지 않았다. 왜냐하면 산별노조로의 전환에서 대기업노조들의 지체와 산별교섭에 대한 사용자들의 거부 및 불참 등이 원인이었다. 그러나 금속노조의 2002년 기본협약에 이어 2003년 산별중앙교섭의 타결은 많은 한계에도 불구하고 향후 산별교섭 정착의 기초를 마련하였다는 점에서 중요한 의미를 가졌다.

금속노조의 조직운영을 살펴보면, 금속노조는 조합원 중심으로 단일한 체계에 따라 운영되었다. 본조는 전체사업을 관장하고, 지

---

24 창립 후 1998년에 신일금속노조, 동남알미늄노조, 힐티코리아노조가 신규가입했고, 기산노조가 해산하였다. 1999년에는 유광노조, 동보체인노조, 신라금속노조, 유성금속노조, 세명공업노조, 신신기계노조, CP시스템노조가 신규가입했고, 동남알미늄노조가 해산했다.

부는 금속노조의 사업을 집행하는 기본단위이자 일상활동의 중심단위이며, 지회는 현장활동단위이자 조합원 실천의 기초단위로 설정하였다. 특히 금속노조는 지부의 중요성을 강조했는데, 지부는 산별노조운동의 성공을 위한 계급성을 강화하고 대중적 기반을 강화하기 위해 기업의 울타리를 넘어 계급적 단결과 투쟁을 실현할 수 있는 일차적인 공간이기 때문이었다.

금속노조 부산양산지부의 경우, 2005년 기준 지부의 대의원대회는 연 1회 정기대의원대회와 중앙위원 선출, 투쟁방침 및 지부 요구안 확정, 교섭위원 선출 등 중요사항이 있을 시 임시대의원대회를 개최하여 왔다. 임시대의원대회의 경우 2001년 월 1회 개최하기로 결의했음에도 2001년 2회, 2003년 6회, 2004년 2회를 개최했고, 참석률도 저조하여 확대간부회의 수준으로 진행되었다.

금속노조는 산별노조로서 재정집중을 위해 통상임금 1%의 조합비를 모두 본조로 납부한 다음 쟁의기금 및 희생자구제기금 등 기본기금 10%를 적립한 다음 나머지 90%를 가지고 본조 30%, 지부 20%, 지회 50%의 비율로 나누어 사용했다.[25] 부산양산지부의 재정은 본조에서 보낸 교부금을 기본으로 하여 사업운영비를 충당하고, 투쟁사업비는 별도의 지원을 받아왔다.

금속노조의 산별교섭은 산별노조 건설 첫해인 2001년부터 중앙산별교섭을 시도하였으나 사용자 측의 거부와 사용자단체 미구성으로 1개월 이상 공전되면서 지부집단교섭으로 전환되었다.

---

25 조합비가 통상임금의 1%를 넘는 지회는 초과액만큼 지회특별부과금으로 전환하게 되어 있었다.

지부집단교섭은 교섭군별로 집단교섭 또는 대각선교섭으로 진행하였으나 그전까지 기업별교섭이 일상화되어 있던 상태에서 기업별노조가 산별노조로 전환했다고 사측이 집단교섭이나 대각선교섭에 선뜻 나서기란 어려웠다. 2001년 교섭을 통해 2002년 교섭에서 집단교섭을 하기로 합의하는 것도 중요한 과정이 될 수밖에 없었다.

2002년 10회의 집단교섭을 했으나 사용자 측이 기본협약에 대해 거부하여 임금교섭도 지연되는 등 산별교섭은 원활하지 않았으며, 2003년 중앙교섭에서는 108개 사업장이 산별협약의 전 단계로 볼 수 있는 기본협약에 합의하였는데, 부산양산지부 소속으로는 3개 사업장만 합의하여 저조한 양상을 보였다. 그럼에도 불구하고 금속노조 부산양산지부는 꾸준히 산별교섭을 추진하여 2004년에는 한진중공업, 대우정밀, 비엠금속까지 집단교섭에 합류시켜 (가칭)부산양산지역사용자협의회를 구성하게 하여 집단교섭을 원활하게 진행할 수 있는 조건을 만들었다. 교섭은 노사 양측의 합의에 따라 진행될 수밖에 없었지만 투쟁은 노조가 중심이 되어 진행하기에 시기를 맞추어 공동으로 투쟁할 수 있으므로 꾸준한 교섭전략과 공동투쟁으로 성과를 가져올 수 있었다.

③ 전국운송하역노동조합 부산경남본부

전국화물운송노동조합연맹(이하 화물연맹)은 1988년 9월 법외노조로 출범하여 1997년 4월 합법노조의 지위를 획득했다. 1995년 민주노총이 건설되면서 화물연맹 내에서도 산별노조 건설에 대한 논의를 시작해 1996~1997년 노동법 개정 투쟁국면에서 산별노조 건설 논의가 활성화되었다. 화물연맹은 본조가 부산에 있던 유일한 연맹조직으로 초기에는 대부분의 조합원이 부산에 있었으므로 부산지역의 활동이 곧 연맹의 활동이라 해도 과언이 아니었다.

화물연맹의 산별노조 조직원칙은 연맹 전체의 산별노조 전환이 아니라 가능한 단위노조부터 산별노조의 틀로 묶는 전략이었다. 이는 연맹 내의 내부적 합의구조가 미약했기 때문인데, 따라서 초기 주체를 중소노조, 민영화부두노조, 영세사업장노조로 설정했다.

그에 따라 1999년 2월 화물연맹 소속 단위노조들은 '전국운송하역노동조합(이하 운송하역노조)'이라는 산별노조로 조직형태를 변경했다. 전체 24개 단위노조와 조합원 3,056명 중에서 산별노조로 전환한 단위노조는 14개 노조와 조합원 614명이었다. 당시 충분한 교육과 토론을 했음에도 불구하고 상대적으로 규모가 큰 동방노조, 세방노조, 고려운수노조가 조직형태 변경결의를 하지 않고 이후 2000년에 운송하역노조에 가입했다.

운송하역노조의 경우 산별노조로의 전환이 이루어졌지만 실제적인 내용은 미약했다. 노조의 자원과 권한은 기업단위 지부들에 집중되어 있었으며 교섭구조도 예전과 별다른 변화가 없었다. 그럼에도 운송하역노조 본조는 새로운 교섭틀과 조직운영을 위해 노력하였으며, 산별노조로 전환을 통한 긍정적 효과는 조직화가 용이해졌다는 점이었다. 실제 산별노조로 전환한 이후 1년 동안 18개 지부가 신규로 조직되었으며, 조합원도 1,612명이 증가했다. 그리고 1999~2000년 신선대부두와 우암부두의 조직화사업과 2002년 화물연대 조직화사업도 산별노조로 전환했기 때문에 가능한 일이었다(윤영삼, 2004).

운송하역노조는 2002년부터 산별노조의 형식적 완성과 더불어 실질적 내용을 채워나가는 데 주력했다. 통일적 요구안 선정, 교섭 지원체계 구축, 교섭방식의 다각화 등을 모색하고, '산별적 조직'의 특성을 최대한 살리기 위해 미조직-비정규노동자의 조직화사업에도 노력을 해 2002년에 화물연대를 발족시켰고 2003년에는 위력적인 투쟁을 전개한 바가 있다.

또 다른 한편에서는 1997년부터 시도된 운수산별조직 건설논의가 있었지만, 민철노련이 공공연맹으로 가입하고, 화물·택시·버스는 별도의 연맹으로 고착화되면서 잠복기에 들어갔다. 이후 운송하역노조(화물통준위), 민주택시연맹, 민주버스노조 및 공공연맹 운수분과 소속 노조들이 2004년 운수노조연대회의(운수연대)를 결성하면서 운수산별노조라는 대산별형태의 논의가 활성화되었다. 운수연대는 2004년 화물·택시·철도 공동투쟁기획단을 만들고 공동의 요구와 분야별 요구를 선정하면서 조직 내 소통구조와 내부 통일성을 형성했다. 그 결과 2005년 3월 운수연대 대표자회의에서 2006년 '운수산별노조' 건설 추진을 공식적으로 결의했다.[26]

④ 공공운수사회서비스노동조합[27]

공공운수노조는 2011년에 건강보험공단, 국민연금공단, 가스공사, 서울대병원 등 공공기관이 소속된 공공노조와 버스, 택시, 화물,

---

26 이후 공공연맹이 공식적으로 공공운수대산별노조 건설을 제기하여 다시 쟁점이 되면서 독자적인 운수산별노조 건설이 불투명하게 되었다.
27 공공운수노조의 경우는 산별노조의 통합이라는 형식을 거쳐 결성되었으므로 중앙 중심으로 서술하였다.

철도, 항공 등이 소속된 운수노조가 통합한 민주노총 산하 공공부문 최대 노조이다.

공공·운수·사회서비스부문의 모든 노동자와 이 부문에서 일한 경험이 있는 실업자·퇴직자·해고자 및 노조임용자, 예비노동자까지 가입대상이다. 공공기관과 철도, 지하철, 항공과 같은 운수부문, 공공연구부문, 그리고 경제사회부문, 의료, 사회복지, 문화예술, 돌봄노동, 시설관리와 청소, 건설엔지니어링 등 사회서비스부문까지 정부로부터 예산을 받거나 사업의 목적이 공적인 대부분의 영역에 조합원이 있다.

공공운수노조의 경우 건강보험공단, 국민연금, 철도공사 등 사업장이 전국에 걸쳐 있는 경우가 많으며, 지자체 출연기관의 경우와 운수업종의 경우에는 부산지역에 본조를 두고 있었다.

공공운수노조는 민주노총에서 독자적인 산별연맹으로 활동해 오던 공공연맹, 화물통준위, 민주택시연맹, 민주버스연맹 네 조직이 2005년 4개 연맹 통합준비위원회를 출범시켜 공공운수부문 산별노조 시대를 열어 갈 것을 결의했다. 2006년, 산별노조인 공공노조(조합원 3만 2천여 명)와 운수노조(조합원 5만여 명)를 건설했고 2007년 1월에는 120개 노조 15만 조합원을 아우르는 공공운수연맹을 출범시켰다. 이를 통해 공공과 운수를 포괄하는 하나의 공공운수산별노조를 건설하자는 의지를 표명했다. 한편 과학기술노조와 연구노조는 통합해 소산별노조인 공공연구노조를 건설했다.

공공운수연맹과 두 산별노조(공공노조, 운수노조)는 4년여 동안 공동사업과 투쟁을 거쳐 2011년 6월 전국공공운수사회서비스노동조합으로 출범했다. 실질적인 통합을 통해 공공운수노동자 대산별노조를 향한 새 장을 연 것이다. 공공운수노조는 공공운수연맹과 조직, 예산, 인력을 통합운영하면서 미조직노동자 조직화와 비정규직 투쟁, 정부의 공공기관 정책과 노조탄압, 민영화에 맞선 대응 등을 강화하며 산별노조 완성을 위해 힘썼다.

그리고 2014년 7월 임시대의원회의에서는 산별전환 조직과 전환하지 않은 조직(연맹 소속)을 하나의 산별노조로 통합하는 조직발전방안을 결의했다. 거세지는 공공기관에 대한 공격, 비정규직 증가, 사회양극화 심화라는 현실 속에서 산별노조를 통한 조직발전의 길을 열고 10년여 동안 이어온 산별전환운동을 미래지향적으로 마무리하자는 결단이었다. 그 결과 통합 산별조직인 전국공공운수노동조합(공공운수노조)이 재출범했다.

4. 노동자정치세력화와 진보정당의 역할

한국의 현대사는 경제와 민주주의라는 두 개의 축을 중심으로 발전해왔다고 볼 수 있다. 그런 점에서 한국의 노동운동은 두 개의 측면에 걸쳐 중요한 역할을 해왔다고도 할 수 있다.

민주주의란 말 그대로 인민이 국가의 주인이 되는 정치제도이고, 특히 대의제 민주주의는 선출된 소수의 정치인이 대다수 인민의 정치적 뜻을 대신하여 민주주의를 실현하는 제도이다. 현실 민주주의는 곧 대의제이므로 민주주의 성취의 관건은 인민의 뜻을 어떻게 최대한 실현할 수 있는가에 있다.

한국의 승자독식 소선거구제 단순다수제 선거제도는 최대 득표자가 모든 권한을 다 차지하는 제도로서, 만일 40%의 득표로 당선이 되면 나머지 60% 인민의 뜻은 무시되어 버린다. 이것은 대의제 민주주의를 무색하게 하는 제도임에 틀림없다.

그런 점에서 자본주의사회에서 절대다수를 차지하는 노동자들의 정치세력화는 세계 모든 나라에서 보편적으로 민주주의 발전과정에서 나타났고, 노동자계급을 기반으로 하는 정당이 주요한 정당으로 자리 잡고 있는 국가들을 쉽게 볼 수 있다. 특히 선진국일수록 노동자를 대변하는 정당이 발전했다.

한국의 노동운동 역시 그런 점에서 다양한 시도를 했지만 순탄치 않은 길을 걸어왔고, 노동자계급의 정치세력화를 위한 노력이 이루어졌지만 현실 정치에서는 아직도 유의미한 정치세력으로 자리 잡고 있다고 보기 어렵다.

노동자정치세력화는 거시적으로 민주화와 신자유주의화라는 국가정치체제와 축적체제 변동과 같은 국내적 변수, 그리고 사회주의권 붕괴, IMF경제위기 및 남북한 정치군사관계 변동 등 외적 변수들의 작용과 함수관계에 있었다(노중기, 2018: 186).

해방정국과 한국전쟁을 거치면서 절멸된 한국의 진보정치운동은 1987년 노동자대투쟁 이후 새로운 출발을 하였다. 그러나 1987년 노동체제 10여 년의 기간 동안 노동자 정치세력화는 유의미하고 가시적인 성과를 만들지 못했다. 진보정당 설립과 선거 참여가 되풀이되었으나 실패를 거듭했고 대개 법적 해산이나 탄압사태로 마무리되었다(노중기, 2018: 187).[28] 노동운동 내부에서는 정치적 입장

---

28 노동자대투쟁 이후 정치세력화 시도의 주요 사례는 1987년 대선 참가, 1988년 민

이 운동노선에 따라 제각각이었고 정치세력화의 움직임은 단일한 대오를 형성하지 못했으며, 전선운동과 정당운동, 합법정당과 비합법정당 등 다양한 정치운동조직 등으로 정치적 입장이 통일되지 못하였다.

1987년 이후의 노동운동의 일차적 과제는 어용 한국노총이라는 1노총 체제하에서 억압된 노동운동 특히 독립된 노동조합운동의 시민권을 회복하는 일이었다.

1990년 전국노동조합협의회의 결성, 1995년 전국민주노동조합총연맹 건설 등 민주노조들의 상당한 조직역량 확대에도 불구하고 노동운동은 정치세력화에 직접적인 역량을 투입할 여력을 갖추지 못하였다. 따라서 노동자 정치운동은 노동조합이라는 대중조직의 토대 위에서 진행되었다기보다는 소수의 선각자 또는 정파조직 중심으로 움직였기 때문에 탄압과 배제의 대상이 되었다. 결국 1996~1997년 노동법 총파업 이후 진행된 민주노조운동의 시민권 획득[29] 이후에야 비로소 진보정치운동은 새로운 활력을 얻을 수 있었다. 노동자대투쟁 직후에는 정치세력화나 산별노조 건설운동이 1987년 체제 민주노조운동의 당면과제라기보다는 생존권과 시민권 확보가 우선일 수밖에 없었고, 민주노조운동에 대한 국가와 자본의 강력한 탄압, 턱없이 불리한 법제도적 제약과 이데올로기 지

중의 당 및 한겨레민주당 창당, 1989년 남한사회주의노동자동맹(사노맹) 결성, 1990년 민중당 창당, 1991년 한국사회주의노동당(창준위) 결성, 1992년 진보정당 추진위(진정추) 출범 및 총선·대선 참가, 1993년 민중정치연합 구성, 1995년 진보정치연합 결성 등이 있다.

29 민주노조운동의 시민권 획득은 민주노총의 합법화로 나타났다.

형, 기업별노조의 조직역량 한계 등으로 1997년 총파업 이후 신자유주의가 확산되기 시작하면서 비로소 산별노조 건설운동과 함께 노동자정치세력화에 착수할 수 있었다. 노동운동 내부에서 벌어진 치열한 논쟁과 여러 가지 실천적 실험들은 비판적 지지의 강한 압박 속에서도 독자적인 계급적 진보정당의 전망을 만들어내는 동력을 만들어낼 수 있었다.

신자유주의 확산과 구조조정으로 인한 대규모 정리해고의 강행 등 고용위기에 처한 민주노총은 개별 기업의 단체교섭만으로는 대안을 찾을 수 없었고, 정치적 대안을 찾을 수밖에 없었으며, 이는 산별노조로의 전환과 함께 정치세력화로 급물살을 타게 되었다.[30]

민주노총을 기반으로 하는 정치세력화는 1997년 10월에 국민승리21을 결성하면서 본격화되었다. 1997년 대선에서 민주노총 1기 위원장을 지낸 권영길 대표가 나서서 1.19% 득표를 하는 데 그쳤지만, 민주노총은 1999년 3월 진보정당 창당을 위한 추진기구를 4월 중에 구성하기로 결의했다. 그리고 민주노총 부산본부는 1999년 상반기 투쟁이 마무리될 시기에 진보정당 건설과 관련된 논의를 상반기 정치투쟁의 성과로 만들기 위해 현장이나 지역의 제 단체와 긴밀하게 협의를 시작했다. 그리하여 7월 진보정당 추진위원을 적극 조직하기로 하는 등 정당건설 사업에 적극 결합하기로 결정하

---

30 노동자 정치세력화도 산별노조 전환과 마찬가지로 노동운동의 상승국면에서 힘 있게 추진되었다기보다는 신자유주의의 확대와 IMF경제위기를 계기로 발생한 구조조정이나 고용위기 시기에, 자본의 공세가 확산되고 노동운동이 침체국면에 접어들 시점에 추진되었다. 산별노조 건설도 정치세력화도 수세적으로 진행될 수밖에 없는 구조적 한계를 내포한 것이었다.

였으며, 이어서 노동자 정치세력화 및 진보정당 건설을 위해 현장 단위의 교육과 토론을 진행했고, 정치위원회의를 구성하고 단위노조에서도 정치부를 설치하도록 권장하였다(민주노총 부산지역본부, 2000: 63-64).

민주노동당은 2000년 1월 30일 창당하여 권영길 전 민주노총 위원장을 대표로 선출하였다. 곧이어 2000년 4월 16대 총선에 출마하여 출마지역 평균 13.1%를 득표하였으며, 2002년 6월 지방선거에서 기초단체장 2명, 광역의원 11명(비례 9명 포함)을 당선시키고 정당득표에서 8.13%를 득표하였다. 2002년 대통령선거에서는 권영길 후보가 출마하여 3.98%를 득표하였다. 2004년에는 제17대 국회의원총선거에서 10명의 국회의원을 배출하면서 제도권 정당으로 진입하였고, 지역구에서 권영길(경남 창원을) 의원과 조승수(울산 북구) 의원이 당선되었고, 정당투표에서 13.03% 득표하여 8명의 비례대표를 당선시켜 44년 만의 진보정당 원내진출이라는 큰 성과를 얻었다.

민주노동당은 부유세의 신설을 통한 빈부의 격차 해소와 국가보안법의 폐지 등을 주장하였으며, 2002년 대선과 2007년 대선에서는 무상의료, 무상교육 정책을 주장해 큰 관심을 모았으며 이 중 무상급식은 민주노동당이 가장 먼저 내놓은 정책으로 2010~2011년에 큰 관심을 불러 일으키며 정국의 주요 쟁점으로 떠올랐다. 이외에도 신용카드 수수료 인하, 이자제한법, 상가건물 임대차보호법 같은 서민정책도 민주노동당이 처음으로 내놓은 정책들이었다. 민주노동당이 처음 주장한 부유세도 노무현정권에서 종합부동산세로 빛을 봤다.

5. 노무현정권과 부산지역 노동운동

노무현정권의 출범은 노동계에도 적지 않은 기대를 불러일으켰다. 강력한 지지의지로 뭉친 시민들의 역동적 참여와 후보 자신의 '원칙과 상식을 뿌리내리고, 우리사회의 지배구조를 혁신하겠다'는 약속으로 이룬 선거승리였던 만큼 기대는 당연한 것이었다. 그리고 마침 2003년 2월 노무현 당선자가 한국노총과 민주노총 사무실을 전격 방문해서 양 노총의 지도부와 대화하면서 거듭 '노동조합의 참여'를 제안하고 개혁적 국정운영을 다짐하기도 했다. 실로 55년 동안 대한민국 정부 출범 이후 처음 있는 국정 책임자 지위의 당선자 또는 대통령의 노조사무실 방문이었다. 물론 전경련 등 경제단체 방문과 형평을 맞추기 위한 일정이기도 했지만, 그만큼 노동자를 무시하고, 노동자들의 '사회적 소외의식'을 방치해 왔던 과거를 넘어서겠다는 강력한 의지의 표현이라고 읽을 만한 방문이었다.

노무현정권은 '국제기준에 부합하는 노동기본권 확대를 전제로 한 사회통합의 구현'과 '일자리 확대(연 50만 개 일자리 창출) 및 노동자 삶의 질 향상'을 노동정책의 큰 목표로 삼겠다고 다짐했다. 특히 주목할 만한 것은 '차별철폐'를 가장 앞서는 과제로 삼아 '사회통합정책 차원에서 노동정책을 펴겠다'는 약속이었다. 한마디로 노무현정권의 정책방향은 '사회통합과 개혁'으로 집약되었다.

그러나 '성장과 분배의 조화'라는 표현은 어느덧 '위대한 2만 불 시대'라는 성장우선주의 구호로 대체되었으며, 사회적 합의를 계승

한다고 하였으나 노사정위원회의 새로운 위상 찾기 움직임은 없었으며 오히려 사회적 대화의 형식적 기구로서의 효용성마저 포기하였다. 가깝게는 김대중정권, 좀 멀게는 김영삼정권부터 '노동시장 유연화와 협조적 노사관계의 구축'이라는 일관된 정책방향을 관철시키고 있는 관료의 입김에 의해 노동정책이 운영되었다. 5대 차별시정과 동일노동 동일임금의 원칙을 제시하는 등 비교적 신선한 구호로 출발했던 사회통합의 구상은 대기업노동자의 투쟁을 집단이기주의로 매도하는 용도로 쓰였으며, 준비하고 있던 비정규직 보호방안의 수준은 '지금 그대로'를 분명히 하였으며, 아울러 참여와 자율의 자치주의를 명분으로 제시된 노사관계 선진화방안은 가히 충격적인 노동현실 인식을 드러내 보였다. 자치주의라는 이름으로 제도적 개혁의 과제에 대한 방기와 유연화의 관철을 적극 옹호하였다(김성희, 2006).

그렇게 하여 초기의 협조적인 노정관계는 곧바로 멀어졌고, 정부와 노동계는 긴장과 대립관계로 전환되었다.

1) 노무현정권 시기 부산지역 노동운동

(1) 화물연대 파업과 물류대란

2002년 6월 화물노동자공동연대(준)가 발족한 이후 10월 화물연대가 공식출범하면서 3대 요구안은 '대정부 10대 요구안'으로 정책적 발전이 이루어졌고 정부에 '정책제안서'를 제출하는 등 본격적인 대정부투쟁을 준비했다. 이에 따라 조합원 수는 급증하기 시작했고 2003년 들어서면서는 밑으로부터 투쟁이 보다 조직적으로 진행되기 시작해 대산석유화학단지의 화물노동자들이 현대, 삼성, LG 등 대기업을 상대로 3일간의 파업을 벌인 결과 운송료 인상과 노동조건 개선을 관철시키면서 조직적 역량 및 투쟁 경험을 축적했다.

권력교체기에 있었던 정부는 이와 같은 빠른 조직화 흐름에 대해 '집단민원' 수준의 인식에서 벗어나지 못함으로써 화물운송노동자들의 불만은 정부를 향해 모아지는 결과를 낳게 되었다. 화물운송노동자들은 2003년 3월 포항집회(2,500여 명)를 시작으로 과천 정부종합청사집회(3,500여 명), 4월의 부산집회(4,700여 명), 과천집회에 이은 5월 1일 노동절집회 때는 무려 10,000여 명의 조합원이 참석하였다. 이러한 조직 동원이 가능한 이유는 화물연대가 내세운 요구안이 화물노동자의 절박한 생존권을 반영하고 있을 뿐만 아니라 화물노동자들의 불만과 운송하역노조의 조직적 노력이 결합했기 때문에 가능했다.

계속되는 집회에도 관련 부처의 인식은 변함이 없었으나 당시 노무현 대통령의 '화물연대와의 대화 지시' 이후 정부의 대응은 변화하기 시작했으며 최초의 대정부 교섭틀이 만들어지기 시작했다. 그러나 화물연대의 조직적인 대정부 압박에 대해 정부 부처 간 책임 전가 등 성의없는 반응이 계속되면서 물류대란의 가능성은 현실화되기에 이르렀다.

2003년 5월 화물연대 부산지부는 8일부터 파업 돌입을 선언하고, 부산지부 남부지회 조합원 800여 명이 경고파업을 시작했다. 9일에는 포항 화물연대는 잠정합의하였으나 부산지부는 신선대부두 정문에서 집회를 시작으로 전면파업에 돌입했다. 4일간의 파업

으로 부산항의 화물반출입이 사
실상 마비되면서 수출물량의 절
반가량이 선적되지 못했고 대부
분의 부두 야적장이 포화상태에
도달해 13일에도 수입화물이 반
출되지 못하고 쌓일 경우 하역작

2003년 화물연대 파업 당시
신선대부두 앞 집회
출처: 국제신문(2003. 5. 12)

업이 불가능해져 항만기능이 완전 마비 단계에 접어들었다.

　화물연대 지도부는 12일 신선대부두 앞에서 집회를 열다가 노사
정합의안에 대한 설명과 투표를 위해 부산대로 자리를 옮긴 뒤 국
가경제에 미치는 영향 등을 고려해 파업유보 후 협상을 조합원들에
게 설득했다. 이날 밤 부산대 학생회관에서 조합원 2,125명이 참가
한 가운데 파업유보 여부에 대한 투표를 벌였으나 '합의안에 가시
적인 성과가 없다'는 조합원들의 불만을 누그러뜨리지 못하고 파
업강행 쪽으로 결론이 나 13일부터 총파업에 돌입하였다. 화물연대
부산지부의 총파업에 따라 수출입컨테이너가 반입과 반출이 되지
않아 부산항이 전면 마비되면서 국내 수출업체에도 큰 타격이 발생
하였고, 물류대란이 발생하였다.[31] 이러한 상황이 전개되자 정부와
화물연대는 15일 심야협상까지 재개하여 노정협상을 타결하였다.

　화물연대가 전면적인 파업을 하게 된 배경은 노사관계와 노정
관계를 구분해서 살펴볼 필요가 있다. 핵심 사안이 노사관계에서
는 운송료 현실화였고, 노정관계에서는 물류체계 개혁 및 제도개선

---

31 무역협회는 부산항의 파업이 지속될 경우 누적 수출피해는 12일 9,180만 달러, 13
　일 1억 7,525만 달러, 14일 2억 7,540만 달러, 15일 4억 892만 달러로 늘어나고 16
　일에는 5억 5,915만 달러에 달할 것으로 전망했다(연합뉴스 5월13일 자).

이었다. 노사관계에서 가장 문제가 되었던 점은 교섭주체(화주와 운송업체)의 문제로 교섭주체가 상대적으로 명확한 지역에서는 비교적 단시간에 협상이 마무리되었다. 그러나 교섭주체가 불분명할 경우 파업은 장기화될 수밖에 없었다. 이러한 특징은 포항지부와 부산지부의 파업양상을 비교해보면 명확히 확인된다. 운송료협상의 경우 포항지부는 포스코, 동국제강 등 화주 4개사와 운송업체 9개사가 화물연대를 상대로 협상을 벌여 마무리했으나, 부산지부의 경우는 취급화물이 대부분 컨테이너여서 화주 확인 자체가 어렵고 운송업체도 대형업체에서 중소업체까지 수백 개가 난립해 단시간 내 교섭주체를 내세운다는 것이 불가능했다. 따라서 전국적인 사업자단체가 나서든지 정부가 개입해 해결할 수밖에 없는 조건이 계속되었다. 불분명한 교섭주체 문제는 중앙교섭에서도 반복되었다. 화물연대는 규제되지 않는 협상과정을 창구단일화를 통해 전국적 협상국면으로 전환시켰다. 전국적 수준의 교섭단체(전국화물자동차운송사업자연합회, 이하 연합회)는 있었으나 문제는 각 업체로부터의 '위임권'에 관한 것이었다. 위임권 문제는 대표권의 문제로 연결되어 협상내용에 대한 효력이 제한될 수밖에 없는 조건이 계속되었다. 화물연대는 중앙교섭테이블로 사측을 끌고 나오는 것 자체가 하나의 중요한 전략이었다(윤영삼, 2009).

다음으로 노정관계를 살펴보면, 노정교섭과정에서 핵심적인 교섭대상은 '경유가 인하' 문제였다. 화물연대의 요구안 중 상당수가 '직접비용 인하'였다는 점을 감안한다면 직접비용은 40~50%를 차지하는 경유가 인하 문제를 해결하지 않고서는 어떠한 협상결과도 조합원들이 받아들이기 어려운 상황이었다. 정부도 역시 경유가 문제는 그동안 추진해온 에너지 세제 개편안이 흔들릴 수 있다는 점을 들어 완강한 거부입장을 견지했다. 조합원들의 기대수준과 '현실적 타결안' 간에 불일치가 계속되면서 합의와 파기과정이 두 차례나 반복되었다. 정부로서는 물류마비사태에 대한 부담 등으로 인해 2003년 7월 유류세 인상분 전액 정부보전, 에너지 세제 개편에 따른 부작용 해결이라는 적극적 협상안을 제시함으로써 최종타결에 이르게 되었다.

5.15노정합의가 '제한적'이고 불완전한 성격을 띠고 있었기 때문에 노-사, 노-정은 본격적인 교섭국면으로 들어갔다. 그러나 정부는 당초 합의안과 달리 '방관적' 입장으로 일관했고 자본 역시 교섭주체의 형성을 지체시키거나 실질적 교섭을 거부하면서 '유보적 입장'을 취했다.

5월 파업 이후 보수언론은 노동운동을 고립화시키려고 하였고, 정부는 이러한 노동적대적 언론환경에 보조를 맞추기 시작했다. 철도노조가 파업하자마자 대규모 경찰력을 동원하여 '무력진압'하였고, 합의된 내용을 번복하는 사태가 벌어졌다. 이른바 '비타협적 노동배제전략'으로 급선회하였다. 교섭이 지연되고 합의한 내용조차 왜곡되자 화물연대는 7월 파업찬반투표를 실시해 정부와 사측을 압박했지만 정부의 강경대응방침과 사측의 교섭지연전략은 계속되었다. 결국 8월에 파업은 다시 재개되었다. 그러나 정부와 자본은 화물연대와의 교섭 자체를 거부했으며 모든 통로를 차단한 채 물리적·이데올로기적 공세를 취하였다. 운송자본은 노사관계가 아니라 화물시장에서 '갑(발주자)과 을(공급자)의 관계'임을 전제로 화물연대에 산별노조의 지위를 부여하는 '중앙교섭(방식)'을 인정할 수 없다는 강경한 입장을 유지했다. 특수고용직 노동자들의 투쟁에서 일반적으로 나타나는 불성실교섭과 노동자성 시비 등으로 교섭목표를 바꾸어야 할 상황이었다.

파업이 진행되자 운송자본은 '선복귀 후협상'을 공식화하면서 계약해지와 손해배상 청구를 통하여 화물연대를 압박했다. 계약해지는 해고와 동일한 효과를 갖는 것이었다. 파업의 장기화는 조합원들의 물질적·정신적 피해를 가중시켰고, 상대적으로 운송자본에 대한 종속성이 높은 위수탁지부는 복귀선언을 해 9월 화물연대가 '선복귀 후협상' 방침을 결정하여 16일간의 2차 파업은 종료되었다.

화물연대는 2002년 화물노동자 공동연대 준비위가 발족할 당시 참가자가 280여 명이었으나 결성했던 10월에는 1,387명으로 증가했고, 2003년 5월 투쟁 후인 7월에는 24,325명에 달했다. 8월 투쟁 이후 현장통제가 강화되고 탈퇴압력이 심해지는 상황에서도 조합원 수는 20,000여 명을 유지하였다.

2003년 5월 파업에서 승리한 화물연대는 8월 파업에서는 처절한 패배를 경험하면서, 40여 명에 달하는 구속·수배자, 1,000여 명에 달하는 계약해지자, 30억 원 이상의 손배청구, 수억 원에 달하는 벌금과 과태료 등으로 힘겨운 나날을 버틸 수밖에 없었다. 특히 특수고용노동자가 노동자성을 인정받지 못하는 상황에서 화물연대 자체의 합법성도 없는 상태였다.

2004년에 들어 건교부는 교섭대상이 아니므로 교섭할 수 없으나, 정책에는 반영하겠다는 입장이었다. 화물연대는 조직적으로는 법외노조였으며, 화물노동자들은 명색은 허울 좋은 '사장'으로 불릴지라도 허상을 벗겨내면 빈껍데기에 불과했다. 화물노동자들의 실제 수입은 비용을 빼고 나면 한 달 100만 원도 채 되지 않았다. 차를 몰고 나가면 2박 3일은 기본으로 20~30시간을 도로에서 보내야 하는 장시간 노동에 시달렸으며, 화물연대 2만 조합원 중에 매월 5~6명이 사망하면서도 산재보험 적용도 되지 못하는 현실이 놓여 있었다. 그러다가 2005년 9월 신선대부두에서 트레일러 화물운송노동자인 김동윤 씨가 몸에 시너를 붓고 불을 붙였다. 화물연대 투쟁조끼와 머리띠를 묶고 분신한 그의 외침은 '고유가에 못 살겠다', '열심히 일해도 먹고살 수가 없다'라는 절규였다.

김동윤 열사는 1999년 12월부터 민주노동당에 가입하여 열성적으로 활동했으며, 화물연대에는 2002년 10월 출범식 때 가입하여 분신할 당시까지 화물연대 부산지부 해운대지회 우동분회 조직담당으로 모범적으로 활동해 왔다. 김동윤 열사는 고유가와 운임저하로 인해 생계파탄에 이른 화물노동자의 대표적인 사례로 가정형편이 어려워지자 부가세를 미납하게 되었고 미납금액이 1,200만 원에 이르게 되었다. 체납세금을 갚기 위해 수영세무서와 상의하여 월 50만 원씩 갚아나가기로 약속하고 이행각서를 작성하면서 부산시에서 나오는 유류보조금을 받을 때 생계비로 써야 하니 50만 원만 공제하고 나머지는 돌려달라는 부탁을 했고 세무서 측에 이에 대한 약속을 받고 각서를 써 주었다. 그러나 부산시의 유류보조금 환급 시 보조금 전액을 세무서가 압류하면서 모두 가져가 버렸다. 추석을 앞두고 있는 상황이었고 김동윤 열사의 통장 등은 모두 압류

김동윤 열사 장례식
출처: https://blog.naver.com/seongju21/

조치되어 있었다. 분신 당일 오전에 김동윤 열사는 화물연대 부산지부 상근자에게 전화하여 "유류보조금을 세무서가 압류해 갔다. 어려워서 못 살겠다. 신선대 앞에 있다"는 말을 하고는 전화를 끊고 분신했다.

2002년 화물연대 출범 이후 3년간 무려 66명의 조합원이 사망했다. 가히 '죽음의 행렬'이라 부를 만했다. 이 가운데 25%가량은 늘어나는 부채를 감당하지 못해 스스로 목숨을 끊었다. 2004년 화물연대 조합원 대상 조사결과 1인당 가계부채는 평균 3,684만 원이며 조합원 4명당 1명꼴로 신용불량자인 것으로 드러났다. 이러한 결과는 1996년 리터당 301원이던 경유가격이 2004년에는 1,200원대로 4배나 늘어난 반면 운송료는 10년 전에 비해 12~13%가량 하락했다. 40피트 컨테이너를 실은 화물차가 서울-부산을 왕복하면 약 300리터의 경유, 35만 1천 원의 비용이 드는 반면, 운송료는 점차 하락해 2004년 기준 중간수수료를 제외한 실수령액은 33만 원으로 적자운행을 해야 했다(정현수, 2005).

노동3권이 보장되지 않는 화물운송노동자들은 비정규직 권리입법 논의가 진행되는 동안에도 열외였던 것이다.

(2) 철도노조 민영화 저지투쟁

2002년 2.25총파업으로 철도민영화법안의 국회통과를 무산시켰지만 현장복귀 이후 철도 조합원들의 투쟁동력은 침체되었다. 철도청은 파업이 종료되자마자 손배·가압류를 단행하고 지도부 구속, 파면에 이어 해고 등 추가 징계를 남발했다.

이러한 상태에서 2002년 11월 7일 자로 철도단체협약이 만료되기 때문에 철도노조는 철도구조개혁의 방향에서 단체교섭을 추진하였으나 철도청은 대선을 앞두고 차기 정부의 의중에 맞추어야 하는 입장이어서 차일피일 미루고 있었다. 그렇게 교섭이 공전하는 동안 철도노조는 상급단체를 한국노총에서 민주노총으로 전환하기 위한 총투표를 실시했다. 11월에 실시된 총투표는 철도청의 방해공작과 구집행부세력의 부결운동, 그리고 민주진영 내부의 시기상조론 등 전면적이고 입체적인 반대 분위기 속에서 치러져 평소 노조방침에 대한 조합원의 지지율이 타 지역보다 높았던 부산지방본부의 찬성율이 54.1%밖에 나오지 않아 향후 민주노조를 향한 철도노조의 험로를 짐작할 수 있었다. 철도청은 철도노조가 총투표로 상급단체변경을 결정하자 조합비 및 조합원 80여 명에 대한 64억 손배·가압류를 추가로 단행하고 노조와해를 시도하였다. 그러나 연말 대통령선거에서 노무현 후보가 당선되었다. 노무현 당선자는 후보시절 전국네트워크산업인 철도 민영화의 전면재검토 및 사회적 합의추진을 약속한 바가 있었다.

2003년 1월 들어 철도노조는 당시 현안이었던 수도권 병점차량기지 자회사계획 철회를 포함하여 '손배·가압류 철회, 병점차량기지 자회사계획 철회'라는 2대 요구를 내걸고 안전운행실천 투쟁지침을 내렸고, 철도청은 투쟁을 무마하기 위해 한발 물러서 '단협체결 시까지 손배·가압류 전면유보, 병점차량기지 자회사는 노사합의 후 시행'이라는 합의서를 작성하게 되었다. 사실상 노조의 요구가 관철되었다.

그러나 2월 초에 인수위원회는 '시설과 운영의 상하분리를 전제로 한 철도의 상업적 공사화방침'을 발표했는데, 상반기 임시국회

회기 중에 입법 처리한다는 의도였다. 철도노조는 이를 단계적 민영화방침으로 간주하여 즉각 반대의사를 표명하고 노조의 요구를 청와대에 제출하였다. 3월에 들어 철도노조 중앙확대쟁의대책위원회는 철도 구조개혁관련 요구를 포함한 총 5대 요구안을 정부에 제시하며 4월 20일 총파업 돌입을 확정 선포했다. 4월 13일 서울역광장과 부산역광장에서 대규모 철도노동자 총파업결의대회가 개최되면서 언론의 관심이 높아졌으며, 철도청장이 정부로부터 모든 권한을 위임받아 교섭에 임함으로써 내용적으로 대정부교섭이 이뤄지게 되었다. 총파업 돌입시점이 가까워지자 일부 쟁점에 대한 의견접근이 이루어져 손배·가압류 문제와 자주적 노조활동 보장, 단협갱신에서는 타결 수준의 양보안이 제시되었으나 핵심쟁점인 5대 요구안에 대해서는 팽팽한 대치상태였다. 4월 19일 지방본부별로 예정된 파업농성장(부산지방본부는 동아대학교)으로 집결했고, 조합원들은 최종협상을 지켜보며 총파업 전야를 지새웠다. 결국 파업 돌입 3~4분을 남겨두고 철도노조와 철도청이 잠정합의안을 작성하게 되면서 4.20합의로 교섭을 타결지었다. 이로써 5대 핵심쟁점이었던 인력충원과 관련해 1인 승무를 철회시키고 3,400여 명의 정규인력 충원에 합의하였다. 외주용역 철회 요구인 병점차량기지 자회사계획을 완전 철회시키고, 새마을호 계약직 여승무원을 정규직으로 전환하기로 합의하는 등 향후 외주용역화반대투쟁의 근거를 확보하였다. 45명의 해고자는 2003년 7월까지 복직시키기로 합의하였으며, 손배·가압류를 전면 철회시켰다. 마지막으로 철도구조개혁에 관련해서는 기존 철도민영화방침을 철회한다고 합의서에 명문화하여 '시설과 운영의 분리', '상업적 공사화' 요구를 끝내 거부하고 대안을 모색하기로 하였다.

　4.20합의를 통해 50여 년의 역사를 지닌 철도노사관계는 과거와 질적으로 달리하는 전환기를 맞게 되는 듯하였다(박철수, 2002). 그러나 4.20노성합의를 누고 보수언론과 재계로부터 '노동자에게 퍼주기 했다'는 집중포화를 맞은 노무현정권의 노동정책이 급격히 적대적으로 선회하기 시작했다. 출범 초기에 이루어진 노정 간 합의들이 하나씩 깨졌다. 전교조의 네이스합의, 화물연대의 합의가 부정되더니 철도노조 4.20합의도 한 달을 넘기지 못하고 파기될 위기에 처했다. 정부의 '철도구조개혁은 철도노조 등 이해당사자와 충분한 논의를 통해 진행한다'는 합의내용을 무시한 채 민주당이 철도구조개혁법안을 국회에 상정했다. 6월에 들어서자 국회 건설교통위원회 여야간사들 간 합의로 철도구조개혁 관련 3개 법안은 법안심사소위를 거쳐 상임위 전체회의까지 일사천리로 넘어갔다. 다만 3개 법안 중 철도산업발전기본법안과 철도시설공단법안만 통과시켜 법사위로 넘기고, 철도노동자 대다수가 승계될 한국철도공사법안은 상임위에 계류시켰다. 철도노조의 거센 반발을 무마하고 투쟁의 명분을 약화시키기 위한 미봉책이었다. 실제로 철도노조 내부에서조차 '공사법안이 계류되었으므로 파업 명분은 없어졌다'며 투쟁일정의 전면 재검토를 주장하는 목소리가 제기되기도 했다. 그러나 법안처리의 총대를 멘 건교부장관이 국회 상임위에서 체제 전환 시 철도노동자의 노동조건과 퇴직급여 불이익 방지조항을 삭제할 것을 강력히 요청한 사실이 회의록으로 확인되면서 파업을 재고할 여지는 사라졌다. 6월 말 예정대로 2개 법안은 법사위를 통과하고 철도노조는 6월 28일 파업돌입을 선언했다. 태도가 바뀐 정부는 파

업돌입 한 시간 만에 공권력을 전국의 파업거점에 전격투입, 2천 명에 달하는 조합원을 연행하고 파업대오는 뿔뿔이 흩어졌다. 공권력 조기투입에 따른 대책이 미비했던 철도노조는 전 조합원 상경투쟁 명령을 내렸지만 이미 상경통로가 봉쇄되어, 조합원들은 삼삼오오 산개투쟁에 돌입했다. 민주노총 중앙에 상황실을 설치했고, 부산지방본부는 민주노총 부산지역본부에 상황실을 설치했다. 파업 3일 차까지 부산지역의 현장복귀 조합원 수는 4명으로 집계될 만큼 조합원 이탈은 없었다. 그러나 파업 3일 차인 6월 30일 끝내 철도산업발전기본법과 철도시설공단법이 국회 본회의를 통과하자 파업의 가시적인 목표가 사라졌다. 운전 직종의 일부 지도부에서 더 이상의 파업은 무의미하므로 피해를 최소화하기 위해 조건 없이 복귀해야 한다는 입장을 밝히고 중앙지도부에도 전달하였다. 저녁 뉴스에서 '철도파업은 오늘 중으로 해결될 것'이라는 대통령의 발언이 보도되면서 조합원들의 동요와 혼란이 가중되었고 7월 1일 대부분의 조합원들이 찬반투표도 없이 복귀함으로써 4일간의 파업은 막을 내렸다. 무조건적인 현장복귀 이후 탄압은 무자비했다. 수십 명의 지도부가 구속됐고, 79명이 해고되었으며, 수천 명이 징계에 회부됐다. 손배가압류 금액은 75억 원에 달했다. 철도청은 이미 합의된 해고자들의 복직시한조차 무시하고 초강경으로 일관했다. 그리고 12월 18일 예정대로 국회 본회의는 한국철도공사법을 통과시켰다. 한때 정국을 요동치게 했고 또 철도노동자의 애간장을 녹였던 철도 구조개혁은 그렇게 법제적 측면에서는 대단원의 막을 내렸다(박철수, 2004).

(3) 한진중공업 노조탄압과 김주익 열사

한진중공업은 2003년 상반기 부산기업들 중에서 매출액 1위, 순이익 2위를 기록했다. 2002년 당기순이익만 해도 239억 원이었다. 그러나 한진중공업은 2002년 임금동결을 주장했고, 2002년 3월부터는 불법적으로 650명의 노동자를 희망퇴직이라는 미명하에 강제퇴사시켰다. 이를 반대하여 투쟁한 노조간부 20명의 임금, 주택과 노동조합비에 대해 7억 4천만 원의 손해배상과 가압류를 시행했다. 그리고 김주익 지회장 등 간부 14명을 업무방해·폭행 등의 혐의로 사법당국에 고소고발하여 노용준 부지회장은 2002년 6월 한 달 넘게 옥고를 치렀고, 벌금 400만 원의 형을 받았다. 그 외 3명의 간부도 각각 벌금 100만 원, 70만 원, 50만 원의 형을 받았으며, 간부 2명은 무혐의 처리되기도 하여 사측이 노조를 탄압하기 위해 근거도 없이 무턱대고 고소고발부터 하는 파렴치한 짓을 저질렀다. 그리고 경찰은 김주익 지회장을 포함해 6명에 대해 체포영장을 발부하였다.

이러한 분위기는 노무현정권의 노동탄압과 무관하지 않았다. 노무현정권하에서 사용주의 비인간적인 손해배상과 가압류로 많은 노동자들이 고통을 받았다. 노무현 대통령은 2003년 1월 두산중공업 배달호 노동자가 분신자살한 이후 사용주가 무분별한 손배가압류를 남용하지 못하도록 정부차원에서 대책마련을 하겠다고 했으나 여전히 44개 사업장 1,700억 원대의 손배가압류가 남아 있었다. 또 노무현정권하에서도 운송하역노조, 굿모닝한주, 인천지하철 등 3개 사업장에서 새로 손배·가압류를 청구했을 뿐만 아니라 철도파업에 대해서는 정부가 직접 75억 원의 손해배상청구소송을 냈다.

또한 노무현정권은 취임 7개월 만에 110명의 노동자를 구속했는데 이는 이틀에 한 명꼴로 구속한 것으로, 노태우정권과 김영삼정권이 출범 첫해 각각 80명과 87명을 구속한 것을 초과한 것이었다. 또한 노무현 대통령은 대기업노조의 집단이기주의와 전투적인 노동운동이 문제라면서 노사관계를 개혁하겠다며 노동조합에 대한 이념공세를 계속 폈다. 노무현 대통령은 국민 재신임을 묻겠다고 한 이후 국회 시정연설에서 노사관계에 관해서 파업을 절반으로 줄이고 노사관계를 반드시 개혁하겠다고 했지만 정부가 내놓은 노사관계 개혁방안은 파업 시 대체근로 허용, 사용자의 공격적인 직장폐쇄 인정 등 사용자의 대항권을 강화하고 노동조합을 탄압하고 무력화하는 내용이 많았다. 6월 말 철도파업을 공권력으로 폭력 진압한 후 급속하게 반노동자적인 정책으로 돌아선 노무현정권의 노동정책은 한진재벌을 비롯한 사용자들이 노동조합에 대해 전면적이고 공세적인 탄압을 벌일 수 있는 배경이 되었다.

그런 상황에서 2002년 3월 시작된 한진중공업의 2002년 단체교섭은 2003년이 되도록 타결되지 않았고, 오히려 경영상황이 나쁘지 않음에도 정리해고와 손배가압류, 고소고발 등으로 노조를 탄압하자 김주익 지회장은 2003년 6월 35m 높이의 고공 크레인에 올라가 농성을 하였다. 7월 18~19일에 노동부의 중재하에 노조는 노사협력팀과 손배가압류 철회, 해고자 복직, 징계 철회, 임금 7만 5천 원 인상, 타결금 50만 원, 성과급 100% 지급 등의 현안문제를 일괄타결하기로 구두합의하였다. 그러나 사측은 구두합의 내용이 승인되지 않았다며 합의사항을 번복했고, 이에 따라 한진중공업노조는 2003년 7월 22일부터 전면파업에 들어갔다. 9월 추석연휴 기간

에도 파업조합원들의 천막농성은
계속되었으며, 9월 태풍 매미로
크레인이 180도 회전하기도 했지
만 그레인에 농성하던 김주익 지
회장은 구사일생으로 무사하였
다. 10월 1일 한진중공업 투쟁과
관련 6명의 간부에게 체포영장[32]

김주익, 곽재규 열사 영정과 추모
출처: 다음 카페 '울산민예총'

이 발부됐다. 이어서 10월 초에 사측은 150여억 원을 민사소송하겠
다고 밝혔다. 민사소송을 제기하겠다는 것에 합의하지 않으면 현안
문제 논의를 할 수 없다고 주장했다. 10월 13일 사측은 한진중공업
마산특수선지회 180명 조합원에게 가정통신문을 발송하여 10월 15
일까지 복귀하지 않으면 조합원 모두에게 개별적으로 손해배상 청
구를 하겠다고 협박했으며, 14일 새벽에는 특수선을 이용해 크레인
뒤에 있는 선박을 빼냈다. 14일 노조가 사측에 교섭을 요구했으나
사측은 김주익 지회장이 내려와야만 교섭할 수 있다고 교섭을 거부
하였다. 2003년 10월 17일 새벽 김주익 지회장은 끝내 35m 85호 크
레인 위에서 밧줄에 목을 매 자결했다. 크레인농성을 시작한 지 129
일, 한진중공업지회 전면파업 88일째였다.

　김주익 지회장의 서거 소식이 전해지자 손배·가압류 등 사측의
탄압에 움츠려 있던 조합원들이 현장으로 달려와 파업대열에 속속
합류하였다. 파업현장을 떠났던 조합원들은 비통해 마지않았다. 크

---

32 체포영장이 발부된 간부는 김주익 한진중공업 지회장, 변재규 금속노조 부산양산
　지부장, 정홍형 금속노조 부산양산지부 사무국장, 김양수 한진중공업지회 수석부
　지회장, 김인수 한진중공업지회 사무장, 차해도 한진특수선 지회장 6명이었다.

레인 주변의 농성장이 대거 합류한 조합원들로 확대되었고, 노조를 비롯해 전국적으로 한진재벌에 의한 노조탄압과 김주익 지회장의 죽음을 추모하고 투쟁을 계승하기 위해 '악질 한진자본과 노무현정권 노동탄압에 항거한 한진중공업 김주익 노동해방열사 전국투쟁위원회'를 결성하고 한진자본이 노동탄압을 중단하고 현안문제를 해결할 때까지 김주익 지회장의 유언에 따라 주검을 크레인 위에 안치하고 투쟁에 돌입하였다. 조합원들의 투쟁은 힘차게 전개되었다. 그런데 파업현장을 떠났다가 김주익 지회장의 죽음을 계기로 복귀한 곽재규 조합원이 10월 30일 85호 크레인 옆 도크에 투신자결하는 상황이 발생하였다. 조합원들의 충격과 슬픔은 이루 말할 수 없는 상황이 되었다. 분노에 찬 투쟁은 거칠 것 없이 전개되었고, 이후 11월에 민주노총이 주관한 두 차례의 총파업을 거치고서야 노사합의에 이르렀다. 노사합의로 정리해고 철회와 임금 인상, 유가족 보상, 그리고 1986년 이후 누적된 해고자 10명 전원이 복직되었다. 오직 단 한 사람 김진숙만 제외되었다. 제외 사유는 명확하지 않으나 사측의 변명은 외압이 너무 강해 김진숙은 도저히 불가피하였다고 했다. 이 합의는 한진중공업 노사관계에서 처음으로 노조의 주장이 전폭 수용된 사례였고, 대기업에서는 자주 있었지만 한진중공업에서는 처음인 해고자 복직조치였다. 김주익 지회장과 곽재규 조합원은 양산 솔밭산 묘역에 안치되었다.

(4) 부산지하철 매표소 민간위탁 반대투쟁

2002년 부산교통공단은 경영혁신이라는 미명하에 매표업무를 민간에 위탁하였다. 여러 시민단체와 노동조합은 민간위탁이 비용의 절감이나 경영혁신이 아니라 시민의 불편을 강요하고 지하철 비정규직 노동자를 양산하는 것이라 지적하고 도입을 반대하였다. 그러나 부산교통공단은 시민사회의 수많은 반대에도 불구하고 매표업무의 민간위탁제도를 도입했다.

부산교통공단은 2002년 33개 역 34개 매표소(69명), 2003년 18개 역 20개 매표소(42명), 2004년 8개 역 9개 매표소(19명) 등 총 59개 역 63개 매표소를 민간위탁으로 대체하여 130명의 인력절감으로 조직을 핵심역량 위주로 전환하겠다는 계획이었다.

부산지하철노조는 도입이 추진되는 과정에서 이를 저지하지 못한 사유로 집행부가 사퇴할 수밖에 없었고, 6월 부산지하철노조 전직위원장 3명과 민주노총 부산본부, 공공연맹 부경본부 관계자[33]들이 논의하여 6월 28일 '부산지하철 민간위탁 저지와 시민을 위한 경영제도 개선을 위한 부산시민대책위원회'를 발족하였다.

그러나 부산교통공단은 8월 22일 일부 역부터 매표소 민간위탁을 실행했다. 지하철 민간위탁저지 시민대책위와 노조는 즉시 불법민간위탁임을 지적하고 부산지방노동청에 고발했다. 이와 관련해 부산지방노동청은 11월 1일 '파견근로자보호 등에 관한 법률위반'으로 공단 이사장과 3개 용역업체 대표를 검찰에 고발했다. 하지만 8월에 지하철 민간위탁저지 시민대책위와 노조가 청원을 통해 제기한 행정처분요구에 대해 노동청은 2003년 1월 공문을 통해 조치결과를 보고하라는 행정처분을 내려 면죄부를 주었다. 공문에

---

33 부산지하철노조 전직위원장은 강한규, 이민헌, 안삼렬 위원장이고, 민주노총 부산본부에서는 김태진 사무처장과 현정길 정책국장, 공공연맹에서는 서영철 본부장과 이영호 조직국장이었다. 김태진과 이영호는 지하철 해고노동자 신분이었다.

따르면 지하철 매표업무를 수행 중인 파견근로자에 대하여 직접 채용하거나 거스름용 회전자금 30만 원과 각종 시설 및 설비의 무상제공, 잔돈교환, 열쇠 및 금고를 역무실 금고에 보관하는 점 등 파견 해당요인을 시정하여 완전도급으로 전환하거나 사용업체에서 직접고용하라는 내용이었다(김인주, 2003). 또한 용역업체인 부일정보링크에 대해서는 경고 및 개선명령(위반 시 300만 원 이하의 과태료), 공항시설관리와 한마음서비스에 대해서는 무허가 파견사업에 따른 파견중지명령(위반 시 폐쇄조치)을 내렸다. 민간위탁제도 도입 후 매표소 비정규직 노동자들은 저임금과 비인간적 노동조건에 시달려야만 했다.

부산교통공사는 그렇게 민간위탁을 시킨 다음 2005년 지하철 3호선을 개통하면서 경영개선을 위해 1~3호선 33개 역의 매표업무를 무인자동화시스템으로 바꿨다. 이 때문에 그동안 매표소에서 일하던 비정규직 노동자 93명이 2005년 말까지인 계약기간을 채우지 못한 채 3년 만에 해고되었다. 이들 중 23명이 해고 직후 고용승계를 요구하며 부산역광장에서 천막농성을 시작하였다가 지하철 운영사인 건교부 소속 부산교통공단이 부산시 소속 부산교통공사로 되면서 시청 앞 광장으로 옮겼다. 지방선거를 앞두고 있던 매표소 해고노동자들은 2006년 3월 허남식 부산시장의 한나라당 시장 경선후보 사무실을 기습점거 농성을 벌였다.

해고노동자들은 '부산시는 혼잡한 지하철 매표업무와 시민안전 등을 위해 매표소를 복원해야 한다'며 '부당하게 해고를 당한 비정규직 노동자들에 대해 전원 고용승계대책을 마련하라'고 요구했다. 이들은 '매표소 민간위탁제도와 비정규직 노동자의 고용관계는 3

년 이상 지속됐으며 신분만 다를 뿐 정규직원과 동일한 업무를 수행했다며 고용승계 요구는 정당하다'고 주장했다. 또 매표소 무인화 이후로 부정승객이 3배나 늘었으며 지하철 역사 내 시민안전을 장담할 수 없는 상황으로 치닫고 있다며 매표소 무인화 철회를 촉구했다.

이에 대해 부산시 관계자는 '부산시의 민간위탁 용역업체는 23개 사에 1,300여 명이 일하고 있다'며 '이들이 모두 고용승계를 요구할 경우 경영원칙에 위배된다'고 덧붙였다. 지하철 매표소 민간위탁 해고노동자들은 매표소를 복원하고 지하철 정규직원으로 고용을 요구하였으나 결국 무산되었다.

(5) 까르푸-이랜드 노동자투쟁

2007년 7월 1일은 비정규직을 양산할 뿐이라고 비판받던 비정규직 법안이 시행되는 날이었다. 하루 전 이랜드홈에버 비정규직과 정규직 여성노동자 600여 명은 '비정규직의 정규직화' 등의 고용안정을 요구하며 월드컵점에서 점거농성을 시작해 7월 1일을 농성장에서 맞았다. 이들은 경찰에 의해 농성장에서 강제로 끌려 나온 7월 20일까지 점거농성을 했다. 그 뒤 490일을 거리에서 보냈다. 각계각층과 여러 지역에서 연대투쟁이 이어졌고, 그 연대에 힘입어 여성노동자들은 점거농성, 매출제로투쟁, 홍콩원정투쟁, 천막농성, 비정규직을 고용하려는 신규매장 개점저지투쟁, 선전전, 촛불시위, 1인 시위 등 모든 방법으로 저항했다. 심지어 이 기간에 맞이한 세 차례의 명절에는 추석집중투쟁, 설날집중투쟁, 다시 추석집중투쟁을 벌이며 거리에서 명절을 보냈다.

이랜드홈에버 여성노동자들은 2008년 11월까지 510일 동안 투쟁을 했다. 투쟁의 결과, 남아 있던 180여 명의 조합원이 현장에 복귀할 수 있었다. 또 모든 비정규직 노동자가 정규직으로 전환되지는 못했지만 16개월 이상 근무한 비정규직 노동자들이 무기계약직으로 전환되는 등 일부 비정규직 노동자들의 고용안정을 확보했다. 그러나 그 대가로 19명의 노조간부가 해고를 받아들였다. 그 때문에 이 투쟁에 대해 노조 안팎에서는 '절반의 성공, 절반의 패배'로 평가했다(유경순, 2020: 17).

이랜드홈에버노조의 투쟁 이전에는 까르푸노조의 투쟁이 있었다. 프랑스계인 까르푸는 1996년부터 2006년까지 한국에서 대형마트 사업을 했다. 까르푸노조는 1997년 4월 까르푸 일산점에서 먼저 결성되었다.

부산에서는 해운대점이 2000년 8월 개점했고, 2001년 6월 해운대지부가 결성되었다. 그러나 사측의 회유와 협박으로 많은 조합원들이 탈퇴하였고, 소수의 노조간부들만 노조를 지키고 있었다. 사측은 부당노동행위와 조합원에 대한 탄압을 지속해오는 가운데 2002년 5월 노조는 임금협상 결렬에 따라 일산, 중계, 계산, 해운대지부에서 쟁의행위 조합원 찬반투표를 실시하여 압도적인 찬성으로 쟁의행위를 결의했다. 노조는 투쟁과정에서 1차 전국순회투쟁을 진행했다. 7월 야탑점을 시작으로 분당점, 수원 원천점, 천안점, 대전 둔산점, 전남 순천점, 부산 서면점, 장림점, 사상점, 해운대점, 울산점에 이어 대구 동촌점을 끝으로 순회투쟁을 마쳤다. 노조의 투쟁에 시민단체들도 적극 나섰다. 7월 초에 '한국까르푸노조 문제 해결을 위한 공동대책위' 결성을 위한 준비모임이 일산, 중계, 해운대점에서 각각 열렸다(유경순, 2020: 89-95).

당시 까르푸는 국제노동단체인 UNI와 '까르푸-UNI 국제협약'을 체결하고 있었다. 까르푸는 유럽에서는 국제협약을 지키면서 아시아에서는 협약을 무시했다. 한국UNI가 실시간으로 까르푸노조의 투쟁을 알리면서 프랑스의 까르푸 본사를 압박했다. 그러나 한국까르푸는 노조를 '일본의 적군파'라고 칭하며 노조의 피켓 구호와 투쟁을 까르푸 본사에 왜곡보고 하였다. 결국 한국UNI의 개입으로 교섭이 이루어졌다. 2003년 들어 노조는 2차 전국순회투쟁을 진행해 1월 대전을 시작으로 순천과 부산 해운대, 울산과 창원에서 순회투쟁을 벌였다. 노조는 까르푸가 7년 동안 노조를 인정하지 않고 단체협약 체결을 거부하는 등 한국법을 무시하는 노동탄압기업이라는 것을 알리는 호소문을 시민들에게 배포했다. 결국 까르푸노조는 2003년 4월 노조결성 7년 만에 처음으로 사측과 단체협약을 체결했다. 파업투쟁 321일이 되는 날이었다.

2) 반세계화 투쟁

(1) 경제자유구역법 폐기와 부산시 지정 반대투쟁

경제자유구역은 세계화의 진전에 따라 외국인 투자기업의 경영환경과 외국인 생활여건 개선을 통해 외국인 투자 촉진을 도모하고자 도입한 제도로서, 외국인의 투자 유치 및 정주 가능성, 지역경제 및 지역균형발전에 미치는 파급효과, 필요한 부지확보의 용이성 및 개발비용 등을 고려하여 경제자유구역위원회의 심의 · 의결을 거쳐 지정한다. 경제자유구역 내 외국인 투자기업에 대해서는 세제 및 자금지원, 「수도권정비계획법」 및 「근로기준법」 제55조 등의 적용 배제, 외국교육기관 설립 및 외국의료기관 개설 허용, 외국인 전용 카지노업 허용 등의 특혜가 주어지는 상황이었다.

2003년 부산지역 상반기 투쟁의 중심 중 하나로 선정한 민주노총 부산본부는 연초부터 '경제자유구역법 폐기와 부산시 지정반대 시민대책위원회'를 주도적으로 결성하였고, 이후 각종 성명서 및 보도자료를 통한 대언론 홍보사업, 시청 앞 1인 시위, 주 1회 선전전 등 대시민 홍보사업, 조합원 교육 및 시민대책위 워크숍 등 조합원 및 시민대책위 소속 단체회원에 대한 교양사업, 3월 집회와 민중대회, 5월 집회, 6월 총파업 등 집회 및 시위 투쟁을 통한 압박, 시행령제정 반대를 위한 시청 앞 농성투쟁, 부산시 및 재경부와의 시민토론회, 방송사 토론회 개최 및 참가, 청원서 접수, 시장면담 요청을 통한 압력, 경제자유구역 예정지역인 신호·녹산공단 순회 선전전 등 다양한 투쟁을 전개했다.

경제자유구역법 시행령 제정 문제는 전국 차원의 투쟁이 필요한 것이었고, 부산, 인천, 광양과 함께 국가적 차원에서 추진하는 사업이었을 뿐만 아니라 부산시의 입장도 강력하게 추진하는 사업이었기 때문에 부산지역의 투쟁으로 해결하기에는 역부족이었다. 또 신자유주의 세계화를 확대 추진하는 사업이므로 직접적이고 즉각적인 피해 조합원이 없는 상태에서 대중투쟁으로 발전시키기에도 한계가 있었다. 다만 경제자유구역은 근로기준법의 후퇴와 노동권을 제약하고, 보건의료, 교육, 환경 등 다양한 분야에서 신자유주의를 추진하는 내용이었으므로 이에 대한 경각심을 불러일으키는 수준으로 정리되었다.

(2) APEC 반대투쟁

2005년 아시아·태평양경제협력체(APEC) 회의가 열리고 있던 부산에서는 '전쟁과 빈곤을 확대하는 아펙반대 부시반대 국민행동'과 부산지역 단체연대체인 '부산시민행동'도 본격적인 활동에 들어갔다.

부산APEC 주최 측은 APEC정상회의가 '회원국 간 자유무역을 강화해 경제발전에 기여하고 개최지 부산에도 큰 경제적 이득을 안겨준다'고 홍보한 반면, 국민행동과 부산시민행동은 'APEC정상회의는 무역자유화와 신자유주의를 강화하기 위한 세계무역기구(WTO)와 도하개발의제(DDA)를 가속화시키는 단계로 그의 위상이 잡혀 있다'며 반대를 표명했다.

2005년 11월 부산APEC정상회의 이전에 개최되는 제주통상장관회의에 맞추어 '전쟁과 빈곤을 확대하는 아펙반대 국민행동(준)(이하 국민행동)'은 2005년 6월 APEC반대투쟁에 나서겠다고 밝혔다. 국민행동은 '노동자, 농민, 도시빈민 등 서민들의 목을 옥죄는 신자유주의 세계화, 그리고 미국에 의해 세계 곳곳에서 벌어지고 있는 전쟁을 지지하는 11월 부산APEC정상회의를 저지하기 위해 각계각층의 시민사회단체로 구성된 단체'로, 이들은 'APEC이 내걸고 있는 '인간안보'[34]는 명분은 그럴싸하나 실제로는 부시 미국대통령

---

34 인간안보 개념은 과거 냉전시대에 국가안보로 좁게 해석되던 안보 개념이 인간 삶의 질을 높이는 쪽으로 강조점이 옮겨진 데 따른 것으로, 개인은 평화와 질서, 경제활동의 확산, 오염 방지, 지구온난화 억제, 질병 제어, 군축과 비핵화, 생태계 보전 그리고 부패 방지 등 가능한 모든 목적을 위해 서로 협력해야 한다는 것이다. 미국

의 전쟁을 지지하는 것으로 귀결되고 있다'고 주장했다. 이어 '2001 년 상하이회의에서 부시는 아프가니스탄 침략 지지 공표를 얻어냈으며, 2003년 방콕회의에서도 이라크 전쟁을 위한 파병 논의와 결정이 있었다'며 근거를 제시했다. 이들은 '미국은 이번 제주 통상장관회의에서 스크린쿼터제 폐지와 쇠고기 수입금지 해제를 강요할 것이고 한미투자협정 또는 한미자유무역협정 체결을 요구할 것'이라고 주장했다. 이어 'APEC이 미국의 패권전쟁을 지지하고, 초국적 자본의 이윤 확대 도구로 작용하고 있다는 점과 반환경기구이고 아시아를 위험에 빠뜨린다는 점에서 반대한다'며 '또한 한반도에서 미국의 대북압박과 전쟁위협을 뒷받침해 줄 부산APEC정상회의를 규탄, 반대투쟁을 전개할 것'이라고 밝혔다(임성준, 2005).

첫 집중투쟁은 10월 벡스코 앞에서 열리는 'APEC반대 부시반대 시민문화 한마당'으로 부산시민행동은 퍼포먼스, 노래공연, 영상물 상영 등 문화행사를 통해 미국 등 강대국의 이익을 일방적으로 관철시켜 온 APEC의 실상을 고발하였다. 24일에는 부산시민행동과 민주주의사회연구소가 공동으로 '부산APEC과 동아시아의 미래'라는 주제로 학술포럼을 열었고 'APEC반대국민행동'이 전국순례단 활동을 시작하였다. 전국순례단은 서울을 출발해 전국을 순회한 후 APEC정상회의 기간에 부산에 도착했다. 1백여 명이 참가한 전국순례단은 전국 각지에서 '전쟁과 빈곤을 확대하는 APEC과 부시 고발대회'를 열었다. 제4회 차별철폐대행진도 '빈곤과 차별 없는

은 사실과 다르게 이라크가 생화학무기 개발을 추진한다는 명분으로 이라크전쟁을 합리화시키기 위해 이 개념을 사용했다.

세상, 평등한 사회'라는 슬로건을 내걸고 APEC 반대투쟁에 결합했다. 또한 해운대 지역 이마트, 까르푸, 홈플러스 등 대형유통업체를 순회하며 APEC 기간 내 매장이 휴업할 경우 노동자들은 평균임금의 70%를 휴업급여로 받을 수 있다는 내용을 홍보하였다.

이들 '안티APEC' 측은 2005 부산APEC정상회의 개막 첫날인 2005년 11월 12일부터 APEC에 반대하는 대규모 집회와 국제포럼을 잇따라 열었다. 1차 정상회의장인 벡스코 앞에서 'APEC반대 부시반대 투쟁 선포 기자회견'을 가진 데 이어 경성대 앞에서 400여 명의 회원들이 참가한 '부산시민 투쟁 결의대회'를 열고 서면과 APEC행사장 인근 등에서 가두시위를 벌였다. 시위를 마친 후 부산대학교에서 '반APEC 시민행동 문화제'를 개최했다. 14일에는 APEC반대 전국 순례단이 부산지역 주요 도심에서 문화제와 선전전을 펼쳤으며, 15일에는 APEC반대 차량홍보와 부산국제민중포럼 만찬을, 16일 부산대에서 APEC을 반대하는 국제민중포럼을 개최했다. 부산국제민중포럼은 전체 토론회와 부문별 워크숍, 한국독립영화협회 주최 '10인10색영화제', WTO홍콩각료회의 대응을 위한 아시아 사회운동 전략회의를 개최했으며, 17일에는 경주에서 개최되는 한미정상회의 대응투쟁을 전개했으며, APEC반대 부시반대 범국민대회 전야제를 서면에서 개최했다. 18일에는 여성대회, 농민대회, 노동자대회, 빈민대회, 청년학생대회를 해운대 일원 곳곳에서 개최하였고 전쟁과 빈곤을 확대하는 APEC반대 부시반대 1차 범국민대회를 개최하였다. 특히 18일 집회에는 전국의 농민, 노동자, 빈민, 학생 등 10만여 명이 집결하고 홍콩민중동맹을 비롯 필리핀, 일본, 뉴질랜드 등지에서 온 비정부기구(NGO)회원 수천 명도 참가하였다. APEC정상회담 마지막 날인 19일 전쟁과 빈곤을 확대하는 APEC반대 부시반대 2차 범국민대회를 해운대 일원에서 개최하고 마무리했다.

(3) 한미FTA 반대투쟁

2006년 접어들면서 전 세계적으로 WTO-DDA 반대투쟁이 거세게 일어나면서 다자간 협상보다는 쌍방 간 무역협정을 체결하는 쪽으로 흘러갔다.

노무현정권이 집권 하반기 핵심과제로 추진한 한미FTA는 정권에 대한 노동자 민중의 분노와 불신을 증폭시킨 계기가 되었다. 한미FTA 협상을 통해 일자리를 창출하고 사회양극화를 해소한다는 노무현정권에 대한 민중의 의구심은 커졌다. 이미 1997년 경제위기에 대한 처방으로 IMF가 제시한 일련의 신자유주의 구조조정 프로그램이 한국 사회에 가져온 파괴적인 효과를 전 민중이 충분히 경험했다. 자본의 위기를 극복하기 위해 노동자 민중에게 강요된 '고통분담'의 결과는 대대적인 정리해고와 비정규직의 확산에 따른 고용불안과 빈곤의 확산, 농촌·농업의 붕괴와 농민 생존권의 파탄, 공적 서비스의 축소와 양육·노인부양에 대한 여성의 의무 강화였다. 소수의 재벌이 금융화된 세계경제 질서에 편입하여 살아남도록 하기 위해 다수의 노동자 민중이 떠안아야 했던 고통은 너무도 혹독했다. 김대중정권은 '외자유치만이 살 길'이라며 초민족자본이 기업활동을 하기에 쾌적한 환경을 조성하는 데 앞장서며 노동자 민중의 권리를 해체했고, 이에 대한 저항을 '대외신인도' 운운하며 철저하게 탄압했다. 반면 IMF 구조조정과 함께 물밀듯이 들어온 초국적 투기자본들은 헐값에 인수한 기업들을 되팔아 막대한 이득을 챙겨갔다. IMF가 불러온 끔찍한 고통을 이미 경험한 노동자 민중은 한미FTA를 통해 이러한 신자유주의 세계화를 한층 더 완성하려는 노무현정권를 불신했다. 노무현정권이 내세우는 주장과는 정반대로 한미FTA가 빈곤을 더욱 확산하고, 한국 경제에 대한 초국적 금융자본의 지배력이 더욱 확대될 것이라는 견해가 더욱 설득력을 얻었기 때문이었다.

2006년 6월 초 워싱턴 1차 협상 직후부터 '한미FTA저지 범국민운동본부'를 중심으로 광화문 앞 릴레이농성, 시군구 지역조직 건설, 한미FTA저지 선언운동 및 범국민 서명운동 등이 진행됐다. 이를 통해 2차 본협상이 한창 진행 중이던 7월 서울시청 앞 광장에서 열린 '한미FTA저지 범국민대회'에는 7만에 이르는 민중이 결집했다. 부산에서도 4월 한미FTA저지 및 스크린쿼터사수 문화제를 개최하고, 5월 한미FTA저지 부산대책위를 출범시켰다. 이후 한미FTA저지를 위한 결의대회(6월 3일), 강연회(6월 8일, 언론노조 부경본부 주최), 문화제(6월 26일), 민주노총 총파업 및 범국민대회(7월 12일), 토론회(7월 21일), 부산시민대회(9월 2일), 촛불문화제(9월 14일), 학술행사(10월 16일), 그 외 수차례의 기자회견과 반대서명운동, 집회 등 다양한 활동을 펼쳤다.

한미FTA는 2007년에도 금속노조와 민주노총의 총파업 등 노동자·민중의 강력한 반대투쟁에도 불구하고 2007년 4월 타결되었다. 그러나 노동자 민중들은 한미FTA 무효화 투쟁을 지속하였으며, 국회비준과 둘러싼 투쟁은 이명박정권까지 이어졌다.

3) 비정규직의 확대와 비정규노동자 투쟁

노동부는 2004년 9월 파견업종을 전면적으로 확대하고 파견기간과 기간제(임시직) 사용기간을 최장 3년으로 늘려 고용할 수 있도록 하는 '기간제및단시간근로자보호등에관한법률'(이하 '기간제법안')과 '파견근로자보호등에관한법률중개정법률안'(이하 '파견법안')을 입법예고하였다. 그러나 정부의 발표 후 정작 비정규보호법의 혜택을 받아야 할 노동자들은 정규, 비정규직을 불문하고 정부가 발표한 법안에 반대하고 나섰다. 이 법안들은 비정규노동자를 보호하는 것이 아니라 비정규노동을 합법적으로 더 확산시켜 노동자들을 더욱 고통에 몰아넣을 '개악안'이므로 반드시 철회되어야 한다는 것이었다. 이에 비정규노조 대표자들이 열린우리당을 점거농성하였다. 민주노총은 개악안 철폐를 위해 총파업 결의안을 대의원대회에서 통과시키고, 시민사회단체들도 101개 사회단체가 함께하는 '비정규직 노동법 개악저지와 노동기본권 쟁취를 위한 공동대책위원회'(이하 비정규직 개악저지 공대위)를 구성하였다.

이 두 법안을 반대한 이유는 기간제법안이 '기간제노동의 무제한적인 사용이 가능'[35]하도록 만들어졌으며, '파견업종의 전면확대는

---

[35] 정부안에는 비정규직 억제 또는 남용 방지의 핵심 키인 임시직(기간제)사용의 사유제한이 빠져 있다. 비정규직 확산과 남용의 직접적인 원인은 바로 사용자가 임시직노동자를 무분별하게 사용할 수 있다는 데 있다. 따라서 비정규직을 억제하기 위해서는 객관적이고 합리적인 이유가 있을 경우에만 임시직을 사용하도록 규정해야 하는데, 노동부는 이러한 사유제한 방식을 제외시켰다. 법안 제정 목적과는 달리 기간제 노동의 남용을 방지하는 데 아무런 실효성을 거둘 수 없는 안이다. 기간제 노동의 사용사유를 제한하지 않으면 사용자는 분명히 기간제 노동자를 사용할 수 없는 '상시적·계속적'인 업무에도 기간제 노동자를 사용하게 될 가능성이 높기

비정규직을 확대'[36]시킬 법안이라는 점이었다.

정부법안은 임금 기타 근로조건 등에 있어서 정규근로자에 비하여 합리적인 이유 없이 불리하게 처우하는 것을 '차별적 처우'라고 정의하며, 당해 사업 또는 사업장에서 동종 또는 유사한 업무에 종사하는 정규근로자에 비하여 차별적 처우를 하여서는 안 된다고 규정하였다. 차별적 처우의 가장 중요한 내용은 바로 임금차별인데, 정부법안은 동일가치노동에 대한 동일임금원칙을 채택하지 않아 무엇을 기준으로 임금차별 여부를 판단할지 의문이었다. 동일가치노동 동일임금, 기간제 사유제한, 파견노동 엄격규제, 단시간 노동자 보호 등 비정규직 규제 내용을 구체적으로 담기 전에는 차별

때문이었다. 또 정부안은 3년을 초과하지 않는 범위 내에서 기간제 노동자를 사용하도록 허용하고 있다. 즉 현행 1년을 넘지 못하도록 한 임시직을 3년까지 사용할 수 있게 하고 3년이 초과되면 해고제한 규정을 적용하여 함부로 자를 수 없게 하겠다는 것이다. 그러나 그렇게 되면 기업들은 3년이라는 기간 내에 임시계약직을 맘놓고 사용할 수 있다. 그리고 3년이 지난 계약직에 대해서 해고를 제한하겠다는 것을 비정규직 남용구제 방안이라고 내놓았으나 3년이 넘도록 임시계약직을 사용할 사업주는 거의 없다. 결국 정부안은 임시직의 남용을 규제하는 것이 아니라 3년 기한의 임시직을 사업주가 자유롭게 사용할 수 있도록 제도화하고 있다. 이렇게 되면 사업주 마음대로 3년 이내에 노동자를 해고하고 새로 채용하는 관행을 더욱 악화시켜 불안정 고용에 처한 비정규 노동자를 확산시키게 될 것이다. 이것은 우리나라 고용시장을 정규직에서 비정규직 중심으로 재편시킬 위험을 안고 있었다.

36 파견법 제5조는 "근로자 파견사업은 제조업의 직접 생산공정을 제외하고, 전문지식·기술 또는 경험 등을 필요로 하는 업무"로 26개 업종만 허용하고 있다. 즉 파견사업은 전문지식이나 기술이 필요한 경우 등 특정 업무에만 한정해서 할 수 있도록 하는 것이 원칙이었으나, 정부안은 이를 삭제함으로 파견사업을 일반화시켰고 중간착취에 의한 고용형태를 정상적인 고용의 한 유형으로 변질시켰다. 파견노동은 이미 특별한 업종의 제한 없이 소규모 영세 사업장 등에서 사실상 기간의 제한 없이 이루어져 왔으며, 지금껏 정부는 불법파견에 대한 관리감독을 제대로 수행하지 못해 온 것인데도 불구하고 정부가 현행보다 더욱 후퇴한 안을 내놓았던 것이다.

시정기구를 만든다고 해서 실효성을 가질 수 없는 것이었다. 또한 정부법안은 특수고용노동자들의 노동권에 대해서는 아예 언급조차 없었다. 그러나 열린우리당과 한나라당은 비정규 확산법안에 대하여는 큰 이견이 없었고, 민주노총은 총파업을 비롯한 총력투쟁으로 대응했다.

민주노총 부산본부도 2004년 6월 1일부터 23일까지 매일같이 시민들을 대상으로 선전홍보활동에 나섰으며, 10월 10일 양대노총 전국노동자대회에도 300여 명이 참여하였고 10월 14일부터는 매주 목요일마다 동래지하철역 앞, 서면지하철 환승통로, 부산역 앞, 해운대스펀지 앞, 사상터미널 앞에서 선전활동을 11월까지 펼쳤으며, 11월 전태일열사정신계승 전국노동자대회에도 1,600여 명이 참석하였다. 그리고 '파견법 개악저지 및 공무원노조탄압중단 민주노총 부산지역본부 결의대회'를 열린우리당 부산시당 앞에서 개최했다.

11월 24일에는 비정규노조 간부파업이 있었다. 이날은 대표자들의 삭발투쟁과 함께 투쟁의 결의를 다지는 의미였다. 간부파업이기는 했지만 당장 해고로 이어지는 현실 때문에 일하는 동안에는 파업조차 힘든 비정규직 노동자들에게는 의미 있는 날이었고, 주체들이 꿋꿋하게 투쟁하고 있음을 보여주는 의미였다. 그리고 이틀 후 11월 총파업을 앞두고 4인의 비정규 노동자들이 국회타워크레인고공농성을 시작했다. 간부파업과 국회타워크레인농성은 비정규직 주체들이 투쟁을 유지하고 투쟁의지를 보여주는 의미가 컸다.

그러나 11월의 총파업은 그다지 힘이 없었다. 민주노총 부산본부의 총파업도 크게 다르지 않았다. 파업에 들어간 사업장은 금속연맹사업장과 일반노조에 그쳤다. 현대자동차 정비지부와 판매지부, 기아자동차 판매지부와 정비지부가 6시간 파업, 대우정밀, 비엠금속, 한진중공업이 4시간 파업, 동신유압, 동아스틸, 정관지역지회, 풍산마이크로텍이 부분파업을 전개했으며, 부산지역 일반노조 동부산케이블현장위원회가 파업을 하였다. 대우버스노조가 총회로 대신하였고, 공공연맹의 사회보험노조가 조합원 교육으로 대신하였다. 그 외의 대다수 사업장은 민주노총 부산본부가 주최하는 파업집회에 참여하는 것으로 대신하여 총파업의 위력을 제대로 보여주기에는 역부족이었다. 민주노총 부산본부가 총파업 당일인 11월 26일 주최한 '비정규직 개악법안 저지와 권리보장입법 쟁취! 공무원노조 탄압분쇄! 민주노총 총파업 1차 결의대회'에는 총 2,633명이 참여[37]했다(민주노총부산본부, 2005: 56-63). 12월에 들어 총파업을 철회했고 정기국회 일정도 끝나 비정규법 개악 시도는 중단되지 않은 채 2005년으로 넘겨졌다.

2005년 2월 임시국회를 앞두고 전국비정규노조대표자연대회의 (준)(이하 전비연) 소속 비정규노조는 일제히 간부파업에 돌입하였고, 매일 국회 앞에서 촛불집회를 진행했다. 민주노총 역시 대학로 마로니에 공원 앞에서 '비정규 권리보장입법쟁취 및 불법파견 분쇄 결의대회'를 열었다. 2월 임시국회에서 환노위 전체회의가 열린 날 한국노총은 '2월 임시국회에서 강행처리할 경우 한국노총은 노사정위를 탈퇴한다'고 밝혔고, 민주노총은 '정부가 비정규법안을 강

---

37 참여조직별로 보면, 금속연맹 1,419명, 공공연맹 639명, 운송하역노조 35명, 화물연대 10명, 사무금융연맹 64명, 부산지역일반노조 140명, 서비스연맹 22명, 대학노조 63명, 건설연맹 65명, 여성연맹 35명, 보건의료노조 123명, 화학섬유연맹 8명, 전교조 10명 등이었다.

행처리할 경우 사회적 교섭은 폐기될 수밖에 없고, 우리는 총파업에 돌입할 것"이라고 밝혔다. 이처럼 양대노총이 강경하게 저항하자 국회에서의 강행처리 방침도 4월로 넘어갔다.

4월 12일에 국가인권위원회는 정부의 비정규법 개악안에 대해 '기간제 남용 방지를 위해 사용사유를 제한할 것', '동일노동-동일임금 원칙을 명기할 것', '파견근로 허용대상 업종을 제한하고 있는 현행 포지티브 방식을 유지할 것' 등과 함께 '노동인권 보호와 비정규직 차별을 실질적으로 해소하기 충분하지 못하다'는 의견을 제출하였다.

국가인권위원회의 의견으로 정부의 입지는 좁아졌지만, 정부의 강경방침은 변하지 않았다. 그러나 민주노동당은 '미흡하지만 인권위원회 의견 수준 정도로 입법해야 한다'는 입장을 밝혔다. 민주노총은 '개악안 저지'에서 '인권위원회안 존중, 권리보장 입법 쟁취'로 교섭방침을 전환하고, '4월 국회 인권위원회안 입법'의 현실화를 최대목표로 전향적인 안을 끌어내 이후 입법과정에서 가이드라인이 상향될 수 있도록 한다는 내용을 논의했다. 한국노총도 '인권위원회안으로 4월 처리한다'는 기조에 동의해 민주노총과 한국노총은 단식과 함께 공조의사를 보였다. 그러나 전비연(준)은 '국가인권위원회 의견서는 비정규권리보장을 위한 최소한의 기준선일 뿐이며 비정규노조들과 노동계의 요구에 비하면 파견법 철폐 및 특수고용 노동3권 보장이 누락되어 있는 내용'이라며 비판했다.

4월에 열린 '노사정 대표자교섭'에서 민주노총과 한국노총이 수정안으로 노동계 최종안을 제출하였지만, 경총의 입장 번복 및 정부의 강경입장으로 결렬되었고 이 문제는 11월 노사대표자교섭으로 넘어갔다. 교섭 직전에 '한국노총의 최종안[38]'이 발표되었는데 이는 조속한 처리를 통해 비정규노동법 개악을 관철하려고 한 열린우리당의 개악안에 손을 들어주는 모양새가 되었다. 이 안에 녹색연합, 민언련, 참여연대, 환경운동연합, YMCA, 여성단체연합, 함께하는 시민행동 등 7개 시민단체가 지지했다. 한국노총이 노동계 최종안이라며 일방적인 양보안을 발표하자 민주노총은 4월 교섭 내용이 아닌 원래의 권리입법 요구가 민주노총의 입장임을 선언하게 되었고, 여기에 민주노동당의 권리보장입법안을 촉구하며 민주노총과 50여 개의 노동사회정치단체가 12월 권리보장입법안에 대해 지지의사를 밝혔다. 12월 6일 한나라당은 재계안과 유사한 입장을 발표해 비정규법안을 둘러싸고 정부·여당·한국노총·7개 시민단체의 입장, 민주노동당·민주노총·50개 노동사회정치단체의 입장 그리고 한나라당·재계의 입장이라는 3개의 구도로 나뉘었다.

2005년에도 비정규법안 개악 저지와 권리보장 입법 쟁취를 위한 부산지역 투쟁은 계속되었다. 이때 용역회사가 바뀌었다는 이유로 부산대가 시설관리노동자들을 해고하자, 고용승계를 위해 농성하던 노동자들을 용역 깡패를 동원해 몰아낸 사건이 발생하였다. 민주노총은 이 사안이 불법파견에 해당되므로 부산대 정문 앞에서 '불법파견 근절, 비정규직 권리보장입법 쟁취를 위한 결의대회'를 개최했다. 이어서 2월 16일과 24일에는 열린우리당 부산시당 앞에서, 23일에는 부산지방노동청 앞에서 '비정규노동법 개악저지 및

---

38 한국노총 최종안은 '기간제 2년 사용 후 정규직화, 불법파견 고용의무, 특수고용 관련 내년 상반기 중 논의한다'는 것이었다.

권리보장 입법쟁취 투쟁 결의대회'를 개최하였다.

2006년 2월 민주노동당, 한나라당, 민주당, 국민중심당 등 4개 야당 원내대표들이 비정규직 관련 법안의 차기 국회로의 이월 등을 합의했다. 따라서 비정규노동법 개악안이 2월 국회에서 통과되기는 어려울 것이라고 판단되었는데, 27일 갑작스레 환노위에서 기습 통과되었다. 열린우리당과 한나라당이 야 4당이 합의한 비정규직법 처리 연기방침을 무시하고 경호권을 발동하여 전격 처리한 것이었다. 2년여 가까이 오랫동안 통과에 대한 긴장과 대치가 계속되었던 상태라 환노위 통과는 많은 사람들을 허탈하게 했다. 미처 손도 써보지 못하고 날치기 통과가 되었다(정지현, 2006).

그러나 비정규직 권리쟁취 입법투쟁을 멈출 수 없었으므로 4월 1일에는 비정규개악법안 폐기와 권리보장 입법쟁취를 위한 민주노총 하루 경고파업이 있었다. 부산지역에는 12개 사업장[39] 3천여 명이 파업에 들어갔고, 결의대회에는 약 3천여 명의 노동자들이 서면에 결집해 투쟁했다. 노동절 전날인 4월 30일에는 부산역광장에서 '열사정신계승! 비정규개악안 저지 및 권리보장 입법쟁취! 계급적 임단투 승리! 무상의료 무상교육 쟁취! 115주년 노동절기념 부산노동자대회'를 개최하고 남포동으로 가두행진을 하였다.

그리고 현대자동차 비정규직 노조탄압 및 부당해고와 관련하여

---

39 파업에 동참한 조직은 '기아자동차노조정비부산지회, 기아자동차노조 판매부산지회, 현대자동차노조정비부산본부 · 사상지부, 현대자동차노조판매부산본부, 금속노조 한진중공업지회, 금속노조 대우정밀지회, 금속노조 BM금속지회, 금속노조 태평양밸브지회, 사회보험노조, 부산지역일반노조 삼화여객현장위원회, 부산지역일반노조 동부산방송 현장위원회'이다.

현대자동차 동래지점 앞에서 민주노총 부산본부 주최로 '불법파견 정규직화 및 부당해고 철회를 규탄하는 투쟁'이 2005년 2월과 3월 두 차례에 걸쳐 진행되었다. 그리고 5월에는 SK건설 소속 건설플랜트노동기본권을 위해 SK영남지사 앞에서 건설노동자 노동권 사수와 노조탄압분쇄 부산지역 대회를 개최하였고, '비정규노동자 권리보장과 건설플랜트노동기본권 쟁취를 위한 영남권노동자대회'와 전국노동자대회를 개최하였다.

이후 2006년 11월 민주노동당의 제안으로 열린우리당과 노동부 장관이 비정규법안 재논의에 합의했으나 한나라당과 정부여당의 정치적 흥정물로 전락한 비정규법의 실질적 재논의는 이루어지지 못했다. 결국 11월 30일 민주노동당의 본회의 연단 점거 등 강력한 대응에도 불구하고 날치기 통과되었다.

비정규법안 강행통과에 항의하고 비정규직 권리쟁취를 위해 민주노총은 즉시 총파업을 단행하였다. 1차 총파업에 민주노총 부산지역본부는 금속노조 부산양산지부 9개 지회 2,293명, 부산지역일반노조 80명, 운송하역노조 CY업체 6개 지부 1,600명, 합계 3,973명이 파업에 참가하였으며, 그날 총파업집회에는 약 2천여 명의 노동자들이 부산역광장에서 노무현정권 규탄집회를 마치고 남포동으로 가두행진을 벌였다. 2차 총파업에는 금속노조 부산양산지부 9개 지회에서 확대간부들만 참가하고 총파업집회에는 300여 명의 노동자들이 참가하는 데 그쳐 파업동력이 떨어졌다. 그리고 1박 2일간 '비정규직 권리보장 입법쟁취! 확대간부 상경투쟁'에 부산지역에서는 100여 명의 노동자들이 동참하였다. 3차 총파업에는 금속노조 부양지부 9개 지회와 일반노조 버스연대, 정화지회, 지하철민간위탁 현장위원회에서 간부파업을 벌였으며, 서면에서 개최된 노무현정권 규탄집회에는 약 900여 명의 노동자들이 참석하여 열린우리당 부산시당으로 가두행진을 하였다. 이어서 '비정규 권리보장 입법쟁취! 노무현정권 심판! 전국노동자대회'에 부산에서는 약 100여 명의 노동자들이 참가하였다.

그리고 부산민중연대가 쌀개방 국회비준 철회 및 비정규확산법 저지 부산시민 2차 결의대회를 12월 서면에서 개최하는 등 비정규법 개악에 규탄하고 권리보장 입법쟁취를 위한 투쟁은 연말까지 계속 이어졌다.

비정규노동법이 개악되고 시행이 되기도 전인 2007년 6월 이랜드리테일은 홈에버, 뉴코아 소속 계약직 노동자 1천여 명을 계약해지하면서 민간부문의 비정규직 투쟁의 상징이 되었던 이랜드·뉴코아투쟁이 시작됐다. 이 투쟁은 전국에 걸쳐 진행되었으며 약 515일 만에 타결되었다.

이랜드, 홈에버 노동자들의 투쟁은 그저 많은 투쟁 중의 하나가 아니었다. 1999년 한국통신계약직 노동자들의 투쟁으로 시작된 '비정규직 투쟁'이 하이닉스, 기륭전자, KTX로 이어지면서 전국으로 확대됐지만 승리를 만들어내지 못하고 연신 패배해온 가운데, '비정규직 확산법안'에 맞서 가장 먼저 저항을 시작한 이랜드그룹 비정규직 노동자들의 투쟁이 '비정규직 보호법안'이라는 가면을 벗겨내었기 때문이다.[40]

부산에서도 2007년 7월 악질자본 이랜드규탄 기자회견을 시작

---

40 "이랜드 연대투쟁, 비정규 폭발 도화선될까", 레디앙, 2007년 7월 9일 자.

으로 홈에버 서면점 1차 전국 집중투쟁(7/8), 공권력투입 반대 및 이랜드불매운동 촛불문화제(7/19), 공권력투입 규탄 및 악질자본 이랜드규탄 촛불문화제(7/20), 2차 전국집중투쟁(해운대점, 7/21), 매장 앞 1인시위 등 1차 집중투쟁을 시작으로 8월 말까지 4차에 걸친 총력투쟁을 전개하면서 매장봉쇄, 투쟁문화제, 1인시위, 불매운동 등을 진행하였으며, 투쟁은 2007년을 넘어 2008년까지 계속되었다.

제7부
반노동시대의 부산지역 노동운동

1. 이명박정권의 노동정책과 비즈니스 프렌들리

이명박 후보는 2007년 말 대통령선거에서 경제를 되살리겠다는
공약으로 국민의 압도적 지지를 이끌어내는 데 성공했다. 지금 관
점에서 보면 노무현정권 5년 동안의 연평균 경제성장률 4.3%라는
숫자가 그리 심하게 나쁜 성과는 아닐 수 있다. 그러나 노무현정권
이전 몇십 년간 7~8%대의 높은 성장률에 익숙해 온 국민으로서는
그 정도의 성장률로 성이 찰 수 없었기에 노무현정권은 '실패한 정
부'라는 낙인을 감수할 수밖에 없었다. 바로 이런 분위기에서 내가
대통령이 되면 경제를 되살리겠노라는 장담은 사람들의 마음을 단
숨에 사로잡고 말았다. 경제를 되살리겠다는 공약은 기업의 최고경
영자로서 오랜 기간에 걸친 경제실무 경험을 갖춘 이명박 후보 자
신의 개인적 배경과 맞물려 더욱 큰 신뢰의 대상이 될 수밖에 없었
다. '바로 이런 사람이야말로 저성장의 늪에 빠진 한국경제를 기적
처럼 회생시킬 능력을 갖춘 적임자가 아니겠는가'라면서 '경제대통
령'으로서 이명박 후보의 자질에 어느 누구도 감히 이의를 제기하
지 못하는 상황이었다. 그렇기 때문에 비상식적인 것이 분명한 '747
공약'마저도 대중은 별 의심 없이 제법 현실성 있는 공약으로 받아
들였다.

이명박 당선인은 당선 확정 후 '이제는 건국과 산업화, 민주화를
넘어 선진화로 가야 합니다. 이것이 이명박정권에 대한 시대의 요
구'라고 강조했다. 경제운용전략은 '분배 우선'도 아니고 '분배와

성장의 병행'도 아닌 '성장 우선'에 기초를 두고 있었다. 즉, '투자심리 회복'을 위해 △노동생산성과 효율성 제고를 위한 노사관계 안정, △법인세와 소득세 등 직접세의 감세, △탈규제와 민영화를 통한 선진국 수준 규제개혁 등을 시행하겠다는 것이었다(정영태, 2008: 15). 그는 경제영역뿐만 아니라 정당-행정-교육-노동-복지 등 다른 영역에서도 시장의 효율성을 우선으로 고려하는 신자유주의적 원칙을 그대로 적용했다.

이명박정권의 신자유주의적 노동정책에는 인수위 시절부터 '비즈니스 프렌들리'를 자처하며 '친기업'만 존재했고 '노동'은 눈 씻고 찾아봐도 없었다. 또한 경제위기를 맞아 실업대란이 우려되는 상황에서 정부가 내놓는 실업대책들은 그저 퇴행적이거나 엇박자·땜질식에 더하여 '반노동적'이기까지 했다.

이명박정권의 반노동정책은 집권 첫해였던 2008년의 정치적 위기를 넘기면서 2009년 이후에는 거침없이 진행되었다. 쌍용차 파업과 철도파업을 무력진압한 것은 물론 공무원노조와 전교조에 대한 막무가내의 노조 불인정정책과 탄압도 거세게 진행되었다. 특히 비정규 관련법 개정 시도가 일단 실패한 이후 복수노조 허용과 전임자임금 지급금지법 개정에서는 이전 정부가 보여주지 못했던 단호함과 신속함, 그리고 정밀성을 보여주었다. 그보다 더 심각한 문제는 이러한 반노동정책이 큰 저항을 야기하거나 커다란 정치적 비용을 지불하지 않고 마무리되고 있다는 심층의 흐름이었다. 심지어 2009년 하반기에 이명박정권은 노조에 대한 공격을 자신의 지지세력을 결집하고 정권에 대한 지지여론을 동원하는 수단으로 삼는 것처럼 보이기도 하였다. 민주노총을 비롯해 전체 민주노조운동의 대응은 전체적으로 무기력하였고, 전체 운동에 장기적으로 심각한 영향을 미칠 제도적 사안인 복수노조 전임자 문제는 그 시금석이었다. 그 중요성과 심각성에도 불구하고 전국적 전선을 형성할 수 없었고 투쟁다운 투쟁을 조직하지 못했다. 민주노조운동의 구조적 전면적 위기가 더 심화되고 있었다(노중기, 2010: 2).

이명박정권의 일자리 정책을 보면, 2012년까지 50조 원을 투입하여 96만 개 일자리를 창출하겠다는 '녹색성장뉴딜' 정책을 야심차게 공표했다. 그러나 사업내용을 살펴보면 4대강 하천정비를 위시하여 대부분 토목공사형 사업에 치중되어 만들어지는 일자리의 대다수가 단순노무직인 것으로 밝혀져 오히려 퇴행적인 '녹슨 삽질' 대책이라고 비판받았다. 또 청년 실업대책으로 최대 10개월간 100만 원 수준의 한시적 일자리를 제공하는 청년인턴제를 대대적으로 시행하고 있어 엇박자의 땜질식 정책을 추진하기도 했다. 또한 실업대책의 일환으로 일자리 나누기를 적극 권장했는데, 그 주요 추진방향 역시 부자와 기업에 대한 감세 배려와 대비되는 방식으로 임금삭감에 초점을 맞추어 노동자들에게 고통전가를 강요하여 노정간의 갈등과 사회적 위화감을 초래했다.

이렇듯 이명박정권은 촛불운동과 관련하여 이석행 민주노총 위원장을 구속 수감하였고 비정규노조들의 집단행동에 대한 탄압 등에서 보여주듯이 노사관계 사안에 대해 그 문제의 근원을 치유하는 방식으로 접근하기보다는 법치주의의 대증적이며 공안적인 방식으로 대처함으로써 노정 간의 갈등을 심화시키기도 했다.

2. 광우병사태와 촛불투쟁

미국산 쇠고기의 수입이 중단된 것은 2003년 12월이었다. 미국 워싱턴주에서 광우병 의심 사례가 발견되자, 정부는 미국산 쇠고기와 육가공품의 검역을 중단해 사실상 수입금지조치를 내렸다. 2006년 '30개월 미만 소의 뼈를 제거한 살코기'만 허용하기로 하고 수입을 재개했으나, 검역과정에서 뼛조각이 발견되어 해당 쇠고기가 전량 반송되는 사건이 수차례 발생했다. 한미 양측은 2007년 10월 1차 협상을 했으나, '모든 종류의 광우병 특정 위험 물질(가축의 부위 중 프리온 질병을 전염시킬 가능성이 높은 부분, 쇠고기의 경우 뇌, 눈, 척수, 창자 등)과 내장, 꼬리 등의 부산물은 받을 수 없고, 30개월 미만이라는 연령제한규정도 유지하겠다'는 우리 측과 이를 수용할 수 없다는 미국 측의 대립으로 합의 없이 끝났다.

이명박정권은 들어서고 얼마 지나지 않은 2008년 4월 한미 쇠고기 수입협상 타결을 전격 발표했다. 그 결과, '1단계로 30개월 미만의 뼈를 포함한 미국산 쇠고기 수입을 허용하고, 2단계로 미국이 동물사료 금지조치를 강화하면 30개월 이상 쇠고기도 수입키로 했다'고 밝혔다. 또한 미국에서 광우병이 추가로 발생하는 경우에도 곧바로 수입금지조처를 내릴 수 없도록 되어 있는 것으로 알려졌다. 이는 30개월 미만의 뼈 없는 살코기 수입만을 허용한 2006년의 수입위생조건에서 크게 후퇴한 것이었다.

국민의 건강은 뒷전으로 둔 채, 검역 주권을 포기했다며 비판 여론이 들끓었다. 그러나 정부는 '광우병은 구제역과 달리 전염병이 아니며, 광우병 위험이 과장된 측면이 있다'거나 '복어 독을 제거하듯 광우병 소도 위험물질만 제거하면 안전하다'고 발언하는 등 국민의 불안과는 큰 인식 차이를 보였다. 야당과 시민단체가 일제히 협상의 백지화와 책임자 문책을 촉구하고 나섰고, 일주일 만에 100여만 명이 쇠고기 협상을 규탄하는 서명운동에 참여하는 등 파문은 급격히 확산됐다.

5월 22일 이명박 대통령은 대국민 담화를 발표했으나 쇠고기 수입협상에 대한 사과보다 한미FTA 비준동의안 처리촉구에 비중을 두었다. 대통령의 담화와 집회 강제 진압은 오히려 여론을 더욱 자극했다. 시위가 잦아들기는커녕 시위의 이슈를 이명박정권의 다른 정책들에 대한 반대로 확산시켰다. 6월 들어 '72시간 연속 촛불집회', '100만 촛불대행진' 등 시위는 더욱 확대되었다. 결국 정부는 미국 측과 추가협의를 진행했으나, 실질적으로 검역 주권과 국민 건강권을 확보하는 데는 여전히 미흡했다. 하지만 정부는 그대로 밀어붙여 '미국산 쇠고기 수입위생조건'을 확정 고시했다.[1]

광우병 촛불투쟁은 어느 계층 할 것 없이 10대 청소년부터 고령자까지 광범위한 시민들이 참여하였으며, 노동자와 시민사회단체만이 아니라 주부, 학생과 평범한 직장인까지 다양하게 전개된 범국민운동으로 발전했다.

노동운동은 민주노총 부산본부를 중심으로 5월부터 조직적으로 참여하여 2008년 상반기 투쟁의 대부분을 촛불투쟁으로 전개했다. 총 60여 차례의 촛불시위가 진행되었고, 민주노총을 비롯한 노동자

---

1 송해룡, 김원제, 조항민, 김찬원, 박성철, "광우병 사태(한국 실패사례에서 배우는 리스크커뮤니케이션전략", 네이버 지식백과, 2015. 11.
   https://terms.naver.com/entry.nhn?cid=42251&docId=3390385&categoryId=58354

6월 26일 감만부두 앞 쇠고기
운송저지 시위
출처: 부산CBS

들도 촛불시위에 적극 참여하였다. 민주노총 부산본부도 대시민 선전전을 하고, 6월 10일 촛불시위에는 4,300명이 넘는 조합원이 참석하였다. 화물연대 부산지부는 6월 26~27일 양일간 감만부두에서의 미국산 쇠고기 운송저지 투쟁과 7월 2일 파업투쟁 등으로 많은 시민들의 지지를 받았다. 촛불투쟁은 광우병 쇠고기로 시작되어 자연스럽게 언론공공성 확보, 공공부문 사유화 저지, 교육·의료 시장화 저지, 물가폭등문제, 대운하 반대 등의 문제로 의제가 확대되면서 반이명박투쟁으로 나아갔다. 물대포도 명박산성도 웃으며 싸우는 시민을 이길 수 없었다. 뼈저린 반성을 하고 있다는 말과 함께 합의는 되돌려졌고, 이명박 대통령은 두 번이나 고개 숙여 사과했다.

3. 글로벌 금융위기와 장기불황기의 노동운동

1) 글로벌 금융위기와 노동운동의 대응

미국의 금융위기가 2007년부터 표면화되어 2008년 9월에 접어들면서 유럽에까지 파급되어 세계적 차원의 금융위기로 발전했다. 금융위기가 걷잡을 수 없이 확산되자 각국 정부는 본격적인 개입에 나서게 되었다. 2008년 10월경에 미국과 유럽 정부가 은행의 부분

국유화 등 특단의 대책을 취함으로써 세계적 공황상황은 다소 진정되었다. 세계적 금융위기 속에 한국경제도 1997년 IMF경제위기 때처럼 주가가 폭락하고 환율이 폭등하고 경상수지가 적자를 보였다. 물론 1997년과는 외환보유액이 그때의 10배 정도로 많아 사정이 다른 점도 있었다(김기원, 2008). 그러나 금융위기에 대처하는 이명박정권의 정책은 현안 초점에서 벗어나 부시정권의 신자유주의 정책에 뇌동한 채 글로벌화를 외쳤다. 저임금을 유지하고 외자유치로 성장을 도모하겠다는 시대착오적인 정책을 폈다.

2008년 10월 민주주의와 민생의 위기에 대응하는 비상시국회의가 참여연대에서 개최되었다. 참가자들은 시국선언문을 통해 '절대다수 국민들은 이명박정권의 경제실정과 민생파탄으로 삶에 대한 희망을 잃고 심각한 고통을 받고 있습니다. 중소기업의 도산과 자영업자의 파산, 실업의 증가로 불황의 긴 터널이 예고되는 가운데에 물가와 사교육비는 폭등하여 다수 국민의 허리를 휘게 하고 있습니다. 정부는 최저임금제를 무력화하고 비정규직을 더욱 양산하는 정책을 강행하겠다고 으름장을 놓고 있습니다. 대다수 직장인들은 임금인상은 고사하고 또다시 대량 정리해고의 악몽이 재현되지 않을까 노심초사하고 있습니다.'라고 진단했다.

민주노총 부산본부도 10월부터는 노동기본권 개악 저지 및 사유화 등 신자유주의 저지 투쟁을 강화하고 반이명박 전선을 확대하고 전태일 열사 정신계승 2008년 전국노동자대회 조직을 위한 사업을 전개했다. 투쟁승리 결의대회, 시민과 함께하는 촛불난장, 공단 선전전 등을 진행하고, 전국에서 유일하게 '공기업 사유화 중단, 비정규직 철폐, 공안탄압 중단, 이명박정부 심판 부산본부 시국

선언'을 추진하여 2,130명의 노동자가 동참하여 신문광고를 실었다. 또한 MB악법 중 하나인 비정규직법 및 최저임금법 개악 저지투쟁으로 12월에 노동청 앞 농성투쟁을 전개하였다. 그 외 일반노조 삼화여객투쟁, 4.15공교육포기조치 폐기투쟁, 일제고사 저지투쟁, KTX비정규직여승무원 및 기륭전자투쟁, 장기투쟁사업장 연대 한마당 등을 지역 차원에서 진행했다.

2) 노사관계의 변화

2008년부터 시작된 세계금융위기의 한파는 2009년에 심각한 경제위기라는 폭풍을 몰고 왔다. 기업 도산이 속출하고, 소비가 급속도로 위축되면서 실업률은 빠르게 높아졌다.

이러한 경제위기 국면은 노사관계에도 그대로 반영이 되었다. 경제위기 극복을 위한 임금인상 자제 분위기가 확산되고, 일자리 유지를 위해 임금을 동결 또는 삭감하거나, 노동시간을 줄이려는 조치들이 이어졌다. 2009년에는 임금동결 사업장이 예년에 비해 가장 큰 폭으로 늘어났고, 임금 및 복리후생을 삭감하는 양보교섭 사업장도 가장 많이 증가했다. 이러한 임금협상에서의 양보교섭으로 2009년도 임금인상률은 1.4%로 1998년 IMF경제위기 이후 가장 낮은 수치를 기록하였다. 경제위기 극복을 위한 노사화합 선언을 하는 사업장도 12월 말 6,300개 사업장으로 급증하였다.

정부는 '법과 원칙이 통하는 노사관계' 질서 구축이라는 정책기조하에 파업 시 무노동무임금원칙 정착, 불법쟁의행위에 대한 법치주의 확립 등의 강경 일변도의 정책기조를 유지해 갔다. 이렇게 경제위기 국면에서 겉으로는 임금안정 분위기가 확산되고, 노사관계도 파업으로 인한 노동손실 일수가 줄어드는 등 노사관계 안정 분위기가 다수 나타나긴 했지만, 쌍용자동차가 2,646명을 정리해고하면서 노농조합이 78일 동안 공장을 점거해서 경찰과 물리적인 충돌을 하는 등 극한 투쟁도 나타났다.[2]

2009년도 파업 사태 이후 2015년에 쌍용자동차 사측과 쌍용자

---

2 쌍용자동차는 1997년의 IMF 구제금융사건 사태 이후, 쌍용그룹의 정상화를 위한 구조조정 과정에서 2004년 10월 28일 상하이차가 5,900여억 원에 쌍용차의 지분 48.9%를 인수하는 조건으로 채권단과 상하이차 간 쌍용차 매각 본계약이 체결되었다. 이후 지속되는 판매부진과 경기 악화로 쌍용자동차의 유동성이 악화되자, 노조와 경영진은 주택융자금·학비보조금 등 일체의 복지혜택을 사측에 반납하는 한편 2008년 12월 17일부터 약 2주간 공장가동을 중단하기로 합의한다. 그러나 이제까지 유동성 공급을 약속하던 상하이차가 12월 23일, 돌연 노조 측의 구조조정 거부를 명분으로 철수를 시사하면서 상황이 급작스럽게 악화되기 시작하였다. 상황이 이렇게 되자 쌍용차 경영진은 2대 주주인 산업은행과 정부에 유동성 공급을 요청했으나, 산업은행과 정부는 "대주주인 상하이차의 지원이 우선되어야 한다"며 이를 완강히 거부했다. 2009년 1월 9일, 상하이차는 서울중앙지방법원에 쌍용자동차의 법정관리를 신청하고 쌍용차의 경영권을 포기하였다. 이후 상하이차가 경영권을 인수한 4년간 단 한 푼의 투자도 하지 않았으며, 애초 매각 협상 시 합의한 기술이전료 1200억 원 중 절반인 600억 원만 지불한 채 쌍용자동차의 하이브리드 엔진 기술 및 핵심연구원들을 중국 현지 본사로 빼돌렸다는 사실이 드러났다. 사측의 인력 감축안이 발표된 이후 2009년 4월 14일, 쌍용차 노조는 조합원 84%의 찬성으로 부분 파업에 돌입했고, 5월 21일에 공장을 점거하고 총파업에 돌입하게 된다. 5월 31일에는 사측이 노조가 점거 중인 쌍용차 평택공장의 직장 폐쇄를 감행한다. 이후 노조와 사측은 대화와 협상을 거듭했으나, 협의가 이루어지지 않았다. 이후 7월 6일, 법원이 평택공장 압수수색 영장을 발부했고, 20일에는 경찰이 공장을 점거 중이던 노조원들의 강제해산 방침을 발표하고 본격적으로 공권력이 투입이 되었다. 공권력 투입에 반발한 공장 내 노조원들의 불법 무기 사용에 경찰이 최루액과 테이저건 등을 통하여 대응하는 등 대치상황이 지속되었다. 결국 8월 4일과 5일 이틀 동안 경찰이 진압 작전을 펼치면서 거의 모든 공장을 장악했고, 진압작전이 펼쳐진 다음 날 노조와 사측이 마지막 협상을 타결하게 되면서 77일간의 공장 점거 총파업이 끝나게 된다.

동차 노동조합 그리고 금속노조 쌍용차지부 관계자들이 노-노-사 3자 간 합의를 하였다. 합의의 주요 내용은 희망퇴직자, 분사자, 해고자 중 입사지원자에 한해 기술직 신규인력 채용 수요가 있을 시 단계적으로 채용하기로 했으며, 사측과 복직대상자 서로 간 손배 가압류 소송도 모두 취하하기로 협의했다. 이후 사측은 2013년 3월 무급휴직자 454명을 전원 복직시킨 이후 2016년 2월 40명, 2017년 4월 62명 그리고 2018년에는 16명의 희망퇴직자 및 해고자의 복직 절차를 진행했다.[3]

이 쌍용자동차 사태에서는 이른바 상하이차가 약속한 투자는 하지 않고 기술만 빼낸 먹튀 논란이 있었으며, 또 파업 기간 중 사측이 공장점거농성을 와해하기 위해 실시한 공장 내 단전 및 단수, 식료품 및 의료진·약품의 반입을 완전히 금지하는 조치로 인하여 공장 내 농성 노조원들의 인권을 침해했다는 논란, 그리고 경찰의 진압작전 시 대테러장비를 사용했다는 논란이 일어나 당시 이명박정권의 노조관이 고스란히 드러난 사건이기도 하였다.

이명박정권은 2009년 3월 비정규직 고용기간 2년 제한 규정을 놓고 비정규직 대량실업 가능성이 제기된다고 하면서 비정규직 사용기간을 4년으로 연장하고, 파견법의 파견범위도 확대하겠다고 발표했다. 이 내용은 고용안정대책이 아니라 비정규직 양산대책으

---

3 2018년도에 경찰 진상조사위가 쌍용차 파업진압작전이 과잉진압이라고 결과를 발표하고, 문재인 대통령이 인도 마힌드라 회장과 만난 자리에서 해고자 복직문제를 언급하는 등 복직문제가 다시 화두로 올라왔다. 이에 2018년 9월 13일, 2015년 노-노-사 교섭 이후 정부가 개입한 4자 협의를 통하여, 남은 해고노동자 119명의 복직을 2019년 말까지 완료하기로 했다.

로 인식될 수밖에 없었다. 그리고 하반기에는 다시 복수노조 허용과 전임자 임금지급 금지를 제기해 이른바 노조 옥죄기에 전력을 다했다.

민주노총부산본부는 이러한 비정규악법 저지, 쌍용차 문제해결 촉구, 공기업구조조정 저지를 위해 국회의원 항의방문, 1인시위, 신문광고 등을 조직하고, 7월 부산시청에서 총파업 결의대회를 개최하고 한나라당 부산시당 앞에서 농성을 벌였다.

이명박정권의 노동운동에 대한 탄압으로 2007년 S&T대우 투쟁과 관련해 금속노조 부산양산지부 정홍형 사무국장이 2008년 6월 23일 구속되어 동래경찰서 유치장에 수감되었다. 정홍형 사무국장은 2007년 7월 20일 지부 조합원 1,500여 명과 함께 S&T대우 진입을 시도하다 이를 막는 전투경찰 및 회사관리자들과 충돌한 혐의로 2008년 5월까지 수배된 상태였다. 경찰은 사건 조사 후 검찰의 지휘가 필요하다며 곧바로 구속영장을 청구하지 않았고 당일 경찰서에서 풀려났는데, 한 달이나 지나서 대검찰청의 구속영장 청구로 결국 구속된 것이다. 이 사건은 결국 이명박정권의 노동운동에 대한 적대적 태도를 보여주는 단면이었다.

3) 신자유주의 저지투쟁 및 노동기본권 사수투쟁

이명박정권하에서의 노동운동은 신자유주의적 정책의 확산에 따른 구조조정 추진과 정리해고를 저지하는 것이 주요한 과제가 됨과 동시에 정부의 비정규직 확대 추진 및 노동조합을 탄압하기 위한 법개정에 대응한 노동기본권 사수 투쟁이 주를 이루었다.

이명박정권은 2008년 8월 11일 공기업 선진화방안을 1차 발표했다. 1차 발표는 41개 공기업을 대상으로 선정했으며 핵심은 산업은행, 기업은행 및 자회사의 민영화와 공적자금 투입기업의 매각 그리고 주택공사와 토지공사의 통합과 자회사 매각이었다.

이명박정권의 공기업 선진화방안은 말과는 달리 산업은행 등 금융공기업과 공적자금 투입기업에 대한 대대적인 민영화를 담고 있어 재벌에 대한 특혜지원을 할 수밖에 없다는 점과 부동산 관련 공기업의 통합과 대형화 및 관련 자회사의 민영화를 통해 부동산투기를 조장할 수 있다는 점, 또한 물가인상 속에서 공공요금의 인상 등으로 서민들의 피해와 부담이 가중되는 상황에서 선진화방안의 실체는 사회양극화를 더 심화시키고 사회공공성의 약화를 초래할 수밖에 없었다.

민주노총 부산지역본부도 2009년 사업목표를 △신자유주의 구조조정 저지 및 노동기본권 사수 투쟁 강화 △지역연대투쟁 활성화로 민주노총 조직력 및 투쟁력 복원 △미조직 · 비정규사업 활성화로 노동자계급 대표성 강화 △반이명박 · 반신자유주의 지역연대전선 강화 등으로 삼았다.

부산본부는 투쟁본부 발대식 및 1차 지역총궐기에서 1,200여 명이 참가한 가운데 총력투쟁을 선포하였으며, 노동절을 맞아 대우버스, 전기원노동자 등 투쟁사업장 조합원 3,500여 명이 대거 참가한 가운데 2차 총궐기투쟁을 열었고, 3차 총궐기는 민주노총 조합원 4,600여 명, 시민을 포함해 전체 8,000여 명이 참가한 가운데 부산시민대회를 개최해 반이명박 투쟁을 전개했다.

이명박정권은 용산개발을 빌미로 2009년 1월 남일당(서울시 용산구 소재) 건물에서 점거농성을 벌이고 있던 20여 명의 철거민을 과잉진압하였고 화재 발생으로 철거민 5명과 경찰 1명이 숨지는 '용산 참사'가 일어났다. 철거민들은 재개발에 밀려 대책 없이 삶의 터전을 잃을 수는 없다며 점거농성 중이었다. 경찰은 과잉 진압을 했다는 비판을 받았지만, 아무도 기소되지 않았다. 이와 달리 철거민들은 징역형을 받았다.

용산 참사 이후 민주노총부산본부는 지역의 제 단체들과 곧바로 '용산철거민 살인진압 규탄 부산시국회의'를 구성하고 촛불투쟁에 돌입하였고 이후 6월 초까지 이 투쟁을 이어갔다. 용산참사는 이명박정권의 파시즘적 폭력성과 신자유주의 개발정책의 모순을 극명하게 드러낸 사안이라는 점에서 2009년 반MB 투쟁의 핵심이자 전략적 차원의 투쟁이었고 전국적인 투쟁이었다.

한편 부산지역일반노조가 수영구청의 정화조업무 위탁을 받은 광안환경이 정화조 비리를 폭로한 조합원을 부당해고하고 수영구청이 업체 변경을 시도하자 직접고용에 나서도록 촉구하는 등 고용승계투쟁을 전개하였다. 또한 2009년 5월 CJ헬로비전 중앙방송 앞에서 '무노조경영 CJ그룹 규탄과 노동자, 서민을 울리는 디지털 사업에 반대'의 내용으로 파업출정식을 전개했다. 그동안 CJ헬로비전은 3년째 단체협약 체결을 거부해 오다가 이명박정권의 '일자리나누기'에 동참한다는 이유로, 2008년 영업이익이 438억 원이었고 당기순이익이 149억 원이었으며 2009년 3월 27일 자로 한국기업평가의 기업어음(CP) 신용등급이 A2로 상향 조정되었음에도, 연봉동결을 강행하였을 뿐만 아니라 무노조 방침을 관철시키고 있었다.

정화업체와 마찬가지로 청소용역업체 또한 기초자치단체의 민간위탁으로 운영되는 분야로 유창환경에서 10년째 노사 간 대립이 격화되어 왔다. 부산진구청이 청소용역업체에 비용을 지불할 때, 그 기준이 되는 용역보고서의 인건비 액수만큼 인건비를 지불하지 않는 관행이 문제였다. 이러한 부조리한 관행을 없애고자 노동조합은 투쟁을 하였으나, 오히려 사측은 사업권을 반납함으로써 유창환경 노동자들은 고용승계 나아가 민간위탁 폐지 투쟁을 지역의 단체들과 연대하여 펼치게 되었다. 유창환경노동자들과 연대단체들은 2010년 10월 '민간위탁 폐해 증언대회 및 폐지를 위한 정책제안대회'와 '유창환경 문제 즉각 해결, 민간위탁 폐지 결의대회'를 개최하였다. 그리고 11~12월 부산진구청 앞에서 '유창환경 문제 즉각 해결, 민간위탁 폐지를 위한 수요촛불문화제를 3회에 걸쳐 개최했고 유창환경 문제 해결과 민간위탁 폐지 결의대회를 개최하였다.

학습지 재능교육의 경우 특수고용노동자라는 신분적 제약을 악용하여 노동탄압을 강행한 사례다. 사측은 노동조합에 가입했다는 이유만으로 조합원들에게 일방적인 계약해지를 통보하여 재능교육 노동자들은 '부당해고 철회, 부당영업 규탄' 투쟁을 펼쳤다. 재능교육노조는 각 지국별 1인시위와 집중집회 등을 줄기차게 전개하였다.

건설노조 전기원분과 소속의 노동자들도 노동조합 인정과 단체협약 쟁취, 생존권 사수를 위해 파업투쟁에 나섰으며 전기업체의 무분별한 하도급 근절과 검찰 수사를 촉구하기도 하였다.

한편 민주노총 부산지역본부는 지방자치단체와 연관된 사업장들을 중심으로 부산시와 노정협의를 2006년부터 매해 진행해 왔으며, 2009년에도 '민주노총부산본부 대부산시 요구안' 형태로 제시하고 해당부서와 협의를 하였다. 주요 의제는 '장기적 고용대책 수립', '부산지하철의 정규직 채용 확대', '지역 건설노동자 및 지역 건설기계 우선 사용', '초중고 급식비 지원 확대 및 수학여행경비 지원', '국공립 보육시설 확대', '공단지역 무료버스 노선 신설 및 확대', '공공부문 민간위탁 반대 및 고용승계', '화물차 공용주차장 확대', '어선감축에 따른 선원노동자 실업대책 마련' 등이었고, 제시된 의제는 해당 부서의 검토와 답변을 받고 협의를 하는 방식이었다. 그러나 부산시와의 노정협의는 시장부터 형식적인 응대에 그쳐 큰 의미를 부여하기 어려웠다.

한편 부산지역 택시업계의 '뇌물비리'에 일부 택시노동자들이 한국노총을 탈퇴하고 새로운 노조 설립을 추진했다. 한국노총 소속 택시노동자들로 구성된 '부산택시연합노동조합'(이하 부택련)은 2009년 4월 15일 부산시에 제3노조 설립을 위한 신청서를 접수했다. 이는 2008년 12월 '부산택시인의 쉼터'가 '부산지역정의택시노동조합'이라는 이름으로 노조설립신청서를 제출한 데 이어 두 번째였다. 부택련은 '사납금제도 폐지'와 '전액관리제' 확보를 위해 적극 활동하겠다는 입장이었다. 부택련은 한국노총과 민주노총 어디에도 속하지 않는 제3노조를 추진했는데, 최근 택시비리로 택시노조와 한국노총에 대한 조합원들의 비판이 높은 데다, 민주노총의 경우 오랫동안 조직력이 취약한 상태여서 최근 들어 '부산택시인의 쉼터'나 '부산택시개혁연합' 등 기존 노조와는 다른 세력들이 힘을 얻고 있는 등 현장 분위기가 반영되었던 것이다.

4) 정리(부당)해고 반대투쟁

(1) 금속노조 창공지회 위장폐업 반대투쟁

부산지역 노동자들에게도 쌍용자동차와 같이 이명박정권의 반노동정책의 영향을 받은 사측의 폭력적인 양상이 벌어지기는 마찬가지였다.

2008년 1월 3일 위장폐업에 맞서 157일째 공장을 지키며 농성하던 민주노총 금속노조 창공지회(구 동아스틸지회, 다대포 무지개공단 소재)에 또다시 날벼락이 떨어졌다. 부산지방법원 집달관이 정체불명의 30여 명 사내들을 데리고 다대포공장에 나타났다. 12월 26일자 부산지방법원의 퇴거 가처분 결정문을 들이대며 '공장에서 나가라'며 강제집행에 돌입했다. 공장을 지키던 3명의 조합원은 사무실 농성장과 공장 마당의 천막농성장을 지키기 위해 사력을 다했으나 중과부적이었다. 이 과정에서 김기준 사무장은 천막농성장을 지키려다 괴한들에게 폭행당해 병원으로 후송됐다. 전기장판이며 스티로폼 같은 농성장 물품은 괴한들에 의해 길거리로 마구 던져졌고, 공장 마당에 쳐졌던 천막은 부서진 채 길거리로 나뒹굴었다.

동아스틸은 다대포공장에서 각종 금속강관을 생산하는 업체였다. 여기에는 평균 나이 55세의 노동자들이 박봉에도 불구하고 몸이 부서져라 일하고 있었다. 그런데 2003년 사측은 400여억 원을 투자해 다대포공장보다 3배나 큰 규모의 새로운 공장을 전남 광양에 지었다. 이것이 문제의 출발점이었다. 사측은 다대포공장을 폐쇄하고 고령의 노동자들을 자르기 위해 철저한 시나리오를 짰다. 사측은 2006년 '창공'이라는 업체에게 다대포공장을 매각했다. 그런데 뭔가 좀 이상했다. 공장부지는 그대로 둔 채 생산설비만 판 점, 매각 후에도 예전 생산품을 똑같이 생산해서 동아스틸에 공급한 점, 매출이 떨어져도 영업에 열을 올리지 않는 등 경영에 대한 의지가 없는 새 업체의 사장 등 의문이 많았지만, 오갈 데 없는 고령의 노동자들은 울며 겨자 먹기로 '매각 후에도 생산을 계속한다'는 동아스틸의 약속만을 믿었다. 이렇게 노동자들은 회사 이름만 '창공'으로 바뀐 채 동아스틸이 가지고 있던 설비를 가동하며 똑같은 자리에서 똑같은 일을 했다. 그러던 어느 날, 고령의 노동자들에게 날벼락이 떨어졌다. 2007년 7월 창공의 사장이 회사를 폐업하고는 몰래 도망을 가버렸고, 공장부지와 건물을 가지고 있던 동아스틸은 노동자들에게 회사에서 나가라고 했다. 설상가상, 고령의 영세노동자들이 약속한 일자리를 달라고 투쟁하자 사측은 1억 원의 손배가압류와 각종 고소고발로 답했다. 동아스틸에 배신당하고 실업자 신세가 된 노동자들의 분노는 가라앉을 줄 몰랐다. 노동자들은 2007년 7월 다대포공장에서 숙식하며 동아스틸이 약속대로 일자리를 보장해줄 것을 요구했다. 감전동 동아스틸 본사 앞에서는 민주노총 부산본부 산하 노조들과 함께 연일 시위를 벌였다. 계속해서 투쟁하는 고령의 노동자들은 모두 5명. 공장 내 농성장도 찢겨져, 추운 겨울에 공장 앞 인도에서 천막농성을 하면서 '결사투쟁'의 각오로 투쟁했다.

(2) 대우버스 정리해고 반대투쟁

2008년 임단협이 마무리되지 않은 대우버스 사측이 2009년 3월 전 직원 980명 중 507명을 구조조정하겠다는 발표하였다. 이에 대해 조합원들의 분노는 극에 달했으며 2009년 새롭게 구성된 대우버스노조 신임 김만종 집행부는 구조조정에 대항하기 위해 신임집행부의 공약이었던 산별노조로의 전환을 서둘렀고, 92.38%의 높은 찬성률로 산별노조로 전환하였다. 그리고 즉각 먼저 산별노조로 구성되어 있던 대우버스사무지회와 금속노조 부산양산지부, 민주노총 부산지역본부와 함께 사측의 집단해고를 저지하기 위한 공동투쟁본부를 구성하고 본격적인 투쟁 준비를 하였다.

대우버스는 1955년 부산에서 신진공업으로 출발한 한국 자동차공업의 효시라고 할 수 있는 사업장이었다. 한진중공업이 우리나라 조선회사의 효시였듯이 자동차회사의 효시도 부산에 공장을 둔 신진공업이었다. 신진공업은 이후 신진자동차를 거쳐 대우자동차, 그리고 2003년 영안그룹이 대우자동차 버스사업부를 인수해 대우버스로 변경되었다. 그동안 대우버스는 국내 버스점유율 40%를 유지하고 많은 나라에 버스를 수출하면서 성장해왔다. 그러나 2003년 영안그룹이 대우버스를 인수하고 나서부터는 무능한 경영진이 온갖 불법적이고 비도덕적인 행위를 저질렀다. 기장군에 새로운 공장을 만들어 공장을 이전하기로 노동조합뿐 아니라 부산시와 약속하고도 이를 지키지 않고 2005년에 언양에 공장을 만들고 비정규직을 채용하였다. 그리고 부산공장에서 생산해야 할 버스 물량까지 언양 공장과 해외공장(7곳)으로 빼돌려 생산하면서 부산공장의 노동자들을 고사시키기 위한 음모를 공공연히 자행해왔다.

대우버스노조 집행부는 회장면담을 통해 평화적으로 해결하려고 본사를 방문하였으나 회장이 나타나지 않자 2009년 3월 전면파업에 돌입하였으며, 사측은 10일 후부터 직장폐쇄로 맞섰다. 이에 대우버스 공투본은 전포동 공장에 사무직과 생산직 전 조합원 870 여 명을 긴급 소집하여 '구조조정분쇄와 직장폐쇄 규탄 결사항전 결의대회'를 열었다. 차해도 부산양산지부장, 김만종 대우버스 노조위원장(현장직), 김화수 대우버스사무지회장 등 3명의 공투본 대표는 연단에 같이 올라 구속결단식을 가졌다. 부산양산지부 차해도 지부장은 '원한다면 백성학 회장과 함께 감옥에 가겠다'며 결사항전의 의지를 밝혔다. 조합원 집회 때 삭발한 김만종 지회장은 '이미 예상했던 직장폐쇄다. 무장경찰을 투입하기 위한 수순인 것 같지만 결코 물러서지 않겠다'며 강고한 투쟁의지를 밝혔고, 김화수 지회장은 '힘들지만 현장조합원들과 끝까지 가자'며 사무지회 노동자들의 결사항전 의지를 북돋았다. 집회가 끝난 후 공장사수조를 제외한 조합원들은 가두선전을 하기 위해 부산시내 곳곳으로 향했다. 사측은 경찰투입을 요청하였으나 결사항전을 결의하고 사수하는 조합원들의 기세에 또다시 용산참사를 우려한 경찰은 경찰병력을 투입하지 않았다. 그리고 대우버스가 2008년 91억 원의 당기순이익이 발생했음이 알려지자 시민사회단체에서도 대우버스 직장폐쇄 철회를 위한 투쟁에 동참하였다. 이후 노조와 사측은 구조조정을 철회하고 2008년과 2009년 임단협교섭을 재개하기로 합의함으로써 대우버스 정리해고 반대투쟁은 막을 내렸다(금속노조 부산양산지부 홈페이지 참조).

(3) 한진중공업 사내하청 고용불안 및 체불임금 투쟁

2009년 6월 언론들은 '한국 첫 쇄빙선 아라온호 위용진수'를 보도하면서 '60여 종의 최첨단 장비를 갖춰 연구능력이 세계 최고 수준'이라며 한진중공업을 치켜세웠다.

그러나 세계 최고 수준의 쇄빙선을 만드는 데 참여한 한진중공업의 비정규직인 사내하청노동자들은 벼랑 끝으로 몰리고 있었다. 한진중공업은 2008년 초부터 사내하청업체를 대상으로 한국 어느 조선소에서도 실시되지 않던 '최저입찰제'를 도입했기 때문이다. 이는 업체의 업무능력이나 관리능력과는 무관하게 오로지 최저가 계약금액만으로 업체를 선정하는 방식으로 사내하청업체와 하청노동자들을 벼랑으로 모는 결과를 초래했다. 한진중공업 내에서는 2008년 하반기부터 최저입찰을 빌미로 부당한 하도급거래가 이루어졌다. 매번 계약 때마다 기성금의 2~5%씩 강제 삭감당하기 일쑤였고, 심지어 한 번 계약에 30%까지 삭감되는 경우도 발생했다. 2009년 들어서 이 최저입찰제를 견디지 못한 사내하청업체들이 줄줄이 폐업을 하는 사태가 발생했으며, 새롭게 들어온 하청업체들도 2~3달을 견디지 못하고 도망가버린 경우도 발생했다. 2009년에만 폐업 및 철수한 업체는 7개 업체[4]였고, 450여 명의 비정규노동자들이 일자리를 잃었다. 당시 이들은 임금이 2개월 체불된 상태였고, 퇴직금도 받기 어려운 상태였다. 그리고 한진중공업 내 다른 하청업체로 재취업했으나, 그 업체마저 최저입찰에 의한 낮은 단가로 인해 철수(정원기업)하는 일도 벌어졌다. 80여 개 4,000여 명의 사내업체와 하청노동자들이 이와 유사한 상황에 놓이게 되었다.

이에 반해 한진중공업은 1989년 대한조선공사를 인수한 이후 20년간 적자를 기록하지 않았고, 1997년 경제위기 때는 한진건설까지

---

4 7개 사내하청업체는 세화, 삼화, 성일, 홍천, 현대, 정원, 유승이었다.

인수해 건설뿐만 아니라 한진그룹의 알짜기업으로 그룹을 먹여 살렸으며, 2008년에도 630억 원의 흑자를 기록했다. 금속노조 한진중공업지회는 2009년 6월 원하청불공정거래 개선을 촉구하고, 하청노동자들의 고용불안과 체불임금 청산을 촉구하였으며, 공정거래위원회에 고발장을 접수했다. 6월 17일 한진중공업 내에서 원하청노동자 공동투쟁을 개최하여 최저입찰제 폐지와 하청노동자 고용보장 및 체불임금 보장을 원청이 책임지는 등의 요구를 걸고 투쟁하였다.

(4) 풍산마이크로텍 정리해고 반대투쟁[5]

금속노조 풍산마이크로텍지회는 부산시청 광장에서 천막농성을 가장 오랫동안 한 조직이다. 풍산마이크로텍지회의 투쟁배경을 먼저 살펴보겠다.

풍산은 1968년 설립하여 신동제품을 생산하기 시작해 비철금속, 방위산업, 정밀산업, 장비산업 등의 분야에서 사업을 벌여왔다. 1973년 정부로부터 탄약제조업체로 지정되었고 1982년에는 총알을 생산하던 육군 조병창을 인수해 동래공장을 운영해왔다. 1990

---

5 다음 자료와 인터뷰를 참고하여 작성하였다. 이일래, "전국금속노동조합 풍산마이크로텍지회", 『부산향토문화백과』, 2014(http://busan.grandculture.net/Contents?local=busan&dataType=01&contents_id=GC04217027); 성민규, "풍산 마이크로텍지회 정리해고 무효에 쐐기 박다", 『금속노동자』(금속노조 기관지), 2015년 2월 13일(http://m.ilabor.org/news/articleView.html?idxno=4665); 전국불안정노동철폐연대, "개발 특혜를 위한 위장매각과 정리해고, 자존과 생존권을 지키는 풍산마이크로텍지회의 투쟁", 2014(http://workright.jinbo.net/xe/issue/21483); 풍산마이크로텍지회장 인터뷰(인터뷰어 현정길, 인터뷰이 문영섭 지회장, 일시 2021년 5월 17일 11:30~13:30, 장소 풍산마이크로텍지회 부산시청광장 천막농성장)

년대 중반 이후 시장다변화와 해외 진출에 박차를 가해 2000년대 중반부터는 국내 방산수출 1위 업체로 자리매김해왔다. 풍산의 또 다른 주력 생산품목은 동전의 원판인 소전이다. 1970년 한국조폐공사로부터 소전생산업체로 지정되었고, 현재 60개국 이상으로 수출하며 세계시장 교역량의 절반 이상을 점유하고 있다. 탄약과 소전을 주력 생산품목으로 하는 풍산그룹은 창업 이래 국가의 긴밀한 파트너로서 적잖은 수혜를 누리며 사세를 확장해왔다.

풍산마이크로텍은 1991년 반도체 부품산업에 진출하기 위해 동래공장 생산부를 분사해 설립한 풍산정밀이 2000년 상호를 변경하고, 현재 중국과 필리핀에도 해외공장을 운영하는 상장사다. 공장이 위치한 반여동 부지는, 1981년 조병창 민영화에 따라 그린벨트였던 43만 평의 땅을 포함해 230억 원에 풍산이 인수하였다. 향후 20년간 방위산업을 지속한다는 조건으로 헐값에 매입했다는 이 부지는, 개발제한구역임에도 1990년대 2,000억 원을 차입하는 담보가 되었다. 2004년 부지의 절반인 약 21만 평에 대해 공영 개발일 경우 그린벨트를 해제할 수 있는 가능성이 열렸고, 풍산그룹은 이명박정권 집권 이후 서병수 시장과 지역구 국회의원 등을 접촉하며 특혜 개발을 위한 행보를 구체화하기 시작했다.

2002년 연말 사측은 풍산그룹 차원의 계열사 구조조정을 시작했다. 풍산 노동자들이 고용불안과 고조되는 불만동력으로 2003년 3월 풍산마이크로텍에 노동조합이 결성되었다. 사측은 계열사 유일의 민주노조를 가만히 두지 않았다. 임단협은 지지부진했고 조합원들만을 대상으로 한 구조조정이 반복되었으며, 탄압도 회유도 일상이 되었다. 노동자들은 지쳐 떠나갔고, 20여 명의 조합원이 차별

부산 해운대구 반여동 풍산 부지 일대 전경
출처: 부산일보DB

과 희생을 감내하며 7년간 금속노조를 지켜왔다.

그러던 2010년 12월 29일, 사측은 하이디스라는 업체에 주식지분 57.2%를 넘기며 매각하였다. 그러나 인수자금 차입처로 주식이 넘어가며 최대지주가 불분명해졌다. 그러자 위기를 느낀 비조합원들이 대거 노동조합에 가입하여 23명의 조합원이 186명이 되었다. 2011년 3월 사장을 자임하는 사채업자들이 주주총회를 통해 사명을 피에스엠씨로 변경했다. 페이퍼컴퍼니를 설립해 주식을 차명으로 돌리고 7%의 지분으로 경영을 시작한 이들은 제일 먼저 사원주택과 자사주 등을 담보로 돈을 빌렸다. 노조와의 교섭에서는 한 달 만에 고용보장 약속을 뒤집고 임금삭감과 구조조정 중에 선택을 강요했다. 심지어 아프리카 카메룬의 금광개발사업과 400억 원의 유상증자에 동참할 것을 제안하기도 했다.

투기자본의 속성을 유감없이 드러내는 제안을 노조가 거부하자 사측은 7월 정리해고를 통보했다가 거센 반발에 8월 합의서까지 작성하며 철회했다. 그러나 불과 열흘 후 돌연 입장을 바꿔 11월 정리해고를 예고하고 이후 희망퇴직자를 모집했다. 이에 풍산마이크로텍지회는 11월 2일부터 2년간 미뤄졌던 임단협 교섭과 정리해고 철회 등을 걸고 총파업을 벌였다. 누가 해고될지 모르는 어수선한 상황에서 희망퇴직자가 없자 회사는 58명의 노동자에 대한 정리해고를 강행하였다. 평균연령 51세, 평균근속 25년의 노동자들은 청춘의 시간을 바치고 삶을 바친 일터가 투기자본에 의해 난장판이 되는 광경을 지켜보고 쫓겨 나왔다. 분노와 배신감으로 민주노조를 찾았던 노동자들은 열 달 만에 또다시 사측에 의해 분리되었다. 총파업이 시작되었지만 180명에 이르는 조합원들 중 70명가량은 아예 출근을 하지 않았고, 이후 복수노조로 흩어졌다. 하지만 다시 용기를 낸 108명의 조합원이 해고여부와 무관하게 총파업을 이어갔다. '함께 살자!'는 당위가 된 구호, 그러나 외롭게 버려졌던 구호를 현실로 만드는 시작이었다. 반 이상이 해고자였지만 해복투를 따로 구성하지 않고 지회로 뭉쳐 함께 싸웠다. 생계도 투쟁기금도 한데 모아 똑같이 나누어 가며 위기를 넘겼다.

2012년 2월 지방노동위원회는 구제신청을 한 52명 전원에 대한 부당해고 판정과 함께 노조집행부 대다수를 정리해고한 사측의 부당노동행위를 인정했다. 억울하게 쫓겨나 난생처음 거리의 싸움에 나선 조합원들은 자신의 선택이 틀리지 않았음을 확인하며 자신감을 얻었다. 2012년 5월에는 한 달간의 희망국토대장정을 시작해 부산에서 서울까지 걸으며 정리해고 투쟁을 알려 나갔다. 오뉴월 땡볕 아래 전국의 투쟁사업장을 도보로 순회하는 고달픈 일정, 얼굴은 새까맣게 타고 발은 물집투성이가 되었지만 가슴속에서는 새로운 결의가 피어났다.

7월에 열린 중앙노동위원회는 22명의 부당해고를 인정하고 30

명에 대해 기각했지만, 함께 일한 이십 년 세월보다 더 진하게 투쟁의 시간을 공유한 조합원들은 흔들리지 않았다. 9월이 되자 지회는 꼬박 열 달을 함께 싸운 비해고조합원 43명의 현장복귀를 결정했다. 사측은 1명을 부당해고하고 42명에 대해서는 정직 3개월 등의 징계를 내렸다. 그사이 단련된 조합원들은 징계와 교육을 거쳐 돌아간 현장에서 위축되지 않았고, 공장 안팎에서 싸우는 조합원들은 묵묵하게 투쟁을 이어가는 서로에게 거울이 되어 무거운 시간을 견뎌나갔다. 2013년 5월 서울행정법원은 중앙노동위원회 판정을 뒤집고 소송에 참여한 48명 전원에 대해 부당해고를 판결했다. 2014년 9월 서울고등법원은 서울행정법원 판결에 대한 사측의 항소를 모두 기각했다. 노동위원회부터 행정법원까지 줄줄이 패소한 사측은 고등법원 소송에서 법률대리인을 김앤장 로펌으로 교체하고 승소를 자신했지만 완패했다. 그리고 2015년 2월 대법원에서 42명의 조합원에게 시도한 정리해고가 부당하다는 판결을 받았다.

대법원의 부당해고 판결에 따라 일주일 후 조합원들은 전원 복직되었다. 투쟁은 승리한 듯이 보였고, 조합원들이 승리의 기쁨을 누리기엔 너무나 짧았던 일주일 후 2015년 2월 공장에 불이 났다. 조합원들은 황당했다. 발화지점은 전기설비도 없는 곳이었고, 소재들은 불연재였기 때문에 대형화재는커녕 잔불도 날 수 없는 공장에서 불이 난 것이었다. 결국

정리해고철회투쟁 500일차 기자회견

화재원인은 밝히지 못한 채 공장은 휴업을 하였고, 조합원들은 다시 공장에서 쫓겨날 수밖에 없었다. 주문받은 생산물은 세계정밀을 비롯해 하청업체로 모두 돌렸다. 풍산그룹은 불난 자리에 다시 공장을 복원하지 않았다. 2016년 8월 사측은 경기도 화성에 60여 명 규모의 공장을 임대해 생산을 재개하였다.

2015년 6월 사측은 부산시와 센텀2지구 개발을 위한 MOU를 체결하고 다시 조합원 전원에게 정리해고를 통보하였다. 5회에 걸쳐 희망퇴직 신청을 받으면서 조합원들도 조금씩 희망퇴직을 신청할 수밖에 없었다. 108명의 조합원들이 오랜 투쟁 끝에 겨우 얻어낸 복직 판결에도 원인 미상의 공장화재로 그리고 장기투쟁 과정에서 정년퇴임도 하여, 개발 MOU체결 이후엔 17명만 남게 되었다.

그리고 다시 투쟁을 지속하는 중에 2016년 11월부터 박근혜퇴진 촛불투쟁이 타올랐다. 풍산마이크로텍 조합원들은 그 촛불투쟁에 희망을 걸고 시청광장에 쳤던 천막까지 걷고 매일같이 박근혜퇴진 투쟁에 결합하였다. 그리고 정권을 바꾸었다. 지방선거에서는 시장과 시의회도 모두 바꾸었다. 촛불투쟁은 중앙정부, 국회, 지자체, 지방의회까지 모두 갈아치웠다.

문재인 대통령은 '출발은 평등하고 과정은 공정하고 결과는 정의'로운 사회를 만들겠다고 공언했고, 오거돈 시장은 "노동이 존중받는 도시" 부산을 외쳤다. 민주당 시정부와 시의원들은 시민대책위 차원에서 공청회도 개최하였고, 간담회도 가지고 의견도 냈다. 그러나 딱 그 수준에서 더 이상 진전은 되지 않았다. 과거 정권과 다른 점은 대화는 한다는 것이었다. 문제 해결은 함흥차사였다.

기대했던 오거돈 시장은 2017년 7월 센텀2지구 개발계획을 발표했다. 민주당이 집권한 부산시는 2020년 3월에 반여동 풍산 부지 일대의 그린벨트를 조건부 해제했다. 조건은 그 부지를 공공용도로 개발한다는 것이다. 그리고 2020년 11월에 고시했다. 지회관계자는 그만큼이라도 부산시와 풍산그룹의 특혜에 대한 의혹을 제기하고 꾸준히 투쟁해온 결과라고 한다. 당초 풍산재벌은 그린벨트를 해지하고 아파트를 지어 분양할 계획이었는데, 그린벨트는 부산시민의 것임을 꾸준히 알려 이를 저지해온 것은 오직 노조의 투쟁이었다. 현재 부산시와 도시공사는 반여동 첨단산업단지의 계획을 수립중이다. 그러나 원만하게 진행되지 않는다. 이미 평당 30만 원의 땅값이 그린벨트 해제 이후 250만 원 수준으로 치솟아 풍산재벌은 앉아서 1조 원의 시세차익을 보고 있음에도 풍산재벌은 부산시에 개발비와 대체부지로 또 다른 그린벨트 지역에 공장을 지을 수 있는 부지를 요구하고 있기 때문이다.

센텀2지구 개발계획을 발표한 날 시청광장에 천막을 설치했던 풍산마이크로텍지회 조합원들은 17명이 남아 매일 아침 부산시청 앞에서 출근투쟁을 시작해 센텀2지구 개발계획 취소와 풍산재벌 특혜 철회를 주장하며 시민홍보를 하고, 투쟁사업장 지원도 하면서 하루를 보낸다. 이들은 단순히 복직만을 요구한 것이 아니다. 수십만 평의 그린벨트는 부산시민의 것임을 분명히 하였고, 막개발을 저지하고 공공성을 지켜왔다.

그들은 이미 기후위기 시대의 전사들이다. 지회는 차기 대선과 지방선거에 또 다른 희망을 걸고 있었다. 이미 촛불투쟁을 경험했기 때문에 희망을 버리지 않고 있었다. 그러나 촛불정권이 들어서고, 부산시의 권력지도가 한나라-새누리-국민의힘 정권에서 민주

시청광장 풍산마이크로텍 천막농성장 모습(2021년 5월)

당정권으로 바뀌었지만 풍산마이크로텍지회의 투쟁은 여전히 끝나지 않고 진행 중이었다. 문재인정권이 끝나고 부산시도 민주당 권력이 끝나고, 다시 국민의힘 중앙정부와 지방정부로 회귀되었어도 풍산마이크로텍지회의 투쟁은 계속되고 있다.

(5) 비정규직 노동자투쟁

2011년 3월 고신대 환경미화노동자들이 노조설립을 추진하자 사측은 부당해고를 하였고, 일반노조를 중심으로 투쟁을 전개하여 해고를 철회한 사건이 있었다. 5월 말과 6월 초 일반노조는 부산대 청소미화, 부산대 생협, 부산대 기숙사, 형제새부산정화, 가톨릭대 청소미화, 보람상조, 성광사 등 7개 사업장에 대해 부산지방노동위원회에 쟁의조정을 신청했다. 소규모 사업장이지만 집단쟁의조정 신청을 하여 공동투쟁을 진행하게 되면 그만큼 승리하기 쉽다는 것을 2010년에도 확인한 바 있었다.

학습지 재능교육에서도 조합원에 대한 부당해고를 하여 집중집회를 계속 이어 나갔으며, 운수노조 두리발분회에서도 조합원에 대한 부당해고가 이뤄져 민주노총 부산본부 차원의 투쟁이 전개되는 등 이 시기에 전반적으로 노동조합 활동에 대한 탄압과 구조조정 정리해고가 만연한 가운데 비정규직 노동자들의 투쟁도 확대되어 갔다.

(6) 한진중공업 희망버스

한진중공업은 국영기업인 대한조선공사를 한진그룹이 1989년에 862억 원에 인수한 회사로, 인수 당시 대한조선공사의 계열사였던 극동해운, 광명목재, 동해조선, 부산수리조선소까지 인수함으로써 재벌특혜 시비에 휩싸인 적이 있었다. 또한, 인수한 직후, 노태우 정권은 조선산업 합리화 조치라는 명목하에, 각종 조세 및 금융상의 2차 특혜를 한진에게 제공함으로써, 또 한 번 특혜 의혹을 받은 바 있었다. 이처럼 국민 세금으로 막대한 특혜를 받고 성장한 한진중공업은 한국에서 제일 긴 역사와 뛰어난 기술력을 겸비한 견실한 조선업체였다.

그런데 한진중공업이 무리한 해외조선소 확장으로 인한 경영난의 책임을 노동자들에게 전가하며 부당한 정리해고와 구조조정을 강행하려 하자, 이에 맞서 한진중공업노동자들이 투쟁에 나섰다. 한진중공업은 2009년 3분기 누적 당기순이익이 156억 원에 이르고, 조선부문의 가동율도 신조선은 86.6%, 특수선은 110%에 달한다고 발표했다. 그러나 2009년 12월 11일 노동조합과는 일체의 논의도 없이 일방적으로 조선부문 전 직원을 대상으로 희망퇴직을 실시한다고 밝혔다. 이유는 수주잔량이 없기 때문이라고 밝혔다. 지난 10년간 흑자규모만 4,277억 원에 달했다. 이에 한진중공업노조는 2010년 1월 전 조합원이 파업에 돌입해 천막농성을 시작했다. 그리고 김진숙 한진중공업 해고자이자 부산본부 지도위원이 단식농성을 시작했다. 부산의 시민사회단체 및 제 정당들도 함께 '한진중공업 정리해고 반대 부산경제 살리기 시민대책위원회'를 결성하고 투쟁에 나섰다. 그렇게 한진중공업 일방적 구조조정 반대, 부산경제 살리기 부산지역 선전전을 비롯해 시민대회 등을 통해 한진중공업의 정리해고 반대투쟁을 한 결과 2월 노사는 정리해고를 철회하는 합의를 하게 되었다.

그러나 합의는 오래가지 않았다. 2010년 12월 15일 사측이 경영악화를 이유로 생산직 근로자 400명을 희망 퇴직시키기로 결정했다. 이에 노조가 반발하여 12월 28일부터 '정리해고 전면 철회'를 주장하며 나흘간 농성을 벌였다. 2011년 1월 민주노총 김진숙 부산본부 지도위원이 한진중공업 내의 85호 크레인에서 고공농성에 들어갔다. 그럼에도 사측이 입장을 고수하자, 김진숙 지도위원의 85호 크레인 고공농성을 엄호하기 위해 한진중공업지회장과 금속노조 부산양산지부장이 2월 17호 크레인에 올라가 농성을 하였다. 한진중공업 노동자들과 지역노동자들은 양쪽의 크레인 농성을 지키면서 투쟁을 하였으나 사측이 완강하게 버티고 있어 5월 17호 크레인 고공시위 종료를 밝히기도 하였다. 김진숙 지도위원이 한겨울에 크레인에 올라 봄이 지나도 해결 기미가 보이지 않자 이를 우려한 송경동 시인을 비롯한 '희망버스 기획단'이 김진숙 지도위원의 투쟁을 지원하기 위해 '희망버스'를 기획하였다.

'1차 희망버스'는 6월 157일째 85호 크레인에서 농성을 하고 있는 김진숙 지도위원을 응원하기 위해 '정리해고·비정규직 없는 세상을 위한 희망의 버스'로 출발했다. 전국 각지에서 자발적으로 참여하고 조직된 희망버스는 12일 새벽에 부산에 도착했다. 정리해고에 맞선 정당한 파업임에도 성실한 교섭 대신, 용역깡패 투입이라는 강수로 맞선 사측. 희망버스 참가자들은 한진중공업의 벽을 넘어 내부에 들어갔고, 용역깡패들을 해산시켰다. 이 과정에서 용역직원 20여 명과 노조원 수십 명이 부상을 입기도 했다. 김진숙 지도위원을 비롯한 한진중공업 노조원들은 희망을 이야기하며 밤새 어울려 놀았고, 헤어지는 12일에는 모두 눈물을 흘리며 아쉬워했다.[6] 이 날 한진중공업 정리해고 철회 집회에 참가한 백기완 선생을 비롯 배우 김여진 씨, 민주당 정동영 최고위원 등 600여 명이 고공 농성을 벌이는 김 위원장을 응원하며 정리해고자 전원을 복직시키라고 주장했다.

'2차 희망버스'는 7월 9일 약 만 명(경찰 추산 7천 명 이상)의 시민들이 190대의 버스를 타고 와 한진중공업으로 행진을 벌였고, 경찰은 시위대에게 최루액을 탄 물대포를 발사했다. 이 와중에 심상정 전 진보신당 대표 등 50여 명의 시민들이 경찰에 연행되기도 했다. 심 전 대표는 CBS라디오 인터뷰에서 '희망버스로 내려간 시민들이 한진중공업 담벼락은 안 넘겠다고 여러 차례 공언을 했다'며 '그럼에도 평화시위를 보장하고 길을 보호해야 할 경찰이 한진중공업을 넘어설 것이라는 예단을 가지고 시민들이 가는 길을 차단한 것이

---

6 블로그 '경기민주언론시민연합' https://ggccdm.tistory.com/627

경찰과 대치 중인 희망버스 시민

옳은가? 명백한 공권력 남용'이라
고 주장했다. 경찰이 발사한 최루
액에 발암물질이 포함됐다는 주
장도 나와 논란이 되었다. 보건의
료단체 연합과 부산경남인도주의
실천의사협의회 의료진은 '경찰
이 사용한 최루액에는 메틸렌클
로라이드와 CS가스로 추정되는 물질이 들어 있는 것으로 보인다'
고 말했다. 메틸렌클로라이드는 국제암연구소가 규정한 발암물질
이다.[7]

'3차 희망버스'는 30~31일 전국 시민들이 타고 왔는데, 희망버
스 기획단은 1만 5000명이, 경찰은 5000명이 참가했다고 각각 추산
했다. 1 · 2차 희망버스 때와 달리 주최 쪽이 부산시민들의 교통 불
편을 덜어주려 거리행진을 하지 않았으나, 보수단체가 도심 도로를
점거하고 시내버스를 억류하는데도 이를 경찰이 방치하면서 곳곳
에서 충돌을 빚었다. 경찰과 보수단체의 저지에도 희망버스 참가자
4,000여 명은 31일 새벽 1시쯤 김 지도위원이 농성 중인 선박크레인
에서 700m쯤 떨어진 세일중공업 앞 도로에 집결해 밤샘 문화마당
을 열며 "정리해고 철회" 등을 촉구했다(한겨레신문, 2011.7.31.).

'4차 희망버스'는 1, 2, 3차 희망버스와 다르게 27일 서울한복판,
청계광장에서 개최됐다. 4차 희망버스 무대는 정리해고 투쟁사업장
노동자들의 자유발언과 문화공연이 중심이 된 '2008년 촛불집회'

---

7 네이버 블로그 https://blog.naver.com/100farm/40133566228

분위기와 흡사했다. 주최 측은 4차 희망버스의 이름을 '정리해고 반대 만민공동회'로 지었다. 4차 희망버스가 열린 청계광장은 5,000여 명의 노동자, 시민들이 참가해 함께 정리해고 철회를 요구했다. 희망버스 참가자들은 한진중공업 정리해고 문제 해결을 촉구하며 독립문 방향으로 행진했다. 제4차 희망버스 참가자들은 28일 서울 인왕산에 올라 '정리해고 철회' 대형 현수막을 기습적으로 펼치는 시위를 진행했다. 인왕산은 경찰병력에 의해 거의 모든 출입로가 차단이 됐고, 인왕산 정상 부근의 등산로는 경찰에 의해 통제됐다. 시위대는 현수막을 가지고 인왕산을 오르다 기차바위 능선에서 현수막을 펼쳤다. 한편 희망버스 참가자들은 인왕산 외에도 안산 등 각지에서 '정리해고 철회'와 '비정규직 철폐'를 촉구하는 현수막 시위를 진행했다. 희망버스 기획단은 9월 15일 '김진숙과 그리고 1,700만 노동자들과 그 가족, 그리고 이 사회의 양심들이 승리한다는 것을 확인시킬 것이다. 즐겁고 유쾌하게 보여주고 증명할 것이다.' 정리해고와 비정규직 없는 세상을 향한 5차 희망의 버스가 부산으로 가을 소풍을 떠난다고 밝혔다.

'5차 희망버스'는 10월 8일 참가자들이 경찰과 보수단체 회원들의 저지로 영도로 들어오는 길을 차단당해 부산역 광장과 롯데백화점 남포동점 앞 등에서 경찰이 물대포를 쏘며 진압에 나서 총 58명이 연행되었다.

11월 1일 김진숙 지도위원이 85호 타워크레인 농성을 한 지 300일째 되는 날 서울 한진중공업 본사 앞에서 '6차 희망의 버스' 행사를 11월 26일 민주노총의 전국노동자대회와 함께 치르기로 계획하였다. 그러나 11월 10일 노사 간의 합의로 85호 크레인농성이 종료되었고, 그것을 기념하여 11월 19일 영도구 수변공원에서 마지막 희망버스를 개최하였으며, 여기에 한진중공업 해고자와 희망버스 지지자 60명을 포함한 총 200여 명이 참가하였다.

희망버스와 달리 노동운동은 오랫동안 신자유주의의 공세에 약화된 상태였고, 한진중공업노조 또한 지속적인 파업과 천막농성, 선전전 등 지역 내 투쟁을 끊임없이 전개하였으나 정리해고를 막아내기에는 역부족이었다. 그러던 차에 일반시민까지 참가한 희망버스는 새로운 연대의 중심이 되었다.

(7) 정수재단 사회환원과 부산일보 지부장 부당해고

정수재단은 부산일보의 지분 100%를 소유하고 경영진 인사권을 행사해 왔다. 2005년 박근혜 의원이 재단이사장에서 물러난 후 박 의원의 유신시절 비서였던 최필립이 이사장을 맡고 있어, 간접적으로 부산일보를 통제함에 따라 부산일보노조는 박 의원에게 '대통령 선거에 나설 뜻이 있다면 정수재단을 명실상부하게 사회에 환원하라'고 촉구했다. 노조는 또 '자신의 비서관을 이사장으로 앉히고 소유의 끈을 놓지 않는 것은 박 의원이 평소 강조하는 신뢰와 원칙에 어긋나는 일'이라며 '앞에서는 번듯하게 말하고 뒤로는 집착하는 두 얼굴의 지도자로는 대선에서 희망이 없다'고 주장했다. 부산일보 편집국도 적극 호응해 다음 날 부산일보 1면에는 '부산일보 노조, 정수재단 사회환원 촉구' 제하의 기사를, 2면에는 '총선 · 대선 앞두고 언론공정성 확립 필요'라는 해설기사를 실었다. 이 과정에서 사측이 게재를 막아 신문발행이 2시간 넘게 지연되자 편집권 침해라는 비판이 제기되었다.

사측은 사장후보추천제 도입을 요구하며 조합원을 대상으로 관련 설문조사를 실시한 이호진 위원장을 징계위에 회부해 해고시켰다. 이에 부산지역 노동·시민·사회단체가 정수재단 사회환원과 편집권 독립 등 부산일보 지키기 운동에 나서 연대투쟁을 하였다. 이후 이호진 위원장은 부당해고로 인정되어 복직하였다.

(8) KTX 민영화 추진 반대투쟁

복지 확대와 비정규직의 정규직화 같은 양질의 일자리 확대 요구에 대한 대중적 공감이 늘어나, 민주당이 '보편적 복지'를 내세우고 박근혜 후보와 새누리당조차 '복지 국가' 운운하는 상황이 됐다. 이처럼 사회 전체가 좌측으로 이동하자, 이명박정권은 이런 흐름을 반전시킬 계기를 노렸다. 2011년 말 한미FTA 비준 강행이 그 신호탄이었다. 그리고 한미FTA 비준이 완료될 즈음 KTX 민영화 추진도 급작스럽게 발표했다.

이명박정권은 부동산시장 악화와 4대강사업 종료 등으로 건설사들이 애타게 새로운 수익원을 찾고 있는 상황에서, 수익성이 이미 입증된 KTX를 넘겨줘 안정적인 이윤을 보장해 주려고 했다. 특히 KTX 민영화에서 운영권을 따낼 것이라고 예상되는 대우건설이나 동부건설 사장 등은 친이명박 세력으로 알려졌다. 대우건설이 2010년 10월에 작성한 'Green 고속철도 민간투자사업 사업 제안서'의 내용이 거의 그대로 정부의 KTX 민영화 용역보고서에 들어가 있었다. 이를 보더라도, 이명박정권과 대우건설 사이에 모종의 공감대가 있었을 것이라고 짐작할 수 있었다.

KTX 민영화가 왜 경제위기 책임전가를 위한 구조조정인지는 다음 두 가지 점에서 분명히 드러난다. 첫째, 비수익 노선을 줄이고 수익이 남는 KTX로 대체하면, 철도서비스에 대한 정부 지원을 장기적으로 줄여나가 재정 지출을 삭감할 수 있다고 보는 것이다. 줄어든 정부 부담은 결국 국민들에게 돌아온다. 이명박정권은 'KTX 요금 인하'를 내세우지만, 이것은 KTX를 타지 않아도 되는 사람들까지 울며 겨자 먹기로 KTX를 타게 만드는 실질적인 철도요금 인상 정책이다. 철도공사가 출범하며 KTX를 처음 도입했을 때, 공사 측은 새마을호와 무궁화호를 대거 줄여 철도요금을 인상한 바 있다. 고속버스에서 우등고속이 대폭 늘어나자 급격한 요금인상 효과가 나타났던 것도 비슷한 사례다. 둘째, 철도공사의 적자를 늘림으로써 철도노동자들을 대거 구조조정하고, 이를 지렛대 삼아 사회 전체로 신자유주의 구조조정을 확대하려는 것이다. 철도구조조정은 다른 공공부문의 민영화와 구조조정으로 연결되고 이것이 정부산하기관 구조조정의 표본이 될 것으로 봤다. 더 나아가 경제위기가 심화하는 상황에서 민간기업부문 구조조정 드라이브에도 힘을 실어줄 것으로 기대했던 것이다.

　이명박정권은 임기 5년 내내 철도민영화를 줄기차게 추진했지만 국민과 철도노동자의 저항으로 무산되었다.

4. 18대 대선과 노동진영의 대응

　18대 대선에서 새누리당 박근혜 후보가 51.6%의 득표율로 당선되었다. 헌정 사상 최초의 과반대통령, 최초의 여성대통령, 최초의 부녀대통령 등 많은 수식어가 붙었다.

박근혜와 문재인 양 후보의 정책 차별성이 크게 부각되지 않았고, 게다가 선거 막바지에 이를수록 이른바 3대 의혹(NLL 대화록, 국정원 여직원 댓글 의혹, 댓글 알바 의혹)에 대한 네거티브 공세가 강화되었음에도 불구하고, 투표율은 2000년대 들어 가장 높은 75.8%를 기록했다. 대선이 양자대결 구도로 압축되고 양 진영 간 총력전 양상으로 전개되면서 특히 보수유권자들의 위기감을 불러일으킨 것이 큰 원인이었던 것으로 보인다.

18대 대선은 1987년 직선제 개헌 이후 1:1 구도로 치러진 첫 대선이었다. 새누리당은 일찌감치 이인제, 이회창 등을 포괄하는 보수연합을 창출했고, 야권도 심상정 예비후보가 등록을 포기하고 안철수, 이정희 후보가 모두 사퇴함에 따라 민주통합당 주도의 민주연합을 완성했다. 이명박정권의 실정으로 인해 이번 선거는 문재인 후보에 기본적으로 유리한 환경에서 시작되었다. 그리고 야권은 이명박정권에 대한 대중적 불만에 힘입어 6.2지방선거, 2011년 서울시장 재보궐선거에서 일정한 성과를 얻었다. 하지만 민주당은 한미 FTA, 제주해군기지 등을 놓고 자신들의 집권 경험에 대한 뚜렷한 반성이 없는 상태에서 모순적인 입장을 남발했다. 수출재벌 중심의 세계화와 한미동맹 문제를 건드리지 않고 이명박정권만 비판하려는 민주당의 전략은 노무현정권의 경제적 무능과 아마추어 정치에 대한 우려를 씻어내기엔 역부족이었다. 민주당은 대안세력으로 부상하는 데 실패하였다. 결국 양 진영의 역량을 최고조로 집중시킨 총력전에서 MB 심판론이 패배하였다.

진보진영은 2008년 분당 이후 민주노동당의 당권을 장악한 세력은 반MB 야권연대를 내세웠다. 이들은 민주세력의 모순적 입장을 사실상 용인하면서 2012년 총선과 대선에서 일정한 의석과 지분을 확보하는 것을 목표로 주류화의 길에 나섰다. 이를 위해 구집권세력인 국민참여당과 통합해 통합진보당으로 결집하고 동시에 민주당과의 야권연대를 강화하고자 했다. 통합진보당은 반MB 야권연대에 헌신하기 위해 민주당보다 더 과격하고 원색적인 MB 비난을 자신의 역할로 상정한 듯했다. 반면 김소연 후보와 김순자 후보는 민중운동의 독자적이고 통일적인 대응을 모색하던 여러 세력을 폭넓게 규합하지 못한 채 민중운동 내 소수 정파로서 개별 대응했다. 양 세력은 대안이념과 사회적 영향력 측면에서 실력을 갖추지 못해 김소연 후보는 0.1%(16,687표), 김순자 후보는 0.2%(46,017표)의 득표를 얻는 데 그쳤다.

민중운동은 야권연대의 자장 안으로 급속히 휩쓸려 들어갔다. 민중운동이 자신의 핵심 요구를 관철하기 위해 투쟁을 전개하기보다 야권이 설정한 의제를 중심으로 한 집회에 대중조직을 동원하는 행태가 반복되었다. 그 결과 총선과 대선을 경과하면서 민주노총의 주요 산별 조직들은 자기이해에 따라 실용적으로 야권 후보와의 협약에 매진했고, 민주노총은 이를 사실상 용인하였다(전준범, 2013: 19-29).

이명박정권 5년간 신자유주의 구조조정과 정리해고, 그리고 공격적으로 노동운동에 대한 탄압을 견뎌온 노동운동 진영은 이명박정권의 정책을 확장 계승할 것으로 보이던 박근혜정권의 등장으로 노동운동의 침체가 장기화될 것으로 예측했다.

5. 박근혜정권의 노동정책

박근혜 후보는 경제민주화라는 정책을 선점하면서 노동공약으로 '일하는 사람이 행복한 사회'라는 정책비전을 제시했다. 앞선 이명박정권이 노동배제정책을 추진한 데 비해 박근혜정권은 대화와 상생의 노사관계 구축을 약속했다. 이명박정권에서 심화된 성장·기업·규제완화 중심 정책에서 경제민주화, 노동시장의 불평등과 양극화 해소 혹은 완화, 복지의 확충, 고령화 대비, 삶의 질 개선 등의 사회적 의제가 전면에 등장했다(배규식, 2013).

박근혜 후보의 대선 노동공약을 보면 아래 〈표 10〉과 같다.

〈표 10〉 박근혜 후보의 주요 노동공약

영역	세부내용
국민 대타협	□ **국민대타협을 통한 합리적 조세수준 결정** 공동의 부담확대에 기초한 복지사회 구현 논의를 '국민대타협위원회'를 통해 함으로써 실효성 있는 합의 도출
행복한 일자리	□ **대화/상생의 노사관계** 노사정위원회를 통해 일자리 창출, 비정규직 보호, 노동권 강화, 복수노조·근로 시간면제 제도의 합리적 보완 등 주요 쟁점의 사회적 대타협 일방적 구조조정/정리해고 방지, 사회적 대타협기구 설립 노동위원회 기능 강화 □ **일자리 창출** 대기업/공공부문의 근로시간 단축/일자리 나누기 동반성장 전략추진, 공공부 문 청년층 일자리 확대, 어르신 일자리 창출(사회공헌을 위한 지역사회 맞춤형 일자리집중 개발 보급) □ **일자리 지키기** 경기변동 시 고용안정/정리해고 요건강화, 대규모 정리해고 시 고용재난지역 선포 임금피크제 연계 60세 정년연장/중장년층 교육훈련 확대

	□ 일자리 질 개선 상시·지속업무 정규직고용 관행 정착, 비정규직 차별에 징벌적 금전보상제도 적용 사내하도급 근로자 보호, 공공부문부터 비정규직 근로자 정규직 전환, 비정규 근로자 사회보험 적용확대 특수고용직 근로자산재보험 및 고용보험 가입확대 최저임금 인상기준 마련과 근로감독 강화, 반복위반 사업주에 징벌적 손해배상 도입 근로자 기본생활 보장 **□ 복지일자리확충/처우개선을 통한 서비스품질 개선** 생애주기별 맞춤형 복지구축 2013~2017년 중장기복지일자리 확충/인력충원 계획 수립 돌봄서비스 종사자 처우개선 2014년부터 인력확충, 처우개선 등에 필요한 예산 반영
행복한 여성	**□ 여성일자리창출/지원** 미래 여성인재 10만 양성프로젝트, 경력단절 여성에게 맞춤형 일자리 제공 돌봄서비스 종사자 처우개선 적극적 고용제도 정착을 통한 여성고용 확대 **□ 일·가정 양립** 임신기간 근로시간단축제 도입, 아빠출산휴가 장려, 여성 출산휴가와 육아휴직 확대

출처 : 배규식(2013)

박근혜 대통령은 취임하자마자 대선 공약을 변경하기 시작했고, 대통령인수위원회 국정과제 논의과정에서 정책의 상징이었던 '경제민주화'와 김종인 선대위원장은 토사구팽되었다.

세부 노동정책을 평가하면 다음과 같다.

첫째, 고용노동정책의 핵심은 '70% 고용률' 달성으로 일자리를 늘리고, 지키고, 일자리의 질을 높인다는 것이었다. 그러나 '고용친화적 정부정책을 위한 고용영향평가제 강화', '청년 창업과 벤처 활성화, 고령친화산업 육성, 서비스산업의 전략적 육성기반 구축' 등은 이명박정권에서 추진된 정책으로 차별성이 없고, 고용률 70%라는 목표는 있지만 세부 정책 방안이 결여되었다. 결국 고용률 상승은 시간제 일자리 창출로 연계되어 비정규직 노동자 양산과 일자리 질의 저하만 가져왔다.

둘째, 노사자율 원칙과 불법투쟁 근절이다. 노사자율은 노사관계의 지향점이지만, 균형추가 사용자에게 심하게 기운 우리 노사관계의 현실에는 당장 맞지 않았다. 노사관계의 균형추를 바로잡기 위한 정부 역할이 중요한데, 이를 부정했다. 법치를 통해 사회안정과 질서를 확립한다는 주장은 노사관계뿐 아니라 사회갈등에 대한 정부의 기본 입장이었다. 노동자의 단체행동이 불법파업이 되고, 불법파업은 다시 손해배상소송, 해고 및 구속으로 연결되는 왜곡된 현실을 외면했다.

셋째, 비정규직 차별해소 및 노동자 생활보장 공약의 약화이다. 대선공약에는 정규직 전환 시점을 2015년으로 명시했으나 국정과제에는 그 시한이 빠졌다. 최저임금 인상 기준도 후퇴하였고, 최저임금 위반 시 징벌적 배상제도도 사라졌다. 사내하도급 근로자 보호법은 도급과 파견의 기준을 모호하게 하고, 불법파견으로 간주되는 고용형태를 합법화하는 문제까지 안고 있었다.

종합하면 박근혜정권의 노동공약은 대선이 끝난 후 이명박정권과 별반 다르지 않는 노동정책으로 회귀했다. 경제민주화에 연계된 노동개혁은 경제활성화로 바뀌면서 '노동시장 유연화' 조치로 바뀌었다(노광표, 2016).

박근혜정권이 열성적으로 추진한 노동정책 중 하나는 노사정 대화를 통한 노동시장 구조개편이었다. 2013년 5월 노사정은 '고용률

70% 달성을 위한 노사정 일자리 협약'에 합의한 후 노사정 대화를 이어가 2015년 9월 '노동시장 구조개선을 위한 노사정 합의문'을 이끌어냈다. 그러나 이 합의는 노동계 참여조직인 한국노총이 2016년 1월 노사정 합의의 파기와 노사정위원회 탈퇴를 결정함으로써 의미를 상실하였다. 구체적으로 몇 가지를 살펴보면, 비정규직 사용기간 연장, 파견근로의 확대, 근로시간 주당 60시간 허용, 고용보험의 수급요건 강화, 임금피크제 도입 등은 마치 현장의 필요성을 근거로 하지만 사실상 노동시장을 악화시키는 것이었고, 성과연봉제의 전면 확대와 저성과자에 대한 퇴출제의 도입으로 노동개혁이 아닌 노동개악을 추진했다.

6. 구조조정과 정리해고 반대투쟁

1) 한진중공업 정리해고, 손배가압류 분쇄투쟁

'대통령 당선자에게 바라는 거요? 더 이상 죽이지 말라는 거죠.' 대통령선거 다음 날 한 쌍용자동차 해고노동자가 내뱉은 말이다. 망설임 없이 튀어나온 대답이었다. 이명박정권은 그에게 죽음을 의미했다. 실제 23명의 동료 노동자와 가족이 정리해고 트라우마로 고통받다 세상을 떠났다. 새누리당 박근혜 대통령후보의 당선이 확정되자 그는 '멘붕이 오래갈 것 같다'면서도 '철탑 위 동지들을 생각해서라도 열심히 살 것'이라고 스스로를 다잡았다. 하지만 '더 이상 죽이지 말라'는 그의 바람이 무너지는 데는 하루도 걸리지 않았다.

희망버스 투쟁이 마무리된 한진중공업에서 대통령선거 이틀 후 최강서 금속노조 한진중공업지회 조직차장이 노조사무실에서 목을 매 숨졌다. 다음 날에는 이운남 현대중공업 사내하청 해고자가 아파트 19층에서 몸을 던졌다. 성탄절에는 이호일 대학노조 한국외대지부장이 노조사무실에서 목을 맸다.

이들은 모두 노조간부를 지냈고, 하나같이 해고와 생계난을 겪었다. 생존을 위한 투쟁은 이들의 밥줄을 끊어버렸다. 한진중공업 사측은 2012년 정리해고 철회를 요구하며 파업을 벌인 한진중공업지회에 158억 원의 손해배상을 청구했다. 2004년 금속노조 현대중공업 사내하청지회에 가입한 뒤 해고된 이운남은 그 뒤 다시는 조선소로 돌아가지 못했다. 한국외대는 단체협약 해지와 조합원 가입 범위 축소에 반발해 2006년 파업을 벌인 이호일 지부장 등을 해고하고, 해고의 효력을 다투는 법정 소송을 3년이나 끌었다.

최강서 씨는 '박근혜가 대통령 되고 5년을 또… 못 하겠다. 돈이 전부인 세상에 없어서 더 힘들다'는 유서를 남겼다. 정권 바뀌면 자신의 삶도 달라질 것이라 기대했던 이들이 겪었을 좌절을 짐작하게 하는 대목이다. 노동계는 '지금 이 순간에도 어느 노동자가 쓸쓸히 죽음을 준비하고 있을지 모른다'며 정치권에 각성을 촉구했다.

죽음의 단초를 제공한 정치권은 소극적 대응으로 일관했다. 대통령 당선 뒤 첫 공식일정으로 경제행보를 택한 박근혜 당선자는 '국민대통합'을 강조하면서도, 노동자들의 죽음에 대해서는 침묵했다. 민주통합당은 대선 패배 후유증에서 헤어나지 못한 상태였다. 노동계는 한파처럼 불어닥친 열사정국을 맞아 겨울투쟁에 나설 수밖에 없었다.

박근혜 대통령이 당선되자마자 마치 기다렸다는 듯이 어느 해보다 심한 노동탄압 공세가 이루어졌다. 또 다른 노동열사를 배출한 한진중공업 정문 앞에서 '노조탄압 분쇄! 손해배상 158억 철회! 정리해고와 강제휴업이 부른 사회적 살인, 한진중공업 최강서 열사 투쟁대책위원회' 결성 기자회견이 열렸다. 그리고는 한진중공업지회 조합원과 금속노조, 민주노총 부산본부는 투쟁에 돌입했다. 박근혜정권하에서 경찰의 강경진압도 극심했다. 급기야 시민사회단체가 2월 1일 경찰청 앞에서 '강경진압규탄, 침탈방지, 인도적 대책 보장 관련 시민사회단체 긴급 기자회견'을 가졌다. 그리고 '더 이상 죽이지 마라, 정리해고, 비정규직, 노조파괴 긴급대응 비상시국회의 기자회견'이 있었다. 한진중공업노조 조합원들, 부산지역 노동자들과 시민들은 한진중공업 앞에서 꾸준히 추모대회를 개최했다. '다시 희망 만들기'라는 명칭의 희망버스투쟁도 이루어졌고, 시국농성, 영남권 결의대회, 상경투쟁, 국회투쟁 등 다양한 투쟁 결과 결국 사측은 합의할 수밖에 없었으며 최강서 열사는 솥발산에 안장될 수 있었다.

2) KTX 민영화 재추진 반대투쟁

이명박정권은 임기 내내 철도민영화를 추진했지만 결국 무산되었다. 그러나 그 뒤를 이은 박근혜정권은 국민의 반감이 높은 '철도민영화'란 말 대신 '경쟁도입'이나 '경영효율화' 등을 전면에 내세워 민영화를 추진하였다.

민주노총 부산지역본부는 2013년 4월 30일 철도노조와 함께 'KTX 민영화 재추진을 위한 철도노조 공안탄압규탄 기자회견'을 그리고 5월 15일에는 '대국민약속 파기한 KTX 민영화 재추진 규탄 기자회견'을 잇따라 가졌다. 그리고 KTX 민영화 결정이 임박한 2013년 12월 3일에는 '철도노조 파업 및 민주노총 경고파업 기자회견'을 진행했고, 4일부터 6일까지 3일간 서면에서 KTX 민영화 저지 촛불집회를 가졌고 12월 9일 부산역광장에서 2,000여 명의 노동자와 시민들이 철도노조 파업출정식을 함께 했다.

그러나 철도노조와 시민사회의 강력한 저항에도 불구하고 2013년 12월 10일 철도전문가라던 최연혜 사장은 경찰이 둘러싸 철도노동자의 출입을 철저히 봉쇄한 가운데 임시이사회를 열고 수서발 KTX를 철도공사로부터 분리하는 결정을 했다. 이 소식이 알려지면서, 김명환 철도노조 위원장은 그 자리에서 삭발을 감행했다. 이후 김명환 위원장은 '졸속적인 밀실 날치기 이사회 결정은 무효'라며 '이사들은 업무상의 배임죄를 저지른 범죄자들'이고, '철도노동자에게 이사회 개최를 저지하는 총파업투쟁은 결코 끝일 수 없다'며 '철도 분할 민영화로 갈 것인가, 공공철도 유지 강화로 갈 것인가 하는 싸움의 첫 포성을 울렸던 것이며, 철도노동자의 총파업 투쟁은 이제부터 시작'이라고 강조했다.

또한 철도노조는 철도공사 이사회 구성부터가 위법하다며 이사회 결정 전면무효를 주장하고 나섰다. 현재 '공공기관 운영에 관한 법률'에 따르면 상임이사의 수는 전체 이사의 1/2 미만이도록 규정돼 있으나, 이번 이사회에서는 일부 비상임이사의 임기가 완료돼 상임이사의 수가 과반수를 넘는다는 지적이었다. 철도노조는 10일

철도민영화저지 범국민 촛불대회를, 11일 민주노총 경고연대파업 결의대회와 범국민 촛불대회를, 14일 전국의 철도노동자가 서울로 상경해 서울역에서 철도민영화 저지 집회를 개최했다.

최연혜 철도공사 사장은 이틀째 파업을 벌이고 있는 철도노조에 대해 '불법파업에 계속 가담하는 것은 어느 누구에게도 도움이 되지 않는다'며 '우리의 숭고한 일터로 지금 당장 돌아오기 바란다'고 강조했다. 철도공사는 4,356명의 조합원들을 직위해제하고, 196명의 노조간부를 고소고발한 상태였다.

하지만 정당, 시민사회, 지역, 종교, 노동 등 총 1,283개의 단체로 구성된 '각계 원탁회의'는 12월 '철도공사 이사회 출자결의 무효선언' 기자회견을 개최했는데, 권영국 민변 노동위원장은 '임기 만료가 돼 권한이 없는 비상임이사가 이사회에 참여했다면 그 자체로 이사회는 무효가 될 수 있다'며 '이번 이사회의 결의는 철도노조 조합원 4천여 명을 징계하면서까지 강행한 매우 불순한 의도를 갖고 있으며, 이번 결의로 4천억 이상의 수익 감소가 예상되기 때문에 이사들에게 업무상 배임죄를 묻지 않을 수 없다'고 강조했다. 또한 원탁회의는 '오늘 철도공사의 이사회는 그 내용과 형식 면에서 불법과 탈법으로 점철되었기에 무효라고 규정할 수밖에 없다'며 '나아가 이들 이사들은 '업무상 배임죄', '특정경제범죄 가중처벌법' 위반에 해당하고 참여한 이사들은 형사처벌을 받아야 마땅하다'고 주장했다. 이어서 '끝까지 박근혜정권이 수서발 KTX 분할 결정을 철회하지 않고 철도노조에 대한 탄압을 지속한다면 국민의 이름으로 불통정권에 맞선 투쟁을 전면화할 것'이라며 △이사회 결정 철회 △박근혜 대통령은 국민께 사과할 것 △2017년까지 단계적으로 추진되는 철도 분할 민영화 중단할 것 등을 요구했다.

부산에서도 철도노조의 파업과 철도민영화 저지 부산대책위가 주도적으로 촛불집회를 이어가자 박근혜정권은 경찰을 앞세워 철도노조와 민주노총 부산본부에 대한 압수수색을 강행하려고 했고, 민주노총 부산본부는 이를 불법침탈로 규정하고 박근혜정권의 폭력침탈을 규탄하고 노조탄압 분쇄와 박근혜정권 퇴진 투쟁을 전개하였다.

3) 민영화 저지와 노동운동 탄압 분쇄 투쟁

(1) 부산지역 민영화 저지투쟁

민주노총 부산지역본부는 2013년 말 철도파업에 이어 2014년에도 민영화 저지와 노동운동 탄압 분쇄, 박근혜 퇴진을 구호로 걸고 2차 총파업 결의대회를 1월 9일 시청에서 개최해 서면까지 가두행진을 하였다. 그리고 국민연금 개악과 의료민영화, 철도민영화와 국정원 선거개입, 노동탄압 분쇄 등 민주주의 파괴에 대해 2월 25일 국민파업을 벌이고 부산역에서 서면까지 가두행진을 하였다. 3월 13일에는 '의료민영화 저지 부산시민대책위원회' 결성 기자회견을 개최하였으며, 보건의료노동조합을 중심으로 6월 26일 서면에서 의료민영화 저지 부산지역 결의대회를 개최하고 보건의료노조는 파업을 벌였다. 7월에도 철도 및 의료민영화 대책위 소속 회원과 민주노총 조합원들이 서면과 남포동, 부산대학, 덕천역 일대에서 집중 선전전을 하고, 의료민영화 저지 투쟁을 전개했다.

(2) 사회복지법인 구덕원 투쟁

일반노조 구덕원 현장위원회 주최로 구덕원의 비리 척결을 위한 집회가 2011년 10월 13일 시청 앞에서 있었다. 구덕원은 구덕병원과 구덕실버타운 등을 운영하는 사회복지법인으로 족벌경영으로 온갖 부정과 비리를 안고 있는 상태였다. 구덕원은 2010년 7월 보건복지부 감사를 통해 대표이사의 횡령 및 리베이트 건으로 물의를 일어킨 구덕원이 비리발생 1년이 지나면서 복지부와 부산시가 합동감사를 실시함에도 불구하고 비리의 원인은 개선되지 않고 국세청 세무조사 결과 부과된 수십억 원의 세금과 과징금으로 영업정지될 지경으로 몰리고 있기에 수수방관만 하지 말고 빠른 시일 내에 관선(공익)이사 파견 등 해결해 주기를 부산시에 촉구하는 집회였다.

일반노조는 집중집회를 개최한 후 2012년 7월 2일에도 구덕원의 정상화를 촉구하는 집회를 진행했다. 부정비리에 쌓여 있는 구덕원 정상화를 부산시가 나서서 해결하도록 촉구하는 집회였다. 사회복지법인의 부정비리는 오늘내일의 일이 아니었다. 족벌경영과 이사진들의 배만 채우는 구덕원은 적자 운운하면서 구덕병원과 구덕실버센터를 7월 말로 폐업을 한다고 통보를 했지만 폐업하면 법인도 자동해산된다는 말에 이도 저도 못 하고 있었다. 법인정상화에 온 힘을 기우려 노력을 해야 할 시점에 폐업으로 부정비리에 대한 과징금과 노동조합을 동시에 정리하려고 하는 사측의 꼼수가 가로막힌 것이다. 이처럼 노동조합을 배격하고 부정비리에 대한 반성조차 하지 않고 오히려 꼼수를 부리는 구덕원이 사회복지 본연의 사업을 하기 위해서는 법인 해산과 부산시의 공익이사 파견만이 바로 설 수 있다고 노조는 판단하여 적극적인 투쟁을 전개했다.

(3) 신라대 청소용역노동자투쟁

2012년 6월에 새롭게 일반노조에 가입한 신라대청소용역 현장위원회는 9월 3일 파업에 돌입해 총장실 앞 복도를 점거해 농성에 들어갔다. 신라대 청소용역노동자들은 6월부터 임단협을 진행하였으나 합의에 이르지 못해 파업에 들어가게 되었는데, 학교에서는 청소업무 외 교수들 이사 짐 정리, 고기 파티 뒤치다꺼리 등을 시켜 노동자들의 분노를 샀다.

이후 대학 당국은 2014년 2월 청소용역업체 주홍시스템과 용역계약을 체결했고, 신라대 청소노동자 40여 명은 2월 27일 주홍시스템의 해고문자를 받았다. 신라대와 주홍시스템의 계약서에 '특별한 사정이 없는 한 고용승계한다'라는 조항이 있지만 용역업체나 대학당국은 모두 이를 무시했다. 달리 선택의 길이 없는 11명의 조합원들은 2월 28일 신라대 사범관 옥상에 올라가 농성을 시작했다.

신라대에서는 2012년부터 3년간 청소용역업체가 세 번 바뀌었다. 바뀔 때마다 청소노동자들은 고용불안에 떨고 기존의 임금과 노동조건을 지키기 위해 투쟁할 수밖에 없었다.

2012년에는 '영신종합시스템'이 청소용역업체가 되어 9일간 파업투쟁을 하였고, 2013년에는 '장풍'이라는 업체가 최저입찰제로 낙찰되었다. 최저가입찰제다 보니 다시 노조와 갈등이 발생하고 노조는 총장실 점거투쟁으로 저항하였다. 청소용역업체가 못 버티고 같은 해 '안심CNS'로 용역업체가 바뀌었다. '안심CNS'와 단체협약을 체결할 수 있었다.

이렇게 신라대 청소노동자들은 매년 근로조건 저하와 고용불안에 시달려왔다. 하지만 신라대 당국은 청소노동자들을 돌보기보단 탄압하기 일쑤였다. 시말서 작성, 업무배치, 연차휴가를 쓰는 것까지 관여하고 압박하였다. 신라대는 청소용역업체 선정을 2013년 9월부터 준비하였고, 2014년 3월 1일부터 청소용역업체가 주홍시스템으로 교체되는 것이 확실시되면서 청소노동자들은 고용이 중단될 위기에 몰리게 되었다.

신라대현장위원회 청소노동자 조합원들은 신라대 이사장실 앞 로비에서 2014년 2월 24일 농성에 돌입하였다. 주홍시스템은 기존에 지급받던 임금 중 상여금 반납, 연차휴가 반납, 동계/하계휴가 반납 그리고 업무범위 확대 등의 노동조건을 청소노동자들이 받아들일 것인지를 2월 28일 오전 10시까지 밝히라고 요구하였다. 이를 수용치 않을 경우 고용 승계를 거부하겠다는 메시지를 청소노동자 40명에게 각각 보냈다.

일반노조는 고질적인 용역업체를 통한 고용불안을 해소하기 위해 직접고용을 요구하기로 하였다. 청소노동자를 직고용할 경우 대학은 용역업체 이윤과 세금으로 들어가는 용역금액의 20%에 해당하는 예산을 아낄 수 있다는 것이 노조의 근거였다. 노동자들은 신라대에 청소용역 직접고용을 요구하며 사범대 옥상농성, 단식농성을 벌였다. 3월 말 '신라대 청소노동자 직접고용 실현을 위한 부산지역대책위원회'가 출범하고 투쟁을 지속하여 농성 79일째인 5월 14일에 국회 차원의 중재로 타결했다.

(4) 동의대 청소용역노동자투쟁

동의대학교에는 3개(시진, 홍조, KB)의 청소용역회사가 있었다.

2012년 이 회사들과 노조는 여러 차례 교섭을 가졌지만 서로의 의견을 좁히지 못해 쟁의조정 신청을 했고 두 차례 조정회의에서도 결국 의견을 좁히기 못해 조정중지 결정으로 노조는 쟁의권을 얻었다.

11월 27일 일반노조 동의대현장위원회는 조합원 쟁의 찬반 투표를 진행해 조합원 45명 전원 참석에 100% 찬성으로 파업을 결의했다. 노조는 처음에는 노조 측 주장을 총장에게 전해서 그 결과가 나오기까지 매일 1시간씩 본관 앞에서 파업을 하기로 했지만 조합원들이 그동안 당해왔던 것들을 생각하니 시간을 지체할 수 없다는 결론을 내림으로써 다음 날부터 파업에 돌입했다. 학교 직원들을 개인 비서 부리듯 한 것, 애완견 조련, 고추밭 매기, 성희롱 등 부당한 일에 치를 떨었던 것이다.

12월 5일 대학당국이 내놓은 안은 조정위원회에 나왔던 안과 차이가 없었다. 조합원들은 그래도 학교에서 나름 올바른 대책을 내놓을 것이라고 믿고 학생들 시험기간이라 확성기도 틀지 않고 육성으로 구호를 외치며 피켓으로 아침 선전전만 하는 등 투쟁을 자제해 온 것에 허탈해했다. 이에 노동조합은 투쟁 수위를 높여 본관 1층 로비 24시간 점거 농성에 들어갔다. 농성을 하면서 학생들 지지 서명과 우리의 상황을 알리는 유인물을 배포하면서 학생들에게 심각한 상황을 알리는 데 주력하였다.

그동안 동의대학교 청소용역노동자들은 토요일, 일요일, 공휴일에도 인원을 반으로 나누어 노동을 제공했으나 임금이 월 93만 원수준이었고, 세금 등을 공제하고 나면 85만 원이었다. 연차 수당도 없고 상여금은 꿈도 못 꿨다. 조합원들은 휴가 5일(대학당국의 주장

은 연차 포함)을 주면서 '이보다 더 좋은 직장이 어디 있느냐'고 이야
기한 학교당국의 얘기에 아무 말도 못 했던 자신들이 그동안 너무
멍청했다고 말했다. 심지어 노동조합에서 왔다 하면 해고될까 두려
워 도망다닌 것이 후회스럽다고 하였다.

(5) 홈플러스노동자 투쟁

홈플러스에는 복수노조로서 마트노조 홈플러스지부와 홈플러스
일반노동조합이 있다. 홈플러스일반노동조합(위원장 이종성)은 1997
년 4월 까르푸노동조합으로 출범하여 이랜드일반노동조합에서 홈
플러스테스코노동조합으로, 다시 홈플러스일반노동조합으로 명칭
이 변경되었으며, 정규직과 비정규직이 하나로 가입되어 있는 노동
조합이다.

홈플러스노동조합(위원장 김기완)은 2013년 3월 27일 설립총회를
하고 신고했다. 그리고 29일 설립선포대회를 가진 뒤 바로 연장근
로수당 청구소송을 제기했다. 부산에서는 감만동 홈플러스에서 가
장 빨리 지부가 설립되었고 이후 10월 27일 부산본부가 출범했다.
2013년 5월 초부터 통상임금과 관련한 체불임금 청구소송단을 모
집해 613명의 소송단으로 집단소송에 착수했다.

2014년 1월 9일 홈플러스 노사는 첫 번째 단체협약을 체결했다.
이는 2013년 12월 6일 쟁의조정 신청을 하여 12월 말부터 투쟁한
지 한 달여 만에 쟁취한 첫 번째 단체협약이었다. 이즈음 조합원은
1,500여 명으로 확대됐다. 2014년 4월부터는 임금인상을 위한 투
쟁에 돌입해 8월부터 전국지부 총파업에 들어가 10월에 임금협약
을 체결하였다. 2014년 12월 홈플러스 매각설이 유포되기 시작했

다. 홈플러스노동조합은 2015년 6월 17일 매각과 관련한 기자회견을 통해 매각과정에 노조의 참여를 촉구했다. 입찰참가자에는 사모펀드가 대세였지만, 오리온이 입찰에 참가하면서 유일하게 고용승계 입장을 표명했는데, 매각 주간사가 숏리스트(최종명단)에서 탈락시켰다. 업계에서는 고용승계를 내세웠기 때문에 탈락했다는 분석이 지배적이었다. 결국 사모펀드 MBK파트너스가 우선협상 대상자로 선정되었고, 국민연금이 MBK에 최대 1조 원 투자약정을 했다. 이에 대해 노조는 국민연금공단을 상대로 투자약정을 철회할 것을 촉구했다. 노조는 본격적인 매각투쟁에 나서고 고용안정 투쟁을 시작하지 않을 수 없었다. 10월 22일 홈플러스 인수 절차가 완료되고, 홈플러스 노동조합은 서울 MBK파트너스 본사 앞에서 '고용안정 보장! 노사관계 정상화! 임금체계 개악 중단! MBK 직접 대화 촉구 홈플러스노동조합 결의대회'를 개최했다. 2016년 1월 26일 부산 아시아드점에서 비정규직 조합원 2명에 대한 부당해고 심판에서 부산지방노동위원회가 부당해고와 부당노동행위 판정을 내리고 복직 명령을 내렸다.

(6) 생탁 노동자 투쟁

'생탁'을 생산하는 부산합동양조의 노동자들이 2014년 4월 29일부터 파업에 돌입했다. 생탁을 생산하는 부산합동양조는 노동법을 외면하며 노동자를 탄압하는 전형적인 악덕기업이었다. 일요일 근무에도 휴일근로수당은커녕 밥 대신 고구마로 식사를 해결해야 했으며, 정년은 55세로 1년마다 촉탁직 계약을 하다 보니 노동자 70%가 비정규직이었다. 노동자들의 핵심 요구사항은 임금, 고용,

복지 등 근로조건을 근로기준법에 명시한 수준이라도 지켜달라고 하는 것이었다. 부산합동양조는 1970년 부산에 산재한 막걸리 양조장 43곳이 모여 만든 합자회사로 연산제조장과 장림제조장에서 '생탁'을 생산하고 있었다. 두 공장의 사장은 모두 41명이고 직원은 120여 명이었다. 장림제조장 직원들은 2014년 초 노조를 설립해 2월부터 10여 차례 교섭을 벌였으나 결렬됐다. 사측은 '인사와 경영권을 침해할 수 있는 무리한 요구'라며 노조의 요구를 받아들이지 않았다. 일반노조 부산합동양조현장위원회는 95%의 찬성률로 쟁위행위에 돌입했다. 노조가 파업에 들어가자 부산고용노동청은 5월과 6월 부산합동양조에 대해 특별근로감독을 실시하고 산업안전법 위반 등 혐의로 과태료 2,300만 원을 부과했다.

민주노총 부산본부는 8월 12일 부산식품의약품안전청 앞에서 기자회견을 열고 '생탁 제조과정에서 수돗물을 사용한 부산합동양조에 대해 식약청은 영업정지 등 강력한 행정조치를 취하라'고 촉구했다. 부산식품의약품안전청은 천연암반수를 사용한다고 허위광고를 한 점, 비위생적인 제조환경 등을 적발하고 과징금 5,000만 원의 행정처분을 내렸다. 그러나 노동계는 '봐주기식, 솜방망이 처벌'이라며 식약청 규탄 집회를 여는 한편 부산과 경남에

생탁노동자 광고탑 농성
출처: 부산일보(2015. 7. 24)

서 '생탁' 불매운동을 벌였다(경향신문, 2014.9.14). 부산합동양조노조는 처우개선 등을 요구하며 1년 넘게 파업을 벌였지만 장기파업으로 인해 대다수의 노조원들이 탈퇴했다. 2015년 들어 사측이 새 노조와 임단협을 타결하면서 기존 일반노조 부산합동양조 현장위원회와 교섭은 외면한 채 파업노조원에게 현장복귀를 명령하였다. 그러나 이에 불복하여 일반노조 부산합동양조현장위원회 소속 노조원 송복남이 한남택시 노조원 심정보와 함께 4월 16일부터 노동기본권 보장과 노동자 처우 개선, 복수노조 교섭창구 단일화제도 폐지 등을 요구하며 부산시청 앞 11m 높이의 광고탑에서 농성을 벌였다. 이들은 서병수 부산시장 주재로 노사정 대타협의 장을 마련하겠다는 부산시의 제시안을 노조가 받아들이자 농성 253일 만에 농성을 중단했다.

앞서 부산시는 시청에서 김기영 일자리산업본부장과 박용태 부산일반노조 위원장, 이국석 전 부산일반노조 위원장, 김종환 부산합동양조 조직부장 등이 참석한 가운데 면담을 하였다. 이 자리에서 서병수 시장은 노조에 노사정이 모인 합의자리를 만들겠다는 제안을 하고 노조가 받아들이며 합의가 타결됐다. 합의 조건은 고공농성자들이 먼저 내려오라는 것이었다. 서 시장은 직접 농성장을 찾아 '생탁과 택시노조의 사용자와 노조 양측의 입장을 확인하고, 중재하는 자리를 만들겠다'고 말했다(한국일보, 2015.12.24.).

(7) 삼성전자서비스 노동자투쟁

삼성그룹 삼성전자서비스에서 2013년 7월 14일 삼성전자서비스 40개 센터 소속 386명의 A/S기사들이 서울에서 민주노총 금속노조 소속 삼성전자서비스지회 창립총회를 열고 노조설립 절차를 마쳤다. 초대 지회장에 선출된 위영일 지회장은 삼성전자 동래서비스센터에서 근무하였는데, 2013년 6월 근무조건 개선을 요구하다가 해고된 이후 노조설립을 추진하여 설립하였으며, 노조설립에 부산지역 A/S기사들이 가장 많이 참여하였다.

이날 삼성전자서비스지회 창립총회에 386명이 참석한 것은 무노조경영을 내세우고 있는 삼성에 대규모 노동자들이 조직적으로 참가했다는 데서 의미가 컸다. 특히 A/S기사들은 불법파견 위장도급 논란이 겹친 데다 근로기준법, 최저임금법 위반으로 비인간적인 대우와 열악한 근무환경을 겪어 왔었다.

노조설립 이후 삼성 측의 노조탄압은 그치지 않았다. 2014년 5월 17일 삼성전자서비스노조 염호석 양산센터분회장이 자결했다. 염호석 열사는 2010년 6월 입사해 가전제품 방문수리기사로 일을 시작했으나 건당수수료와 열악한 노동조건으로 2012년 10월 퇴사했다 이듬해 2월 사측 요청으로 재입사했다. 염호석 열사는 삼성전자서비스지회 설립과 함께 노조에 가입했고, 2013년 8월 양산센터분회장으로 선출됐다. 열사는 사측으로부터 심한 탄압을 받던 중 강릉에서 승용차 안에 번개탄을 피워 자결했다. 그러나 서울의료원 장례식장에서 경찰이 시신을 탈취해 부산행림병원으로 이송한 뒤 밀양화장터에서 기습적으로 화장을 치렀다.[8]

---

8 '고 염호석 씨 시신 탈취 사건'은 삼성의 노조 탄압을 견디지 못하고 극단적 선택을 했던 삼성전자서비스 협력사 한 노조원의 장례 절차에 정보경찰들이 삼성의 뒷돈을 받고 개입한 사건이다. 삼성이 노조가 생긴 협력사를 폐업시키는 등 노조 탄압의 강도를 높이자 삼성전자서비스 양산 협력사 노조 분회장 염호석 씨(당시 34세)는

금속노조 부산양산지부와 민주노총 등이 상경투쟁에 나서 전국 노동자대회 등 투쟁을 전개하고 삼성본사 앞에서 노숙농성 41일 민에 단체협약과 보상 등에 합의하고 장례를 치러 7월 1일 염호석 열사를 양산 솥발산 열사 묘역에 안장하였다.

(8) 르노삼성자동차 노조탄압

2012년 르노삼성자동차에서 사측의 구조조정의 일환인 '희망퇴직'으로 800여 명이 일터를 떠났고, 사내하청업체 노동자 132명도 8월 계약해지와 계약종료로 아무런 대책도 없이 쫓겨났다.

사측의 무책임한 경영방침은 오히려 현장노동자들뿐 아니라 사무직, 영업직까지 절대적으로 필요한 인원이 모자라게 만들어 오히려 남은 인원이 열악한 노동강도에 시달리고 있었다. 희망퇴직 등으로 인원이 줄어들자, 사측은 인원충원은커녕 UPH(시간당 생산대수)를 점차 늘려갈 계획을 세웠다. 따라서 많은 현장노동자들이 '이러다가는 노동강도만 세지고, 골병들겠다'며 마지못해 '희망퇴직'을 하기도 했다. 회사에 대한 불투명한 전망, 사측의 강요 등으로 사무

2014년 5월 15일 "노조가 승리하는 날 나를 화장해달라"는 유서를 남기고 세상을 떠났다. 염 씨 죽음을 계기로 노조가 강경투쟁을 벌일 것을 우려한 삼성은 장례를 '노조장'이 아닌 '가족장'으로 바꾸려고 염씨의 부친에게 합의금 6억 원을 주고, 노조원들 몰래 시신을 서울에서 부산으로 옮겨 화장했다. '삼성전자서비스 노조원 고염호석 씨 시신 탈취 사건'에서 삼성을 도운 대가로 현금 1,000만 원을 받은 혐의로 재판에 넘겨진 경찰들이 항소심에서도 징역형 집행유예를 선고받았다. "서울고법 형사13부(재판장 최수환)는 27일 부정처사후 수뢰 등 혐의로 기소된 전직 양산경찰서 정보보안과장 하모씨(59)에게 1심과 같은 징역 1년6개월에 집행유예 2년을, 전직 양산서 정보계장 김모씨(63)에게 징역 1년2개월에 집행유예 2년을 선고했다. 재판부는 이들에게 각각 벌금 1000만원을 선고하고, 추징금 500만원을 명령했다."(유설희, 『경향신문』, 2021.5.27)

직 노동자들도 대거 희망퇴직함에 따라 사무직 노동자들의 업무도 제대로 이루어지지 않아 사측은 사무직의 희망퇴직 날짜를 연기할 수밖에 없었고, 영업직도 마찬가지였다.

그러나 사측은 소위 '사원대표자위원회(이하 사대위)'와 합세하여, 노동강도 완화와 구조조정 철회를 주장해온 금속노조 르노삼성자동차지회 조합원의 탈퇴 강요, 노조활동 방해, 노조간부 징계 등 온갖 노조탄압을 자행하였으며 그나마 여의치 않자 사측과 사대위는 기만적이고 어용적인 '기업노조'를 설립했다. 이에 금속노조 부산양산지부와 르노삼성자동차지회는 2012년 9월 르노삼성자동차 남문에서 '단협체결, 노동강도 완화, 회사정상화, 구조조정 분쇄'를 주장하고 민주노조 사수를 위한 결의대회를 개최하였으며, 이후 금속노조 르노삼성자동차지회는 부분파업을 전개하였다.

(9) 학교비정규직 노동자투쟁

1997년 IMF경제위기 이후, 비정규직 노동자가 급격히 증가하면서 노동자들의 실질임금이 대폭 삭감되었고, 맞벌이 가정과 저소득 가정이 크게 증가하였다. 이런 맞벌이 가정의 자녀 돌봄 공백과 저소득 가정의 교육격차 해소를 학교가 담당하게 되면서 학교비정규직이 생겨나기 시작했다. 1998년부터 전국의 모든 초등학교에서 학교급식이 전면화되고, 이후 중고교로 확대되면서 비정규직 학교급식 노동자들이 대거 채용되었다. 이에 따라 교육복지사, 초등돌봄전담사, 전문상담사, 스포츠강사, 영어회화전문강사 등 수많은 학교비정규직 노동자들이 양산되었다. 교육감 직선제 이후 당선된 진보교육감들이 혁신학교를 외치면서 교원업무경감 정책을 펼쳤고,

이에 교무실무사와 행정실무사들의 채용이 확대되고 업무가 증가하였다. 그 결과 학교의 기능과 역할이 전통적인 교수학습 중심에서 교육복지와 교육행정 등으로 분화되었다. 학교비정규직은 전체 90여만 명의 학교 교직원 중 41%를 차지하는 36만여 명이며 이 중 약 17만여 명이 교육공무직원이다. 학교비정규직(교육공무직)은 교수학습과 교육행정, 교육복지 등 100여 개 직종으로 분화되어 교육활동의 각종 영역을 담당하고 있다.

교육공무직노동조합은 2009년 2월 급식실의 10여 명이 전국교육기관회계직연합회(전회련)를 창립하여 전국 최초로 명절휴가비를 쟁취하고 교육감직고용조례 제정을 촉구하였다.[9] 다른 한편에서는 2010년 9월 전남지역학교비정규직노동조합, 12월 광주지역학교비정규직노동조합을 창립했다. 그리고 2011년 4월 전국학교비정규직노조를 창립했으며, 전회련은 2011년 12월 민주노총 공공운수노조를 상급단체로 가입하면서 전회련학교비정규직본부로 명칭 변경과 함께 노조로 전환했다.

전국학교비정규직노조는 2012년 1월 13일 부산교육청 폭력사태와 학교비정규직노조 부산지부장 원직복직을 위한 전국학교비정규직노동자대회를 부산교육청 앞에서 개최하였다.

부산교육청 앞 학교비정규직 집회

전회련 학교비정규직본부는 공공운수노조법률원과 함께 임금및

---

9 교육감직고용조례는 2012년 전국적으로 제정되었다.

단체협약모범안연구팀을 구성하였으며 이를 토대로 이후 학교비정규직연대회의의 공동단협안의 토대를 만들었다. 2013년에는 법원이 학교비정규직의 사용자는 교육감이라고 판결했으며, 국가인권위원회는 학교비정규직에 대한 처우개선이 필요하다는 정책권고를 결정하였다. 또한 강원도 교육청과 첫 번째 단체협약을 체결하고, 장기근무가산금을 급간 2만 원으로 상향 쟁취하였다.

2014년 6월 지방선거에서 전국 13곳에서 진보교육감이 대거 당선되었다. 오랫동안 보수적 교육감들과의 투쟁에 지친 교육공무직 노동자들에게는 단비와도 같았다. 부산에서도 그동안 학교비정규직노조와의 단체협약도 체결하지 않았을 뿐만 아니라 노조 자체도 인정하지 않았던 교육청이 변화할 수 있는 계기가 되었다.

부산시교육청과 전국학교비정규직연대회의도 2015년 4월에 79차례에 걸친 단체교섭 끝에 120조항에 대한 합의점을 도출했다. 임혜경 전 교육감 시절부터 계속되어온 학교비정규직 처우개선의 노력이 김석준 교육감에 들어서야 마침표를 찍었다. 이 과정에서 교육청과 학비연대회의는 끊임없이 마찰을 빚어왔다. 노조는 불안한 고용조건과 불합리한 처우를 개선해달라며 노숙농성과 단식을 마다하지 않았고, 이들과 대화조차 거부하는 보수교육감은 마치 철옹성과 같았다. 그나마 진보교육감인 김석준 교육감이 당선되면서 변화의 움직임이 감지됐다. 농성과 파업이 계속되며 갈등은 최고조에 이른 듯했지만, 물밑협상이 이어지면서 부산시 교육청 사상 첫 노사 간 일괄타결을 이끌어낸 것이다. 합의서에는 단체협약 112개 조항, 임금협약 8개 조항(부칙 포함)이 담겼다. 합의서를 토대로 부산시 교육청은 '일하기 좋은 직장 만들기를 위한 교육실무직원 종합계획'을 시행키로 했다. 내용을 보면 노조와의 단체협약을 바탕으로 학교단위로 달랐던 근무시간·휴일·휴가 등 노동조건을 동일하게 적용하고, 임금 지급기준을 개선하는 것을 주 골자로 담고 있다.

구체적으로는 공무원·교원과 달리 적용됐던 근로시간을 조정해 교육실무직원의 시업 및 종업시간을 일원화했다. 또, 공휴일 등 유급휴일에 대한 통일적인 기준을 마련하는 등 노동조건을 크게 개선했다. 특히 모성보호를 위한 대책으로 육아휴직을 2년에서 3년으로 늘이고, 임신 중인 여성노동자의 태아검진 시간 및 유사산 휴가를 확대했다. 노사 간 쟁점사안이었던 급식비 지원문제도 해결됐다. 복리후생을 위한 급식비(6만 원)를 신설하고, 장기근무가산금의 상한을 확대(최대 월 31만 원)하기로 했다. 그 밖에 주 40시간 교육실무직원에게만 지급하였던 맞춤형 복지비를 주 15시간 이상 교육실무직원에게까지 확대 적용하기로 했다.

부산시 교육청과 학비노조는 이 합의를 '역사적 타결'로 평가했다. 임단협 체결식에 참가한 교육 주체들의 표정은 밝았다. 이태의 공공운수노조 전국교육공무직 본부장은 '오늘은 역사적인 날'이라고 말했다. 최순임 전국여성노조 부위원장도 '이번 협약을 시작으로 여성 비정규직 노동자들이 당당하게 교육가족으로 인정받고 차별을 느끼지 않도록 더 노력해가자'고 말했다. 박금자 전국학교비정규직노조 위원장도 '더 큰 도약을 위한 뜻깊은 날'이라고 강조했다. 김석준 교육감도 '이번 임단협 체결로 대화와 협력, 실천이라는 사례를 만들게 됐다'고 말했다. 이날 체결식에 참석한 한 학비노조 관계자는 '앞으로 현장에서의 차별이 많이 개선되고, 비정규직이 학교의 한 주체로 인정받는 등 변화가 예상된다'며 기대감을 표시했다. 부산시 교육청 관계자도 '학비노조와 임금 및 단체협상을 일괄 타결한 것은 현재 부산이 처음인 것으로 안다'면서 의미를 부여했다. 시교육청-학비연대회의 간 협약에 따라 부산시내 10,650여 명의 학교비정규직 노동자들이 수혜를 받게 되었다(다음카페, 전국학교비정규직노조부산지부, https://cafe.daum.net/hakbibs/8AyA/283.)

이후 부산지역 학교비정규직노조의 노조사무실 및 상근자 확보가 이루어졌고, 노동자들이 대거 조합원으로 조직되는 등 활성화되었으며, 직종별로 자신들의 요구를 내걸고 투쟁이 활발하게 진행되면서 하나씩 쟁취할 수 있는 계기가 되었다. 물론 교육공무직노동자들은 여전히 고용불안에 시달리는 직종이 있고, 해결해야 할 투쟁과제도 많이 남아 있었지만 투쟁에 대한 자신감을 확보하였으며, 끈질긴 투쟁을 통해 쟁취해 나갈 수 있었다.

7. 촛불항쟁과 박근혜 퇴진

2014년 4월 16일 대한민국은 믿을 수 없는 소식으로 술렁이기 시작했다. 인천항을 출발한 여객선 세월호가 진도 앞바다에서 침몰하는 참사가 일어난 것이다. 이 사고로 탑승객 476명 가운데 304명의 사망·실종자가 발생했다. 특히 세월호에는 제주도로 수학여행을 떠난 안산 단원고 2학년 학생 324명이 탑승해, 어린 학생들의 피해가 컸다.

세월호는 4월 16일 급격한 변침(變針, 선박 진행 방향을 변경)으로 추정되는 원인으로 인해 좌현부터 침몰이 시작됐다. 그러나 침몰 중에도 선내에서는 '가만히 있으라'는 방송만이 반복됐고, 구조작업은 이뤄지지 않았다. 이처럼 세월호 참사는 △엉뚱한 교신으로 인한 초기 대응시간 지연 △선장과 선원들의 무책임 △해경의 소극적 구조와 정부의 뒷북 대처 등 총체적 부실로 최악의 인재(人災)로 이어졌다.

이처럼 세월호 침몰사고 발생 직후 초동 대처부터 허둥댔던 정부의 무능과 혼선 등 허술한 재난대응시스템이 세월호 참사에서 여실히 노출되면서 정부 책임론에 대한 비난과 질타가 쏟아졌다. 대한민국 전체 국민이 세월호의 참상을 보면서 슬픔과 비통에 잠겼다. 세월호 참사를 제대로 조사하고 진상을 규명하기 위한 '세월호 진상규명 특별법' 제정운동이 시작되고 유가족들은 말할 필요도 없이 곳곳에서 단식농성과 결의대회가 개최되었다. 국민의 안전과 생명을 책임져야 할 정부, 특히 대통령에 대한 분노가 하늘을 찌를 듯했다.

이러한 세월호 참사 가운데서도 박근혜정권은 노동운동에 대해 탄압 일변도로 치닫는 한편, 노동시장 구조를 개악했다. 이에 민주노총을 비롯한 노동계는 2015년 4월 총파업, 7월 총파업, 9월 총파업, 12월 총파업을 전개하였다.

한편 이명박정권이던 2011년 정리해고된 풍산마이크로텍 해고노동자들은 계속해서 복직투쟁을 하고 있는 가운데, 피에스엠씨에서는 정리해고와 특혜개발 논란으로 수년째 노사갈등이 이어졌다. 문영섭 전국금속노조 부양지부 풍산마이크로텍 지회장은 '3년간 투쟁 끝에 부당해고 판정을 받아내고 다시 복직했지만, 원인불명

의 공장 화재와 무급휴직을 거쳐 다시 정리해고 절차에 들어갔다'
며 '이 모든 것에는 반여동 그린벨트 특혜개발이 자리 잡고 있다'고
비판했다. 이와 관련해 민주노총 부산본부, 금속노조 부양지부, 부
산참여자치시민연대 등 20여 개 단체로 이루어진 반여도시첨단산
업단지 조성 개발반대 시민대책위원회는 '부산시의회는 센텀2지구
조성사업 동의(안)을 즉각 부결시켜야 한다'고 주장하며 '센텀2지구
조성사업을 허용하면 피에스엠씨 노동자들이 사회적 살인을 당하
는 꼴이 될 것'이라고 우려했다. 시민대책위원회는 '부산시와 풍산
그룹 또한 노동자들의 생존에 대해 책임을 져야 한다'고 요구했다.

또 한편 2015년 11월 쌀값 인상 등을 요구하기 위해 참가한 민중
총궐기대회에서 백남기 농민은 경찰의 물대포를 맞아 317일 동안
의식을 회복하지 못한 채 끝내 사망에 이르렀다.

2016년이 되어서도 박근혜정권의 노동개악 저지와 정부지침 분
쇄를 위한 투쟁은 계속되어 1월 서면에서 총파업 결의대회가 개최
되었고, 2월 말 민중총궐기대회가 개최되었다. 민주노총 부산본부
도 7월 총파업-총력투쟁을 진행하고 검찰청으로 가두행진을 했으
며, 9월에는 2차 총파업-총력투쟁을 3천여 명의 노동자들이 모여
부산역 광장에서 개최하였다. 10월에도 민주노총 3차 총파업 총력
투쟁대회를 2,500여 명의 노동자들이 새누리당 부산시당 앞에서 진
행하였고 부산민중대회를 서면에서 1,000여 명의 노동자와 시민들
이 모여 개최했다.

박근혜-최순실 국정농단 게이트가 사실로 드러나기 시작한
JTBC의 보도가 있자 박근혜 하야 시민사회 긴급 기자회견을 개최
하고 민중총궐기 성사를 위한 수요집회를 800여 명의 시민들이 서

면에서 진행했다. 11월에 들어 '박근혜 하야! 민주주의 쟁취! 불법 노동개악원천 무효! 구조조정 폐기! 공공-철도 파업 승리! 민주노총 비상 시국회의'가 서울에서 개최되었다. 부산에서도 민주노총 부산본부는 박근혜 하야 아침 선전전을 진행하였으며, '박근혜 하야! 부산시민대회'에는 2,000여 명의 민주노총 조합원과 3,000여 명의 시민들이 참가하여 서면로터리까지 가두행진을 했고 박근혜 퇴진 부산운동본부를 발족시켰다. 박근혜 퇴진의 열기가 전국을 뒤덮은 가운데 '박근혜 하야 10만 부산 시국대회 및 민주노총 부산본부 거리행진'에는 민주노총 조합원 3,000여 명을 비롯해 100,000여 명의 시민들이 운집하여 현대백화점에서 서면로터리를 지나 연산로터리까지 행진하였다. '박근혜 퇴진! 민주노총 부산본부 총파업 선포식 및 4차 시국대회'가 개최되었고, 민주노총 조합원 3,000여 명을 포함한 150,000여 명의 부산시민들이 운집해 서면에서 문현로터리까지 가두행진을 하였다.

12월에 들어 국회에서 '박근혜 대통령 탄핵소추'를 야3당 원내대표들이 발의해 재적 300명 중 171명의 국회의원이 발의한 날 '박근혜 퇴진! 5차 시국대회'에는 부산시민 200,000여 명이 운집하였고, 가장 많은 시민들이 모여 서면에서 문현로터리까지 가두행진을 하였다.

이후 매주 토요일마다 개최된 부산시국대회는 50,000~100,000여 명이 참가해 박근혜 탄핵은 이미 돌이킬 수 없는 길로 들어섰고, 시민들의 힘, 비폭력 평화적 방법인 촛불시위로 현직 대통령을 퇴진시킨, 세계에서도 유례를 찾기 힘든 높은 시민들의 참여와 민주주의를 향한 열망을 전 세계에 보여주었다.

박근혜 대통령은 12월 9일 국회에서 탄핵소추가 의결되고 바로 탄핵심판청구에 들어가 대통령 권한이 정지되어 황교안 국무총리가 권한대행을 맡았다.

"주문 피청구인 대통령 박근혜를 파면한다." 박근혜 대통령은 2017년 3월 10일 헌법재판소에서 탄핵 심판에 대해 인용 결정으로 대통령직에서 물러난 최초의 대통령이 되었다.

제8부
문재인정권 시기의 노동운동

1. 문재인정권의 노동정책

박근혜정권을 1년 앞서 탄핵시킨 촛불시민의 염원을 안고 문재인정권이 2017년 5월의 조기 대통령선거에서 41.08%를 득표해 집권하였다.

문재인정권이 내세운 핵심 경제정책이 바로 소득주도성장정책이었다. 포스트케인지언경제학파에서 언급된 '임금주도성장'론의 변형된 형태라 할 수 있는 소득주도성장론의 주장을 투박하게 요약하면, 임금이 상승하면 소비(내수)가 증가하게 될 것이고 이것이 기업의 투자 확대와 궁극적으로 고용 확대로 연결되는 선순환으로 귀결하여 경제가 성장하게 될 것이라는 점이었다. 국가의 지원·후견하에 수출 대자본의 성장과 낙수효과를 통한 경제성장의 잔영이 여전히 남아 있던 한국 경제의 상황에 비하면 임금을 단지 '비용'으로만 바라보는 왜곡된 경제 인식을 전환할 수 있는 계기가 될 수 있었기 때문에 진일보한 경제정책의 방향 전환이라 할 수 있었다.

문재인정권의 소득주도성장정책은 2017년 7월 국정기획자문위원회가 밝힌 5대 국정 목표 중 하나인 '더불어 잘 사는 경제'를 통해 구체화되었다. '더불어 잘사는 경제'를 구현하기 위한 하위 전략으로는 소득주도성장을 위한 일자리 경제, 활력이 넘치는 공정 경제, 서민과 중산층을 위한 민생경제, 과학기술 발전이 선도하는 4차 산업혁명, 중소벤처가 주도하는 창업과 혁신성장 등 5가지 전략을 제시했다(손정순, 2018: 48-49).

문재인정권은 소득주도성장을 위한 일자리 경제를 구현하기 위해 일자리 위원회 설치, 사회서비스공단 설립 등을 통한 공공부문 일자리 창출, 성·연령별 일자리 지원 강화와 일자리 안전망 강화, 양질의 일자리 창출을 위한 서비스 산업혁신 등을 핵심정책으로 제시했다.

1) 문재인정권의 노동정책

문재인정권의 노동정책은 촛불혁명과 박근혜 대통령의 탄핵 그리고 2017년 5월의 조기 대선이라는 역사적 사건들을 배경으로 조성된, 이전의 보수정권과 큰 차별성을 갖는 친노동의 진보적 성격을 담고 있었다. 이른바 문재인표 노동정책은 대통령선거에서 공약으로 공개되었으며, 대선 승리 이후 국정기획자문위원회 주관의 국정과제로 공식화되었다. 19대 대통령 선거에서 당시 더불어민주당 문재인 후보의 노동정책 의제는 민주당 공약집『나라를 나라답게』에서 12대 약속의 하나인 "일자리가 마련된 대한민국"의 실현을 위한 3개 정책 공약 즉 ① 일자리 창출, ② 비정규직 감축 및 처우 개선, ③ 노동 존중 사회 실현으로 제시되었다.(〈표 11〉 참조)

노동정책의 선거 공약은 문재인 후보의 싱크탱크인 '정책공감 국민성장' 소속의 노동정책 분과와 민주당 차원의 노동정책 공약팀에 의해 주되게 작성된 것이었다. 또 당내 경선에 참여하였던 경쟁 후보의 정책 공약을 취합하여 반영한 것이기도 했다. 아울러 대선 국면에서 문재인 후보가 노동계와의 활발한 정책연대를 구축하여 노동정책에 대한 노조들의 정책 요구를 적극적으로 수용하였다. 한국노총의 경우에는 대선 후보들의 노동정책에 대한 비교 검증과 조합원 총투표를 거쳐 지지 후보로 결정된 문재인 후보와의 정책연대를 공식적으로 선언하였다. 그 성과로 민주당과 '노동존중 정책연대협약'을 체결하였다. 〈표 11〉에서 예시하듯이, 정책연대협약에는 한국노총이 요구하는 12대 정책 의제를 제시하고 있을 뿐 아니라 공공·금융·해운·체신 등의 소속 산별노조 단체들이 요구하는 12대 협약 조항이 추가적으로 포함되어 있다. 이에 더하여, 문재인 대통령 후보는 민주노총 산하의 보건의료노조, 언론노조, 공무원노조 등과도 정책연대협약을 체결하여 이들 노동조합이 요구하는 정책 현안의 해결에 대한 정치적 약속을 공표하기도 하였다(이병훈, 2021: 78-80).

〈표 11〉 대통령 선거국면 문재인 후보의 노동정책 공약

구분	주요내용
민주당 대선공약 (2017/4): 4대 비전 & 12대 약속	일자리가 마련된 대한민국 ① 일자리 창출: 대통령 직속 일자리위원회 설치, 공공부문 81만 개 일자리 창출, 실노동시간 단축 등 일자리 나누기로 민간부문 50만 개 일자리 창출, 성별·연령별 맞춤형 일자리 대책(청년, 신중년, 여성 차별 해소, 고용안전망 확대·강화) ② 비정규직 감축 및 처우 개선: OECD 평균 수준 감축 & 공공부문 전환 확대, 사용사유 제한제도 도입, 비정규직 고용부담금제 시행, 비정규직 차별 금지 특별법 제정, 간접고용 공동사용자 책임부과, 최저임금 1만 원 및 생활임금제 확산 ③ 노동 존중 사회 실현: 한국형 사회적 대화 기구 설립 및 기본계획 수립, 1800시간대 노동시간 실현, 체불임금 제로시대, 알바존중법, ILO협약 비준, 노조 가입/단체협약 적용율 확대, 미조직노동자 권익대변 강화, 공공기관 노동이사제 도입, 위험의 외주화 방지 및 감정노동자 보호법 제정, 30만 택시운전자 생존권 보장

민주당- 한국노총 노동존중 정책연대협약 (2017/5)	- 헌법상 노동기본권 온전한 보장 (ILO협약 비준 포함) - 부당한 행정지침 변경/폐기 및 행정 지도 중단 - 비정규직 사용사유 제한, 생명안전업무의 기간제 및 외주화 금지 - 좋은 일자리 확대 보장, 노동시간 단축, 고용 안정 실현 - 최저임금 1만 원 시대 조기 실현 등 적정 임금 보장 - 산별 교섭 촉진 및 단체협약 효력 확장 실현, 공공기관 단체교섭 실질화 - 노동자 이익대표제도 개편 및 노동회의소 제도 도입 - 사회적 대화 기구 전면 개편 및 중층적 사회적 대화 활성화 - 경제 민주화 및 정치 민주화 - 노후소득 보장 및 공적 연금의 소득대체율 제고, 공공사회서비스 인프라투 자 확대 - 생애주기별 사회 수당 도입 및 안전한 일터 실현 - 노동존중 노동가치 구현의 교육-문화 실현 * 회원조합 정책요구 12대 과제 이행 협약 추가 포함

출처 : 이병훈(2021), 79쪽

문재인정권은 대통령직 인수위원회를 거치지 않고 바로 임기를 시작하였던 만큼 국정과제의 계획 수립을 위해 국정기획자문위원회를 설치·운영하였다. 국정기획자문위원회는 두 달 가까운 활동 기간을 거쳐 7월 중순에 5개 전략 영역의 100대 국정과제를 발표했고, 〈표 12〉와 같이 고용노동부 소관의 6개 국정과제가 포함되어 있었다. 문재인 후보의 대선공약 중에서 단체협약 적용범위 확대 및 효력확장제도 정비, 비정규직 고용부담금제 시행, 비정규직 차별 금지 특별법 제정 등 9개 사항이 제외되었다는 민주노총의 지적이 제기되었지만, 국정기획자문위원회에서 제시한 노동정책 분야의 국정과제들은 대체로 대선공약을 충실히 반영한 것으로 평가되었다.

〈표 12〉 국정기획자문위원회의 고용·노동 정책분야 국정과제

국정과제	주요내용
(16) 국민의 눈높이에 맞는 좋은 일자리 창출	- 일자리위원회 설치·운영 및 고용 영향 평가 확대 - 공공 부문 81만 개 일자리 창출 - 지역·산업 맞춤형 일자리 창출
(18) 성별·연령별 맞춤형 일자리 지원 강화	- (청년) 고용 의무제 확대, 추가 고용 장려금 및 구직 촉진 수당 신설/도입 - (중장년) 정년 일자리 보장, 인생3모작 지원 - (여성) 적극적 고용 개선 조치 적용 확대, 창업 지원·직업 훈련·취업 장려금 등 일자리 연계 강화
(19) 실직과 은퇴에 대비하는 일자리안전망 강화	- 고용보험 가입 대상 확대 - 중층적 고용 안전망 구축 - 공공 취업 지원 서비스 확충 - 4차 산업혁명 대비 직업 능력 개발
(63) 노동 존중 사회실현	- 노동 존중 사회 기본계획 수립 - 노동기본권 신장을 위한 법·제도 개선 - ILO 핵심 협약 비준, 근로자 이해 대변 제도의 확충 - 체불·부당 해고 구제, 청년 일자리 기본권
(64) 차별 없는 좋은 일터 만들기	- 비정규직 감축을 위한 로드맵: 사용사유 제한제도 도입 추진, 비정규직 사용부담 강화방안 마련 등 - 차별 없는 좋은 일자리 실현 - 원청 공동 사용자 책임 - 임금 격차 해소(2020년 최저임금 1만 원 실현 등) - 산업안전보건체계 혁신(특수고용노동자, 감정노동자 등 보호대상 확대)
(71) 휴식 있는 삶을 위한 일·생활의 균형 실현	- 1800시간대 노동 시간 단축 - 휴식 있는 삶 보장 - 육아·돌봄 지원 확대
공공기관 관련	공공기관에서의 인권·안전·환경 및 양질 일자리 창출, 고용 친화적 경영 평가 도입, 노동 이사제 등의 지배 구조 개선 포함

출처 : 이병훈(2021), 81쪽

〈표 12〉에서 보듯이, 일자리와 비정규직 문제와 노동시장 이중 구조, 장시간 노동과 같이 우리 사회에 부각되어온 중요 노동 이슈

를 해결하기 위해 문재인정권은 대선 국면에서 국가 주도의 일자리 창출과 취약노동자들의 소득 개선과 차별 해소, 그리고 노동기본권 강화 등으로 구성된 친노동적 선거공약을 제시하였고, 집권 직후 그 공약의 대부분을 국정과제에 반영시켜 발표하였다. 그 결과 정부가 공식화한 고용·노동정책 분야의 국정과제는 이명박·박근혜 정권의 보수정부가 표방했던 시장주도 또는 친기업적노동 유연화 정책기조와 크게 대비되는 것으로 정리할 수 있다(이병훈, 2021: 80-81).

문재인정권은 촛불정부를 표방하면서 경제정책과 노동정책에서 이전의 보수정권과 차별성 있는 공약과 국정과제를 제시하였으나 공약 및 국정과제의 이행과정에서 개혁의 후퇴를 보였다.

2) 부산시 지방권력과 노동환경의 변화

박근혜정권 탄핵의 여파는 2017년 5월 대통령 교체만으로 끝나지 않았고, 이듬해 치러진 민선 7기 지방선거에서도 그대로 민심이 폭발하였다. 1991년 지방의원 선출과 1995년 지방자치단체장과 지방의원 동시선거가 도입된 이래 계속해서 국민의힘 계열 지방의원과 단체장이 싹쓸이해 오다시피 한 부산에서 처음으로 민주당 계열의 광역지방의원과 단체장을 싹쓸이하는 이변을 일으켰다. 그 현상은 비단 부산만이 아니라 전국적 현상이기도 했다.

부산에서도 근 30년 만에 민주당 지방정부가 들어섰을 뿐 아니라 기초단체장과 광역의회에서도 압도적 다수를 차지했다. 그에 따라 부산시 노동정책에서 커다란 변화를 가져오는 계기가 되었다.

이전에는 부산광역시 자체의 노동정책이라고는 산업평화상이나 지역노사민정협의회 운영, 근로자종합복지관과 노동복지회관을 한국노총과 민주노총 시역본부에 각각 위탁 주는 것, 그리고 역시 한국노총과 민주노총에 노동상담소 및 비정규센터 등의 위탁사업이 대부분이었다고 해도 과언이 아니었다. 오히려 고용문제나 일자리 창출을 위해 기업유치, 일자리 늘리기, 취업박람회 개최 등등 고용관련 사업이 상대적으로 활성화되었다. 그런데 민선 7기가 출범하면서, 아니 지방정권이 민주당으로 바뀌면서 노동권의 사각지대 해소나 지방정부 차원에서 노동정책을 실현하기 위한 노력을 시작하게 되었다.

그 변화를 보면, 2019년 1월 인권노동정책담당관 설치, 2019년 10월 이동노동자지원센터 설립, 2020년 11월 노동권익센터 설립, 2020년 생활임금 1만 원시대(10,186원), 2020년 12월 부산광역시 노동기본계획 수립, 그리고 〈표 13〉과 같이 노동관련 조례의 제·개정의 가속화 등 노동정책이 구체적으로 변화하기 시작했다.

〈표 13〉 부산시 노동권익관련 주요 조례 제·개정

조례명	일정	구분
부산광역시 노동자복지시설 설치·운영에 관한 조례	2010.07	제정
	2015.04	개정
	2020.03	개정
	2021.07	개정
부산광역시 비정규직노동자 권리 보호 및 지원에 관한 조례	2017.08	제정
	2019.04	개정
부산광역시 노동인권교육 활성화에 관한 조례	2018.10	제정
	2022.03	개정
부산광역시 생활임금 조례 일부개정안	2018.11	개정

	2019.02	제정
부산광역시 노동자 권익 보호 및 증진을 위한 조례	2019.07	개정
	2020.02	개정
	2020.05	개정
	2021.01	개정
부산광역시 청소년 노동인권 보호 및 증진 조례	2019.04	제정
부산광역시 고용상의 차별행위 금지에 관한 조례	2019.07	제정
부산광역시 감정노동자 권익보호 및 증진을 위한 조례	2019.05	제정
	2019.08	개정
부산광역시 공공기관 노동이사제 운영에 관한 조례	2019.08	제정
부산광역시 이동노동자 지원센터 설치 및 운영에 관한 조례	2020.02	제정
부산광역시 산업재해 예방 및 노동자 건강증진을 위한 조례	2020.05	제정
부산광역시 프리랜서 권익 보호 및 지원을 위한 조례	2020.07	제정
부산광역시 대리운전 노동자 권익보호를 위한 조례	2020.11	제정
부산광역시 노동권익센터 설치 및 운영 조례	2021.01	제정
부산광역시 이주노동자 인권 보호 및 증진을 위한 조례	2021.03	제정
부산광역시 필수노동자 지원에 관한 조례	2021.01	제정
	2021.07	개정
부산광역시 공공기관 노사정협의회 설치 및 운영 조례	2021.08	제정
부산광역시 공동주택 노동자 인권 증진에 관한 조례안	2022.04	제정

출처 : 손헌일(2022), 29쪽, 국가법령정보센터

부산시는 2020년 12월 노동기본계획을 한국노동사회연구소에 연구용역을 의뢰해 수립하여, '노동이 존중받는 부산'을 비전으로 제시하고, '보편적 노동권 보장, 평등한 노동환경 구축, 노동행정 거버넌스 강화'를 목표 전략으로, 핵심과제 10개와 일반과제 41개 총 51개의 정책과제를 설정하였다(장규태, 2022: 42).

부산시의 노동정책의 성과는 첫째, 다양한 조례의 제정과 개정을 들 수 있다. 이는 서울과 경기에 이어서 조례 제·개정에서 나름대로 성과를 냈다고 볼 수 있다. 둘째, 노동권익위원회를 구성하여, 다양한 전문가와 활동가로 구성하여 실질적인 위원회 활동을 할 수 있는 기반을 구축했다. 셋째, 조직개편을 통해 민생노동정책관[1]을 두어 노동전담팀을 한 개 팀에서 두 개 팀으로 확대했다. 넷째, 노동정책 싱크탱크 또는 십행기관으로 부산노동권익센터를 2020년 9월에 개소하여 다양한 실태조사와 정책연구, 구제사업, 홍보, 네트워크 구축 등의 활동을 하고, 2019년 10월에 개소한 부산이동노동자지원센터를 2021년 8월 민간위탁으로 전환하여 부산이동플랫폼노동자지원센터로 기능을 확장했다(양미숙, 2022: 35-36).

그러나 부산시와 민간단체의 노력에도 불구하고 그동안 없었던 노동정책에 대한 컨트롤을 하기에는 여전히 부족하였고, 그나마 부산시의 영향하에 있는 공공기관이나 민간위탁 등 직접적인 통제가 가능한 곳의 생활임금 실시, 노동이사제 시행, 비정규직 정규직화, 성별임금 공시제 등을 시행할 수 있었다. 그러나 대다수의 민간영역의 노동관계에 대한 정책효과를 기대하기에는 더 많은 시간이 필요했다. 또한 그 부분에 대해서는 중앙부서인 고용노동부와 노동위원회 등과의 협력과 지역 노사단체의 원활한 논의구조 등이 필요했다(윤영삼, 2019). 아울러 조례 제·개정은 하였지만 조례내용을 꼼꼼하게 점검하고 시행하기 위한 노력도 앞으로 필요한 과제다.

---

1 민생노동정책관은 2022년 민선 8기에서 다시 사라지고, 인권노동정책담당관은 행정자치국 산하 민생노동정책과로 개편되었다.

2. 문재인정권의 한계와 부산지역 노동자 투쟁

1) 문재인정권의 노동정책 딜레마

문재인정권의 노동정책에서 상징적인 정책으로 공공부문 비정규직 정규직화, 최저임금 1만 원 그리고 노동 존중 사회의 실현을 들 수 있다.

문재인 대통령은 2017년 5월 9일 당선되고 5월 11일에 인천공항을 방문하여 공공부문 비정규직 제로 선언을 하였다. 공공부문에서 81만 개의 일자리를 창출하겠다는 공약이었고, 그중 공공부문 일자리 30만 개 정도를 정규직으로 전환한다는 것이었다. 그리고 또 하나는 사회서비스원을 만들어 지역별로 돌봄, 요양, 시설관리 관련 일자리 30만 개 정도를 공공부문의 직접고용으로 흡수하고, 나머지 20만 개 정도는 공공부문에서 노동시간 단축을 통해 일자리를 늘린다는 것이었다.

그런 일환으로 비정규직이 몰려 있던 인천국제공항공사 비정규직 1만 명을 정규직으로 전환한다는 발표가 나자 이른바 '공정성' 논란이 일어났다. 시험을 치고 입사한 정규직 노동자들의 반발과 공공부문에 취업을 준비하는 취업준비생들이 반발하였던 것이다. 이는 2016년 기간제교사의 정규직 전환문제가 나왔을 때도 정규직 교사들의 반발이 컸으며, 2021년 건강보험공단 고객센터 노동자투쟁 때에도 정규직 노동자들의 반발이 컸던 점과 맥락을 같이 한 것이다.

결국 문재인정권은, 정부 및 지자체 비정규직은 무기계약직 전환으로, 공사·공단의 비정규직은 무기계약직 및 자회사 설립을 통해 정규직으로 전환했다. 사실상 정부부처와 지자체, 그리고 교육청은 자회사를 설립할 수 없기 때문에 무기계약직으로 전환할 수밖에 없었다. 반면, 법인화되어 있는 공사·공단은 약 5만 명 정도를 자회사를 설립하여 흡수하고, 나머지 기간제는 무기계약직으로 전환하였다. 문제는 형식은 정규직 전환이었지만 임금은 기존 정규직 임금에 맞춰 지급하는 것이 아니라 새로운 직군을 만들어 더 낮은 임금을 주게 되면서 기존 비정규직 임금과 다르지 않고, 다만 고용만 보장할 뿐이라는 점이었다. 또 자회사의 경우도 마찬가지였는데, 조금 더 큰 용역회사와 다르지 않을 뿐 아니라 자회사까지 쪼개면 용역업체와 다를 것도 없게 되었다는 점에서 기존의 모순을 그대로 유지하게 되었다. 그런 점에서 자회사를 제외하면 정규직으로 전환한 인원이 11만 명에서 12만 명 수준인데, 박근혜정권 때에도 10만 명은 무기계약직으로 전환했기 때문에 질적으로 많이 나아졌다고 평가하기 어렵게 되었다.

최저임금 1만 원의 경우 2020년까지 최저임금 1만 원을 실행하겠다고 하여, 첫해에 16.4%를 인상해 2018년에 적용되었고, 2019년에는 10.9% 인상했다. 두 해에 걸쳐 최저임금을 인상했는데, 자영업자를 비롯하여 최저임금이 곧 임금수준이었던 중소영세업체에서는 엄청난 부담이 가중되었다. 당연히 정부여당에 대한 비판이 높아졌다. 그런데 문제는 두 번에 걸쳐 두 자릿수를 인상했는데, 최저임금 산입범위를 개악하여 기본급에 상여금이나 다른 수당까지 최저임금에 포함시키도록 함에 따라 최저임금 인상 효과가 반감되었다는 것이다. 즉 최저임금 인상효과를 상쇄시킴에 따라 상여금과 수당 등을 삭감시키는 업체가 속출하였다. 결론적으로 비정규직 노동자들 중에 실제 임금이 오른 사람이 거의 없었다. 시간당 임금은 올랐지만 월 임금으로 보면 저임금이 늘어나게 되었다. 상여금이나 각종 수당이 줄어들거나, 혹은 노동시간이 줄어든 결과가 되었기 때문이다. 더욱이 문재인 대통령은 2019년 취임 2주년 기념 대담에서 2020년까지 최저임금 1만 원 달성 공약 파기를 선언했다. '우리 경제가 수용할 적정선'을 거론하며, '최저임금 1만 원에 얽매일 필요가 없다'고 했다. 지난 2년 동안 내걸었던 '노동 존중'과 '소득주도 성장'의 간판을 내려놓았다고 할 만큼 상징적인 선언이었다. 이미 최저임금 산입범위를 확대한 최저임금법 통과 시 예견된 일이었다. 이어서 문재인정권은 2020년에는 2.9%, 2021년에는 1.5% 최저임금을 인상했다. 결론적으로 박근혜정권 4년 동안보다 평균인상률이 낮게 되었다. 거기에다가 산입범위까지 개악을 했으니 비정규직, 저임금노동자들도 등을 돌리게 되었고, 자영업자 등 중소영세업체 사장들도 등을 돌리게 되는 결과가 되었다.

문재인정권의 노동관련 정책을 살펴보면, 개혁적인 조치를 취하다가 예외를 열어줌으로써 사실상 앞에 진행한 개혁이나 제도개선이 의미가 없어지게 만들어버리는 경향이 있었다. 최대노동시간으로 주52시간 상한제를 정식화했다고 하지만 탄력근로제 개악과 특별연장근로를 통해 구멍을 다 뚫어놓은 결과가 되었던 사례와 같다. 그럼으로써 노동시간 단축을 통해 일자리가 늘어날 수 있는 잠재력을 죽여버리는 정책이 되었던 것이다. 이런 결과들이 모여 사회적 담론은 더 후퇴하는 셈이 되었다. 최근 최저임금 담론은 사라지고 오히려 업종별 차등적용 얘기까지 나오는 상황이 이를 반증하고 있다.

마지막으로 문재인정권의 노동정책에서 핵심적 담론인 노동존중 사회의 실현은 어떻게 평가할 수 있을까? 한국사회는 노동을 존중하는 사회인가?

노동존중 사회는 노동자라면 누구나 주어지는 노동의 시민권을 보편적이며, 포괄적이고, 평등한 집단적 권리로서 확보하고 누리고 있는가의 문제이다.

그런 점에서 한국의 노동 현실은 여전히 노동존중과 거리가 먼 현실을 마주하고 있다. 첫째는 헌법상 노동의 권리가 유보되고 박탈되는 노동자들이 존재한다. 노동법 자체가 단체행동권에 대해 다양한 통제수단을 만들어 규제함으로써 기본권을 제약하고 있다. 고용문제는 노동자에게는 생존권이 달린 가장 큰 문제이다. 임금수준이나 노동조건 등과 비교할 수 없는 문제이나 정작 정리해고 등 고용문제로 인한 파업은 대부분 불법으로 치부되고 있다. 또 단결권은 있으나 단체교섭권과 단체행동권은 부분적으로 허용되거나 아예 허용되지 않는 공무원과 교사들이 있다.

둘째, 신자유주의적 경제정책과 구조조정 등으로 노동의 유연화가 급속히 진행되어 비정규직이 빠르게 확산되었지만 이에 대한 제도적 사회적 장벽이나 제어장치를 갖추지 못했다. 그러므로 노동 내부의 격차와 차별은 더욱 심각한 문제가 되었다. 이는 노동운동의 기업별노조체제라는 요소와도 직접적 관련이 있고, 노동운동의 한계이기도 하다.

셋째, 권리의 해체 현상이 있다. 4차 산업혁명과 플랫폼 자본주의라는 이름 아래 새로운 노동형태가 등장했다. 이전부터 존재한 동일노동이지만, IT기술을 이용한 플랫폼을 기반으로 기존의 노동자들을 개인사업자·자영업자(프리랜서)로 삼아서 노동을 시키는 방식이다. 택배기사와 배달라이더, 대리운전기사, 퀵서비스, 화물운송업, 가사노동, 문화예술부문, IT, 디자인 등 지역기반에서 웹기반으로 확산되어 가는 중이다. 플랫폼 자본주의는 전통적인 노동형태를 IT기반의 기술혁신 프로그램을 도입함으로써 노동자 아닌 노동자를 탄생시켰다. 그런 점에서 사용자는 집단적 노사관계를 우회하여 노동계급이라는 집단성을 해체시켜 왔다.

문재인정권은 노동존중 사회를 추진한다고 하지만 막상 민주노총 등 조직노동은 사회적 약자가 아니라며 노동존중의 대상을 노동내부의 '약자'로 선별적으로 바라봤다. 노동존중이란 노동자 개인들, 혹은 노동강자나 노동약자를 차별적으로 향하는 것이 아니라 노동계급 전체의 집단적 존재에 대한 인정을 의미하며, 그것은 헌법상의 노동의 시민권에 대해 국가가 부여하고 보증하고 집행하는 역할을 통해 이뤄진다는 노동시민권적 시각과는 거리가 멀다.

그 외에도 문재인정권에 들어 공식적인 정부통계에 포함되지 않는 주요 노동조합 단체행동으로는 전교조 연가투쟁(2018년 7월 6일, 2019년 6월 12일 등), 비정규직 공동투쟁, 전교조 서울노동청 점거투쟁, 김용균 열사 투쟁, 문중원 열사 투쟁, 아시아나케이오 농성투쟁 등이 있다. 이러한 투쟁은 정부 통계에 드러나지는 않지만, 문재인정권 시기의 노정·노사관계 현실을 상징적으로 보여주는 것이었다(이창근, 202: 209-210).

2) 플랫폼노동자의 확산과 노동권 인정투쟁

(1) 코로나19 팬데믹과 플랫폼노동자 확대

플랫폼이란 개념은 단순히 정거장과 같은 노무제공 역할을 넘어서 플랫폼을 통해 노무제공과 업무지시, 노동통제, 그리고 노무제공에 따른 수수료결재까지 이루어지는 시스템을 지칭하는 것으로 이해할 수 있다.[2] 2020년 한국노동연구원의 발표에 따르면 광의의 플랫폼종사자는 179만 명, 협의의 플랫폼종사자는 22만 3천 명이라고 하였으나 2021년 발표로는 광의의 플랫폼종사자는 220만 명, 협의의 플랫폼종사자는 66만 명이었다. 협의의 플랫폼종사자만을 플랫폼노동자로 보더라도 1년 사이에 3배나 늘어났다는 것을 알 수 있다. 특히 코로나19 팬데믹으로 인해 비대면사회가 지속되면서 이들을 연결시켜주는 배달노동이 급격히 늘어났기 때문이다. 배달노동에는 택배와 음식배달 등이 대표적이다.

플랫폼노동자의 다수를 차지하는 대리운전기사나 배달라이더, 택배 등은 이전부터 있어 왔던 노동형태였고, 이전에는 전속성을 가진 노동자였지만 정보통신기술의 발전으로 노동자가 아닌 개인사업자로 참여하여 특수고용노동자가 된 상태다. 다시 말하면 이들은 이전에는 노동자였지만 정보통신기술의 발전으로 오히려 노동권의 보호를 받지 못하는 특수고용노동자가 된 것이다. 이들을

---

2 한국노동연구원에 따르면 앱을 통한 단순 노무중계서비스를 포함하는 경우까지 포함시켜 광의의 플랫폼으로 규정하고, 업무 및 노동통제가 이루어지는 경우를 협의의 플랫폼으로 정리하였으나 엄밀한 의미의 플랫폼노동이라고 하면 협의의 플랫폼노동을 의미한다고 볼 수 있다.

플랫폼노동자라고 부른다. 카카오나 배민, 쿠팡과 같은 프로그램 사용자가 프로그램을 통해 지역대리점이나 음식점 사장, 배달 노동자, 이용하는 소비자들을 하나의 망(네트워크) 속에 묶는 플랫폼 기업들인 셈이다. 이 프로그램은 업무의 배정, 경로, 소비자들의 평점과 민원 등 일체의 노동과정을 실제로 통제하는 알고리즘을 통해 플랫폼노동자들을 통제하고 있다. 이 플랫폼노동자들은 점점 확장되어 대리운전, 퀵서비스, 택배, 웹툰작가, 문화예술노동자, 심지어 가사노동자 등 그 영역을 계속 확장해 나가는 동시에 그 노동자들의 노동권을 박탈하여 자본에 대한 종속성을 심화시켜 왔다. 특히 코로나19 팬데믹으로 비대면사회가 지속되면서 이들의 노동은 사회에서 없어서는 안 될 필수노동이 되었고, 급격히 늘어나게 되었다.

이러한 현상은 비단 한국에서만 일어나는 것이 아닌 세계적 현상이었고, 유럽의 다수 국가들에서는 빠르게 플랫폼노동자들의 노동권 보호 조치를 취하는 반면, 문재인정권은 노동권 보호조치를 외면하여 왔던 것이다.

이들 특수고용, 플랫폼노동자들은 숫자나 업종이 확대일로지만 정부 공식통계조차 없다. 2007년 대구에서 대리운전노조가 처음 출범한 후 2019년에 전국대리운전노조가 설립신고를 하여 2020년에 설립필증이 교부되었다. 택배노동자들 또한 2013년 화물연대 내 택배지회가 설립되었고, 2017년 말 택배연대도 설립되었다.[3]

---

3 택배연대가 민주노총 소속인 서비스연맹에 가입할 당시 공공운수노조 화물연대는 같은 조직대상인 택배노동자의 조직이 민주노총 내 상급단체를 달리하는 조직에 포함되는 문제에 강력하게 반발하였다. 그러나 이미 민주노총 내에서는 같은 성격

2018년에는 맥도날드 라이더였던 박정훈이 폭염을 견디며 일하는 라이더를 존중하는 의미에서 폭염수당 100원을 요구하는 일인시위를 전개했다 한 달간 진행된 일인시위를 계기로 라이더들이 모이기 시작해 2019년 노동절에 라이더유니온의 출범을 알리며 50여 명의 라이더들과 함께 국회에서 청와대까지 오토바이 행진을 벌였다. 사상 처음 열린 라이더들의 행진이었다. 라이더유니온은 2020년 공식적으로 설립되었다. 방과후강사노조 또한 오랜 시간에 걸쳐 노조설립 신고필증을 교부받았지만 2022년까지도 단체협약을 체결하지 못하고 있는 상태다.

그러나 이들 플랫폼노동자들의 노동 특성상 조직률이 높지 않으며, 교섭 또한 원만하게 이루어지지 않았다. 여전히 이들 특수고용노동자이자 플랫폼노동자들은 반인반수와 같이 노동법의 보호를 받지 못하면서도 노동자성을 부인하기 어렵기 때문에 노동조합 설립은 억지로 허가하고, 산재보험과 고용보험도 당사자가 일부를 부담해야 가입이 가능한 수준으로 허용하고 있을 뿐이었다. 정부와 지자체는 이들에게 쉼터라는 틀의 복지정책을 제공하고 있기는 하지만 특수고용노동자·플랫폼노동자들의 본질적인 문제해결을 위해서는 이들의 노동자성을 인정하고 노동조합의 조직과 단체교섭을 지원하여 명실상부한 노동자로 자립할 수 있도록 해야 했다.

의 노조가 각기 상급단체를 달리하는 조직으로 인정받은 사례가 많았던 관계로 택배연대 또한 허용되었다. 이러한 양상은 민주노총 내 정파조직의 영향이었으며, 민주노총에서는 이를 통제할 만한 내부 질서가 정립되지 않았다. 이는 민주노총 집행부 또한 정파의 영향하에 있었기 때문이다.

(2) 대리운전기사 파업과 노동공제운동

2019년 11월 전국 대리운전기사노조 가운데 처음으로 부산지역 대리운전기사노조가 로지파업[4]에 들어갔다. 민주노총 전국서비스산업노조연맹 산하 부산지역대리운전노조는 로지파업돌입계획을 발표했는데, 3일간 파업에 돌입하고, 파업 이후에도 매주 특정한 날을 지정해 수시로 파업을 벌이기로 했다. 그리고 부산시청 광장에서 파업결의대회를 가졌다.

노조의 조사에 따르면, 부산지역 전체 대리운전 기사의 80%가량이 대리운전을 전업으로 하고 있으며, 평균 5년 이상 경력에 대기시간 포함해 하루 9시간 월 25일을 일하는데, 소득은 월평균 175만 원(순수입)을 벌었다. 평균나이는 53세였다. 이들의 50%는 자영업을 했고, 40%는 고용불안으로 실직을 경험했으며, 50%는 금융신용상의 문제가 있었다. 그리고 대리운전 기사의 85.8%는 지난 1년간 고객에게 폭행, 폭언, 위협을 당한 경험이 있다고 응답했다.

노조는 '대리운전기사를 보호하기 위한 최소한의 법규정이 없는데다 업체들끼리 치열한 고객 유치경쟁, 대리운전기사 증가 등으로 기사의 평균 수입이 급감하고 있다'고 설명하고, '업체의 중계수수료 인상, 셔틀버스 이용을 빙자한 출근비(하루 3,000원) 징수, 대리기사의 업체별 2중, 3중 보험가입과 보험료 부담, 일방적 배차 제한(사실상 해고) 등이 문제'라고 주장했다. 업체의 중계수수료는 거리에 따라 차이가 있지만, 보통 3,000원 이상이다.

---

4 로지는 친구콜, 시민연합, 손오공 등의 업체가 참여하는 부울경지역 대리운전 플랫폼의 하나이고, 대리운전노조가 로지파업을 벌인 이유는 로지가 대리운전기사들에 대한 갑질이 유독 심했기 때문에 로지에 타격을 주기 위해서였다.

당시 부산지부의 조합원은 100명이 채 되지 않은 수준이었다. 조합원이 많을 때는 150명을 넘겼지만, 대리운전기사들의 특성상 조직이 어려웠고 탈퇴하는 조합원들도 많았다. 파업에는 조합원들의 참여만이 아니라 로지프로그램을 사용하는 대리운전기사들의 협조가 필수적이었으나, 조합원이 아닌 기사들의 참여 조직은 잘 이루어지지 않았다. 따라서 로지프로그램에 크게 타격을 주지 못했다. 이로 인해 실망한 조합원들은 노조에 대한 실망감으로 노조를 탈퇴하는 등 조직력이 급격히 약화되었다. 이후 로지연합은 더욱 악랄하게 프로그램을 D1, D2, D3로 나누어서 콜을 받기 위해서는 각각 별도로 가입하게 만드는 등 대리운전기사들에 대한 착취를 가중시켰다. 이후 대리운전 노동자들은 노동조합보다는 소통하는 밴드를 통해 코로나 비상지원금 지급 등을 지자체에서 지원하도록 압박하는 일인시위 조직 등을 통해 대리운전기사들의 고충을 알려나가고, 위기에 처한 대리운전 기사들의 생존권 확보를 위한 투쟁을 하였다. 이와 별도로 밴드 소통방을 통해 사고와 질병 등이 발생한 대리운전기사에 대해 생존을 위한 지원금을 모금하는 등의 활동을 꾸준히 해 오다가, 2022년부터 상부상조할 수 있는 계기가 필요하다고 판단해 카부기상호공제회라는 노동공제회를 부산지역에서 처음으로 결성하였다.

(3) 7명의 목숨을 앗아간 마사회의 비리와 노동권 인정투쟁

부산경남경마기수협회 소속 고 문중원 기수가 마사회의 내부 비리를 고발하며 2019년 11월 스스로 목숨을 끊었다. 문중원 열사는 2004년 부산경마공원에서 기수 일을 시작해 2018년 공공운수노

문중원 열사 추모
출처: 공공운수노동조합 홈페이지

조 경마기수지부 설립에 함께하고 노동조합에 가입했다. 열사는 2015년 조교사면허 취득에도 불구하고 마사회의 불합리한 행태로 마사대부(실질 조교사) 일을 하지 못했다. 부산경남경마공원에서는 총 7명의 기수와 마필관리사가 불안한 고용관계와 다단계 부조리 갑질 등을 고발하며 목숨을 끊었다.

한국마사회는 공기업이지만 기수와 마필관리사는 조교사와 개인계약을 맺어 특수고용노동자 신분이 된다. 이로 인해 기수와 마필관리사는 갑질을 당하고 불합리한 경쟁에 내몰려도 항의할 수 있는 제도적 안전망이 없었다. 뿐만 아니라 역대 회장들의 비리와 잡음이 끊이질 않았고, 채용비리가 만연한 사각지대였다. 마사회노조는 '정부는 일찍이 공공기관 채용비리를 사회악으로 규정하고, 공개채용을 원칙으로 제도를 정비했으나 마사회 회장은 정부지침에 반해 측근의 채용을 고집하고, 시도가 가로막히자 우회채용을 강요했다'고 주장했다. 뿐만 아니라 특별채용의 어려움과 우려를 담은 내용을 보고하는 소관 본부장 이하 간부들에게는 '기득권을 지키기 위해 자신의 눈과 귀를 가리는 자들'로 몰아세우며, 부당한 지시를 강요했다'고 주장했다. 공공운수노조는 마사회-마주-조교사가 경마기수의 생사여탈권을 쥐고 있어, 부정경마조차 거부할 수 없는 다단계 부조리와 갑질이 불러온 타살이라고 이번 사건을 규정하고 죽음의 일터 마사회를 바꾸기 위한 투쟁을 결의했다.

노조는 2019년 12월 4일 '고 문중원 동지 죽음의 진상규명 책임자 처벌 촉구 공공운수노조 부산본부결의대회'를 개최하고, 공공운수노조는 문중원 열사 유가족과 함께 '선진경마 폐기! 진상규명! 책임자 처벌! 문중원 열사 투쟁 승리 결의대회'를 12월 21일 렛츠런파크 서울 정문 앞에서 개최했다. 집회 후 노조가 공식적으로 면담 요청을 했으나 마사회는 면담을 거부했다. 마사회가 면담을 거부하였다고 그대로 돌아갈 수 없어, 결의대회에 참가한 조합원들과 유가족은 마사회 김낙순 회장을 만나려 본관으로 이동했다. 본관 출입구는 이미 경찰과 버스로 봉쇄되었다. 유가족이 회장을 만나기 위해 한발 앞으로 가는 순간, 문중원 열사의 배우자 오은주의 머리를 잡아당기고 또, 쓰러진 배우자를 발로 밟고, 목을 조르는 등 마사회와 경찰의 폭력이 멈추지 않았다. 더 기가 막히는 것은 경찰의 공권력을 앞세워 마사회의 폭력이 유가족들을 향해 더욱 거세졌다는 것이다. 결의대회에 참가한 사람들은 '김낙순은 최고책임자로 유가족 앞에 나타나고, 문중원을 살려내라'고 구호를 외쳤다. 노조는 마사회 회장과 면담이 이루어질 때까지 유가족과 함께 연좌투쟁을 이어갔지만, 끝내 마사회 회장은 나타나지 않았다.

문중원 열사의 장례를 치르지 못하고 28일이 지나 열사의 유가족은 공공운수노조와 함께 12월 말 열사 빈소를 서울로 이동하고 투쟁의 강도를 높였다. 한편 문중원 열사의 죽음과 7명의 노동자가 스스로 목숨을 던진 한국마사회 문제의 엄중함에 공감하는 56개 시민사회단체가 대책위원회를 구성하고 진상규명 책임자 처벌에 대한 정부의 연내 해결을 촉구했다. 이날 개최된 집회에는 문중원 열사의 유가족뿐만 아니라 고 김용균 노동자의 어머니, 고 이한빛 PD의 아버지, 고 김동준 군의 어머니 등이 함께했다. 현장실습 중

목숨을 잃은 김동준 군의 어머니 강석경 님은 '아들 동준이와의 마지막 기억을 떠올리며 불공정하고 정의롭지 못한 사회의 피해자들이 함께 싸워야 한다'고 문중원 열사의 유족을 위로했다. 또한 정부에도 '빽 없고 힘 없는 노동자들의 편은 어디에 있냐'며 '사회적 재난에 가까운 지금의 문제를 왜 정부가 나서서 바꾸지 않는가'라고 개탄하고 '진상규명과 책임자 처벌을 위해 우리 유가족들도 끝까지 함께하겠다'고 전했다. 공공운수노조는 광화문 광장에 빈소와 시민분향소를 설치하고 매일 추모문화제를 이어갔다.

2020년 1월 8일 민주노총은 '마사회의 부정, 비리와 갑질을 고발하고 돌아가신 경마기수 문중원 열사 진상규명, 책임자 처벌 및 노동자 죽이는 공공기관 적폐청산' 대책위원회(약칭 문중원 열사 민주노총 대책위)를 구성하여 전 조직적 대응투쟁에 나설 것을 결정했다. 민주노총이 열사대책위원회를 구성하기는 2013년 한진중공업 '최강서 열사 대책위' 이후 7년 만이다. 민주노총 대책위 김명환 위원장은 1월 10일 기자회견에서 "마사회는 공기업이다. 정부의 통제와 공적으로 운영해야 할 공공기관이 개인 이익과 외주화로 인하여 극단적 경쟁으로 사람이 살 수 없게 만들어 부산경마공원에서만 문중원 열사를 포함하여 7명의 노동자가 스스로 목숨을 끊었다. 이는 마사회가 극단적 경쟁으로 몰고, 비리와 부조리 때문"이라고 발언을 했다.

민주노총은 더 이상 문중원 열사와 같은 억울한 죽음이 생기지 않기 위해 민주노총에서 전국동시다발 기자회견을 하고 추모분향과 추모문화제를 조직하며 서울도심에서 사람 죽이는 공공기관 적폐청산 문재인 정부 규탄하는 집회 등 투쟁계획을 발표했다.

공공운수노조와 고 문중원 기수 시민대책위원회는 1월 17일 마사회 렛츠런파크(서울) 앞에서 '마사회 고 문중원 기수 진상규명, 책임자 처벌'을 설 전에 해결할 것을 촉구하고 장례를 치르기 위해 오체투지행진을 시작하였다. 오체투지행진은 렛츠런파크 서울에서 출발, 2일차 시민의숲역~삼성고공농성장, 3일차 삼성고공농성장~한강진역, 4일차 한강진역~서울역, 5일차 서울역~청와대 사랑채 앞으로 4박 5일간 진행했다. 오체투지 마지막 날에는 기자회견과 항의서한을 전달할 예정이었지만 문중원 열사 유족, 오체투지행진단, 시민대책위원회 일행을 기다리고 있는 것은 문재인 대통령이 아닌 경찰이었다.

시민대책위원회는 1월 22일 기자회견을 통해 '마사회의 기수, 마필관리자 노동자들을 죽인 것은 정부이다. 정부는 죽음에 대한 진상을 제대로 규명하고, 책임자 처벌하는 것이 공공기관 적폐들을 청산하는 것'이라고 주장했다. 그리고 마사회는 문중원 기수의 죽음에 사죄하고 책임자 처벌과 제도개선(안)을 마련해야 할 교섭 자리에서 '고인의 유서를 들먹이며 정당성을 운운하는 것은 천인공노할 일이며 성실하게 교섭에 임하라'고 요구했다. 고 문중원 기수 부인 오은주는 '계시는 곳에서 한 걸음 나와 대통령은 눈과 귀를 열어 국민들이 억울하게 사는지, 억울하게 죽는지 봐야 하고 이를 품어줘야 한다. 남편은 광화문 길거리에 누워 있고, 이제는 남편을 좋은 곳에 보내고 싶다. 정부가 하루 빨리 나서기를 바란다'고 눈물로 호소하였다.

문중원 열사 자결 97일이 지난 3월 초 문중원 열사의 부인 오은주가 무기한 단식농성에 돌입했다. 그녀는 '촛불정부를 자임하던 문재인정부가 언제까지 이 썩어빠진 한국마사회를 비호할 것인지를 묻기 위함'이라고 단식투쟁 돌입의 이유를 밝혔다. 또한 '최소한의 인간적인 예의마저 저버린 유가족 폭행, 추모공간 철거에 대한 정부의 진실한 입장을 확인하기 위해 단식에 돌입한다. 세상 누구라도 가족의 죽음의 이유라도 알아야 장례를 치를 것 아닌가?'라며 한 맺힌 발언을 했다. 고 문중원 기수 시민대책위와 민주노총 열사대책위원회는 석 달이 넘는 시간 동안 억울한 죽음을 방치한 것으로 모자라 추모공간까지 폭력으로 침탈한 문재인정부를 비판하고 유족의 단식투쟁 돌입과 함께 시민사회의 개별적인 지지 단식도 이어간다고 밝혔다. 특히 유가족의 항의 기자회견과 108배마저 막아서며 유족의 사회적 발언을 폭압적으로 막고 있는 정부가 단식투쟁이라는 극한투쟁으로 유족을 내몰았다고 규탄했다.

문중원 열사가 자결한 지 99일 만인 3월 6일, '부경경마 기수 죽음의 재발 방지를 위한 합의'가 이루어졌다. 합의서에는 문중원 열사 죽음의 진상규명을 위한 연구용역 시행과 제도개선안 마련, 책임자가 밝혀질 경우 형사상 책임과 별도로 면직 등 중징계 부의, 문중원 열사가 유서를 통해 고발한 비리와 부조리를 막기 위한 제도개선안, 유족 위로보상 등이 담겨 있었다. 민주노총 열사대책위원회와 시민대책위원회는 문중원 열사의 장례를 노동사회장으로 치른다고 발표했다. 문중원 열사 100일 투쟁으로 준비한 1,000대 희망 차량행진은 한국마사회 적폐청산 투쟁의 본격적 시작을 알리는 의미로 예정대로 진행하고 시민분향소에서 서울대병원으로 열사를 모시는 과정에 참가자들이 함께했다. 시민대책위원회와 민주노총은 문중원 열사 노동사회장 장례위원회를 구성해 영결식(부산경남경마공원)을 진행하고 양산 솥발산공원에 열사를 안장했다.

3) 공공부문 비정규식 성규식와 투쟁

(1) 부산대병원 비정규직 정규직화 투쟁

문재인정권이 들어서면서 공공부문 비정규직 정규직 전환방침에 따라 정부는 7월 '공공무문 비정규직 근로자 정규직 전환 가이드라인'을 발표했고, 10월 '일자리정책 5년 로드맵'을 발표하면서 비정규직 정규직 전환에 박차를 가했다. 정부 방침에 따르면, 국립대병원은 비정규직 정규직 전환 1단계 대상기관으로서 민간업체와의 계약이 종료되는 시점에 파견·용역직을 정규직으로 전환해야 했다. 그러면 2017년 말 혹은 2018년 상반기 계약기간 만료 시점에 국립대병원들은 파견·용역회사 소속 직원들을 직접고용으로 전환했어야 했다. 그러나 그런 일은 일어나지 않았다.

2017년 8월 30일 청와대 입구에서 보건의료노조 산하 부산대병원지부를 비롯해 전국의 공공병원의 노조대표자들이 모여 공공병원의 비정규직 정규직 전환을 요구하는 기자회견을 가졌고, 9월 5일 보건의료노조 산하 100개 노조가 집단 쟁의조정 신청을 했다. 노조의 주요 요구는 △환자안전과 의료서비스 질 향상을 위한 인력 확충 △비정규직 정규직으로 전환 △시간외근무 줄이기와 실노동시간 단축 등이었다. 부산대병원지부는 9월 5일 12시 병원 본관 아트리움에서 400여 명의 조합원이 참가한 가운데 조정신청 보고대회를 개최했다. 부산대병원 청소비정규직노조 조합원들도 참석하는 등 2017년 임단협투쟁, 비정규직 정규직화 투쟁 승리를 위해 힘을 모았다. 6일에는 양산부산대병원에서도 보고대회를 개최했다.

보건의료노조는 2018년 9월 중앙노동위원회 3차 조정회의에서 산별중앙교섭을 타결했다. 산별중앙교섭의 최대 쟁점이었던 비정규직 정규직 전환과 관련 보건의료노조는 '보건의료노조 산하 공공병원 파견용역직 정규직 전환에 따른 표준임금체계 가이드라인'을 마련함으로써 파견용역직을 직접고용 정규직으로 전환하는 물꼬를 텄다. 보건의료노조 산하 국립대병원의 파견·용역직 규모는 전남대병원 600명, 부산대병원 487명, 경상대병원 385명, 전북대병원 293명, 충남대병원 254명, 부산대치과병원 16명, 서울대치과병원 54명 등 7개 병원 총 2,089명이었다. 상시·지속적 업무에 종사하고 있고 직·간접적으로 생명·안전업무에 종사하고 있는 이들 파견·용역직 노동자들은 정부의 정규직 전환 가이드라인에 따르면 모두 정규직 전환 대상이다.

부산대병원에서는 2018년 교섭에서 간접고용 비정규직을 직접고용하되 세부사항은 추후 협의하여 결정한다고 노사가 합의하여, 14개 국립대병원 중 가장 먼저 직접고용이 이뤄질 것으로 예상됐다. 그러나 부산대병원의 사측은 2019년 2월 초 느닷없이 8,800만 원의 예산을 들여 간접고용 비정규직의 정규직 전환방안에 관한 컨설팅 연구용역을 시작했고, 자회사 전환방안과 직접고용방안 두 가지를 모두 검토하자며 차일피일 시간을 끌었다. 서울대병원의 합의에 따르겠다던 약속도 팽개친 채 '지방 국립대병원은 사정이 다르다'며 말바꾸기를 했다. 경북대병원, 강원대병원, 충북대병원, 제주대병원 등 지방 국립대병원이 직접고용에 합의했는데도 여전히 자회사 카드를 버리지 않고 시간만 끌었다. 부산대병원 사측의 이 같은 태도에 2년 반이 넘도록 정규직화를 고대해 온 간접고용 비정규직 노동자들은 쌓였던 분노가 폭발하였고 결국 전면 파업 농성과 집단삭발, 단식투쟁이라는 극한투쟁으로 치닫게 되었다. 국립대병원의 간접고용 비정규직 직접고용은 2021년 5월 31일 경상국립대병원의 간접고용 비정규직 정규직 전환 논의가 파업 19일, 단식 19일 만에 노사합의에 이르게 됨에 따라 전국 14개 국립대병원 중 유일하게 부산대병원만이 비정규직 정규직 전환을 합의하지 못하였다. 부산대병원 노동자들은 60일간의 천막농성, 30일간의 단식, 30일간의 파업과 집단삭발 등 직접고용 쟁취를 위한 투쟁을 전개했다. 그러나 코로나19가 전 사회를 위협하여 부산시민의 건강과 안전을 위해 모든 투쟁을 멈추고, 병원 현장에서 맡은 일에 최선을 다해야 했다. 부산대병원은 병원장이 바뀌고 난 이후에도 비정규직 직접고용을 하지 않고 있다.

(2) 부산지하철 청소용역노동자 직고용투쟁

문재인정권의 공공부문 비정규직 정규직화 방침은 부산지하철 청소용역노동자에게도 똑같이 해당되는 내용이었다. 부산지하철 청소용역노동조합은 당초 독립노조였으나, 부산지하철노조의 비정규직 연대방침에 따라 부산지하철노조 서비스지부로 재편되었다. 정규직과 비정규직이 하나의 노조를 만든 것이었다. 부산지하철노조는 비정규직 투쟁을 정규직이 함께하는 모습이나, 청년고용 확대를 위해 임금인상을 양보하는 등 공공부문노조 중에서도 모범적인 노조운영으로 알려졌다. 2018년에는 전태일노동상을 수상하기도 한 노동조합이었다. 그런 면에서 부산지하철 청소용역노동자들의 직접고용투쟁은 정규직노조의 지원과 부산지역 시민사회의 지원 속에서 진행되었다. 그러나 부산교통공사 사측은 인원이 많기 때문 이라든지, 미래가 불확실하다는 등 설득력 없는 이유로 직접고용을 회피하고 자회사를 설립하는 것을 추진하였다. 부산지하철노조와 서비스지부는 자회사는 당시 11개의 용역회사를 1개의 용역회사로 통합하는 것 이외에는 아무 의미가 없는 것이며, 자회사 설립비용 과 이윤 등을 고려하면 직접고용을 할 경우 처우개선까지 할 수 있 다고 주장하였다. 이미 서비스지부에서는 2019년 초반부터 일인시 위를 비롯해 직접고용 요구를 줄기차게 해왔으며, 2020년 들어서면 서부터 시청역 농성도 수개월째 진행하고 있었다. 부산지하철노조 는 사측이 자회사를 계속 고집하는 이유는 퇴직임원들의 일자리를 위한 부산교통공사의 꼼수라고 주장하였으며, 민주당이 집권한 부 산시에도 압박하였으나 사측은 끝내 자회사 설립을 밀어부쳤다.

(3) 건강보험공단 고객센터 비정규직 투쟁

2021년 들어서면서 국민건강보험공단 콜센터 업무를 수행하는 외주업체 직원이 정규직 직고용을 요구하며 투쟁에 나섰다. 이 사 안도 인천국제공항사태와 같이 공정성 논란이 일어났던 사안이었 다. 인천국제공항사태와 다른 점은 건보공단에 직고용을 요구하는 상담사들이 외주업체의 정규직이라는 점이었다.

국민건강보험공단 콜센터 노조는 우선 상담업무가 국민건강보 험관련 개인정보를 다루는지라 공공성이 강한 영역이라는 점을 들 어 현재 민간위탁기업을 통한 간접고용을 건보공단 직고용으로 전 환해 줄 것을 요구하였다. 현 민간위탁기업에서는 상담사들의 실적을 상담횟수로 측정하여 상담이 3분만 넘어서도 빨리 끊으라고 압박이 들어와 제대로 된 상담이 이루어지기 힘들다는 점, 또 화장실 갈 시간도 보장받지 못하는 노동환경 개선 등을 이유로 들었다. 또 본인들은 건보공단 정규직들과 동일한 처우를 바라는 것이 아니며 사무직 전환도 요구하지 않았다. 만약 직고용이 된다면 '상담직'이라는 새로운 직군으로 설정되어 건보 일반직들과는 다른 새로운 보수체계로 운영되는 것이 합리적이라고 주장했다.

직고용을 반대하는 주장을 보면, 이들이 인력공급업체의 정규직이라 주장하고 있으나 사실 업체와의 계약서에 고용기간 명시가 없다는 것이었다. 그러나 상담사들의 고용형태는 그 업체에 무기한으로 고용되는 것이 아니며, 공단과 계약하는 업체가 바뀔 때마다 고용이 승계되는 방식이었다. 공단과 업체 간의 계약서에는 '최대한' 승계한다고 명시되어 있을 뿐이므로, 해고의 위험에서 자유롭지 않았다. 소속업체에 따라 근무지가 변경되는 것도 아니고 계속 공단이 제공한 사업장에서 근무하고 있기에 사실상 위탁이 아니라 파견[5]이며, 공단에서 노동자가 아니라 회사를 바꾸어가며 형식상 위탁계약을 맺음으로서 직접고용 의무를 회피해 왔던 것으로, 직접고용을 요구할 당위성이 충분했다. 형식상 인력공급업체의 정규직임을 들어 이들이 비정규직임을 부정하면, 수많은 불법 파견사례도 용역업체의 정규직임을 이유로 문제가 없어지는 것이기 때문이다.

---

5 파견계약은 엄연한 간접고용이므로 2년 초과 근무할 시 원청 사용자에게 직접고용 의무가 발생한다.

2021년 2월 1일부터 24일까지 국민건강보험공단 고객센터 직원 900여 명이 무기한 파업(1차 총파업)에 돌입했다. 그리고 다시 6월 8일 2차 총파업을 단행했다. 이 기간에 고객센터지부 조합원들은 공단본부 점거 시위를 했다. 7월 1일에 700여 명이 무기한 전면파업(3차 총파업)에 돌입하였다. 7월 23일 민주노총은 대규모 집회를 개최했다. 결국 국민건강보험공단 사측은 10월 21일 별도의 소속기관 설립을 통해 고객센터 직원 1,600명을 고용하는 방안을 확정하였다.

한편, 2022년 2월 23일 국민건강보험공단노동조합 위원장은 고객센터 직원의 직고용을 막지 못했다는 이유로 탄핵당했다. 이른바 정규직노조 MZ세대가 콜센터 직원의 직고용에 강하게 반발하였고, 노조는 소극적으로 대응하면서 신구조합원 간의 갈등도 깊어졌던 것이다.

(4) 신라대 청소용역노동자 직접고용 쟁취 투쟁

신라대는 사립대로 공공부문은 아니지만 지속적인 고용불안에 대해 노동자들의 요구로 간접고용 비정규직을 직접고용 투쟁을 통해 승리한 사례이다. 신라대 청소용역노동자는 총 51명이었다. 그 중에 민주노총 일반노조 조합원이 36명, 한국노총 비정규직노조 조합원이 14명, 비노조원 1명이었다.

2014년 합의 이후 7년간 잠잠하다가 2021년 다시 해고의 바람이 불었다. 2014년 투쟁의 핵심 구호는 '직접고용 쟁취'였다. 청소노동자들은 용역업체가 바뀔 때마다 일자리를 잃는 위기를 겪고 노동조건이 저하되기 때문이었다. 당시 합의서는 용역업체가 바뀌더라도 고용을 보장받기로 했지만, 직접고용은 쟁취하지 못했다. 2021년 신임총장은 2014년 합의서는 본인이 작성한 것이 아니라면서 청소노동자 전원 해고를 강행했다(배성민, 2022: 37).

2021년 1월 27일, 청소노동자들과 근로계약한 용역업체가 노동자들에게 해고 예고를 통보했다. 노조는 이미 집단해고를 예상해 1월 25일 총장과 면담을 통해 학교 입장이 완강하다는 것을 확인하였다. 그리고 2월 8일 노조는 부산지방노동위원회에 조정신청을 하였고, 2월 18일 조정중지로 쟁의권을 획득하여 23일 전면파업을 시작으로 본관 앞에서 농성에 들어갔다. 농성이 장기화되고, 출근시간 집회와 수업시간에도 집회가 이어지면서, 교수평의회와 총학생회가 학습권에 대한 문제를 제기하는 대자보와 현수막을 게시하였다. 반대로 청소노동자들의 투쟁을 지지하는 학생들의 대자보도 붙게 되면서 학습권 논쟁도 일어났다. 청소노동자투쟁을 지지하는 신라대 학생 4명이 '청소노동자를 지지하는 신라대 학생모임'을 만들고 3월 4일 기자회견을 열었다. 학생모임은 3월 개학 첫날부터 매일 청소노동자 해고철회를 요구하는 서명운동을 벌여 1,005명의 서명이 담긴 용지를 신라대 총장에게 전달하기 위해 면담을 요청했지만 면담은 성사되지 않았다. 그러나 학내 여론을 움직이는 데 큰 힘이 되었다. 3월 31일에는 신라대 학생만이 아니라 '신라대 집단해고 철회와 직접고용 쟁취를 위한 청(소)년 학생 공동대책위원회'를 구성하고 기자회견도 했다. 신라대 청소노동자 문제를 외부에도 홍보하기 시작했다. 매주 화요일 사상터미널 앞에서 홍보하고, 5월 29일에는 서면에서 '신라대 청소노동자 집단해고 철회 부산경남 청소년 청년 학생 촛불문화제'도 개최했다. 농성투쟁이 장기화되었지만 학내 구성원들의 투쟁에 대한 반발은 여전했다. 심지어 지지하는 학생모임 대표도 주변 친구들이 민주노총 투쟁방식에 익숙하지 않다고 토로했다. 방송차를 활용한 소음이 하루 종일 퍼지는 가운데 학교구성원들의 고통도 말할 수 없었다. 시험기간만이라도 중단해 줄 것을 요청하는가 하면, 점심시간만이라도 중단해달라는 요청이 있었지만 학교당국이 완강한 자세를 바꾸지 않는 한 노조도 학교가 타격을 받는 투쟁을 멈출 수는 없었다. 결국 6월 16일 학교와 직접 고용 합의서를 작성하고 투쟁을 마무리했다.

그러나 투쟁방식을 둘러싼 구성원 간의 갈등은 쉽게 치유되지 않았다. 학교라는 특수한 환경에서 다양한 구성원들의 이해관계 조정은 청소노동자들이 겪어야 하는 투쟁의 어려움이 갈수록 힘들어질 수밖에 없는 이유이기도 하지만, 투쟁과정이 보다 치밀하게 관리되어야 함을 교훈으로 남기는 투쟁이었다.[6]

4) 부당해고 반대투쟁

(1) 요양서비스노조 효림원분회 투쟁[7]

부산진구 전포동에 있는 노인요양시설 효림원은 사회복지법인 화엄도량 소속으로 치매와 노인성 질환을 앓고 있는 어르신들이 24시간 생활하는 곳이다. 효림원은 기증받은 부지에 부산시의 재원

---

6 이전의 투쟁에서는 시험기간 중 방송차를 사용하지 않고 육성으로 호소하기도 하였으나 이번 직접고용 투쟁에서의 대립이 더욱 격화되어 갈등이 심화되었고 후유증도 컸다.
7 이윤경, "'평균 나이 60세' 효림원 노동자들의 통곡, "돌아갈 곳 없어요"", 『오마이뉴스』, 2019년 12월 4일 자; 김선호, "[현장 In]최우수 요양시설에서 영업정지… 효림원에 무슨 일이", 『연합뉴스(부산)』, 2020년 1월 12일 자.

30억 원을 들여 건축하여 2011년 4월에 개원하였다. 부처의 자비사상을 기본으로 도움을 필요로 하는 불편한 어르신들의 인간다운 삶을 보장한다는 복지이념으로 운영하고 있다고 했다. 2018년 초까지 국민건강보험공단으로부터 3회 연속 최우수 장기요양시설로 평가받는 등 복지시설 중에서는 이름난 곳이었다.

문제의 발생은 2018년 4월 효림원에 새로운 원장(스님)이 부임하면서였다. 원장은 효림원에서 치매 노인을 돌보며 1년 단위로 근무계약을 연장해 오던 요양보호사들을 3개월, 6개월 단위로 근로계약을 하는 불안한 조건을 만들었다. 야간휴식시간을 일방적으로 변경하고 사무직원들의 공휴일도 없앴다. 1억 원이 넘는 임금체불에 점심 휴식시간도 보장하지 않았다. 그러면서 직원들에게 수시로 욕설을 했고, 애로사항이나 불만을 전달하면 퇴사하라고 폭언했다고 직원들은 증언했다. 심지어 노인의 사고예방을 위해 설치한 폐쇄회로 TV도 직원 감시도구로 활용했다.

참다못한 요양보호사들이 2019년 5월에 노조를 결성했다. 그러나 원장은 노조를 혐오했다. 노조를 인정하지도 않았고, 오히려 조합원과 비조합원을 구분해서 차별을 일삼았다. 그런 와중에 노조 간부와 직원 3명을 해고했고, 2019년 12월 31일 요양보호사 16명을 해고했다.

효림원 노동자들은 '어르신들을 제대로 돌보기 위해 돌봄의 공공성을 강화하고 정든 일터를 지키기 위해 눈물을 머금고 총파업에 돌입할 수밖에 없는 현실에 가슴을 치며 거리로 나왔다'라고 토로했다. 요양보호사노조 효림원 분회 소속 노조원들의 평균 나이는 60세로 노동조합이 무엇인지, 투쟁이 무엇인지도 몰랐다.

11년간 어르신들을 돈벌이 수단으로 이용한 효림원 원장은 열악한 노동조건을 개선하고 비리를 척결하기 위해 노조를 결성하자 요양보호사들을 해고했고 노조원들은 2019년 4월부터 투쟁하다가 2019년 12월 4일부터 시청 앞 광장에서 천막농성에 들어가 2022년 현재까지 농성투쟁 중이다.

앞서 해고된 직원 2명은 복직판정을 받았지만 원장의 반대로 효림원으로 돌아가지 못했다. 최우수 요양기관이던 효림원이었지만 2019년 8월 건강보험공단 특별감사에서 부당이득금 1억 5천만 원 환수, 영업정지 50일 처분을 받기도 했다. 부산지방노동청의 특별근로감독으로 체불임금 1억 6백만 원을 지급하라고 시정지시를 받았으나 효림원 측은 이행하지 않았다.

60여 명이던 직원 중 해고와 사직으로 30여 명밖에 남지 않았다. 현재 요양시설은 가동을 멈추었고, 재가센터만 운영 중이다. 감독 관청인 부산진구청에서는 6개월 내 해고자 복귀와 원장 교체 등 정상화해서 영업을 재개하지 않으면 시설을 폐쇄하겠다고 했지만 사측은 막무가내로 버티고 있다. 부산진구청은 시설 폐쇄시한을 다시 6개월 연장한다는 입장이다.

효림원 조합원들은 '효림원은 부지는 기증받고 운영비의 80%는 정부로부터 지원받고, 나머지 20%는 보호자가 부담하는 공적시설이므로 진구청과 부산시가 철저한 지도·감독을 통해 효림원을 폐쇄조치하고 어르신들과 노동자를 직접 책임져야 한다'고 주장했으며, 나아가 어르신 돌봄의 공공성 강화를 위해 시급히 사회서비스원을 설치·운영할 것을 주장했지만, 대통령공약이었고 부산시장 공약이었던 사회서비스원은 끝내 설립되지 않았다.

한편 해고에 대해서는 중앙노동위원회까지 부당해고로 판정했지만 사측은 행정심판소송을 하면서 시간을 끌었다. 특히 요양시설 사용자들이 노조활동에 대해 공동대응을 하고 있어 투쟁이 장기화되는 데 일조하였다. 그러면서 사측은 해고된 노동자들이 체불임금 포기각서를 쓰면 복직시켜주겠다고 하면서 노동자들에게 굴욕적인 행동을 강요하기도 했다.

2019년 12월부터 시작한 천막농성도 3년이 지났고, 남은 조합원도 5~6명 수준이다. 농성장을 지키고 있는 조합원들은 다시는 효림원 같은 요양시설이 나타나서는 안 되기 때문에 투쟁을 계속할 수밖에 없으며, 사회복지시설의 비리와 갑질을 폭로, 사회에 알리는 것만으로도 투쟁이 커다란 의미를 가진다고 했다.

요양보호사는 우리 사회의 또 다른 투명인간이다. 고령화가 빠른 속도로 진행되어 가는 현대사회에 없어서는 안 될 필수노동자라고 하지만 이들을 대하는 사회는 여전히 냉담하기만 했다. 더구나 코로나로 수많은 요양보호사들이 일자리를 잃었지만 이들에 대한 대책은 여전히 미흡할 뿐이었다.

(2) 일반노조 서면시장번영회지회 부당해고 및 노조탄압 반대투쟁[8]

서면시장번영회는 1971년에 설립된 사단법인이다. 시장 운영과 관련한 필수 업무를 하기 위해 번영회에 회장 1명, 부회장 2명, 이사

---

8 연정, "[르포] "정말 죽고 싶었지만… 그래도 멈출 수 없는 투쟁" 부산서면시장번영회 이야기", 『노동과 세계』, 2022년 12월 28일 자; 연정, "[르포] 시장번영·상인·노동권이 없는 서면시장번영회", 『노동과 세계』, 2022년 12월 30일 자 기사에서 요약 발췌함.

6명 등의 임원을 두고, 사무·주차·미화·경비 등의 실무를 하는 노동자들을 채용하고 있다.

서면시장의 상가 수는 3백 개인데, 이중 소유주가 직접 장사를 하는 비율은 10% 정도밖에 되지 않는다. 나머지 90%의 소유주는 세를 주고 월세를 받으면서 서울 등 외지에 거주하거나 다른 곳에서 장사를 하고 있다. 하지만, 서면시장번영회 회원은 이곳에서 실제 장사를 하고 있는 90%의 임대상인이 아니라, 이곳에서 장사를 하지 않는 이가 대부분인 점포 소유주들이다. 서면시장과 관련한 모든 권한은 번영회 임원을 포함한 점포 소유주들에게만 있고, 임대상인들에게는 아무 권한이 없다. 임대상인들도 번영회 회의에 참관 자격은 있지만, 감추어야 할 것이 많은 임원들은 이조차 막았다. 하지만 정관에 점포를 가진 동시에 '상행위를 하는'이라고 되어 있기 때문에 이곳에서 실제 장사를 하지 않는 90%의 소유주들은 회원 자격이 없는 게 맞다. 서면시장번영회 회원으로 되어 있는 이들 중 90%는 회원 자격이 없다. 이렇게 서면시장은 법이 전혀 통하지 않는 주먹구구식 운영과 재건축과 관련한 이권 챙기기, 점포 소유주들의 이해관계와 그 속에서 발생하는 임대상인들이 받는 피해, 각종 횡포·비리가 난무하는 곳이었다.

이런 서면시장번영회의 비리를 고발하고, 임대상인과 노동자 권익을 찾기 위해 2021년 노조를 결성할 때는 조합원이 9명이었다. 그러나 사측의 회유와 협박으로 다 떠나고 김태경 지회장과 허진희 조합원 두 명만 남았다. 2021년 봄 파업 이후 5월 해고를 당한 김태경 지회장은 10월 중앙노동위원회에서 부당해고 복직판정을 받았지만, 서면시장번영회 사측은 복직이행을 거부하고 행정소송을 제

기했다. 7년째 경리 일을 해 온 허
진희 조합원은 2021년 11월에 해
고를 당했다가 2022년 초에 복직
을 했고, 2022년 9월에 다시 파업
에 들어갔다. 2022년 연말은 투
쟁 607일째, 파업 102일(허진희 조
합원)째였다. 서면시장번영회장
은 2022년 11월 15일 김태경 지회

서면시장 앞에서 매주 수요일 진행하는
집회를 마치고
출처: 허진희 조합원 페이스북

장과 허진희 조합원이 중식선전전을 하던 중에 경찰이 보는 앞에
서 허진희 조합원을 폭행하기도 했다. 단 두 명의 조합원만 있는 지
회이지만, 매일 진행되는 중식집회와 매주 수요일마다 연대집회는
2022년 한 해 동안 거의 쉼 없이 진행되어 왔고, 2023년에도 계속
이어질 전망이다. 서면시장번영회지회 투쟁은 갈수록 어려운 노동
환경에서 꿋꿋하게 연대하면서 승리할 때까지 투쟁하는 전형을 만
들어 나가는 투쟁이 될 것이다.

5) 구조조정 및 고용안정 투쟁

(1) 침례병원 파산과 공공병원 설립추진

2017년 7월 부산지방법원 제1파산부가 침례병원에 대해 최종 파
산선고를 내렸다. 침례병원은 1955년 영도구에 처음 문을 연 지 62
년 만에 역사 속으로 사라지게 되었다. 침례병원은 운영난을 이유
로 2017년 1월부터 휴업 중이었다. 이로써 부산 금정구 내 최대 규
모 병원이 파산하면서 지역의료 공백은 물론 대규모 실직사태가 불

가피해졌다. 체불임금 또한 220억 원 규모에 달했다.

이에 대해 노조는 2017년 11월 14일 부산경실련, 부산참여연대, 사회복지연대, 인도주의실천의사협의회, 보건의료 전문가, 금정구 민주단체협의회, 보건의료노조 부산지역본부, 민주노총 부산본부 등 약 30개 부산지역 보건의료단체 및 시민사회단체가 소속된 '침례병원 파산에 따른 새로운 공공병원 설립을 위한 부산시민대책위원회'를 결성하였다. 이날 청와대 앞에서 '침례병원 파산에 따른 대책 마련과 공공병원 설립을 위한 정부의 역할 촉구 기자회견'을 개최했다. 부산시민대책위원회 공동대표를 맡고 있는 윤영규 보건의료노조 부산본부장은 '△정부는 현장실사단을 파견하고, 공공병원 설립방안을 마련할 것 △정부는 부산시, 부산시의회, 금정구, 금정구의회, 보건의료 전문가, 시민사회단체와 공식 협의를 진행할 것 △보건의료 전문가그룹과 부산시민대책위가 제안하는 공공병원의 구체적인 상과 대안을 담은 의견서를 적극 검토할 것 △공공병원 설립을 위한 로드맵을 마련할 것' 등을 요구했다. 기자회견을 마치고 '공공병원 설립을 위한 부산시민 10만 인 서명운동' 1차 취합분인 7만 명의 서명지를 청와대에 전달하고, 부산시 지역구 국회의원 및 보건복지위 국회의원들을 방문하여 국회에도 의견서를 전달했다.

그렇게 보건의료노조 침례병원지부를 비롯해 부산지역 시민사회단체에서는 공공병원 설립 투쟁을 지속적으로 벌였으나, 공공병원 설립논의는 엎치락뒤치락하다가 2021년 10월 부산시가 침례병원 부지 소유주인 연합자산관리주식회사(유암코)와 병원부지를 500억 원에 매입하기로 합의하였다. 침례병원의 공공병원화는 건강보험공단이 직접 운영하는 보험자병원으로 하는 방안이 검토되고 있으나 2022년까지도 확정되지 않았다.

(2) 홈플러스 매각반대 고용안정 투쟁

2018년 5월 홈플러스는 MBK가 기업구조조정을 지원하는 부동산투자회사인 리츠를 통해 홈플러스 40개 매장을 매각하는 계획을 수립했다는 내용의 메일을 전 직원에게 보냈다. 동김해점 폐점과 중동점 매각에 이어 또다시 40개 점포의 매각을 노동조합과 직원들과의 협의 없이 일방적으로 통보한 것이다.

노조는 5월 24일 MBK 앞에서 규탄집회를 개최했다. 그리고 7월 18일 국회에서 투기자본 MBK의 홈플러스 리츠 매각 규제를 촉구하는 기자회견을 마트노조 홈플러스지부와 홈플러스 일반노조가 공동으로 진행했다.

MBK와 홈플러스 사측이 2018년 10월부터 대규모 구조조정과 인력감축을 추진했다. 홈플러스 임일순 사장은 상품, 온라인, 신사업, 스몰, 영업 등 전 부문에 걸쳐 인력감축계획을 지시했고, 2017년 말에 진행된 보안업체, 베이커리, 헬스플러스, 콜센터와의 계약해지 역시 이 지시에 따라 진행되었다. 사측은 보안업체 계약해지를 시작으로 시식 부문과 아웃소싱(주차/카트, 미화, 시설, 식당) 부문도 추가로 구조조정하고, 매출이 하위인 점포들의 인력 통합운영계획을 구체적으로 밝혔다.

한 손에는 구조조정의 칼날을, 다른 손에는 임금강탈의 칼날을 든 사측은 대규모 구조조정과 인력감축으로 직원들을 골병들게 만들었고, 최저임금 노동자들의 등골마저 빼먹으려는 국내 최대의 투기자본인 MBK는 2018년에만 5조 원을 벌었다. 국내 굴지의 유통 대기업인 홈플러스도 연간 2천억 원 이상의 영업이익을 냈다.

2020년 1월 마트노조 홈플러스지부 주재현 위원장이 한국노총 소속 전국홈플러스노조 최준호 위원장과 사무국장을 만난 간담회 자리에서 '위기에 맞설 유일한 답은 힘을 합치는 것뿐'이라며 노조 통합을 공식적으로 제안했다. 2020년 2월 11일 본사 앞에서 전국 지회장과 조합원 150여 명이 참가한 가운데 '인력감축, 강제전배, 일방적 통합운영 홈플러스 규탄 총력투쟁 결의대회'를 열고 본격적인 투쟁에 돌입하기로 했다.

2020년 마트노조 홈플러스지부와 홈플러스일반노동조합이 힘을 합쳐 홈플러스민주노조연대를 만들었고, 법인통합 이후 양 노조가 힘을 합쳐 교섭투쟁을 승리하기 위해 공동교섭단을 구성하여 교섭을 진행했다.

이후 홈플러스 가야점 매각방침에 따라 부산본부 11개 지회는 2021년 3월 가야점 앞에서 조합원 400여 명이 모인 가운데 부산본부 총파업대회를 개최하고 이틀간 경고파업을 했다. 노조는 부산지역 시민사회단체 30여 명이 함께한 기자회견을 열고 '가야점은 부산지역 매출 1위, 전국 매출 5위권 매장으로 800여 명이 일하고 있는 알짜 중의 알짜매장'이라며 '이런 알짜매장을 허물고 수십 층짜리 주상복합건물을 짓겠다는 것은 MBK와 경영진이 마트사업을 포기하고 부동산개발에 뛰어 들어 한몫 챙기겠다는 것'이라고 폐점 결정을 규탄하고 '투기자본 MBK가 홈플러스를 산산조각내고 있다'며 폐점매각 철회와 고용보장을 촉구했다. 참고로 MBK가 2015년 홈플러스 인수 이후 2021년까지 홈플러스 부동산과 매장 등을 팔아 회수한 매각대금은 3조 5천억 원에 이른다. 이 매각대금은 MBK 빚과 이자를 갚는 데 쓰였다.

2021년 10월 14일 재벌개혁경제민주화네트워크를 비롯한 100여 개의 시민사회단체가 홈플러스 폐점매각 저지 대책위원회를 결성하고 홈플러스 폐점매각 저지와 노동자 일자리 보장, 투기자본의 기업약탈 방지와 규제입법 제정을 위한 본격적인 활동에 나섰다. 서비스직 노동자들을 대변하는 국제산별노조연맹(UNI, Union Network International Global Union)도 홈플러스노동자들의 투쟁을 지지하는 결의문을 채택하고 국제적인 연대를 했다.

투기자본 MBK가 정부와 국회, 지방자치단체, 국세청과 국민연금, 그리고 100여 개 넘는 시민사회단체들로부터 전방위 압박을 받자 MDM과 화이트코리아 같은 부동산투기개발업체들도 홈플러스노동자들의 고용보장과 재입점 방식으로 선회하였다. 가야점 개발업체인 MDM는 9월 작성한 최초 계획과 달리 재개발 후에 판매시설을 추가하기로 하여 재입점 가능성을 높였다. 결국 사측은 2022년 1월 10일 '가야점 부지에 새로운 컨셉의 매장을 입점하기로 결정'했다며 '향후 축소지향적 경영을 지양하고 적극적인 투자를 통한 성장을 추구해 나가겠다'고 밝혔다. 이로써 노조는 2년간의 끝장투쟁을 통해 폐점매장을 철회시키는 승리를 쟁취했다.

3. 문재인정권의 노동정책 평가

문재인정권은 전 국민적 촛불항쟁의 결과 박근혜정권이 임기를

다 채우지 못하고 탄핵을 당해 조기 대통령선거를 하지 않을 수 없게 되어, 촛불항쟁의 수혜를 입은 정권이라고 할 수 있었다. 촛불항쟁에는 노동자, 학생, 시민 등 각종 노동단체나 시민단체만이 아니라 민주당을 비롯한 진보정당 등 전체 민주진영이 동참하고, 일반 국민들까지 참여한 국민적 항쟁인 만큼 민주당의 주도로 이루어진 항쟁이라고 할 수 없다. 그렇다고 촛불시위를 주도적으로 개최한 민중총궐기투쟁본부나 박근혜정권퇴진비상국민행동과 같은 연대조직의 힘만으로도 설명할 수 없다.

그런 면에서 촛불항쟁은 민주사회를 염원하는 전 국민들의 항쟁이었고, 그 결과로 집권한 문재인정권에 대해 높은 수준의 기대를 할 수밖에 없었다. 그러나 문재인정권은 그런 촛불항쟁에 참여한 시민들의 염원과는 다르게 민주당정부로 규정하고, 촛불항쟁의 과제로 제시된 적폐청산과 개혁과제를 민주당만의 힘으로 추진하려고 하였다. 그러나 민주당의 보수적 입장과 정권창출에 대한 오만함으로 인해 근본적인 적폐청산과 개혁은 제대로 이루어지지 않았다. 특히 노동문제에 있어서는 기존의 신자유주의 정책기조를 유지함으로써 노동계, 특히 민주노조 진영과 대립할 수밖에 없었다.

문재인정권의 노동정책 평가에 대한 민주노총 부설 민주노동연구원의 요약된 평가를 보면 다음과 같다.

'주요 통계지표에서 확인된 문재인정부 노동정책효과를 요약하면 다음과 같다. 첫째, 노동조합 조직률(2019년 기준, 12.5%)이 전반적으로 상승한 점은 고무적이지만 비정규직 조직률은 여전히 2%대로 정체 상태를 벗어나지 못했고, 중소영세사업장 노동자 조직률은 오히려 후퇴했다. 문재인정부는 노동조합이 필요한 비정규직, 중소영세사업장 등 취약계층 노동자 조직률 제고를 위한 적극적 대책 수립 및 돌파구 마련에 실패했다. 둘째, 주요 노사관계 지표인 단체협약 적용률은 정부의 공식통계조차 없을 정도로, 문재인정부 시기에도 노동정책의 관심영역에서 벗어나 있었다. 문재인정부는 노동시장 불평등 해소의 유력한 수단으로 초기업교섭 촉진과 단체협약 적용률 제고를 위한 의미 있는 노력이나 진전은 없었다. 셋째, 문재인정부 들어 파업건수와 노동손실일수는 이명박·박근혜정부와 비교하면 파업건수는 다소 높고, 노동손실일수는 줄어들었다. 넷째, 문재인정부 출범 이후 새롭게 청구된 손해배상 청구소송 건만 14개 사업장, 28건으로 청구금액으로는 69억 원에 달해, 과거 정부에서 정당한 노동조합 활동을 옥죄는 용도로 활용되었던 손해배상청구 및 가압류는 문재인정부 들어서도 여전히 개선되지 않았다. 다섯째, 임금소득 분배율은 문재인정부 집권 초기 잠깐 개선되었을 뿐 지속되지 못한 채 표류하고 있다. 여섯째, '정규직' 저임금노동자 비중은 문재인정부 들어 대체로 개선되었지만, '비정규직' 저임금노동자 비중은 시간당 임금 기준으로 다소 개선되었을 뿐 임금기준으로는 이명박정부 시절과 비슷한 수준으로 사실상 개선되지 않았다. 일곱째, 비정규직 규모 및 정규직-비정규직 임금격차도 뚜렷한 개선효과가 나타나지 않았다.'(이창근, 2021: 196-196)라고 평가하였으며, 신자유주의 노동체제 전환의 관점에서 평가한 내용을 살펴보면 다음과 같다.

'신자유주의 노동체제는 △노동배제 △기업별 노조주의 △노동시장 유연화(분절적 노동시장) 등을 특징으로 한다. 문재인정부의 노동정책을 신자유주의 노동체제 전환의 관점에서 평가하면, 다음과 같다. 첫째, 문재인정부 4년 동안 노동조합 활동에 대한 노골적인 공권력 탄압은 줄어들었지만, 손배배상소송·가압류 등 법률적 수단을 이용한 단체행동권 통제 관행은 그대로 유지됐다. 30여 년 만에 ILO핵심조약이 비준되고 노조법이 개정됐지만, 단결권이 제한적으로 확대됐을 뿐 기업별 교섭을 강제하는 제도는 그대로 유지되고 단체행동권에 대해서는 새로운 제약이 가해졌다. 그나마 단결권 확대도 초기업노조의 사업장 내 활동을 제한할 우려가 있는 조항이 포함됐다. 노동자 개념 확대 등 특수고용·플랫폼노동자 기본권 보장은 문재인정부하에서도 배제됐다. 노사정위원회는 경제사회노동위원회로 재편되었지만, 정부정책 추진에 '동원'되는 사회적 대화 기구의 본질적 성격은 바뀌지 않았다. 둘째, 기업별노조주의 체제를 극복하고 초기업교섭을 촉진하기 위한 법제도 개선 등 정부 노력은 찾아보기 힘들었다. 오히려 노조법 개정과정에서 초기업노조의 사업장 내 활동을 제한하고 기업단위 교섭을 사실상 강제하는 조항을 유지했을 뿐이다. 정부와 자본이 얼마나 뿌리 깊이 기업별노조 체제를 유지·온존시키려 하는지 확인할 수 있다. 또한 노사 간 자율적 노력으로 시행되고 있는 초기업교섭에 대한 정부 차원의 지원 대책도 찾아볼 수 없었으며, 단체협약 효력확장제도 도입은 '국정과제'에서도 제외됐다. 셋째, 노동유연화(노동시장 분절화) 흐름을 제어하는 것도 큰 효과를 거두지 못했다. 공공부문 비정규직 정규직 전환을 제외하고, 비정규직 사용사유 제한 제도 도입 등 민간부문으로까지 비정규직 사용을 규제하는 제도는 어느 것 하나 이행되지 않았다. 대신 문재인정부는 '탄력적근로시간제'와 '선택적근로시간제'를 확대하여, 박근혜정부가 실패했던 '노동시간 유연화 정책'을 완료했다. 대표적 불평등 해소정책으로 제시됐던 '2020년까지 최저임금 1만원 달성'은 역대 정부 인상률과 큰 차이가 없는 수준으로 전락했을 뿐만 아니라, 산입범위 확대라는 제도개악까지 추진됐다. 문재인정부는 노동시장 유연화 흐름을 변화시킬 수 있는 법·제도적 기초과 관행을 마련하는 데 실패했다.'(이창근, 2021: 196-197)

결론적으로 문재인정권은 ILO 핵심협약 비준, 고용보험 적용 확대 등 일부 과제에서 성과가 있었지만, 신자유주의 노동체제 전환을 위한 토대 구축이라는 거시적·역사적 관점에서 평가하면 낙제점을 겨우 면한 수준이다. 즉, 문재인정권의 노동정책이 전체 노동자 하향평준화 전략을 추진했던 과거 정권과 똑같다고 할 수는 없지만, 노동배제, 기업별노조주의, 노동유연화 등을 주요 특징으로 하는 신자유주의 노동체제의 구조적 문제점을 극복하고, 대안적 노동체제로 이행하는 디딤돌을 놓는 데는 실패했다(이창근, 2021: 197).

민주노동연구원의 문재인정권 노동정책 평가에 대해 지나치게 평가 기준이 높은 것이 아닌가라는 반론도 있을 수 있다. 그러나 당초 촛불정권이라는 기대감과 공약의 내용으로 문재인정권에 대한 기대감이 높았기 때문에 상대적으로 상실감이 커 부정적 평가가 강할 수도 있다고 할 수 있다.

문재인정권에 대한 민주노동연구원의 평가를 길게 인용한 이유는 촛불항쟁으로 탄생한 문재인정권이 노동문제에 있어서 이전의 신자유주의적 노동정책을 폐기하고 노동문제를 전향적으로 개혁할 절호의 기회를 놓친 것에 대한 아쉬움 때문이다. 비록 민주당정부이지만 촛불정권으로 자임하는 정도였다면 민주당의 기득권을 극복하면서 개혁을 추진했어야 했다. 항쟁으로 만들어진 정부에서도 노동문제에 대해 전향적으로 개혁하지 못했다면, 이후 민주당 정부에 기대하는 것은 애시당초 어렵지 않을까 하는 우려가 생길 수밖에 없다. 현실적으로 진보정당의 집권 가능성이 거의 제로에 가까운 현실에서 민주적 노동운동의 전망이 멀게만 느껴질 수밖에 없는 이유이다.

마치며

부산은 개항 시기부터 도시형성이 이루어지면서 부두노동자를 비롯해 노동자계급이 빠르게 형성될 수 있었다. 일제시대부터 경제개발 시기까지 신발과 섬유 등 경공업과 항만과 철도 등 교통물류 서비스업이 상대적으로 발전해 노동운동이 활성화할 만한 객관적 조건이 갖추어졌다. 그러나 이를 이끌 주체의 형성은 다소 지체되었다. 그럼에도 일제 강점기의 부두노동자투쟁이나 해방 후 9월 총파업, 전쟁 중에 발생한 조선방직투쟁 등은 전국적 차원에서 노동운동을 선도한 대표적인 사건이었다.

1960년대 한국노동운동이 쿠데타와 독재정권의 통제로 어용화된 상황에서도 대한조선공사노동조합의 운동은 민주노조로서 모범적으로 운영되었지만 사업장을 넘어서지 못한 한계를 갖다가 결국 탄압으로 어용화되는 과정이 있는가 하면, 전태일 열사의 분신으로 촉발된 1970년대 민주노조운동이 부산에서는 나타나지 않았던 것에 대해 아쉬움과 동시에 그 이유에 대한 모색도 부족하였다.

1980년대 학출 활동가들의 노동운동 투신과 1987년 노동자대투쟁 등 노동운동의 전국적 흐름에서 부산지역의 노동운동도 꾸준히 성장 발전하였지만, 선도적 역할이나 중심적 역할을 하지는 못하였다. 물론 대우정밀이나 한진중공업과 같은 개별 투쟁에서 모범적이거나 상징적인 사건은 있었지만, 그것이 한국사회에 커다란 영향을 주는 투쟁으로 발전하지 못하였다. 민주노총의 중앙집중성이 높아지고 산별노조와 정치세력화는 운동의 중앙집중성도 동시에 높이는 반면 지역의 독자성과 창의성을 약화시켰다. 이후에는 부마항쟁이나 광주항쟁과 같은 형태의 운동이 발생할 수 있을까라는 의문도 들었다.

부마항쟁은 박정희 장기집권을 끝장내는 항쟁이었고, 광주항쟁은 전두환 군사독재정권의 집권을 저지하지 못했지만, 한국사회 변혁운동의 전환점을 만들었다. 그리고 이 두 개의 항쟁은 다시 1987년 6월 항쟁에서 한국민주주의의 초석을 이루는 계기가 되었다. 거기에 1987년 노동자대투쟁은 한국의 민주화운동에 계급적 성격을 부여하는 계기가 되었다. 노학연대에 기반한 학생운동과 노동운동의 결합은 한국 민중운동의 핵심 동력이었고, 1987년의 혁명적 상황은 그러한 노학연대의 기반에 근거했다고 해도 과언이 아니었다. 그러나 한국의 변혁운동은 더 이상의 전진을 하지 못한 채, 정치적 변혁에서 실패했고, 운동의 정치적 귀결은 분산되었다. 1990년대 중반 이후 학생운동의 점진적 약화와 신자유주의 세계화와 비정규직의 확대, 그리고 2000년대 중반 들어서면서 진보진영의 분열 등으로 노동운동은 전반적으로 약화되는 경향을 보였다. 그리고 이러한 민중운동을 대체하는 운동으로 촛불시민운동이 대중적으로 확산되었다. 촛불시민운동은 1980~1990년대 민중운동과는 또 다른 역동성을 가지는 운동이었지만, 계급지향성은 상대적으로 약화된 성격을 가지는 것으로 보였다.

부산지역노동운동사를 정리하는 것이 부산지역 노동운동에 어떤 의미를 가질 수 있는가에 대해서는 필자들이 언급하기에는 무리가 있다. 그러나 노동자들의 투쟁은 어떤 상황이나 정세, 또는 어떤 운동적 경향성이 있을지라도 자본주의적 착취나 억압이 있는 경우라면 끊임없이 이어져 왔다는 사실을 확인할 수 있다. 그 노동자 운동을 어떤 수준으로 성장 발전시킬 것인가에 노동운동 지도자나 활동가의 역할도 크다는 사실을 이 책을 통해 알 수 있을 것이라고 생각한다.

부산지역의 노동운동도 전국적 정세와 투쟁에 조응하고 지역과 사업장의 투쟁이 적지 않았으나, 지도력의 한계와 활동가들의 분열 및 정파의 폐해는 다른 지역과 다를 바 없이 일반적인 한국노동운동의 한계를 고스란히 갖고 있다고 보아야 한다. 반면 장기간에 걸친 보수적 정치세력이 지역을 지배해 왔고, 어용노조의 뿌리가 깊어 노동운동의 성과가 다른 지역에 비해 충분히 발현되지 못하는 점은 부산지역 노동운동이 더욱 어려웠던 원인이기도 했다. 종합적으로 전국 차원의 노동운동 한계는 그대로 유지된 반면 열악한 객관적 조건에서 주체적 활동이 미흡했던 것이 부산지역 노동운동의 문제이자 한계라고 할 수 있다.

세계자본주의의 장기침체가 시작되어 현재까지 지속되고 있는 가운데 국내외적으로 신자유주의가 잘못된 정책 기조임이 판명되었으나 이를 대체할 만한 비전을 보여주지 못하고 있는 것이 진보 진영의 딜레마이기도 하다. '민주주의가 아닌 것도 아니고 민주주의적인 것도 아닌 한국 상황'인 현재는 보수우파정권이 집권해 포퓰러리즘(populism)적으로 신자유주의적 공세를 노동자와 노조에 퍼붓고 있다.

장기침체가 지속하는 가운데 3년간 코로나 팬데믹의 영향까지 중첩되어 재벌 대기업과 공공부문 노동자들을 제외하면 대다수 노동자들이 생존 위기에 처해 있다. 비정규직 노동운동도 어느 정도는 활성화되어 민주노총의 집회도 비정규직이 주도하고는 있으나 여전히 절대 다수의 노동자, 특히 중소영세기업 노동자나 비정규직·특수고용·플랫폼노동자들은 조직되지 못하고 있는 현실이다. 이러한 모순의 축적에 따른 잠재력이 분출될 항쟁의 모멘텀을 만들어가야 하나 노동운동이 주도적으로 만들 가능성은 낮다고 전망된다. 특히 포퓰러리즘적인 극우보수적 성격의 정권이 출범했다는 점에서 노동운동의 혁신이 더욱 절실하다.

역사 속에서, 선배 노동자들의 투쟁 속에서 배울 점도 있지만 미래는 더욱 복잡하고 다양한 노동관계가 예상되는 만큼 더욱 창의적인 노동운동이 활성화되기를 기대한다.

이 글을 쓰게 된 계기는 부마항쟁기념재단에서 2021년 발간한 부산민주운동사의 노동부문 원고를 맡았던 데 있다. 당초에는 1988년부터 2017년까지 30년간의 투쟁기록을 정리하였는데, 또 다른 계기로 다른 시기의 노동운동사를 정리하게 되었다. 특히 코로나19로 비대면 시기가 길어지다 보니 오히려 노동운동사에 대해 좀 더 집중해서 정리할 수 있게 되었다.

이 책은 부제에 노동자 투쟁 기록이라고 쓰여 있듯이 가능한 한 부산지역 노동자들의 투쟁기록을 성실히 담으려고 하였지만, 막상 작업을 하다 보니 부족한 부분이 많았다. 능력의 한계를 인정하지 않을 수 없음을 고백한다.

이 책을 만들기까지 산지니 강수걸 사장의 지지와 격려가 큰 힘이 되었다. 요즘 시대에 지역노동운동사에 대한 세간의 관심을 끄는 것은 하늘의 별 따기와 같아서, 적자가 뻔히 예상되고, 책 판매가 안 될 줄 알면서도 부산지역 출판사로서 부산노동운동사를 출간할 수 있게 길을 열어주었다. 아마 산지니 출판사에서 출판 독려를 해주지 않았다면 계속해서 이 작업을 하지 않았을지도 모른다. 그리고 산지니 이수현 기획실장님이 처음 미완성 원고를 보고 보내준 코멘트는 초고 대부분의 내용을 수정하게 만들어 주었다. 그렇게 원고 곳곳에 수정과 보완을 하다 보니, 전체적인 교정을 맡은 권경옥 편집장님과 신지은 편집자님의 교정에만 수개월이 소요되었다. 글재주가 미천한 데다 맞춤법과 띄어쓰기 등 손볼 곳이 그만큼 많았고, 고생도 많았을 것이다. 모두 감사드린다. 덕분에 비로소 책이 나오게 된다고 생각하니 한 권의 책을 만드는 데 얼마나 많은 공이 드는가 새삼 느끼게 된다.

노동운동은 계속 이어지고, 노동자의 삶은 계속되기 때문에 투쟁은 멈추지 않는데, 노동운동사는 어디선가 중단하고 거기까지 정리할 수밖에 없었다.

모든 투쟁을 직접 경험하지 못하기 때문에 간접적인 자료에 의존하는 것이 대부분일 수밖에 없다. 부족한 부분이 많은 것은 또 다른 누군가가 보완하고, 수정하고, 또 오류에 대해서는 새롭게 해석하는 작업이 필요할 것이다. 그리고 잘못 기록된 부분은 언제든지 알려주면 수정하도록 하겠다. 많은 이들의 관심이 있었으면 좋겠다. 수고해주신 모든 분들께 감사드린다.

2023년 가을
현정길

부산노동운동사 연표

연도	월	일	내용
1876	2	26	부산항 개항
1877	6		함경도 갑산군 초산역 광업노동자 폭동 발생
1898	2		목포 부두노동자 동맹파업
1898	5		함경도 성진 부두노동조합 결성(최초의 노조)
1907	6		부산 부두노동자 동맹파업
1909	4		부산 부두노동자 동맹파업
1916			조선인 동맹파업 발생건수 8건 326명 참여
1918			조선인 동맹파업 발생건수 50건 4,443명 참여
1918	8	5	부산 해륙운송점 짐꾼 300~400명 임금인상 100% 요구하며 파업
1919	4		부산 가스전기노동자 600명 파업, 부산 전차 운전수 50명 항일동맹파업
1919	5		철도관리국 철도공장 초량분공장 조선인노동자 200여 명 파업
1919	7		부산 부두운송노동자 임금인상 요구하며 파업. 목표 관철
1920	2	7	조선노동문제연구회 결성
1920	4	11	조선노동공제회 창립총회 개최
1920			부산노동공제회 창립
1921	9	26	부산부두노동자 5,000명 동맹파업
1921	10	10	부산 절영도 노동자 800여 명 동맹파업, 라이징썬 석유회사 노동자 파업 합류
1921	11		부산 목도경질도기 주식회사 제형노동자 동맹파업
1922	1	1	부산노동동맹회 창립(노동공제회 부산지회의 명칭변경)
1922	2		부산 노동친목회 창립
1922	3	1	조선방직 노동자 500여 명 파업 및 시위
1923			조선방직 노동자 700여 명 파업
1924	8		부산노우회 결성
1925	11	22	부산인쇄직공노동자 200여 명 총파업
1926	7		부산 철공조합 창립
1929	1	13	원산총파업
1929			부산 고무직공 쟁의 발생
1930	1	10	조선방직 2,000여 명 노동자 동맹파업
1933	10	17	부산지역 대화고무공장 여성노동자 130명 파업
1933	10	18	부산 고무공장 일영, 능암 파업 확대

1933	10	28	고무공장 파업여공 300명 환대공장으로 몰려가 동맹파업 선동
1935			삼화고무, 일본경질도기, 부산국제통운 파업 발생
1936			부산부두노동자, 동양법랑철기회사 파업 발생
1937			중일전쟁 발발
1937	2		부산진매립공사장 1,300여 노동자 파업 발생
1937			조선방직 파업 발생
1937	11		부산 후꾸모도 양말제조공장, 남녀직공 80명 파업
1938	7		부산 성냥공장 150명의 태업
1940	6		부산 대삼건구제조공장
1940	8		부산 피복회사 노동자 파업 참여
1941	3		부산 조침공장 노동자 파업

1945	8	15	일제식민지배 종결, 해방
1945	10	7	부산노동자조합 창립대회
1945	10	8	부산철도노동조합 창립총회 개최
1945	11	5	조선노동조합전국평의회 창립대회
1945	12		전국노동조합 부산지방평의회 결성
1946	3	10	대한독립촉성노동총연맹 결성
1946	5	1	노동절 기념집회(조선노동조합 부산지방평의회 주최로 개최)
1946	7		전평, 세계노동조합연맹(WFTU)에 가맹
1946	7	6	부산시민 4,000여 명 '쌀 소동' 일으킴
1946	9	23	부산 철도국 철도공장, 검차구, 기관구, 통신구, 부산역, 초량역, 부산진역 등 12개 직장 8,000여 명 파업 돌입, 부산지역 '9월 총파업' 시작
1946	9	25	조선중공업 노동조합 파업시도
1946	9	26	부산체신종업원 1,100명 파업 돌입
1946	9	27	해원동맹 1,000여 노동자 철도파업지지 태업 돌입
1946	9	28	남선 전기주식회사 운수부 400여 노동자 전면파업
1946	9	29	부산시내 학생 4,500여 명 파업지지 동맹휴학 단행
1946	9	30	미군정, 철도파업 주도 전평계 노조간부와 노동자 무더기 검거
1946	10	1	부산시내 12개 중학생 동맹휴교
1946	10	2	부산전화건설국원 150여 명 동맹파업, 부산시내 통신망 마비
1946	10	3	해원동맹 산하 1만여 명 파업, 선박 800여 척 운행정지, 100여 척의 선박시위
1946	10	5	부산, 인천, 군산, 목포, 여수, 마산, 통영 해원동맹 15,000명 동정파업
1946	10	5	부산 전차운전계통과 사무계통 파업
1946	10	7	부산 철도, 체신, 전기, 조선, 중기 등 1만여 명 노동자 파업 계속
1946	10	7	학생 2,400여 명 동맹휴교
1946	10	8	부산항내 100여 척의 기선과 기범선 항태 시위, 야간 탐조등 시위 계속

1946	10	9	유혈충돌 발생, 경찰과 군중 24명 사망
1946	10	12	철도파업 타결
1946	10	17	해원동맹 타결
1947	3	22	전평 2차 총파업
1948	2	27	단정수립 반대 2.7파업(철도, 해원, 부두, 남전, 조방, 삼화고무, 체신 등 1만 5천 명 파업에 동참)
1951	12	15	조선방직 노동자 6천여 명 파업투쟁
1952	7	29	부산부두노조 총파업
1953	5	10	근로기준법 제정 등 노동관계법 제정
1954	8	6	부산 미군부대 노동자 임금인상 요구 파업
1954	11	20	부산 미군부대 한국인 노동자 쟁의 돌입
1957	5	1	한미석유회사 사장 규탄 시위
1959	10		전국노동조합협의회(전국노협) 출범
1959	10	23	부산택시노조 단체협약 불응 7개 택시회사 상대로 총파업
1960	1		부산시내 버스 노조 쟁의 발생
1960	4	19	4.19혁명 발발
1960	4	24	부산 부두노동자, '김기옥 타도 및 어용간부 축출' 시위
1960	4	26	이승만 하야 / 부산부두노조 집행부 사퇴

1960	4	27	부두노동자 5천여 명, 대한노총위원장 김기옥의 집 급습, 집과 가재도구 파괴
1960	5	3	부두노동자 500여 명 시가행진
1960	5	15	부산지구 교원노동조합 결성(1,000여 명 교사 참여)
1960	5	21	부산초등교원노동조합 결성(1,200명 참여)
1960	6	1	조흥은행 노조 결성
1960	6	23	부산 초등교원노조원 2,100명 문교부장관 규탄대회 개최와 시위(동광국교)
1960	6	25	부산 중등학교 교사 700여 명 문교부장관 규탄대회(부산진역 앞)
1960	7	11	부산시내버스 노조 파업
1960	7		대한조선공사노조 조합원총회 : 임시공문제와 임금문제로 쟁의결정
1960	12	21	부산 부두노동자 9,700여 명 파업 돌입, 가두행진
1961	1	21	부산 부두노동자 2차 총파업(4,000여 명 참여)
1961	2	15	한국노동조합총협의회(총협) 출범
1961	3	31	부산부두노조 3차 파업 돌입
1961	5	16	5.16군사쿠데타 발발

1961	8	3	군사정부, 근로자의 단체활동에 대한 임시조치법 공포 : 노조재건
1961	8	30	한국노동조합총연맹(한국노총) 출범
1963	1	11	민주노동당 창당발기준비위원회(가칭) 취지문 발표

1963	2	17	한국노동조합총연합회(한국노련) 결성준비위원회 개최
1963	4	17	노조설립 신고제와 복수노조 금지 신설 노동조합법 개정
1964	11	18	조선방직 노동자 1,000명 해고
1964	11	23	조선방직 해고노동자 회사사무실 점거농성
1964	12	9	조선방직 점거농성 노동청과 섬유노조 개입으로 해고자를 휴직으로 마무리
1969	7		부산시 조선방직 법인 청산절차 공식 해산
1969	7	2	대한조선공사노조 조합원 1768명 임금인상 등 9개항 요구 파업돌입
1969	8	1	대한조선공사 노조 전면파업
1969	8	19	대한조선공사 직장폐쇄, 쟁의대책위원들 단식농성 돌입, 철야농성
1969	9	18	보사부장관 우리나라 최초의 긴급조정권 발동. 지부장등 간부 16명 해고
1969	9	25	대한조선공사 합의와 쟁의취하
1970	1	1	외국인투자기업의 노동조합 및 노동쟁의조정에 관한 임시특례법 제정
1970	9	2	삼양수산 북양출어 선원 1천 명 체불임금 상경시위
1970	11	7	삼화운수 여차장 27명 몸수색 등 인간 이하 취급에 농성
1970	11	13	전태일 열사 분신
1970	11	24	경남섬유 종업원 200명 체불임금 2개월 지급요구 농성
1970	11	25	조선호텔 노동자 이상찬 분신시도, 의정부 외기노조원 21명 전원 분신 위협
1970	12	21	전태일 동료 12명과 이소선 씨 평화시장 옥상농성 중 경찰출동에 전원 분신위협
1970	12	26	동래소재 대림합섬공업(주) 노동자 200여 명 부산지검 앞 체불임금 청산요구
1971	3	10	한국비닐론 종업원 400명 체불임금 퇴직금 청산 요구 시위 농성
1971	6	12	금속노조 부산제철분회 결성, 사측 분회장과 부분회장 고발과 노조탈퇴 강요
1971	6	28	전국적 수련의 파동, 부산의대 부속병원 인턴 단식농성 돌입
1971	8	10	광주대단지 사건 발생
1971	9	15	파월 한진상사 근로자 칼빌딩 방화사건 발생
1971	9	24	부일공업사, 13세 소년공 과로사
1971	12	27	국가보위에 관한 특별조치법 제정
1972	5	10	영도 한일제관 노조결성시 휴업공고 등 부당노동행위 구제신청
1972	7	6	섬유노조 부산지부 임금 47% 인상 요구
1972	12	27	유신헌법 공포
1973	1	20	삼성기업 노동자와 채권자 60명 노임과 자재대금 요구 이사집에서 농성
1973	5	18	전국해원노조 임금 30%인상 요구, 부산지방 해운국에 단체교섭 조정신청 제기
1973	8	10	전국섬유노조 부산지부 한신모방 등 36개 사업장에 임금 40.4% 인상 요구
1973	11	21	전국금속노조 부산지부 부국제강분회 결성, 사측 결성식 참가 방해 등 탄압
1974	1	28	동래구소재, 현대모직 노조결성 저지위해 공장폐쇄 및 출근방해
1974	2	17	태광산업 노조결성방해, 기숙사노동자 외출금지 등 연금
1974	3	28	전국해원노조 60% 임금인상 요구하고 부산항만청에 조정신청
1974	4	4	양정동소재 대진신광금속공업사 노동자 52명 체불임금 요구 6일째 철야농성

1974	5	17	전국연합노조 부산보세지부 해광산업 등 31개 보세가공업체 대상 임금 55.3% 인상요구 부산시에 조정신청
1974	7	2	부두노조 부산지부 무연탄 하역임금인상 요구 조정신청
1975	4	15	대진 노동자 600여 명 체불임금 청산요구 시위
1975	4	30	무학산업 노동자 임금 55.6% 인상요구하면서 작업거부
1975	5	4	풍국내화공업 노동자 62명 임금인상 요구, 작업거부
1975	5	15	해원노조 부산항만관리청에 조정신청
1976	2	17	범일동소재 장미섬유 노동자 139명 체불임금 지불요구 사무실과 사장집 농성
1976	2	23	삼락동 소재 제일후직 폐업, 800여 노동자 임금 체불
1976	6	11	다대동 소재 반도목재 노동자 폭행사건 발생, 노조, 사장을 노동청에 고발
1976	8	13	동래구 소재 동양봉제 여성노동자 300명 부산역 광장 임금인상 요구 시위
1976	9	23	성광섬유공업 노조결성후 부당노동행위로 노동청 고발
1976	12	21	한신기업사 종업원 50명 임금체불 항의 작업거부
1977	4		부산 도시산업선교회 결성
1977	11	9	부산 안드레상사 사건 국제신문 보도
1978	3	1	부산시내버스조합이 안내양 작업복 호주머니 없애도록 지시, 인권유린 반발
1978	3	13	미광택시 기사 50명 사납금 인하 요구 1시간 운행거부
1978	4	14	태흥택시 기사 40여 명 사측의 사납금인상에 반발, 태업
1978	5	16	동일방직해고노동자 통일주체국민회의 대의원선거 출마한 김영태의 노조탄압 폭로유인물 배포로 체포, 구속됨
1978	6	28	침례병원 의사 52명 봉급 52% 인상 요구 집단진료거부
1978	7	15	일광여객 안내양 28명 몸수색에 항의 취업거부하고 기숙사 탈출
1978	8	11	부산대학병원 인턴 23명 임금 100%인상 요구 진료거부
1978	10	6	대창여객 안내양 36명 몸수색에 항의 취업거부
1978	10	12	봉생신경외과 간호사 30여 명 처우개선 요구 농성
1978	11	6	부산YMCA 강당, '구속자를 위한 신·구교연합기도회' 개최, 조화순목사 동일방직 사건 경위와 선거법으로 구속된 노동자 증언으로 구속
1979	1	10	시민여객 안내양 57명 근로조건 개선 요구 취업 거부
1979	4	3	동아교통 기사 56명 사납금 인하요구 파업
1979	5	1	택시요금 인상에 따라 사납금 인상으로 4개 택시회사 취업거부
1979	6	2	경흥물산 부산공장(반송) 노동자 800여 명 체불임금지급촉구 궐기대회 개최
1979	8	8	미진금속(괘법동) 노동자 700여 명 체불임금 지급요구 조업거부
1979	10	16	부산대학생 시위, 부마항쟁으로 확산
1979	10	26	박정희 대통령 피살
1979	12	12	전두환 보안사령관 정승화 계엄사령관 체포 군사쿠데타 감행

1980	3		학원민주화 투쟁 확대
1980	4	19	연합철강노조 임금인상 교섭 결렬, 조정신청

1980	4	28	동국제강 압연부 노동자 300여 명 임금인상 요구 농성투쟁
1980	4	29	동국제강 노동자 야간 가두투쟁. 8명 연행, 6명 구속, 2명 불구속입건
1980	5	7	동명목재 전면휴업에 따라 3천여명 노동자 농성돌입
1980	5	13	연합철강노조 전면파업 돌입
1980	5	15	학생운동 절정, 서울역 회군
1980	5	17	신군부 쿠데타, 계엄확대
1980	5	18	광주민중항쟁 발발
1980	5	27	광주민중항쟁 종식
1980	5	30	서강대생 김의기 투신 자결
1980	5	31	국가보위비상대책위원회 결성
1980	6	9	노동자 김종태 분신 자결
1980	8	21	노동조합 정화지침 시행
1980	12	31	근로기준법·노동조합법·노동쟁의조정법·노동위원회법 개악, 노사협의회법 제정
1981	3	3	선거인단 선거를 통해 전두환 대통령 당선
1981	3	19	서울대 학생 교내 시위 기점으로 교내와 가두투쟁 확산
1981	5	27	서울대생 김태훈 투신 자결
1983	12	10	대우정밀 노조 결성
1983	12	27	대우정밀 노조 탄압으로 해산 결의
1984	4	23	태화고무 노동자 600여 명 공장규모 축소 반발 연좌농성
1984	5	25	대구 택시노동자 투쟁
1984	6	1	금성알프스전자 노조민주화운동을 해 온 전광언 등 5명 해고
1984	6	4	부산 택시기사 1천여명 서면로터리 일대 시위 전개
1984	6	12	칠성여객, 동성버스 등 버스운전기사들 임금체불과 부당대우에 항의투쟁
1984	9	5	영도 삼도물산 노조 결성, 사측 노조탈퇴 강요
1984	12		삼도물산 노조정상화 추진위원회 발족
1985	2	1	세화상사 노조 결성, 사측 노조파괴와 탄압
1985	2	말	삼도물산 조합원 3명 해고
1985	3	25	동국제강 학생운동출신 활동가 2명 해고
1985	4		국보직물 임금체불에 1주일간 점거농성
1985	5	3	동국제강 학생운동 출신 활동가 2명 추가 해고
1985	5	30	신일금속 학생출신 노동자 1명 이력서 허위기재로 해고
1985	6	13	연합철강노조 동국제강 인수반대 궐기대회 개최
1985	8	28	세신정밀 노동자 김준효 근로기준법 위반으로 노동부 진정서 제출
1985	8	29	세신정밀 김준효에 대해 이력서 학력기재 누락으로 해고통보
1985	9	2	부산화학 이력서 허위기재로 노동자 3명 해고
1985	5	10	풍영, 월급지급 시 연장수당 30분 줄여서 지급함. 30분 찾기 서명운동 전개
1985	7	28	풍영, 30분 연장금액 지급, 이후 학출활동가들 색출하여 해고

1985	9	22	풍영 해고자 노득현 구속
1986	3		동양고무 임금인상 투쟁 전개과정에서 학생출신 활동가들 해고
1987	5	17	노동자 황보영국 4.13호헌조치에 반대하여 분신, 25일 타계
1987	6	10	6월민주항쟁 발발
1987	6	18	이태춘 열사 좌천동 고가도로에서 최루탄 맞고 추락. 24일 타계
1987	6	29	6.29 선언
1987	7	5	울산 현대엔진 노조결성, 노동자대투쟁 시작
1987	7	13	동아건설 파업, 임금 25% 인상, 상여금 연 400% 지급 등 요구사항 쟁취
1987	7	17	풍영 어용노조 퇴진, 부당근로연장 취소 등 농성 돌입
1987	7	23	태광산업 1,700여 명 파업투쟁
1987	7	25	대한조선공사노조 2,500여 명 파업투쟁
1987	7	27	세신정밀 800여 명 노동자 파업투쟁
1987	7	28	국제상사 노동자 파업투쟁
1987	7	30	삼익선발 파업
1987	8	1	국제상사 노동자 사상성당 농성
1987	8	2	천양항둔 파업
1987	8	4	한진컨테이너 파업
1987	8	5	학성여객 시내버스 기사 파업
1987	8	5	아리랑관광호텔 노동자 투쟁
1987	8	9	9개 시내버스 회사 동시 파업
1987	8	8	시내버스 10여 사업장 전면파업
1987	8	10	대형선망 노동자 어용노조 퇴진, 기본급 20% 인상 등 요구 연좌농성
1987	8	11	태양사, 대동스프링공업사, 한국이연, 한국주철관, 일동정기 파업
1987	8	11	삼화고무, 세화상사, 대양고무, 진양화학 등 신발산업 대대적 파업투쟁
1987	8	12	대한상사, 유창정밀강관, 동양제관, 성일기계, 동남알미늄 파업
1987	8	13	이원산업, 고성산업사, 신신기계, 한국스프링공업 파업
1987	8	13	양산 삼양식품 직장폐쇄
1987	8	14	태양사 직장폐쇄
1987	8	17	울산 현대그룹 4만여 노동자 중장비 앞세워 가두행진
1987	8	15	삼익비치아파트관리사무소, 극동호텔, 덕성교통, 남북택시 등 서비스업 파업
1987	8	17	유진화학 등 9개 회사 노동자 파업
1987	8	17	한주통상, 방화방직, 덕성물산, 대보섬유, 대우실업 등 섬유업계 파업
1987	8	18	택시기사 600여 명 철야시위
1987	8	18	고려제강 양산공장, 수영공장 연합 파업농성투쟁
1987	8	21	11개 사업장 파업투쟁
1987	8	22	풍영, 삼화 등 6개 회사 투쟁 합류
1987	8	22	대우조선 이석규 열사 사망

1987	8	23	23~27일까지 50개 사업장에서 투쟁
1987	8	26	대우자동차 부산공장, 동래공장 전면파업
1987	8	28	이석규 열사 장례식, 부산 108개 택시회사 8,120대 택시 총파업 돌입
1987	8	29	삼성기업사, 광신석유, 대성사, 제일산업, 성요사, 세명전기, 부영화학, 극동해운, 우성니꼼, 시리별린강호델 등 18개 사업장 두쟁
1987	8	말	국제상사 20여명 노동자 해고, 풍영, 화성, 대양, 삼화 등 해고와 폭력
1987	9	1	부산 쟁의발생 5건
1987	9	2	부산 쟁의발생 5건
1987	9	3	부산 쟁의발생 3건
1987	9	4	부산 쟁의발생 2건 등 점차 투쟁 열시 식어감
1987	9	10	새한운수 노동자 노조간부 석방 및 노조탄압 중지 요구 전면파업
1987	9	14	풍영, 국제상사, 부영, 삼화고무, 화성, 대양고무 6개사 18명 가톨릭센터농성
1987	9	18	일본항공사 부산지부 임금인상, 차별대우 철폐 투쟁
1987	9	18	목회자 23명 전경련의 '노동자 극렬행위' 조작 항의 전경련회장실 점거농성
1987	9	27	전국산업재해노동자연맹 건설
1987	10	3	덕양냉동 사측 노조간부 해고에 맞서 농성, 전원복직, 임금인상 등 쟁취
1987	10	15	통일 해고자와 부산지역 해고노동자 23명 서울 국민운동본부 농성투쟁
1987	10	23	국본 농성노동자 중 11명 민정당사 농성, 전원 구속
1987	10	24	한진컨테이너 운전기사 50여 명, 구사대 통한 노조탄압에 농성돌입
1987	10	26	대한조선공사 노조 임금 25% 인상 쟁취
1987	11	1	동부고속 동래지점 운전기사 60여 명 월급제 실시, 민주노조인정 철야농성
1987	11	2	대선조선노동자 300여 명 어용노조 퇴진과 합의한 임금인상 등 요구 작업거부
1987	11	5	하남 재봉부노동자 300여 명 임금인상 상여금 추가지급 요구 출근거부
1987	12	11	대우정밀노조 상여금 600% 요구 준법투쟁 돌입

1988	2	11	대한조선공사노조 설날상여금 100% 쟁취
1988	2	16	부산지하철노조 설립
1988	3	24	메리놀병원노조 129명 단식농성 돌입
1988	4	6	대우정밀노조 임금인상 등 요구 전면파업 돌입
1988	4	20	KBS부산 기자 20명, 공정언론 보장, 사내민주화 요구 취재 제작 거부
1988	7	13	백병원노조 전면 파업
1988	7	16	적십자혈액원노조 설립
1988	8	1	연합철강노조 동국제강의 경영권포기 요구 전면파업 돌입
1988	8	6	부산지역노동조합연합회 결성(의장 김덕갑 동아건설부산지부장)
1988	8	17	성분도병원노조 전면파업
1988	8	19	김해 대륙레미콘 직장폐쇄 철회 농성 130일째 백골단 강제해산
1988	8	30	메리놀병원노조 단체행동 돌입, 공권력투입 30명 연행

1988	9	6	부산지하철노조 단체협약 체결
1988	10	9	제일교통노조 파업돌입
1988	10	25	연합철강 정상화추진위원회 1,500여 명 국회 앞 농성
1988	11	1	평민당 4개 회사(연합철강, 대륙레미콘, 제일교통, 풍산금속) 노동쟁의조사위원회 구성
1988	11	10	부산건축사사무소노조 임금인상, 상여금 및 수당 지급요구 파업 돌입
1988	11	4	대우정밀노조 주 44시간 근무제 요구 파업돌입
1988	11	15	대한조선공사노조 악덕관리자 퇴진과 노조활동 방해 무급처리 철회를 위한 파업돌입
1988		26	전두환 이순자 즉각 구속, 노태우정권 규탄 제3차 국민궐기대회
1988	12	2	풍산금속노조 부산지부 결성(조합원 2,600명)
1988	12	4	부산지역노동조합연합회 노동악법 개정투쟁 보고 및 노조탄압 규탄대회
1988	12	5	대우정밀노조 이기택 의원 사무실 점거농성
1988	12	6	부산MBC노조 서울MBC로부터 지방계열사의 독립성 요구
1988	12	15	우림정밀노동자 150명 임금인상과 상여금 400% 지급 등 근로조건 개선 요구 농성돌입
1988	12	16	백병원노조 전면 파업
1988	12	20	동진노조 노조탄압 항의 단식농성
1988	12		지역별, 업종별 노동조합 전국회의 결성
1989	1		전국 노동법 개정 및 임금인상투쟁본부 설치
1989	1	22	노조탄압저지 및 임금인상 완전쟁취를 위한 부산양산김해지역 공동대책협의회 결성
1989	1	26	노조간부 석방 수배해제 요구 조합원 농성 돌입
1989	1	27	부산지하철노조 단체협약 체결 요구 조합원 집회 개최
1989	1	31	대우정밀노조 노동자관리 블랙리스트 작성 폭로
1989	2	2	한국노총 1989년 임금인상 활동지침 마련
1989	2	8	부산지하철노조 단체협약 체결
1989	2	8	부산대직원노조 파업
1989	2	19	노동운동탄압분쇄 및 노동악법 반민주악법 철폐를 위한 전국노동자궐기대회
1989	2	22	고려화약노조 파업
1989	3	6	화물운송연맹 복수노조금지조항 철폐 요구 공화당 중앙당사 점거 농성
1989	3	10	임금인상 완전쟁취 및 노동악법 완전철폐 노동자 등반대회(동래산성)
1989	3	23	전국택시노조연맹 부산지부 76개 택시노조 집단쟁의발생신고
1989	3	27	대우정밀 사측 파업주도한 병역특례자 8명 해고
1989	3	28	신동금속노조 파업 돌입
1989	4	1	만호제강노조 파업 돌입
1989	4	2	화물운송연맹 임금인상 승리 및 합법성 쟁취를 위한 화물운송노동자 대동전진대회 개최

1989	4	8	영남택시노조 전면 파업돌입
1989	4	9	89공동임투 완전승리 쟁취 및 노동운동탄압 분쇄 노동자결의대회
1989	4	11	태평양화학노조, 임금인상, 상여금 700%, 직제개편 전국 각지부별 파업 돌입
1989	4	17	택시지부 정상화추진위원회, 어용지부 퇴진을 위한 택시노동자 궐기대회
1989	4	26	대동조선노조 파업돌입
1989	4	26	부산수산노조 대형선망선원 파업 및 농성돌입
1989	5	1	부산공대협 '노동절 100주년 기념 부산울산양산지역 노동자·학생대회' 4천 명 집회와 가두시위
1989	5	5	한독병원노조 파업돌입 철야농성
1989	5	8	대한조선공사노조 전면파업 돌입
1989	5	10	대형선망수협 산하 33개 수산회사 사측 직장폐쇄
1989	5	13	한독병원 사측 직장폐쇄
1989	5	15	대한조선공사 한진그룹에서 인수
1989	5	22	대성철강노조 파업, 사측 직장폐쇄
1989	5	26	동아금속노조 파업돌입
1989	5	28	전국교직원노동조합 결성
1989	6	2	국제상사 노동자 500여 명 환경개선 요구 작업거부 농성돌입
1989	6	7	부산공대협, '구속노동자 석방 및 노동악법 개정 촉구 전국노동자대회' 부산지역대회
1989	6	10	전교조 부산지부 결성
1989	6	17	전교조 탄압저지와 참교육 실현을 위한 범국민공동대책위원회 결성
1989	6	20	동진노조 파업 11일차 사측 폐업 조치
1989	6	29	부산기사연합회, 완전월급제 쟁취 및 노동운동탄압규탄대회
1989	7	7	동진노조 사측 조합원 122명 등 195명 집단해고, 영업 전면중지
1989	7	8	아폴로제화 노조위원장 등 9명 구속
1989	8	22	한국기계노조 전면파업
1989	9	30	부산지역노동조합총연합 결성(의장 이성도 대우정밀노조위원장)
1989	9	30	남천병원노조 파업돌입, 사측 즉시 직장폐쇄, 전체 노동자 109명 해고
1989	10	8	전노협 건설을 위한 노동자 등반대회 개최
1989	10	18	양산지역 노동조합연대 추진위원회 발족
1989	10	28	화성노조 이미경위원장 구속
1989	10	30	남천병원 사측 노동자 105명 전원 해고, 폐업신고
1989	11	12	전태일 열사 정신계승 전국노동자대회
1989	11	12	14개 시도 의보노조 5,000여 명 서울, 부산, 대전서 통합주의 법안관철 촉구 시위
1989	12	2	부산지역의보노조 조합원 농성 36일째 경찰 6백 명 동원 82명 전원 연행
1989	12	12	부영화학 조합원 단식 6일째 김두성 조합원 투신기도

1989	12	17	전노협 창립준비위원회 발족(위원장 단병호)
1989	12	23	아폴로제화 해고자 2명 감금·폭행건으로 노무과장 등 5명 구속
1989	12	23	전국경제단체협의회 발족
1990	1	5	동신화학, 위장폐업 반대농성 중 경찰난입, 차상호 위원장 등 3명 구속
1990	1	11	부산노련, 1차 정기대의원대회 개최
1990	1	22	전국노동조합협의회(위원장 단병호) 창립
1990	2	1	노동부, 전국 160개 노조에 대해 첫 업무조사권 발동
1990	2	3	부산노련신문 제1호 발간 반민주야합 저지를 위한 부산시민대회(부산대, 4천여 명)
1990	3	18	부산노련, 단병호 위원장과 구속노동자 석방 및 노동운동탄압 분쇄 90임투승리 전진대회 개최
1990	4	15	부산노련, 90임투 승리 문화대동제 개최
1990	4	29	현대중공업 폭력진압 규탄집회(부산대) 노동자·학생 1천여 명 가두시위
1990	5	1	세계노동절 101주년 기념 노동운동탄압 분쇄와 민중기본권 쟁취를 위한 전국노 동자대회(부산대, 대우정밀 등 8개 노조 3천여 명 전면파업, 집회 후 가두투쟁)
1990	5	3	부산노련, 11개 노조 총파업투쟁 전개
1990	5	4	전노협 총파업투쟁(146개 노조 12만여 명)
1990	5	4	KBS·현대중공업 노조탄압 분쇄 국민회의(전노협 등 52개 단체) 결성
1990	5	9	KBS·현대중공업 노조탄압 규탄 민자당 해체요구 노동자·시민 3천여 명 가두시위
1990	5	14	KBS비대위, 방송정상화, 서기원퇴진 요구 백만인 서명운동 전개
1990	5	30	전국업종노조회의(13개 업종별노조협의회) 결성
1990	6	10	노운탄 분쇄 및 6월민주항쟁 계승 부산시민대회 개최(1,500여 명)
1990	6	12	부산노련 이성도 의장 구속, 항의농성 전개
1990	9	11	풍산금속 동래공장 경찰투입, 농성자 89명 연행
1990	9	15	부산노련, 풍산금속 공권력 투입 규탄대회(부산대 1,500여 명)
1990	10	4	윤석양 양심선언, 보안사 민간인 사찰대상자(전노협 간부 등 1,303명) 명단 공개
1990	10	12	최저임금심의위원회, 91년 최저임금 시간급 820원, 일급 6,560원
1990	10	13	노태우 대통령, 범죄와의 전쟁 선포
1990	10	22	노동부, 쟁의손실분에 대해 손해배상청구지침 시달
1990	10	25	한독병원노조 서근애 위원장 무기한 단식농성 돌입
1990	10	27	삼화, 주44시간 노동, 휴식시간 단축반대 등 요구, 노동자 2천여 명 작업거부
1990	11	1	삼화, 작업거부투쟁 주도한 이유로 민주노조추진위 소속 조형제 등 8명 해고
1990	11	4	부산노련 창립1주년 부산양산지역 노동자 등반대회
1990	11	5	노동부 업무조사 확대(전노협 30여 개, 한국노총 35개 노조 업무조사 실시 통보)
1990	11	12	전태일 열사 20주기 추모 90 전국노동자대회 개최(고려대)
1990	11	25	국민연합, 노태우정권 퇴진 90 민중대회 개최, 전국 11개 도시 1만7천여 명 참가

1990	12	9	연대를 위한 대기업노조회의(대우조선 등 16개 노조) 결성
1990	12	14	영남권 노조대표자회의, 노동법 개악중지, 노동부장관 퇴진 항의투쟁
1991	2	10	대기업연대회의 간부 68명 불법연행, 12일 7명 구속
1991	2	23	부산노련, 구속동지 구출·91임투 완전승리를 위한 부산양산 노동자 결의대회(1신어 병)
1991	3	5	91임금인상과 물가폭등저지 및 노동기본권쟁취를 위한 부산양산지역 공동투쟁본부구성
1991	3	8	한진중공업, 연대회의 간부 구속에 항의·집단조퇴 이유 대의원 상대로 1억2천만원 손배청구
1991	3	21	대우정밀 노조사무실 경찰 난입, 간부 연행, 구속
1991	3	21	부산노련, 대우정밀 침탈 및 간부 구속 규탄, 항의 철야농성 전개
1991	3	31	부양투본, 91임투 전진대회(1천여 명)
1991	4	18	부양투본, 노운탄 분쇄 및 91임투 완전승리를 위한 부양지역 노조간부 결의대회(부산대)
1991	4	21	민생파탄 저지, 노운탄 분쇄 및 91임투승리를 위한 영남권 노동자대회(부산대 1,500여 명)
1991	5	1	세계노동절 102주년 기념 부산양산지역노동자대회(동아대, 5천여 명, 가두시위)
1991	5	4	백골단 해체 및 공안통치종식을 위한 범시민결의대회, 원천봉쇄항의 부산역 앞 연좌시위
1991	5	6	한진중공업노조 박창수 위원장 의문사
1991	5	6	전노협, 고 박창수 위원장 옥중살인 규탄 및 노운탄 분쇄 전국노동자대책위원회 결성, 총파업결의
1991	5	6	서울구치소 양심수들 무기한 단식농성 돌입, 분향소 설치, 추모집회 허가, 구속노동자 석방 요구
1991	5	7	한진중공업, 고 박창수 위원장 옥중살인 규탄 전면 작업거부, 조합원 3천여 명 가두시위
1991	5	7	박창수 위원장 살인 규명 규탄집회, 가두시위 전개(안양시내 3천여 명)
1991	5	7	경찰 백골단 1,000여 명 영안실 난입, 박창수 위원장 시신 탈취
1991	5	8	범국민 대책회의, 고 박창수 위원장 사인규명 진상조사단 구성
1991	5	9	전노협, 전국노조 총력투쟁주간 선포
1991	5	11	부산노련, 노동악법 철폐, 구속노동자 석방, 고 박창수 위원장 옥중살인 규탄 1차 대회(5천여 명)
1991	5	13	의보노조, 전국 총파업 돌입
1991	5	14	부산노련, 노동악법 철폐, 구속노동자 석방, 고 박창수 위원장 옥중살인 규탄 2차 대회(5천여 명)
1991	5	14	동신유압노조, 임금인상 및 부산노련 탈퇴 압력에 맞서 전면파업 돌입
1991	5	14	대우정밀노조, 구속자 석방, 해고자 원직복직 등 요구 전면파업 돌입
1991	5	16	부산투본, 고 박창수 위원장 옥중살인 규탄 및 노태우정권 퇴진 제2차 국민대회
1991	5	18	전국투본, 고 박창수 위원장 옥중살인 규탄과 폭력통치 종식을 위한 전국노조 총력투쟁 전개(156개 노조 9만여 명 참가), 노태우정권 퇴진 요구 총파업 돌입

1991	5	25	범국민대책회의, 공안통치 민생파탄 노태우정권 퇴진 3차 국민대회(19개 도시, 17만여 명 가두시위)
1991	5	28	메리놀병원노조, 의료민주화와 임금인상 등 요구 파업돌입
1991	5	28	동양라이너노조 임금인상 등 요구 전면 파업 돌입
1991	5	29	영남권 노조·단체 비상대표자회의(부산대)
1991	6	2	고 박창수 위원장 옥중살해 주범 안기부 해체, 91임투 승리, 노태우정권 타도 전국노동자학생 결의대회(부산대 3만여 명)
1991	6	3	대우정밀노조 농성장에 경찰 투입, 파업 강제해산
1991	6	5	부산노련, 고 박창수 위원장 옥중살인 진상규명 및 대우정밀 공권력 침탈 규탄 부산양산노동자결의대회(부산대 1천여 명)
1991	6	12	한진중공업노조 고 박창수 위원장 옥중살인 진상규명 요구 1천여 명 상경투쟁 전개
1991	6	29	고 박창수 위원장 전국노동자장 거행(~30)(안양, 부산)
1991	9	16	부산 금호상사, 노동자 블랙리스트(8천여 명) 발견
1991	10	9	ILO기본조약 비준과 노동법 개정을 위한 전국노동자공대위 출범
1991	10	18	부산지역 노동단체간담회에서 ILO부산양산공대위 구성 결정
1991	11	11	동양라이너노조, 사측의 전노협 탈퇴 강요에 맞서 6개월 파업투쟁 전개, 승리
1991	11	23	91부산민중대회 개최(부산대, 1,200여 명 참가) 가두시위
1991	12	6	대봉, 30분 일더하기운동에 항의해 권미경 투신·사망
1991	12	7	병특해고자 10명 강제징집 철폐와 병역 악법 개정을 위한 단식농성(~10)
1991	12	12	정부, 총액임금제 강행방침 선언, 내년부터 민간기업에 도입
1991	12	26	권미경 열사 부산노동자장 거행
1992	1	13	전노협 1992년 임금인상요구안 발표
1992	1	15	박창수 열사 추모사업회(준) 구성, 단병호 준비위원장 추대
1992	1	29	부산노련 92임투를 위한 대표자 간담회(12개 노조)
1992	2	12	대우정밀노조 윤명원 위원장 출소
1992	2	14	박창수 열사 추모사업회 발기인대회(부산일보사, 200여 명)
1992	3	29	부산노련, 92임투 전진대회 및 부산양산지역 공동임금인상투쟁본부 발대식
1992	4	4	유산지구 금속노조 임투전진대회 개최
1992	4	10	전노협·업종회의·현총련 '총액임금제 저지를 위한 전국노동조합대책위원회' 구성
1992	4	12	웅상지구 6개노조 임투 전진대회
1992	4	19	유산지구 7개노조 임투승리를 위한 등반대회
1992	4	26	북구지구 임투 전진대회
1992	4	30	ILO부산양산공대위, 92임투승리, 총액임금제 저지를 위한 토론회 개최
1992	5	6	한진중공업노조, 박창수 열사 1주기 추도식 개최(1천여 명)
1992	5	24	영남노조대표자회의, 총액임금제 저지와 92임투 승리를 위한 영남지역 노동자대회(경북대, 3,500여 명)
1992	6	18	부양노련, 고용안정 확보를 위한 부양지역 노동자 대토론회 개최

1992	6	24	고무노동자협의회, 고용문제 및 기만적 임금인상, 어용고무노련 규탄 10명 단식 농성(~27)
1992	6	27	대우정밀노조 간부-해고자 수련회에 경찰 침탈
1992	7	19	산업재해 추방을 위한 부산지역 노동자 문화제
1992	7	30	대우징밀 92임금협싱인 김징힙의
1992	8	8	이성도 부산노련의장 출소
1992	9	2	MBC문화방송노조 전면파업
1992	9	4	지방MBC노조(부산, 여수, 마산, 삼척, 진주, 청주 등) 쟁의행위 결의
1992	9	9	서울지노위, MBC쟁의 중재재정 결정
1992	9	15	지방MBC노조 전면파업 돌입
1992	10	2	경찰 1,000명 투입 MBC 파업농성 해산, 이완기 직무대행 등 7명 구속
1992	10	8	전노협, 제10차 해고노동자회의, 전해투 구성
1992	10	11	노동법 개정투쟁 승리를 위한 영남노동자 등반대회(부산 등 2천여 명)
1992	10	15	전해투, 전국동시다발 출근투쟁 전개
1992	10	21	MBC 노사합의(공영방송협의회 활성화 등 제도적 장치 마련)
1992	10	31	ILO부산공대위 노동법 개정 가두캠페인(100여 명)
1992	12	6	권미경 열사 1주기 추모 및 광장 문화의 밤(동아대)
1992	12	15	부산의보노조 집회 및 가두선전전(부산역 광장)

1993	1	16	영남지역 노조간부 수련회(~17)(영남지역 노조대표자회의 상설화 결의)
1993	2	2	전노협 임금인상요구안 발표 기본급 89,587원, 정률 18%
1993	2	3	부산노련, 93임투 승리를 위한 부양지역노조 확대간부 결의대회(110명)
1993	2	17	1차 영남지역 노조대표자회의(14개 노조, 18명)
1993	2	18	부산노련, 부산양산지역 공동임금투쟁본부 준비위 결성
1993	2	21	영남노대, 영남지역 금속업종 체육대회 개최
1993	3	4	국제노동기구(ILO), 한국정부에 대해 복수노조와 공무원·교사노조 인정, 제3자 개입금지조항 철폐, 교사의 파업권 인정, 구속노동자 전원 석방, 해직교사 즉각 복직 등 권고
1993	3	6	부산고법, 카드뮴중독자 직업병 첫 인정
1993	3	6	정부 대사면조치(양심수 3백여 명 중 144명 석방)(노동자는 123명 중 15명 석방)
1993	3	8	세계 여성의 날 제85주년 전국여성노동자대회 개최
1993	3	10	이인제 노동부장관, 해고노동자 5,200여 명 복직 적극 추진 발표
1993	3	11	헌법재판소, 공무원의 노동쟁의행위를 전면 금지하고 있는 현행 노동쟁의조정법 위헌판결
1993	3	20	부산노련, 임투승리와 노동법개정 공투본 발족식 및 전진대회(27개 노조, 800여 명)
1993	4	7	전해투, 해고자 즉각복직, 수배해제 등 요구 69명 무기한 단식농성 돌입(기독교회관)

1993	4	10	영노대, 영남지역 노조대표자 결의대회(300여 명 참석)
1993	5	1	영노대, 세계노동절 기념 및 박창수 열사 2주기 추모 영남노동자대회(~2)(부산역, 5천여 명)
1993	5	2	영노대, 세계노동절 104주년 기념 영남노동자대회(부산역, 13,000여 명)
1993	5	19	노동부, 무노동무임금원칙 고수, 생활보장적 수당 지급은 필요, 해고효력을 다투는 노동자의 조합원 자격 인정으로 행정지침 개정
1993	5	25	경총, 정부에 무노동부분임금 철회 요청
1993	5	25	노동부, 노조조합비상한선 폐지, 노조기금 사용 자율화 방침
1993	6	2	양산 우진제약노조, 사측의 잠정 합의안 파기에 맞서 전면파업 돌입
1993	6	4	부양공투본, 확대간부수련회(160여 명) 파업 결의
1993	6	8	정부, 임금결정체계 전면개편, 직무직능급제 도입방안 확정 및 무노동부분임금제 백지화
1993	6	12	부양공투본, 93임투 승리와 6월민주항쟁 계승을 위한 노동자 결의대회(부산역, 200여 명)
1993	6	14	신일금속노조 사측의 고소고발에 맞서 위원장 등 노조간부 6명 굴뚝농성(~15), 전원 연행
1993	6	16	신일금속노조 연행간부 석방, 일방중재 철폐 등 요구 전면파업 돌입
1993	6	16	부양공투본, 신일금속 파업투쟁 지지 공동집회
1993	7	2	대검, 단병호위원장 등에 제3자 개입금지조항 위반혐의로 사전구속영장 발부
1993	7	5	국제금속노련, 단병호위원장 등 노조지도자 구속방침 철회촉구 김영삼대통령 항의서한
1993	7	5	이태리노총, 단병호위원장 등 노조지도자 수배해제 촉구 전노협에 연대메시지
1993	7	6	국제공공노련 3자개입금지 철폐 권고, 노조지도자 탄압 중지, 전노협에 연대메시지
1993	7	7	국제건설노련, 국제상업사무노련, 국제사면위원회(엠네스티) 노조지도자 탄압 중지 메시지
1993	7	28	부양공투본 대표자 수련회
1993	8	31	양산 신우산업기기노조, 부산노련 가입 결정
1993	9	9	부양공투본, 노동법 개정을 위한 부양지역노조 공투본 결성대회(부산대, 200여 명)
1993	10	5	부양공투본 봉생병원(동래) 노조탄압 1차 규탄대회
1993	10	14	부양공투본, 봉생병원 노조탄압 분쇄와 대우정밀 해고노동자 원상회복 노동자대회(400여 명)
1993	10	14	대우정밀·봉생병원 투쟁 지원을 위한 범시민대책회의 구성
1993	10	22	시민대책회의, 강집·노동악법철폐 해고자 원상회복, 노조탄압 분쇄를 위한 부산양산시민결의대회(대우정밀 앞 200여 명)
1993	10	24	부산노련 부산양산지역노동조합총연합으로 명칭 변경
1993	11	12	봉생병원, 경찰 파업 해산, 박현정 부위원장 등 연행
1993	11	13	부양노련, 창립4주년 기념식 및 문화제(300여 명)
1993	11	15	봉생병원노조 탄압중단, 직권중재 철회 등 요구 조합원 73명 전원 단식투쟁 돌입

1993	11	17	부양노련, 창립 4주년기념 전태일 열사 정신계승 및 봉생투쟁 승리를 위한 문화 행사
1993	11	19	봉생병원 노조탄압 항의 단식투쟁, 봉생병원장 구속, 직권중재 철회 등 요구
1993	11	20	봉생병원, 56일간의 투쟁 마무리
1993	11	28	봉생병원 파업투쟁 승리 및 노동법 개정투쟁 실천대회
1993	12	4	부양노련, 쌀 및 기초농산물 수입개방 결사반대 부산시민 결의대회 참가
1993	12	21	대양고무 노동자, 계열사 합병 고용승계 등 대책 요구 작업거부 항의농성 돌입
1993	12	29	부양노련, 대양고무 노동자 투쟁지원을 위한 범시민대책회의 결성
1994	1	4	대양고무(비대위) 구속자 석방 등 요구 작업거부
1994	1	12	신동금속노조 부당해고 철회 요구 집회
1994	1	21	전노협, 94년도 임금인상 요구안 발표, 기본급 96,176원, 정률 16.4% 인상
1994	1	24	한진중공업, 사측의 재요양거부·사직강요에 비관 산업재해노동자 정인석 자살
1994	1	25	한진중공업노조, 정인석 자살관련 조합원 보고대회, 자살사건 해명 요구 작업거부 농성
1994	1	26	부양노련, 시민대책위 구성(14개 단체), 정인석 자살 진상규명과 정부의 산업재해보상정책 규탄 기자회견
1994	1	26	한진중공업노조, 고 정인석 추모집회 후 작업거부
1994	2	17	부양공투본(준), 노·경총임금합의 반대 서명(34개 노조 9,500여 명)
1994	3	3	부양노련, 노사정 임금합의 저지를 위한 확대간부결의대회(150여 명)
1994	3	10	부양노련, 노사정 임금합의 저지를 위한 공투본 발족
1994	3	10	교육부, 전교조 해직교사 1,419명 중 1,329명 복직 발표
1994	3	19	부양공투본, 노동자 전진대회(부산역, 1천여 명)(노·경총 합의와 근로자파견법 저지 등 결의)
1994	3	30	노·경총, 임금 8.7% 인상을 포함한 사회적 합의 발표
1994	3	31	전노대, 노·경총 임금합의 전면 거부 기자회견
1994	3	31	부양노련, 노·경총 임금합의 반대 성명 발표
1994	4	15	부산지하철노조 임시대의원대회, 노총 탈퇴안 가결
1994	4	23	전기협, 변형근로제 철폐와 8시간 노동제 쟁취를 위한 부산지역 투쟁결의대회
1994	4	27	한진중공업노조 대의원대회, 노총 탈퇴안 가결
1994	4	30	영노대, 세계노동절 105주년 기념대회 전야제(3천여 명)
1994	5	1	영노대, 세계노동절 기념 및 박창수 열사 정신계승 영남노동자대회(부산역, 7천여 명)
1994	5	12	의보연대, 의보통합 일원화를 위한 범국민연대회의(22개 단체) 구성
1994	5	24	대우정밀노조, 임단투 전진대회, 노총 탈퇴 결의
1994	6	3	부양노련, 공공사업장 등에서 남용되는 직권중재 및 일방중재안 철회 촉구 기자회견
1994	6	11	부양노련, 임단투 중간보고 및 승리를 위한 부양지역 노동자 결의대회
1994	6	14	전지협, 동시파업 찬반투표 실시(~16)
1994	6	20	메리놀병원노조, 임금인상, 부당인사 철회 등 요구 파업

1994	6	23	부산지하철노조, 서울지하철노조 준법운행 돌입
1994	6	23	전기협, 전국 14개 지부 농성장에 공권력 투입 641명 강제연행, 총파업 선언
1994	6	24	전지협, 전기협과 연대투쟁 결의
1994	6	24	부산지하철노조, 총파업 경고 기자회견
1994	6	25	부양공투본, 노동자탄압 분쇄 및 노동악법 철폐를 위한 부양노동자결의대회(부산역, 500여 명)
1994	6	25	부산지하철노조, 부산지노위 직권중재 결정에 맞서 총파업 돌입, 농성(부산대, 1천여 명)
1994	6	26	부산지하철노조 농성중인 동아대에 경찰 투입
1994	6	27	한진중공업노조, 임금인상, 일방중재 철폐 등 요구 파업, 1,300여 명 LNG선상에서 장기농성
1994	6	27	ILO(결사의 자유위원회), 제3자개입금지, 공공운수분야 직권중재, 노조업무조사권 등이 ILO헌장에 위배된다고 판정, 한국정부에 법개정 세 번째 권고
1994	6	28	메리놀병원 경찰 투입, 노조원 81명 강제연행, 서미애 위원장 등 노조간부 3명 구속
1994	6	28	대검, 불법분규 강력대처방침, 한진중공업 조길표 위원장 등 노조간부 5명에 사전영장 발부
1994	6	29	메리놀병원 공권력투입 규탄, 지역간부 및 단체회원 30여 명 중부서 항의방문
1994	7	1	한진중공업노조 1,200여 조합원 LNG선상 농성 계속, 성실교섭 촉구, 해고자 복직, 경찰병력 철수, 사전영장 철회 요구
1994	7	2	부산지하철노조 비상총회, 업무복귀 결의
1994	10	5	대진운수노조 파업 돌입
1994	10	7	노동법 개정과 민주노총 건설을 위한 부양노대(준) 출범(40여 개 노조)
1994	10	16	노동법 개정과 민주노총 건설을 위한 영남노동자 등반대회(토함산, 1천여 명)
1994	11	2	부양노대(준), 노동법 개정과 민주노총 건설을 위한 연대와 전진의 밤(250여 명)
1994	11	12	한보철강 공장이전에 따른 조합원 처우개선 요구, 전면파업 돌입
1994	11	27	노동법 개정과 민주노총 건설을 위한 부산양산노동자 한마당 개최
1994	11	28	부산지하철 부실공사 진상규명과 대형참사 예방을 위한 부산시민 공청회 개최
1994	12	6	노동법 개정과 민주노총 건설을 위한 부양노대 결성
1994	12	9	신일금속노조 총회에서 노총 탈퇴 결의
1994	12	29	부양노련, 95임단투와 사회개혁투쟁에 관한 정책토론회
1994	12	31	미진화학노조 총회에서 노총 탈퇴 결의
1995	2	9	조선노협, 한진중공업 산업재해 사망 노동자 특별 애도기간 선포(2/10~2/17)
1995	2	28	부양노련, 양심수 집단면회 요구 투쟁 전개
1995	3	17	95년 임단투 승리 및 사회개혁 쟁취를 위한 부산양산공동투쟁본부(40개 노조) 결성
1995	3	25	부양공투본 노조탄압 규탄대회
1995	4	1	부양공투본, 95임단투 승리와 사회개혁 쟁취를 위한 부산양산노동자전진대회(부산역 1,500여 명)

1995	4	30	세계노동절 106주년기념 및 노동열사정신계승, 95임단투승리를 위한 영남노동자대회(울산, 6천여 명)
1995	5	19	부양공투본, 현대자동차 경찰 침탈 규탄 철야농성
1995	5	27	노동운동탄압분쇄와 95임단투 승리를 위한 부산지역 노동자 결의대회(부산역, 6천여 명)
1995	6	10	6월민주항쟁 정신계승과 노동운동탄압·공안정국 분쇄를 위한 부산시민대회(부산역, 7천여 명)
1995	7	6	부산지하철노조 직권중재 철폐와 자율교섭 보장 촉구를 위한 조합원 총회(500여 명)
1995	7	30	한국통신노조 직권중재 규탄 조합원 결의대회(부산역광장)
1995	9	30	부산지법, 한진중공업노조에 대한 대우조선의 손배청구소송 기각
1995	10	19	민주노총 부양(준), 근로자파견법 반대 선전전
1995	10	22	민주노총 건설과 노동법 개정을 위한 영남지역노동자 등반대회(금오산, 1,300여 명)
1995	11	11	민주노총 창립 대의원대회(연세대)
1995	11	12	민주노총 창립기념 전국노동자대회(여의도, 7만여 명)
1995	11	23	민주노총 권영길위원장 구속
1995	12	15	대우정밀노조 병역특례 해고노동자 조수원 민주당사에서 자결
1995	12	16	고조수원동지 추모 및 노동운동 탄압 규탄대회(부산대, 800여 명)
1995	12	18	대우정밀노조, 조수원 사망과 관련 조합원 비상총회를 열어 조업 중단
1995	12	19	대우정밀노조, 고 조수원 추모 집회 및 부산지방병무청 항의방문
1995	12	23	병역특례 해고노동자 군문제해결 촉구 및 고 조수원 동지 추모대회(서울역), 2천여 명 병무청까지 가두행진
1996	1	3	조수원 장례위, 대우정밀과의 교섭을 통해 조수원 명예회복 및 원직복직, 병역특례해고자 7명 복직, 장례기간 중 조합원 근태처리 등에 합의
1996	1	21	전국민주금속노동조합연맹 부산에서 출범, 초대위원장 단병호 선출
1996	2	10	민주노총부산양산지역본부 창립대의원대회 개최, 초대본부장 강한규 부산지하철노조위원장 선출
1996	3	9	5·6공 군사독재잔재 완전청산과 진정한 민주개혁을 위한 1996인 노동자 정치실천 선언
1996	3	14	MBC노조 파업
1996	4	2	공정방송 실현과 MBC강성구 사장 퇴진 촉구 범국민대책위 구성
1996	4	4	부산도시개발공사노조, 단체협약 갱신, 공사 바로세우기 등 요구하며 파업
1996	4	4	MBC노조연합비대위, 방송문화진흥회 면담, 강사장 자진사퇴 등 6개항에 합의
1996	4	12	공공부문 6사노조(부산지하철, 서울지하철, 조폐공사, 한국통신, 지역의보, KBS) 2차 간부수련회
1996	5	1	민주노총 106주년 세계노동절 기념 및 노동열사 정신계승 영남노동자대회
1996	5	9	노사관계개혁위원회 출범
1996	5	10	도시개발공사·부산상공회의소 노조탄압분쇄를 위한 노동자 결의대회
1996	5	15	퇴직보험 일방해약 한덕생명에 대한 규탄집회 신우산기노조 지원투쟁

1996	5	27	부산상공회의소노조, 노조전임자문제와 사무실문제의 미해결과 사측의 불성실 교섭으로 전면파업 33일째, 제2기 파업출정식 개최
1996	5	28	부산지하철노조 임시대의원대회에서 쟁의발생 결의
1996	6	5	노사관계개혁위원회 제3차 공청회(부산), 대우정밀노조, 부산상의노조 조합원들 피켓팅
1996	6	8	6월민주항쟁 정신계승 및 사회개혁 쟁취를 위한 민중대회(부산역)
1996	6	19	부일산업노조 탄압에 대해 양산경찰서 항의방문 및 본사 앞 항의집회
1996	6	20	대우정밀해고자 원직복직합의서 이행촉구 부산지방노동청 항의방문
1996	6	20	민주노총부산양산지역본부 확대간부 비상결의대회(상공회의소 로비)
1996	6	21	해고자 복직 및 96임단투 승리를 위한 천막농성, 선전전(~27, 부산역)
1996	6	22	부산양산지역 노동자 총력투쟁 결의대회(부산역)
1996	7	1	해고자 복직 및 96임단투 승리를 위한 천막농성, 선전전(~13, 부산역)
1996	7	6	한진중공업 공권력 투입 저지와 96임단투 승리 결의대회(부산역)
1996	8	23	한진중공업노조 탄압 규탄집회(한진중공업)
1996	9	21	노동법 개정투쟁 승리를 위한 민주노총 영남권 결의대회(부산역)
1996	10	7	노개위의 노동법 개악기도 규탄 및 노동법 개정 촉구 철야농성(~8)
1996	11	3	실천단 결의대회 및 노개투 승리 전국순회 문화공연 부산 공연(부산대 정문 앞)
1996	11	8	승당마을 강제철거 규탄 및 빈민생존권 쟁취를 위한 투쟁결의대회
1996	11	10	전국노동자대회
1996	11	14	민주적 노동법 개정과 안기부법 개악 반대, 개혁실종 저지를 위한 부산지역대책위원회 개최
1996	11	23	부산지하철노조 직제개악 저지 및 노동악법 철폐를 위한 조합원 결의대회 개최
1996	12	5	노동법 개악저지와 민주적 노동법개정 촉구 기자회견, 신한국당 부산시지부 항의방문
1996	12	7	노동악법 철폐 및 개악저지를 위한 1차 범국민 평화대행진(서면 가두 캠페인)
1996	12	13	노동법 개악안 완전철회와 민주적 노동법 개정을 위한 결의대회(부산역)
1996	12	14	노동법 개악저지와 노동악법 철폐를 위한 범국민 대행진(태화쇼핑)
1996	12	26	노동법 총파업 돌입, 노동법 개악 저지와 민주적 노동법 개정을 위한 결의대회 (부산역)
1996	12	27	총파업 2일 차, 노동법 개악 저지와 민주적 노동법 개정을 위한 결의대회(부산역)
1996	12	28	총파업 3일 차, 노동법 개악과 안기부법 개악 철회를 위한 범국민대행진, 상경투쟁
1996	12	29	총파업 4일 차, 여의도 집회
1996	12	30	총파업 5일 차, 날치기통과 노동법, 안기부법개악 무효화 및 신한국당 해체 총력투쟁 결의대회, 가톨릭센터 농성 돌입
1996	12	31	총파업 6일 차, 가톨릭센터 농성 2일차
1997	1	1	총파업 7일 차, 가톨릭센터 농성 3일차, 총파업 승리를 위한 대토론회
1997	1	2	총파업 8일 차, 가톨릭센터 농성 4일차, 2단계 파업출정식
1997	1	3	총파업 9일 차, 총파업 승리를 위한 결의대회(부산역)

1997	1	4	총파업 10일 차, 날치기통과 노동법, 안기부법개악 무효화 및 신한국당 해체 총력투쟁결의대회
1997	1	6	총파업 12일 차, 현총련 등 제조업노조 전체파업 돌입, 부산역집회
1997	1	7	총파업 13일 차, 공공부문 파업 돌입, 부산역집회
1997	1	8	총파업 14일 차, 부산역집회
1997	1	9	총파업 15일 차, 신한국당 규탄 차량시위, 노동자 밀집지역 가가호호 선전전
1997	1	10	총파업 16일 차, 부산진역 집회, 위천저지 시민항쟁대회 결합
1997	1	11	총파업 17일 차, 박종철 열사 10주기 추모, 6월민주항쟁정신 계승, 노동법·안기부법 날치기 철회 및 민주수호를 위한 부산시민결의대회
1997	1	12	총파업 18일 차, 화물운송노련 집회참가
1997	1	13	총파업 19일 차, 부산진역 집회
1997	1	14	총파업 20일 차, 부산진역 집회
1997	1	15	총파업 21일 차, 3단계총파업, 부산진역집회, 15,000여 명 남포동까지 가두행진
1997	1	16	총파업 22일 차
1997	1	17	총파업 23일 차, 가가호호 유인물 배포
1997	1	18	총파업 24일 차, 범국민 총궐기의 날, 노동법·안기부법개악 철회와 민주주의 수호를 위한 부산역 집회(3단계 총파업 마무리)
1997	1	20	부산역 천막농성, 선전전
1997	1	21	부산역 천막농성, 선전전
1997	1	22	수요 총파업
1997	1	23	부산역 천막농성, 선전전
1997	1	24	부산역 천막농성, 선전전
1997	1	25	날치기 노동법·안기부법개악 철회와 민주주의 수호를 위한 범시민대회(부산역)
1997	1	27	부산역 천막농성, 선전전
1997	1	28	안기부 및 신한국당 항의방문
1997	1	29	부산역 천막농성, 선전전, 확대간부 결의대회, 권영길 위원장 강연회(YMCA강당)
1997	2	1	민주노총부산본부-한국노총부산본부 공동집회(부산역)
1997	2	4	부산시경의 경찰만행 항의방문
1997	2	5	경찰폭력 규탄대회
1997	2	13	부산역 시민선전전
1997	2	14	부산역 시민선전전
1997	2	15	경찰 폭력만행 2차 규탄대회(남포동 미화당백화점 앞)
1997	2	19	신한국당 앞 규탄집회
1997	2	22	날치기 노동법·안기부법 전면 철회 및 민주적 노동법 개정과 한보비리 규탄 범국민대회
1997	2	24	노동법 공청회(범대위 주최)
1997	2	27	민주노총 확대간부 파업, 날치기 노동법·안기부법 전면철회 및 민주적 노동법 개정과 한보비리 규탄 4단계 총파업 결의대회(부산역)

1997	2	28	4단계 총파업 부산역 집회
1997	3	7	강경식의원 사무실 앞 노동법 민주적 개정 촉구 항의집회
1997	4	9	국민캡노조 생존권 사수를 위한 결의총회(국민캡 마당)
1997	4	19	민생파탄 부정비리 주범 김영삼정권 퇴진을 위한 부산시민대회(부산역)
1997	4	29	국민캡 분할매각에 대한 부산시의 양도양수승인 규탄·항의집회(시청앞)
1997	5	1	박창수 열사 6주기 추모 및 노동열사 정신계승 제107주년 세계노동절 기념대회 (부산역, 1,500여 명)
1997	5	6	한보비리 뇌물수수, 비리행정의 표본 문정수 부산시장 퇴진투쟁 선포 기자회견
1997	5	8	국민캡 공권력 투입하여 택시를 양수사에서 다 빼감
1997	5	9	한보비리 뇌물수수와 노동자생존권 말살하는 문정수 시장 퇴진을 위한 철야 농성
1997	5	10	한보 뇌물수수와 국민캡 생존권 팔아먹은 문정수 시장 퇴진촉구결의대회(부산 역) 17명 연행, 4명 불구속입건
1997	5	12	부산지역 민주택시노조 창립대회(성도운수 강당)
1997	5	17	97임단투 승리, 경제개혁 쟁취, 5.18정신계승 결의대회(부산역광장)
1997	5	17	화물연맹 합법성 쟁취 기념행사
1997	5	20	새마을금고노조 파업 돌입관련 민주노총부양본부 기자회견
1997	5	23	새마을금고연합회 규탄 항의집회
1997	5	24	민주노총부양본부-노동단체 간담회(부산노동자교육협회)
1997	5	25	사무노련 부산경남지역노조협의회 출범식 및 97임단투 전진대회(부산역광장)
1997	5	31	국민캡노조 홍장길 조합원 회사에서 음독자살
1997	6	4	택시노동자 고 홍장길 동지 장례대책위 부산역 천막농성 돌입
1997	6	7	분할매각 철회, 부산시장 문정수, 국민캡 허준도 구속처벌 촉구 결의대회(부산 역광장)
1997	6	10	6월민주항쟁 10주년 기념식 및 시민대동제(부산역, 1천여 명)
1997	6	13	국민캡노조 시청 집회, 쇠사슬 감고 시청출입문앞 농성, 31명 연행
1997	6	13	분할매각 택시정책의 과제와 방향 공청회(부산YWCA강당)
1997	6	30	국민캡노조 상경투쟁, 문정수 시장 규탄, 한보비리 공판 서울지법 앞 농성
1997	7	12	국민캡사태 해결을 위한 부산민주택시노조 지도부 및 국민캡조합원 단식농성 돌입(가톨릭센터)
1997	8	14	전두환·노태우 사면 저지, 양심수 석방을 위한 부산지역 200인 선언 기자회견
1997	8	23	택시권리금 관행 폐지를 위한 택시제도개혁 결의대회(부산역) 택시사업조합까 지 행진, 200여 명
1997	10	2	국민승리21 부산본부(준) 발족식 및 권영길 위원장 초청강연회(YMCA강당)
1997	10	27	고용안정과 경제민주화 쟁취, 강경식부총리 퇴진 촉구 결의대회
1997	11	9	고용안정과 경제민주화를 위한 전국노동자대회(한강고수부지, 부산 850명)
1997	11	22	고용안정과 경제민주화 쟁취, 전노사면 반대, 내각제개헌기도 저지 부산시민결 의대회(부산역)
1997	11	26	대우자판노조부산지부, 노조탈퇴 강요 및 부당기구 철폐 규탄대회(서면)

1997	12	3	부산경남종금사노조협의회, 종합금융사 강제 통폐합 저지와 고용안정 쟁취 총파업결의대회

1998	1	16	기산노조 31일자로 영업소 폐쇄에 따른 농성 돌입
1998	1	17	정리해고 도입저지, 재벌개혁, 경제주권 수호 전국동시다발 집회
1998	2	1	1월 중 실업급여 신청자 수 25,891명, 97년 신청자 51,017명의 50.7%에 달해
1998	2	12	대우자판노조 부산지부장 해고
1998	2	15	전국금속산업노동조합연맹 출범(위원장 단병호)-민주금속·자동차연맹·현총련 통합
1998	2	22	화물노련 위원장 김행기 세방기업노조위원장 선출
1998	3	13	의보노조 전국 파업 돌입
1998	4	27	부산지하철노조 건교부의 임금인원 10% 감축방침에 맞서 철야농성 돌입
1998	5	8	대형트롤선원노조 조합원 500여 명 민주노총 가입
1998	5	27	민주노총 1차 총파업(132개 노조 12만여 명) 돌입
1998	6	30	대형트롤선원노조, 설립신고증 쟁취
1998	7	3	부산지하철노조 파업 돌입, 1인승무 철회 노사합의 이행 요구
1998	8	6	민주노총부산본부 10대 악덕기업주 선정 발표 기자회견
1998	10	18	부산매일신문노조 김우중회장실 점거 2차 농성
1998	11	9	한진중공업노조 전면파업
1999	1	23	동남알미늄노조 지원집회 개최
1999	2	6	동남알미늄노조 지원집회 개최
1999	2	27	국가보안법 철폐, 조건없는 양심수 석방을 위한 기자회견 및 결의대회(부산역)
1999	3	4	부산민중연대 출범식
1999	3	13	고용안정과 단결을 위한 부산, 울산 여성노동자대회(이사벨여고)
1999	3	25	금속산업연맹 4시간 시한부 파업
1999	3	25	한국기계노조 상여금 체불로 전면파업
1999	4	6	CBS노조 파업
1999	4	17	대정부투쟁 결의대회(부산역)
1999	4	30	대우정밀노조 파업 전진대회
1999	5	3	보건의료노조 동아의료원지부 결의대회
1999	5	12	금속산업연맹 부산양산본부 결의대회
1999	5	14	의보노조 파업 집회(부산역)
1999	5	25	의보노조 파업 등반대회(금정산성)
1999	5	29	전일노련 전국동시다발 집회(부산시청앞)
1999	6	12	노동운동 탄압, 공안통치 중단, 김대중정권 퇴진투쟁 결의대회(부산역)
1999	6	17	파업유도 규탄집회(부산역)
1999	6	18	파업유도 진상규명 및 김대중정권 퇴진 부산역 천막농성 돌입

1999	7	4	통일염원 남북노동자축구대회 부산지역 결선(동아대운동장)
1999	7	13	방송사 연대파업 돌입
1999	7	22	KBS부산노조, 부산MBC노조 상경투쟁
1999	8	4	사무금융부산지역협의회 생존권 사수 결의대회(국민회의 당사앞)
1999	8	26	부산의료원 공공성 강화 대책회의
1999	9	1	부영마을버스관련 남구청장실 점거 투쟁
1999	9	17	부영마을버스관련 부산시청앞 집회
1999	9	18	전국여성노조 부산지부 결성대회(부산일보사 강당)
1999	10	2	의료보험 통합 촉구 집회
1999	10	9	실업자 한마당 행사(구덕체육관)
1999	10	30	국가보안법 철폐 결의대회(부산역)
1999	11	23	의료보험 통합 반대 서명 조작에 대한 대책회의
1999	12	9	전국운송하역노조 신선대 및 우암 컨테이너미널지부 설립
1999	12	10	주5일근무 쟁취 및 민주노총 탄압 금지 부산역 농성 돌입
1999	12	20	부영마을버스 결정 건 항의차 부산지방노동위원회 위원장실 점거농성
2000	1	26	운송하역노조 신선대·우암지부 파업찬반투표 87.4% 찬성
2000	2	26	운송하역노조 신선대·우암지부 폭력사태로 조합원 경성대 집결, 파업돌입(400여 명)
2000	2	28	부산지방노동청 항의집회, 노동청장실 점거농성
2000	3	2	신선대·우암지부 시청, 부산역, 서면 집회
2000	3	3	신선대·우암지부관련 시민중재단 구성
2000	3	3	대우차 해외매각 반대와 공기업화를 위한 총력투쟁결의대회(시청→서면, 1,500여 명)
2000	3	11	부두노동자 폭력가담책임자 처벌과 김대중정권 규탄대회(서면→부산진역, 1,000여 명)
2000	3	25	금속산업연맹 전조합원 총력투쟁 결의대회(시청)
2000	3	30	사회보험노조 의보 국고보조금 50% 쟁취 결의대회(부산역)
2000	4	27	신선대·우암지부 파업 중단
2000	4	29	신선대·우암지부 해고 13명, 정직 27명, 감봉 견책 등 70명 징계
2000	5	8	백마교통 한국노총 부산지역택시노조 노사밀실합의 거부해 탈퇴하고 기업별노조 설립
2000	5	8	도시교통노조 지역택시노조 탈퇴, 기업별노조 설립
2000	5	8	지역택시노조 탈퇴상담 40여 개 사업장, 18개 사업장 탈퇴 진행
2000	5	31	민주노총 총파업 돌입
2000	6	1	고신의료원노조 총파업 전야제, 부산의료원 파업 찬반투표 진행
2000	6	3	전국노동자 상경투쟁
2000	6	8	전교조 간부 전원 연가투쟁

2000	6	10	민족자주권 쟁취, 민중생존권 쟁취, 김대중정권 퇴진 부산민중대회(부산역→남포동)
2000	6	11	농협노조 기장지부 부당노동행위 규탄대회
2000	6	14	고려종합운수노조 파업전진대회, 철도 정비창앞 중식집회
2000	6	15	보건의료노조 일신기독병원지부 파업전야제
2000	6	16	마을버스 성신창신교통노조 파업
2000	6	28	사회보험노조 전면파업 1차(~7/4)
2000	6	29	부산지철노조 인력충원, 용역저지 위한 결의대회
2000	6	30	춘해병원노조 파업전야제
2000	7	1	부산지역 비정규직 노동자대회(부산역)
2000	7	7	부산지역일반노조, 환경미화원노동자 근로조건 개선 및 노동청 항의집회
2000	7	8	김대중정권 퇴진 전국동시다발 규탄대회(부산역)
2000	7	20	'국민을 적으로' 반민중 김대중폭력정권 퇴진을 위한 부산지역민중결의대회(서면→시경→노동청)
2000	7	23	조선비치호텔노조 원직복직 집중투쟁
2000	8	15	북부자동차학원노조 쟁의 돌입
2000	9	4	자치노조, 수영구청앞 천막농성 시작
2000	9	23	부산우유노조 파업출정식
2000	9	26	자치노조 서구청앞 천막농성 시작
2000	10	2	자치노조 동구청앞 투쟁
2000	10	2	서부산자동차운전학원노조 전면파업 5일째
2000	10	19	전국원양오징어채낚기노조 결성보고대회
2000	11	14	한통계약직노조 부산본부 결의대회
2000	12	8	재능교육교사노조 부산지부, 부당영업 관리자 처벌요구 집회
2001	1	6	영동자동차학원노조 정인동사장 구속촉구 결의대회
2001	1	8	농심자동차학원노조 대체근로투입 및 파업투쟁
2001	1	11	영동자동차학원노조 노동청앞 천막농성 및 위원장 단식
2001	1	17	의료개혁관련 부산공대위 토론회(적십자회관)
2001	2	28	정리해고 분쇄 김대중정권 퇴진을 위한 노동자결의대회(시청→서면)
2001	3	7	대우자동차 부평공장 가동 저지를 위한 부평 상경투쟁
2001	3	17	김대중정권 퇴진을 위한 영남노동자대회(부산역)
2001	3	24	부산건설일용노조, 일일취업센터 개소식
2001	3	30	대우자동차 정리해고 폭력진압 항의 상경투쟁
2001	4	9	금속노조 부산양산지부 창립대의원대회(적십자회관)
2001	4	21	대우자동차 정리해고 규탄 살인적 경찰폭력행위 규탄 전국동시다발 집회(롯데백화점)
2001	4	24	의료공대위 워크숍

2001	4	29	타워크레인노조 집회
2001	5	1	세계노동절기념 영남노동자대회(부산역)
2001	5	12	태화쇼핑 집회 및 기자회견
2001	6	4	태화쇼핑 처리방향에 대한 시민공청회(적십자회관)
2001	6	25	부당노동행위 사업주 처벌 촉구 항의집회(부산지방노동청 앞)
2001	6	30	민생파탄·개혁실정·노동운동 탄압 규탄 시국대회(전국동시다발)
2001	7	5	7.5총파업 민주노총 총력투쟁결의대회(부산역)
2001	7	6	민주노총 총력투쟁결의대회(서면)
2001	7	7	민주노총 총력투쟁결의대회(부산역)
2001	7	26	하야리아반환, 주한미군철수 민주노총 부산본부 캠페인
2001	7	28	공무원노동기본권 쟁취와 전공련 탄압 분쇄를 위한 전국공무원대회(부산역)
2001	9	1	영남권 민중대회(울산)
2001	9	12	조선일보 규탄집회
2001	10	10	단병호 위원장 구속규탄 및 석방촉구 전국동시다발 민주당앞 항의집회
2001	10	13	구속노동자 석방, 주5일근무제 전면실시, 비정규노동자 노동기본권 쟁취 전국 동시다발 결의대회(남포동)
2001	10	13	전국민주선노조 출범식
2001	10	20	전쟁반대! 평화실현! 신자유주의 세계화 반대 범국민대회(서면)
2001	10	26	부산의료원 민간위탁저지와 공공의료 강화를 위한 공동기자회견(부산의료원)
2001	11	3	주5일근무제 전면도입 및 비정규노동자 노동기본권 보장을 위한 부산노동자 결의대회(서면)
2001	11	5	부산의료원 민간위탁 반대 집회 및 시민선전전(시청)
2001	11	5	현대정화노조, 강제사직, 노조탄압 현대정화 사업주 규탄대회
2001	11	7	천지정화현장위원회 임단협쟁취를 위한 파업결의대회
2001	11	19	국가기간산업 민영화 저지와 해외매각 반대를 위한 철도 부산지역 범국민대책위원회 간담회
2001	11	19	부산의료원 토론회(부산일보사 강당)
2001	11	20	철도 범국민대책위 기자회견(부산역)
2001	12	4	전국지방자치단체노조 합법화를 위한 집회(부산시청)
2001	12	8	주5일제 쟁취, 비정규노동자 노동기본권 쟁취, 민주노총 총력투쟁 및 부산의료원 위탁운영 저지 범시민결의대회(시청)
2001	12	8	고난받는 사람들을 생각하는 작은 음악회 '권미경 열사 10주기 추모문화제'(부산대)
2001	12	12	부산지역일반노조 유창지질, 부당노동행위 규탄 및 임단협 쟁취 결의대회(유창지질 앞)
2002	1	2	부산대 33명 용역경비해고자 원직복직, 용역하청 중단을 위한 부산대대책위 구성
2002	1	31	부산대 경비노동자 원직복직, 용역하청 중단 대책회의 구성
2002	2	7	부산지역 국립대 파견·용역노동자실태조사 추진

2002	2	25	철도노조 파업, 철도민영화 저지 등 요구
2002	2	26	노동법개악 없는 주5일쟁취! 기간산업민영화 중단! 부산노동자대회(부산역 1,500여 명)
2002	3	23	발전소 매각저지 민주노총 총력결의대회(남포동→부산역, 400여 명)
2002	4	2	14개 사업장 6,000여 명 파업
2002	4	18	노사정야합규탄, 노동조건후퇴없는 주5일근무쟁취를 위한 민주노총부산본부 결의대회(노동청)
2002	4	26	명예퇴직 미명아래 강제사직 강요하는 한진재벌 규탄대회(한진중공업 정문앞, 600여 명)
2002	5	1	박창수 열사 정신계승 및 세계노동절 112주년기념 부산노동자대회(부산역→남포동,900명)
2002	5	22	금속노조 11개 사업장, 일반노조 두원식품, 해운대케이블, 김해케이블 파업 돌입
2002	5	23	고신의료원지부, 사회보험부산본부, 일반노조 14개 사업장 1,400여 명 파업 돌입
2002	5	24	사회보험부산본부, 일반노조 등 5개 사업장 520여 명 파업 돌입
2002	5	29	사회보험, 대동병원, 일반노조 등 18개 사업장 1,200여 명 파업 돌입
2002	5	29	악덕기업주 대동병원 규탄 민주노총 결의대회(대동병원 앞)
2002	5	30	한진중공업노조, 사회보험부산본부, 대동병원, 일반노조 등 6개 사업장 1,500여 명 파업 돌입
2002	6	6	화물노동자공동연대(준) 발족
2002	6	12	악덕기업주 사법처리 촉구 및 임단투 승리를 위한 버스순회투쟁(대동병원, 해운대케이블, 금속정관지회)
2002	6	28	부산지하철 민간위탁저지와 시민을 위한 경영제도 개선을 위한 부산시민대책위원회 발족 기자회견
2002	6	27	구속노동자 석방, 공무원노조 인정, 노동운동탄압 중지 국제행동의 날(서면)
2002	8	6	외국인산업연수생제도 철폐와 이주노동자 기본권 보장을 위한 부산경남공동대책위원회 발족 기자회견
2002	8	11	악덕기업주 사법처리 촉구를 위한 노동담당검사 간담회
2002	8	22	부산지하철 일부 역부터 매표소 민간위탁 실행
2002	8	28	한진중공업 성실교섭 촉구 및 구조조정 저지를 위한 결의대회(한진중공업)
2002	8	29	한진중공업 해결을 위한 부산시장 면담
2002	9	5	이주노동자 입법을 위한 부산지역 공청회(적십자회관)
2002	9	6	노동탄압 중단, 노동기본권 보장 기자회견(노동청)
2002	9	26	장기투쟁사업장 해결, 노동탄압분쇄 결의대회(노동청), 노동청장 면담
2002	9	28	노동탄압분쇄, 노동법 개악저지, 비정규직 철폐 부산노동자대회(부산역)
2002	10	10	비정규직 철폐 100만 서명운동 전개
2002	10	27	화물연대 출범
2002	11	1	부산지방노동청, 파견법 위반으로 부산교통공단 이사장 및 3개 용역업체 대표 검찰 고발
2002	11	5	대우정밀노조, BM금속노조, 현대차노조, 기아차노조, 금속노조 등 3,000여 명 파업 돌입

2002	11	6	경제자유구역법 저지 한나라당 부산시당 앞 집회
2002	12	9	조달청, 해양대, 용역업체 등 최저임금법 위반 고발 및 기자회견
2002	12	26	부산대, 용역업체 최저임금법 위반 고발

2003	2	10	철도노조, 민주노총 공공연맹 공식 가입
2003	3	22	민주노총부산본부, 미국의 이라크침략전쟁 한국군 파병반대 민주당부산시지부 점거농성
2003	4	13	철도노조 총파업 결의대회(부산역 광장)
2003	4	13	화물연대 신선대부두앞 집회(4,700여 명 참여)
2003	5	8	화물연대 파업돌입 선언, 부산지부 남부지회 조합원 800여 명 경고성 파업 시작
2003	5	9	화물연대 부산지부 전면파업 돌입
2003	5	13	화물연대 부산지부 총파업, 부산항 전면마비로 수출입화물 물류대란 발생
2003	5	15	화물연대 노정교섭 합의
2003	6	11	한진중공업 김주익 지회장 85호크레인 농성 시작, '노조탄압 중단, 손배가압류 철회, 임단협체결' 요구
2003	6	28	철도노조 2차파업 돌입, 정부 파업 1시간만에 공권력투입, 2천여 명 연행, 철도노조 산개투쟁 돌입
2003	7	1	철도노조 조합원 대부분 현장복귀(사실상 파업종료) 지도부 구속, 79명 해고, 손배가압류 79억
2003	7	19	한진중공업 노동부 중재하에 손배가압류 철회, 해고자 복직, 징계 철회, 임금인상 등 현안문제 일괄타결 구두합의
2003	7	21	화물연대 쟁의행위 찬반투표 시작(~31)
2003	7	22	한진중공업지회, 구두합의 이행촉구 전면파업 돌입
2003	7	24	한진중공업 사측 구두합의 번복
2003	8	21	화물연대 2차 파업 돌입
2003	9	5	화물연대 '선복귀 후협상' 방침 결정으로 2차 파업 종료
2003	10	1	한진중공업 투쟁관련 6명 체포영장 발부, 사측 150억 민사소송 제기
2003	10	13	한진중공업 사측 마산특수선지회 조합원 15일까지 미복귀시 개별적으로 손배청구 협박
2003	10	14	한진중공업지회 교섭재개 요청에 사측 거부
2003	10	17	한진중공업 김주익 지회장 85호 크레인에서 자결(크레인농성 128일째)
2003	10	18	악질 한진자본과 노무현정권 노동탄압에 항거한 한진중공업 김주익 노동해방열사 전국투쟁위원회 결성
2003	10	30	한진중공업지회 곽재규 조합원, 85호 크레인 옆 도크에 투신자결
2003	11	6	한진중공업관련 민주노총 총파업
2004	1	15	민주노총부산본부 2004 총선출마 기자회견
2004	2	7	민주노총부산본부, 이라크파병반대, 한-칠레FTA비준반대, 부패정당 해체, 정치개혁촉구 결의대회
2004	2	21	박일수 열사 정신계승, 비정규직 철폐투쟁 결의대회

2004	3	20	3.20 세계 반전행동의 날
2004	4	1	보수정치 심판·진보정치실현 민중대표 100인 선언
2004	4	3	국회해산, 수구부패정치 청산, 진보정치 실현 민중연대 캠페인
2004	5	2	114주년 세계노동절기념 제3회 부산마라톤대회(다대포)
2004	6	18	생활쓰레기 민간위탁 제도 개선을 위한 일반노조 공청회
2004	6	30	전쟁반대, 이라크파병철회 범국민대회
2004	7	6	일반노조 해동환경 노동탄압 규탄, 직장폐쇄 철회 집중집회
2004	7	7	일반노조 부산롯데백화점 정리해고 규탄 및 철회 집중집회
2004	7	9	공공부문 일자리나누기 및 청년실업 해소를 위한 부산시민대책위 결성 기자회견
2004	7	12	이라크파병부대 물자수송 저지 영남권집회
2004	7	14	부산롯데백화점 비정규직 정리해고 규탄 집중집회
2004	7	22	직권중재 철회, 청년실업해소, 시민안전확보를 위한 결의대회
2004	7	24	이라크 파병 결사 저지를 위한 범국민궐기대회
2004	8	14	신자유주의 반대, 파병철회, 반미 민족공조 노동자 통일한마당(8.15 전야제)
2004	9	3	장기투쟁사업장 연대투쟁(대우버스노조, 일반노조 부산롯데백화점 비정규직)
2004	9	14	철도 특전사 실습운행 반대와 철도 공공성 강화를 위한 기자회견
2004	9	17	차별철폐 걷기 대행진 선포 기자회견 및 출정식
2004	10	23	비정규직 철폐, 공무원 노동3권 쟁취, 총파업투쟁 승리 결의대회 개최
2004	11	8	공무원 노동3권 쟁취 기자회견 및 국민기본권 감시단 발대식
2004	11	9	국민기본권 감시단, 공무원노조 파업 찬반투표 공권력 방해 감시활동
2004	11	22	비정규직 노동법 개악 추진 및 공무원노조 탄압에 대한 열린우리당 부산시당 항의집회
2004	12	3	경제자유구역 의료개방 반대 기자회견
2004	12	17	대우버스 일방적 울산이전방침 규탄 기자회견
2004	12	23	근골격계질환 업무관련성 인정기준처리지침안 폐기와 산재보험 공공성 확보관련 노동청 항의방문
2005	1	7	전국시설노조 부산대지회 완전고용승계를 위한 투쟁 결의대회
2005	1	15	부산대 해고자 고용승계를 위한 노동시민사회단체 기자회견
2005	2	16	비정규노동법 개악 저지 열린우리당 앞 천막농성
2005	2	20	열사정신계승 비정규노동법 개악저지 민주노총 부산본부 결의대회
2005	4	14	비정규악법 강행처리 반대 시민사회단체 공동선언
2005	4	23	비정규노동법 개악저지와 개혁입법 쟁취 부산시민결의대회
2005	4	26	비정규노동법 개악저지, 권리보장입법쟁취 산재노동자 추모 야간문화제
2005	5	1	노동절기념 마라톤대회
2005	5	13	WTO DDA 2차 양허안 제출 반대 대시민 선전전
2005	5	17	건설플랜트노조 총파업투쟁 승리를 위한 영남노동자 결의대회

2005	6	1	선원노조 선원노동자 생존권쟁취! 노동조건 개선! 동경128도 이동 조업금지 철폐 결의대회
2005	6	2	APEC반대 부산시민행동 기자회견
2005	6	9	버스 준공영제 및 완전공영제 쟁취 설명회
2005	6	12	화물노동자 생존권 쟁취, 2005년 투쟁승리 전국화물노동자대회
2005	6	15	대남병원지부 천막농성 100일차 조합원 한마당
2005	6	29	민주선원노조 풍어제
2005	7	7	6부제 쟁취 택시노동자 집회
2005	8	18	일반노조 한솔, 삼화여객, 지하철 민간위탁 집중집회
2005	8	31	부산교통공사 출범관련 시민사회단체 토론회
2005	9	2	전쟁과 빈곤을 확대하는 APEC반대 부시반대 자전거홍보
2005	9	6	삼성재벌과 정-검-언 유착 규탄, X파일공개 집회
2005	9	6	화물연대 김동윤 조합원 신선대컨테이너부두 앞에서 분신
2005	9	14	화물연대 김동윤 열사 추모, 화물노동자 투쟁 결의대회
2005	10	7	NO APEC 페스티벌
2005	11	12	APEC반대 투쟁선포 기자회견 및 아펙반대 부시반대 투쟁 결의대회
2005	11	13	전태일열사정신 계승, 비정규직권리보장입법 쟁취, 신자유주의 세계화 반대 전국노동자대회
2005	11	16	APEC반대 부산민중포럼(~17)
2005	11	17	APEC반대투쟁 전야제
2005	11	18	부산 APEC반대 민주노총 결의대회
2005	11	19	부산 APEC반대 2차 범국민대회
2005	12	1	비정규직 권리보장 입법쟁취 총파업결의대회
2005	12	2	비정규직 권리보장 입법쟁취, 쌀개방 국회비준 규탄, 농민살해경찰 규탄, 시국 농성 돌입
2005	12	3	전용철 농민살해, 쌀개방, 비정규직 입법관련 노무현정권 규탄 시민결의대회
2005	12	13	고난받는 사람들을 생각하는 작은 음악회
2005	12	15	X파일 이건희, 홍석현 무혐의 검찰 규탄 기자회견 및 검찰청 앞 1인 시위
2006	1	2	부산교통공사 부산시 이관 낙하산인사 규탄, 매표소 비정규해고노동자 원직복직 촉구 기자회견
2006	1	3	지하철 매표소 해고노동자 원직복직 집중집회(부산시청)
2006	1	17	부산일보 정수재단 경영권 장악저지 결의대회
2006	2	3	부산지하철 매표소 비정규 해고노동자 규탄집회(한나라당)
2006	2	6	정수장학회 경영권 장악 규탄결의대회(부산일보)
2006	2	6	비정규직 입법 한나라당 규탄집회(한나라당)
2006	2	23	부산지하철 매표소 비정규 해고노동자 고용승계 기원 5보 1배(시청~서면)
2006	2	28	비정규노동법 개악 강행처리 규탄 총파업 1일차 집회(서면)
2006	3	1	비정규노동법 개악 강행처리 규탄 총파업 2일차 집회(서면→열린우리당부산시당)

2006	3	2	비정규노동법 개악 강행처리 규탄 총파업 3일차 집회(부산역→남포동)
2006	3	3	직권중재 철폐와 철도공권력침탈 규탄 기자회견(민주공원), 경찰청장 항의방문, 대시민선전전
2006	3	8	부산지하철 매표소 비정규직 집중집회(서면)
2006	3	8	세계여성의 날 기념 부산여성노동자대회(서면)
2006	3	22	부산지하철 매표소 비정규직 고용승계 집중집회(서면)
2006	3	29	공무원노조 탄압 행자부지침 규탄 기자회견(시청)
2006	4	1	비정규노조연대회의, 부산지하철 매표소 비정규직 고용승계 집회(시청앞)
2006	4	6	비정규악법 강행처리 저지 및 부산지하철 매표소 비정규직 고용승계 쟁취 결의대회(서면)
2006	4	8	한미FTA 저지 및 스크린쿼터 사수 문화제(서면)
2006	4	14	평택미군기지 확정 저지 범국민대회(평택)
2006	4	15	부산지하철 매표소 비정규직 고용승계 쟁취 4차 결의대회(서면)
2006	5	1	116주년 세계노동절 기념 부산노동자대회(부산시청)
2006	5	12	한미FTA 저지 부산대책위 출범 기자회견(시청)
2006	5	16	부산지하철 매표소 비정규직 해고노동자 단식농성 돌입
2006	6	3	한미FTA 저지, 평택미군기지 확정 반대 결의대회(서면)
2006	6	7	교수노조 합법화 쟁취 전국대장정 기자회견(부산역)
2006	6	30	부산지하철 매표소 비정규직 고용승계 쟁취 6차 결의대회(부산시청)
2006	7	5	지하철 요금인상 반대 기자회견(시청)
2006	7	22	보육공공성 확보, 보육노동자 노동기본권 쟁취 문화제(서면)
2006	8	10	부산지하철 매표소 비정규직 고용승계 쟁취 7차 결의대회(부산시청)
2006	8	15	8.15대회 전국노동자대회(서울)
2006	8	28	ILO아태총회 국제노동토론회(벡스코)
2006	9	2	한미FTA 저지 부산시민대회(서면)
2006	9	7	노사관계로드맵 강행 규탄집회(부산지방노동청)
2006	9	14	평택미군기지 및 강제철거 반대, 한미FTA 저지 전국순례단 기자회견(부산역), 촛불문화제(서면)
2006	9	18	공무원노조 탄압 부산시장 항의방문
2006	9	22	공무원노조 사무실 폐쇄 규탄기자회견(부산시청)
2006	11	1	특수고용노동자 노동기본권 쟁취 동시다발 1인 시위(지방노동청, 동래지청, 북부지청, 지노위)
2006	11	15	노동법개악저지, 비정규 권리보장 입법쟁취, 한미FTA저지 총파업결의대회(부산역)
2006	11	22	노동법개악저지, 사회양극화 해소, 한미FTA저지 민중총궐기대회(부산시청)
2006	11	23	특수고용노동자 노동기본권 쟁취 집회(노동청)
2006	11	30	노동법개악저지, 비정규 권리보장 입법쟁취, 한미FTA 저지 총파업집회(시청)
2006	12	1	날치기 비정규법 규탄집회(열린우리당부산시당)
2006	12	4	날치기 비정규법 규탄, 노동기본권 쟁취 집회(부산시청)

2006	12	6	총파업투쟁 승리 결의대회(부산역→남포동)
2006	12	20	부산지하철 청소용역노동자 성폭력사건 대책위
2007	1	13	한미FTA 6차 협상 대응 전국동시다발집회(서면)
2007	1	15	부산지하철 청소용역노동자 성폭력 항의 1인 시위
2007	1	19	공공서비스 성폭력관련 부당조사 항의방문(부산진경찰서)
2007	3	1	한미FTA 저지 부산시민대회(서면)
2007	3	7	3.8세계여성의 날 기념 부산여성노동자대회(서면)
2007	3	15	KTX, 새마을호 승무원 투쟁 승리 문화제(부산역)
2007	3	31	한미FTA 저지 범시민대회(부산역)
2007	4	2	한미FTA 무효 촛불문화제(서면)
2007	4	24	비정규법 시행령 저지, 산재법 개혁과 DMF산재사망사고 규탄집회(노동청)
2007	4	26	대우자동차판매노조 전국순회 부산지역집회
2007	5	1	6.15공동선언 실현을 위한 세계노동절기념 남북노동자통일대회(창원)
2007	5	14	직권중재 철폐와 대중교통 공공성 강화를 위한 시민사회단체 기자회견(시청)
2007	5	16	직권중재 철폐와 지하철 공공성 강화를 위한 민주노총부산본부 결의대회(시청)
2007	5	17	삼광사 부당해고 철회 및 노조탄압 분쇄 결의대회(부산진구청→삼광사)
2007	5	30	최저임금 쟁취 투쟁선포식(부산지방노동청)
2007	6	9	최저임금 쟁취 결의대회(노동청)
2007	6	10	미조직비정규노동자 한마당(부산역)
2007	6		특수고용노동자 노동기본권 보장 결의대회(서면→부산역 시위)
2007	6	12	대지자체 3대 요구안 쟁취 투쟁선포 기자회견(부산시청)
2007	6	13	감시단속노동자 근로조건 개선 및 고용안정을 위한 대책회의(민주노총부산본부)
2007	6	27	국민연금, 의료법 개악 저지, 특수고용노동자 입법 촉구 한나라당 규탄집회
2007	6	29	전국동시다발 총파업 결의대회(부산시청)
2007	7	4	전국민주공무원노조 부산본부 대의원대회 및 출범식(민주노총 부산본부 강당)
2007	7	8	대량해고, 외주화추진, 이랜드 규탄 결의대회(홈에버 서면점)
2007	7	9	정관지역지회 이원정공 파업출정식 및 농성
2007	7	13	한진중공업노조 파업출정식
2007	7	19	일반노조 금정정화 집중집회(수영구청)
2007	7	20	일반노조 광안환경 집회(수영구청)
2007	7	20	공권력 투입 규탄 및 악질자본 이랜드 규탄 투쟁문화제(홈에버 서면점)
2007	7	31	이랜드 불매운동 해운대바다 선전전(해운대해수욕장)
2007	8	1	이랜드 야간문화제, 불매운동, 선전전 등(매일 진행)
2007	8	9	농협노조 집회, 일반노조 광안환경 집회(수영구청)
2007	9	17	일방적인 학교비정규직 인사노무관리규정 규탄 결의대회(부산교육청)
2007	9	18	학교비정규직 무기계약 전환관련 교육감 면담투쟁(교육청)
2007	9	20	건설기계 조합원 체불임금 규탄집회 개최

2007	10	12	공공노조 학교비정규직 취업규칙 강제개악 저지 결의대회
2007	10	13	화물연대 SK분회 집회
2007	10	26	부산고속철14-2공구 건설노동자 생존권 쟁취 결의대회(구서동 동아지질 앞)
2007	10	30	전교조 부산지부 통일학교 교사 징계추진 관련 항의 방문 및 교육감 면담
2007	11	7	코스콤노조 비정규직 부산집회(증권선물거래소)
2007	11	8	농협노조 파업투쟁 승리 결의대회(해운대농협)
2007	11	20	건설기계 기장지회 총력투쟁 결의대회(기장군청)
2007	11	23	화물연대 SK 조합원 영도대교 공공농성
2007	12	4	금속노조 창공지회 집중집회(동아스틸 본사앞)
2007	12	6	학교비정규직 사용자성 인정, 부당노동행위 중지, 단체협약체결 보장을 위한 부산교육청 규탄 기자회견
2007	12	13	공공노조 동아대의료원분회 집회
2007	12	20	금속노조 창공지회 사측 철거업체 20여명 진입시도 저지 및 농성투쟁
2007	12	20	운수노조 신일교통노조 집회(하단주유소앞)
2007	12	26	노보텔앰배서더호텔노조 투쟁 촛불문화제
2007	12	28	이랜드투쟁 전국동시다발 집회(해운대 홈에버)

2008	1	19	노보텔앰배서더호텔노조 투쟁 촛불문화제(1/25)
2008	3	11	금속노조 부산양산지부 차해도 지부장 강제연행 규탄 기자회견(경찰청)
2008	3	13	부산지하철노조 필수공익사업장 대응관련 집회(부산지방노동위원회)
2008	3	28	농협노조 부당징계관련 지노위 규탄, 필수유지업무협정폐지 대응 집회(부산지방노동위원회)
2008	4	1	비정규, 중소영세노동자 참정권 보장 촉구 집회(노동청)
2008	4	5	신자유주의 교육정책 규탄을 위한 부산교사결의대회(서면)
2008	4	27	노동절기념 마라톤대회
2008	5	1	118주년 노동절기념 부산노동자대회(부산역→동아대병원 후 규탄집회 개최)
2008	5	3	시청자미디어센터노조 출범식
2008	5	6	공공노조 동아대의료원분회 총력투쟁 결의대회(동아대병원)
2008	5	9	광우병소고기관련 한나라당 부산시당앞 기자회견
2008	5	9	일반노조 삼화여객 집중집회
2008	5	10	화물연대 전국집중집회(부산역)
2008	5	14	운수노조 광우병위험소 운송반대 기자회견(세관)
2008	5	14	광우병위험소 관련 촛불문화제(서면)
2008	5	16	광우병위험소 관련 비상시국회의(광장호텔)
2008	5	17	광우병 집중집회(서면)
2008	5	22	광우병 촛불문화제(서면)(~6/24)
2008	5	23	차별철폐대행진(서면)
2008	6	2	감만부두 광우병소고기 운송저지 투쟁 기자회견 및 촛불문화제(감만부두)

2008	6	10	민주노총부산본부 광우병소고기 저지 촛불문화제(현대백화점→서면)
2008	6	18	부산건설기계지부 파업결의대회(시청앞)
2008	6	19	이주노조탄압 규탄 및 이주노동자 노동3권 보장 촉구 공대위 집회(출입국관리사무소)
2008	6	23	서부산노동상담소, 이주노동자 무료의료지원사업 개시
2008	6	25	생활임금쟁취와 최저임금 동결 주장 사용자단체 규탄집회(상공회의소 앞)
2008	6	28	민주노총부산본부 광우병소고기 운송저지를 위한 결의대회(시청→서면)
2008	7	2	민주노총부산본부 총파업 결의대회(부산역→서면, 광우병촛불문화제 결합)
2008	7	3	민주노총 총파업 승리 결의대회(전국동시다발, 서면, 촛불문화제 결합)(~4)
2008	7	5	민주노총부산본부 총력투쟁 결의대회(시청→서면)
2008	7	9	광우병 촛불문화제(계속)
2008	7	21	부산지역 석면추방 공동대책위원회 출범식(부산시청)
2008	7	23	보건의료노조부산본부 파업출정식(시청)
2008	7	23	새마을금고노조 연산5동 집회(새마을금고앞)
2008	7	23	언론노조 하루 총파업(서울상경)
2008	7	23	민주노총부산본부 총력투쟁 결의대회(시청→서면, 광우병촛불문화제 결합)
2008	8	8	어청수 경찰청장 파면촉구 10만청원 부산지역 서명운동 선포 기자회견(경찰청앞)
2008	8	28	기륭전자 및 KTX 승무원 문제해결을 위한 비정규직 철폐 야간문화제(부산역)
2008	9	25	전국언론노조, 조중동 OUT 전국순례 부산일정
2008	10	7	일제고사 반대 집회 및 투쟁문화제(부산교육청)
2008	10	8	현안사업장문제 해결을 위한 민주노총과 부산노동청장 간담회
2008	11	6	언론장악저지·YTN사수·언론노조 파업투쟁 결의 지역협의회 기자회견(한나라당부산시당)
2008	11	6	부산지철노조 파업투쟁 승리를 위한 조합원 결의대회(시청)
2008	11	7	금속노조 대우버스 고용안정, 공장이전 반대 결의대회(시청)
2008	11	22	공무원노동자 총궐기대회(서울)
2008	12	6	민주노총부산본부 비정규법, 최저임금법 개악저지 결의대회(시청)
2008	12	31	MB악법 저지 부산시민 촛불문화제(서면)
2009	1	5	언론노조 언론장악저지 영남권 결의대회(서면)
2009	1	21	용산철거민 살인진압 규탄 촛불문화제(서면)(~31)
2009	1	31	용산철거민 참사추모 및 살인진압 이명박정권 규탄 부산시민대회(시청→서면)
2009	2	7	용산참사 추모 및 김석기 경찰청장 내정자 처벌 촉구 부산시민대회(서면)
2009	2	12	신자유주의 구조조정 저지 및 MB악법 저지 결의대회(노동청)
2009	2	25	MB취임 1년 부산시민 심판대회(서면)
2009	3	4	일반노조 광안환경 고용승계 쟁취 결의대회(수영구청)
2009	3	12	특수고용노동자 노동기본권 쟁취 대국민 선전전(매주 목, 부산역)
2009	3	24	부산시의 택시요금인상 규탄과 택시노동자 처우개선을 위한 부산지역시민사회단체 기자회견(시청)

2009	3	31	수영구청 정화대행업체 부당요금징수 폭로 기자회견(수영구청)
2009	4	6	택시업계 비리척결과 택시노동자 생존권 투쟁(~17)
2009	4	8	금속노조 대우버스노조 및 일반노조 광안환경 집중투쟁
2009	4	22	산재불승인 주범 질병판정위원회 및 MB정권 규탄 결의대회(근로복지공단)
2009	4	29	용산참사 100일 전국동시다발 촛불문화제(서면)
2009	5	1	119주년 세계노동절기념 부산노동자대회(부산역)
2009	5	8	함께살자! 국민생존! 총고용보장 자전거대행진(사직동→양정→서면→부산역→남포동)
2009	5	12	대지자체투쟁관련 부산시-민주노총 노정협의(시청)
2009	5	20	차별철폐대행진(~23), 빈곤과 실업, 저임금노동 퇴치와 비정규직 철폐를 위한 대행진
2009	5	23	박종태 열사 정신계승, 노동탄압 분쇄, 노동기본권 쟁취, 민주노총 결의대회(부산역)
2009	6	10	87민주항쟁 22주년 100만 국민촛불 1주년 촛불문화제(서면)
2009	7	1	지하철 반송선 정상화 시민대책위 기자회견(시청)
2009	7	13	부실공사 외면 안전작업 무시 한국전력 규탄 기자회견(한전 부산본부)
2009	7	14	부산지역 청소년 노동인권실태 발표 및 개선방향 토론회(국민연금회관)
2009	7	21	비정규법, 미디어법 등 MB악법 저지, 쌍용차 문제해결촉구 농성 및 공동행동(~24)
2009	7	22	MB악법 저지, 쌍용차 공권력 살인진압, 총고용쟁취 민주노총 총파업(~24)
2009	8	17	용산참사문제 해결을 위한 부산지역 촛불문화제(서면)
2009	8	20	운수노조 예선지회 촛불문화제
2009	9	5	부산노동자생활협동조합 창립 총회
2009	9	23	간병노동 공공성 강화, 간병노동자 노동기본권 쟁취와 센텀병원 해고자 원직복직을 위한 부산 공대위 기자회견(시청)
2009	10	8	5인 미만 사업장 근로기준법 전면적용과 저임금 영세노동자 노동기본권·사회안전망 확보를 위한 부산지역 노동자·시민 선언운동
2009	11	17	의료민영화저지 촛불문화제(서면)
2009	12	19	노동기본권 쟁취! 이명박정권 심판! 민주노총부산본부 결의대회(시청)
2009	12	21	노조말살책동 분쇄! 노동기본권 쟁취! 1차 전조합원 총력투쟁(21일~31일)
2009	12	22	밀실야합분쇄! 노동기본권쟁취! 민주노총부산본부 부산역 천막농성 돌입(~29)
2010	1	19	한진중공업 정리해고 반대 부산시민대책위 결성 기자회견(한진중공업)
2010	2	9	한진중공업 일방적 정리해고 반대 부산경제 살리기 시민대회(한진중공업)
2010	3	8	102주년 세계여성의 날 기념 촛불문화제(센텀병원)
2010	3	19	민간위탁 반대, 임금체불 등 위탁업체 관리감독 강화 촉구 결의대회(해운대구청)
2010	4	22	백화점·마트노동자 주1회 휴점 캠페인(롯데백화점)
2010	4	28	4.28산재노동자 추모집회(근로복지공단)
2010	5	1	120주년 세계노동절기념 부산노동자대회(부산역)

2010	5	4	근로시간면제심의위원회 타임오프 날치기처리 원천무효 노동부 규탄 기자회견 (노동청)
2010	5	10	차별철폐대행진(~12)
2010	6	16	교사공무원 탄압중단! 노조법 분쇄! 노동기본권 쟁취 야간문화제(교육청)
2010	6	22	청소용역노동자 최저임금인상 쟁취 결의대회(부산역)
2010	6	29	최저임금 현실화촉구 500인 선언(부산역)
2010	6	30	힘내라 전교조, 공무원노조! 승리하라 민주주의! 부산시민대회(시청)
2010	7	14	임금단가 삭감한 해운대구청 규탄, 생활폐기물수집운반업무 민간위탁폐지 기 자회견(해운대구청)
2010	8	17	녹산공단 노동실태조사 실시(민주노총)
2010	10	7	민간위탁 폐해 증언대회 및 폐지를 위한 정책제안대회(부산진구청)
2010	10	28	유창환경문제 즉각 해결, 민간위탁 폐지 결의대회(진구청)
2010	12	19	세계 이주민의 날 집회(서면)
2011	1	5	한진중공업 구조조정 분쇄, 금속노조 영남권 확대간부결의대회(한진중공업)
2011	1	6	김진숙 민주노총부산본부 지도위원, 한진중공업 정리해고 철회 85호 크레인 고 공농성 돌입
2011	1	17	재능교육 부당해고 규탄대회(재능교육연산동사옥)
2011	1	26	한진중공업 정리해고 분쇄 민주노총 결의대회(부산역)
2011	2	11	한국 이주노동자정책 규탄 및 여수외국인보호소참사 4주기 추모집회(출입국관 리사무소)
2011	2	14	한진중공업지회장·금속노조부양지부장 17호 크레인 고공농성 돌입
2011	3	8	3.8세계여성의 날 부산여성노동자 한마당
2011	3	29	한진중공업노조 파업 100일차 정리해고 분쇄 촛불집회(서면)
2011	4	15	김진숙 민주노총부산본부 지도위원 크레인농성 100일차 촛불집회(한진중공업)
2011	5	1	121주년 세계노동절기념 부산노동자대회(부산역→한진중공업)
2011	6	8	최저임금 위반의심사업장 노동청 진정 및 기자회견(노동청)
2011	6	10	최저임금 현실화 촉구 6.10 부산시민대회(서면)
2011	6	11	제1차 한진중공업 희망버스 행사
2011	6	14	중소영세사업장 노동자 권리찾기 캠페인(녹산공단)
2011	6	23	2011년 임단투승리 철도 지하철 안전대책 마련 촉구 촛불집회(부산역)
2011	6	27	한진중공업 정리해고 철회, 공권력투입 반대 야4당 정당연설회
2011	7	9	한진중공업 2차 희망버스 행사
2011	7	18	한진중공업 정리해고 철회를 위한 희망단식단 출범 및 단식 시작(부산역농성장)
2011	7	30	한진중공업 3차 희망버스 행사
2011	8	4	한진중공업 희망단식 18일째 종료
2011	8	27	한진중공업 4차 희망버스 행사(서울)
2011	9	6	이소선 어머니 추모제(한진중공업)
2011	10	8	한진중공업 5차 희망버스(부산진역, 남포동, 부산역, 한진중공업)

2011	10	18	삼성직업병대책위 선전전(서면)
2011	10	31	2011 차별철폐대행진(~11/6)
2011	11	10	한진중공업 노사합의, 김진숙 지도위원 크레인농성 종료
2011	11	18	금속노조 풍산마이크로텍 정리해고 분쇄 결의대회(풍산)
2011	11	19	한진중공업 6차 희망버스(영도)
2011	11	22	한미FTA날치기 무효 이명박정권 퇴진 촛불집회(서면) 12월 말까지 촛불집회 이어짐
2011	12	5	부산일보 편집권 독립보장 및 사장퇴진 촉구 기자회견(부산일보)
2011	12	27	학교비정규직 교육청 집회(~31)
2012	1	16	철도노조, KTX 민영화 반대 기자회견(한나라당 부산시당)
2012	1	17	정수재단 환원, 부산일보 편집권독립을 위한 시민연대회의 출범식
2012	2	3	풍산마이크로텍 정리해고 철회 집중 촛불집회(풍산공장)
2012	2	6	재능교육 부당해고 철회 및 노조탄압 규탄집회(재능교육사옥)
2012	2	13	장물 정수재단 환원, 부산일보 편집권 독립을 위한 집회(매주 1회)
2012	2	15	풍산마이크로텍노조 노숙농성 돌입(시청앞)
2012	2	24	유창환경문제 즉각 해결, 민간위탁 폐지 결의대회(진구청)(매주 금요일)
2012	3	14	2012 총파업 투쟁선포식 및 풍산 정리해고 철회 2차 희망촛불(서면)
2012	4	3	민간인사찰 규탄 기자회견(시청)
2012	4	28	노동법 골든벨(시청앞)
2012	5	1	122주년 노동절 기념 노동자대회
2012	5	12	화물연대 집회(부산역)
2012	5	25	부산교육청 단협해태 규탄 학교비정규직노조 집회
2012	5	25	파라다이스면세점노조 집회(해운대)
2012	5	30	차별철폐대행진(~6/1)
2012	6	1	함께 살자! 부산시민 촛불문화제(서면)
2012	6	7	MBC파업 100일 지지 기자회견(부산MBC)
2012	6	18	임혜경 교육감 옷로비 의혹 규탄 기자회견(교육청)
2012	7	5	고려병원 노조탄압 중단, 자율교섭 촉구 결의대회(기장 고려병원)
2012	7	19	서비스연맹 유통매장 영업시간 제한 특별법 입법 촉구 플래시몹
2012	7	24	해운대구청 노조탄압 규탄집회(해운대구청)
2012	8	17	금속노조 4차 총파업 및 민주노총 결의대회(노동청)
2012	8	20	8월 총파업 승리를 위한 천막거점농성 돌입(~26)
2012	8	29	8월 총파업 승리를 위한 부산민중대회(서면)
2012	9	1	화물연대 집회(신선대부두앞)
2012	9	25	건설노동자 체불임금 지급촉구 기자회견(국토관리청)
2012	10	31	부산지하철노조 조합원 결의대회(노포동차량기지)
2012	11	15	비정규교수노조 집회

2012	12	1	부산민중대회(시청→서면)
2012	12	18	비정규교수노조 부산대분회 파업출정식(부산대)
2012	12	21	한진중공업 최강서 열사 추모 촛불집회

2013	1	3	학교비정규직 노조 노숙 단식농성(교육청)
2013	1	30	금속노조 총파업 한진중공업 앞 철야농성(부산역→한진)
2013	1	31	최강서 열사 추모집회 철야농성
2013	2	25	신세계면세점노조 창립
2013	3	15	풍산마이크로텍노조 정리해고반대투쟁 500일차 문화제(풍산공장)
2013	4	25	중소영세사업장 노동자 권리찾기 캠페인(하단)
2013	4	30	부산지하철노조 임단투 승리 전진대회
2013	4	30	학교비정규직노조 집중집회(교육청)
2013	5	1	123주년 세계노동절 기념 부산노동자대회
2013	5	26	서비스연맹 홈플러스 정관지부, 감만지부 노조설립총회(민주노총부산본부 강당)
2013	6	4	박근혜 대통령 취임 100일 노동현안 해결 촉구 기자회견(시청)
2013	6	11	가스 민영화관련 기자회견
2013	6	14	일반노조 성신환경 집회(북구청)
2013	6	14	부산지하철노조 결의대회(시청)
2013	6	26	CCTV 철회와 보육환경 근본대책 수립 촉구 기자회견(시청)
2013	7	6	대선개입 국정원 규탄 민주주의 수호 1차 부산시국대회(서면)
2013	7	8	2013 차별철폐대행진(~10)
2013	7	19	민주노총부산본부 국정원 해체 결의대회(서면)
2013	8	6	부산대병원지부 임단협투쟁 승리 보고대회(부산대병원)
2013	8	7	삼성전자서비스 촛불집회
2013	8	9	철도민영화 반대 현수막 퍼레이드(부산역~서면)
2013	8	10	6차 부산시국대회
2013	8	30	대선개입 국정원 규탄 민주주의 수호 7차 부산시국대회 및 민주노총부산본부 집중집회(서면)
2013	9	4	건설노조 한창건업 규탄투쟁(한창건업 앞)
2013	9	26	쌍용차 국정조사 부산지역 촛불집회
2013	10	14	동해남부선, 경전선, 진해선 민영화 규탄 기자회견(시청)
2013	10	19	삼성전자서비스 규탄 집중집회(삼성전자서부산센터)
2013	10	27	홈플러스노조 부산본부 출범식(민주노총부산본부 강당)
2013	11	8	진짜 사장이 고용해 간접고용 노동자 한마당(민주노총부산본부 강당)
2013	11	30	철도노조 총파업 출정 영남권 결의대회(부산역)
2013	12	3	철도노조 파업 기자회견 및 민주노총 경고파업 기자회견
2013	12	9	철도노조 파업 출정식

2013	12	11	민영화 연금개악 저지, 노동탄압 분쇄, 철도파업 승리 결의대회(부산역→남포동)
2013	12	18	경찰, 민주노총부산본부 사무실 압수수색
2013	12	18	민주노총부산본부 사무실 침탈 규탄 동부서 항의투쟁
2013	12	19	경찰, 철도노조 부산지방본부 사무실 압수수색
2013	12	19	근조 민주주의, 박근혜 OUT 2차 부산행동의 날(서면)
2013	12	26	민주노총부산본부 박근혜퇴진, 철도민영화 저지, 민주노총 불법난입 규탄 파업 결의대회
2013	12	27	홈플러스노조 파업집회(홈플러스 센텀점)
2014	1	8	부산진구청 방문간호사 계약해지관련 규탄 기자회견(부산진구청)
2014	1	9	민주노총 2차 총파업 결의대회(시청→서면)
2014	1	13	금속노조 삼성전자서비스지회 8시간 경고파업(해운대, 동래, 서면)
2014	1	25	일반노조 생탁현장위원회 노조결성대회(생탁장림공장)
2014	2	18	철도노조 투쟁 선포식(철도 정비창)
2014	2	21	박근혜정부 공공부문 비정규직대책 규탄 촛불집회(서면)
2014	2	25	2.25 철도파업
2014	3	4	신라대 간접고용 규탄 기자회견(신라대)
2014	3	5	삼성전자서비스 해운대센터 위장폐업 규탄 기자회견(해운대서비스센터)
2014	3	7	3.8 여성노동자 시국대회(서면)
2014	3	13	의료민영화저지 부산시민대책위 출범 기자회견(시청)
2014	3	27	르노삼성 정리해고 규탄 기자회견(르노삼성)
2014	4	17	선원이주노동자 권익보호를 위한 캠페인(부산역)
2014	4	28	신라대 청소노동자 직접고용 실현을 위한 릴레이동조단식 출정식(신라대)
2014	4	29	부산합동양조(생탁) 노동자 파업
2014	5	1	민주버스 부경지부 악덕사업주 규탄 결의대회
2014	5	1	124주년 세계노동절기념 부산노동자대회
2014	5	10	세월호참사 2차 부산시민 추모대회 및 침묵행진(부산역)
2014	5	18	삼성전자서비스양산센터 고염호석분회장 추모 및 삼성규탄 촛불집회(양산센터)
2014	5	23	세월호 진상규명, 민영화 저지, 박근혜정권 퇴진 부산지역 총궐기의 날(부산역→남포동)
2014	6	5	일반노조 생탁현장위원회 결의대회(연산동생탁공장)
2014	7	1	삼성전자서비스지회 염호석 열사 전국노동자장(양산솥발산)
2014	7	11	일반노조 부산합동양조현장위원회 투쟁승리 노숙농성(생탁 장림점)
2014	7	14	화물연대 결의대회(신선대)
2014	7	14	부산대병원지부 결의대회
2014	7	16	낙하산 인사규탄 및 시간제공무원 반대 공무원노조 결의대회(시의회)
2014	7	24	세월호참사 추모 100일 문화제
2014	8	1	부산지하철노조 지하철 안전확보 대책 촉구 결의대회(시청앞)

2014	8	6	일반노조 부산합동양조현장위원회 투쟁승리 결의대회(초량 탁약주협회)
2014	8	29	홈플러스노조 파업집회(연산점)
2014	11	12	LG유플러스고객센터 상담원 자살관련 진상규명 촉구 기자회견(LG유플러스고객센터)
2014	11	14	생탁파업 200일차 투쟁승리 부산시민대책위 결의대회(서면)
2014	12	17	비정규직 양산하는 박근혜 종합대책 규탄 기자회견(노동청)
2015	1	7	보건의료노조 부산의료원지부 민주노조 사수를 위한 조합원 결의대회(부산의료원)
2015	1	13	부산합동양조 신용섭사장 구속수사 촉구 노숙농성 돌입(노동청)
2015	1	15	방문건강관리 전담인력 무기계약 전환 촉구 부산시민단체 공동기자회견(수영구청)
2015	1	16	학교비정규직 전문상담사 해고 규탄 기자회견(교육청)
2015	1	20	만덕5지구 강제철거규탄 및 LH부울본부장 면담 촉구 기자회견(LH부산사무소)
2015	1	26	민주노총부산본부 민주노조 사수, 생탁파업투쟁 승리를 위한 결의대회(생탁 장림공장)
2015	1	31	민주수호 부산시민대회(서면)
2015	2	5	사무금융연맹 하이투자증권 정리해고 규탄집회(온천장 하이투자증권)
2015	2	11	민주노총부산본부 노동법개악 저지, 부산지역 현안사업장 승리를 위한 결의대회(시의회)
2015	2	11	생탁 1박2일 난장투쟁(생탁 연산점)
2015	2	27	노동시장구조 개악 저지, 박근혜 취임 2년 규탄 결의대회(서면)
2015	3	19	이주노동자 폭행사건 직권남용, 직무유기 부산경찰청 규탄 기자회견(시의회)
2015	3	25	민주노총부산본부 2015 총파업투쟁 선포식(부산역→남포동)
2015	4	6	부산대병원 노조탄압, 부당노동행위 규탄 기자회견(부산대병원)
2015	4	8	노동시장 구조개악 저지, 연금개악 저지, 최저임금 1만원 촛불집회(서면)
2015	4	16	세월호 참사 1주기 추모 및 규탄집회(부산역)
2015	4	24	민주노총부산본부 노동자 서민 살리기 총파업 대회(부산역)
2015	4	29	시청앞 광고탑농성문제 해결을 위한 민주노총부산본부 1차 결의대회(시청앞)
2015	5	8	노조탈퇴 공작 중단 부산대병원 결의대회(부산대병원)
2015	5	13	PSMC 특혜개발 중단 노동자 생존권사수 기자회견(시청)
2015	5	15	간접고용 철폐, 원청 사용자성 인정 촉구 결의대회(시청)
2015	5	18	노동권리구제 외면하는 부산지방노동위원회 규탄 집회(부산지노위)
2015	5	27	최저임금 1만원, 월 209만원 쟁취 전국동시다발 결의대회(홈플러스 가야점)
2015	6	3	민주노총부산본부 2015년 대지자체 요구안 발표
2015	6	3	생탁, 택시, 풍산투쟁 승리를 위한 야간집회(시청)
2015	6	18	공공부문 비정규직 정규직화, 최저임금 1만원 쟁취 부산자전거대행진(해운대→시청)
2015	6	18	차별과 비정규직 없는 부산 만들기, 장그래에게 희망을, 2015 차별철폐 문화제(서면)

2015	7	1	서병수시장 규탄 부산시민대회(시청)
2015	7	16	홈플러스 매각 규탄 기자회견(홈플러스 센텀점)
2015	7	24	생탁, 택시 시청앞 광고탑 농성 100일차 문화제(시청)
2015	8	12	부산시민 우롱하는 반여천산업단지 개발반대 시민대책위 발족
2015	8		노조탄압 규탄 부산대병원장 퇴진 결의대회(부산대병원)
2015	9	12	생탁, 택시, 버스 문제 해결을 위한 희망버스(1박2일, 시청)
2015	10	7	노동악법 입법추진 규탄, 노동시장구조개악 분쇄 수요 행동의 날(서면)
2015	11	6	생탁, 택시 노동자 광고탑농성 200일차 문화제(시청)
2015	12	1	방문간호사 부당해고 규탄 기자회견(부산시청)
2015	12	9	노동법 개악 저지 2차 부산시국대회 및 3차 민주노총 총파업 결의대회(서면)
2015	12	23	금속노조 말레베어지회 노조탄압 규탄 결의대회(말레베어공장)
2015	12	24	시청앞 광고탑 농성 해제
2015	12	30	노동부 행정지침 규탄 결의대회(노동청)
2016	1	8	노동악법 저지 총파업투쟁 승리 민주노총부산본부 결의대회(새누리당부산시당)
2016	1	14	불법표적연행 규탄 풍산마이크로텍 문영섭지회장 석방촉구(연제경찰서)
2016	1	27	노동개악저지, 정부2대지침 분쇄, 박근혜퇴진 총파업대회(노동청→서면)
2016	1	28	민주연합노조 보건소지부 해고자 복직 촉구 결의대회(중구청, 영도구청)
2016	2	22	공공부문 비정규직 정책연대회의(노동인권연대)
2016	3	3	마필관리사노조 창립총회
2016	3	17	이마트 부당노동행위 중단 촉구 결의대회(이마트 해운대점)
2016	4	5	부산지역 노동자 투표참여 실태조사결과 발표 및 투표참여 확대방안 촉구 기자회견(노동청)
2016	5	1	126주년 세계노동절 부산지역노동자대회(부산역)
2016	5	18	녹산공단 임금실태조사 기자회견(상공회의소)
2016	5	30	알바노동자 근로감독 촉구기자회견(노동청)
2016	6	14	2016 차별철폐대행진(~16)
2016	6	28	민주노총부산본부, 최저임금 1만원 쟁취 결의대회(서면)
2016	7	1	서병수시장 취임3년 규탄 출근선전전(시청)
2016	8	1	강제전보 반대, 교육공무직노동자 집중집회(교육청)
2016	8	24	민주연합노조 부산보건소지부 해고 600일 투쟁문화제
2016	9	21	민주노총부산본부, 근골격계 질환 실태조사 결과 및 요구안 발표(노동청)
2016	9	23	부산지역 공공기관노조협의회 결의대회(시청)
2016	9	26	부산지하철노조 파업돌입 야간총회(노포동차량기지)
2016	9	26	철도노조 부산본부 파업돌입 야간총회(부산역)
2016	9	27	철도노조 부산본부 파업출정식(부산정비창)
2016	9	27	부산지하철노조 파업문화제(광안리)
2016	9	28	민주노총부산본부 총파업-총력투쟁 결의대회

2016	9	28	공무원노조부산본부 결의대회(남구청)
2016	9	30	공공기관 파업투쟁 부산지역 연대투쟁의 날(서면)
2016	10	10	화물연대 파업출정식(감만부두)
2016	10	10	공공운수노조 영남권 파업투쟁 승리 결의대회(부산역)
2016	10	12	민중총궐기 민중연대의 날 야간집회(서면)
2016	10	19	2016년 부산민중대회
2016	10	26	박근혜 하야 부산지역 시민사회단체 긴급기자회견
2016	10	26	철도노조 영남권 파업투쟁 승리 결의대회(부산역)
2016	10	26	공공노동자 결의대회 및 민중총궐기 민중연대의 날(서면)
2016	10	31	박근혜 하야 부산시국대회(서면)
2016	11	1	박근혜 하야 촉구 집회(서면)(매일)
2016	11	2	민중총궐기 수요집회(서면)
2016	11	9	공공부문 기간제 노동자 차별시정 엄중조사 촉구 기자회견(노동청)
2016	11	9	고신대병원지부 파업전야제
2016	11	16	박근혜 하야, 민주노총부산본부 산업별 행진
2016	11	19	박근혜 하야 민주노총부산본부 결의대회 및 부산시국대회
2016	12	1	박근혜 하야 시국대회(매일)
2016	12	3	국회, 야3당 의원 171명 박근혜 대통령 탄핵소추안 발의
2016	12	9	국회, 박근혜 대통령 탄핵소추안 가결(불참1명, 찬성234명, 반대56명, 무효7명) 직무정지
2017	1	4	박근혜 즉각퇴진 부산시국대회(서면)
2017	1	10	국정농단 국정원해체 촉구 기자회견(시청)
2017	1	11	박근혜 즉각 퇴진! 부산시국집회(서면 태화백화점)
2017	1	14	박근혜 즉각퇴진 11차 부산시국대회(서면)
2017	1	18	박근혜 즉각 퇴진! 부산시국집회(서면 태화백화점)
2017	1	21	박근혜 즉각퇴진 민주노총부산본부 결의대회 및 12차 부산시국대회(서면)
2017	1	25	풍산마이크로텍지회, 2017년 투쟁선포식
2017	2	1	박근혜퇴진 부산시국집회(서면 태화백화점)
2017	2	4	박근혜 퇴진! 14차 부산시국대회(서면)
2017	2	8	박근혜퇴진 부산시국집회(서면 태화백화점)
2017	2	11	박근혜퇴진! 15차 부산시국대회(서면 태화)
2017	2	14	박근혜퇴진운동본부 100인토론회(부산일보강당)
2017	2	15	금속노조, 현대중공업 구조조정 저지 금속노조 결의대회(현대중공업)
2017	2	18	박근혜퇴진! 16차 부산시국대회(서면 태화백화점)
2017	2	22	박근혜퇴진 부산시국집회(서면 태화백화점)
2017	2	25	2017년 민중총궐기대회(서울)

2017	3	4	박근혜 조기탄핵! 18차 부산시국대회
2017	3	6	철도노조 대량해고 철회 기자회견(부산역)
2017	3	10	헌법재판소, 박근혜 대통령 탄핵심판 청구, 재판관8명 전원일치 인용결정, 파면
2017	3	11	박근혜 구속! 적폐청산! 19차 부산시국대회
2017	3	25	박근혜 구속, 적폐청산 20차 부산시국대회
2017	3	29	세상을 바꾸는 대선, 노동존중 평등사회로! 민주노총부산본부 결의대회(서면태화)
2017	3	31	부산지하철노조, 역무지부 결의대회 개최(지하철역사)
2017	4	3	부산건설기계지부 투쟁선포식(부산시청앞)
2017	4	4	부산지하철노조 궤도지회 결의대회(부산교통공사앞)
2017	4	7	박근혜구속! 22차 부산시국대회(서면태화)
2017	4	10	언론노조 국제신문지부 중식집회(국제신문사 로비)
2017	4	10	대학노조 동아대지부 중식집회
2017	4	12	금속노조 풍산마이크로텍 지회 야간집회(부산시청앞)
2017	4	13	공공운수노조 공항항만본부 유센지부 파업투쟁(중앙동역)
2017	4	14	학교비정규직연대회의, 임단투결의대회 개최(부산시교육청)
2017	4	15	세월호 참사 진상규명 책임자 처벌 23차 부산시국대회
2017	4	17	4.20부산장애인 차별철폐 공동투쟁단 출범식(부산시청앞)
2017	4	19	재벌개혁 최저임금 1만원 퍼레이드 및 투쟁문화제(송상현공원→서면태화)
2017	4	20	지하철 다대선 개통관련 규탄 선전전(다대포)
2017	4	28	산재사망노동자 사진전(서면)

2017	5	1	민주노총 대선후보 지지선언 기자회견(부산역광장)
2017	5	1	세계노동절기념 부산노동자대회(부산역)
2017	5	9	더불어민주당 문재인후보 19대 대통령 당선
2017	5	15	전교조 부산지부 법외노조 철회 및 해고자 복직 촉구 기자회견(부산시교육청)
2017	5	17	부산지하철 비정규직 대량양산정책 중단 촉구 기자회견(부산교통공사)
2017	5	24	최저임금 1만원 토크-문화제
2017	5	27	금속노조 부산양산지부 임단투 전진대회(금정산)
2017	5	28	마트노동자 최저임금 1만원 쟁취 걷기대회(온천천)
2017	5	29	'공정경마로 포장된 죽음의 경주를 멈춰라' 기자회견(마사회 동구지사)
2017	5	30	홍순만 사장 부당노동행위등 철도적폐규탄 기자회견(부산역)
2017	6	1	적폐청산 부산운동본부 출범기자회견
2017	6	10	고 박경근 열사 정신계승, 경마공원 규탄 공공운수노조 결의대회(경마공원)
2017	6	12	부산일반노조 부산대현장위원회 파업출정식
2017	6	15	현안사업장 특별근로감독 촉구 기자회견(부산지방노동청)
2017	6	19	최저임금 1만원, 현안사업장 특별근로감독 촉구농성(~23일까지, 노동청)

2017	6	27	2017 차별철폐대행진(~29)
2017	6	27	고 박경근 열사 정신계승, 착취구조분쇄 민주노총부산본부 촛불집회(서면태화 백화점옆)
2017	6	29	전국학교비정규직노조 부산지부 파업결의대회(부산시 교육청)
2017	6	29	2017년 차별철폐대행진 한마당(서면태화)
2017	7	5	아이리지회, 금속노조 부양지부 확대간부 결의대회(아이리)
2017	7	18	침례병원 파산관련 긴급기자회견(시청)
2017	7	20	일자리위원회 및 라운드테이블 관련 부산시 노정협의(부산시청)
2017	8	8	부산시의회, 침례병원 파산관련 토론회 개최
2017	8	23	공공부문 비정규직 정규직 전환 및 차별해소 촉구 집회(노동청)
2017	9	4	부산MBC지부, MBC파업출정식
2017	9	12	학비연대회의, 초등돌봄교육 지자체 이관 시도 철회 촉구 기자회견
2017	9	13	87년투쟁 30주년 기념 노동자 한마당 및 민주노총부산본부 투쟁선포식(송상 현광장)
2017	9	20	보건의료노조 부산대병원지부 파업전야제
2017	9	25	일반노조 부경대 청소노동자 유급휴일 보장 촉구 기자회견(부경대본관)
2017	10	18	비정규철폐 부산지역 비정규노동자대회(서면 태화)
2017	10	26	학비노동자 총파업 투쟁 결의대회(부산시교육청)
2017	10	31	침례병원 파산에 따른 공공병원 설립 부산시민대책위(참여연대)
2017	11	2	공공부문 가이드라인 이행거부하는 기초자치단체 규탄 기자회견(수영구청앞)
2017	11	14	부산지역 30개 보건의료단체 및 시민사회단체 '침례병원 파산에 따른 새로운 공공병원 설립을 위한 부산시민대책위원회' 결성
2017	11	16	건설근로자법 등 건설노동자 민생법안 쟁취 집회(한국당부산시당)
2017	11	17	흥국저축은행노조 노조파괴중단 입단협 쟁취 중식선전전
2017	11	20	KTX해고승무원문제 해결을 위한 부산대책위 출범(부산역)
2017	11	21	파리바게트 제빵기사 직접고용 촉구 선전전
2017	12	8	고용허가제 폐지, 숙식비 강제공제 지침 폐기 노동청 1인시위
2018	1	10	풍산마이크로텍 지회 2018년 투쟁선포식(부산시청 앞)
2018	1	15	아베 일본총리 방한 규탄 기자회견(일본영사관 앞)
2018	1	17	부산교육청, 학교비정규직 정규직전환 심의위원회 회의
2018	1	24	민주노총부산본부, 강제징용 노동자상 건립 선포대회
2018	3	1	부산지역 3.1 반일평화대회 개최
2018	3	8	3.8 부산여성노동자대회(서면 태화백화점 옆)
2018	3	15	최저임금 산입범위 개악 및 졸속법안 강행처리 규탄 농성(민주당부산시당앞)
2018	3	24	최저임금1만원! 비정규직철폐! 구조조정 저지! 재벌개혁! 전국노동자대회참가 (광화문광장)
2018	4	10	공공연대노조 부산지부, 김해공항 규탄 기자회견(김해공항내)
2018	4	18	보건의료노조부산본부, 침례병원 공공병원 설립 집중집회(부산시청앞)

2018	5	1	세계노동절 128주년 부산지역 노동자대회(일본영사관앞)
2018	5	4	경리직도 노동자다. 노조할 권리 보장하라! 알반노조 동래동명정화 촛불문화제 (동래구청앞)
2018	5	16	비정규직 없고, 실업자 없는 안전하고 공정한 자치단체 만들기 정책제안 기자회견(부산시청)
2018	5	16	민주노총 부산본부 6.13 지방선거 지지후보 발표 기자회견(부산시청)
2018	5	18	재벌 갑질의 고통받는 들의 연대 서비스연맹 촛불 투쟁대회(이마트 서면점)
2018	5	20	지키자, 최저임금! 민주노총부산본부 오거돈캠프 점거농성(~22일까지, 오거돈 후보 캠프)
2018	5	23	6.13 지방선거 정의당 박주미 부산시장후보 선거대책위 발대식(부산시청)
2018	5	28	민주노총, 최저임금 개악저지 5.28 부산 총파업대회(서면태화)
2018	5	30	적폐청산, 노동존중 부산유권자 총궐기 대회(서면태화)
2018	6	6	더불어민주당 홍영표의원에 대한 최저임금 삭감법 폐기 촉구 항의행동(부산 곳 곳)
2018	6	20	최저임금 개악, 강제징용노동자상 강탈, 노동존중 정책폐기 문재인정부 규탄! 6/30비정규철폐 전국노동자대회 성사! 민주노총 부산본부 결의대회(서면태화)
2018	6	20	2018년 차별철폐대행진(~22일)
2018	8	22	금속노조 부양지부, 풍산마이크로텍 투쟁 승리 문화제(부산시청광장)
2018	8	28	대리운전노조 총궐기 집회(다이아몬드 베이)
2018	9	5	금속노조 풍산마이크로텍지회 투쟁승리를 위한 민주노총 부산본부 문화제(부산시청광장)
2018	9	10	금속부양지부 삼성전자서비스지회 결의대회(삼성생명 앞)
2018	9	11	보건의료노조 부산대병원지부 파업전야제(부산대병원)
2018	9	12	건설노조 부산지부 토목건설분과 파업대회(부산시청광장)
2018	9	17	재벌특혜! 센텀2지구 특혜개발 전면재검토 부산대책위 결성 기자회견(부산시청광장)
2018	10	2	언론노조 부산일보지부 사장 사퇴를 위한 투쟁출정식(부산일보사)
2018	10	4	풍산재벌특혜 센텀2지구 개발중단 공동행동(부산시청)
2018	10	23	풍산재벌특혜 센텀2지구 개발중단 부산시민대회(부산시청)
2018	11	15	센텀2지구 개발부지 국방부 풍산그룹 특혜의혹 진상규명 촉구 기자회견(국방부앞)
2018	11	21	민주노총 부산본부 총파업투쟁대회(부산시청앞)
2018	11	30	공공운수 집배원노조 결의대회(법원 앞)
2018	12	26	청년비정규직 노동자 고 김용균 조합원 추모집회(서면태화)
2019	1	7	학비노조 농성 및 교육공무직 선전전(부산시교육청)
2019	1	19	고 김용균 동지 투쟁 승리 전국노동자대회(광화문)
2019	1	21	학비노조 초등스포츠강사 농성투쟁 및 3차 결의대회(하마정, 교육청)
2019	1	24	녹산, 지사공단 산재사망 규탄 기자회견(부산지방노동청)
2019	1	24	동구청 도서관연장실무원 부당해고 철회 집회(동구청)

2019	1	24	마트노조 홈플러스지부 부산본부 파업결의대회(홈플러스 센텀점)
2019	2	12	신망애 요양원 부당해고 철회 아침 선전전(신망애요양원)
2019	2	13	산재사망발생 금문산업 규탄집회(녹산공단 금문산업)
2019	2	20	광안대표 통행료 징수원 직접고용 쟁취 기자회견(부산시청)
2019	2	20	노동법개악 저지 ILO핵심협약비준 노동권쟁취 민주노총결의대회(광화문 광장)
2019	2	21	공공운수노조 지하철서비스지부 직고용 쟁취 아침 선전전(부산시청)
2019	3	6	ktx코레일관광개발지부 직고용쟁취 아침선전전(부산역)
2019	3	7	공공연대노조 국제금융센터분회 임단협 쟁취 중식집회(국제금융센터)
2019	3	15	센텀2지구 개발 진단과 해법 토론회(부산시의회)
2019	3	20	투쟁사업장 연대의 날/ 부산지하철서비스지부, 흥국저축은행분회, 국제금융센터분회
2019	4	3	특수고용노동자 노동3권 보장! ILO핵심협약 비준 촉구 기자회견(부산노동청)
2019	4	17	연제구청 행정소송 중단, 비정규노동자 복직명령 이행 촉구 중식선전(연제구청)
2019	4	18	보건의료노조 침례병원 매각 대응 투쟁(부산시청앞)
2019	4	18	생활폐기물 수거업무 민간위탁철회 직고용 촉구 기자회견(부산시청)
2019	4	25	투쟁사업장 연대의 날/부산지하철서비스지부, 일반노조 동아대, 침례병원, 풍산마이크텍
2019	5	7	국립대병원 비정규직 정규직전환 촉구 천막농성 돌입 기자회견(부산대병원 앞)
2019	5	8	전국 공항 직고용 촉구 동시다발 기자회견 및 결의대회(김해공항)
2019	5	17	풍산 문제 해결을 위한 부산시 교섭
2019	5	17	일반노조 공무지부 동래구청지회 출범(동래구청)
2019	5	24	투쟁사업장 연대의 날/풍산마이크로텍지회, 공공연대 생활폐기물지회, 부산대병원비정규직
2019	6	5	부관훼리 경영진 사퇴촉구 및 선박사고 재발방지대책 촉구 기자회견(부산항국제여객터미널)
2019	6	12	차별철폐대행진 선포식 및 퍼레이드
2019	6	20	투쟁사업장 연대의 날/ 요양서비스노조 효림원분회, 부관훼리, 공공연대 벡스코, 일반노조 동아대 등
2019	6	27	풍산재벌 특혜 센텀2지구 첨단산업단지 조성사업 관련 국회 토론회 개최
2019	7	1	노동존중 부산은 어디로 갔나! 오거돈 부산시장 1년 규탄 기자회견
2019	7	4	부산학교비정규직노조 비정규직 철폐! 공정임금제 실현! 2019 총파업 승리대회(교육청)
2019	7	4	부산대병원 간접고용 노동자 직접고용 쟁취 보건의료노조 결의대회(부산대병원)
2019	8	7	일반노조 동의대지회 중식 선전전
2019	8	21	금속노조 총파업대회(부산시청)
2019	9	6	요양서비스노조 효림원분회 투쟁문화제(부산진구청)
2019	9	9	공항항만운송본부 부관훼리지부 파업돌입 기자회견(부산항국제터미널)
2019	9	10	철도노조 코레일관광개발 파업돌입 기자회견(부산역광장)

2019	9	15	비정규직 철폐! 직접고용 쟁취! 톨게이트 투쟁 승리! 민주노총 문화제(한국도로공사 김천본사)
2019	9	19	해운대그랜드호텔노조 위장폐업 중단, 고용승계 보장 촉구 기자회견(해운대 그랜드호텔)
2019	9	25	부산지하철노조서비스지부 자회사 반대, 직접고용 실시 부산교통공사 규탄집회(부산교통공사)
2019	10	2	서비스연맹 해운대그랜드호텔노조 파업돌입 기자회견(해운대그랜드호텔)
2019	10	7	서비스연맹 웅진코웨이 '투기자본 매각 반대, 직접고용 쟁취' 파업 선전전(웅진코웨이 중부서비스지점)
2019	10	7	일반노조 다문화가족지원센터지회 위탁계약 해지 및 직접고용 촉구 파업투쟁(사하구/사상구 다문화센터)
2019	10	15	일반노조 광안대교지회 정규직 전환 촉구 집회(부산시설공단)
2019	11	13	투쟁사업장 연대의 날(지하철서비스지부, 해운대그랜드호텔노조, 일반노조 광안대교지회, 요양서비스노조 효림원분회, 풍산마이크로텍지회)
2019	11	20	철도노조 파업 결의대회(부산시청광장)
2019	11	25	서비스연맹 대리기사노조 총파업 결의대회(부산시청광장)
2019	11	29	민주노총, 노동개악 분쇄! 탄력근로 확대저지! 문재인정부 규탄 긴급 결의대회(부산고용노동청)
2019	12	4	문중원 열사 죽음 진상규명! 책임자 처벌촉구! 공공운수 부산본부 결의대회(경마공원)
2019	12	12	부산대병원 비정규직지부 파업투쟁
2019	12	24	부산대병원 무기한 집단 단식 및 삭발식
2019	12	31	효림원 요양보호사 16명 집단해고
2020	1	8	희망연대노조 김도빈 조합원 추모문화제(LG유플러스 초량사옥)
2020	1	31	문중원 열사 진상규명 책임자처벌 민주노총 부산본부 결의대회(한국마사회부산동구지사)
2020	2	4	요양서비스노조 효림원분회, 인창요양원 분회 선전전(부산시청)
2020	2	5	부산시 사회서비스원 설립포기 규탄 기자회견(부산시청)
2020	3	4	문중원 열사 부인 오은주 씨 무기한 단식농성 돌입
2020	3	18	해운대그랜드호텔 위장폐업 밀실매각 규탄 기자회견(부산시청)
2020	3	19	코로나19 확산에 따른 취약노동자 대책 마련 촉구 민주노총 부산본부 기자회견
2020	3	26	센텀2지구 그린벨트 해제 규탄 국토부 항의투쟁(국토부)
2020	4	1	코로나19 재난사태 악용한 반노동 경총 해체투쟁(부산 경총)
2020	4	1	언론노조 MBC낙하산 인사 반대 출근 선전전(부산MBC)
2020	4	6	라이더유니온부산지부, 노동부 사업장 감독 촉구 기자회견(부산고용노동청)
2020	4	22	중대재해기업처벌법 제정, 위험의 외주화 금지, 코로나19 해고금지 총고용보장 촉구 기자회견 및 항의면담
2020	5	14	2020 레미콘 임단협 투쟁 승리 총파업 출정식(부산시청)
2020	5	27	변성완 부산시장 권한대행 규탄 부산시청 로비 점거투쟁(부산시청)
2020	6	3	해고금지, 생계소득보장, 사회안전망 전면 확대, 비정규직 철폐 전국 공동 수요 선전전(서면)

2020	6	3	차별철폐대행진(~5일)
2020	6	8	공무원노조 대학본부 부경대지부, 민주적 총장선거 촉구 결의대회(부경대)
2020	6	10	대우버스 울산공장 폐쇄 철회! 해외 이전 반대! 생존권 사수! 금속노조 결의대회 (울산시청)
2020	6	17	해고금지, 생계소득보장, 사회안전망 전면확대, 재벌체제 개혁, 비정규직 철폐 민주노총부산본부 결의대회(부산시청)
2020	6	23	금속노조 한진중공업지회 김진숙 조합원 복직 촉구 기자회견(한진영도조선소 정문)
2020	7	8	서비스연맹 코웨이지부 파업투쟁 승리 부산결의대회(부산시청)
2020	7	23	투쟁사업장연대의날(공공운수 택시지회, 풍산마이크로텍, 효림원분회)
2020	8	15	마트산업노조 홈플러스지부 부산지역본부 총파업대회(홈플러스 가야점)
2020	8	19	중대재해기업처벌법제정 부산운동본부 발족 기자회견(부산시청)
2020	9	2	대우버스 정리해고 규탄 기자회견(울산시청)
2020	9	4	국민건강보험노조 고객센터지부 출근 선전전
2020	9	4	해운대그랜드호텔노조 마피아 자본 연루 및 MDM 규탄 기자회견
2020	9	9	부산교육현장 갑질 및 괴롭힘 실태조사 발표 교육공무직노조부산본부 기자회견 (교육청)
2020	9	9	대우버스 정리해고 철회를 위한 금속노조 부양지부 총파업결의대회(대우버스 울산공장)
2020	9	14	운송 배달노동자 과로사 대책 마련 촉구 기자회견(부산노동청)
2020	9	15	이스타항공 대량해고 정부여당 해결 촉구 공공운수노조 기자회견(민주당 부산 시당앞)
2020	9	22	보험설계사 부당해촉 철회 전국보험설계사노조 규탄집회(IFC본사)
2020	9	24	전태일3법 쟁취! 노동개악 저지! 코로나 구조조정 분쇄! 민주노총 부산본부 결의대회
2020	10	5	택배연대노조 사상지회 창립 투쟁 선포식(CJ대한통운 사상터미널)
2020	10	9	방과후강사노조 부산지부 출범식
2020	10	20	학교비정규직 법제화와 코로나 집단교섭 촉구 학교비정규직노조 부산지부 결의 대회(교육청)
2020	10	21	전태일3법 쟁취! ILO핵심협약 비준 쟁취! 노동개악 저지! 비정규직 철폐! 민주노총 부산본부 결의대회
2020	11	14	전태일 열사 50주기 열사정신계승 전국노동자대회 부산대회 및 2020 부산민중대회(부산시청)
2020	11	20	노동개악 저지 민주노총 부산본부 결의대회(부산시청)
2020	11	25	건설노조, 노동개악강행 규탄 더불어민주당 부산시당 점거농성 투쟁
2020	11	26	서비스연맹, 노동개악강행 규탄 더불어민주당 부산시당 점거농성 투쟁
2020	11	27	민주일반연맹, 노동개악강행 규탄 더불어민주당 부산시당 점거농성 투쟁
2020	11	28	공무원노조, 전교조, 노동개악강행 규탄 더불어민주당 부산시당 점거농성 투쟁
2020	11	29	대학노조, 보건의료노조,사무금융연맹, 노동개악강행 규탄 더불어민주당 부산 시당 점거농성 투쟁

2020	11	30	공공운수노조, 노동개악강행 규탄 더불어민주당 부산시당 점거농성 투쟁
2020	12	1	경동건설 하청노동자 고 정순규님 사망사건 책임자처벌 촉구기자회견(부산지법동부지원)
2020	12	1	노동개악강행 더불어민주당 규탄 출근선전전 및 항의방문/농성(~10일까지)
2020	12	14	정년 65세 쟁취! 민주노조 사수! 국립해양박물관 용역비정규직 노동자 총력투쟁 돌입 기자회견(국립해양박물관)
2020	12	16	요양서비스노조 해피실버타운분회 파업투쟁(남구청)
2020	12	19	해고 없는 세상! 김진숙 쾌유와 복직으로 가는 리멤버 희망버스(영도구 일대)
2020	12	30	중대재해기업처벌법 즉각 입법 촉구 전국공동행동
2021	1	27	신라대 청소용역 노동자 해고예고 통보
2021	2	1	국민건강보험공단 고객센터 직원 900여 명 무기한 파업 (1차 총파업)돌입
2021	2	23	일반노조 신라대청소용역노동자 전면파업, 본관 농성 시작
2021	3	15	홈플러스 가야점 폐점 매각 규탄 기자회견 및 총파업대회 개최
2021	6	10	국민건강보험공단 고객센터 2차 총파업 돌입, 공단본부 점거 시위
2021	6	16	신라대청소용역노동자 직접고용 합의서 작성
2021	7	1	국민건강보험공단 고객센터 직원 700여 명 3차 총파업 돌입
2021	10	21	국민건강보험공단 별도 소속기관 설립통해 고객센터 직원 1600명 고용방안 확정
2022	1	10	홈플러스 경영진 '가야점 부지에 새로운 매장 입점 결정'으로 매각 철회
2022	2	23	국민건강보험공단노조 위원장 고객센터 직원 직고용을 막지 못한 이유로 탄핵

참고문헌

강대민(1992), 「개항 이후 부산과 일본 : 일본조계 설치를 중심으로」, 『항도부산』 9호

강신준(2002), 「4.19혁명시기 노동운동과 노동쟁의의 성격」, 『산업노동연구』 8권 2호

고무노동자고권미경양 사인규명대책위원회(1991), 『고무노동자 권미경열사 일기 및 관련자료 모음집』

고용노동부, 『매월노동통계보고서』

고용노동부(1997), 『'96년 노사분규 사례집』

공공연대노동조합·이숙정(2019), 『세상을 바꾸는 2%』, 공공연대노동조합 편, 내하출판사

권용목(1996), 「신노사관계 구성과 민주노총의 대응방향(초안)」, 민주노총, 『노동법개정과 노사관계 개혁방안』, 정책세미나

김경일(1992), 『일제하노동운동사』, 창작과비평사

김기원(2008), 「세계 금융위기와 이명박 정부의 경제정책」, 『창작과 비평』 겨울호

김낙중(1982), 『한국노동운동사 : 해방후 편』, 청사

김대상(1964), 「일제하 부산의 노동운동」, 『항도부산』 4호

김대환(1981), 「1950년대 한국 경제의 연구: 공업을 중심으로」, 진덕규 외, 『1950년대의 인식』, 한길사

김상곤(2008), 「민영화와 공공부문 파업: 기간산업 3사의 민영화 저지 파업을 중심으로」, 『민주노조운동 20년: 쟁점과 과제』, 후마니타스

김상조(1998), 「경제위기의 극복, 진정한 대안은 무엇인가」, 『IMF체제하의 정세전망과 민주노총의 대응방향 : 민주노총정책토론회』, 전국민주노동조합총연맹

김성희(2003), 「'뜨거운 불만의 겨울'을 부르는 노무현정부 노동정책」, 『이론과 실천』 11월

김성희(2006), 「노무현 정부의 노동정책에 대한 평가 : 뜨거운 불만의 겨울과 제도적 개혁 사이의 공간」, 『이론과 실천』 11월호

김승묵(2009), 「우리나라 노사관계의 시대별 변화에 관한 연구 : 1940년대에서 2000년대까지의 노동운동을 중심으로」, 『기업경영연구』 16권 4호

김영기(2009), 「1980년대 부산지역 도서원 운동의 전개과정」, 『성찰과 전망』 4

김영수 · 김원 · 유경순 · 정경원(2013), 『전노협 1990~1995』, 한내

김윤환(1982), 『한국노동운동사 I : 일제하편』, 청사

김중렬(1975), 「조선방직공장의 쟁의 : 한국노동자의 항일투쟁사」, 『노동공론』 5권 1호

김진균(2008), 「87년 이후 민주 노조 운동의 구조와 특징 : '전국노동조합협의회'의 전개 과정과 주요 활동을 중심으로」, 『민주노조운동 20년』, 후마니타스

남화숙(2013), 『배 만들기 나라 만들기』, 후마니타스

노광표(2016), 「박근혜정부 노동개혁 무엇이 문제인가」, 『한국노동사회연구소 이슈페이퍼』 7호

노동공제연합 풀빵(2022), 『조선노동공제 운동 자료집』

노동인권회관(1994), 『노동인권보고서』 4집, 사회평론

노재열(2005~2006), 「영남지역 노동조합대표자회의」, 『연대와 실천』 137~140호

노중기(1995), 「국가의 노동통제전략에 관한 연구 : 1987~92」, 서울대 박사학위논문

노중기(2010), 「한국 노동정치와 국가 프로젝트 변동 : 이명박정부 노동통제전략에 대한 해석」, 『산업노동연구』 16권 2호

노중기(2014), 「박근혜 정부 노동정책에 관한 비판적 고찰」, 『경제와 사회』 103호

노중기(2018), 「문재인정부 노동정책 1년 : 평가와 전망」, 『산업노동연구』 24권 2호

노중기(2018), 「한국 노동운동의 1기 노동자정치세력화 30년: 성찰과 비판」, 『산업노동연구』 24권 3호

노진귀 · 이민우(2018), 『1960년대 한국노조운동』, 한국노총중앙연구원

민주공원(2003), 『부산 · 경남지역 민주화운동 관련 공판기록 해제집(부록)』

민주노총(1998), 『민주노총 정세분석보고서』

민주노총부산양산지역조직준비위원회(1995), 『발족 선포대회 자료집』

민주노총부산양산지역본부(1996), 『창립대의원대회 회의자료』

민주노총부산양산지역본부(1997), 『2년차 정기대의원대회 자료집』

민주노총부산양산지역본부(1998), 『98년 정기대의원대회 자료집』

민주노총부산지역본부(1998~2017), 『정기대의원대회 자료집』

민주노총부산지역본부(2000), 『제5년차 정기대의원대회』 자료집

민주노총 정책연구원(2007), 『민주노총 10년 연표, 1995~2005』, 민주노총

민주주의사회연구소(2017), 「특집, 2016 겨울, 촛불광장의 시민들」, 『성찰과 전망』 23

민주주의사회연구소(2017), 『87년, 부산의 6월은 왜 그토록 뜨거웠을까, 80년대 부산의 민주화운동』, 도서출판 선인

박승흡 · 김주환(2002), 「비정규노동자 조직화운동의 현황과 전망」, 『비정규노동』 2권 8호

박주상(2022), 「부산지역 노동정책의 새로운 변화, 그 의미와 성과 : 평가시스템 구축과 VER 2.0을 위하여」, 『부산시 노동정책 평가를 위한 대시민토론회 자료집』

박준성(2009), 『박준성의 노동자 역사 이야기』, 도서출판 이후

박준식(1990), 「정부 및 자본의 노동통제전략과 노동조합운동의 과제」, 『지역과 노동』 6호

박철수(2002), 「철도민영화와 철도노동조합의 투쟁」, 『연대와 실천』 92호

박철수(2004), 「철도 100년사의 최대 격동기를 헤쳐나가는 철도노동자」, 『연대와 실천』 115호

배규식(2013), 「2012년 노사관계 평가와 2013년 노사관계 전망」, 『월간 노동리

뷰』1월호

백두주 · 윤영삼(2003), 「특수고용직 노동자의 조직화에 관한 연구 : 화물연대의 조직화 · 투쟁사례를 중심으로」, 『산업노동연구』 9권 2호

부산가톨릭노농상담소(편), 『90년 부산지역 노동조합운동 사례』, 자료집

부산노동단체협의회(1990), 『부산노동단체협의회 제2기 출범보고자료』

부산노동자연합, 『부산노동소식』, 59호~86호, 100호, 111호

부산노동자연합(1993), 『변혁적 노동운동의 과제와 진로』, 부산노동자연합 창립4주년 기념식 및 기념토론회 자료집

부산도시개발공사노동조합(1997), 『제5년차 정기총회 활동보고』

부산민주운동사편찬위원회(1998), 『부산민주운동사』 부산민주항쟁기념사업회

부산민주운동사편찬위원회(2021), 『부산민주운동사1』 부마민주항쟁기념재단

부산민주운동사편찬위원회(2021), 『부산민주운동사2』 부마민주항쟁기념재단

부산시사편찬위원회(1974), 『부산시사(상)』 부산시

부산지역노동조합총연합(1989), 『창립대의원대회』

부산지역노동조합총연합(1991), 『제3차 정기대의원대회』

부산지역노동조합총연합(1992), 『제6차 정기대의원대회』

부산지역노동조합총연합(1993), 『노동법개정을 위한 부산 · 양산지역 노동조합 공동투쟁본부 결성대회』

부산지역일반노동조합(2003), 『제4년차 정기총회』

서영주 · 홍기보(1999), 「'99년 실천적인 노동시간 단축 투쟁을 위하여」, 노기연 창립 8주년 토론회

서울사회경제연구소(2001), 『김대중 정부의 4대 개혁: 평가와 과제』, 여강출판사

손정목(1982), 『한국 개항기 도시변화과정 연구』, 일지사

손정순(2018), 「소득주도성장 정책과 문재인 정부 노동정책의 한계」, 『비정규노동』 133호

손헌일(2022), 「부산시 노동정책 2.0을 위한 과제」, 『부산시 노동정책 평가를 위한 대시민토론회 자료집』

송영수(1998), 「대형트롤선원노동조합 결성의 배경과 의미」, 『연대와 실천』 제 47호

양미숙(2022), 「부산시 노동관련 조례와 조직의 성과와 과제」, 『부산시 노동정 책 평가를 위한 대시민토론회 자료집』

영남노동운동연구소(1996~2002), 『연대와 실천』 통권 23호, 24호, 25호, 26호, 27호, 28호, 29호, 30호, 31호, 32호, 37호, 44호, 47호, 67호, 84호, 91호, 94호

오민규 · 더불어삶 현장의노동자들(2022), 『톡 까놓고 이야기하는 노동 : 플랫 폼 · 자동차산업 · 노동정책에 대하여』, 숨쉬는책공장

우리노동문제연구원(1989), 『민주노동운동의 현황과 전망』, 백산서당

원영미(2021), 「노동자대투쟁 이전 울산지역 노동자 활동」, 『역사와 경계』 118호

원영미(2018), 「울산의 6월 항쟁과 노동자 참여」, 『역사와 경계』 109호

유경순(2011), 「1980년대 변혁적 노동운동의 형성과 분화에 관한 연구」, 고려 대 박사학위논문

유경순(2020), 『510일: 2007~2008년 이랜드홈에버여성노동자들의 저항과 연 대』 1 · 2권, 봄날의 박씨

유혜경(2021), 「일제시대의 노동운동과 노동운동의 성격」, 『경희법학』 56권 4호

윤영삼(2004), 『부산항의 노사관계』, 부경대학교 출판부

윤영삼(2004), 「산별노조지역조직의 민주집중제의 현황과 과제 : 4개 부산지역 조직의 경우」, 『산업노동연구』 10권 2호

윤영삼(2009), 『화물자동차운송업의 특수고용노조운동』, 도서출판 부산 · 연 대 · 혁신

윤영삼(2009), 『부산항의 항만산업과 노사관계』, 도서출판 부산 · 연대 · 혁신

윤영삼(2010), 「비정규직과 정규직 연대에 영향을 미치는 조건에 관한 연구」, 『인적자원관리연구』 17권 4호

윤영삼(2019), 『부산지역의 노동존중방안 연구』, 부산연구원

윤영삼 · 김종인 · 김희경 · 전효주(2021), 『부산지역 플랫폼노동의 실태와 과제』, 부산노동권익센터

윤진호(2001), 「IMF 경제위기 이후의 노동정책 : 한 비판적 시각」, 『김대중정부의 4내개역 : 평가와 과제』, 서울사회경제연구소, 여강출판사

이광수(2021), 「1980년대 부산지역에서 학출활동가의 노선과 실천 : 실 · 반실 논쟁을 중심으로」, 『항도부산』 42

이광수(2022), 『부산지역 노동운동사 : 유신 말기부터 IMF위기 직전까지』, 엘피

이광욱(2014), 『부산향토문화백과』

이국석(2009), 「비정규직 양산과 부당행위에 대한 노동자들의 처지와 대응」, 『성찰과 전망』 5

이동일(2000), 「4월 민중항쟁기 부산 부두노동자와 교원노조의 투쟁」, 『한국민주주의의 회고와 전망』, 한가람

이병훈(2021), 「문재인 정부의 노동정책에 대한 평가」, 『동향과 전망』 113호

이성아 · 안재성(2018), 『이수갑 평전』, 한내

이성홍(2009), 「70~80년대 부산지역 노동야학 운동사」, 『성찰과 전망』 4

이옥지(2001), 『한국여성노동자운동사』 1 · 2권, 한울아카데미

이원보(2013), 『한국노동운동사 100년의 기록』, 한국노동사회연구소

이은영(2014), 「1980년대 블랙리스트를 통한 정부 · 자본의 노동통제」, 성균관대 석사학위논문

이일래(2014), '전국금속노동조합 풍산마이크로텍지회' 『부산향토문화백과』

이창근(2021), 「문재인정부 4년, 노동정책 총괄평가」, 『비판과 대안을 위한 사회복지학회 학술대회 발표논문집』

이창우(2003), 「한국에서 노동자가 죽는 이유, "한진중공업은 노조를 말살하고 노조원의 씨를 말리려 했다"」, 『이론과 실천』 11월호

장규태(2022), 「2021년도 부산시 노동기본정책 시행추진 평가」, 『부산시 노동정책 평가를 위한 대시민토론회 자료집』

장현태(1990), 「부산 노동운동의 통일 · 단결을 촉구한다」, 『지역과 노동』 7호

장홍근(1999), 「한국 노동체제의 전환과정에 관한 연구, 1987~97」, 서울대 박

사학위논문

전국노동운동단체협의회(1989), 「노동조합의 전국적 조직건설을 위한 토론」, 『한국노동운동논쟁사 : 1980년대를 중심으로』, 현장문학사

전국노동조합협의회 백서발간위원회(1997), 『전국노동조합협의회 백서』, 도서 출판 전노협

전국부두노동조합(1979), 『한국부두노동운동 백년사』

전국불안정노동철폐연대(2014) 「개발특혜를 위한 위장매각과 정리해고, 자존 과 생존권을 지키는 풍산마이크로텍지회의 투쟁」, http://workright.jinbo. net/xe/issue/21483

전국철도노조(1967), 『철노 20년사』

전준범(2013), 「2012년 대선 평가」, 『사회운동』 110호

정영태(2008), 「실용주의 불도저 대통령과 한국사회」, 『노동사회』 129호

정지현(2006), 「노동법 개악 저지 투쟁의 경과와 과제」, 『정세와 노동』 9월호

정현수(2005), 「화물노동자 고 김동윤열사의 삶과 죽음. 그리고 정신계승 투 쟁」, 『연대와 실천』 10월호

조돈문(2000), 「1950년대 대한노총 노동조합과 계급지배 재생산」, 『산업노동 연구』 6권 2호

조돈문·이수봉(2008), 『민주노조 운동 20년: 쟁점과 과제』

지역과노동 편집부(1990), 「신우인터내셔날의 위장폐업 철회투쟁」, 『지역과 노 동』 7호

지역사회문제연구자료실(편)(1989), 『80년대 부산지역 노동운동』, 도서출판 친구

지역사회문제연구자료실(1989), 『동향』 3~5집, 도서출판 친구

지역사회문제연구자료실(1990), 『지역과노동』 6~7호, 도서출판 친구

부산노동자료연구실(1991), 『지역과노동』 8~9호, 도서출판 친구

최동진(1989), 「조선업계노동운동(1)」, 『동향』 3집

최동진(1989), 「현단계 부산노동운동의 조직적 과제」, 『동향』 4집

최영기·김준·조효래·유범상(2001), 『1987년 이후 한국의 노동운동』, 한국노

동연구원

허영구(1999),「민주노총 '98년 사업방침과 '99년 사업방침」, 민주노총,『'99년 정세전망과 민주노총 사업평가 및 사업방침 수립을 위한 정책토론회』 자료집

한국기독교교회협의회(1984),『노동현장과 증언』, 풀빛

한국기독교사회문제연구원편(1986),『부산지역 실태와 노동운동』, 민중사

한국노동사회연구소(1998),『노동사회』27호

한국노동연구단체협의회(1997),「87에서 97! 그리고 21세기 노동의 전망을 연다」,『87년 노동자대투쟁 10주년 기념 심포지움』

한국노동연구소(1989),「전민노련 건설로 민주노조운동의 확고한 토대를」, 김용기 · 박승옥(엮음),『한국노동운동 논쟁사 : 80년대를 중심으로』

한국노동연구원(1998),『분기별 노동동향 분석 2/4분기』

한국노동연구원(1998),『분기별 노동동향 분석 4/4분기』

한국노동연구원(1999),『분기별 노동동향 분석 4/4분기』

한국노동조합총연맹(1979),『한국노동조합운동사』

한국노동조합총연맹(1998),『'96~'97, 그해 겨울 : 총파업에서 정책연합으로』

한국노동조합총연맹(1998),『1997년 사업보고』

한국노동조합총연맹(1999),『1998년 사업보고』

한국노동조합총연맹(2000),『1999년 사업보고』

한국노총부산지역본부, 각 년도별『사업보고』, http://bu.inochong.org

한국노총중앙연구원(2018),『한국노총 70년 활동과 전략 연구II』

한국비정규노동센터(2002),『비정규노동』8호

한종구(1989),「노동조합법 3조 5호와 노총 민주화」, 김용기 · 박승옥(엮음),『한국노동운동 논쟁사 : 80년대를 중심으로』, 현장문학사

현정길(2006),「부산지역 민주노조의 산별노조 건설의 전개과정」, 부경대 석사 학위논문

현정길(2010),「노동자생협을 통한 노동운동」,『녹색평론』110호

현정길(2018),『선택 : 진보로 부산을 새롭게 디자인하자』, 산지니

현정길(2022), 「부산지역 이동플랫폼노동자 현실과 노동공제운동의 의미와 과제」, 노동공제연합 풀빵 주최, 제1회 노동공제의날, 조선노동공제회 창립 102주년 기념 토론회

웹사이트

전국금속노조 부산양산지부 홈페이지(http://by.kmwu.kr/)

전국보건의료노동조합 홈페이지(https://bogun.nodong.org/xe/)

노동자역사 한내 홈페이지(http://www.hannae.org/)

민주노총 부산지역본부 홈페이지(http://busan.nodong.org/)

부산지역일반노동조합 홈페이지(http://ilbannojo.org/xe/)

공공운수노조 홈페이지

부산지하철노조 홈페이지

마트산업노조 홈플러스지부 홈페이지(http://hplu.org/)

홈플러스일반노동조합 홈페이지(https://www.homeplusunion.com/)

공공운수노조 전국교육공무직본부 홈페이지(https://www.kptu.net/)

전국학교비정규직노동조합(https://www.hakbi.org/)

전국학교비정규직노동조합부산지부(https://cafe.daum.net/hakbibs/)

신문, 뉴스

권기정, 「노동계, 부산 막걸리 '생탁'불매운동 까닭은?」, 『경향신문』, 2014. 9. 4.

김선호, 「[현장 In]최우수 요양시설에서 영업정지... 효림원에 무슨 일이」, 『연합뉴스(부산)』, 2020. 1. 12.

김인주, 「부산지하철 매표 민간위탁 제동 여부 관심」, 『오마이뉴스』, 2003. 1. 17.

성민규, 「풍산마이크로텍지회 정리해고 무효에 쐐기박다」, 『금속노동자』, 2015. 2. 13.

유설희, 「'삼성 뒷돈 받고 고 염호석 씨 시신 탈취' 정보경찰들 2심도 유죄」, 『경향신문』, 2021. 5. 27.

이병훈, 「[이명박정부 1년](6) 노동-내놓는 대책마다 '반노동'」, 『경향신문』,
    2009. 3. 2.

이윤경, 「'평균 나이 60세' 효림원 노동자들의 통곡, "돌아갈 곳 없어요"」, 『오마
    이뉴스』, 2019. 12. 4.

임성준, 「전쟁과 빈곤을 확대하는 APEC반대」 『뉴시스』, 2005. 6. 1.

한국뉴스연합, 「부산대병원 비정규직 15명 집단 삭발, 무기한 집단 단식 돌입」,
    2019. 12. 24.

전혜원, 「부산시청 앞 고공농성 253일 만에 풀었다」, 『한국일보』, 2015. 12. 24.

찾아보기